周先慎文集

第七卷 中国文学十五讲

周先慎 著

目 录

第十二讲　汤显祖和《牡丹亭》

第十三讲　古代第一部章回小说:《三国演义》

第十四讲　古代文言短篇小说的高峰和总结:《聊斋志异》

第十五讲　古代长篇小说的高峰和总结:《红楼梦》

引　言

我们从事中国古典文学研究和教学的人，常常会遇到这样的提问：学习文学有什么用？学习中国古典文学又有什么用？这是很难回答的问题，但又是应该认真回答的问题。

话题不妨从远一点说起。

劳动创造了世界，劳动也创造了人类自身。这已经成了常识。但是人之为人，人类区别于别的动物的要点是什么，答案却可能千差万别。人会直立走路，会劳动，会说话，会思考，有社会交际等等，还可能列出很多条。但在众多的区别中，我们认为最重要也最本质的应该是这样三条，就是：人类有思想，讲情操，能审美。三方面结合在一起，就构成了人类精神文明的主要内容，也构成了作为个体的人精神境界的主要内容。

人类在自身的发展过程中创造了物质文明，也创造了精神文明。物质文明和精神文明是相生相伴、不可分割的，两方面相互依存，又相互促进。没有物质文明做基础，就很难创造出与之相适应的精神文明来；反之，没有精神文明的渗透、浸润、滋养，要创造出更高的物质文明也将是十分困难的事。然而精神文明的创造依赖于物质文明的进步和发展，容易被人感知和认识，而精神文明对物质文明的推动和对整个人类社会进步的重要意义，却常常被人忽略。事实是，人类社会的发展和进步、人的生活，是不可能须臾离开精神文明的，不可能离开既有的精神文明的传统，也不可能离开精神文明的新的创造。要是一个人没有对客观世界的科学认识，没有正确的思想，也不讲究情操，更不懂得审美，那么这个人就是一个精神残疾，或至少是一个精神空虚的人，由这样的人组成的社会，也必然会丧失生命的活力，走向衰亡，哪还能谈得上物质文明的创造？

人类精神文明的创造，一个民族的文化传统，是人们生存和发展的基本条件之一。就以哲学来讲吧，哲学是人类对整个世界认识的思想体系，是人类思想经验的高度概括，一般认为它是比较抽象的，很难和人的日常生活发生联系，但实际上哲学也会渗透到普通人的生活和思想中去，也会使人产生亲切感。冯钟璞先生在北大建校一百周年时撰文谈到冯友兰先生的哲学，曾讲到这样一件事："一个多月以前，冯先生已经逝世七年了，东北边陲的一个女青年在人生道路上遇到了困惑，写信来要求冯爷爷帮助她，照说哲学似乎是没有什么实际用途，冯学在普通人中的影响，说明哲学对于人们的精神境界的作用。"①比起哲学来，文学不仅更贴近人的生活，更能做到雅俗共赏，而且包容了思想、情操、审美三个方面，更能体现人类精神文明的主要内容，于人的精神境界的影响尤大。试设想，如果我们的社会里没有人从事文学创作，没有诗歌、散文、小说、戏剧，或虽有人创作却没有人去阅读、欣赏，那这个社会一定是一个不健康的社会。

文学对人的精神世界的影响依靠的是艺术感染力，是一种熏陶，是潜移默化的，有时候说不清道不明，却可以使人刻骨铭心。作为诗人和唐诗研究专家的林庚先生，曾经谈到过他欣赏唐诗的体验。他小学的时候就读唐代诗人李绅的《悯农》，印象很深，到年老时读起来仍然感到那么新鲜。他说："这新鲜的并不是那个道理（指种田不易，应该爱惜粮食），道理是早就知道的了。新鲜的是对于它的一种说不出来的感受，仿佛每次通过这首诗，自己就又一次感到是在重新认识着世界。"一首小诗，竟能给人留下这样深的印象，对人的一生产生如此大的影响，一种让人"重新认识着世界"的影响。文学的艺术感染力确实是不可低估的。至于孟浩然的《春晓》，是从前和现在许多小孩子都会背诵，却又很难说出有什么"思想性"的作品，林庚先生说，由于它写出了"一种雨过天青的新鲜感受"，并且通过花开花落表现了春天的发展，就给人以"一个新鲜的启示"②。这样的对于诗歌和其他文学作品的新鲜而且充满生命力的感受，几乎是凡读过文学作品的人都会有的，只是不能像林庚先生那样鲜明地将它提炼和表述出来而已。

阅读和欣赏文学作品，还不仅是读者与作者之间对于世界认识与感受的一种情感交流，而且因为文学是一种语言艺术，读者在阅读和接受时要进入到作家所创造的艺术世界中去，常常会达到物我交融、读者和作者交融而为一的境界。因此，同

---

① 冯钟璞：《三松堂依旧》，《北京大学学报》1998 年第 2 期。

② 林庚：《我为什么特别喜爱唐诗》，《唐诗综论》，人民文学出版社，1987 年，第 1 页。

欣赏音乐、绘画、戏剧等艺术作品一样，文学阅读是一种审美活动。审美既是一种内容丰富的情感体验，也是一种高级的思维活动。经常的健康的审美活动，可以提高人的精神境界，净化人的灵魂。一个人能品鉴美，追求美，自己的灵魂也可以经艺术的熏陶而变美。这是我们在日常生活中常常看到的，也是我们阅读文学作品的共同体验。

物质文明和精神文明的创造和发展，都须依靠积累和传承。无论是对一个人还是一个社会来讲，正确认识和继承本民族的文化传统，都具有非常重要的意义。历代所创作的文学作品，是本民族文化创造和精神成果的重要组成部分。中国是一个历史悠久的文明古国，在长期历史发展过程中创造出灿烂的文化，有着极其丰富的文学遗产。中国古代文学中的许多精品，不仅是中国人民的宝贵财富，而且也是世界文学宝库中的重要组成部分，对世界文化的发展有着广泛的影响。从屈原开始，中国历代第一流的作家和作品，如陶渊明、李白、杜甫、苏轼、关汉卿、汤显祖，《三国演义》《聊斋志异》《儒林外史》《红楼梦》等，都成为世界人民学习和研究的对象。作为中国新时代的大学生，不论学习的是何种专业，如果对祖国辉煌灿烂的文学历史一无了解，对中国文学史上属于世界一流的文学名著都没有读过，或虽读过却没有正确的和比较深入的认识，那我们的人文素养就基本上是一个空白，至少存在着重大的缺陷。而一个对祖国的历史和传统文化缺乏认识的人，一个缺乏文学修养和审美能力的人，无论从事的是什么工作，他在事业上的眼光和襟怀，他对客观世界和主观世界的认识，他对生活的理解和追求，都必然是狭隘、肤浅和盲目的。

我们编写这本《中国文学十五讲》，就是为非中文专业的大学生提供一种学习中国古代文学的基础教材。它不同于中文专业的《中国文学史》，不求全面系统，也不着重阐释文学发展的基本规律，而是以作家作品为主，选择中国古代文学史上若干闪光的亮点，也就是成就最高、影响最大的一部分有代表性的作家作品，进行介绍和分析。除了介绍有关作家作品的基本知识，如时代背景、作家的生活和思想、文学创作的基本特色等以外，还要着重从审美的角度、在思想和艺术的结合上对作品进行具体的分析鉴赏，以帮助学生对中国古代文学的思想艺术传统获得生动鲜活的认识，并提高对文学作品的分析鉴赏能力和审美水平。十五讲的内容是:《诗经》、屈原和楚辞、汉乐府民歌、陶渊明、李白、杜甫、唐代传奇、苏轼、陆游、辛弃疾、关汉卿、汤显祖、《三国演义》、《聊斋志异》、《红楼梦》。

若将涵藏丰富的中国古典文学视作一条历史的长河，那这十五个题目不过是激流中涌起的若干耀眼的浪花，远不是它的全貌，自不免有很多的遗珠之憾。但这十五个亮点无疑也有它们的代表性，大体上照顾到古代文学发展的重要体式，能反映出各个时代不同的文学面貌，以及在点与面的结合中揭示出中国古代文学思想艺术传统的基本特色等。我们的期望是，在读了这本教材或学习完这门课程以后，不只是得到一些有关中国古典文学的死的知识，更重要的是要在思想素养和文化素养上，在对文学作品的分析鉴赏水平上，能有明显的提高。

作为素质教育的重要内容，中国古代文学的学习可以从以下几个方面使我们获得思想启示和精神滋养：

首先，中国古代灿烂辉煌的文学遗产，足以提高我们的民族自豪感和民族自信心。撇开口头文学的神话和歌谣不说，从《诗经》开始，我们的古典文学就已经有三千多年的悠久历史，在长期的历史发展中，产生了无数优秀的作家作品，其中可以数出一大批即使置于世界文学之林也毫无愧色，应属于第一流作家作品的光辉名字。通过具体作品的学习，可以增强我们对中华民族古老文明的感性认识。

其次，与上述认识相联系，我们从古典文学的发展中，可以看清我们今天新的文化、新的文学的创造应该植根于自己民族文化的土壤之中。中国古典文学在长期发展中，形成了自己独特的民族传统，无论是诗歌、散文、戏剧、小说都是如此，这是中华民族高度的智慧、才思和艺术创造力的表现和结晶。我们今天正处在一个开放的时代，在文化上也必须开放，必须吸收外来的一切有用的东西；但是，中国文学的民族土壤要比世界上许多国家和民族都要肥沃，我们应该看到这一事实，并且珍视这一事实。只有把根子扎在这肥沃的土壤里，同时吸收和消化外来的营养，才能创造出真正民族的同时也是真正够得上属于世界的有中国特色的新的文学来。

再次，我们学习的仅仅是传统文学中精华部分的最优秀的作品，优秀的作品更能体现进步的文学传统。这一传统是逐步形成的，贯穿在从《诗经》到 1919 年五四新文化运动之前的中国古典文学的全部发展进程中，主要是：一、强烈的爱国主义精神；二、关心和同情人民的疾苦；三、揭露社会黑暗，抨击邪恶势力；四、改革社会的强烈责任感和高度热情；五、歌颂光明，追求进步和美好理想；六、歌颂美好爱情和对婚姻自主的肯定；七、崇尚健康高洁的审美情趣。概括地说，歌颂真、善、美，抨击假、恶、丑，是中国古代无数进步作家的共同追求。优秀的古典文学表现了我国传统的思想道德和审美意识的崇高境界，是我们建设社会主义精神文明和铸造健康人格的精神土壤和思想源泉。

第一讲　古代第一部诗歌总集:《诗经》

第一节　《诗经》前的古歌谣形态

诗歌是中国文学史上产生最早也是成熟最早的文学形式。《诗经》是我国历史上第一部诗歌总集，但《诗经》中所收录的作品还不是最早的诗歌作品，最早的诗歌是在文字产生以前，远古时期创作并流传于口头上的原始形态的民间歌谣。

文学艺术起源于劳动。跟全世界各民族一样，中国文学艺术的产生和发展也和人类的劳动实践密不可分。劳动实践的需要产生了原始的口头歌谣。鲁迅在《门外文谈》中说："我们的祖先的原始人，原是连话也不会说的，为了共同劳作，必需发表意见，才渐渐的练出复杂的声音来，假如那时大家抬木头，都觉得吃力了，却想不到发表，其中有一个叫道'杭育，杭育'，那么，这就是创作；大家也要佩服，应用的，这就等于出版；倘若用什么记号留存了下来，这就是文学；他当然就是作家，也是文学家，是'杭育杭育派'。"① 鲁迅的论述，在中国的古籍中可以得到印证。《淮南子·道应训》说："今夫举大木者，前呼邪许（读如'耶虎'），后亦应之，此举重劝力之歌也。"② 这里所说的"邪许"，相同于鲁迅所说的"杭育"，都是在劳动中为协调动作、鼓舞干劲而发出的自然之音。这说明，初民时期口头歌谣的原始形态，实际就是在劳动中呼喊出来的劳动号子，是在集体劳动中，为了提高劳动效率，或为了减轻疲劳而产生的，是直接为劳动生产服务的。而为了协调动作而产生的劳动节奏，就成为诗歌节奏和韵律形成的基础。后来进一步发展，在这种单纯呼叫的基础上，加进能表达人们心志或情感的语言成分，这就成了真正的诗歌。

---

① 鲁迅:《且介亭杂文》,《鲁迅全集》第六卷，人民文学出版社，1958 年，第 75 页。

② 高诱:《淮南子注》,《诸子集成》第七册，上海书店影印版，1986 年，第 190 页。

原始的诗歌并不独立存在，而是跟音乐和舞蹈结合在一起的。《吕氏春秋·古乐》篇里说："昔葛天氏之乐，三人操牛尾，投足以歌八阕。一曰载民，二曰玄鸟，三曰遂草木，四曰奋五谷，五曰敬天常，六曰达帝功，七曰依地德，八曰总禽兽之极。"① 葛天氏是传说中古代帝王的称号，"操牛尾"是指舞蹈时手里拿着作为牛尾的道具，"投足"指舞姿所表现的奋发振起之状，"八阕"指八支曲子，从题目看，大多和歌颂祖先与所从事的劳动生产以及原始宗教信仰等内容有关。诗、舞、乐三者相结合的情况，大约经历了很长的历史发展时期，之后才逐渐分离而各自成为独立的艺术。

原始的口头歌谣，由于没有文字记录，绝大多数已经亡佚，看不到当时的真实面貌了。在一些古书中偶尔看到一星半点的记载，如见于《列子·仲尼》篇的《康衢谣》、见于皇甫谧《帝王世纪》的《击壤歌》、见于《孔子家语》的《南风歌》等，据现代学者的考辨，大都出于后人的伪托，是不可信的。东汉赵晔的《吴越春秋》中有一首《弹歌》，一般认为比较接近古代歌谣的原始面貌：

断竹，续竹；飞土，逐宍。

据说这是一首黄帝时代的歌谣，内容是反映当时的狩猎生活的，用极其简单的语言和单纯的节拍写出了狩猎劳动的过程。先是砍来竹子（断竹），然后制成弓箭（续竹），狩猎时射出弹丸（飞土），逐击鸟兽（"宍"为古肉字，代指野兽）。这首歌谣内容非常简单，风格十分质朴，但却相当生动地表现了狩猎者劳动时内心的欢乐和对劳动成果的热切期待。

《周易》本是古代的一本卜筮之书，但在用来卜筮的卦辞和爻辞里，却保留了不少古代优美的民间歌谣。如《中孚》六三中有这样一首歌谣：

得敌；或鼓，或罢，或泣，或歌。

这首歌谣反映了原始公社末期各部落之间发生战争时的情景。写战争获得了胜

① 《吕氏春秋》，《诸子集成》第六册，上海书店影印版，1986年，第51页。

利，俘虏了敌人，人们在进行种种活动，表现出各不相同的神态：有的在击鼓，以表示庆贺；有的因为疲劳而休息；有的或因为获胜而高兴，或因为自己或亲人在战争中受伤或牺牲而流泪；有的则兴奋得引吭高歌。又如《归妹》上六中还有一首牧歌式的作品：

女承筐，无实；士刲羊，无血。

这首歌谣显然是游牧民族的歌唱，唱的是男男女女在一起剪羊毛的情景。男的在剪羊毛，女的则用筐子承接。剪羊毛时像是用刀在羊的身上割，却没有见到血，说明其技术的熟练和轻巧；承接羊毛的筐子里没有分量，说明羊毛的柔软和轻盈。全诗只有十个字，精练到不能再精练了，却不仅生动地写出了劳动的情景，而且还含蓄地传达出劳动者内心的喜悦。

歌谣的内容也不限于劳动的情景和场面，有时也扩大到社会生活的更广大的范围。如《屯》六二：

屯如邅如，乘马班如。匪寇，婚媾。

歌辞的大意是说，（新郎）骑着马前来，表现出徘徊难进的样子，他不是来抢劫，而是来求婚的。简单的几句，却把当时抢婚的风俗生动地呈现在我们的眼前，有很浓烈的生活气息。

《易经》卦爻辞中的一些歌谣，不仅在反映的生活内容上很值得我们注意，而且在形式和表现手法上，也有与《诗经》中的作品很接近的地方。如《中孚》九二：

鸣鹤在阴，其子和之。我有好爵，吾与尔靡之。

这首短歌，宋人陈骙就曾指出过，如果将它置于《诗经》的“雅”诗中，是很难看出区别来的（见《文则》）。不只是句式和节奏很接近《诗经》，而且所采用的表现手法也是《诗经》中常用的比兴手法。诗的前两句说，大鹤在树阴里鸣叫，小鹤也鸣叫起来同它应和。诗人听到双鹤和鸣，就以此起兴，引起所要表达的内心的思想感情，于是接着说，我有好的酒杯，愿意同你来共饮。

《易经》卦爻辞中保存下来的这些古代的民间歌谣，在文学发展史上有着不可忽视的价值。刘大杰先生指出，“它是从卜辞到《诗经》的桥梁”①。这是说得很中肯的。

第二节 《诗经》的地域、时代和编集、整理

《诗经》原来只称为“诗”，因为它收录的作品实际篇数为305篇，取其成数，又称为“诗三百”。被称为“诗经”，是到了汉代儒家学者把《诗》尊为经典以后的事。全书的篇目共311篇，其中“小雅”部分有6篇有目无诗，称为“笙诗”。为什么叫“笙诗”？历来有不同的看法，一般认为这6篇篇目原本就是有声无词的，不过是笙乐之名而已。

《诗经》全书分为三个部分：风、雅、颂。这是音乐上的分类。《诗经》时代的作品还保留着歌、舞、乐三者相结合的特色，所以《诗经》里的作品都是一些乐歌，就是与乐、舞配合，按一定的乐调歌唱的歌辞。后来曲谱亡佚，加上音乐舞蹈的进化分离，这些作品才作为“诗”独立存在，也才显示出它们光辉的文学价值。

风是乐曲的意思，《诗经》中的“风”，是指地方乐调，所以又称为“国风”，大部分是各地的民间歌谣。“风”共分为十五国风，是十五个不同地区的民间乐调，共160首。十五国风分布在广大的地域之内。《周南》《召南》合称二南，是南方的歌谣，其地域包括今天的河南汝河流域及湖北的江汉流域；《邶风》《鄘风》《卫风》是原殷商首都地区的歌谣，包括今天的河北、河南的一部分地区；《王风》是平王东迁后首都所在地区的歌谣，即今河南洛阳一带地区；《郑风》和《桧风》是今天河南郑州一带的歌谣；《魏风》和《唐风》指今天山西芮城和曲沃一带的歌谣；《秦风》和《豳风》指今天陕西一带的歌谣；《陈风》指今天河南、安徽一带的歌谣；《曹风》指今天山东西南部曹县一带的歌谣；《齐风》是指今天山东大部分地区的歌谣。

“雅”是周王朝中央所在地的乐调，即周王朝直接统治地区的音乐。“雅”是“正”的意思，当时把这个地区的音乐看作“正声”，所以称为“雅”。“雅”又分为

① 刘大杰：《中国文学发展史》卷上，上海古籍出版社，1982年，第14页。

“大雅”和“小雅”，犹如后世的音乐分类有大曲、小曲或旧曲、新曲一样，这也是从乐调上区分的，也可能与产生的时间先后有一定的关系。《小雅》共存诗74篇（若算上有目无诗的6篇“笙诗”，则为80篇），《大雅》31篇，共105篇。因为《大雅》《小雅》主要是王朝士大夫所作，产生的地区就集中在西周的首都镐京（今西安）和东周的首都洛邑（今洛阳）一带。

“颂”是用于宗庙祭祀而兼有舞容的乐歌，也就是祭祀（祭祖或祭神）时用的歌舞曲。“颂”诗包括《周颂》31篇，《鲁颂》4篇，《商颂》5篇，共40篇。“颂”诗的地域，《周颂》是西周的首都镐京（今西安）地区的作品，《鲁颂》是鲁国的首都今山东曲阜地区的作品，《商颂》是宋国的首都今河南商丘地区的作品。

《诗经》中的作品，除了极少数以外[①]，创作的具体年代很难一一考定。经前人的研究，大体说来，《周颂》的全部和《大雅》的大部是西周初年的作品；《大雅》的小部和《小雅》的大部是西周末年的作品；《小雅》和“国风”中的小部分作品产生于西周初年；“国风”的大部和《鲁颂》《商颂》（经考证，《商颂》是春秋时期宋国的臣子歌颂宋襄公的作品，而宋国是殷商的后代，所以用了《商颂》的名称）一般认为是东迁以后的作品。这样看来，《诗经》中的作品产生在一个很长的时期内，最早的产生于西周初期（公元前11世纪），最晚的产生于春秋中期（公元前6世纪），前后共约五百多年。

作品产生的地域这么广大，年代这么漫长，作者的社会地位又很复杂（既有贵族统治者，也有劳动人民），但《诗经》中的作品变异性却比较小，形式基本上以四言为主，在四言的基础上形成变化，连很难统一的用韵也比较一致。这说明，《诗经》是经过一个搜集、整理和编辑过程的。但《诗经》不会只是经过一时一人之手编辑而成的，大概是经历了一个相当长的时期，由许多人共同搜集、整理、编辑而成。这跟古代某些风习和制度有关。相传古代有所谓“采诗”制度，就是统治阶级为了了解人民群众对自己政事得失的反应，就在每年的春天，派所谓的“行人”也就是“采诗官”到各地去采诗，采回来后呈送给朝廷里的乐师，配上乐曲演奏给天子听。各个诸侯国有自己的乐工和太师，周王朝也有自己的乐工和太师，各国的乐工和太师将搜集到的各地的歌谣呈献给中央的乐工和太师，再经由他们集中和整

① 如《豳风》中的《破斧》，因诗中提到周公东征的事，大体可以确定产生于公元前1114年前后。但这样的作品非常少。

理。统治阶级采诗的目的，当然是为了了解民情，以巩固自己的统治地位，但因此而给我们保存下来一份宝贵的文学遗产，这是当时的统治者和采诗官都没有料到的。

《诗经》的搜集、整理还和周王朝的“制礼作乐”有关。“礼乐”可以说是维系周王朝统治地位的精神武器。当时在祭祀、朝会、征战、狩猎、宴饮、庆祝等活动的时候，都要按一定的礼仪举行仪式，并同时演奏乐章。当时的乐官“太师”在编制乐章时，要参考民间的乐歌，这也是他们搜集民间歌谣的一个重要原因。

另外，周王朝还有公卿列士（即贵族官员和知识分子）献诗的制度，他们以诗歌的形式，向统治阶级歌功颂德或进行讽谏。《诗经》中的作品，主要就是通过以上的三个途径搜集在一起的。

关于《诗经》的编集、整理，以前有所谓孔子删诗的说法。这最早见于《史记》，《孔子世家》里说：“古者诗三千余篇，及至孔子，去其重，取可施于礼义。”又说：“（诗）三百五篇，孔子皆弦歌之，以求合韶武雅颂之音。”但实际上所谓孔子删诗的说法是不可靠的。因为据《史记》的记述，孔子删诗是在他自卫返鲁之后，那时他已经 69 岁了。而据《论语》的记载，孔子在 69 岁以前就常常提到“诗三百”了。最有力的证据是，《左传》襄公二十九年（前 544），记吴公子季札到鲁国观乐，当时鲁国的乐师为他演奏的风诗，编排的顺序跟今天我们看到的《诗经》基本上相同，而当时孔子只有 8 岁。这充分说明，《诗经》不可能是孔子删定的。不过，从《史记》上说的“（诗）三百五篇，孔子皆弦歌之”，再证以《论语·子罕》中孔子自己的话：“吾自卫返鲁，然后乐正，雅、颂各得其所。”孔子大概在乐曲的编排整理上是做过一些工作的。总之，《诗经》的编集、整理者，最大的可能就是朝廷里的乐官太师，是他们汇集了从各地采集来的作品，加以整理、删汰。这应该是比较合乎情理也比较合乎实际情况的事。

《诗经》的传习，在周代的贵族子弟中很受重视，因为诵诗在当时有很广泛的用途，不仅盛典、宴会、娱乐场合用诗，而且庄重严肃的外交场合也常常用诗言志。孔子提倡学诗，重视诗教的作用，对《诗经》的保存和流传也产生过积极的影响，这是应该肯定的。他曾经说过：“小子何莫学夫诗？诗可以兴，可以观，可以群，可以怨。迩之事父，远之事君；多识于鸟兽草木之名。”（见《论语·阳货》）又说过：“不学诗，无以言。”以他的身份，这样重视和推崇学诗，当然会扩大《诗经》的影响。

《诗经》的传授，在汉代有齐、鲁、韩、毛四家，齐指齐国人辕固生，鲁指鲁国人申培，韩指燕国人韩婴，毛指毛公，毛公又分为大毛公和小毛公，大毛公指战国时鲁国人毛亨，小毛公指他的后学赵国人毛苌。齐、鲁、韩三家在西汉时已立于学官，毛诗在东汉时才立于学官。但早出的齐、鲁、韩三家诗后来逐渐衰落，独有毛诗流传下来。三家诗称为今文经（因为是用汉代通行的隶书记录），毛诗称为古文经（因为是用先秦籀文书写的旧籍）。由于今文经的三家诗早亡，故古文经的毛诗流传最广。我们今天看到的《诗经》就是毛诗。有关毛诗的著作，东汉大学者郑玄为《毛诗》作笺，杂采《韩诗》和《鲁诗》之说作注，并多有自己的发明，于是“毛传”“郑笺”成为《诗经》流传中的重要著作。唐代孔颖达的《毛诗正义》，将毛郑两家合为一体加以注疏，成为有关《毛诗》的权威著作。

第三节 《诗经》开创的中国古典诗歌的思想传统

中国古典诗歌的思想传统，是在长期历史发展中形成的，若追溯其源头，则从《诗经》开始。这个传统的要点，用两句话来概括，就是：反映现实，关注民生。这鲜明地反映在《诗经》丰富深厚的思想内容之中。

《诗经》的思想内容，在“风”“雅”“颂”三部分中，是不完全一样的。大体说来，“风”诗是民间歌谣，主要反映下层劳动人民的生活和思想感情；“雅”诗是宫廷诗歌，“颂”诗是庙堂祭祀诗歌，主要反映统治阶级的生活和思想感情。当然情况也有比较复杂的一面，《小雅》中也有劳动人民的创作，就是“雅”“颂”中出于统治阶级之手的作品，也有一部分真实地反映了社会生活的某些侧面，具有一定的社会意义。但是从整体看来，“风”诗中的大部分和《小雅》中的一部分，是《诗经》中的精华所在，是劳动人民的口头创作，鲜明地体现出“饥者歌其食，劳者歌其事”（《春秋公羊传》宣公十五年何休解诂）的民歌风貌，生动地反映出当时的社会现实和劳动人民的思想感情。

一、反抗压迫剥削的诗篇

“风”诗中的许多作品，真实地反映了奴隶社会的主要矛盾——奴隶和奴隶主之间的矛盾。一方面表现了奴隶们的悲惨生活，他们遭受到奴隶主阶级的残酷剥削和压迫，内心十分痛苦；另一方面，由于残酷的压迫和剥削，激起了被压迫的奴隶们强烈的不满和愤怒的反抗。前者的代表作是《豳风》中的《七月》：

七月流火，	七月火星向西沉[①]，
九月授衣。	九月人家寒衣分。
一之日觱发，	冬日北风叫得尖，
二之日栗烈，	腊月寒气添，
无衣无褐，	粗布衣裳无一件，
何以卒岁！	怎样挨过年！
三之日于耜，	正月里修耒头，
四之日举趾，	二月里忙下田，
同我妇子，	妇人孩子一齐干，
馌彼南亩。	送汤送饭上垄边。
田畯至喜。	田官老爷露笑脸。

七月流火，	七月火星向西沉，
九月授衣。	九月人家寒衣分。
春日载阳，	春天里好太阳，
有鸣仓庚。	黄莺儿叫得忙。
女执懿筐，	姑娘们拿起高筐筐，
遵彼微行，	走在小路上，
爰求柔桑。	去采养蚕桑。
春日迟迟，	春天里太阳慢悠悠，
采蘩祁祁。	白蒿子采得够。
女心伤悲，	姑娘们心里正发愁，
殆及公子同归。	怕被公子带了走。

七月流火，	七月火星向西沉，
八月萑苇。	八月苇秆好收成。
蚕月条桑，	三月里修桑条，

① 译文采自余冠英先生的《诗经选译》，作家出版社，1957年。

取彼斧斨，	拿起斫柴刀，
以伐远扬，	太长的枝儿都砍掉，
猗（掎）彼女桑。	拉着嫩枝儿绑绑牢。
七月鸣鵙，	七月里伯劳还在嚷，
八月载绩。	八月里绩麻更要忙。
载玄载黄，	染出丝来有黑也有黄，
我朱孔阳，	朱红色儿更漂亮，
为公子裳。	得给那公子做衣裳。

四月秀葽，	四月里远志把子结，
五月鸣蜩。	五月里知了叫不歇。
八月其获，	八月里收谷，
十月陨萚。	十月落树叶。
一之日于貉，	冬月里打貉子，
取彼狐狸，	还得捉狐狸，
为公子裘。	要给公子做皮衣。
二之日其同，	腊月里大伙又聚齐，
载缵武功。	打猎习武艺。
言私其豵，	小个儿野猪给自己，
献豜于公。	大个儿野猪献公爷。

五月斯螽动股，	五月斯螽弹腿响，
六月莎鸡振羽。	六月纺织娘抖翅膀。
七月在野，	七月蛐蛐儿在野地，
八月在宇，	八月里在屋檐底，
九月在户，	九月门口叫，
十月蟋蟀入我床下，	十月床下移。
穹窒熏鼠，	火烟熏耗子，窟窿尽堵起，
塞向墐户。	塞起北窗户，柴门涂上泥。
嗟我妇子，	可怜儿子和老妻，

曰为改岁，	如今快过年，
入此室处。	且来搬屋里。
六月食郁及薁，	六月里吃山楂樱桃，
七月亨（烹）葵及菽，	七月里煮葵菜豆角。
八月剥（扑）枣，	八月里打枣，
十月获稻，	十月里煮稻。
为此春酒，	做成甜酒叫冻醪，
以介眉寿。	老人家吃了精神饱。
七月食瓜，	七月里把瓜儿采，
八月断壶（瓠）。	八月里把葫芦摘。
九月叔苴，	九月里收麻子，
采荼薪樗，	掐些苦菜打些柴，
食我农夫。	咱农夫把嘴糊起来。
九月筑场圃，	九月垫好打谷场，
十月纳禾稼。	十月谷上仓。
黍稷重（穜）穋（稑），	早谷晚谷黄米高粱，
禾麻菽麦。	芝麻豆麦满满装。
嗟我农夫！	咱们这些泥腿郎！
我稼既同，	地里庄稼才收起，
上入执宫功，	城里差事又要当，
昼尔于茅，	白天割得茅草多，
宵尔索绹，	夜里打得草索长，
亟其乘屋，	赶紧盖好房，
其始播百谷。	耕田撒种又要忙。
二之日凿冰冲冲，	十二月打冰冲冲响，
三之日纳于凌阴（窨），	正月抬冰窖里藏，
四之日其蚤（叉），	二月取冰来上祭，

献羔祭韭。	献上韭菜和羔羊。
九月肃霜，	九月里下霜，
十月涤场。	十月里扫场。
朋酒斯飨，	捧上两樽酒，
曰杀羔羊，	杀上一只羊，
跻彼公堂，	齐上公爷堂，
称彼兕觥，	牛角杯儿举头上，
“万寿无疆”！	祝一声“万寿无疆”！

这是一首农事诗，讲述了一年四季的农事活动，但它不是单纯的叙事诗，叙事中兼有抒情，真实地表现了三千年前奴隶劳动的艰辛和社会的不公平。在不同的季节，处于社会底层的奴隶们不停息地劳动，男人们下地耕种、上山打猎，女人们采桑养蚕、绩麻纺织，就算农闲季节，也还要酿酒、凿冰、修房，但是劳动的成果都被奴隶主们剥夺走了，于是农奴们发出了“无衣无褐，何以卒岁”的悲惨的呼号。农事诗而写出了对人、对人的生活和生命的深切关注，从《诗经》开创的我国诗歌的这样一种思想传统，确是很值得我们重视的。全诗八章，每章十一句，共八十八句。在如此篇幅中，反映了丰富复杂的生活内容，表现了强烈的现实生活的气息和叙事者的思想感情，这证实了早在三千年前我国的诗歌就已经走向了成熟。

由于深重的压迫剥削，终于引起奴隶们强烈的不满和愤怒的反抗，这集中反映在《魏风》的《伐檀》和《硕鼠》两诗中。前诗指责那些所谓的“君子”，“不稼不穑”“不狩不猎”，却坐享美好的生活，于是讽刺他们说：“彼君子兮，不素餐兮！”（那些个大人先生啊，可不是白白吃闲饭！）后诗竟直接将奴隶主们比作白吃粮食的大老鼠，并斥责他们说：“硕鼠硕鼠，无食我黍！三岁贯汝，莫我肯顾！”他们于是逃亡，希望到一个没有剥削和压迫的理想社会中去：“逝（誓）将去女（汝），适彼乐土。”（老子发誓另找生路，明儿搬家去到乐土。）所谓“乐土”，自然是一种浪漫主义的幻想，但这种幻想是植根于不合理的现实土壤之中的，对“乐土”的不切实际的期待，正是对黑暗现实的有力否定。

统治者为追求奢侈享乐生活而加给人民无尽的劳役，同时为了自己的私利而不断进行不义的战争，这都给人民带来深重的灾难。因此在人民的反抗呼声中反对徭役和不义战争的声音也是十分响亮的。《唐风》中的《鸨羽》就是这样鲜明强烈地向统治者提出控诉的：

王事靡盬，不能艺稷黍！父母何怙？悠悠苍天！曷其有所？

由于统治者没完没了的徭役，使得农田荒芜，年迈的父母没有粮食充饥，命危旦夕，于是叩问苍天：什么时候才能有一个安身之所呢？《小雅》中的《何草不黄》，很巧妙地从两个方面来诉说从役士兵内心的痛苦：一是终年四方奔走不息；二是夫妻长期不能团聚，不能过正常的家庭生活。“哀我征夫，独为匪民！”所谓“匪民”，就是痛诉这样的生活不是人过的日子。这里是诗歌主人公的自诉，正表现出诗歌创作对人和对民生深切关注的情怀。

《豳风》中的《东山》，生动地描写了一位长期服兵役的士兵，在退役还乡途中复杂的思想感情。全诗四章，每一章开头的“我徂东山，滔滔不归”（打我远征到东山，一别家乡好几年）就以重叠的形式，咏唱出他在服役期中，每日每时对家乡的深切思念，以及此时归心似箭的心理，充满一种对家眷念却又不能归去的无奈感情。眼前就要回家了，可是心中既欣喜又忧惧，久别的家会是一个什么样子呢？于是具体地想象出家园的荒芜、艰难生活的妻子的悲叹，并进而追忆当年新婚时的甜美和幸福。这首诗写得婉曲动人，在构思上很有特点。它并没有直接表现主人公对战争的态度，可是那缠绵的思念，那难言的悲伤，就都是对带给人民不幸和痛苦的战争的控诉。反对兵役的态度是含蓄的，同时又是深沉有力的。与《东山》相近的还有《魏风·陟岵》，写远征的人没有归家的机会，却有强烈的归家的愿望，他登山望远，想象家里的父母兄弟正在思念他，愿他平安，盼他快快归来。其他还有写妻子思念远方征人的《卫风·伯兮》，写山村劳动妇女怀念和盼望在外服兵役的丈夫归来的《王风·君子于役》，对徭役之重发出怨愤之声的《邶风·式微》，以及在徭役重压下表示痛不欲生的《王风·兔爰》等，都从不同的角度，既表现了人民对兵役和徭役制度的憎恶，又表现了人民对和平安定生活的热切渴望。反对兵役和徭役，是《诗经》中反剥削反压迫作品的一个重要内容。

这里还应该提到的是，《诗经》中虽然表现了当时人民强烈的反战情绪，但他们并不是一切战争都反对的，对于正义的维护自己国家的战争，他们不但不反对，而且是积极支持，热情参加的。最突出的是《秦风》中的《无衣》一诗：

岂曰无衣？	谁说没有衣裳？
与子同袍。	斗篷伙着披，我的就是你的。
王于兴师，	国家出兵打仗，
修我戈矛。	且把武器修理。
与子同仇。	一个敌人，你的就是我的。

全诗共三章，反复咏唱，将同仇敌忾、团结战斗、勇往直前的爱国主义和英雄主义精神表现得非常突出。这种可贵的精神和思想感情，在上面提到的《卫风·伯兮》中也有鲜明的表现。这本来是一篇写思妇的作品，却从一个独特的角度，十分真实地刻画出一位在前线作战的英雄战士的形象："伯兮朅兮，邦之杰兮。伯也执殳，为王前驱。"（我的哥啊多英勇，在咱卫国数英雄。我哥手上拿殳杖，为王打仗做先锋。）她虽然在寂寞生活中十分思念自己的丈夫，但却为丈夫在前线为国英勇战斗的英雄行为感到自豪，这自豪感中不仅映射出丈夫的英雄主义，也映射出这位识大体、顾大局的高尚妇女的爱国主义和自我牺牲精神。由于是从在家的思妇之口来表现的，这表现就显得格外的自然和真切，在几千年之后，读起来仍然十分感人。此外，在《小雅·采薇》和《鄘风》中的《载驰》《定之方中》，也从不同的方面和角度表现出同样感人的爱国主义精神。反对不义战争和保卫祖国的爱国主义精神，共同构成了中国古典诗歌思想传统的重要内容。这一传统也是从《诗歌》开始的。

二、描写爱情婚姻的诗篇

爱情是人类的一种美好感情，爱情婚姻生活是社会生活的一个重要内容。反映现实和关注民生的中国古典诗歌，从《诗经》开始，对爱情和婚姻生活的歌颂和表现，也构成了一个悠久而又色彩绚丽的传统。

爱情诗篇在"国风"中占有相当大的比重，内容丰富多彩，表现生动形象，十分动人。其中一部分是恋歌，表现了青年男女对爱情的美好追求、热恋时的微妙心理、对恋人的热切思念、失恋时的痛苦等等。《诗经》中的第一篇《周南·关雎》，就是一首歌颂爱情的古歌。诗中写一位男主人公对一位美丽姑娘的追求，这种追求是十分热烈、大胆而又执着的。"窈窕淑女，君子好逑。"千百年来成为青年男子爱情追求的一种典范性语言。那种对爱情追求过程中微妙心理的揭示，如"寤寐求之""琴瑟友之""钟鼓乐之""求之不得……辗转反侧"等，都具有很高的概括性和典型意义，真实地传达出了青年男子普遍的爱情体验，引起过历代无数读者的共鸣。

《邶风》中的《静女》写青年男女幽会，是以一个男子的口吻写的。那位姑娘好像有些调皮，她已按照约定的地点同心爱的人幽会，可是却故意躲藏了起来，使得小伙子“搔首踟蹰”。后来终于见了面，还赠送给他美好的礼物，他拿着心爱的礼物，沉浸在甜蜜幸福之中。《郑风》中的《溱洧》，表现了郑国的青年男女，当春天到来的三月上巳日，到春水涣涣的溱洧两水边欢聚，他们相伴嬉戏、谈情说爱，充满了无限的欢乐。“维士与女，伊其相谑，赠之以勺药。”（女伴男来男伴女，你说我笑心花放，送你一把芍药最芬芳。）真是其乐也融融，男女主人公们充分享受到爱情的幸福。还有一些爱情短章，描写爱情生活中各种不同的体验，也都充满一种爽朗的格调，极富情趣。如《郑风·萚兮》，写一个多情女子要求她所爱的人同她一起合唱，在同歌中共享爱情的美好。又如《郑风·风雨》写主人公急切盼望情人的到来，久盼之后情人突然来到，其欢乐之情溢于言表。

以上作品都生动地写出了爱情生活的美好，充满一种欢乐幸福的基调。但有聚合就有离别，痛苦往往与幸福相伴相生，《诗经》中的作品也写了爱情生活中的另一面。如《王风》中的《采葛》，就表现了别后对情人刻骨相思的真挚感情。其实爱人才离开他一天，他就陷入了无限的思念之中，想象她正在采摘美丽的香草，觉得时间过得很慢很慢。“一日不见，如三月兮”，“一日不见，如三秋兮”，“一日不见，如三岁兮”：“月”、“秋”（按，这里当指一季）、“岁”，时间的概念越来越漫长，以此真实而微妙地表现出相思之缠绵与难熬。在这里，与其说是表现思念的痛苦，不如说是表现爱情的甜蜜，表现一种与痛苦纠缠在一起的特殊的幸福感。这样复杂感情的表现也是能唤起无数人的共鸣的。“一日不见，如隔三秋”或“一日三秋”，在后世竟成为表达思念的一个熟语，足见它的艺术感染力。还有《秦风》中的《蒹葭》，写一位痴情者对自己意中人的深沉思念，他那热烈追求而不可得的痛苦心情，也表现得十分缠绵深沉而动人心魄。“蒹葭苍苍，白露为霜。所谓伊人，在水一方。”在中国早期的诗歌中已经创造出了这样一种极具艺术感染力的诗歌意境，这里有清清的流水，眼前是白茫茫的一片芦花，在秋天的早晨，露珠儿也凝成了清霜。在这样的清景之中追寻自己的情人，而情人好像就藏在这样的清景之中。“在水一方”，“在水之湄”，“在水之涘”，自己追寻的人到底在什么地方呢？想象其所在，可混混茫茫，又不知其真实所在。追求、失落，可望而不可即，在惆怅中仍然涵藏着一丝爱情的甜蜜。

还有一部分作品，写到当时爱情所受到的各种社会影响和束缚，以及主人公或顾忌或反抗的不同态度。《郑风·将仲子》写一个热恋中的女子，思念情人却又劝阻他不要到她的家里来幽会，内心的矛盾就是产生于父母兄长的管束和人言的可畏。可是在疑虑和畏惧中，正含蕴着对情人恋恋不舍的一片深情。而《鄘风·柏舟》中的女主人公对于外力的干预，却取了一种坚决反抗的态度。她自主选择了一个心爱的对象，却遭到母亲的反对，她怨恨母亲不能理解她的心，表示至死也不改变自己的主意："之死矢靡它。母也天只！不谅人只！"（我到死不改心肠。我的娘啊！我的天啊！人家的心思你就看不见啊！）这是何等坚强和有力的反抗声音啊！

这里所写的爱情体验，应该都是属于下层劳动人民的，因此不论是从哪个方面和角度来表现，都具有共同的健康、纯洁、质朴、真挚、热烈等特点。这些优美的爱情篇章，无论就思想或艺术来看，都已经是非常成熟的作品，是中国古典诗歌歌颂爱情传统的光辉的开端。

与歌颂爱情相关，《诗经》中另一部分作品表现了爱情婚姻的不幸与痛苦。《卫风》中的《氓》，是其中最著名的一篇。这是一个受丈夫欺骗、被丈夫遗弃的不幸妇女的沉痛控诉。这个不幸的妇女十分纯朴天真，同时又十分坚强果决，她在吸取了沉痛的教训以后，毫不留情地同无情无义的丈夫决裂了。这首诗基本上是叙事，同时又穿插进抒情，将她被骗结婚和被遗弃的经过写得非常生动具体。主人公虽然天真幼稚，却同时又是一个非常聪明的女子，她对经验教训的总结和认识，是很清醒的，也是很深刻的。她对天下纯真的姑娘们说："吁嗟女兮，无与士耽！士之耽兮，犹可说（读如'脱'，解脱的意思）也；女之耽兮，不可说也。"诗中期待、失望、欢乐、痛苦、悔恨、怨愤等，各种复杂的思想感情交织在一起，流露在字里行间。难得的是，这首在今天看来篇幅不算很长（六章六十句）的叙事诗，写出了一个爱情婚姻悲剧形成的全过程，而女主人公的不幸遭遇说明了男女的不平等是婚姻不幸的重要根源，这在当时和后世都具有很高的典型意义。《邶风·谷风》也是反映婚姻生活的不幸的。女主人公勤劳善良，丈夫却粗暴凶狠，绝情寡义，喜新厌旧。和上一首不同的是，她虽然遭到丈夫的遗弃，自己却仍然痴情不改，在诗中唱道："德音莫违，及尔同死。"（往日的恩情休要抛弃，和你过到老永不离分。）另，《王风·中谷有蓷》也是一首弃妇的怨诗，同样反映了妇女在爱情婚姻生活中的不幸遭遇。

三、描写劳动生活的诗篇

《诗经》中的民歌，大都是劳动人民的口头创作，因此在诗歌中描写和歌颂劳动是十分自然的事。上举《七月》《伐檀》和《硕鼠》，虽然主题在于反抗压迫剥削，

但都从不同侧面反映了当时奴隶劳动生活的艰苦和沉重。《国风》中另有一些诗是表现劳动生活的愉快和美好的。如《周南·芣苢》:

采采芣苢，薄言采之。　　车前子儿采呀采，采呀快快采些来。
采采芣苢，薄言有之。　　车前子儿采呀采，采呀快快采起来。

采采芣苢，薄言掇之。　　车前子儿采呀采，一颗一颗拾起来。
采采芣苢，薄言捋之。　　车前子儿采呀采，一把一把捋起来。

采采芣苢，薄言袺之。　　车前子儿采呀采，手提着衣襟兜起来。
采采芣苢，薄言襭之。　　车前子儿采呀采，掖起衣襟兜回来。

诗里歌唱的是妇女们采摘芣苢时的情景和欢乐的心情。全诗三章（每四句为一章），只改换了六个动词，就非常准确生动地将不同的动作和动作的连续性表现出来了。采用重叠复沓的形式，相同中又有变化，反复咏唱，就把诗中人物内心的欢乐之情表现得非常充分。这还只是表层的意义，这首诗在劳动情景的生动描绘中，还蕴含着一种较为深厚的民俗和文化内涵。这就牵涉到对芣苢的认识和理解。芣苢是一种什么样的植物呢？妇女们为什么要采摘它，采摘时又为什么那样充满喜悦之情呢？在这方面前辈学者多有阐释。芣苢，余冠英先生据《毛诗》注为："植物名，就是车前，古人相信它的种子可以治妇人不孕。"[①]那就是说，妇女采摘芣苢，是跟生子有关的。闻一多先生有更深入的申发和联想："芣苢是一种植物，也是一种品性。"他据古代夏禹的母亲吞食薏苡（即芣苢）而生禹的传说，以及古籍中有关芣苢有"宜子"功能的记载，将妇女采摘芣苢和妇女生子的欲望联系起来，说：这是"何等惊心动魄的原始女性的呼声"[②]。这样来理解，这一首单纯得不能再单纯的诗歌，就不只是写了一个动态的劳动场面，表现了劳动时欢乐的气氛和轻快的节奏，而且还具有了更深一层的含义。

《魏风·十亩之间》是写采桑妇女的劳动的：

---

① 余冠英:《诗经选》，人民文学出版社，1957 年，第 8 页。

② 闻一多:《匡斋尺牍》,《闻一多全集》，开明书店，1948 年，第 352 页。

十亩之间兮，	一块桑地十亩大，
桑者闲闲兮。	采桑人儿都息下。
行与子还兮。	走啊，和你同回家。
十亩之外兮，	桑树连桑十亩外，
桑者泄泄兮。	采桑人儿闲下来。
行与子逝兮。	走啊，和你在一块。

“劳者歌其事”，采桑妇女唱出一曲采桑之歌。一群妇女在桑园里采桑，看来今年的桑叶长得格外好，她们采得很多，心满意足地停息下来，互相招呼着一起回家。在经过紧张的劳动之后，她们走出桑园，有意放缓脚步，边走边唱，结伴向家里走去。她们的步态是多么的安闲，心意是多么的满足，相互间关系是多么的融洽。

四、政治讽刺诗篇

《诗经》中的政治讽刺诗篇，可以分为两类。一类是《国风》中的民歌，是劳动人民怀着憎恶和鄙弃的感情，揭露和抨击统治阶级荒淫无耻的生活和丑恶的灵魂，讽刺锋芒极为尖锐，风格也十分辛辣和犀利。如《邶风·新台》：

新台有泚，	河上新台照眼明，
河水瀰瀰。	河水溜溜满又平。
燕婉之求，	只道嫁个称心汉，
籧篨不鲜。	缩脖子虾蟆真呕心。
新台有洒，	新台高高黄河边，
河水浼浼。	黄河平平水接天。
燕婉之求，	只道嫁个称心汉，
籧篨不殄。	癞皮疙瘩讨人嫌。
鱼网之设，	下网拿鱼落了空，
鸿则离之。	拿了个虾蟆在网中。
燕婉之求，	只道嫁个称心汉，

得此戚施。	嫁着个缩脖子丑老公。

这首诗是揭露卫宣公的丑行的。卫宣公为他的儿子伋娶了一个齐国的女子为妻，但他听说这个姑娘长得很漂亮，就将她霸占为己有，并在黄河上搭建了一个新台来迎接。这件事引起了卫国老百姓强烈的不满和憎恶，就写了这首诗来揭露和讽刺他。这首诗以齐女的口吻，直接痛斥他是一个讨人嫌的缩着脖子的癞虾蟆，写得明朗率直、锋芒毕露，痛快淋漓地对宣公的丑恶行径进行了抨击。《陈风》中的《株林》，是讽刺陈灵公和大夫夏御叔的妻子夏姬私通的。《齐风》中的《南山》，是讽刺齐襄公和他的同父异母妹文姜通奸的，顺便也讽刺了与此事相关的文姜和她后来的丈夫鲁桓公；《齐风·敝笱》则是与上诗相关联的诗篇，讽刺文姜的淫乱：鲁桓公被刺后，鲁国立文姜的儿子继位为鲁庄公，但文姜此时仍不规矩，时时以寡妇的身份回到齐国去与襄公幽会。《鄘风》中的《墙有茨》，是卫人讽刺卫宫室里多起淫乱行为的。这一系列诗篇都是揭露和讽刺统治阶级在男女关系上私通、乱伦等丑恶的思想行为，表现了鲜明强烈的憎恶态度。

《国风》中的讽刺诗，风格尖锐泼辣，对统治阶级十分藐视，居高临下地对他们的丑恶行为投以痛斥和嘲笑。《鄘风·相鼠》在艺术风格上就最有代表性，痛快淋漓地斥责那些无耻的统治者连老鼠都不如："相鼠有皮，人而无仪。人而无仪，不死何为！"

此外，值得注意的还有《秦风·黄鸟》，是揭露统治阶级惨无人道的殉葬制度的。史载，秦穆公卒，以子车氏之三子奄息、仲行、鍼虎为殉。此诗即是秦国的老百姓为痛悼被殉葬的三子而作。诗共分三章，第一章悼奄息，第二章悼仲行，第三章悼鍼虎，三章回环往复，呼天抢地，表现了深厚的人道主义精神和强烈的爱憎感情。其中三章都重复这样沉痛控诉的句子：

彼苍者天！	苍天啊苍天！
歼我良人！	我们的好人一个不留！
如可赎兮，	如果准我们赎他的命，
人百其身。	拿我们一百换他一个。

《诗经》中的另一类讽刺诗，是出于统治阶级内部之手，主要见于《大雅》和《小

雅》。这些诗的主要内容，是暴露当时政治上的黑暗、统治者的享乐腐化，反映社会的动乱不安，以及劝谕统治者要任用贤良、刷新政治等。因为基本上是出于对统治者的劝谕，故历史上多称这类诗为讽喻诗。如《大雅》中的《桑柔》，就对周厉王统治时期由于君王残暴腐朽、政治黑暗，以至造成社会矛盾激化、民心思反的严重的社会危机，进行了相当尖锐的揭露。从这种揭露中，明显地表现出作者在政治上的一种深切的忧虑。这种伤时感世，表现对时政深切忧虑的诗，还有《小雅》中的《正月》。从诗中的语气看，作者显然是一个在统治阶级中受到排挤、处境孤危的人物，他在对自身的伤感中，处处流露出对民生的关注和对改良政治的热情。这一类诗篇，还有《大雅》中的《瞻卬》《民劳》《召旻》，《小雅》中的《节南山》《十月之交》《北山》《巷伯》《四月》等。这些诗的作者主要是一些关心政治而又头脑清醒的贵族，他们是从本阶级的长远利益出发，最终的目的还是维护王朝统治的。因此这类诗的揭露锋芒大多集中于那些昏庸误国的掌权者，虽然有的也写得相当直率和大胆，甚至于直接点出那些被斥责的掌权者的名字（见《十月之交》的第四章），但总的看来，尖锐性和鲜明性都不如《国风》中的讽刺诗。不过，这些出于贵族之手的政治讽喻诗，毕竟表现了对黑暗政治的强烈不满、对人民生活的一定同情，以及对改良政治和改善人民处境的政治热情，仍然应该给予充分的肯定。在艺术表现上，由于这些诗的作者文化水平比较高，一般规模较大，篇幅较长，叙事抒情都很有条理，语言也比较生动。这类出自贵族文人之手的政治讽喻诗，开了中国后世文人政治抒情诗和讽喻诗的先河，也是中国古典诗歌在思想内容上的一个不容忽视的传统。

五、古老的史诗

在《大雅》中有五篇规模较大的叙事诗，真实地记载了周民族创业和发展的历史，被称为中华民族的古老史诗。这五篇诗是：《生民》《公刘》《绵》《皇矣》和《大明》。这些诗记述了周民族先王的建国经过，某些描写带有早期传说的神话色彩。《生民》首先记述了周始祖后稷的诞生，这一诞生过程充满了神奇色彩。诗中说他的母亲姜嫄因为踩着上帝的脚印而怀了他，生下他后不喜欢他，便将他丢弃在路上，却有牛羊来哺乳他；继而又将他丢弃在冰块上，却又有鸟来用羽翼保护他。这就表现出他的长成完全是出于神的意志。他长大后发明了农业，这位农业之神为周民族打下了立国的基础。诗人在叙述中对自己民族的产生和发展充满一种自豪感，同时也表现出对于农业生产劳动的高度热情。《公刘》是描写周民族的远祖率众由邰迁徙到豳（今陕西栒邑附近），以及到豳以后开荒创业的故事，诗中塑造了勤劳、智慧、深受人民爱戴的公刘这一民族英雄的形象。《绵》则记述的是周太王古公亶父时期周人由于戎狄的侵扰，由豳而向岐下（今陕西岐山县）迁徙的故事。故事写古公亶父率领人民到岐山之南的“周”原（周民族因此而得名）艰苦创业的情形，叙写中也充满了自豪感和神话色彩。

以上三首史诗的内容带有连续的性质，描述了周民族的创业和发展过程，同时歌颂了在这艰苦创业过程中产生的民族英雄，是历史，也是颂歌。这些史诗的写成，可能有口头传说材料作基础，凝聚了长期创业过程中人民群众的思想感情，其中表现的聪明智慧、勇敢勤劳的特点和精神，正是我们中华民族极可宝贵的民族精神，至今仍是激励我们奋发图强、艰苦创业的精神动力，也是值得我们引为自豪的思想财富。

《皇矣》和《大明》也是古老的史诗，但与上三篇略有不同。《皇矣》是歌颂周文王攻打崇和密两个小国（在今陕西和甘肃）的战争取得胜利的诗篇，《大明》则是歌颂武王在牧野（在今河南淇县附近）与商会战而取得伟大胜利的诗篇。周灭商而得天下，所以诗中对此大书特书，做了生动细致的描写，这两篇诗突出地歌颂帝王而抹煞了群众的功绩，同时充满天命观的抽象说教，目的是为了巩固他们的统治地位。比起前面三首诗来，这两首诗的生活气息比较淡薄，思想和艺术价值大为逊色。但作为中华民族古老历史的诗的记录，仍然是值得我们珍视的。

从《诗经》的总体来看，《国风》主要是民间歌谣，反映了下层人民的生活和思想感情，其中也有少数出于统治阶级内部不得志或没落阶层者之手；《小雅》中的小部分也是来自民间的口头创作；而《大雅》除少数叙事诗和政治讽喻诗之外，和《颂》诗中的大部分一样，主要是属于朝廷和宗庙的乐歌，基本内容是歌颂统治阶级的功德和宣扬天命思想，艺术上也板滞无文，千篇一律。《周颂》反映了周初的繁盛，还有一定的历史资料的价值；《鲁颂》的大部分和《商颂》是春秋时期鲁国和宋国的宗庙乐歌，形式僵化，内容亦很少可取之处。

第四节 《诗经》的文学成就和在文学史上的影响

《诗经》中的作品很多，内容丰富复杂，艺术成就也参差不齐，但从全书的总体看，是取得了很高的艺术成就的，成为中国古典诗歌光辉的现实主义传统的发端，对后世影响极大。这里讲《诗经》的艺术特色和成就，是就《诗经》的主流和精华而言，表现在以下几个方面。

一、《诗经》的现实主义精神和现实主义创作特色

《诗经》中的民歌，都体现了“饥者歌其食，劳者歌其事”的创作思想，极其朴素自然地将自己的劳动生活、爱情体验、被压迫被剥削的不幸命运以及由此而产生的种种复杂的思想感情，都反映到诗歌中来，通过生动的生活画面，多方面地真实地展现了那个古老时期的社会生活面貌和人民的思想情绪。这是《诗经》所表现出的强烈的现实主义精神，这种精神开创了中国古典诗歌光辉的传统，对后世诗歌的发展产生了极其重要的影响。

这种现实主义精神，体现为以下几个方面的思想和艺术特色：

第一，植根于对现实生活作真实描绘基础上的鲜明的是非观念和强烈的爱憎感情。诗人或者说诗中的主人公，他的感情不是抽象空洞地讲出来的，而是与对现实生活的真实描绘相结合，他所表达和抒发的是有根有源的对现实生活血肉丰满的真实感受。这是这些距离我们三千年左右的古老民歌至今还能强烈地感染我们的根本原因。

第二，善于以朴素自然的手法，通过真实的生活画面的描绘来反映出社会生活的本质，并且表现出浓厚的生活气息。

第三，在简短的篇幅里，能够或者通过抒情主人公内心思想感情的直接倾诉，或者通过人物的语言或行动的细节描绘，来刻画出人物的性格特征，塑造出鲜明生动的人物形象。

第四，善于运用对比的手法，以突出生活的矛盾，构成鲜明的比照，加强感情的表达，使生活画面更加鲜明生动，给读者留下深刻的印象。

二、灵活多变的句式和重叠复沓的章法

《诗经》中作品的句式，以四言为主，而又富于变化，常常根据不同的题材内容和感情表达的需要，穿插进二言、三言、五言、六言甚至七言、八言，参差变化，相间使用，造成一种灵活多变、生动活泼的语句形式。如《伐檀》就是一首杂言诗。全诗共三章，每章九句，句式以四言为主（如“不稼不穑”“不狩不猎”“彼君子兮，不素餐兮”），又穿插进六言（如“置之河之干兮”“河水清且涟猗”）、七言（如“胡取禾三百廛兮”）和八言（如“胡瞻尔庭有县貆兮”），这样形成多变的句式，最能表现伐木者劳动的节奏，同时也最能表现劳动者对剥削者的怒斥和冷嘲热讽时那抑扬起伏的思想感情。值得注意的是，其中加“兮”字的四言、六言、七言、八言，实际上是由三言、五言、六言和七言增加一个语气词“兮”字所构成，这样诗的语言就更加接近口语，诗人的语气也更加逼真。思想内容与此相近的《硕鼠》，却全诗纯用四言，读起来同样朗朗上口，铿锵有力。可见《诗经》的句式并不是整齐划一，而是不拘一格的，但以四言为主，在四言的基础上穿插变化，显得丰富多彩。这种情况对后世诗歌的形式是有明显影响的，虽然后来随着时代的发展，古典诗歌的形式逐渐形成以五言和七言为主，但五言和七言是从四言发展而来的，而且在五言诗和七言诗占据主导地位以后，四言和杂言诗仍是中国古典诗歌中的两种常见体式，代有新作。

《诗经》中的作品，每一篇都是由若干章组成，每一章的字句基本相同，略有变化（一般只变化几个关键性的字词），造成一种重叠复沓的结构形式。这一特点，跟《诗经》中的作品本来就是供歌唱的乐章分不开。歌唱的时候，常常需要在回环往复中再三咏唱大致相同的内容，以强调和突出歌唱者的思想感情。回环往复、重叠复沓的结构形式，收到了明显的抒情效果，构成了《诗经》民歌鲜明的艺术特色。

复沓章法运用中所表现出的各章之间的关系，是多种多样的：有的相承相续，递进而深。如《召南·摽有梅》写一个青春觉醒的姑娘，期待着她的意中人来向她求爱求婚，三章基本格式和语言都是一样的，其中的变化主要集中在第二句和第四句少数几个字词上。每章第二句以梅子的成熟坠落（“其实七兮”“其实三兮”“倾筐塈之”）来象征姑娘年岁的增长和青春的成熟，而第四句则相应地道出姑娘期待小伙子采取的不同态度（“迨其吉兮”“迨其今兮”“迨其谓之”）。这样，诗意就在事物的相续变化中有了发展，而女主人公的思想感情也因此而表现得越来越强烈和深沉。又如《王风·采葛》表现主人公对恋人的思念，写“一日不见”在他心中的感受和思绪的变化，就用“如三月兮”“如三秋兮”和“如三岁兮”来显示，同样是只有一天不见，却感觉到时间越来越长，这样就自然地在相续递进的关系中表现出思念的强烈和热切。有的则平行相联，却扩大了歌唱的内容。如《郑风·将仲子》，各章的内容基本上是相同的，只是表现女主人公在爱情追求中内心的畏忌，其对象在三章中逐渐扩大，由“畏我父母”“畏我诸兄”到“人之多言亦可畏也”。有的词语所显示的内容变化并不大，但通过重叠复沓，却使感情的表达更加充分，更加强烈。如《卫风·木瓜》，对方送给自己的礼物，由“木瓜”“木桃”到“木李”，而自己回赠的，也只是由“琼琚”“琼瑶”到“琼玖”，并没有实质性的变化，但因为反复咏唱，那种“永以为好”的愿望和感情，就表现得非常鲜明和突出。

总的看来，《诗经》中的这种重叠复沓的结构形式，并不是一种简单的重复，而是在重复中有变化，通过这种看来并不太大的变化，却显示了诗意的深化、扩大和强化，因而不但不使人感觉单调，反而显得生动活泼，收到了很好的艺术效果。

三、赋、比、兴的表现手法

《诗经》中的艺术表现手法，前人总结为赋、比、兴三种。赋、比、兴，最早是和风、雅、颂相并列的，被称为诗“六义”（见《周礼》）。关于赋、比、兴的解说，历代各家有多种说法，影响比较广泛而为多数人所接受的，是南宋朱熹的解释。他说：“赋者，敷陈其事而直言之者也。”“比者，以彼物比此物也。”“兴者，先言他物以引起所咏之词也。”这种解释的确比较简要明晰。按照这一说法，所谓赋，就是铺陈叙述，就是对事物或人物的思想感情作直接的陈述和描写。这种手法在《大雅》和《颂》诗中用得比较多，前面提到的《大雅》中的几篇叙事史诗，就基本上采用的是赋的手法。在《国风》和《小雅》中也是常见的。如《七月》各章对于不同季节农事活动和人物的内心感情，都基本上是用的直陈其事的手法。其他如写婚姻悲剧的《卫风·氓》，写妇女劳动场景的《周南·芣苢》，叙夫妻情爱的《郑风·女曰鸡鸣》等，都使用了赋的手法。总之，直接的叙事，直接的抒情，直接的状物，都可称之为赋。可见赋的手法是用得很广泛的。比的手法是利用不同事物之间有某些相似之处来打比方，这种方法不仅可以启发读者的想象，使得形象鲜明，而且可以将诗人的思想感情表达得更加强烈和充分。最显明的是《魏风·硕鼠》中将剥削者比喻为白吃粮食的大老鼠；《豳风·鸱鸮》是一首禽言诗，将摧残迫害自己的压迫者比喻为猫头鹰；《邶风·新台》把荒淫的卫庄公比作令人讨厌的癞虾蟆，强烈地表现出人民对他的憎恶之情。比的手法也常用在正面的描写对象上，如《卫风·硕人》描写卫庄公夫人的美，用了一系列的比喻来形容她的手、肤、领、齿、额头、眉毛等，由于能引发读者的联想，虽然用笔非常简省，却将人物动人的美貌渲染得淋漓尽致。兴是一种比较独特的表现手法，是先借别的事物或景象，用以引入所要描写和歌颂的事物来，所以又称作起兴。一种情况是，用以起兴的事物和下面将要表现的事物有着某种相似之处，能引起人的联想，如著名的情诗《周南·关雎》，用“关关雎鸠，在河之洲”来起兴，以引起下文青年男子追求美貌姑娘的意思，是因为洲上的水鸟和鸣就有求偶之意，前后意思有着内在的联系。也有的开头的起兴部分，并没有跟后面歌咏的主体有什么直接的关联，但因物起兴，在表现上委婉曲折，使人有一种触景生情的感受，读起来也就颇饶情致。例如《秦风·蒹葭》写追慕和思念情人，以蒹葭和白露开始，看似写景，实际是起兴，这和后面追想的美人并无直接的关联，却巧妙地渲染出一种气氛，创造出一种情景交融的境界，是很有利于情感的表达的。在《诗经》中用以起兴的客观事物，大都是与诗人的生活有密切关系的，尤其是人们所习见的大自然中的鸟兽草木之类，这也是《诗经》中的作品富于生活气息而让读者读起来感到比较亲切的重要原因。

赋、比、兴手法的成功运用，不仅构成了《诗经》艺术表现上的鲜明特色，而且一直影响到后世的诗歌创作，在历代众多优秀诗人的继承中又不断得到丰富和发展，成为中国古典诗歌富于民族特色的传统的表现手法。

四、朴素凝练和富于音乐美的语言

《诗经》中的民歌，多采用当时的口语入诗，不求华美，但质朴自然，凝练生动，达到了很高的艺术水平。《诗经》在表现客观事物时，词汇非常丰富，因而表现得十分细致、准确，如前面提到过的《周南·芣苢》，三章诗中只用了六个不同的动词，即“采”“有”“掇”“捋”“袺”“襭”。余冠英先生是这样解释这六个动词的：“‘采之’是泛言去采，尚未见到芣苢”；而“‘有之’是见到芣苢动手采取”；“‘掇’，拾取”；“‘捋’，成把地从茎上抹取”；“‘袺’（音结），手持衣襟来盛东西”；“‘襭’（音挈），将衣襟掖在带间来盛东西比手持衣角兜得更多些”。[①] 由这六个相近而只有细微差别的动词，就将当时劳动的情景、劳动的进程、劳动时的紧张与愉快，都生动地传达了出来。余先生的体会是很深细的，这深细正表现了《诗经》用语的精练和准确。刘大杰先生特别注意于《诗经》中语助词的运用，他一气排出了“之”“乎”等十五个语助词，并引出相关的诗句，以说明“《诗经》中使用多样的语助词，不仅使诗的形式、音律增加了美丽，而且使诗的情感增加真实与力量”[②]。《诗经》的语言还富于音乐美，这种音乐美，一是来源于它的用韵。《诗经》的用韵，自然和美，不刻意追求。有以下几种情况：有一、二、四句用韵者，如《周南·关雎》：“关关雎鸠，在河之洲。窈窕淑女，君子好逑。”有双句用韵者，如《周南·卷耳》：“采采卷耳，不盈顷筐。嗟我怀人，置彼周行。”也有句句用韵者，如《魏风·十亩之

① 余冠英：《诗经选》，人民文学出版社，1957年，第8页。
② 刘大杰：《中国文学发展史》，上海古籍出版社，1982年，第58页。

间》:“十亩之间兮，桑者闲闲兮，行与子还兮！”“间”“闲”“还”是押韵的。《诗经》的这种用韵规律，造成了诗歌语言的自然和美，对后世诗歌韵律的形成产生了很重要的影响，特别是双句用韵，成为我国古典诗歌用韵的基本形式。二是来源于它成功地使用了汉语特有的双声叠韵的连绵词。双声指组成词的两个字声母相同，如参差、顷筐、踟蹰、高冈等；叠韵指组成词的两个字韵母相同，如窈窕、辗转、崔嵬等。这些双声叠韵词的运用，不仅使《诗经》的语言富于音乐的美感，而且也增加了诗歌刻画形象的生动性。

诗歌反映现实生活，表现人民的思想感情，这一基本精神是从《诗经》开始的。后世的优秀诗人都坚持了这一现实主义传统，他们在反对文学中的形式主义倾向时，都是以倡导或恢复“比兴”和“风雅”相号召的，如唐初的陈子昂、盛唐时期伟大的现实主义诗人杜甫，以及中唐时期新乐府的倡导者白居易等人都是如此。

《诗经》中的精华，是民间文学中最早开放的一束灿烂之花，这对后世的诗人们重视民歌，从民歌中吸取思想和艺术营养，产生了极大的影响。向民歌学习，这成了中国古典诗歌发展中的一个优良传统。《诗经》中赋、比、兴的艺术表现手法和语言技巧，也为后世诗人的创作提供了学习借鉴的典范。

思考题

1.《诗经》是什么时代的诗歌？它是怎样搜集编订的？

2. 什么叫风、雅、颂？它们是按照什么分类的？

3. 为什么说“关心民生，反映现实”的现实主义传统是由《诗经》开创的？在《诗经》的内容中有怎样的体现？

4. 联系具体作品，谈谈“饥者歌其食，劳者歌其事”在《诗经》中是如何体现的。

5. 复沓的章法在《诗经》中是如何表现的？有什么样的艺术效果？

6. 联系具体作品理解《诗经》赋、比、兴的表现手法，它们各有什么样的特色？

参考文献

1. 朱熹:《诗集传》，中华书局，1958 年。

2. 张西堂:《诗经六论》，商务印书馆，1957 年。

3. 闻一多:《诗选与校笺》，古籍出版社，1956 年。

4. 闻一多:《诗经研究》，巴蜀书社，2002 年。

5. 余冠英:《诗经选》，人民文学出版社，1957 年。

6. 余冠英:《诗经选译》，作家出版社，1957 年。

7. 金开诚:《诗经》，中华书局，1963 年。

8. 郭志达主编:《国风诗旨纂解》，南开大学出版社，1990 年。

第二讲　屈原和楚辞

第一节　楚辞产生的原因及其特点

人们在谈到中国古典诗歌的源流和传统时，总是“诗”“骚”并称的。“诗”就是指“诗三百”，也就是我们上一讲里介绍的《诗经》；“骚”就是指以屈原的作品《离骚》为代表的楚辞。这都是我国古典诗歌优秀传统的开始。楚辞是战国后期在中国南方楚地出现的一种新诗体。这种新诗体的产生不是偶然的，有其社会历史发展的原因，也有其文学艺术传统的特定条件。

《诗经》以后，从春秋后期到战国时代，相当于公元前 6 世纪到前 3 世纪的大约三百年间，社会历史发生了剧烈的变化：腐朽没落的奴隶制走向衰亡，而新兴的封建制度起而代之，社会矛盾复杂多变，十分尖锐激烈。在这个相当长的历史时期内，可以想象，民间歌谣还是在不断地产生，而且数量也不会太少。但由于周室衰微，奴隶制度崩溃，采诗制度也因而被废弃，这些民间歌谣也就没有机会被搜集整理而保存下来。《孟子》里说：“王者之迹熄而诗亡”，迹就是“迒”字，“迒人”即“遒人”，也就是古代的采诗官。这种情况是诗歌变迁的一个很重要的社会原因。

而与此同时，适应于社会政治的巨大变化和思想斗争的客观需要，以叙事为主的历史散文和以议论为主的诸子散文得到了空前的繁荣和发展。与此相联系，诗歌的形式也不能不开始产生变化，像《诗经》那样以四言为主的简短的民歌体形式，已不能适应处于这种激烈动荡的大变革时期的诗人表现自己的政治理想和抒发自己内心复杂思想感情的需要。据历史记载，春秋时期的政治家们在政治和外交活动中，往往是通过断章取义的诵诗活动借以表达自己的思想观点的，很少独立地进行诗歌创作，以诗歌的形式来表现自己的思想感情、政治观点，更不用说将诗歌作为追求实现政治理想的一种手段和武器来运用了。而到了战国后期，由于社会政治的变动和激烈的斗争，却产生了以诗歌来表达政治理想和运用诗歌作为斗争武器的需要。“人生的经验已经太复杂地摆在面前，特别是散文的发达就更传播了这些经验，诗歌因此必须面对着人生的忧患，社会的矛盾，通过更复杂的思想感情来表现这一个时代。”①社会孕育了新的诗体，社会也孕育了伟大的诗人。追求真理、抱有崇高的政治理想而同时又具有杰出文学才能的屈原，适应时代的需要，就将诗歌当作抒写自己的怀抱、表现崇高的政治理想和追求真理的工具而进行独立创作了。楚辞这种新的诗歌形式和屈原的伟大诗篇，就是在这样的社会历史条件下产生的。

楚辞产生于中国南方的楚地，也有其文化传统方面的原因。自春秋以来，楚国经过长期的发展，到战国时期已经成为一个大国。地处江淮流域，土地肥沃，物产丰富，经济相当发达。楚国文化发展较早，宗教、艺术、风俗、习惯都有自己的特点。而在楚地固有文化的基础上，再与北方的中原文化交流融合，就为这种新诗体的产生准备了成熟的条件。

楚地的民歌在艺术形式上为楚辞的产生提供了基础。在《左传》中有关楚人赋诗的记载不少。《诗经》的《周南》《召南》中就有采自楚地的民歌，如《汉广》《江有汜》等。《孟子·离娄》中记载的《沧浪歌》(或称《孺子歌》)就同楚辞的形式很相似：

沧浪之水清兮，可以濯我缨；沧浪之水浊兮，可以濯我足。

诗的第一句和第三句的句末都用了一个助词“兮”字，这“兮”字相当于现代口语中的“啊”字。这种隔句使用“兮”字的形式，正是楚辞所采用的主要形式。比这更早一点的还有《越人歌》(见《说苑·善说篇》)，原是用越国的土语写成的越国的民歌，后来用楚语翻译出来，“兮”字也是用在单句的句末的。

楚辞的产生还与楚地民间的巫风分不开。王逸《楚辞章句》卷二《九歌章句》说：“昔楚国南郢之邑，沅湘之间，其俗信鬼而好祠(按，‘祠’一作‘祀’，就是祭祀的意思)，其祠必作歌乐鼓舞，以乐诸神。”《汉书·地理志》也说：“楚人信巫鬼而重淫祀。”屈原的《九歌》就是在民间祭歌的基础上加工改写而成的。

---

① 林庚：《中国文学简史》，北京大学出版社，1995年，第60页。

此外，楚国的音乐和楚地的方言，对楚辞的产生也有一定的影响。楚辞这一新的诗体，实际上就是根据楚地的方言而产生的一种歌唱形式。楚辞是屈原在学习和吸收楚地民歌的艺术营养的基础上创造出来的。

总之，楚辞的产生离不开楚国的思想文化传统，同时也是楚国的思想、文化、艺术、风习等与中原文化交融的产物。正如鲁迅先生在《汉文学史纲要》中所说："楚虽蛮夷，久为大国，春秋之世，已能赋诗，风雅之教，宁所未习，幸其固有文化，尚未沦亡，交错为文，遂生壮采。"[①] 鲁迅先生用"壮采"二字来形容、指代楚辞一体，是十分恰当的。

"楚辞"这一名称，大概是因为这一诗体最早由楚国的诗人屈原所创造，内容和语言又都具有鲜明的地方特色而得来。宋人黄伯思在《翼骚序》[②] 中说："盖屈（原）宋（玉）诸骚（按，古人以'骚'代称楚辞体作品），皆书楚语，作楚声（按，指音乐，即南音，变化曲折，悦耳动听），纪楚地，名楚物，故可谓之'楚辞'。"但在屈原写作的当时，却还没有这一名称。"楚辞"一词最早见于记载的，是《史记》中的《张汤传》，其中有"买臣以'楚辞'与助俱幸"的话，是说朱买臣和庄助两人都因为能说楚辞而得到汉武帝的喜爱。据此，在汉初应该就已经有"楚辞"这一称说了。

楚辞这一新诗体，除了上面提到的楚地的种种特色以外，若与《诗经》比较，也还有一些不同的特点值得注意。约略说来，主要有以下几个方面：

一、出现了致力于诗歌创作的诗人。这在中国古代诗歌发展史上是一件值得重视的大事。《诗经》中的作品，绝大多数是不知名的群众创作的民歌，个人投入精力和感情进行诗歌创作的非常少；而且个人写出的诗歌经过搜集整理和加工以后，个体的情感和风格留下的就很少了。而以《离骚》为代表的楚辞的创作成果，却是诗人投入自己的感情和生命创作出来的伟大诗篇，形式上则是在民歌的基础上加以丰富、提高、发展的产物，因而表现出诗人独特的人格和独特的艺术风格。

二、适应于复杂社会矛盾的表现和丰富感情的自由抒写，在诗歌的体式上也有了明显的变化。如鲁迅先生在《汉文学史纲要》中所言，楚辞这种诗体是："凭心

① 《鲁迅全集》第八卷，人民文学出版社，1957 年，第 276 页。

② 《翼骚序》见陈振孙《直斋书录解题》卷十五《楚辞类》引。

而言，不遵矩度。”[①]《诗经》中的诗篇，大部分篇幅比较短，句式以四言为主，内容比较单纯；而楚辞则出现了像《离骚》这样内容博大丰富的鸿篇巨制，突破了四言为主的格式。这样的形式，就能充分地表现出动乱社会各方面的矛盾和诗人广阔复杂的思想感情以及所追求的政治理想。《诗经》中虽也有参差不齐的长短句杂用的情况，但却以四字句为典型句式，句中的节奏是二二；楚辞中长短不齐的句式使用比《诗经》为多，而且更加灵活多变，典型句式是六字句和五字句两种，句中节奏是三三或三二。《离骚》《九章》基本上是六字句，《九歌》是以五言为主的长短句，《橘颂》《天问》基本上是四字句，其余作品则创造了多种句式的结合。这种诗歌形式上的变化，特别是三字节奏的创造，为中国古典诗歌由四言演化为五、七言打下了基础，从诗体发展看具有很重要的意义。

三、楚辞由于受到楚地巫风的影响，有的作品如《九歌》本身就采用了祭歌的形式，内容也与神鬼有关；而《离骚》《天问》《招魂》等作品中，还吸收了大量的神话故事，充满大胆奇丽的艺术想象，富于浪漫主义精神。这也是《诗经》中所没有的。

四、楚辞的文学语言，一方面比之《诗经》有了更多的锤炼，另一方面又受到诸子散文和战国时期纵横家讲究辞令的影响，因而《诗经》中民歌的质朴面貌被楚辞绚丽的文采所代替，也就是极自然的事了。

楚辞这一文体，是跟伟大诗人屈原的名字分不开的。不但因为这种新诗体是由他创造的，而且更重要的是他的作品最多也最好，其深刻丰富的思想内容和优美动人的艺术表现又结合得最为完美。屈原以后，学习这种诗体的人日渐增多，最著名者为楚国人宋玉，其他还有贾谊、淮南小山、东方朔、庄忌、王褒等人。西汉人刘向将屈原、宋玉和其他拟作者的作品合为一编，并加上自己创作的一篇《九叹》，题名为《楚辞》。[②]此后，《楚辞》又成为一部诗歌总集的专名。屈原是中国文学史上出现的第一个伟大诗人，《楚辞》是中国文学史中有作者姓名的第一部文人创作的诗歌总集。

---

① 《鲁迅全集》第八卷，人民文学出版社，1957年，第274页。

② 刘向编定的《楚辞》已佚，东汉人王逸的《楚辞章句》即是以刘向的《楚辞》为底本的。刘向编《楚辞》为十六卷，而今传王逸《楚辞章句》为十七卷，因为其中收入了王逸本人的作品《九思》。

第二节　屈原的生平和思想

屈原（约前340—约前277）[①] 名平，原是他的字。他出身于楚国的同姓贵族，但到他这一代时已经没落。屈原在楚怀王时曾担任过左徒的官职，左徒在当时是仅次于宰相的职务，地位是相当高的。《史记・屈原列传》说他“博闻强志，明于治乱，娴于辞令。入则与王图议国事，以出号令；出则接遇宾客，应对诸侯。王甚任之”。就是说他的知识很渊博，懂得治理国家的道理，又很会讲话。因此对内常与国王商议国家大事，对外则接待宾客，与各诸侯国打交道，内政外交都是一个杰出的人才，受到了楚怀王的信任和重用。楚国在当时是一个大国，经济也比较发达，楚怀王很想在政治上有所作为，所以很明智地任用了屈原，并采纳了他的政治主张。

屈原的政治主张可以分为对内和对外两个方面。对内主张进行政治变革，使政治制度能适应经济发展和富国强兵的要求，其基本内容，从屈原的诗歌中所透露的来看，一是“举贤授能”，一是“修明法度”。但这两个方面都与维护贵族特权利益的“世卿世禄”制度相矛盾，因而受到了贵族阶级的强烈反对。对外主张实行联齐抗秦的政策。战国后期七雄并峙，而力量最强的是秦、楚两个大国，当时秦、楚两国的统治者都希望并都有可能实现统一全国的任务。这就要看实行什么样的政策，当时人概括为“纵合则楚王，横成则秦帝”（见《战国策・楚策》），也就是说楚国如果联合各国诸侯共同抗秦，是有可能击败秦国而实现全国统一的。屈原的主张显然符合当时的实际情况，是完全正确的。但这也招致那些不顾国家民族的利益而以屈服于强秦来求得苟安的贵族统治者的不满。因为屈原关心国家的命运，也因为他的进步的政治主张，便和以楚怀王的稚子子兰为代表的楚国的贵族集团发生了尖锐的矛盾。潜伏的矛盾经过一段时间的发展，终于爆发出来，产生了直接的冲突。楚怀王命屈原“造为宪令”（即制定根本大法），在屈原尚未定稿时，代表贵族利益的上官大夫想夺过宪令的稿子了解其中的内容，屈原不与，上官大夫就向楚怀王进谗言，诬蔑屈原泄露机密、矜才自傲。楚怀王昏庸不明，因此而疏远了屈原。大约在楚怀王二十四五年间（前305年左右），屈原第一次被放逐，被迫离开当时楚国的政治中心郢都（在今湖北省江陵县西北），到了汉北（汉水上游，今湖北省襄阳市

---

① 关于屈原的生卒年，在学术界有不同的看法，这里采用的是游国恩先生的看法，见《屈原》一书，中华书局，1963年。

附近地区)。[1] 屈原遭受排挤打击以后，楚国的政治形势发生了很大的变化。楚怀王的宠姬郑袖和大臣靳尚围住了楚怀王，为非作歹。在楚国国内政治形势不振之时，秦国乘虚而入，派张仪使楚，用欺骗手段使楚与齐绝交，结果楚被孤立。楚国愤而两次派兵攻打秦国，结果大败。由于楚国受到秦国的欺骗和侵略，国势危殆，怀王曾将屈原从汉北召回到郢都，但不再像从前那样信任他。公元前 299 年，楚怀王被秦昭襄王骗入秦国，要挟楚国割地给秦国，楚怀王拒绝，就被秦囚禁起来，三年后死于秦国。怀王囚秦，顷襄王即位，比他的父亲更加昏庸，于是不久屈原又遭到更大的迫害，被第二次放逐，到了楚国的江南地区（包括今湖北南部和湖南北部一带)。顷襄王二十一年（前 278)，秦将白起攻下郢都，烧了历代楚王的陵墓，顷襄王逃到陈城（今河南淮阳县)。这时的屈原已经六十多岁，国家的败亡使他非常悲愤，在写了《哀郢》和《怀沙》以后，在“孟夏”（据《怀沙》）的一天（传说是五月初五)，投入长沙东面的汨罗江自沉而死。屈原是为殉自己的政治理想而死的，也是为殉自己的祖国而死的，因而他的死是一种闪耀着思想光辉的崇高行为。由于人民对屈原的崇敬和热爱，在民间就有许多关于他沉江的传说产生。据说当时楚国的人民哀痛这位伟大的诗人和政治家的投江，便纷纷划船去救他，怕他的遗体被鱼鳖所食，又向江中投撒食物，这就是端午节划龙舟和吃粽子风俗的由来。这些传说反映了人民对这位伟大诗人的热爱和深切的怀念。

屈原主张联齐抗秦以实现全国的统一，主张举贤授能、修明法度以实现政治的革新，都是适应历史发展的要求，在历史上是具有进步意义的。屈原与旧贵族集团的斗争，是革新与守旧、进步与倒退的斗争，屈原是一位顺应时代潮流，推动历史前进的进步的政治家和文学家。

屈原坚持自己的政治理想，与黑暗势力进行不屈的斗争，他的高洁的品格、顽强的斗争意志，是光耀千秋的。

屈原作品中所表现的对人民的关心和热爱、对祖国命运的忧虑和关切，其深挚炽烈之情，是十分感人的。

热爱人民，热爱祖国，坚持进步的政治理想，顽强地跟黑暗腐朽的反动势力做斗争，是屈原思想最重要的内容，也是最光辉之处。屈原的诗篇，则是最集中、最

---

[1] 关于屈原被放逐，在学术界有不同的看法，有的主张一次，有的主张两次，而时间和地点说法也颇不一致。这里采用的是游国恩先生的看法，见《屈原》一书。

具体、最形象、最生动地表现了他的思想与人格的艺术结晶。

第三节 《离骚》的思想和艺术

屈原的作品，据《汉书·艺文志》记载是二十五篇，现在基本上都保留下来了。《汉书·艺文志》只记录了篇数，未标举篇目，而东汉人王逸的《楚辞章句》(这是今天所能见到的最早的楚辞集)中所收入的屈原的作品，虽然篇数与《汉书·艺文志》所载相符，但疑问颇多。屈原作品的真伪问题是历来都争论不休的问题，但《楚辞章句》中大部分为屈原所作是毋庸置疑的。司马迁在《史记·屈原列传》中所载共有五篇，即:《离骚》《天问》《招魂》《哀郢》《怀沙》。《楚辞章句》所收二十五篇是:《离骚》、《九歌》(十一篇),《天问》、《九章》(九篇),《远游》、《卜居》、《渔父》。[①]这二十五篇中，一般认为最后两篇即《卜居》《渔父》是后人根据有关屈原的传说敷演而成，明显不是屈原所作；而《远游》和《九章》中的《惜往日》《悲回风》《惜诵》《思美人》等是否为屈原所作，也有人提出怀疑。总之，屈原作品的篇数和具体篇目的考订，多有分歧，还是一个值得深入研究的问题。下面我们对屈原最重要的代表作《离骚》作一些简要的介绍和分析。

《离骚》不仅是屈原作品中最重要的代表作品，也是楚辞这种新诗体中最重要的代表作品，最能充分地显示出屈原作品的思想艺术特色。

《离骚》是中国古典诗歌史上罕见的一部气势恢宏的政治抒情长诗。全诗共373句，2490字。《离骚》大概作于顷襄王时屈原被再次放逐以后，已经接近于他的晚年。[②]诗人热爱祖国，热爱人民，怀抱着崇高的政治理想，可是却报国无门，遭受排挤打击，眼见国家危亡而无法拯救，心中充满无限的悲愤。《离骚》就是诗人表现他崇高的政治理想之作，也是他抒写自己内心悲愤之作。

关于“离骚”二字的含义，历来也有不同的解释。司马迁在《史记·屈原列传》中认为“离”是遭遇的意思，“骚”是忧愁的意思；班固的《离骚赞序》意见与此

---

① 也有认为《章句》所收是二十六篇的，这是因为加上了一篇《大招》。但王逸说《大招》是否为屈原所作“疑不能明”，所以他明确肯定是屈原作品的，实际只有二十五篇。

② 《离骚》的作年不能确考，基本上有两种意见，一种认为是楚怀王时期所作，一种认为是顷襄王时期所作。这里采用的是游国恩先生的意见，见《屈原》。

相同，认为屈原以“离骚”二字为题，是要“明己遭忧作辞”。而王逸《楚辞章句》的《离骚序》则将“离”解释为“离别”的意思。游国恩先生从楚辞中如《九歌》《九辩》都是采用了楚地古歌的名称，推想《离骚》也可能是一种楚地古曲之名，《大招》一篇中就提到楚国有《劳商》之曲，而“离骚”与“劳商”古音相近，或者就是同一曲名的一种异写，并认为“离骚”二字的含义，也就是“牢愁”或“牢骚”的意思，“屈原为了国家人民而遭放逐，牢骚不平之气当然是会有的”①。这些意见其实并没有根本的矛盾，与《离骚》的作意也大体一致，因为这首长诗就是抒写诗人内心抑郁不平的思想感情的。

在《离骚》中，诗人叙述了他的世系、出身、才能、抱负、品德、志趣，以及险恶的遭遇和矛盾痛苦的心情。概括地说，《离骚》丰富的思想内容所表现的基本精神主要有两个方面：

第一，诗中完整地表现了他的崇高政治理想的内容和对这种政治理想的执着追求。他的理想的主要内容是前面提到过的“举贤授能兮，循绳墨而不颇”（在政治上是举用贤者和能者，遵守着一定的规矩没有偏畸②）。他对于自己的理想的追求是坚定而执着的，虽死亦不能动摇和改变：

謇吾法夫前修兮，	我本虔敬地在效法古代的贤人，
非世俗之所服；	我的环佩本不为世俗之所喜欢；
虽不周于今之人兮，	和今世的人们虽不能道合志同，
愿依彭咸之遗则。	而我所愿效法的是殷代的彭咸。

所谓“前修”即“前贤”，指古代有理想、有才能、品德高尚的人，屈原以此象征他的美好追求。但他的理想追求与浑浊黑暗的现实格格不入，因而决心以死来殉这种美好的理想。彭咸，王逸的《楚辞章句》说是殷代的贤臣，谏其君不听，投水而死。屈原引以为自己的榜样，以表示自己忠君爱国的意志与品德。

类似这样坚定不移的信念和顽强的斗争精神的表达，在这首长诗中多处可见。又如：

① 游国恩：《屈原》，中华书局，1963年，第55页。

② 采用郭沫若先生的译文，见《屈原赋今译》，作家出版社，1957年。下同。

既替余以蕙纕兮，	不怕他就毁坏了我秋蕙的花环，
又申之以揽茝。	我又要继续着用白芷花来替代。
亦余心之所善兮，	说到头是我自己的情愿心甘，
虽九死其犹未悔。	纵使是死上九回我也不肯悔改。
屈心而抑志兮，	我委曲着情怀，抑制着意气，
忍尤而攘诟。	我忍受着谴责，排遣着羞耻，
伏清白以死直兮，	伏清白之志而死忠贞之节，
固前圣之所厚。	本是前代的圣人之所称许。
民生各有所乐兮，	世上的人们任凭他各有所好，
余独好修以为常。	而我的习惯是专于爱好修洁。
虽体解吾犹未变兮，	就把我车裂了我也不肯变更，
岂余心之可惩！	难道我的心还会怕人威胁？

屈原的理想是那样的崇高，志行品格是那样的美好，可是他周围的环境却是那样的黑暗，丑恶的小人们十分猖獗，而他寄予了很高希望的国王又是十分昏庸无能。理想不得实现，反而遭到种种诬陷和打击，他于是陷入了极度的痛苦和矛盾之中。诗人通过想象来表现他的追求，他向远古的虞舜（那是他最崇拜的古代圣君）倾诉他的理想。他又周游太空，上求天帝，下索佚女，但理想的追求仍归于失败。后来灵氛占卜，巫咸降神，劝告诗人去国远游，他决定听从他们的劝告而远去了，于是往昆仑西海，一步步走向天堂。可是当他从太空中突然下望，看到了自己的故乡楚国，实在不能割断对自己无比热爱的祖国的感情，于是再也不肯离去，决心以死来殉自己的理想，殉自己的祖国。在全诗的结语“乱曰”① 中，他这样抒发内心中深沉的悲愤：

已矣哉！	算了吧！

① “乱曰”是古代音乐上的名称，指乐歌结束时的齐奏合唱，犹今说“尾声”。

国无人，莫我知兮，	国里没有人，没有人把我理解，
又何怀乎故都？	我又何必一定要思念着乡关？
既莫足与为美政兮，	理想的政治既没有人可以协商，
吾将从彭咸之所居。	我要死了去依就殷代的彭咸。

第二，是与此相联系的，诗中表现了诗人炽热深沉的爱国主义激情，他千方百计要实现自己的政治理想，其目的是要使自己的祖国富强起来。战国时代是一个开放的时代，有所谓“朝秦暮楚”和“楚材晋用”的说法。就是说，一个有才能和识见的士人或政治家，如果在自己的国家不得其用，可以随时到别的国家去发展，去发挥和实现自己的才能与抱负。这在当时是非常普遍的现象。因此，以屈原的才能和志向，他是完全可以离开楚国到别的国家（比如齐国）去一展宏图的。但他始终眷恋和热爱自己的祖国①，在遭遇极大委屈和不幸的时候，仍然不肯离开楚国，到别的国家去谋发展。这种感情在当时以至后世都是非常珍贵和崇高的。他之所以那样执着坚定地不肯离开自己的祖国，就是为了要实现自己的政治理想，让楚国富强起来。在屈原的心中，如果离开了自己的祖国，纵然自己的政治主张得到实施，也失掉了他人生追求的全部意义。这就是屈原人生追求中所焕发出来的人格的光辉。所以我们说，屈原最后的沉江，是殉自己的理想，也是殉自己的祖国。这两方面在屈原的身上是不能分割的。

屈原热爱自己的祖国，可是祖国的现实是那样的黑暗污浊。他在自己祖国的土地上受尽了种种的灾难和痛苦，但他即使在幻想中，也不肯须臾离开自己的祖国，这种深沉炽热的爱国主义精神是非常感人的。长诗开始不久，诗人就以十分深挚的感情，企盼着楚国的国君能以只争朝夕的精神革新政治，使楚国富强起来，并表示自己愿为此付出一切：

---

① 战国时代的诸侯国，是一个特殊的国家概念，与我们今天是有所不同的。有的学者因为屈原是楚国贵族的同宗，便称楚国为屈原的“宗国”而不称“祖国”，意在强调屈原对楚国眷恋感情中的宗族因素。这其实是不必要的。因为国家和爱国主义都是一个历史的范畴，随着时代的变化和演进，其内容是有所不同的，但爱国感情和爱国主义，作为一种意识形态和道德情操，却是一脉相承的。后来陆游、辛弃疾等人对南宋的感情，至今人们仍称其为爱国主义，也应该作如是观。

纷吾既有此内美兮，	我的内部既有了这样的美质，
又重之以修能。	我的外部又加以美好的装扮。①
扈江离与辟芷兮，	我把蘼芜和白芷都折取了来，
纫秋兰以为佩。	和秋兰纽结着做成了个花环。
汩余若将不及兮，	我匆忙地就像是在赶路一般，
恐年岁之不吾与。	怕的是如箭的光阴弃我飞掉。
朝搴阰之木兰兮，	我在春天去攀折山上的木兰，
夕揽洲之宿莽。	我在冬天去收揽水边的青藻。②
日月忽其不淹兮，	金乌和玉兔匆匆地不肯停留，
春与秋其代序。	春天和秋天轮流着在相替代。
惟草木之零落兮，	想到草和木都时刻地在凋零，
恐美人之迟暮。	怕的是理想的佳人也要早衰。
不抚壮而弃秽兮，③	你应该趁着年少以自图修洁，
何不改乎此度？	为甚总不改变你那样的路数？
乘骐骥以驰骋兮，	我驾着骏马正要打算去奔驰，
来吾道夫先路！	你来吧，我要为你在前面引路。

他认识到政治改革会触及一批小人的利益而招致他们强烈的反抗，风险是非常大的，但为了使国势危殆的楚国振兴起来，他宁可牺牲自己，决不退缩：

① 此处的“能”字，郭沫若先生解释为“态字的省略”，因此将“修态”译为“美好的装扮”。但较多人理解“能”为“才能”的意思，亦可通。

② 郭沫若先生以植物学的科学常识解释此二句，认为“诗人系以朝夕喻岁时”，故将“朝”“夕”译为“春”“秋”。

③ 此句句首通行的王逸本多一“不”字，但《文选》本无“不”字。郭沫若先生的译文采用《文选》本，故此处从郭译少“不”字。

惟夫党人之偷乐兮，	有一批糊涂的人们会苟且偷安，
路幽昧以险隘。	他们的道路诚暧昧而又加狭隘。
岂余身之惮殃兮，	我并不怕自己的身子会要遭殃，
恐皇舆之败绩！	我怕的是君王的乘舆要被毁坏。

在屈原的时代（其实在整个封建时代都是如此），爱国和忠君总是不可分割的，他说："岂余身之惮殃兮，恐皇舆之败绩！"这里的"皇舆"，在屈原的心目中也就等于国家。再就他能从国家利益出发去埋怨乃至批评国君看，他的忠君思想更多的还是爱国的内容，而与封建统治阶级所提倡的愚忠是并不完全相同的。而更为难能可贵的是，屈原的爱国思想是与他对人民生活的关心和热爱紧密地结合在一起的。他在诗中这样唱道：

长太息以掩涕兮，	我哀怜着人民的生涯多么艰苦，
哀民生之多艰。	我长太息地禁不住要洒下眼泪。
余虽好修姱以鞿羁兮，	我虽然是爱好修洁而自制花环，
謇朝谇而夕替。	在清早做成，晚上便已被人折毁。

可以说，屈原的爱国思想虽然与忠君思想有联系，也与跟怀王同宗有联系，但却包含着比忠君思想和宗族思想广阔深厚得多的历史内容，这就是：热爱并关心楚国人民的命运；热爱和眷恋楚国人民开辟和建设起来的美好乡土；热爱并发扬楚国的历史和文化传统；顺应历史潮流，热切地企盼着由楚国来实现统一全国的任务等。屈原的爱国主义精神深深地激励和感召着千秋万代的爱国志士，使他们从中吸取了无穷无尽的精神力量，为保卫和建设自己的祖国而贡献出自己的一切，就因为屈原的爱国思想主要并不在于忠君，也不单单出于狭隘的宗族观念。

总括起来说，《离骚》是屈原崇高的政治理想、高洁的思想品德、顽强的斗争意志和炽热的爱国感情的诗的结晶，是一首反映了时代的政治斗争、具有广阔的历史内容、揭示了历史发展的进步趋向的带有史诗性质的宏伟诗篇，同时又是一首充满了诗人内心深广忧愤而读后却又令人鼓舞、促使人积极向上的具有鲜明的个性特色的优美抒情诗。

《离骚》在艺术上也取得了很高的成就，是一首表现了独特的艺术个性和艺术风格的政治抒情诗。

浪漫主义是《离骚》最突出的艺术特色。屈原通过《离骚》的创作，将他以前的浪漫主义由朴素自然的阶段，发展和提高到自觉的积极的浪漫主义阶段，成为中国古典文学特别是古典诗歌中浪漫主义的源头。《离骚》的浪漫主义特色，首先表现在诗中优美高洁的抒情主人公的塑造上。诗人的自我形象，在诗中是崇高的、优美的、充满理想的。诗人的形象和这个形象所体现的精神品格，不仅大大地高于那些恶俗小人，而且也光照着黑暗污浊的现实，闪耀着理想的光辉。诗人在诗中提出并为之奋斗的理想，是符合历史发展方向的，因而是属于未来的。屈原的死是悲壮的，不仅不使人感到消沉，而且使人产生一种美感，因为投江殉国的行为体现了崇高的悲剧内容。

屈原在《离骚》中采用了一系列的浪漫主义手法，而且运用得非常成功。诗中写诗人在矛盾彷徨中，女媭劝他不要过于刚直，还是从俗为好。他为了求得正确的认识，竟向古帝重华陈词，得到了重华的肯定后，他受到很大的鼓舞，于是又到天上去叩帝阍（天门），阍者不纳，便转而下求佚女，佚女也未能替他通报消息。在苦闷中又去找灵氛占卜，灵氛劝他不必苦恋“故宇”，九州之大到处都能找到施展自己才能的地方。诗人虽然不免心有所动，但仍然充满犹豫和怀疑，于是他又去找巫咸降神。巫咸也劝他趁着年岁未晚，赶快寻求自己的出路。可是当他决心去国远游时，在天空突然看到自己的故乡而决意留下，更加坚定了为自己的祖国而献身的意愿。这种上天下地的奇异想象，具有象征的意义，包含了非常深厚的思想内涵。一方面表现了他周围环境的黑暗污浊、斗争环境的恶劣艰险；一方面则表现了他因此而产生的内心的彷徨和苦闷；更重要的是由此而表现出他为排解内心的矛盾、坚持自己的理想和报效祖国而上下求索的精神。

在长诗的后半部分，更是从神话传说中吸取养料，通过大胆的艺术想象，构成了一幅幅绚丽多彩的艺术画面。日神羲和、月神望舒、风伯飞廉、雷师丰隆、宓妃、蹇修等等，在诗人的笔下都任由他驱遣；神话中传说的地方，如县圃、崦嵫、咸池、阆风、春宫、穷石、天津、西极、不周等等，他都可以自由登临。而这一切都是为全诗的抒情主题服务的，都更好地表现了他崇高的政治理想、高洁的思想情操、深厚的爱国主义精神。《离骚》中浪漫主义的艺术描写，使得全诗境界开阔、气象恢宏，充分地表现出诗人深刻的思想、博大的胸襟和奔放的激情。

广泛而成功地运用比兴手法，是《离骚》的另一个突出的艺术特色。

较之《诗经》中的比兴手法，《离骚》有了很大的发展。这主要表现在：一般来说，《诗经》中的比兴还比较单纯和静止，而《离骚》中的比兴则变得更为丰富复杂，互相关联，且流动发展，具有更强的艺术表现力。这一点，在王逸的《楚辞章句·离骚序》中就已经指出了，他说："《离骚》之文，依《诗》取兴，引类譬谕。故善鸟、香草以配忠贞，恶禽、臭物以比谗佞；灵修、美人以媲于君，宓妃、佚女以譬贤臣；虬龙、鸾凤以托君子，飘风、云霓以为小人。"①《离骚》中的比兴，不只是以具体的事物比具体的事物，而且以具体的事物比抽象的事物，内涵极为丰富复杂，诸如思想的自修、人格的高尚、志行的芳洁、人才的延揽，以及国家治理中的用贤、为政、遵法等，都是通过饮食、服饰、芳草、禽鸟、车马、路径等等人们熟悉的事物来表现的，这就使人感到亲切，容易理解接受；而且一系列的比兴相互联缀，成为一个完整的系统，构成一种诗的艺术境界，有机地表现出全诗的内容，因而给人以整体的美的享受。②特别值得注意的是，诗人用香草美人为喻，构成一种具有象征意义的诗的意象，表现了复杂的现实生活中的矛盾，也抒发出诗人内心丰富的思想感情，这已经从具体的表现手法上升为中国古典诗歌中的一种艺术传统，成为后世诗人纷纷效法的榜样。

《离骚》是一首抒情诗，但由于它在思想内容和艺术表现上的独特之处，抒情诗而同时兼具政治诗和叙事诗的特质，三个方面融合无间地构成了一个和谐一致的艺术有机体。《离骚》的政治性很强，描写了现实中尖锐复杂的政治斗争，表现了诗人作为一个政治家的政治理想和执着追求。由于诗本身鲜明强烈的政治倾向，也由于诗人无法抑止的高昂澎湃的政治激情，使他不能不在抒情中时时融进说理的成分，这使得这首宏伟的政治抒情诗具备了一种少见的政论的品格。另外，一般的抒情诗都比较短小，很难包容故事情节，而《离骚》篇幅甚巨，规模宏伟，容量很大，作者追溯历史，驰骋想象，在广阔的背景上展开抒情，在一个个奇幻的境界中展开诗人的活动和内心世界。这样，《离骚》又在抒情中创造性地融进了叙事的成分，表现出鲜明的叙事特色。抒情诗而能兼具政论性和叙事性，这不是艺术手法的运用问题，而是由《离骚》丰富的思想内容、诗人深刻的思想，以及他复杂多变而又充满矛盾的思想感情所决定的。

---

① 《楚辞补注》卷一，中华书局，1958年。

② 参见游国恩先生的有关分析，《屈原》，中华书局，1963年，第93页。

在诗歌的语言形式上，《离骚》也有创造性的发展。它突破了《诗经》以四字句为主的短章复沓的形式，每句的字数参差不齐，连成数百句两千多字的长篇巨制。句子的加长，结构的扩大，加上散文手法的运用，大大地拓展了诗歌的容量，增强了诗歌的艺术表现力。屈原吸取和发展了南方民歌的特点，在诗中大量锤炼和使用对偶句，使得诗句既富于变化而又显得整饬，增强了诗歌的语言美。《离骚》又大量采用方言口语入诗，特别是“兮”字，已经成了“《楚辞》体裁上突出的形式之一”[①]。“兮”字虽然在《诗经》中已有使用，但《楚辞》里使用得最多，且最富于创造性，使加长了的诗句产生一种节奏感，增强了诗的咏叹的抒情气氛和音乐美。另外，《离骚》的语言华实并茂，大量地使用华丽的辞藻，同时又并不舍弃质朴本色的语句，两者和谐地结合在一起，形成一种具有极强表现力的语言风格。

鲁迅先生对《离骚》有着极高的评价。他在《汉文学史纲要》中说：“逸响伟辞，卓绝一世。……较之于‘诗’，则其言甚长，其思甚幻，其文甚丽，其旨甚明，凭心而言，不遵矩度。”[②] 这里以“长”（篇幅宏伟）、“幻”（想象奇瑰）、“丽”（文辞绚丽）、“明”（主题鲜明）四个字来概括《离骚》艺术上的特色与成就，是十分中肯和精警的。

因为《离骚》在思想艺术上的突出成就，成为楚辞这种新诗体中最重要和最具代表性的作品，对后世影响极大。因而，楚辞这种诗歌形式，又常常被人称为“骚体”。

第四节　屈原的其他作品

一、《九歌》

《九歌》共十一篇，是根据楚国民间祭神的乐歌加工写成的。《九歌》是一组古老的乐歌，据传是夏启王（夏禹的儿子夏后启）从天帝那里取来的。这虽然只是一种传说，但《九歌》是古代民间祭神的乐歌则是无疑的，因为屈原在《离骚》和《天问》里都曾提到过它。楚人将这种祭神的乐歌称为《九歌》，可能是因为在祭祀时曾以《九歌》的曲调进行演唱，并采用了它载歌载舞的形式。

---

① 林庚：《中国文学简史》，北京大学出版社，1995 年，第 67 页。

② 《鲁迅全集》第八卷，人民文学出版社，1957 年，第 274 页。

《九歌》保留着民间创作质朴自然和清新活泼的风格特色。《九歌》的“九”，是泛指多数，并非实指“九”，其意大概是表明这组乐曲是由好几种曲调组成的。屈原整理加工的《九歌》充满浪漫主义的气息、神话的色彩和奇丽的想象。

十一篇作品中，除最后一篇《礼魂》是送神曲之外，其余十篇均以祭歌的形式各主祀一神。《东皇太一》写天神，《云中君》写云神，《湘君》《湘夫人》写湘水的配偶神，《河伯》写河神，《山鬼》写山神，《大司命》写主寿命的神，《少司命》写主子嗣的神，《东君》写太阳神。《东皇太一》《云中君》《东君》表现了人们对自然神的礼赞，其他则主要是写神与神或人与神的恋爱。

《国殇》比较特殊，是写人鬼的，为哀悼楚国阵亡的将士而作，充满英雄主义和悲壮色彩。

除《国殇》外，其余各篇写祭祀自然神的都采用对话的形式和抒情的笔调，来写一种恋爱、思慕和悲欢离合的情绪。这些神都是被人格化了的，具有人的思想感情，有的还写到了人和神之间的恋爱，如《山鬼》。《九歌》是一组清新优美的抒情诗，风格与《离骚》有些不同，但在遣词用意上与屈原的其他作品一脉相承，也是屈原作品中的重要组成部分。

《九歌》中主要写的是神，因而充满了神话的浪漫主义色彩，想象十分奇异优美。这些神话故事的特点是神具有人的思想感情和品格，具有浓厚的人情味和人间气息，是人的生活和思想感情借神话故事而得到一种诗的表现。

《九歌》善于将周围的景物、环境气氛和人物的思想感情融合起来描写，创造出一种情景交融的艺术境界。语言精练优美，富于情韵。

二、《天问》

《天问》是一首十分奇特的诗歌。它用诗歌的形式、问难的语气，一口气提出了一百七十多个问题，涉及的内容非常广泛，包括天地的形成、日月的运行等自然现象，也包括古老的历史事实、神话传说、宗教信仰和人生观等等。

据汉代王逸的《楚辞章句》说，屈原在流放中，看到楚国先王之庙和公卿祠堂的壁画上画着天地山川、神灵圣贤和种种神异事物，于是一边提出问题，一边写在壁上。这种说法出于推测，但从作品所表现出的怨愤情绪看，是屈原被放逐时所作大概是不错的。

“天问”就是“问天”，“问天”的“问”是问难的意思，也就是对天提出责问和怀疑。这是对传统天命观的一种严重的挑战。跟《离骚》一样，《天问》也是屈原抒发自己内心忧愤的作品。

《天问》表现了诗人大胆勇敢的探索精神。他对自然界、对人类的社会生活以及古史传说中的种种现象和问题，尖锐地提出问难，对于当时社会中来自传统的包括哲学、政治、伦理、道德等各种观念提出怀疑乃至尖锐的批判，尤其对“天命论”提出怀疑和批判，充满了一种朴素唯物主义的战斗精神。

《天问》在艺术表现和风格上也具有鲜明的特色。全诗基本上采用四言句式，或两句一问，或四句一问，参差错落，灵活多变，气势磅礴，奔放宏伟，表现了深沉的思考和活跃的想象的完美结合。这首诗比屈原的其他作品更多地吸收了先秦散文的特点，而又不失诗歌特有的节奏和韵律。

诗中所包含的大量的神话传说和一部分历史事实，虽然今天仍有许多不能完全理解，但对于研究古代神话和上古社会的历史与文化，具有很高的参考价值。

三、《招魂》

《招魂》在屈原的作品中是一篇独具特色的作品。关于《招魂》的作者和主旨，历来有不同的说法。司马迁在《史记·屈原列传》中认为是屈原所作；王逸《楚辞章句》则认为是宋玉所作，而且认为是宋玉为招屈原之魂而作。现代多数学者认为《史记》记载较早，《招魂》为屈原所作的说法是可信的。那么，屈原是为招谁的魂而作的呢？这也有两种不同的说法：一说是屈原招楚怀王之魂而作，一说是屈原招自己的魂而作。认为是招怀王之魂而作的说法比较合理。

据《史记·楚世家》，楚怀王被秦昭王骗到秦国，强求楚国割地，怀王拒绝，因而被拘囚留秦，三年后死于秦国。当时屈原正放逐于江南，跟许多楚国人一样为此事深为震动和忧虑，于是便利用民间招魂词的形式写成这首诗歌，以表现对楚怀王的哀悼，表现对楚国执着真诚的爱和对国家命运的担忧。楚国巫风极盛，人死后招魂（也有为生人招魂的，此俗今日在某些地方的民间仍有保存）是一种极普遍的民间习俗。招魂活动中要念诵招魂词，《招魂》就是利用民间招魂词的形式写成的一篇十分奇特的诗歌。

清人蒋骥在《山带阁注楚辞》中认为：“卒章‘魂兮归来哀江南’，乃作文本旨，余皆幻设耳。”[①] 这一看法是不错的。《招魂》全诗的结构是这样的：开始是序言，接

① 蒋骥：《山带阁注楚辞》，中华书局，1958 年，第 158 页。

着是招魂词，即全篇的主体，然后以乱辞作结。招魂词的写法是“外陈四方之恶，内崇楚国之美”，以殷切深情的口吻，劝诫魂灵不要到天上四方去，美好的楚国才是最好的归宿，表现了深沉的爱国感情。诗人写上下四方，包括传统认为美好的天堂都是充满危险、非常可怕的，而最安稳、最美好的地方只在楚国。诗歌以铺陈的手法，极力渲染楚国宫室建筑之壮丽、服饰饮食之精美、歌舞游戏之丰盛等等，呼唤灵魂回到楚国，用幻想的形式、婉曲的手法，表现了诗人对自己祖国炽热、深沉的感情。

古代神话材料的引用，使这首诗富于浪漫主义色彩。铺叙排比的手法、华丽丰美的词藻，对稍后汉赋的形成产生了直接的影响。

四、《九章》

《九章》是屈原散行的九篇作品的汇编，并非一时一地之作。因为比较短小，内容、形式又比较一致，所以后人编为一组，并加上《九章》的题名。《九章》的“九”是实数，不同于《九歌》的“九”是虚指，只是表明多数。《九歌》《九辩》都是古乐曲名。西汉末年，刘向在他的《九叹》中已经提到《九章》，估计很可能是刘向最初编辑《楚辞》时搜集在一起并加上题名的。

按王逸《楚辞章句》,《九章》的次序是:《惜诵》《涉江》《哀郢》《抽思》《怀沙》《思美人》《惜往日》《橘颂》《悲回风》。但这并不是按创作时间的顺序编排的。

学术界一般认为,《橘颂》是诗人早年的作品。诗中的情绪开朗乐观，借夸赞橘树来表白自己的人生理想。其余各篇，基本上可以确定是两次放逐期间的作品。《哀郢》和《怀沙》两篇，是作者自沉前不久所作。其中《哀郢》是专为哀悼秦国攻占楚国的郢都而作。秦将白起攻占郢都是在楚顷襄王二十一年（前 278），因此可以断定这首诗就是在这一年作的。诗中充满一种国破家亡之痛。《怀沙》是诗人自沉前的绝命诗。《史记·屈原列传》中说屈原“乃作《怀沙》之赋……于是怀石，遂自投汨罗以死”。《怀沙》的末尾，诗人明白地表示了将以死来殉自己理想的心志：

知死不可让兮，	死就死吧，不可回避，
愿勿爱兮！	我不想爱惜身体。
明以告君子兮，	光明磊落的先贤呵，
吾将以为类兮！	你们是我的楷式！

这两首诗都充满了深沉的悲愤和热烈的爱国感情。

《九章》中的诗歌，其基本的思想内容和所表现出的强烈的政治性和抒情性，跟《离骚》是一致的。但多为写实，较少像《离骚》中那样大胆奇幻的艺术想象，真实地记录了屈原放逐期间的经历和思想感情，多采用直接倾泻的方法，以更好地表现内心激荡的思想感情。

第五节　楚辞的其他作家

《史记·屈原列传》中说："屈原既死之后，楚有宋玉、唐勒、景差之徒者，皆好辞而以赋见称。"唐勒、景差的作品，今不传。[①] 宋玉是屈原以后最重要的楚辞作家。文学史上历来以"屈宋"并称。据《汉书·艺文志》的著录，宋玉的赋作共有十六篇，但篇目已不可考。《楚辞章句》中有《招魂》和《九辩》两篇，《招魂》为屈原的作品，《九辩》则是至今保存下来的唯一可靠的宋玉作品。署名为宋玉的作品，在《文选》中还有《风赋》《高唐赋》《神女赋》《登徒子好色赋》《对楚王问》，在《古文苑》中还有《笛赋》《大言赋》《小言赋》《讽赋》《钓赋》《舞赋》，共十一篇，但经考证都是后人的伪作。

关于宋玉的生平事迹，我们今天所知甚少。根据他在作品中的叙述，大概知道他是楚国一个很有才华的文士，又是一个失职的贫士，在政治上受到排挤打击，很不得意，长期流离在外，过着一种贫困孤凄的生活。这与屈原的情况和遭遇是很相近的。《九辩》就是宋玉抒发他作为一个"失职贫士"的忧愤不平之作。

《九辩》乃是流行于楚地的一种古乐调的名称，在屈原的《天问》和《离骚》中都曾提到过。王夫之在《楚辞通释》中解释《九辩》之名说："辩，犹遍也。一阕谓之一遍。盖亦效夏启《九辩》之名，绍古体为新裁。可以被之管弦。其词激宕淋漓，异于风雅，盖楚声也。"[②]

《九辩》也是一首政治抒情的长诗，共 255 句，是继《离骚》之后的又一鸿篇巨制。《九辩》中诗人对黑暗的现实表现出愤懑的情绪，并作了一定的揭露，对国

---

① 《汉书·艺文志》著录唐勒赋四篇，但不见于《楚辞章句》；景差的作品，《汉志》不载，但《楚辞章句》中有一篇《大招》，署名为景差所作，前人考证并不可靠。

② 王夫之：《楚辞通释》，上海人民出版社，1976 年，第 121 页。

家的前途也表现了一定的关心和焦虑。但正如司马迁所说："然皆祖屈原之从容辞令，终莫敢直谏。"比较起来，还是缺乏像屈原那样坚毅的斗志和顽强的抗争精神。不过诗中所表现的感情，也不完全局限于对自身不幸遭遇的哀叹，从他的感叹中曲折地表现出对社会的衰败和楚国即将沦亡命运的哀痛。王夫之在《楚辞通释》中对此作了肯定，他说："玉虽俯仰昏廷，而深达其师之志，悲愍一于君国，非徒以厄穷为怨尤。故嗣三闾之音者，惟玉一人而已。"① 虽然有继承和相通之处，但无论从思想的深刻还是斗争精神的坚韧来看，宋玉都是不能同屈原相比的。

《九辩》在艺术上有一定的创造性。情景交融是它的一大特色。他以秋景来写愁绪，收到了很好的艺术效果。"悲哉秋之为气也，萧瑟兮草木摇落而变衰。憭慄兮若在远行，登山临水兮送将归。"成为借秋景以抒发悲情的名句，千古以来传诵不衰。唐代大诗人杜甫在《咏怀古迹》中写道："摇落深知宋玉悲，风流儒雅亦吾师。"至今凡是学过中国文学史的人，只要见秋色而生悲情，就自然会想到宋玉的这篇《九辩》，足见它的艺术感染力是很强的。

《九辩》的语言文采绚烂，辞藻秀美，也是一大特色。它的词汇丰富，运用来刻画事物和表达感情，细腻而准确。句法上比屈赋更加自由灵活。

这些都使得《九辩》成为《离骚》之后又一首杰出的抒情长诗。

以屈原的光辉作品为代表的楚辞，不仅在爱国主义精神与追求美好理想的高洁品格和顽强意志方面，从思想和情操上给予后人极大的激励和感召，而且对中国古典诗歌的发展产生了极其深远的影响。后世谈到中国古典诗歌的传统时，总是以"风""骚"并称。"风"指《诗经》，"骚"即指以《离骚》为代表作的楚辞。一般认为，《诗经》代表中国古典诗歌现实主义传统的源头，而《离骚》则代表中国古典诗歌浪漫主义传统的源头。历代的大诗人，无不从"风""骚"中吸取思想和艺术的营养。杜甫说："别裁伪体亲风雅"，"窃攀屈宋宜方驾，恐与齐梁作后尘"（《戏为六绝句》）；李白说："屈原辞赋悬日月，楚王台榭空山丘"（《江上吟》）。由此可见"风""骚"传统对后代诗人和诗歌创作的巨大影响。

屈原的作品，开辟了由人民群众的集体歌唱到文人在学习民歌的基础上独立创作，写出富于个性和独特艺术风格的诗作的道路，是具有划时代意义的。

---

① 王夫之：《楚辞通释》，上海人民出版社，1976 年，第 121 页。

在诗歌形式上，打破了以四言为主、短章复沓的体制，而创造出适应于丰富复杂的抒情内容，灵活变化、参差错落的抒情长诗的艺术形式。

比兴手法的广泛运用，发展成为所谓香草美人的象征手法，形成了中国古典诗歌“借物抒情”“托物写志”的艺术传统。

主客答问的形式、铺叙的手法、华艳绚丽的辞藻，都对后来汉赋的形成产生了直接的影响。

思考题

1. 楚辞产生在一个什么样的时代背景之下？又有什么样的文化原因？
2. 楚辞这种新诗体在形式上有什么特点？
3. 屈原的时代和他的思想有什么特点？这些特点同他的创作有什么关系？
4.《离骚》在思想和艺术上有什么特点？
5. 除《离骚》外，屈原还有哪些作品？都有什么特点？
6. 宋玉的《九辩》有什么特点？

参考文献

1. 洪兴祖:《楚辞补注》，中华书局，1958 年。
2. 朱熹:《楚辞集注》，上海古籍出版社，1979 年。
3. 蒋骥:《山带阁注楚辞》，上海古籍出版社，1984 年。
4. 游国恩:《楚辞论文集》，上海古典文学出版社，1957 年。
5. 游国恩:《屈原》，中华书局，1963 年。
6. 马茂元:《楚辞选》，人民文学出版社，1958 年。
7. 郭沫若:《屈原赋今译》，作家出版社，1957 年。
8. 金开诚:《屈原辞研究》，江苏古籍出版社，1992 年。
9. 褚斌杰:《楚辞要论》，北京大学出版社，2003 年。

第三讲　来自社会底层的歌唱：汉代乐府民歌

第一节　乐府的概念及其演变

就文学要反映现实生活和人民的思想感情这一点来说，汉代文学中最值得我们重视的是乐府民歌。汉赋在文学史上被尊为汉代具有代表性的文学形式，但它的内容主要是反映统治阶级的生活，虽然也有它不可抹杀的特有的价值，但反映的社会生活内容毕竟过于狭窄；《史记》当然有很高的成就，但主要是写历史，并不是纯文学，虽然它在文学史上产生过很大的影响。汉代的乐府民歌则是人民群众自己的创作，真实地反映了当时社会的现实生活和人民的思想感情，在诗歌的形式和艺术技巧上也有不少新的创造，对后世的文学产生了很大的影响。

我们先讲讲什么是“乐府”。“乐府”这一概念，其含义是有发展变化的。乐府本来是音乐机关的名称。“乐”指音乐，“府”指官府。政府设立的这种管理音乐的机关，其渊源可以追溯到周代。当时朝廷和各诸侯国都有乐师，还有采诗官，他们担任配制、搜集乐调以及采集民歌的工作，那时虽还没有专门的机关，但已有专人职司这方面的事务。据20世纪70年代考古发掘的材料证明，秦代已经设置乐府。但秦代设置乐府的具体情况，至今还没有找到更详细的文字记载。有较详细的文字记载的，是汉代设立的乐府。汉初已建乐府。《汉书・礼乐志》载：“又有《房中祠乐》，高祖唐山夫人所作也。……高祖乐楚声，故《房中乐》楚声也。孝惠二年，使乐府令夏侯宽备其箫管，更名曰《安世乐》。”[①] 夏侯宽便是那时乐府机关中的专职官员。但设立大规模的机构并广泛搜集民歌，则是从汉武帝时（前140—前87）开始的。

---

① 班固：《汉书》，中华书局，1962年，第1043页。

乐府机关的大规模设立，跟武帝时国力的强大和汉武帝本人好大喜功有关。“制礼作乐”，发展繁荣文化艺术事业，都是承平安定时期的事业，历代都是如此。班固的《两都赋序》里说：“大汉初定，日不暇给。至于武宣之世，乃崇礼官，考文章。内设金马石渠之署，外兴乐府协律之事。”又据《汉书・礼乐志》载：“至武帝定郊祀之礼……乃立乐府，采诗夜诵，有赵、代、秦、楚之讴。以李延年为协律都尉，多举司马相如等数十人，造为诗赋，略论律吕，以合八音之调，作十九章之歌。”① 可知当时的乐府机关有两方面的任务：一方面为文人创作的诗赋配制乐谱，并进行演奏；另一方面是采集各地的民间歌谣，除供统治者娱乐享用外，也可以了解民情，观政教的得失。武帝时乐府机关的规模有多大今天不可详知，但到西汉末年哀帝时（前6—前1）曾对乐府机关的人员作过一次裁减，裁减之前是829人，可见其规模是很惊人的。

乐府机关的职能在当时有两个方面：一是组织文人创作歌诗，以供朝廷之用；二是广泛搜集民间歌谣。早期的文人歌诗如《安世房中歌》主要是供享宴时使用，后来使用的场合扩大，祭天等活动中也用来演唱了。到东汉时，乐府机关有了一些变化，管理乐府歌诗的机关叫黄门鼓吹署，由承华令掌管，负责乐府歌诗的搜集和演唱。因此，汉代的乐府诗歌，实际上包括两个部分，一是由文人创作的乐府诗，一是由乐府机关搜集整理的民间歌谣。无论从思想和艺术两方面看，汉代乐府民歌的价值都远远高出于文人创作的乐府诗。所以我们在这一讲中，主要介绍分析汉代的乐府民歌。

跟周代的采诗制度相近，汉代的乐府机关采集民歌，除了搜集民间乐调以供统治者演奏娱乐之外，还有其鲜明的政治目的。《汉书・艺文志》载：“自孝武立乐府而采歌谣，于是有代赵之讴，秦楚之风，皆感于哀乐，缘事而发，亦可以观风俗，知薄厚云。”② 所谓“观风俗，知薄厚”，就是从中了解政事的得失，考察人民的情绪，以便更好地加强对人民的统治。但不管统治阶级采诗的目的如何，正如周代的采诗制度为我们保存下丰富的周代民歌一样，汉代的乐府机关采诗也为我们保存了不少汉代思想和艺术都极为出色的民歌作品。由于它们是民情风俗所寄，其特点是“感于哀乐，缘事而发”，表现人民的生活和思想感情，传达人民的心声，跟一些封建

① 班固：《汉书》，中华书局，1962年，第1045页。

② 同上书，第1756页。

文人无病呻吟、内容空虚的作品是大异其趣的。

汉代人把配了乐的歌辞叫做“歌诗”，魏晋以后，人们便将这种在乐府机关合过乐的“歌诗”直接称为“乐府”，而将没有入乐的诗歌称为“徒诗”，于是，“乐府”一词便由音乐机关变成一种诗体的名称。魏晋时期，有一些诗人利用乐府曲调或乐府旧题写当时的时事，内容与原来的题目很不一样，这样的作品也称为乐府，如建安时代曹操等人所创作的所谓古题乐府。六朝时期对于乐府作为一种诗体的看法，主要还是从音乐的角度，即这种诗是合乐的。但到了唐代，便渐渐与音乐分开，而着眼于诗歌的社会性和现实内容了，如杜甫“即事名篇，无复依傍”的新题乐府、白居易等人的新乐府，就都不曾入乐。这时期，凡是在诗歌的思想内容上符合乐府的精神，即反映现实生活而具有较强的社会性和批判性，不论是沿用乐府旧题还是自制新题，都可以称为乐府。而到了宋元时期，则又把入乐的歌词（宋词、元曲）称为乐府了。

从上面乐府名称的历史演变来看，对乐府诗体可以有两方面的认识，一是它的音乐性，二是它的现实性。所谓现实性，亦即《汉书·艺文志》中所说“感于哀乐，缘事而发”的精神。萧涤非先生说：“乐府之范围，有广狭之二义。由狭义言，乐府乃专指入乐之歌诗，故《文心雕龙·乐府篇》云：‘乐府者，声依永，律和声也。’而由广义言，则凡未入乐而其体制意味，直接或间接模仿前作者，皆得名之曰乐府。”[①] 这里所说的“体制”，是就诗的体式说的；而所说的“意味”，则是指乐府诗的精神而言。

汉代的乐府诗，由于古代典籍的亡佚，现在已很难窥见全貌了。据《汉书·艺文志》的记载目录，仅西汉乐府民歌就有一百三十八篇之多，这显然还不是全部，但也仅存篇目，不载歌辞。这个数字很可观，已接近于《诗经》中的“国风”了。现存的汉代民间乐府，最早见于著录的是南齐沈约的《宋书·乐志》，约四十首左右，其中“铙歌”十八曲是西汉时期的作品。

宋人郭茂倩编的《乐府诗集》，是搜集乐府诗最完备的一部总集，它将从汉代到唐代的乐府诗分为十二类：一、郊庙歌辞；二、燕射歌辞；三、鼓吹曲辞；四、横吹曲辞；五、相和歌辞；六、清商曲辞；七、舞曲歌辞；八、琴曲歌辞；九、杂曲歌

---

① 萧涤非：《汉魏六朝乐府文学史》，人民文学出版社，1984 年，第 9 页。

辞；十、近代曲辞；十一、杂歌谣辞；十二、新乐府辞。汉代的乐府诗主要保存在"鼓吹曲辞""相和歌辞"和"杂曲歌辞"中。现存汉代乐府主要是东汉时期的作品，西汉时期的作品比较少。

"鼓吹曲辞"又称"短箫铙歌"，是汉初传入的"北狄乐"。今存"铙歌"十八曲，大概搜集时本来有声无辞，歌辞是后来补配的。所以内容复杂，时代也不一，有民间歌谣，也有文人作品。"铙歌"因为"声辞相杂"（即辞中夹杂一些只表示声音符号的字），又因为直到沈约的《宋书》才加著录，民间辗转相传，字多讹误，所以比较难懂。句法多杂言，风格较为悲壮。

"相和歌辞"是汉代从各地（主要是南方）搜集来的民间俗乐，以楚声为主。歌辞多为人民群众自己的创作。"相和曲"是指一种演唱方式，含有"丝竹更相和"的意思。这些歌辞有抒情，有说理，有叙事，以叙事为多，形成了汉代乐府民歌叙事性的显著特色。这类诗广泛地反映了汉代的社会生活，现实性很强，是汉代乐府诗的精华。

"杂曲歌辞"中也有一部分是民歌。著名的长篇叙事诗《孔雀东南飞》，即属于这一类。因为曲调大多失传，在音乐上无类可归，故称为杂曲。这类作品中的民歌，跟"相和歌辞"中的民歌一样，现实性比较强。

第二节　汉代乐府民歌的思想内容

现存的汉代乐府民歌有四十多篇，数量不算多，但反映的社会生活面却相当广泛。这些作品的一个共同的特色，就是班固在《汉书·艺文志》中所说的"感于哀乐，缘事而发"。就是说，这些作品不同于那些内容空虚、感情贫乏的苍白之作，有充实丰富的内容，是人民群众生活的真实反映，是他们的思想感情的自然流露。概括地说，汉代乐府民歌有以下几个方面的内容：

第一，反映劳动人民受压迫剥削及其悲惨遭遇的。

汉代至汉武帝以后，一方面是长期对外用兵，开拓边疆，给人民带来了沉重的负担；另一方面是统治阶级奢侈享乐，过着豪华腐朽的生活，而大量的挥霍只有从劳动人民身上搜刮。加上土地兼并，使广大农民陷于贫困和破产的境地，因而社会矛盾十分尖锐。这种社会情况，在汉代乐府民歌中得到了极为具体而生动的反映。例如《平陵东》(《相和歌辞·相和曲》)：

平陵东，松柏桐，不知何人劫义公。劫义公，在高堂下，交钱百万两走马。两走马，亦诚难，顾见追吏心中恻。心中恻，血出漉，归告我家卖黄犊。

这首诗是一篇饱含血泪的控诉书。从篇中所写“卖黄犊”的情形看，受迫害的应该是农民。官府竟然在光天化日之下劫持无辜民众，而向被劫持者敲诈大量的金钱财物，家中无钱，即使卖掉仅有的黄犊也不能满足统治者的贪求，便只有被迫发出痛苦的呼号了。

再看《妇病行》(《相和歌辞·瑟调曲》)：

妇病连年累岁，传呼丈人前一言。当言未及得言，不知泪下一何翩翩。“属累君两三孤子，莫我儿饥且寒，有过慎莫笪笞，行当折摇，思复念之！”乱曰：抱时无衣，襦复无里。闭门塞牖，舍孤儿到市。道逢亲交，泣坐不能起。从乞求与孤买饵。对交啼泣，泪不可止。“我欲不伤悲不能已。”探怀中钱持授交。入门见孤儿，啼索其母抱。徘徊空舍中。“行复尔耳！”弃置勿复道。

这首诗写一个病妇临死前对丈夫的告语，写出了一个令人惨不忍睹的家庭悲剧，表现出深刻的社会内容。这个悲剧的造成可以概括为两个字——贫和病，而其根源在饥寒交迫。篇中透露出病妇是一个年轻妇女，虽然没有指明她生病的原因，但从下文嘱咐丈夫不要让孤儿“饥且寒”看，她平日的生活显然是挣扎在死亡线上的。“行复尔耳！”这结语悲痛的慨叹极其惨苦，说明孤儿的命运跟他们的妈妈一样，必然是冻饿而死。这个家庭的遭遇是很有典型意义的，可以看作是那个社会里劳动人民生活的缩影。

又如《艳歌行》(《相和歌辞·瑟调曲》)：

翩翩堂前燕，冬藏夏来见。兄弟两三人，流宕在他县。故衣谁当补？新衣谁当绽？赖得贤主人，览取为我组。夫婿从门来，斜柯西北眄。“语卿且勿眄，水清石自见。”石见何累累，远行不如归。

这首诗写兄弟三人为生活所逼迫，流宕他乡不能归家的痛苦生活和心情。全诗读起来，像是极自然的叙写，实际构思极为巧妙。诗中写了一个富于戏剧性的情节和场面，传达出的感情是极其悲苦的。“兄弟两三人，流宕在他县。”这明确交代了，离家流宕在外的不只是兄弟当中的一个人，而是兄弟三人，如果不是出于不得已，一般是不会这样的。显然他们之所以流宕他乡，想归家而不得归家，连来去自由的燕子都不如，是为生活的穷困所逼迫的。开头用翩翩起飞的堂前燕来起兴，就传达出一种羡慕和凄哀的心情。下面说在外衣服破了没有人补，这样写，就可以想见他们平日在家时是有妻子为他们缝补的。好不容易得到房东女主人的同情，替他们缝补衣服，但男主人回来看见，却又引起误解。这种误解自然是人之常情，本来是生活中常见的现象，但在这首诗所写的特定情景中，却有着让人感到非常沉重的内容。由于引起了诗中主人公内心的无限悲哀，故在诗的结尾便发出“远行不如归”的慨叹。这首诗并没有写他们为何流宕在外，但有家而不能归，却又非常想归，毫无疑问是出于被迫和无奈，这就从一个十分巧妙的角度，生动自然地表现出人民痛苦生活的一个侧面。

第二，揭露统治阶级的罪恶和丑恶本质的。

最著名的是叙事诗《陌上桑》(《相和歌辞·相和曲》)：

日出东南隅，照我秦氏楼。秦氏有好女，自名为罗敷。罗敷善蚕桑，采桑城南隅。青丝为笼系，桂枝为笼钩。头上倭堕髻，耳中明月珠。缃绮为下裙，紫绮为上襦。行者见罗敷，下担捋髭须。少年见罗敷，脱帽著帩头。耕者忘其犁，锄者忘其锄。来归相怨怒，但坐观罗敷。(一解)

使君从南来，五马立踟蹰。使君遣吏往，“问是谁家姝？”“秦氏有好女，自名为罗敷。”“罗敷年几何？”“二十尚不足，十五颇有余。”“使君谢罗敷，宁可共载不？”罗敷前致辞：“使君一何愚！使君自有妇，罗敷自有夫。”(二解)

“东方千余骑，夫婿居上头。何用识夫婿？白马从骊驹，青丝系马尾，黄金络马头，腰中鹿卢剑，可值千万余。十五府小吏，二十朝大夫，三十侍中郎，四十专城居。为人洁白晰，鬑鬑颇有须，盈盈公府步，冉冉府中趋。坐中数千人，皆言夫婿殊。”(三解)

这首诗描写了一个太守看见一位漂亮的采桑民女，竟然在光天化日之下便厚颜无耻地要将这位有夫之妇同车载归。而他在坚贞的罗敷义正词严的斥责之下未能得逞。诗中成功地塑造了罗敷这样一位美丽、机智、勇敢的妇女形象，在对比中突出了统治阶级荒淫、横暴的丑恶面目。这首诗篇幅并不算长，但有场面，有情节，有对话，叙写富于戏剧性，是一首极为出色的叙事诗。

再看这首《孤儿行》(《相和歌辞·瑟调曲》)：

孤儿生，孤子遇生，命独当苦！父母在时，乘坚车，驾驷马。父母已去，兄嫂令我行贾。南到九江，东到齐与鲁。腊月来归，不敢自言苦。头多虮虱，面目多尘。大兄言办饭，大嫂言视马。上高堂，行取殿下堂。孤儿泪下如雨。使我朝行汲，暮得水来归。手为错，足下无菲。怆怆履霜，中多蒺藜。拔断蒺藜肠月中，怆欲悲。泪下渫渫，清涕累累。冬无複襦，夏无单衣。居生不乐，不如早去下从地下黄泉！春气动，草萌芽。三月蚕桑，六月收瓜。将是瓜车，来到还家。瓜车反覆，助我者少，啖瓜者多。愿还我蒂，兄与嫂严，独且急归，当兴校计。

乱曰：里中一何譊譊，愿欲寄尺书，将与地下父母，兄嫂难与久居！

这首诗是描写统治阶级的家庭关系的，由诗中写孤儿“父母在时，乘坚车，驾驷马”的富裕生活可证。诗歌通过孤儿在父母死后受兄嫂的虐待，过着一种被剥削、被压迫的生活，以活生生的艺术形象，撕破了统治阶级口头上那一套所谓孝、悌、忠、信的虚伪的封建伦理道德，揭露了在统治阶级中，兄弟关系实际上是一种剥削与被剥削、压迫与被压迫的主奴关系。孤儿什么活都干，从烧饭、喂马、挑水到养蚕、种瓜，可是却吃不饱、穿不暖，过着牛马不如的生活。当时社会上的人也缺乏同情心，在孤儿瓜车翻倒以后，帮助他的人少，而抢瓜吃的人多。于是他只好哀求吃瓜的人将瓜蒂留给他，好回去对凶暴的兄嫂有个交待。这是一幅多么悲惨的生活画面啊！在酷虐无情的兄嫂面前，他是悲苦而不敢言，只好辛酸地将希望寄托在虚无之中，向九泉之下的父母寄书诉苦。

其他如《相逢行》《长安有狭斜行》等，可能是娱乐豪贵的歌曲，铺陈富贵之家的奢侈享乐，以及子弟人人做官的气派，但在客观上却成为对统治者腐朽生活的一种揭露和讽刺，也是具有一定的社会意义的。

第三，反对战争和徭役的。

武帝以后，长期进行开边战争，给人民带来深重的灾难，因而反对战争就成为汉代乐府民歌中的一个突出主题。例如《战城南》(《鼓吹曲辞·汉铙歌十八曲》)：

战城南，死郭北，野死不葬乌可食。为我谓乌："且为客豪，野死谅不葬，腐肉安能去子逃？"水深激激，蒲苇冥冥，枭骑战斗死，驽马徘徊鸣。梁筑室，何以南，何以北，禾黍不获君何食？愿为忠臣安可得？思子良臣，良臣诚可思，朝行出攻，暮不夜归。

这首诗通过在战场上战死的战士因无人收葬而被乌鸦啄食的悲惨景象，表现了战争给人民带来的巨大不幸和灾难。更加令人感到悲痛的是，作者别出奇想，假拟死者与乌鸦对话，希望它先为死者号叫招魂，然后再吃，出语极为凄苦。这首诗是通过对战争残酷性的渲染来表达诗人的反战思想的。而《十五从军征》(《横吹曲辞·梁鼓角横吹曲》)①则从另一个角度表现了同样的思想倾向。全诗是这样的：

十五从军征，八十始得归。道逢乡里人："家中有阿谁？""遥望是君家，松柏冢累累。"兔从狗窦入，雉从梁上飞。中庭生旅谷，井上生旅葵。舂谷持作饭，采葵持作羹。羹饭一时熟，不知贻阿谁。出门东向望，泪落沾我衣。

诗中的主人公从 15 岁参军，直到 80 岁才退役，这本身就够悲惨的了，更悲惨的是他回到家中时所看到的情景。六十五年的漫长岁月，经历了种种难言的战争苦难，终能幸免一死，回到家乡时的心情当是悲喜交集的。可当他问乡里人家中还有什么人的时候，被问者指给他看的却是松柏林中的一片荒坟。家人的境遇和主人公得知这一信息时的悲痛，都概括在这"松柏冢累累"五个字之中了。接下去，诗歌具体地描绘了家中残破荒凉的景象，读来字字皆见血泪。诗中没有一个字是直接谴责战争的，但对战争的控诉却非常有力。余冠英先生认为，杜甫的名篇《无家别》受到这首诗的影响，从思想倾向和表现角度及构思看，杜作与此确是一脉相承的。

第四，描写劳动人民机智勇敢的反抗斗争的。

劳动人民对于统治阶级的暴虐和压迫是反抗的，这种反抗有时采取一种悲愤的

---

① 此首在《乐府诗集》卷二十五中归入"梁鼓角横吹曲"，前面多八句："烧火烧野田，野鸭飞上天。童男娶寡妇，壮女笑杀人。高高山头树，风吹叶落去。一去数千里，何当还故处。"题《紫骝马》。余冠英先生推断"原来许是汉魏间大动乱时代的民歌"，故将其"列在汉杂曲古辞的末尾"，见《乐府诗选》，人民文学出版社，1957 年，第 76 页。

激烈的形式，有时则采取一种充满机智和乐观情绪的轻松的形式。这两个方面在汉代乐府民歌中都得到了表现。前者以《东门行》(《相和歌辞·瑟调曲》）为代表：

出东门，不顾归。来入门，怅欲悲。盎中无斗米储，还视架上无悬衣。拔剑东门去，舍中儿母牵衣啼："他家但愿富贵，贱妾与君共哺糜。上用仓浪天故，下当用此黄口儿。今非！""咄！行！吾去为迟！白发时下难久居。"

这首诗具有很高的典型意义。它描写了一个城市贫民，由于受到残酷的压迫剥削，生活极端穷困，最后被迫走上了反抗斗争的道路。诗中成功地塑造了一个反抗者的形象，通过具体生动的生活画面，反映出当时社会矛盾的尖锐和广大人民强烈的反抗斗争精神。这首诗深刻地揭示了人民铤而走险的社会原因是穷困，是无衣无食，这就表现出被压迫人民反抗斗争行为的正义性，表达了作者鲜明的是非观念和深切的同情心。作品还生动真实地表现了主人公在走向反抗斗争过程中的种种矛盾。首先是写出了他自己内心的矛盾。他本来已经很坚决地走了，却又回来，说明他心里还有牵挂，还有矛盾；而从诗的后半部分看，这矛盾主要是出于对妻儿的关爱。但一回到家中，看到家中无衣无食的现实情景，便决然地出走，即使是骨肉分离，也在所不顾了。诗中的“拔剑”二字很有表现力，不仅说明主人公所走的是一条武力反抗的道路，而且以具体的动作表现出主人公坚决果断的精神。其次是写出了家庭的矛盾。儿母牵衣啼哭，加以劝阻，但他心中虽然充满了离别的难言之痛，却还是愤然决然地走了。他果决的行为，呵叱劝阻他的妻子时那种强烈的近于粗暴的语气，似乎有些无情无义。但由于诗中真实地揭示了他反抗斗争是为生活所逼，是为了衣食问题，也就是出于对妻儿的关爱，因此他在矛盾痛苦中仍愤然出走，就不仅是可以理解的，而且是令人同情的。

前面已经提到过的《陌上桑》，则从另一个方面，以另一种风格表现了被压迫人民的斗争精神。诗中塑造了一个聪明、机智而富于斗争精神的劳动妇女的形象。诗中首先点明罗敷是一个养蚕女，是一个劳动妇女，一场充满戏剧性的斗争，就是在她劳动的场地桑林里展开的。接着写太守荒淫无耻，看见一个民女长得漂亮，就想占为己有，无礼地提出要载她归去。而罗敷却根本不把太守放在眼里，不仅对他的权势和富贵不存任何艳羡心理，而且也没有丝毫畏惧情绪，她似乎根本就没有考虑过对手的权势和横暴会给她带来什么样的灾难。在对方无礼的要求面前，她立即加以严词拒绝，并一泻而下，以自己的夫婿在才貌、地位等方面都压倒对方，进行说理斗争。这样，这位小小的采桑女，在横暴的太守面前，在精神上就处于一种居高临下的地位，完全压倒了对手而取得了胜利。这首诗在思想上是很有特色的，写压迫和反压迫的斗争，没有通常所见的那种凄哀情调和悲壮色彩，而是写得极其轻松，充满幽默感，充满乐观主义精神，写出了劳动人民在反压迫斗争中的主动和强势地位。诗虽然带有理想色彩，但就它所反映的情绪和愿望来说，是人民思想感情的真实的表现，是现实性与理想性结合得非常好的作品。

第五，描写爱情婚姻题材的。

描写男女爱情和婚姻问题的作品，在汉代乐府民歌中占有很重要的地位。但比起《诗经》来，汉代乐府民歌中的爱情婚姻题材作品，表现了不同的思想内容和时代特色。《诗经》中不少写男女自由恋爱的诗歌，写出了爱情的甜蜜和幸福，充满了轻松欢快的情绪。但在汉代，自汉武帝“独尊儒术”以后，封建礼教的统治加强了，形成了对妇女强大的精神压迫。因此汉代乐府民歌中写男女爱情婚姻的作品，大多是悲剧性的内容，充满了悲苦怨愤的情绪，成为对封建礼教、男女不平等和家长宗法统治的控诉。如《上邪》(《鼓吹曲辞·汉铙歌十八曲》):

上邪！我欲与君相知，长命无绝衰。山无陵，江水为竭，冬雷震震，夏雨雪，天地合，乃敢与君绝！

这是一首指天为誓以表白自己爱情坚贞的情歌。从语气上看，主人公是一位女子，她表示与一个男子相爱，这爱永不断绝，永不衰减。她一连用了五种世间绝不可能出现的客观物象来表达自己爱情永远不变的决心：高山变为平地，江水枯竭，冬天打雷，夏天下雪，天地相合，这才与你分离。这些自然界的变化是不可能出现的，因而女主人公的爱情也是永远不会改变的。这爱情是如此热烈、大胆、坚贞，具有很强的感染力量。这首短诗没有提供女主人公发誓的任何背景，但从她所表示的不可动摇的信念和果决的态度看，是鲜明地显示出斗争锋芒的。这锋芒指向什么，诗中没有明确的表现，但我们有理由认为，他们的爱情受到了严重的阻力，而这跟当时社会上严酷的封建礼教的统治显然是有关系的。联系到汉代的社会思想情况，这首诗所表现的女子勇敢坚强的性格与对坚贞爱情的向往和追求，是十分难能可贵的。在汉代乐府民歌描写爱情婚姻的作品中，这首短诗应该给予特殊的评价。

再看看《有所思》(《鼓吹曲辞·汉铙歌十八曲》):

有所思，乃在大海南。何用问遗君？双珠玳瑁簪，用玉绍缭之。闻君有他心，拉杂摧烧之。摧烧之，当风扬其灰。从今以往，勿复相思！相思与君绝！鸡鸣狗吠，兄嫂当知之。[妃呼狶]秋风肃肃晨风飔，东方须臾高知之。

这首诗写一个女子在男方变心被遗弃以后复杂矛盾的内心活动，写得十分真实、细腻、动人。女主人公所爱的人不在她的身边，她日夜都在想念着他。她想送给他一个珍贵的礼物以寄托深挚的情思。这礼物最后选定了用玉装饰的双珠玳瑁簪。可是一听说对方变了心，因爱之深而恨之切，心中非常气愤，便把这珍贵的礼物折断烧毁了，烧毁还不足以解其气，还“当风扬其灰”，使之无影无踪，永远消失，以表示“从今以往，勿复相思”的决心。可是，转念却又犹豫起来。愤怒之余，不禁回忆起过去两人私相幽会时，惊动得鸡鸣狗吠，连兄嫂都知道了的那种又惊怕、又幸福的情景，于是情思缠绵，又一时难于割断。到底是断绝不断绝呢？主人公拿不定主意了。诗中对女主人公内心复杂矛盾的心情表现得惟妙惟肖：她决断不了，于是心里推托说，等天亮了让白日来照亮自己的心，再定主意吧！这末一句，使读者自然地想象出她彻夜不眠的情景。这位女主人公是很有性格的，她直爽、刚烈，却又多情。她的爱情的深挚热烈令人感动，而正因此，她的被遗弃就更加令人同情。

在封建社会中，男女不平等，婚后妇女常遭负心男子的遗弃。在汉代乐府民歌中，有一些作品是表现她们的不幸遭遇和内心悲愤感情的，这就是文学史上常见的“弃妇诗”。例如《白头吟》(《相和歌辞·楚调曲》):

皑如山上雪，皎若云间月。闻君有两意，故来相决绝。今日斗酒会，明旦沟水头。躞蹀御沟上，沟水东西流。凄凄复凄凄，嫁娶不须啼。愿得一心人，白头不相离。竹竿何嫋嫋，鱼尾何簁簁。男儿重意气，何用钱刀为。

诗的开头以山上白雪和云间皎月起兴，象征着真挚爱情的纯洁。但丈夫却心怀两意，遗弃了她，她于是下决心坚决地跟他断绝。她不像《有所思》的主人公那样内心里还有矛盾和犹豫。她对无情无义的男子是有所了解的，不再怀抱任何的希望。她只能悲伤地提出封建社会里一个被压迫妇女的最低的期望和理想：“愿得一心人，白头不相离。”这理想中包含了她的失落和悲伤。这首诗表现了封建社会里妇女常被男子遗弃的普遍的不幸命运，是具有很高的典型意义的。

其他如《上山采蘼芜》[①]：

上山采蘼芜，下山逢故夫。长跪问故夫：“新人复何如？”“新人虽言好，未若故人姝。颜色类相似，手爪不相如。”“新人从门入，故人从閤去。”“新人工织缣，故人工织素。织缣日一匹，织素五丈余。将缣来比素，新人不如故。”

这首诗写一个被遗弃的妇女后来又偶然跟故夫相遇的情景，写了他们的对话和思想感情。女子不像上一首那样充满悲愤决绝的感情，而是很关心故夫的生活，打听新妇如何，也就是打听丈夫在两人分离后是不是生活得幸福，问话中充满一种深挚的关切和爱意。丈夫却回答说，新妇不如旧妇好。这有些出人意料的回答，暗示了两人的离异可能不是由于男方的负心，而是别有原因，别有隐情。两人相爱而又不能不离异，相别而又不能相忘，男女双方都是值得人同情的。

还有一首《怨歌行》[②]：

新裂齐纨素，皎洁如霜雪，裁为合欢扇，团团似明月。出入君怀袖，动摇微风发。常恐秋节至，凉飚夺炎热，弃捐箧笥中，恩情中道绝。

这首诗全篇为一比喻，表面上看是写扇，实际是以扇的遭遇来写人的遭遇。扇子在天热时“出入君怀袖”，因为能使人凉爽而备受宠爱。但秋凉一至，就被人“弃捐箧笥中”了。借这个比喻，真实地反映了封建时代的妇女处于被男子玩弄的地位，她们没有独立的人格，年轻貌美时可以得到男子的宠爱，而一旦色衰，就再不能讨得男子的欢心，同团扇一样只有被遗弃的悲惨命运了。“常恐秋节至，凉飚夺炎热，弃

---

① 此首《乐府诗集》未收，《太平御览》引作《古乐府》，余冠英先生《乐府诗选》认为与《陌上桑》属同一类型，归入汉《杂曲歌辞》中。

② 此首梁陈以后的选本多题作班婕妤诗，也有题作颜延年诗的。余冠英先生的《乐府诗选》据《文选》李善注引《歌录》：“怨歌行，古辞。”认为是无名氏作品，归入《相和歌辞・古辞》中。《乐府诗选》，人民文学出版社，1957 年，第 46 页。

捐箧笥中，恩情中道绝。”这种畏惧的心理和隐忧，是带有时代特征和典型意义的。

另有一首《塘上行》[1]也是写弃妇的：

蒲生我池中，其叶何离离！傍能行仁义，莫若妾自知。众口铄黄金，使君生别离。念君去我时，独愁常苦悲，想见君颜色，感结伤心脾。念君常苦悲，夜夜不能寐。莫以贤豪故，弃捐素所爱。莫以鱼肉贱，弃捐葱与薤。莫以麻枲贱，弃捐菅与蒯。出亦复苦愁，入亦复苦愁，边地多悲风，树木何翛翛。从君致独乐，延年寿千秋。

诗中所写主要是弃妇所言。这位妇女已经被丈夫遗弃了，可她还是深切地思念着丈夫，以致“想见君颜色，感结伤心脾。念君常苦悲，夜夜不能寐”，进而苦苦地哀求无情的丈夫不要得新欢而弃旧好。全诗语气感情都十分真实，出语凄苦，十分感人。

以上几首诗，所写具体内容不同，主人公的性格不同，诗歌的风格也各异，但都从不同的角度写出了封建时代妇女爱情婚姻生活的不幸，都是富有社会意义的佳作。

除了上述五大类以外，汉代乐府民歌中还有一些寓言性质的作品，通过将动物拟人化的手法，揭露了统治阶级残害人民的罪行。如《雉子斑》(《鼓吹曲辞》)、《乌生子》(《相和歌辞》)、《枯鱼过河泣》(《杂曲歌辞》)等，也都是值得注意的作品。

综上所说，汉代乐府民歌的思想内容是十分丰富的，它广泛地反映了汉代的现实生活，接触到当时的社会矛盾，表现了人民的思想感情。在基本精神上，跟《诗经》中的“国风”是一脉相承的。

第三节 《孔雀东南飞》的思想和艺术

《孔雀东南飞》是一首长篇叙事诗，是汉代乐府民歌中的一篇杰作。最早见于陈代徐陵编的《玉台新咏》，题作《古诗无名氏为焦仲卿妻作》。《乐府诗集》编入

---

① 此诗作者，众说不一。《文选》李善注引《歌录》云：“《塘上行》，古辞，或云甄皇后造，或云魏文帝，或云武帝。”余冠英先生据此定为《相和歌辞·古辞》。《乐府诗选》，人民文学出版社，1957年，第22页。

第七十二卷《杂曲歌辞》十三中。明王世贞在《艺苑卮言》中誉之为“长诗之圣”。这首诗在思想艺术上都达到了很高的成就，是中国古典文学中的珍品。

孔雀东南飞

汉末建安中，庐江府小吏焦仲卿妻刘氏，为仲卿母所遣，自誓不嫁。其家逼之，乃投水而死。仲卿闻之，亦自缢于庭树。时人伤之，而为此辞也。

孔雀东南飞，五里一徘徊。“十三能织素，十四学裁衣。十五弹箜篌，十六诵诗书。十七为君妇，心中常苦悲。君既为府吏，守节情不移。贱妾留空房，相见常日稀。鸡鸣入机织，夜夜不得息。三日断五匹，大人故嫌迟。非为织作迟，君家妇难为！妾不堪驱使，徒留无所施。便可白公姥，及时相遣归。”

府吏得闻之，堂上启阿母：“儿已薄禄相，幸复得此妇。结发同枕席，黄泉共为友。共事二三年，始尔未为久。女行无偏斜，何意致不厚。”阿母谓府吏：“何乃太区区！此妇无礼节，举动自专由。吾意久怀忿，汝岂得自由！东家有贤女，自名秦罗敷。可怜体无比，阿母为汝求。便可速遣之，遣去慎莫留！”府吏长跪告：“伏惟启阿母。今若遣此妇，终老不复取！”阿母得闻之，槌床便大怒：“小子无所畏，何敢助妇语！吾已失恩义，会不相从许！”

府吏默无声，再拜还入户。举言谓新妇，哽咽不能语：“我自不驱卿，逼迫有阿母。卿但暂还家，吾今且报府。不久当归还，还必相迎取。以此下心意，慎勿违吾语。”新妇谓府吏：“勿复重纷纭。往昔初阳岁，谢家来贵门。奉事循公姥，进止敢自专？昼夜勤作息，伶俜萦苦辛。谓言无罪过，供养卒大恩；仍更被驱遣，何言复来还？妾有绣腰襦，葳蕤自生光；红罗复斗帐，四角垂香囊；箱帘六七十，绿碧青丝绳。物物各自异，种种在其中。人贱物亦鄙，不足迎后人。留待作遗施，于今无会因。时时为安慰，久久莫相忘！”

鸡鸣外欲曙，新妇起严妆。著我绣夹裙，事事四五通。足下蹑丝履，头上玳瑁光。腰若流纨素，耳著明月珰。指如削葱根，口如含朱丹。纤纤作细步，精妙世无双。上堂拜阿母，阿母怒不止。“昔作女儿时，生小出野里。本自无教训，兼愧贵家子。受母钱帛多，不堪母驱使。今日还家去，念母劳家里。”却与小姑别，泪落连珠子。“新妇初来时，小姑始扶床；今日被驱遣，小姑如我长。勤心养公姥，好自相扶将。初七及下九，嬉戏莫相忘。”出门登车去，涕落百余行。

府吏马在前，新妇车在后。隐隐何甸甸，俱会大道口。下马入车中，低头共耳语：“誓不相隔卿，且暂还家去。吾今且赴府，不久当还归。誓天不相负！”新妇谓府吏：“感君区区怀！君既若见录，不久望君来。君当作磐石，妾当作蒲苇。蒲苇纫如丝，磐石无转移。我有亲父兄，性行暴如雷，恐不任我意，逆以煎我怀。”举手长劳劳，二情同依依。

入门上家堂，进退无颜仪。阿母大拊掌，不图子自归：“十三教汝织，十四能裁衣，十五弹箜篌，十六知礼仪，十七遣汝嫁，谓言无誓违。汝今何罪过，不迎而自归？”兰芝惭阿母：“儿实无罪过。”阿母大悲摧。

还家十余日，县令遣媒来。云有第三郎，窈窕世无双。年始十八九，便言多令才。阿母谓阿女：“汝可去应之。”阿女含泪答：“兰芝初还时，府吏见丁宁，结誓不别离。今日违情义，恐此事非奇。自可断来信，徐徐更谓之。”阿母白媒人：“贫贱有此女，始适还家门。不堪吏人妇，岂合令郎君？幸可广问讯，不得便相许。”

媒人去数日，寻遣丞请还，说有兰家女，承籍有宦官。云有第五郎，娇逸未有婚。遣丞为媒人，主簿通语言。直说太守家，有此令郎君，既欲结大义，故遣来贵门。阿母谢媒人：“女子先有誓，老姥岂敢言！”阿兄得闻之，怅然心中烦。举言谓阿妹：“作计何不量！先嫁得府吏，后嫁得郎君。否泰如天地，足以荣汝身。不嫁义郎体，其往欲何云？”兰芝仰头答：“理实如兄言。谢家事夫婿，中道还兄门。处分适兄意，那得自任专？虽与府吏要，渠会永无缘。登即相许和，便可作婚姻。”

媒人下床去，诺诺复尔尔。还部白府君：“下官奉使命，言谈大有缘。”府君得闻之，心中大欢喜。视历复开书，便利此月内，六合正相应。良吉三十日，今已二十七，卿可去成婚。交语速装束，络绎如浮云。青雀白鹄舫，四角龙子幡。婀娜随风转，金车玉作轮。踯躅青骢马，流苏金镂鞍。赍钱三百万，皆用青丝穿。杂彩三百匹，交广市鲑珍。从人四五百，郁郁登郡门。

阿母谓阿女：“适得府君书，明日来迎汝。何不作衣裳？莫令事不举！”阿女默无声，手巾掩口啼，泪落便如泻。移我琉璃榻，出置前窗下。左手持刀尺，右手执绫罗。朝成绣夹裙，晚成单罗衫。晻晻日欲暝，愁思出门啼。

府吏闻此变，因求假暂归。未至二三里，摧藏马悲哀。新妇识马声，蹑履相逢迎。怅然遥相望，知是故人来。举手拍马鞍，嗟叹使心伤：“自君别我后，人事不可量。果不如先愿，又非君所详。我有亲父母，逼迫兼弟兄。以我应他人，君还何所望！”府吏谓新妇：“贺卿得高迁！磐石方且厚，可以卒千年；蒲苇一时纫，便作旦夕间。卿当日胜贵，吾独向黄泉！”新妇谓府吏：“何意出此言！同是被逼迫，君尔妾亦然。黄泉下相见，勿违今日言！”执手分道去，各各还家门。生人作死别，恨恨那可论？念与世间辞，千万不复全！

府吏还家去，上堂拜阿母：“今日大风寒，寒风摧树木，严霜结庭兰。儿今日冥冥，令母在后单。故作不良计，勿复怨鬼神！命如南山石，四体康且直！”阿母得闻之，零泪应声落：“汝是大家子，仕宦于台阁。慎勿为妇死，贵贱情何薄！东家有贤女，窈窕艳城郭，阿母为汝求，便复在旦夕。”府吏再拜还，长叹空房中，作计乃尔立。转头向户里，渐见愁煎迫。

其日牛马嘶，新妇入青庐。晻晻黄昏后，寂寂人定初。我命绝今日，魂去尸长留！揽裙脱丝履，举身赴清池。府吏闻此事，心知长别离。徘徊庭树下，自挂东南枝。

两家求合葬，合葬华山傍。东西植松柏，左右种梧桐。枝枝相覆盖，叶叶相交通。中有双飞鸟，自名为鸳鸯。仰头相向鸣，夜夜达五更。行人驻足听，寡妇起彷徨。多谢后世人，戒之慎勿忘。

这首长诗不仅写出了一个爱情婚姻的悲剧，而且从几个方面深刻地揭示出这个悲剧所包含的反封建的社会意义。

第一，长诗深刻地揭示了酿成这一婚姻悲剧的原因，是由于封建宗法制度和封建礼教的压迫，因而具有深刻的反封建的社会意义。诗里写出了悲剧的女主人公刘兰芝是一位既有才貌又勤谨事姑的妇女，也就是说她本来应该享受到爱情婚姻的幸福生活，但却被无理地逐出了夫家。她不像上面几首诗中所写的那样是被丈夫遗弃的，而是由于婆婆的不满和驱赶。被驱赶的原因，主要是由于婆婆认为“此女无礼节，举动自专由”。实际上，这是由于封建家长按封建礼法去要求她、束缚她，而从诗中所表现的刘兰芝刚烈不屈的性格来看，她是不能忍受这一束缚的，因而引起了婆婆的强烈不满。封建礼教的束缚和压迫，以及坚持封建礼教的宗法统治，是兰芝被遣以致最后酿成悲剧的根本原因。

第二，长诗写出了夫妻二人的感情是很深厚的，他们互相了解，恩爱相处。这就进一步说明了兰芝的被遣是出于家长的旨意，是封建宗法制度造成的恶果。特别是诗中写了焦仲卿反对遣发兰芝而引起母亲的震怒，写了两人的难分难舍，写了两人相别时的誓言，写了兰芝被迫再嫁时两人难言的痛苦，写了当现实不能改变时两人相约以死来殉情等等，这一系列的情节，都充分地揭示了封建宗法制度是造成这一悲剧的根本原因，也是使男女双方都陷入极端痛苦的根本原因。

第三，长诗中还特意写出了兰芝兄逼嫁的情节。这使得焦仲卿暂遣兰芝还家、以后再相迎的幻想彻底破灭。这就揭示了封建宗法的统治和封建礼教的统治不是个别人的问题，而是一种制度，一种社会势力，是无所不在、不可逃脱的。这样就写出了这一悲剧的必然性、不可避免性，使得这首长诗具有了更加深刻的社会内容。

第四，全诗的结尾，写了合葬后夫妻二人化为鸳鸯的幻想。这一艺术处理具有几方面的意义：一是象征了两人真挚相爱、永不分离的顽强意志。人可以死，而爱是永生的，精神是不灭的；爱和精神是不可改变，也是不可战胜的。二是表现了广大人民对这一爱情悲剧所表现出来的是非的评价，以超现实的形式，表达了人们对爱情婚姻的美好理想。三是表现了作者对这一悲剧的深切的同情。

总之，这首长诗的社会意义在于，它不是将批判的矛头指向个别的人，将酿成悲剧的原因归结为个别人的意志和行动，而是指向由个别人所代表的封建制度和礼教的罪恶，这就使得作品的思想达到了相当的深度。

长诗在艺术上也取得了杰出的成就。

第一，这是一首长篇叙事诗，有生动、完整、曲折的故事情节，而且组织得严密、紧凑，显示了中国古典诗歌叙事艺术的成熟。这首诗在后代不断被改编为戏剧上演，除了思想内容方面的原因外，原诗情节结构的曲折完整也是一个重要的因素。

第二，长诗塑造了性格鲜明的人物形象。主要写了四个人：一是悲剧的女主人公刘兰芝；二是悲剧的男主人公焦仲卿；三是焦母；四是兰芝之兄。后面两人和前面两人是矛盾冲突的对立面，其相互关系构成了故事情节的主要内容。四个人的思想性格是不同的，而写得最鲜明也最成功的是刘兰芝。

长诗首先写她勤劳善良，在压迫面前却又刚强不屈，不像封建社会里许多妇女那样忍气吞声，忍辱负重。她在勤劳理家而仍不能得到婆婆的欢心时，清醒地认识到“妾不堪驱使，徒留无所施”，于是主动地向丈夫提出“便可白公姥，及时相遣归”。作为一个被压迫的妇女，这样的态度实在是表现了非同寻常的勇气和胆识，表现了她性格的坚强不屈。诗中写她被遣离开焦家时，是“鸡鸣外欲曙，新妇起严妆”，一早起来就精心地妆饰打扮自己。诗中细致地描写了她裙、履的华艳，头、腰、耳、口、手等部位修饰的精美；而辞别婆婆时，又是“纤纤作细步，精妙世无双”。看她对自己的精心修饰，是那样地郑重其事、从容不迫、光明磊落，好像并不是被遣送离家，而是去参加婚礼一样。这里也同样表现了兰芝不同凡俗的思想气度。难能可贵的是，诗中还写到她对封建制度和封建礼教的罪恶有着比较清醒的认识，因此对未来的命运和斗争的前景有着充分的思想准备，不抱任何幻想。这一点，较之作为官吏的丈夫焦仲卿的思想还要高出一筹。这在焦仲卿被母亲逼迫，欲令兰芝暂归，以待矛盾缓和后再去迎接她回来时，表现得最为突出。兰芝回答说：“奉事循公姥，进止敢自专？昼夜勤作息，伶俜萦苦辛。谓言无罪过，供养卒大恩。仍更被驱遣，何言复来还？”她的头脑是何等的冷静，认识是何等的深刻。她的这种认识，是从自己的亲身经历中得来的，因此有着坚实的现实基础，所以她才那样对婆婆不抱任何幻想，离开焦家时就做好了永远不会返回的思想准备。事态的发展，证实了她的认识和处理是完全正确的。

再有就是写太守遣媒来说亲时，通情达理的母亲谢绝了媒人，阿兄却大发雷霆，意欲逼迫她改嫁，而兰芝闻言却是仰头回答：“理实如兄言。谢家事夫婿，中道还兄门，处分适兄意，那得自任专？虽与府吏要，渠会永无缘。登即相许和，便可作婚姻。”立即表示了同意。这里表面上看似乎没有写兰芝的反抗，表现得过于顺从了，但其实极其准确地刻画了兰芝的思想性格，既写了她清醒认识的一面，又写了她反抗的一面。她对兄长的暴虐与专横是早有认识，并且有思想准备的，她在跟焦仲卿告别时即已明白相告：“我有亲父兄，性行暴如雷，恐不任我意，逆以煎我怀。”她清醒地知道反抗是徒劳的、不会成功的，于是便很快答应了。诗中“兰芝仰头答”一句很重要，这“仰头”二字，既写出了她的满腔悲愤，又写出了她的刚强不屈。她不是软弱，更没有屈服，而是外示顺从，内怀死志，表现为一种特殊形式的抗议。

长诗在写她跟焦仲卿的关系时，又刻意表现出她的善良多情。她十分清楚被遣后将永无返回之日，先是嘱仲卿“时时为安慰，久久莫相忘！”后是为丈夫的拳拳之心所感，报以坚贞不移的誓言：“……感君区区怀。君既若见录，不久望君来。君当作磐石，妾当作蒲苇；蒲苇纫如丝，磐石无转移。”她被遣回家，在通情达理而又疼爱她的母亲面前，表现得那样温顺、羞惭：“兰芝惭阿母，儿实无罪过。”她的善良无辜令人同情，她的刚强不屈令人敬佩。总之，这是一个强者的形象，而不是一个弱者的形象，强者而被扼杀，就更加令人同情，发人深思，也更有社会意义。

焦仲卿与刘兰芝有所不同。他深爱兰芝，也多情善良，是非观念也是十分清楚的；但他却软弱，而且对封建势力抱有幻想。他毫不隐瞒地向不喜欢妻子的母亲表白对兰芝的爱，而且还表示这样的坚决态度："今若遣此妇，终老不复取！"但当母亲捶床大怒，表示一定要将兰芝遣走时，他便默然无声，只是退而与兰芝含泪相商了。不过，他的命运同兰芝也是一样的悲剧，故而这个人物还是令读者同情和喜爱的。

焦母和刘兄是两个令人憎恶的形象，是这一悲剧的直接制造者。但两人也不完全一样。对焦母，作品着重揭露了她的专横暴虐；对刘兄，则着重鞭挞他的势利残忍。这两个人物虽然着墨不多，但形象也相当鲜明，且具有典型意义。

在人物描写上，生动而性格化的对话是一种重要的艺术手段，这在《孔雀东南飞》中是运用得非常成功的。如诗中写焦仲卿与其母关于是否要遣走刘兰芝的对话，焦母的专横无理、仲卿的善良软弱，都被生动地表现了出来。又如兰芝与仲卿，一个坚强，一个软弱，但同时又互有深情，也主要是通过对话表现出来的。人物对话在篇中占有相当大的比重，这在古代叙事诗中是不多见的。

第三，铺张排比的描写，在诗中也收到了很好的艺术效果，既造成声调和色彩的美，同时对塑造人物形象也起到了很好的作用。如"十三能织素，十四学裁衣，十五弹箜篌，十六诵诗书"，以四句排比描写兰芝自幼的聪明勤奋，这样就更好地表现了她遭到婆婆虐待的无辜和不幸。写她临去时向丈夫诉说绣腰襦和编杂物，也是用铺排的写法："妾有绣腰襦，葳蕤自生光。红罗复斗帐，四角垂香囊。箱帘六七十，绿碧青丝绳。物物各自异，种种在其中。"充分地渲染这些物件的光彩华美，用以反衬她所说的"人贱物亦鄙，不足迎后人"的悲愤心情。离开焦家时，写她严妆打扮，也是采用了铺排的写法，对她的精心妆饰作了一系列的形容。这样写，不仅表现出她美丽无双，引起读者对她不幸遭遇的深切同情；同时更重要的是，写她被赶走而显得从容镇静，落落大方，毫无畏缩和羞惭之态。而写太守娶亲一段，更是极尽铺张描写之能事，渲染了太守家的豪华，也就写出了刘兄见利忘义的可鄙，从而更加突出了兰芝不慕富贵的高贵品德。那种喜庆热闹的情景，又与兰芝夫妇绝望痛苦的心情形成强烈的对比。

第四，连理鸳鸯的浪漫主义的结尾，热情地歌颂了两人生死不渝的爱情，表现了任何迫害摧残都不能消灭的顽强意志，使全诗充满理想色彩，而一扫悲剧容易带给人的消极悲观的情调。最后"多谢后来人，戒之慎勿忘"的结语，也点明了全诗的作意，强化了作品的思想倾向。

总之，《孔雀东南飞》一诗通过生动的故事情节和鲜明的人物形象，写出了一个具有深刻的社会意义的婚姻悲剧，有力地揭露和批判了封建礼教和封建家长制的罪恶，热情地歌颂了青年男女生死不渝的忠贞爱情，以及反抗封建压迫的斗争精神和顽强意志，成为我国文学史上千百年来受到读者广泛喜爱的叙事杰作。

第四节　汉乐府民歌的艺术成就和影响

汉代乐府民歌的艺术特色和艺术成就，跟它“感于哀乐，缘事而发”的性质是密不可分的。由此决定，叙事性是汉代乐府民歌最基本的特色。从《诗经》《楚辞》到汉代乐府民歌，中国古典诗歌有了长足的发展，这一发展也突出地表现在叙事艺术上。《诗经》和《楚辞》主要是抒情诗的创作。《诗经》中的小部分作品，如《氓》《谷风》等，虽然也有一些叙事的成分，但尚缺乏完整的故事情节和鲜明的人物形象，作为全诗主体的还是作品中主人公的倾诉，基本上还是抒情占据主要的地位。在《诗经》中叙事诗还只是处于萌芽的阶段。但在汉代乐府民歌中，则出现了具有完整的故事情节和创造出鲜明的人物形象的叙事作品。像《陌上桑》《孔雀东南飞》这样成熟的叙事诗，全篇已经有了一个中心事件来贯穿，主体不再是主人公的倾诉，而是第三者的叙述。

以叙事艺术为主要特征的汉代乐府民歌，其主要的艺术成就表现在以下几个方面：

第一，汉代乐府民歌是通过对生活的具体描绘，或者说是通过对人物的活动和遭遇的具体描绘，来反映现实并表达作者的思想感情的。我们读汉代乐府民歌，总会感觉到作品在我们的面前展现出一幅幅生动具体的生活画面，展开栩栩如生的人物活动的场景，从而引导我们关心诗中人物的遭遇和命运，从中受到感动、教育，并得到审美的享受。上面分析过的《孔雀东南飞》不用说，即如篇幅较短的《东门行》《妇病行》《十五从军征》等也无不如此。其间，作者还特别注意对人物行动和对话的描写，在诗中人物的行动和对话成为刻画人物性格的重要手段。这是叙事性作品（不论是诗歌还是小说）成熟的重要标志。在这方面，汉代乐府民歌的成就是很突出的。

第二，叙事作品而带有强烈的感情倾向，作者的思想感情汹涌流动于具体的情节与人物活动之中，表现为叙事性和抒情性的有机结合，这是汉代乐府民歌在艺术表现上的又一个鲜明特色。这一特色，正是由班固所说的“感于哀乐，缘事而发”所决定的。因为这是劳动人民自己的创作，既是他们生活的真实反映，又是他们思想感情的自然流露，作者是当事人，而不是无关痛痒地、冷漠地叙述故事的第三者。如《陌上桑》《东门行》《孤儿行》等莫不如此。

第三，生动的细节描写与对生活的高度典型概括相统一，是汉代乐府民歌叙事艺术的又一个显著特色。如《东门行》写主人公出走还归的思想矛盾时，从主人公的眼里，写了两句笔触简括的生活细节：“盎中无斗米储，还视架上无悬衣。”作者仅拈出无衣无食这两点加以描写，就具有很高的典型概括意义，因而深刻地揭示出主人公铤而走险、走上武力抗争道路的社会原因。接下去写儿母牵衣哭劝，而主人公仍然决绝远行的细节，更深刻地揭示了主人公的内心冲突及其发展过程，说明了他的行动不是贸然采取的，而是经过反复考虑，是为生活所逼，不得不如此的。《孤儿行》中选择提炼了孤儿去收瓜而瓜车翻覆的情节，抢瓜吃的人多而帮他扶车的人少，使他十分悲哀恐慌，因为由此必然招来兄嫂更加残酷的迫害。这里通过这一细节，生动真实地揭示出孤儿在家中的悲惨处境，以及他内心的无限痛苦。其他如《妇病行》中写病妇死后，丈夫安置好孩子到市场买饼饵而遇到很大困难的细节，也很有说服力地展示了病妇死后一家人的悲惨命运。

第四，形式的自由和多样，也是汉代乐府民歌在艺术上的一个鲜明特色。适应于叙事内容的丰富多彩，在表现形式上汉代乐府民歌也是活泼自由而富于变化的。它打破了《诗经》以四言为主的格式，而以杂言为主，三、四、六、七言杂用。也有少到一个字的，如《东门行》中：“咄！行！吾去为迟……”这种多变的杂言形式的采用，与诗歌浓厚的生活气息分不开，是出于表现生活的需要。像上面提到的一个字的句子，就已经很接近生活中的对话语气了。也有多到十个字的，如《孤儿行》中写孤儿生活无着、痛不欲生的心情时，这样写：“不如早去下从地下黄泉！”全诗以四言、五言为主，杂入这一句十言，表面看似乎有一点不太协调，但仔细吟诵，就会体会出这冗蔓的一句恰足以表现出孤儿内心悲苦的沉重。当然，诗歌形式的整饬也是诗歌韵律节奏的一种内在要求，所以尽管杂言有它的优长之处，但由参差而走向整齐，毕竟是一种历史发展的趋向。因而在汉代乐府民歌生动活泼的杂言体式之外，向五言发展的趋向也是值得我们注意的，这就是出现了像《陌上桑》《上山采蘼芜》《十五从军征》等完整的五言诗作。杂言的大量出现和五言诗的产生，在中国诗歌发展史上都具有重要意义。鲁迅先生在《汉文学史纲要》中说：“诗之新制，亦复蔚起。《骚》《雅》遗声之外，遂有杂言，是为《乐府》。”[①] 其他如诗歌语言的质朴、自然、流畅，比兴手法的生动运用，浪漫主义色彩和风格的创造等等，都是汉代乐府民歌艺术成就不可忽视的方面，我们应该而且可以在仔细阅读中体会出来，这里就不多说了。

汉代乐府民歌对后代文学的影响，主要表现在两个方面：

一个方面是，“感于哀乐，缘事而发”的现实主义精神，上承《诗经》，下开建安诗歌，一直影响到唐代大诗人杜甫的创作以及白居易等人的新乐府运动。沈德潜评杜甫的“三吏”“三别”时说：“诸咏身所见闻事，运以古乐府神理。”[②] 所谓“神理”也就是指诗歌的精神，说杜甫写时事的即事名篇的诗歌，继承了乐府诗的现实主义精神，是完全正确的。

另一个方面是，诗体的创造对后世也产生了巨大的影响。如上文所说，杂言和五言是汉代乐府民歌的主要形式，杂言对建安时期的曹操、曹丕、陈琳以及稍后的鲍照和唐代的李白等诗人，都有极大的影响。唐代诗人写作大量自由奔放的“歌行体”，其渊源即出于汉代的乐府民歌。而五言诗则最初是由乐府民歌开其先河，而后文人模仿学习，才逐渐成熟而定型，成为中国古典诗歌的一个主要形式的。文人拟作五言诗，从东汉初已开始，如班固的《咏史》，汉末建安则大量写作而走向成熟。

思考题

1. “乐府”的概念是怎样由管理音乐的机关演变成诗体名称的？“乐府诗”的含义包括了什么样的具体内容？

2. 联系具体作品的内容，理解汉代乐府民歌“感于哀乐，缘事而发”的特点。

3. 汉乐府民歌中描写爱情婚姻的作品，与《诗经》中相同题材的作品有哪些不同之处？这与时代条件有什么关系？

4.《孔雀东南飞》作为一篇叙事诗的杰作，在思想内容和艺术表现上有什么样的特点？

5. 汉代乐府民歌的叙事艺术有哪些主要特色？

---

① 《鲁迅全集》第八卷，人民文学出版社，1957 年，第 302 页。

② 沈德潜：《唐诗别裁》卷二，中华书局，1964 年，第 48 页。

参考文献

1. 郭茂倩编:《乐府诗集》，中华书局，1979 年。

2. 黄节:《汉魏乐府风笺》，人民文学出版社，1958 年。

3. 余冠英选注:《乐府诗选》，人民文学出版社，1957 年。

4. 萧涤非:《汉魏六朝乐府文学史》，人民文学出版社，1984 年。

5. 萧涤非:《乐府诗词论薮》，齐鲁书社，1985 年。

6. 王运熙:《乐府诗论丛》，古典文学出版社，1958 年。

第四讲　田园诗人陶渊明

在中国文学史上，陶渊明堪称一位伟大的诗人。他存世的作品数量并不多，但无论从他的生活、思想、人格、人生态度还是诗歌艺术的创造来说，都是既独特而又具有典型意义，在文学史和文化史上产生了广泛的影响，占有重要的地位。陶渊明生活于东晋末年，那时的诗坛上，在士族清谈玄理和玄佛合流的背景下产生的玄言诗风尚未消歇，而晋宋之际以颜延之和谢灵运等人为代表的诗人，又开启了一种文辞绮丽、雕琢刻镂的诗风。在这样的条件下，陶渊明将平常的田园生活写进诗歌里去，并创造了一种与内容相适应的平淡自然的艺术风格，在中国诗歌史上开创了田园诗派，给诗歌创作带来了一股清新之气。陶渊明是中国文学史上，继屈原之后，在魏晋南北朝时期取得重要成就的一位诗人。

第一节　陶渊明的生平和思想

陶渊明（365—427）[①]，又名潜，字元亮，一说名潜，字渊明。谥号靖节，世称靖节先生。浔阳柴桑（今江西九江）人。

陶渊明出身于一个没落的官僚家庭。曾祖父陶侃在晋朝任过使持节、侍中、太尉等职，因掌八州军事有军功，官至荆江两州刺史，封长沙郡公，卒赠大司马。祖父陶茂曾做过武昌太守。父亲据传也做过县令一类的小官，但在陶渊明幼年时就去世了。陶渊明在他的《命子》诗中对父亲有所追述，其中说："于皇仁考，淡焉虚止。

① 关于陶渊明享年多少有各种不同的说法，如52岁说、56岁说、63岁说、76岁说等，此处采用据颜延之《陶征士诔》及《宋书·陶潜传》推算出来而为学术界多数人认同的63岁说。

寄迹风云，冥兹愠喜。”可见他的父亲性情恬淡，不看重仕途得失，抱一种比较超脱的人生态度。他的外祖父孟嘉，出身世宦之家，曾做过庾亮的从事和桓温的参军，虽出仕，却始终保有一种旷达不羁的名士风度。陶渊明在《孟府君传》中，对外祖父孟嘉那种“冲默有远量”“温雅平旷”的高雅旷达之风，作了衷心的赞颂。也就是说，在陶渊明的先人中，既有追求事功而颇有建树的人物，也有淡泊功名而襟怀旷达的人物。这些当然都会从不同的方面对他产生影响。

在文化思想方面，陶渊明所处的时代，玄学和道家的思想有很大的影响，他自然会受到熏染，加上他秉性热爱自然，因而颇具一般东晋名士那种不慕荣利、闲静恬适的清高精神。《归园田居》其一云：“少无适俗韵，性本爱丘山。”《始作镇军参军经曲阿作》云：“弱龄寄世外，委怀在琴书。”这都说明，他从小热爱大自然，不喜欢世俗的人事交往，任真自得，追求一种读书弹琴的幽居生活。在他晚年所写的《与子俨等疏》中，曾对年轻时的娴静生活作过具体生动的描述：“少学琴书，偶爱闲静，开卷有得，便欣然忘食。见树木交荫，时鸟变声，亦复欢然有喜。常言五六月中，北窗下卧，遇凉风暂至，自谓是羲皇上人。”怡然之乐、悠然之趣，溢于言表。我们不仅可以从中见出他年轻时怡然自得的生活情景，而且可以见出他超逸绝俗的情怀和精神风貌。在自传性质的《五柳先生传》中，他就曾对自己的性格和人生追求作过这样的概括：“闲静少言，不慕荣利。”

但这只是陶渊明思想性格和人生追求的一个方面。另一方面，他又接受了儒家积极用世精神的影响。《饮酒》其十六云：“少年罕人事，游好在六经。”“六经”指儒家的经典，自幼习诵，不可能不受到影响。加上曾祖父陶侃曾建立过卓著勋业，自然会使后代产生一种家世的荣耀感，这也会在陶渊明从小树立起“大济苍生”的人生理想方面产生积极的影响。陶渊明虽然在当时和后世都以“隐逸”著称[①]，却并未真正忘却过世事。他在诗中明确地表达过经世济民、建功立业的雄心壮志：“忆我少壮时，无乐自欣豫。猛志逸四海，骞翮思远翥。”（《杂诗》其五）其志向之宏大、理想之高远、情绪之乐观，与传统儒家积极用世的知识分子，并没有什么不同。在《拟古》其八中，他甚至还透露过实现壮志的具体设想：“少时壮且厉，抚剑独行游。谁言行游近，张掖至幽州。”“抚剑”显然是一种征战的形象，而拟想中所要达到的

① 陶渊明的朋友颜延之在《陶征士诔序》中，称他为“南岳之幽居者也”。他在《宋书》《晋书》《南史》中皆入《隐逸传》。钟嵘《诗品》称他为“古今隐逸诗人之宗”。

地区是“张掖”和“幽州”，在当时是指西北的前秦和东北的前燕政权所在地。可见这里所说的“行游”，绝不是一般观赏自然山水的“漫游”，而是与收复北方失地、建立军功有关的壮伟行为。

但是现实的情状却使陶渊明不可能实现自己的理想。东晋时期门阀制度和门阀观念都十分强固，陶渊明作为陶侃的后代，虽然也说得上出身勋贵名门，但并非世家大族，因此在当时的条件下，并不能跻身于占统治地位的士族阶级。据史载，曾祖父陶侃虽一时位高权重，却仍因出身寒微而被士族阶级的人讥为“小人”，再加上到陶渊明时家道已经中落，从他的出身来看，在那个士族统治的门阀制度下，是得不到社会的重视的。

陶渊明所生活的东晋末年，社会黑暗，政治极其腐败，民族矛盾、阶级矛盾和统治阶级的内部矛盾都十分尖锐。这样的社会条件对一个怀有济世之志的人来说，本可以施展自己的才干，大有作为。但他对社会的黑暗腐败感到不满和愤慨，却又无力改变；既不能施展抱负，又不愿同流合污，因此保持自己纯洁自然的本性，归隐田园便是他唯一正确的选择了。不过事情又并不那么简单，即使是在归隐以后，他在思想上也并没有真正忘掉过现实。对于自己多次出仕而又复隐，他视为“学仕无成”，对此在内心深处总感到遗憾和不满，常常自然地流露出苦闷的情绪。在《祭从弟敬远文》中，他说过这样的话：“余尝学仕，缠绵人事。流浪无成，惧负素志。”他 40 岁时写的《荣木》，是一首自勉之诗，既抒发了内心的苦闷，又自我振作，期有所成。序中就这样感叹：“荣木，念将老也。日月推迁，已复九夏；总角闻道，白首无成。”诗分四章，第四章写道：“先师遗训，余岂云坠。四十无闻，斯不足畏。脂我名车，策我名骥，千里虽遥，孰敢不至！”“先师遗训”是指孔子的话：“四十五十而无闻焉，斯亦不足畏也已。”（《论语·子罕》）当他年过 40 而事业无成时，心中不免有所惆怅，却又并不消极，而是激励自己要精进前行以求道。

这些由主客观的种种复杂因素在思想上所形成的深刻矛盾，一直影响到他后来的生活和创作。理想与现实的矛盾、淡泊胸怀与济世猛志的矛盾，在他身上突出地表现为出仕与归隐的矛盾、出仕与隐居的反复。

陶渊明的青少年时代是在柴桑的农村中度过的，过的是一种闲居生活。一个已经开始没落的中小地主阶级家庭，家境是相当清寒的。29 岁时起为江州祭酒，是他第一次出仕。关于他出仕的原因，萧统《陶渊明传》和《晋书·隐逸传》都说是因为“亲老家贫”。他自己在《饮酒》其十九中也这样写道：“畴昔苦长饥，投耒去学仕。……是时向立年，志意多所耻。”这原因应该是可信的。但从他也怀有“大济苍生”之志的一面看来，他出仕同时也应抱着实现自己济世理想的希望，不然就不会有“学仕不成”的感叹。不过按他的性情，主要方面是任真自得，喜欢在大自然中过一种闲静的生活。因生活的贫困而不得不出去做官，这是违背他的本真性格的，本身就是一件很无奈的事；再则，一个祭酒的职位也不可能实现他的政治抱负，再加上官场生活的烦扰和喧嚷，更使他不能忍受，故“不堪吏职，少日自解归”（萧统《陶渊明传》）。我们了解了陶渊明生活和思想上的种种矛盾，他出仕不久就很快离职还家，就是再自然不过的事了。

后来江州又召陶渊明去做主簿，他辞却不就。在家闲居一段时间以后，他又再次出仕，先后担任过桓玄幕僚、镇军将军的参军和建威将军的参军。关于出仕的时间和镇军将军及建威将军到底是谁，学术界有不同的看法，但从他有关的诗文看，他是的确担任过这些职务的。其间，有三年时间因母丧在家守孝。他最后一次出仕，是到离家乡不远的彭泽县任县令。《宋书·隐逸传》中记载，他因不愿为五斗米折腰，仅在官八十余日就愤而辞归：“郡遣督邮至县，吏白应束带见之。潜叹曰：‘吾不能为五斗米折腰向乡里小人！’即日解绶去职，赋《归去来》。”有人认为这一记载不可靠，根据是陶渊明在《归去来兮辞序》中曾谈到过他这次辞官的原因：“寻程氏妹丧于武昌，情在骏奔，自免去职。”但不能忽略此序的前面，在讲到他求彭泽县令的原因后接着说：“及少日，眷然有归欤之情。何则？质性自然，非矫厉所得；饥冻虽切，违己交病。”这是说，做官虽可济贫苦，却与爱好自然的气性不合，而违反自己的本性，是会使身心都受到伤害的。可见他是早就有辞归之志了。而在正文中就说得更加明白：“归去来兮，请息交以绝游。世与我而相违，复驾言兮焉求！”根本的原因，是他感到污浊的社会与他那热爱自然的本性是完全违背的。可见，程氏妹的去世，只不过是一个提前实现愿望的借口和契机而已。《宋书》的记载符合陶渊明的思想性格，表现了他崇高的操守和骨气，应该是足可采信的。

陶渊明一方面因生活所迫和为济世之志所激励而几度出仕，但一到任上又总是感到与他追求自然的本性格格不入，深感因“口腹自役”而不堪忍受。他在任职期间所写的诗文，总是怀念自由恬静的田园生活，向往回归到大自然中去。如在《始作镇军参军经阿曲作》一诗中他写道：“目倦川涂异，心念山泽居。望云惭高鸟，临水愧游鱼。真想初在襟，谁谓形迹拘。聊且凭化迁，终返班生庐。”又在《乙巳岁三月为建威参军使都经钱溪》一诗中写道：“晨夕看山川，事事悉如昔。微雨洗高林，清飚矫云翮。眷彼品物存，义风都未隔。伊余何为者，勉励从兹役。一形似有制，素襟不可易。园田日梦想，安得久离析。终怀在归舟，谅哉宜霜柏。”这首诗是他在建威参军任上所写。本来做官有公事在身，但经过钱溪时一看见美好的大自然景色，便不禁沉醉其中，追忆起昔年的田园生活，产生了归隐的想法。“一形似有制，素襟不可易。”做官不免身心都受到拘束，而热爱自然、追求娴静的素志是不可改变的。

“性本爱丘山”，与大自然在一起感到非常惬意，却又因各种原因而不得不出去做官；而出仕时，又总感到是违反了自己的本性，以至不能忍受俗务的缠绕和拘牵，因而又时时怀着归隐之志。这就是陶渊明，一个充满矛盾却又真实自然、毫无矫饰的陶渊明。

辞去彭泽县令归隐田园，是陶渊明生活的一个分界。这以后他就一直在家过着田园生活，躬耕隐居，直到去世，二十多年不再考虑出仕。从他这段时间的创作看，虽然偶尔也还有“日月掷人去，有志不获骋。念此怀悲凄，终晓不能静”（《杂诗》其二）的遗憾和悲叹，但却在田园之乐中很适意地度过了余年。晋末时，曾征他为著作佐郎，他辞而不就。又据萧统的《陶渊明传》记载，他晚年贫病交加，生活很困难，“江州刺史檀道济往候之，偃卧瘠馁有日矣。道济谓曰：‘贤者处世，天下无道则隐，有道则至。今子生文明之世，奈何自苦如此？’对曰：‘潜也何敢望圣贤，志不及也。’道济馈以粱肉，麾之而去”，表现了与统治者不合作的态度和不再出仕的决心，是很有骨气的。

陶渊明归隐了，但他并未放弃自己的理想，只是把雄心壮志埋在自己的心里，在田园生活和诗歌创作中去构筑他与污浊的现实生活相对立的理想的生活境界和艺术境界。他并未完全忘却现实，也不可能完全忘却现实，在他的诗中也还时时透露出对现实社会的关心，对黑暗政治的不满，对自己壮志不得伸展的悲叹。

陶渊明归田后，由于长期参加劳动，与下层劳动人民接触，对劳动生活和农民都有了新的体会和新的认识，这些都使他的诗歌写出了新的内容和新的思想。他在《桃花源记》和诗中提出的社会理想，跟他的归田生活和对黑暗社会的认识是分不开的。但关心现实和远离尘世，始终是他思想上没有完全解决的矛盾，透过他对恬静闲适的田园生活的沉醉与欣赏，不难发现蕴含在其中的还有深沉的苦闷和悲痛。

陶渊明在贫困和忧愤的煎熬中逐渐衰老，宋文帝元嘉四年（427）秋，他生了一场大病，预感到将不久人世，便为自己写了三首《挽歌诗》和一篇《自祭文》，两个月后便与世长辞了。他在《杂诗》其七中曾经写过:“家为逆旅舍,我如当去客。去去欲何之,南山有旧宅。”南山指陶氏墓地。在《自祭文》中又写道:“陶子将辞逆旅之馆,永归于本宅。”表现了一种无惧无憾、完全顺应自然的超脱的生死观。

在陶渊明的生活和思想中,有两点对他的创作有着重要的影响,是值得注意的。第一是萧统在《陶渊明传》中所说“任真自得”的思想个性。所谓“任真自得”,就是崇尚自然本真而追求自由不拘。这种思想个性,使得他不能忍受压抑、束缚和屈辱,总是力求保持自我的本真和自由,这在他的生活中有着突出的表现。萧统《陶渊明传》载:“渊明不解音律,而蓄无弦琴一张,每酒适,辄抚弄以寄其意。贵贱造之者,有酒辄设。渊明若先醉,便语客:‘我醉欲眠,卿可去。’其真率如此。郡将尝候之,值其酿熟,取头上葛巾漉酒,漉毕,还复着之。”一言一行,随性任真,不受一点世俗礼仪和人际关系的束缚。他不能为五斗米折腰,即日解绶去职,正是这种思想个性的突出表现。

第二是躬耕田园,亲自参加劳动。封建时代的文人,普遍都是轻视劳动的,在那样的时代条件和生活环境里,陶渊明能弃官归田,亲自参加劳动,是一件很了不起的事情。这种与普通农民相贴近的农村的劳动生活,对他的思想感情和诗歌创作的艺术风格都产生了明显的影响。在他以前诗人的创作中,对农村景色和劳动生活的描写,从来没有像他这样丰富而广泛。田园诗歌,是陶渊明在诗歌园地里开辟的一个新天地。而且因为有了实际的劳动生活的体验,他对于田园生活的感受和对农民的感情,就有了具体充实的内容,有了只属于他的独特之处,跟过去和当时一般知识分子空泛抽象的体会有很大的不同。这些属于他的独特的生活体验,正是陶渊明田园诗的新意所在。他写的只是一个劳动者的所见与所感,内容是朴素而平淡的,与此相适应,陶诗的艺术风格也与当时崇尚雕琢、对偶、艳丽的诗风不同,而显示出一种明净、单纯、自然的特色。

第二节　陶渊明诗歌的思想内容

陶渊明写诗,也写散文辞赋,都写得很好,但以诗歌创作的成就最高,影响也更大。今存肯定是他的作品的,有诗 121 首,散文、辞赋等 12 篇。陶渊明的诗集,现在知道最早的是由萧统搜集整理的《陶渊明集》,此集不存,但序言保存了下来。此后历代所编成的陶渊明集大概都以这部集子作基础。宋以后注陶的人很多,比较重要的注本有：宋汤汉注《陶靖节先生诗注》四卷，补注一卷；宋李公焕辑笺注《笺注陶渊明集》十卷；明黄文焕《陶诗析义》四卷；明张自烈《笺注陶渊明集》六卷；清吴瞻泰《陶诗汇注》四卷；清陶澍注《靖节先生集》十卷；近现代人注释的陶集也超过十种之多。注本之繁富，在历代诗人中是很少见的。

陶渊明在文学史上以隐逸诗人和田园诗人著称，但他的诗歌内容还是比较丰富的。总的来看，描写田园生活，表现隐逸思想，同时表现诗人对黑暗社会的不满和愤慨，表现跟污浊现实相对立的社会理想，是陶渊明诗歌的主要内容。下面分几个方面作一些具体的介绍和分析。

第一，描写田园风光，通过创造出一种恬美静穆的艺术境界，以表现诗人那种"任真自得"的个性，并曲折地传达出他对与这种真淳美好的境界相对立的污浊的现实社会的否定。最著名的是《归园田居》[①]的第一首：

> 少无适俗韵，性本爱丘山。误落尘网中，一去三十年。羁鸟恋旧林，池鱼思故渊。开荒南野际，守拙归园田。方宅十余亩，草屋八九间。榆柳荫后檐，桃李罗堂前。暧暧远人村，依依墟里烟。狗吠深巷中，鸡鸣桑树颠。户庭无尘杂，虚室有余闲。久在樊笼里，复得返自然。

《归园田居》共5首，是一组组诗。诗当作于晋安帝义熙二年丙午（406），即陶渊明辞去彭泽县令归家的第二年，时年42岁。这组诗从总的思想内容看，可以说是诗人求仕和归隐的思想矛盾经过长期的发展，最终归隐思想取得全胜的大彻大悟之作，大有"觉今是而昨非"（《归去来兮辞》）之慨。诗写出了诗人酷爱大自然的真性情，也写出了他终于发现并无限热爱的田园生活的真境界。这真性情和真境界，是他经过了长时期多次反复的仕宦生活才发现的。梁启超在《陶渊明之文艺及其品格》一文里这样评论陶渊明的这种生活体验："渊明在官场里混那几年，像一位'一生儿爱好是天然'的千金小姐，强逼着去倚门卖笑。那种惭耻悲痛，真是深刻入骨，一直到摆脱过后，才算得着精神上解放了。"[②]所谓"性本爱丘山""误落尘

---

① 关于陶诗系年，各家说法不一，本书基本上采用王瑶先生说，见《陶渊明集》，人民文学出版社，1958年。

② 梁启超:《陶渊明》，商务印书馆，1923年。

网中”，所谓“恋旧林”“思故渊”，都是醒悟之辞，都是要恢复自己的本性——摆脱尘俗，回归自然。在农村里开荒种地，过一种简朴疏淡的生活，是陶渊明所极爱好的。诗中的所谓“守拙”，是与世俗社会中的“弄巧”相对立的，陶渊明坚持“守拙”的本性，就是要与污浊的社会相对抗，不和它妥协，不和它同流合污。

诗中以极其平淡清新的笔触，写归田后的生活，在极平常的生活景象中，写出了陶渊明所追求和陶醉的美好的生活境界和艺术境界：宁静、纯朴、自然。这里是与“尘网”中充满欺诈、争夺、压迫、纷扰完全不同的另一个世界。诗中以农村中常见的物象——草屋、桃李、榆柳、炊烟、狗吠、鸡鸣等，点染出一种田园生活充满诗意的恬美静穆的气氛，从中传达出诗人悠然自得的心境和回归田园后无穷的乐趣与满足。这首诗所表现的诗人的心境和感情，所描绘的优美宁静的田园风光，都能代表陶渊明田园诗的基本精神。诗中所写当然有现实的依据，是他田园生活和体验的艺术化；但也不全是写实，更多的可以说是一种经过诗的升华的理想境界。

写出了相同境界的，还有同样非常著名的《饮酒》其五：

> 结庐在人境，而无车马喧。问君何能尔？心远地自偏。采菊东篱下，悠然见南山。山气日夕佳，飞鸟相与还。此中有真意，欲辨已忘言。

《饮酒》诗一组共 20 首。这组诗大概作于晋安帝义熙十三年丁巳（417），诗人 53 岁时。他在诗序中说：“余闲居寡欢，兼比夜已长，偶有名酒，无夕不饮。顾影独尽，忽焉复醉。既醉之后，辄题数句自娱。”陶渊明很喜欢饮酒，爱好饮酒与归隐田园出于同一意趣。萧统在《陶渊明集序》中说：“有疑陶渊明之诗，篇篇有酒；吾观其意不在酒，亦寄酒为迹者也。”此评是很有见地的。饮酒是他对抗黑暗现实或者说是忘却黑暗现实的一种手段。他在饮酒中能获得跟在宁静优美的田园风光中同样的满足和乐趣。他写过：“父老杂乱言，觞酌失行次。不觉知有我，安知物为贵。悠悠迷所留，酒中有深味。”（《饮酒》其十四）又说：“一觞虽独进，杯尽壶自倾。日入群动息，归鸟趋林鸣。啸傲东轩下，聊复得此生。”（《饮酒》其七）对于陶渊明来说，生的意趣在田园风光里，也在饮酒中。

《饮酒》其五写他身在尘世之中，却神游于尘世之外。“心远”二字，是全篇的“诗眼”。所谓“心远”，就是超尘拔俗，使精神得到解脱，也得到净化。“采菊东篱下，悠然见南山。山气日夕佳，飞鸟相与还。”是写景，但通过写景表现了诗人闲远自得的心境。诗人从眼前的景象（是已经经过他的精神淘洗和渗透的景象）中，发现和领悟到返朴守真的人生的真意。但这真意只能神会，不能言传。这首诗辞淡而旨远意深，很值得咀嚼和体味，也经得起咀嚼和体味。

再看《饮酒》其九：

清晨闻叩门，倒裳往自开。问子为谁欤？田父有好怀。壶浆远见候，疑我与时乖。“褴褛茅檐下，未足为高栖。一世皆尚同，愿君汩其泥。”“深感父老言，禀气寡所谐。纡辔诚可学，违己讵非迷！且共欢此饮，吾驾不可回。”

这首诗是抒写怀抱之作，纯出于自然，毫无矫饰。诗中写与田父共饮、对话，并没有直接写田园风光，但我们也能从中看出他对田园风光的热爱，对归隐生活的坚定执着，而其原因都是出于不肯与浑浊的人世同流合污：“深感父老言，禀气寡所谐。纡辔诚可学，违己讵非迷。且共欢此饮，吾驾不可回。”这样的意思在他的诗文中是反复表现的，参照他在《归园田居》中的“少无适俗韵，性本爱丘山”，《归去来兮辞并序》中的“心为形役”“违己交病”，《与子俨等疏》中的“性刚才拙，与物多忤”，都可见出他一再强调自己的生性与世俗不能相合，违背自己的本性而随波逐流，只能徒增自己内心的痛苦。因而他在诗中就委婉而又十分明确地向劝他出仕的父老朋友表示了决不会改变初衷、迎合时尚而重新出仕的决心。

其他如《时运》《和郭主簿》其一、《移居》其一等，也都是写田园风光，表现田园生活的宁静闲远境界和悠然自得心情的。

第二，表现农村的劳动生活和在劳动中的真切体验。

生活的贫困和对农村生活的热爱，使得陶渊明与其他的隐逸之士不同，他是真正参加了农村劳动，并以之作为维持生计的手段的。看《归园田居》其三：

种豆南山下，草盛豆苗稀。晨兴理荒秽，带月荷锄归。道狭草木长，夕露沾我衣。衣沾不足惜，但使愿无违。

当然这里所写的还只是一个封建士大夫的劳动，而不是一个受压迫、受剥削的真正农民的劳动。但他通过早出晚归的劳动生活，写出了劳动的艰辛，也写出了劳动的愉快，这就有了与农民生活的相通之处。他将劳动生活写得很美，很富于诗意，充满一种清新之气。这本身就显示出一种优美的情操和过人的见识，在他所生活的时代，是十分难能可贵的。另外，种田自给本身就表示了反对剥削和唾弃富贵之意，这也是值得肯定的。“种豆南山”，是即事，也是用典。《汉书·杨恽传》：“田彼南山，芜秽不治。种一顷豆，落而为萁。人生行乐耳，须富贵何时。”但用得浑成自然，不露一丝痕迹。

又《庚戌岁九月中于西田获早稻》：

> 人生归有道，衣食固其端。孰是都不营，而以求自安？开春理常业，岁功聊可观。晨出肆微勤，日入负耒还。山中饶霜露，风气亦先寒。田家岂不苦？弗获辞此难。四体诚乃疲，庶无异患干。盥濯息檐下，斗酒散襟颜。遥遥沮溺心，千载乃相关。但愿长如此，躬耕非所叹。

诗题中的庚戌是晋安帝义熙六年（410），陶渊明46岁。诗中表现了诗人参加劳动的亲身体验。“人生归有道，衣食固其端。”诗的开头两句，就写出了诗人对劳动的认识和体会。人生总归有它的常理，而衣食则是人类赖以生存的首要条件，只有劳动才能解决人生占第一位的衣食问题。这是最现实的问题，也是最朴素的真理，但是如果不参加劳动，不知衣食之艰，是不可能对此有深切的体会和认识的。陶渊明的田园生活，躬耕和自给联系在一起，这是一个很突出的值得我们重视的特点。这一点，就使陶渊明自然地接近农民，而和一般的隐逸之士有很大的不同。“孰是都不营，而以求自安？”这是说，怎么能衣食都不经营，而自求安乐呢？这是一种人生态度，也是一种人生感悟：没有劳动，就不会有真正的安乐。诗中接着写了诗人经躬耕而获早稻的喜悦心情，表现了劳动的乐趣。但安乐乃出于艰苦：“山中饶霜露，风气亦先寒。田家岂不苦？弗获辞此难。”这几句写的就是艰苦劳动的体验。当然这种体验与真正的农民虽有相通之处，也还不完全相同。从根本上讲，他乃是为了躲避社会矛盾，远离污浊的现实，保持自己本真的性格，才沉浸于劳动的疲劳这样一种特殊的幸福和安乐的体验之中的，与农民不仅以种田维持生活而且以种田作为全部的人生内容有所不同。所以他在诗中明确地说：“盥濯息檐下，斗酒散襟颜。遥遥沮溺心，千载乃相关。”他的心与千载以前与世相违而隐逸归耕的长沮、桀溺是息息相通的，因此他也还不是真正的农民，而仅仅是接近劳动人民的隐士。

在躬耕初始所写的《癸卯岁始春怀古田舍》二首，是怀古言志，通过对乐在躬耕、志在陇亩的思想感情的抒发，寄托了他对古代隐者荷蓧丈人（第一首）和长沮、桀溺（第二首）的怀想，并以他们自比。

在《劝农》（一组共 6 首）中，他一方面肯定稼穑躬耕的重要意义，一方面又对从事农业生产加以美化。在第二首中他写道：“舜既躬耕，禹亦稼穑。远若周典，八政始食。”在“周典”（按，指《周书·洪范》篇）中所记的“八政”中，食是居于第一位的。这与前诗中所说的“人生归有道，衣食固其端”意思一致。在第三首中他这样写道：“熙熙令德，猗猗原陆。卉木繁荣，和风清穆。纷纷士女，趋时竞逐。桑妇宵兴，农夫野宿。”将农村的劳动生活渲染得如同春游一般轻松和愉快，未免有点过于理想化了。

但不管怎么说，陶渊明肯定劳动对于人生和社会的重要意义，赞美劳动，将它渲染得极富于诗意，这种生活体验和认识，不仅在晋代，就是在整个封建社会中，都是具有进步意义的。

第三，表现与农民的交往和亲切关系。

上面提到的《癸卯岁始春怀古田舍》其二有云：“秉耒欢时务，解颜劝农人。平畴交远风，良苗亦怀新。虽未量岁功，即事多所欣。耕种有时息，行者无问津。日入相与归，壶浆劳近邻。”他跟农民一起劳动，一起欣赏田园风光，一起享受劳动的欣喜，一起充满丰收的希望，归家后又一起饮酒、谈心。他们之间建立了亲密的关系，在思想感情上能彼此沟通。这种描写，在整个中国文学史上也是不多见的。

又《归园田居》其二云：

野外罕人事，穷巷寡轮鞅。白日掩荆扉，虚室绝尘想。时复墟曲中，披草共来往。相见无杂言，但道桑麻长。桑麻日已长，我土日已广。常恐霜霰至，零落同草莽。

他躬耕农村后，与烦扰喧嚣的尘世隔绝，人事车马都很少，日常跟他“披草共来往”的，只有参加劳动的农民，也就是他的乡邻。他们都关心农事，有共同的感情和语言，有共同的忧患与欢乐。共话桑麻，这说明陶渊明已跨越了封建时代士大夫与普通农民之间的那条很难跨越的鸿沟。这是一个很了不起的历史超越。

同题其五云：

怅恨独策还，崎岖历榛曲。山涧清且浅，遇以濯吾足。漉我新熟酒，只鸡招近局。日入室中暗，荆薪代明烛。欢来苦夕短，已复至天旭。

他设酒煮鸡，荆薪代烛，在昏暗的农舍里，与邻里共酌谈心，直至天明。字里行间洋溢着一种十分亲切美好的感情，从中我们可以想见，他们之间的谈话是多么的投合，感情是多么的融洽。

第四，一部分作品表现了自己的贫苦生活和农村的凋敝景象。

写自己贫困生活的，如《怨诗楚调示庞主簿邓治中》：

天道幽且远，鬼神茫昧然。结发念善事，僶俛六九年。弱冠逢世阻，始室丧其偏。炎火屡焚如，螟蜮恣中田。风雨纵横至，收敛不盈廛。夏日长抱饥，寒夜无被眠。造夕思鸡鸣，及晨愿乌迁。在己何怨天，离忧凄目前。吁嗟身后名，于我若浮烟。慷慨独悲歌，钟期信为贤。

此诗叙诗人遭遇的不幸。他 20 岁时遇乱世，30 岁时遭妻亡，天灾又造成农业没有收成，饥寒交迫，度日如年，十分艰辛，因而发为悲歌。诗中有“弱冠逢世阻”一句，则诗人的这些不幸和困苦就不完全是个人的遭遇，而是由动乱的时代和社会造成的，因而由这些个人的不幸和困苦，就能反映出一定的时代和社会面貌来。所以，诗末的“慷慨独悲歌”，是悲自己，也是悲时代。由此看来，陶渊明的诗中也并不都是肃穆宁静的境界。

又如《归园田居》其四云：

久去山泽游，浪莽林野娱。试携子侄辈，披榛步荒墟。徘徊丘陇间，依依昔人居。井灶有遗处，桑竹残朽株。借问采薪者：此人皆焉如？薪者向我言，死没无复余。“一世异朝市”，此语真不虚。人生似幻化，终当归空无。

这首诗一般不太为人所重视，却有其不容忽视之处。他在躬耕的余暇，凭吊故墟，携子侄，问采薪，慨然于邻里之死殁无余，具体生动地写出了战乱之后农村的凋敝荒凉景象，感情是极为悲痛的。末二句叹人生之空无，但其意义不仅在体现出释老的义理，更重要的是隐含着对现实的忧愤在内。陶诗中这种直接描写现实社会的诗并不多，但这些不多的诗说明，他在归隐以后并没有真正忘情于现实，忘情于现实中的痛苦与不平。

第五，表现对黑暗现实的不满和反抗。这主要在他的一些“咏怀”和“咏史”类作品中。

如《杂诗》其二：

白日沦西阿，素月出东岭。遥遥万里辉，荡荡空中景。风来入房户，夜中枕席冷。气变悟时易，不眠知夕永。欲言无余和，挥杯劝孤影。日月掷人去，有志不获骋。念此怀悲凄，终晓不能静。

陶集中题为《杂诗》的共十二首，前八首当作于晋安帝义熙十年戊午（414），时诗人50岁。他归隐已久，却并未忘却现实，对自己壮志不得伸展，是十分悲凄的。诗的开头从素月东升写起，写出一种万里清辉、明洁空旷的境界。这种境界是诗人所爱好的，正好反映了诗人自己明洁清高的品格。接下去写夜寒风冷，孤寂难耐的心情，说明这境界虽然与他的性格和心境相契合，但他并没有真正将年轻时的济世之志忘却，而使自我完全融化于这种明净恬适的田园诗的境界之中。夜中能听到寒风入户，感到枕席浸人的凉意，是因为长夜无眠。“不眠”一句是从古乐府“愁多知夜长”句意化出的，所以写“不眠”实际就是写愁绪。最后就直接抒写自己的悲愁了：“欲言无余和，挥杯劝孤影”，这是写孤寂；“日月掷人去，有志不获骋”，这是写他不能释怀的心事，也揭示了孤寂和悲愁的原因。“掷”字写出了岁月的无情：时间像流水一样逝去了，将自己抛掷在后，年轻时的用世之志不得实现，他因此而感到悲凄，久久不能平静。

再看《杂诗》其五：

忆我少壮时，无乐自欣豫。猛志逸四海，骞翮思远翥。荏苒岁月颓，此心稍已去。值欢无复娱，每每多忧虑。气力渐衰损，转觉日不如。壑舟无须臾，引我不得住。前途当几许？未知止泊处。古人惜寸阴，念此使人惧。

诗中写年轻时和年迈时的两种心情：年轻时是“无乐自欣豫”，而到年迈时却是“值欢无复娱”。这是因为他年轻时是胸怀壮志，意气风发，因而对生活和前途充满信心和希望；但岁月不居，渐入老境，气衰力损，而自己却不知道前途在哪里，归宿之处在哪里，想到“古人惜寸阴”，就不免感到恐惧不安了。

《读〈山海经〉》共 13 首，其十是歌颂精卫和刑天的斗争精神的：

> 精卫衔微木，将以填沧海。刑天舞干戚，猛志固常在。同物既无虑，化去不复悔。徒设在昔心，良辰讵可待！

这是借传说中的神话人物抒发自己的雄心壮志。精卫和刑天的形象，曲折地表现了诗人自己的形象，虽遭受挫折，甚至溺死断首，化为异物，也不后悔。这组诗作于陶渊明晚年 58 岁时，但仍表现出“猛志固常在”的精神面貌，是十分难能可贵的。不过，猛志虽常在，却没有实现的机会和可能，所以内心是十分悲愤的。

《咏荆轲》作于陶渊明 59 岁时，同样写出了悲壮豪放的感情：

> 燕丹善养士，志在报强嬴。招集百夫良，岁暮得荆卿。君子死知己，提剑出燕京。素骥鸣广陌，慷慨送我行。雄发指危冠，猛气冲长缨。饮饯易水上，四座列群英。渐离击悲筑，宋意唱高声。萧萧哀风逝，淡淡寒波生。商音更流涕，羽奏壮士惊。公知去不归，且有后世名。登车何时顾，飞盖入秦庭。凌厉越万里，逶迤过千城。图穷事自至，豪主正怔营。惜哉剑术疏，奇功遂不成。其人虽已没，千载有余情。

此诗以豪壮的语言写古代荆轲刺秦王事，表达了诗人对历史上的英雄人物的崇敬之情。一方面传达了诗人对强暴势力的痛恨和对锄暴英雄的赞美与同情，另一方面也传达了诗人自身的斗争精神、豪情壮志和崇高的情操。

又如《咏贫士》7 首，借古代贫士贤人以表现自己安贫乐道，不愿与黑暗社会同流合污的高洁品德，也是他咏怀诗中的重要作品。这组诗，主要是写高洁与孤独两个方面，高洁写其品格，孤独抒其心境，可说是陶渊明一生品格和遭遇的生动写照。

第六，通过想象，创造出一种没有压迫剥削的美好的社会理想。

这就是著名的《桃花源诗并记》。诗和记中所写的，是一个美好安乐的理想社会，“春蚕收长丝，秋熟靡王税”，显然没有压迫和剥削，跟现实世界是完全不同的。

这是陶渊明长期理想追求的艺术结晶。他在一系列的田园诗中追寻着一种与现实对立的理想的生活境界，而到了《桃花源诗并记》中则升华为一种新的理想世界。后世人们常用“世外桃源”来表明一种与世隔绝的幻想的社会，带有一种不存在的或不可能实现的乌托邦的意思，但它作为一种对黑暗现实的否定而存在的理想，有其特定的批判性和进步意义。

综上所说，陶渊明诗歌的内容还是相当广泛的，但可以概括为两个方面：一方面是表现田园生活和隐逸思想的，另一方面是表现壮志难酬的悲愤心情和对黑暗现实的反抗精神的。这两方面，看似对立，实则相通。因为他之所以要归田园，是出于对黑暗现实的不满和愤慨；同时，在归田园后，又并没有完全忘却社会，宁静中有不宁静，恬适的心境里实含寓着深沉的激愤。或者可以说，赞美田园风光，追求静穆恬适，实际是一种对现实社会的隐蔽的批判和否定形式。他在生活和思想中，是有所肯定也有所否定的，他常以肯定的形式来表现否定，明里是在肯定，暗里却在否定，肯定与否定是互为表里的；而作为两方面的结合和升华的，就是他桃花源的理想。桃花源理想的基本点，是人们要平等、自由，没有剥削、压迫，人人通过劳动来创造自己的幸福。从它的内容看，并不是一个士大夫厌倦政治以后幻想出的隐逸天地，而是小生产者特别是农民对于生活的美好憧憬，是劳动者的乐园。因而它传达了黑暗的社会中下层劳动人民的理想和愿望。这是只有长期躬耕田园的陶渊明才能创造出来的。

在文学史上，陶渊明是以隐逸诗人和田园诗人著称的。但只看见他隐逸和酷爱自然这一面，还不是一个完整的陶渊明。对陶渊明，我们应该有全面的认识和评价。在这方面，鲁迅先生发表过十分精辟的见解，他说：“就是诗，除论客所佩服的‘悠然见南山’之外，也还有‘精卫衔微木，将以填沧海；刑天舞干戚，猛志固常在’之类的‘金刚怒目’式，在证明着他并非整天整夜的飘飘然。这‘猛志固常在’和‘悠然见南山’的是一个人，倘有取舍，即非全人，再加抑扬，更离真实。”①

当然我们也应该承认，由于受到老庄思想的影响，陶渊明的人生如梦、及时行乐等思想也有其消极的一面。如《时运》中所写的：“人亦有言，称心易足；挥兹一觞，陶然自乐。”《归园田居》中所写的：“人生似幻化，终当归空无。”类似的思想

① 鲁迅：《且介亭杂文二集·题未定草六》，《鲁迅全集》第六卷，人民文学出版社，1958年，第336页。

表达，在陶诗中是不少的，都具有双重的意义，即既有寄托孤愤、表现与黑暗现实相对立的一面，同时又有逃避现实、及时行乐的一面。这是应该加以具体分析，而不应该笼统地全部肯定或全部否定的。

第三节　陶渊明诗歌的艺术成就

陶渊明的诗歌创造了独特的艺术风格，取得了很高的艺术成就，对后世的诗歌创作产生了很大的影响。

陶诗的艺术风格，可以用四个字来加以概括：自然平淡。朱熹说："陶渊明诗平淡，出于自然。"（《朱子语类》卷一四〇）这一认识，几乎得到古今所有论者的认同。所谓自然平淡，就是指他以平常语写平常事，天然无饰，不尚雕琢。如"狗吠深巷中，鸡鸣桑树颠""种豆南山下，草盛豆苗稀"（《归园田居》），"采菊东篱下，悠然见南山"（《饮酒》），等等，用明白如话的语言，写田园生活的日常景象和体验，就是在今天口诵出来，也还是能一听就懂的。他写田园风光，如一幅天然图画呈现在我们的眼前；抒写感情，如一道清泉自胸中流出。

陶诗能做到自然平淡，最主要的是他不是有意作诗，而是真情的流露和抒发。如元好问所评："君看陶集中，饮酒与归田。此翁岂作诗，直写胸中天。天然对雕饰，真赝殊相悬。"（《继愚轩和党承旨雪诗》）这在玄风未息、崇尚雕琢的晋宋诗坛上，可以说是独标一格的。

陶诗的好处在于，自然中显淳厚，平淡中见邈远。看似平常，实际都经过高度的艺术提炼和艺术加工，只是不露丝毫提炼和加工的痕迹而已。在陶渊明那里，好像艺术和生活一样，就是如此，也应该如此。苏轼云："渊明作诗不多，然其诗质而实绮，癯而实腴，自曹、刘、鲍、谢、李、杜诸人，皆莫及也。"（《与苏辙书》）[①] 又说："所贵乎枯淡者，谓其外枯而中膏，似淡而实美，渊明、子厚之流是也。"（《评韩柳诗》）[②] 我们读陶诗，觉其淡，却是淡而有味，耐咀嚼，从中得到美的享受。这是因为陶诗在自然平淡中，有境界，有情趣，有性格，有思想，因而能显出淳厚邈远来。下面分开来作些分析。

---

① 苏辙：《子瞻和陶渊明诗集引》，《栾城集》卷二十一。

② 《苏轼文集》，中华书局，1986 年，第 2109 页。

先说有境界。

陶渊明写田园生活，不是把他所见、所历、所思、所感照直搬进诗里来，而是经过感情的冶炼、理想的烛照，创造出一种极富于艺术魅力的诗的意境。如《归园田居》其一写田园风光：“方宅十余亩，草屋八九间。榆柳荫后檐，桃李罗堂前。暧暧远人村，依依墟里烟。狗吠深巷中，鸡鸣桑树颠。户庭无尘杂，虚室有余闲。久在樊笼里，复得返自然。”这里不仅有草屋、榆柳、桃李、村落、墟烟等农村中常见到的景象，有狗吠、鸡鸣等农村中常听到的声音，而且有由这些可见、可闻的客观物象所构筑成的一种艺术境界，这种境界是如此的宁静、自然、清新，使读者也如诗人一样，一下子就远离了喧闹、烦扰、痛苦的尘世，而返回到一种古朴的、理想化的“自然”境界中来，产生一种挣脱樊笼的解放之感。正是这种意境，吸引着读者，也净化了读者，使人从中得到无穷的艺术享受。

次说有情趣。

苏轼曾说：“观陶彭泽诗，初若散缓不收；反复不已，乃识其奇趣。”情趣与境界是不能分割的。这种境界，诗人陶醉于其中，能得到无限的乐趣与满足。他在创造这种诗的境界时，自有一种悠然自得之情充溢于诗句之中。《饮酒》其五：“采菊东篱下，悠然见南山。山气日夕佳，飞鸟相与还。此中有真意，欲辨已忘言。”这里“真意”的“意”，即指一种诗情意趣，不可言传，却可意会。这是在陶渊明的许多作品中都可以体会到的。

《归园田居》其三：“种豆南山下，草盛豆苗稀。晨兴理荒秽，带月荷锄归。道狭草木长，夕露沾我衣。衣沾不足惜，但使愿无违。”他在劳动中充满希望，在劳动中享受愉悦，在劳动中得到无穷乐趣。这些诗人得自生活的真切体验，都强烈地感染着读者，使他们也感受到同样的希望、愉悦、乐趣，这就领略到了诗中的情趣。陶诗的情趣，一则表现为真意，一则表现为真情。所以陶诗的情趣，与他求真的创作思想是分不开的。他在诗文中常说到自己的创作是为了“自娱”。《饮酒序》云：“既醉之后，辄题数句自娱。”《五柳先生传》中也说：“常著文章自娱，颇示己志。忘怀得失，以此自终。”“自娱”就不是为了给别人看才这么写的，“自娱”就是真情、真意的自然流露。所以情趣在陶诗里，也不是刻意创造的，而是一种得之自然的天趣。

三说有性格。

凡是优秀的作品都是个性鲜明的。陶诗的艺术形象达到了客观与主观的统一，即在客观的形象描绘中包蕴着诗人自己的品格。如在《和郭主簿》其二中，他这样写："芳菊开林耀，青松冠岩列。怀此贞秀姿，卓为霜下杰。"从松菊傲霜的贞秀之姿里，我们分明看见了陶渊明在污浊的社会环境里那种直立不阿的高贵品格。《饮酒》其八中这样写："青松在东园，众草没其姿。凝霜殄异类，卓然见高枝。连林人不觉，独树众乃奇。"孤松的形象正是诗人的自我写照，栩栩如生地表现了诗人独立不群的高标韵格。

再看《咏贫士》其一："万族各有托，孤云独无依。暧暧空中灭，何时见余晖。朝霞开宿雾，众鸟相与飞。迟迟出林翮，未夕复来归。量力守固辙，岂不寒与饥？知音苟不存，已矣何所悲。"那无依的孤云是贫士的形象，也是一个高洁的形象，其中也正有一个渊明在。"众鸟相与飞"，比喻改朝后群臣之趋附；而"量力守固辙"，则表明自己归隐之志固守不移。这样极富于个性的诗句，在陶诗中是很多的。再如《杂诗》其二中写升起于东岭的素月："遥遥万里辉，荡荡空中景。"这是写景，但那种洁白澄澈的月色，不也正好渲染和映衬出诗人明净高洁的品格吗？《归鸟》中的归鸟形象，联系到《归园田居》中有"羁鸟恋故林"的句子，也分明是用比兴的手法抒写自己的情志。《饮酒》其四中，那只失群独飞、怀思清远，终于归歇孤松的飞鸟形象，也同样应作如是观。

四说有思想。

陶诗不论写田园隐逸，还是咏怀、咏史，从总体来看，都是基于并反映了诗人对现实的认识。也就是说，诗人在诗中通过不同的题材和不同的表现方式，表达了对于现实的评价和批判，表达了他的爱和恨、他的希望与憧憬。他的田园诗的境界，最后发展升华为桃花源那样的理想社会，正是与诗人对生活的独特感悟，以及在这种感悟基础上形成的思想分不开的。前面说过，他的田园隐逸诗和《桃花源诗并记》，都是寓批判于赞颂之中、寓否定于肯定之中的，都写得很有思想深度，而不是对生活的浮光掠影的记录。

陶诗自然平淡的艺术风格和独特的艺术成就，在那个黑暗污浊的时代，在那个时代的诗坛上，实在是独标高韵的。

第四节　陶渊明的散文和辞赋

陶渊明除诗歌创作外，还写作了一些散文和辞赋，虽然数量不多，也取得了很高的成就，都有名篇传世。这些作品主要有：《五柳先生传》《归去来兮辞》《桃花源记》和《闲情赋》。虽然这些作品的文体形式和题材内容不完全相同，艺术风格也有差异，但却与他诗歌创作的指导思想和艺术追求有相同之处，即都是他思想感情的自然流露。除《闲情赋》写得富有激情，并在风格上表现为比较华艳绮丽外（但亦并非刻意雕琢之作），其他作品也都表现为一种平淡自然的风格，与他的诗歌风格是基本上一致的。下面分别作一些分析。

《五柳先生传》

萧统《陶渊明传》说："渊明少有高趣……尝著《五柳先生传》以自况，时人谓之实录。"具体作年不能确定，多数学者认为是起江州祭酒以前，为年轻时自叙志趣之作。

这篇作品加上文末的赞语，合起来不到二百字，却栩栩如生地刻画出一个具有崇高精神标格的人物形象。时人既认为此文为"实录"，则自当看作是陶渊明的自传；但这个人物实际已经超出了陶渊明个人，而具有了文学形象的典型意义。文章采用传记的形式，却不全同于传统传记的写法。开头就有意隐去人物的里籍姓氏，说："先生不知何许人也，亦不详其姓字，宅边有五柳树，因以为号焉。"这样写，不单渲染出一种隐士风貌，增添了人物的神秘色彩，而且也使文章带有某种虚拟的性质。

文章的重点不在叙写人物的一生行迹，而在于揭示他的生活情趣和精神风貌，借以抒写作者本人的胸怀情志。"闲静少言，不慕荣利。"是总写人物高洁的精神品格，与当时社会上追名逐利、攀比富贵的浮躁世风是完全对立的。下面就从"好读书""性嗜酒"、安贫守道、"常著文章自娱"四个方面来揭示人物的胸怀志向和生活情趣。而每一个方面，都充分地体现出萧统《陶渊明传》中所概括的"任真自得"的特点。读书不重在字句的解释，而重在意会其精神本旨，每有会心，则"欣然忘食"，进入一种其乐无穷的精神境界。饮酒因家贫而不能常得，靠亲友接济，而"造饮辄尽，期在必醉。既醉而退，曾不吝情去留"，没有一点世俗的虚礼，率真之态跃然纸上。"环堵"四句，从居处、衣食两方面极写生活之穷困，却以"晏如也"三字收束，写出了超然自得的神情意态。末尾的"忘怀得失"，与开头的"不慕荣利"相呼应，使前面所写上升到一种人生态度和理想追求的精神境界。"赞语"引黔娄之妻言，从对待富贵和贫贱的不同态度上，对全文加以总结概括，使人物的旷逸情怀显得更加鲜明突出。

与思想内容的清高旷达相适应，在艺术风格上，文章也显得自然超逸，毫无矫饰之态。清代编选《古文观止》的吴楚材、吴调侯评论说“潇潇澹逸，一片神行之文”，是讲得很中肯的。

我们不能只把这篇文章当作陶渊明个人的自传看，这样就会缩小了文章的价值和意义。五柳先生的形象，可以说是中国古代知识分子所普遍倾慕的清逸绝尘、安贫乐道的高士形象，代表了封建时代有理想、讲操守的士大夫的精神追求，因而这篇文章不仅具有文学史的意义，而且还具有更加广泛的文化史的意义。

《归去来兮辞并序》

这也是一篇自然率真、从胸中流出的文字。宋代的欧阳修对此文有极高的评价，他说：“晋无文章，惟陶渊明《归去来兮辞》一篇而已。”① 序署“乙巳岁十一月”，可知文章作于晋安帝义熙元年（405）冬，陶渊明辞彭泽县令归田之前夕，将归而赋。② 归田是陶渊明对人生道路的重大抉择，这篇文章是作者对自己人生感悟和最后抉择的总结。

序重在叙事，讲明自己出仕和归隐的原因；而辞则重在抒情，抒发回归田园后的喜悦心情，并具体地描写了恬静适意的田园生活。序与本文互相依承、互相生发，联系起来就能更好地领会文章的旨意。他出仕的主要原因是家贫，为家口的生计所迫；而归田则因为做官违背了自己爱好自然的本性，俗务之烦不仅令他感到憎恶，而且还会损害他的身心健康，这比之饥冻之苦后果更加严重。因此诗人决定顺应自己率真的本性，毅然辞官归里，过一种虽清贫却恬静闲适的隐逸生活。

《归去来兮辞》一开头就顺着序文的主旨，强调不能不回归的原因，但带有更加鲜明强烈的感情色彩：“悟已往之不谏，知来者之可追。实迷途其未远，觉今是而昨非。”这是讲自己的感悟，讲对人生道路的认识，概括了丰富深刻的人生体验，在对是非的认识和醒悟中，表现出回归田园的坚定决心。

下文写归途中的情景、归家后的情景，应皆属于想象之词。但因为是自己衷心的热烈的追求，虽属想象，却写得非常真切生动，如在目前。无论是途中行舟的轻

---

① 李公焕：《笺注陶渊明集》卷五引。

② 关于这篇文章的具体写作时间，有不同的说法，此处采用金代王若虚说和周振甫说，分别见：《滹南遗老集》卷三十四《文辨》；《陶渊明诗文赏析集》周振甫文，巴蜀书社，1988 年。

快、微风的吹拂，还是归家后的引觞自酌、倚窗观景，都充满了一种安闲、超逸的情趣和欣喜之情。

在情怀抒写中，作者采用以景写情、情景交融的手法："云无心以出岫，鸟倦飞而知还。"这是写眼前景，同时又暗寓了出仕与归隐的因由，语浅意深，表现的是作者的胸中境界。"木欣欣以向荣，泉涓涓而始流。"这是写自然景物，却从生意盎然的景象中，抒发了自己回归自然后那种如草木、流水"得时"般的欣喜。又，前写"松菊犹存"的欣慰，后写"抚孤松而盘桓"的流连忘返，松菊孤傲的形象在这里都具有象征的意义，都具有人的品格。而所写的各种活动和生活情景，如饮酒、游憩、观景、读书、弹琴乃至荡舟、参加农事活动等等，无不充满一种怡然自得的乐趣和欣喜。在这基础上，作者最后提出"曷不委心任去留？"的问题，继而作出"富贵非吾愿，帝乡不可期。怀良辰以孤往，或植杖而耘耔。登东皋以舒啸，临清流而赋诗"的充满理想色彩的田园归隐生活的最后选择，并以"聊乘化以归尽，乐夫天命复奚疑"这种带哲理意味的人生感悟结束全文。

《归去来兮辞》在文体上也很有创造性，前人多有论说。如宋人陈知柔《休斋诗话》云："陶渊明罢彭泽令，赋《归去来》，而自命曰辞。迨今人歌之，顿挫抑扬，自协声律。"也有人从风格上评论，如明人孙月峰云："风格亦本《楚骚》，但《骚》侈此约，《骚》华此实。其妙处乃在无一语非真境，而语却无一字不琢炼，总之成一种冲泊趣味，虽不是文章当行，要可称逸品。"①

《桃花源记》

这篇记与诗相配合，具体地描绘出陶渊明所向往和追求的与现实社会相对立的理想社会情况，没有战乱，没有压迫和剥削，人民安居乐业，民风古朴，友好交往，风景也极优美宜人。文与记在表现这一理想时，互相配合，却又各有不同，记重在叙事和写景，而诗则侧重在抒情，重在表现作者的感受和认识，包含更多的文化思想内涵。文和诗都经过作者的精心营造，但却出之真率，毫无雕琢的痕迹，因而在艺术上呈现出一种冲淡疏远的自然之美，与他的人格是相一致的。

《桃花源记》作为一篇叙事写景文，在艺术表现上有几个特点值得注意。

首先是它线索分明的叙事性。文章假拟一个人物即捕鱼为业的武陵人，以他的

---

① 孙月峰评、闵齐华注:《文选》卷十三。

经历、见闻、感受作为叙事的线索和主要内容；而且由于他的活动是从现实世界进入一个世外桃源的虚拟世界，因而具有一种虚幻性。这些因素都使得文章具有一种吸引人的力量，我们读起来有一种与读小说时相近的感受。因此有学者将它看作一篇小说作品。如梁启超就说过："这篇记，可以说是唐以前第一篇小说，在文学史上算是极有价值的创作。"①

其次是它描写的真实生动，融入了作者本人在现实生活中的真切体验。文中所写"芳草鲜美，落英缤纷""土地平旷，屋舍俨然，有良田、美池、桑竹之属。阡陌交通，鸡犬相闻。其中往来种作，男女衣著，悉如外人，黄发垂髫，并怡然自乐"，以及后面所写人们之间真淳古朴的民风等等，虽然都是幻想之笔，带有理想成分，但同时又都是作者田园生活真实体验的艺术概括，与他在《归园田居》等诗中所描写的田园风光和与农村父老的关系一样，都带有作者鲜活的生活实感。所以读者读起来，不仅感到真实，而且感到亲切。

再次是幻和实的融合与沟通。文章中武陵人进入桃花源之前，写的是实景；进入桃花源之后，写的是幻境。但幻与实没有明确的界限，而是交融在一起的。一方面，作者有意点染出虚幻不实的色彩，使他笔下的桃源世界显得扑朔迷离：前面写"缘溪行，忘路之远近。忽逢桃花林……山有小口，仿佛若有光"，后面写"寻向所志，遂迷，不复得路"，都达到这种艺术效果。另一方面，却又故意言之凿凿，增强叙事的真实性，使读者相信实有其事，而非出于杜撰。如一开头点出事情发生的时间在"晋太元中"，亲历者是一个武陵的捕鱼人；最后又写太守遣人往寻，更写历史上实有其人的南阳刘子骥也曾前去寻访。这些也达到了很好的艺术效果。从我们的阅读感受来看，幻中之境读来历历在目，感到十分真切；而那个美好的世界虽然清晰如见，令人心向往之，却又扑朔迷离，邈远难寻。这样，既真且幻，在艺术上就更显得真淳深厚，更耐咀嚼品味。

《闲情赋并序》

这也是陶渊明一篇非常著名的作品，是一篇抒情长赋，一篇写情的杰作。但关于此赋的主旨和评价，历来看法颇不一致。对于主旨，主要有两说：一是比兴寄托说，认为有政治寓意，或是忠臣恋主之情的抒发，或是表现对同调高人的追求，或

① 梁启超：《陶渊明之文艺及其品格》，《陶渊明》，商务印书馆，1923年。

是自悲身世，表达对圣帝明王的企盼；二是爱情说，即认为是写男女爱情的，或说是作者自己真挚爱情的抒发，或说是约束爱情以求归于正的。前一种看法没有根据，未免求深而失于穿凿；后一种看法较符合文本的实际，却又有褒贬两种不同的评价。最早批评此赋而又影响极大的是萧统在《陶渊明集序》中的一段话："白璧微瑕者，惟在《闲情》一赋。扬雄所谓劝百而讽一者，卒无讽谏，何必摇其笔端。惜哉，无是可也！"苏轼以后多有驳斥萧统者，基本看法是此赋乃抒写爱情之作，且如《国风》"好色而不淫"一样，是应该肯定的。

《闲情赋》的"闲"字，是道德、法度之意，"闲情"意思就是让"流宕"之情归于正，使之合于礼法。这一点，作者在《序》中是说得很明白的："初张衡作《定情赋》，蔡邕作《静情赋》，检逸辞而宗澹泊，始则荡以思虑，而终归闲正。将以抑流宕之邪心，谅有助于讽谏。"他是仿效张衡和蔡邕之作而写的，其立意当与前作相同，而《定情赋》之"定"字、《静情赋》之"静"字，都是"抑止而使其正"的意思。因此，作者"有助于讽谏"的目的是很清楚的，萧统的批评并不符合事实。

值得注意的是，"劝百而讽一"是赋体之作的通例。此赋用绝大部分篇幅来写美人的动人姿色，以及追求者内心澎湃激荡的爱情，末尾"发乎情，止乎礼仪"的意思，却是轻描淡写的几句话，不仅是无力的，而且有一种"追求不得，只好放弃"的无奈之感。这篇赋的感人之处，就在于洋溢在字里行间的那种热烈、深挚、执着、奔放的爱情追求，很少有读者会去理会作者的谏诫之意。因此无论从作者主观感情的抒发来看，还是从作品实际的客观艺术效果来看，与其将它看作是一篇讽谏之作，不如看作是一篇颂情之作。

篇中最动人也最具创造性之处，是写男主人公在所倾慕的女子面前那种魄动神摇的精神状态："意惶惑而靡宁，魂须臾而九迁"；而接着更以排比的句式和铺张的手法，一气写了"十愿"和"十惧"："愿在衣而为领，承华首之余芳；悲罗襟之宵离，怨秋夜之未央……"，将爱情的真挚、深沉和追求的热烈、执着表现得淋漓尽致，具有极强的艺术感染力。这种手法自然不是陶渊明的发明，前人已指出张衡的《同声歌》即其渊源所自[①]，即如他在序中提到的作为仿效对象的张衡的《定情赋》中就

---

① 姚宽：《西溪丛语》卷上云："陶渊明《闲情赋》必有所自，乃出张衡《同声歌》，云：'邂逅承际会，偶得充后房。情好新交接，飂慄若探汤。愿思为莞席，在下蔽匡床。愿为罗衾帱，在上卫风霜。'"

有"思在面为铅华兮，患离尘而无光"，蔡邕的《静情赋》中也有"思在口而为簧，鸣哀声独不敢聆"。但陶渊明在想象之丰富、比喻之巧妙、感情之充沛、铺陈之气势等方面，都有很大的发展，达到了很高的水平。正如钱锺书先生所说："张、蔡之作，仅具端倪，潜乃笔墨酣饱矣。"①

此赋在思想感情和艺术风格上，都使我们看到了陶渊明作为一个伟大的诗人和作家的丰富性和复杂性。他的性情虽然静穆淡泊，其心却并非一潭死水，而是具有与常人一样的复杂而炽热的感情世界，不但同样关心时事和现实，同时也有热烈的爱情追求；在艺术风格上，也开拓了一个新的天地，一反诗文中平淡朴素的格调，而写得绮丽华艳，富于文采。

第五节　陶渊明的意义和影响

陶渊明的文学成就，他在文化和思想上的意义和价值，经历了一个发现和认识的过程。这在中国古代文学史上也是具有独特意义的。

陶渊明在他生活的当时和死后相当一段时期内，都没有得到应有的重视。他的朋友颜延之在为他写的《陶征士诔》中，盛赞他高洁的操守和品格，而于他的文学活动却只简单地提到两句："学非称师，文取达旨。"人们对晋末的诗人，一般都只提到殷仲文、谢混而不提及陶渊明；江左以颜、谢并称，也没有提到他。梁沈约在《宋书》中只将他写入《隐逸传》，而在《谢灵运传》中，在阐述当时的文风时，也没有只字论及陶渊明。稍后的梁钟嵘的《诗品》，在品评当时的诗人时，也只将他列为中品，置于陆机、潘岳之下。齐梁时的刘勰在《文心雕龙》中评论以前的文人，也没有提到陶渊明。

这些情况，显然与陶渊明的实际地位很不相符。造成这种情况的原因，一般认为一是因为他出身寒门，在士族社会中不受重视；二是因为他的诗风与当时的时尚不合。这种认识当然也不无根据。但更重要的是，陶渊明的思想人格和艺术创造，都具有独特的意义和价值，这种意义和价值在历史的发展过程中才能逐渐地显现出来，才能得到人们的承认和重视。

① 钱锺书:《管锥编》第四册，中华书局，1979年，第1223页。

《文选》的编选者萧统是第一个开始重视陶渊明文学成就的人。他为陶渊明编集、写序、作传，将他的诗选入《文选》之中，虽然数量并不很多。直到唐以后，陶渊明的思想艺术成就才逐渐被人认识而得到很高的评价，在文学史上产生广泛而深刻的影响。唐宋以下，许多大诗人如李白、杜甫、白居易、苏轼、陆游等，都极推崇陶渊明，并自觉地接受他的影响。李白对陶渊明超逸绝尘的品格极为赞赏，在诗中曾不止一次地表达自己的敬仰之情，说："何时到栗里，一见平生亲。"（《戏赠郑溧阳》）又说："何日到彭泽，长歌陶令前。"（《寄韦南陵冰余江上乘兴访之遇寻颜尚书笑有此赠》）杜甫说："宽心应是酒，遣兴莫过诗。此意陶潜解，吾生后汝期。"（《可惜》）白居易也赞扬陶渊明说："人间荣与利，摆落如尘泥。先生去已久，纸墨有遗文。篇篇劝我饮，此外无所云。"（《效陶潜体诗》十六首之一）又说："吾爱陶彭泽，文思何高玄。"（《题浔阳楼》）宋代的苏轼，更是与陶渊明声息相通，对陶渊明的人品和诗歌有极高的评价。他曾说："渊明吾所师，夫子乃其后。"（《陶骥子骏佚老堂》二首其一）又说："吾于诗人，无所甚好，独好渊明之诗。"（《与苏辙书》）他还逐首和陶诗，成《和陶诗》二卷。这在文学史上是极为少见的。其他如陆游、辛弃疾等人，也都对陶渊明有很高的评价。历代注陶者之多，几乎只有注杜甫者可与之相比，足见他的影响和人们对他的重视。

从历代诗人的赞美来看，陶渊明对后世的影响，主要集中在四个方面：一是保持自己淳朴本性的任真的人生态度；二是不屈服于黑暗势力，不与之同流合污的气节与操守；三是与污浊社会相对立的社会理想；四是平淡自然而淳厚丰腴的诗艺与诗风。他的人格和人生态度，成为后世无数正直的士大夫效法的榜样，他的名字几乎成了安贫乐道、守志不移的象征。陶渊明及其诗文创作，是中华传统文明中的精华，值得我们认真地研究和继承。

思考题

1. 陶渊明为什么要回归田园？怎样认识他出仕和归隐的思想矛盾与反复？他对出处的态度在封建时代有什么积极意义？

2. 陶渊明田园诗的主要内容是什么？怎样认识和评价他自然平淡的诗风？

3. 陶渊明的咏怀诗和咏史诗有什么样的特点？与他的田园诗在内容与风格上有什么不同？

4. 作为一个隐逸诗人，陶渊明是不是真正忘却了现实？他的"静穆"的一面如何与“金刚怒目式”的一面统一起来?

5. 陶渊明还有哪些辞赋和散文作品，都有哪些思想和艺术特色?

6. 陶渊明在历史上为何被广泛推崇?他的影响表现在哪些方面?有什么样的积极意义?

参考文献

1. 王瑶:《陶渊明集》，人民文学出版社，1957 年。

2. 逯钦立:《陶渊明集》，中华书局，1979 年。

3. 龚斌:《陶渊明集校笺》，上海古籍出版社，1996 年。

4. 袁行霈:《陶渊明集笺注》，中华书局，2003 年。

5. 袁行霈:《陶渊明研究》，北京大学出版社，1997 年。

6. 孙静:《陶渊明的心灵世界与艺术天地》，大象出版社，1997 年。

7. 李华主编:《陶渊明诗文赏析集》，巴蜀书社，1988 年。

第五讲　诗国天空巨星之一：“诗仙”李白

中国是一个诗的国度，唐代是中国古典诗歌成就最辉煌的时期。诗国天空群星灿烂，诗人辈出；诗歌与社会生活和时代精神保持着最广泛深入的联系；诗歌的形式体制完备成熟，诗艺臻于极境，艺术风格丰富多彩；诗人的个性、气质、精神在诗歌中得到了最完美的表现。在唐代诗国天空的灿烂群星中，有两颗最明亮的巨星，这就是李白和杜甫。两位巨星生活于同一个时代，都充分地反映了那个时代的社会生活和时代精神，但是由于他们生活的具体时段略有先后，也由于思想、个性、气质上的差异，他们所反映的社会生活的侧面不完全一样，对社会生活的感受也不完全一样，因而他们的诗歌创作表现出不同的思想和艺术风貌。李白是中国古典诗歌中浪漫主义的杰出代表，杜甫则是中国古典诗歌中现实主义的杰出代表。

第一节　李白的身世、生活和思想

李白（701—762），字太白，号青莲居士。关于他的名和字的取意，其族叔李阳冰在《草堂集序》中说：“惊姜（指临盆）之夕，长庚（太白金星）入梦，故生而名白，以太白字之。世称太白之精，得之矣。”[①] 他的祖籍是陇西成纪（今甘肃秦安）。他的出生地有不同的说法，主要有三种：一是出生于四川绵州彰明县之青莲乡，即今四川省江油市；二是出生于中亚细亚的碎叶城（唐时属安西大都护府，在今之吉尔吉斯斯坦境内）；三是出生于长安。[②] 现在学术界认为出生于碎叶的比较多。

---

① 《李白集校注》，上海古籍出版社，1998 年，第 1789 页。

② 参见杨慎：《李诗选题辞》；黄锡珪：《李太白年谱》；郭沫若：《李白与杜甫》；刘开扬《李白在蜀中的生活和诗歌创作》，载《文学遗产》1982 年第 4 期。

按出生于碎叶说，李白大约5岁时随父亲到了四川。父亲李客生平事迹不详，“以逋其邑，遂以客为名”。李白青壮年时期家庭经济情况比较好，轻财好施，不到一年就散金三十余万。[①] 有人因此推测，他可能是一个富商家庭出身，但无确证。李白在《上安州裴长史书》中说：“五岁诵六甲，十岁观百家。”可见他是生活于一个很有文化教养的家庭。在这个家庭里，他广泛地学习各种书籍，并勤习写作。他自幼还好游侠，习剑术，喜欢与道士交往，追求隐居和求仙学道。

李白一生的生活，大概可以划分为五个时期：

一、蜀中时期（705—726）

李白少年时曾在家乡的大匡山隐居读书数年。杜甫《不见》诗云：“匡山读书处，头白好归来。”李白在《上安州裴长史书》中曾描写过这段隐居生活的情况，飘逸出尘，有神仙之气：

> 又昔与逸人东严子隐于岷山之阳，白巢居数年，不迹城市，养奇禽千计，呼皆就掌取食，了无惊猜。……

李白跟梓州（今四川三台县）的赵蕤是很好的朋友。赵蕤任侠有奇气，善为纵横学，著有《长短经》，喜谈王霸之术。李白从他学习一年多，受到他思想的影响。李白在政治上有建功立业的志向，少时又喜欢任侠击剑，传说还曾“手刃数人”（见魏颢《李翰林集序》），这些都可能与赵蕤的影响有关。

李白少年时的文章辞赋就显露出杰出的才华，他也因此而极为自负：“十五观奇书，作赋凌相如。”（《赠张相镐》其二）他21岁时，曾将自己的诗文交给当时的益州（今成都）大都督府长史苏颋请教，苏颋非常赞赏，对下僚说：“此子天才英丽，下笔不休，虽风力未成，且见专车之骨，若广之以学，可以相如比肩也。”（《上安州裴长史书》）

20岁以后的几年，李白出游蜀中各地，到了成都，游历了青城山、峨眉山。名山大川、名胜古迹，开阔了他的眼界、胸襟，培养起了他热情奔放、不受传统思想束缚的思想性格。同时，在青年时期也就开始形成他思想的基本矛盾：一方面，希

① 李白：《上安州裴长史书》，《李白集校注》，上海古籍出版社，1998年，第1547页。

望在政治上有所作为，建功立业；而另一方面，又想要求仙学道，过隐居生活。不过总的看来，在他的人生追求中，事功思想还是主要的。

在蜀中生活了二十多年，留下的诗歌却不太多，今天可以考定的只有十来首，且都是格律诗。李白后来作诗是不受格律束缚的，他诗歌创作的成就主要在五、七言古诗和乐府方面。推想起来，他学诗可能是从格律入手，而后才加以突破，自由地抒发自己的狂放性格的。

二、以安陆为中心的漫游时期（726—742）

这一时期，李白游览名山大川，广泛地结识各种人物，希求有人推荐，在政治上有所作为，同时也增加了对社会生活的了解。

开元十四年（726），26岁的李白"仗剑去国，辞亲远游"（《上安州裴长史书》），开始了他的漫游生活。这次出蜀以后，除了晚年流放时经过长江边上的夔州（今重庆奉节县）以外，诗人就再也没有回过四川了。但李白对四川有着极深厚的感情，他把蜀中看作是自己的故乡。他在《淮南卧病书怀寄蜀中赵征君蕤》一诗中写道："国门遥天外，乡路远山隔。朝忆相如台，夜梦子云宅。"司马相如的琴台和扬雄的故宅，都在四川的成都，忆故人即是忆故乡。又，著名的《静夜思》云："举头望明月，低头思故乡。"语言明白如话，却情真意切，十分感人。

李白是经由南路从三峡出蜀的。他先后游历了江陵（湖北）、洞庭湖（湖南）、江夏（湖北）、庐山（江西）、金陵（江苏）以及扬州、吴郡、会稽（今苏州、绍兴一带），后又回到湖北的云梦（湖北安陆）。然后以安陆为中心，在今天的湖北、河南、山西、山东、安徽、江苏、浙江等地漫游。他在安陆与故宰相许圉师的孙女结婚，在那里住了十年左右。35岁以后，迁家任城（今山东济宁县）。

李白漫游的目的，一是纵情山水，二是寻求实现自己政治抱负的机会。这后一方面是更为重要的。他在漫游中同各种人物交结，建立联系，希望得到别人的赏识和推荐，同时又想以清高、隐居学道来建立声誉，走"终南捷径"，达到隐居求仕的目的。他在后来（开元二十二年，743）所写的《与韩荆州书》中，对自己的雄心壮志和希望干谒权贵以进的心理作过很直白的表述："则三千宾中有毛遂，使白得颖脱而出，即其人焉。白陇西布衣，流落楚汉。十五好剑术，遍干诸侯；三十成文章，历抵卿相。虽长不满七尺，而心雄万夫，王公大人许与气义。此畴曩心迹，安敢不尽于君侯哉？"可见干谒权贵以求仕，是他长时期中的不懈追求。

就在这次游历中，他在江陵会见了道士马承祯，还将自己的诗文赠送给马向他请教。马承祯是很受皇帝宠幸的道士，在政治上很有影响，李白交结他的目的显而易见。李白受到了马承祯的热情赞扬，被称赏为“有仙风道骨，可与神游八极之表”。李白对此是十分重视和高兴的，曾作《大鹏赋》来表现当时的情形和他内心的喜悦。值得注意的是，玄宗的妹妹玉贞公主曾从马承祯学道，李白后来与玉贞公主的交往很可能跟马承祯有一定关系。但他干谒求仕的目的并没有达到，他在《上安州李长史书》中很失望地写道：“白孤剑谁托，悲歌自怜。迫于凄惶，席不暇暖。寄绝国而何仰？若浮云而无依。南徙莫从，北游失路。”

关于李白几次去长安的问题，学术界有不同的认识。现在有较多的材料表明，李白除在天宝元年（742）秋至天宝三年（744）春入京之外，早在开元十八年（730）的夏秋之交就曾第一次入京。他这次入京后隐居于终南山，曾在玉贞公主的别馆做客。第二年的秋天西游邠州（今陕西邠县）、坊州（今陕西黄陵县），开元二十年（732）春又返回终南山，到五月才离开长安。[①]这次到长安，他得到了著名诗人贺知章的赏识。贺知章看了他写的《蜀道难》后大加赞扬，称他为“谪仙”。但当时很有权势的驸马都尉张垍（宰相张说之子）却成了他走向仕途的阻碍，李白本来很想借重于他的，却因被他瞧不起而不获引见。于是便离开长安，经邠、坊等地而回到安陆。他曾在一首诗中抒发当时求仕无门的愁苦心情：“长风入短袂，两手如怀冰。故友不相恤，新交宁见矜。摧残槛中虎，羁绁韝上鹰。何时腾风云，搏击申所能。”（《赠新平少年》）无比失望，却仍然怀着腾风搏击的壮心。以后又在湖北、河南、山西、山东等地漫游，结识很多朋友，其中包括著名诗人孟浩然，登泰山，又南下寓居安徽南陵。

自726年出蜀漫游，李白足迹遍历湖北、湖南、江西、安徽、江苏、浙江、河南、山东、山西、陕西等许多地方，一直到天宝元年（742），历时十六年，为寻求建功立业的机会，实现自己的政治理想，以任侠、隐居、求仙访道、干谒州郡长官等方式，广泛地与各种人物交游。目的虽未能实现，却因此而广泛地接触了社会生活，写出了不少思想艺术都极为出色的作品，因而诗名大震，誉满天下，在社会上产生了广泛的影响，为之后的应诏入京打下了重要基础。

---

① 参见郁贤皓：《李白两入长安及有关交游考辨》，《李白丛考》，陕西人民出版社，1982年。

三、长安时期（742—744）

天宝元年（742），由于玉贞公主的推荐，加上他的诗名甚大而为玄宗所重，李白应诏至长安，供奉翰林。① 据李阳冰《草堂集序》的记载，他受到玄宗极高的礼遇："天宝中，皇祖下诏，征就金马，降辇步迎，如见绮皓。以七宝床赐食，御手调羹以饭之。谓曰：卿是布衣，名为朕知，非素蓄道义何以及此？置于金銮殿，出入翰林中，问以国政，潜草诏诰，人无知者。"在李白的一生中，得到皇帝如此恩遇，真可谓是青云直上了。对此李白也一度十分陶醉。他在一首诗中曾这样写道："一朝君王垂拂拭，剖心输丹雪胸臆。忽蒙白日回景光，直上青云生羽翼。幸陪鸾辇出鸿都，身骑飞龙天马驹。王公大人借颜色，金章紫绶来相趋。"（《驾去温泉宫后赠杨山人》）春风得意的心情溢于言表。

但是李白作为一个替皇帝起草文件的文学侍从之臣，实质上只不过是一个宫廷里的御用文人，并不能充分发挥他的政治才干，实现他的政治理想。加上不久就受到朝中权贵如高力士、张垍等人的谗毁，天宝三年（744）便赐金放还，离开了长安。

长安时期的这段生活，跨三个年头，但实际只有一年多的时间，不论从李白的生活还是从心境上看，都是大起大落，很不平静的。他不仅因个人遭谗毁而感到愤慨，更重要的是看到了唐玄宗沉迷声色、信用权奸李林甫等，朝政极其腐败黑暗，觉察到了唐王朝暗伏的政治危机。这段时间，他除了写作一些表现宫廷生活，为唐玄宗歌功颂德的作品外，还带着愤激的心情写作了不少揭露社会黑暗的优秀诗篇，如《古风》五十九首中的一部分作品，以及《行路难》《梁甫吟》等。由于政治上的失望，退隐思想也便随之抬头。他入京时是"仰天大笑出门去，我辈岂是蓬蒿人"（《南陵别儿童入京》），充满了欢乐、希望和自信；结果却是"骑虎不敢下，攀龙忽堕天"（《留别广陵诸公》），"楚国青蝇何太多，连城白璧遭谗毁"（《鞠歌行》），满怀悲愤和失望而离去。

四、以东鲁、梁园为中心的漫游时期（744—755）

从天宝三载到天宝十四载，共十一年，李白又漫游各地，包括今天的山东、山西、河南、河北、湖南、湖北、江苏、浙江、安徽等地。东鲁的兖州（今山东兖州）

---

① 关于李白因何奉诏入京，有各种不同的说法。或云是因玉贞公主的推荐，或云因他的诗名甚大而为玄宗所知，或云因道士吴筠的推荐。后一种说法缺乏根据，郁贤皓有《吴筠荐李白说辨疑》可参阅，见他的《李白丛考》一书。

是他寓居之地，汴州的梁园（今河南开封）是他游历常经之地，是他这一时期漫游的中心。

这一时期最重要的事情是天宝三年（744）在洛阳与杜甫的相识，后来又与另一位著名诗人高适相会。李白与杜甫相随交游的时间虽然并不长，别后又没有再相聚的机会，但却建立了深厚的情谊。杜甫在《与李十二白同寻范十隐居》一诗中，曾这样描绘过他们之间的感情："李侯有佳句，往往似阴铿。余亦东蒙客，怜君如弟兄。醉眠秋共被，携手日同行。"李白与杜甫、高适同游历下（今山东济南）、汴州（今河南开封）等地，情志契合，十分惬意。杜甫曾写诗回忆他们之间的交往："忆与高李辈，论交入酒垆。两公壮藻思，得我色敷腴。气酣登吹台，怀古视平芜。芒砀云一去，雁鹜空相呼。"（《遣怀》）

这一时期，李白广泛地接触了下层社会生活，写了一些表现下层劳动人民（如矿工、渔家等）生活的诗歌，如组诗《秋浦歌》等。他一方面以坚持不屈服的反抗态度对待当朝那些权贵："安能摧眉折腰事权贵，使我不得开心颜！"（《梦游天姥吟留别》）另一方面则在诗酒和求仙访道中寄托自己内心的悲愤。李白在各地漫游中写出了不少歌颂祖国壮美河山的风景诗，他说："五岳寻仙不辞远，一生好入名山游。"（《庐山谣寄卢侍御虚舟》）

五、安史之乱及被流放时期（755—762）

天宝十四载（755）十一月，安禄山、史思明叛乱，李白对这次由于动乱而造成的国家的破败和人民的痛苦，感到十分悲痛。他的《西上莲花峰》诗，具体地描写了豺狼横行、人民流血的战乱惨状。次年十一月，永王璘（唐肃宗李亨之弟，时任江陵郡大都督及山南东道等四道节度使）奉玄宗诏出兵东南，由江陵引舟师东下。757年正月，永王过庐山时，多次邀请正隐居于庐山的李白加入幕府，李白是出于爱国热情，为了消灭叛乱而接受邀请的，但心中也不无顾忌。他在《与贾少公书》中曾说："王命崇重，大总元戎。辟书三至，人轻礼重。严期迫切，难以固辞。"但当时已即帝位的肃宗怕永王势力壮大后威胁到自己，便以叛乱之名进行讨伐。永王败，李白因从永王幕而获罪，先下浔阳（今江西九江）狱，后又被判流放夜郎（今贵州铜梓一带）。759年行至巫山，遇赦放还，至江夏，又往浔阳、金陵等地。761年李白已经61岁，听说太尉李光弼率兵百万东征史朝义，他即由当涂北上，准备参加战斗，后因病而止。762年病逝于他的族叔当涂县令李阳冰家。

他在这时期写的《门有车马客行》，以悲愤的心情，为自己的一生做了总结："叹我万里游，飘飖三十春。空谈帝王略，紫绶不挂身。雄剑藏玉匣，阴符生素尘。廓落无所合，流离湘水滨。”他的绝笔诗《临终歌》中还有这样的句子：“大鹏飞兮振八裔，中天摧兮力不济。”可见，这位胸怀壮志而怀才不遇的大诗人，是带着极大的遗憾离开人世的。

李白从小“观百家”，他的思想是比较复杂的，是诸家思想的杂糅。但是对他影响最大的还是儒家和道教两家的思想。

他在《代寿山答孟少府移文书》中，曾明确地表达过他所抱的是一种传统儒家的积极的人生态度：“吾与尔达则兼济天下，穷则独善一身。……申管晏之谈，谋帝王之术，奋其智能，愿为辅弼。使寰区大定，海县清一，事君之道成，荣亲之义毕。”不过，他既瞧不起死守章句的儒生，也不完全是以出仕来谋取个人的荣华富贵为目的，而主要希望在“济苍生”“安社稷”的理想实现以后就功成身退，过一种自由自在的隐居生活。这种理想他曾多次表达：“待吾尽节报明主，然后相携卧白云。”（《驾去温泉宫后赠杨山人》）“愿一佐明主，功成还旧林。”（《留别王司马嵩》）

神仙道教思想对他的深刻影响不可低估。他从小就求仙访道，炼丹服药。他在《感兴》诗中说：“十五游神仙，仙游未曾歇。”他还是一个正式受过道箓的道士。他甚至在赠和尚的诗中这样说：“何日更携手，乘杯向蓬瀛。”（《赠僧崖公》）据有人统计，在他近千首诗中，涉及神仙道教的就有一百多首。陈沆《诗比兴笺》也曾指出：“《古风》五十九章，涉仙居半。”对神仙生活他是深深仰慕的：“我来逢真人，长跪问宝诀。粲然启玉齿，授以炼药说。铭骨传其语，竦身已电灭。仰望不可及，苍然五情热。吾将营丹砂，永与世人别。”（《古风》其五）但李白又并不想也不可能真正超尘出世，成为神仙中人。他还是时时关心现实，关心时政，关心人民的。他出入儒道，而儒道思想的消长起伏，又与他人生遭际的穷达相关联。在《早秋赠裴十七仲堪》一诗中，他写道：“明主倘见收，烟霄路非赊。时命若不会，归应炼丹砂。”说明他在政治上失意之时，就回归到道教中来，寻找精神寄托。虽然如此，他的人生立足点，仍然是积极的入世思想，执着地追求建功立业。这在前引《代寿山答孟少府移文书》中，就表现得非常鲜明。文中描绘了一个飘飘然有仙气的李白：“尝弄之以绿绮，卧之以碧云，嗽之以琼液，饵之以金砂。既而童颜益春，真气愈茂。将欲倚剑天外，挂弓扶桑，浮四海，横八荒，出宇宙之寥廓，登云天之渺茫。”似乎就要飞升上天了。可接着“仰天长吁”一转，大呼曰：“吾未可去也。”什么原因呢？就因为用世之心不可泯灭，“事君之道”不成，他是不可能真正成为“方丈蓬莱之人”的。《古风》其十九最为典型，诗本写游仙，而终于俯视现实：

西上莲花山，迢迢见明星。素手把芙蓉，虚步蹑太清。霓裳曳广带，飘拂升天行。邀我登云台，高揖卫叔卿。恍恍与之去，驾鸿凌紫冥。俯视洛阳川，茫茫走胡兵。流血涂野草，豺狼尽冠缨。

此诗有人视为游仙之作，也有人认为是安禄山叛乱的纪实之作，其实都是，又都不全是。诗的前半写游仙，后半写现实，有游仙之想，而终不能离开现实，这充分地反映了充满矛盾的李白的思想实际。

又《古风》其二十六云：

碧荷生幽泉，朝日艳且鲜。秋花冒绿水，密叶罗青烟。秀色空绝世，馨香谁为传？坐看飞霜满，凋此红芳年。结根未得所，愿托华池边。

这是一首用比兴手法写出的言志之作。以碧荷作比，表达了自己有绝世之秀色而不为世所知，因老之将至仍不见用而产生的感伤情绪。末二句情见乎辞，表现了他终不能忘情于朝廷，企盼为君所用的执着情怀。

综观李白的一生，他没有放弃过学道求仙，也没有放弃过追求事功的抱负。这两方面看似矛盾，实则可以互补。

此外，李白还受到纵横家和佛家思想的影响。他年轻时的朋友蜀中的赵蕤就是一个纵横家，他本人也自幼任侠击剑，颇有纵横家的气概。佛教思想对他也有一定的影响，特别是在晚年，他曾写过一些与僧人居士赠答和谈佛理的作品，但始终没有成为一个佛教徒。

总体看来，儒家和道教思想对李白的影响是主要的：他自由不拘的性格和任性逍遥的情怀，主要来自道家和道教思想的影响；而积极进取的人生追求和建功立业的雄心壮志，则主要植根于儒家的用世精神。

读李白的诗，常常使我们想到陶渊明。的确，在思想性格、人生追求和人格魅力上，李白与陶渊明确有不少相同之处。在追求自由、任真自得上，李白与陶渊明是非常相似的。他的《山中与幽人对酌》诗，有“我醉欲眠卿且去，明朝有意抱琴来”

之句；在《梦游天姥吟留别》中，他大呼："安能摧眉折腰事权贵，使我不得开心颜。"其性情之直率，面对权贵时的铮铮傲骨，都令人联想到陶渊明，甚至连表达思想时的用语也十分相似。但李白与陶渊明又有不同之处。陶渊明在出仕与归隐的矛盾中，最后选择了归隐，安然地找到了自己的人生归宿；而在李白那里，出仕与隐居并不是完全矛盾的，两者相反相成而能互补，隐居甚至可以成为求仕的手段，而一生经过多次的挫折，出仕之心仍然坚定不移，最终因事功不成而带着极大的遗憾离开人世。这种不同，源于两位诗人不同的时代背景，也源于他们不同的人生追求和思想志趣，但都表现出动人的人格魅力。

第二节 李白诗歌的思想内容

李白今存诗九百多首，内容极其丰富。大略说来，主要有以下几个方面：

第一，要看到，李白是一位时代的歌手。他生活于开元盛世，是盛唐诗人的代表。他的诗歌反映了盛唐时代的盛世气象和时代精神，同时也反映了唐代由盛转衰前夕时代的矛盾和时代的痛苦。

这表现为两个方面。一方面是歌颂盛世的清平景象和描写潜伏其中的矛盾。如《君子有所思行》中写帝京的壮观景象，《赠清漳明甫侄聿》中写农村经济的繁荣和人民生活的安乐，都充满了祥和的气氛和喜悦的心情。但他并非粉饰太平，因为他所写符合当时的事实，同时还看到了当时的社会矛盾和危机，并表现出愤懑的感情和深切的忧虑。如他的《古风》其三十四："白日曜紫微，三公运权衡。天地皆得一，澹然四海清。"写的是开天盛世的一片升平景象，而同时又针对开边战争带给人民的痛苦，进行了愤怒的控诉和揭露："渡泸及五月，将赴云南征。怯卒非战士，炎方难远行。长号别严亲，日月惨光晶。泣尽继以血，心摧两无声。"据史载，天宝十年，杨国忠为邀军功固宠，遣剑南节度使鲜于仲通征讨南诏，大败于泸南，后以捷报欺骗皇帝，继续募兵征讨，连续大败，致使百姓行者愁怨，哭声震野。诗中所写可以说完全是纪实，充满了诗人愤怒的感情。

又《古风》其四十六云："一百四十年，国容何赫然！"开头这两句的赞叹，就已经包含了一种惋惜和追忆的感情在内，接着就揭露宫中幸臣们斗鸡蹴鞠的享乐生活和弄权时的得意气焰，同样表现了对国事深深的隐忧。

另一方面，他诗中所表现出的那种意气风发的昂奋精神和充满自信的远大理想，都是那个时代积极进取、欣欣向荣精神的表现。在长风万里中搏击的大鹏形象，是李白恢宏的精神世界的形象写照：“大鹏一日同风起，扶摇直上九万里。”（《上李邕》）连他笔下的黄河，也都充满一种排山倒海的气势：“君不见黄河之水天上来，奔流到海不复回。”（《将进酒》）这是李白精神的表现，也是那个伟大时代富有力量的表现。“在那时代的巨浪中，他乃是一个翻江搅海的弄潮儿。他的天真，天真得就是一颗赤子之心；他的热情，就是一股不能抑止的力量。”[①] 试读他的《长歌行》：

桃李待日开，荣华照当年。东风动百物，草木尽欲言。枯枝无丑叶，涸水吐清泉。大力运天地，羲和无停鞭。功名不早著，竹帛将何宣？桃李务青春，谁能贳白日？富贵与神仙，蹉跎成两失。金石犹销铄，风霜无久质。畏落日月后，强欢歌与酒。秋霜不惜人，倏忽侵蒲柳。

《长歌行》乃乐府古题，此题古意以植物为喻，言荣华不久，应该及时行乐。李白袭用古题，自然也包含这方面的意思，如诗中写富贵神仙，蹉跎两失，就不免有追求功名而不得的身世感叹在内。但从全诗看，所表现的人生态度却是奋发而进取的，写出了在春风的吹拂之下，世间万物一片欣欣向荣的气象，诗中涌动着一种意气风发的精神，就完全是属于盛唐时代的。李白是将盛唐气象表现得最充分的一位诗人。

过去我们一般都比较注意李白抒发个人情怀的诗歌，而对他反映时代和历史的作品重视不够，其实他通过各种角度和各种方式对那个时代的反映，还是相当真实而且富有深度的。《古风》五十九首中的一些作品，如其三（秦王扫六合），借秦始皇的历史教训，对唐玄宗追慕道教、希求长生进行了讽刺。而《登高丘而望远海》一诗中的“穷兵黩武今如此，鼎湖飞龙安可乘？”亦明显地针对现实而发。对后一首诗，王夫之曾评云：“后人称杜陵为诗史，乃不知此九十一字中有一部开元、天宝本纪在内。”（《唐诗评选》）能从反映历史的深度来评价李白的诗歌，是很有眼光的。

第二，抒写自己的壮志和理想，是李白诗歌的一个重要内容。

---

① 林庚：《中国文学简史》，北京大学出版社，1995 年，第 224 页。

李白是一个极富于个性的诗人，在诗中表现自己的感情、个性非常突出，而对一生执着追求、至老不衰的政治理想和雄心壮志，表现得尤为充分。在《塞下曲》（六首）中他抒发了愿为保卫祖国而建立边功的志愿："晓战随金鼓，宵眠抱玉鞍。愿将腰下剑，直为斩楼兰。"（其一）"握雪海上餐，拂沙陇头寝。何当破月氏，然后方高枕。"（其二）"弯弓辞汉月，插羽破天骄。……功成画麟阁，独有霍嫖姚！"（其三）"横行负勇气，一战静妖氛。"（其六）热爱祖国，藐视侵略者，以西汉名将霍去病和李广自励，愿为保卫边疆建功立业，充满一种意气风发的战斗精神。这种理想、志气和积极进取的精神风貌，在古代文人中是不多见的。

他有时还通过咏史的形式，借歌颂古代的杰出人物，以寄托自己的思想和抱负。如《古风》第十：

> 齐有倜傥生，鲁连特高妙。明月出海底，一朝开光曜。却秦振英声，后世仰末照。意轻千金赠，顾向平原笑。吾亦澹荡人，拂衣可同调。

这首诗是借歌颂鲁仲连以抒己志的。"明月出海底，一朝开光曜。"这是对鲁仲连的歌颂，也是基于高度自信而对未来的期望。"开光曜"，是指鲁仲连"却秦振英声"那样的伟大事业，这正是李白所追求的，他相信自己杰出的才干一定能够做到。"意轻千金赠，顾向平原笑。"讲的是功成而不受禄，这也是李白自己的思想和品格。类似的思想他曾多次地表达过："待吾尽节报明主，然后相携卧白云"（《驾去温泉宫后归赠杨山人》）；"功成谢人间，从此一投钓"（《翰林读书言怀呈集贤诸学士》）；"所冀旄头灭，功成追鲁连"（《在水军宴赠幕府诸侍御》）；"愿一佐明主，功成返旧林"（《留别王司马嵩》）；"灭虏不言功，飘然陟方壶"（《赠张相镐》其二），等等。在求仙归隐思想的背后都闪耀着理想的光辉。

在他求仕不得，政治上处于失意时期所写的诗中，尽管醉酒放诞，表现出一种及时行乐的思想，也仍然没有放弃大济苍生的理想。如《梁园吟》，一方面写"人生达命岂暇愁，且饮美酒登高楼。……持盐把酒但饮之，莫学夷齐事高洁"，似乎将以饮酒为乐，度此余生而不再关心政治了，但到了诗的结尾，却又一转折，振起了积极进取的精神："歌且谣，意方远，东山高卧时起来，欲济苍生未应晚。"经世济民的理想虽然很难实现，但在李白却是不能轻易放弃的。又如《将进酒》，全诗表现的是人生短促应及时行乐的思想，甚至还带一点醉生梦死的意味："人生得意须尽欢，莫使金樽空对月。……钟鼓馔玉不足贵，但愿长醉不复醒。”可是整首诗却写得气势磅礴，一点没有给人消极颓废的感觉，因为从“天生我材必有用，千金散尽还复来”中就已透露出他对生活的追求与自信。《行路难》抒写了他极度悲愤的感情：“行路难！行路难！多歧路，今安在？”却仍然坚信：“长风破浪会有时，直挂云帆济沧海。”

第三，与此相联系的，是他在诗中常抒发壮志难酬的悲愤，以及对社会危机的忧虑和对黑暗现实的愤慨。

最著名的如《行路难》其一：“停杯投箸不能食，拔剑四顾心茫然。欲渡黄河冰塞川，将登太行雪满山。”《行路难》其二：“大道如青天，我独不得出。”在《梁甫吟》中，他通过历史上一系列人物的不幸遭遇，表现了自己怀才不遇的愤懑心情。又如《宣州谢朓楼饯别校书叔云》：

> 弃我去者，昨日之日不可留；乱我心者，今日之日多烦忧。长风万里送秋雁，对此可以酣高楼。蓬莱文章建安骨，中间小谢又清发。俱怀逸兴壮思飞，欲上青天揽明月。抽刀断水水更流，举杯消愁愁更愁。人生在世不称意，明朝散发弄扁舟。

李白怀着“上天揽月”的逸怀壮志，却不为世所用，这就是他的“愁”和“烦忧”产生的原因和内容。

但是，李白内心的悲愤也并不全由于个人的怀才不遇，还与他的忧国思想分不开。他在诗中表现出对社会危机的担忧和对黑暗政治的不满。如《古风》其二十四：

> 大车扬飞尘，亭午暗阡陌。中贵多黄金，连云开甲宅。路逢斗鸡者，冠盖何辉赫！鼻息干虹霓，行人皆怵惕。世无洗耳翁，谁知尧与跖？

这首诗揭露和讽刺玄宗宠幸宦官，他们骄奢淫逸，生活腐化，斗鸡不仅是权贵们的爱好，也是最高统治者的爱好，因而形成了一种普遍的社会风气，致有“生儿不用识文字，斗鸡走马胜读书”之讥（见《东城老父传》）。同样的意思，在《答王十二寒夜独酌有怀》中也有类似的表现：“君不能狸膏金距学斗鸡，坐令鼻息吹虹霓。君不能学哥舒，横行青海夜带刀，西屠石堡取紫袍。”写这诗时已是安史之乱的前夕，诗人敏锐地感受到社会危机的到来，对政治的腐败黑暗表现出强烈的不满和深切的忧虑。

第四，李白长期漫游各地，与下层劳动人民有较多的接触，了解了他们的生活和思想感情，与他们建立了亲切的关系。在他的一部分诗中，表现了对人民生活的关心、同情和与他们之间的真挚情意。

在《宿五松山下荀媪家》一诗中，表现了诗人和下层劳动人民之间的亲切关系：

我宿五松下，寂寥无所欢。田家秋作苦，邻女夜舂寒。跪进雕胡饭，月光明素盘。令人惭漂母，三谢不能餐。

诗中一面对农家的辛勤劳动表示深切的同情，同时对他们在这样艰苦条件下给予自己的热情款待感到惭愧和感激，写得十分诚挚亲切。

又如《丁都护歌》：

云阳上征去，两岸饶商贾。吴牛喘月时，拖船一何苦。水浊不可饮，壶浆半成土。一唱都护歌，心摧泪如雨。万人凿盘石，无由达江浒。君看石芒砀，掩泪悲千古。

这是一首写船夫的诗歌。在炎热的夏日，船夫们拖着船逆流而上，十分吃力。水流又很浑浊，连喝的水也没有。他们的劳动和生活都是非常艰苦的，诗人对此寄予了深深的同情。“一唱都护歌，心摧泪如雨。”流泪的是船夫，也是诗人李白。如此凄苦的作品，在李白的诗集中是不多见的。《丁都护歌》是南朝乐府吴声歌曲的曲调名，本来声调就极哀切，诗人选用这一曲调来表现船夫们的生活，他的感情是同作品中的主人公融合在一起的。在《秋浦歌》十七首中，也有两首是描写劳动人民生活的，如其十四写炼矿工人的劳动，其十六写农民的渔猎劳动，都写得很有感情而又显得平易亲切。

诗人对人民生活和命运的关心，在对战争灾难的描写中，得到了更为真切的表现。安史之乱造成的国家残破、人民承受巨大灾难的情景，多次在李白的诗中得到表现。《猛虎行》一诗，真实地反映了安史之乱中叛军攻占洛阳后人民遭受涂炭的情景："旌旗缤纷两河道，战鼓惊山欲倾倒。秦人半作燕地囚，胡马翻衔洛阳草。一输一失关下兵，朝降夕叛幽蓟城。巨鳌未斩海水动，鱼龙奔走安得宁？"在长诗《经乱离后天恩流夜郎忆旧游书怀赠江夏韦太守良宰》中，他带着极大的愤懑和同情，描写了安史之乱带给人民的深重灾难："炎凉几度改，九土中横溃。汉甲连胡兵，沙尘暗云海。草木摇杀气，星辰无光彩。白骨成丘山，苍生竟何罪？"在《经乱后将避地剡中留赠崔宣城》一诗中，也有类似的描写："中原走豺虎，烈火焚宗庙。太白昼经天，颓阳掩余照。王城皆荡覆，世路成奔峭。四海望长安，嚬眉寡西笑。苍生疑落叶，白骨空相吊。连兵似雪山，破敌谁能料？"对人民的死难表达了深切的同情，对朝廷的无能和战争的前景表现了极大的不满和忧虑。

在《古风》其十四中，他怀着沉痛的心情描写了边疆人民在战争中承受的苦难，对唐玄宗开边战争进行了激烈的抨击："胡关饶风沙，萧索竟终古。木落秋草黄，登高望戎虏。荒城空大漠，边邑无遗堵。白骨横千霜，嵯峨蔽榛莽。……三十六万人，哀哀泪如雨。且悲就行役，安得营农圃？不见征戍儿，岂知关山苦？李牧今不在，边人饲豺虎。"《唐宋诗醇》评云："此诗极言边塞之惨，中间直入时事，字字沉痛，当与杜甫《前出塞》参看。"所评极是。《古风》其三十四也表现了同样的思想感情。《北风行》则从出征战士战死后，家中妻子无比悲痛和对丈夫深切思念的角度，反映了同样的反对开边战争的主题，诗末极其沉痛地写道："黄河捧土尚可塞，北风雨雪恨难裁。"李白描写动乱现实和人民痛苦生活的作品，数量虽然没有杜甫多，但在关心民生疾苦方面，确有同杜甫相通之处。

第五，漫游和寻仙访道是李白一生中的重要生活内容，他曾写过："五岳寻仙不辞远，一生好入名山游。"（《庐山谣寄卢侍御虚舟》）因而歌颂祖国壮美的山河，描写自然风景的作品，在李白诗中也占有很重要的地位。

庐山是李白曾经隐居之地，他说："好为庐山谣，兴因庐山发。"是庐山的美景激发了诗人的诗兴。他多次歌唱过庐山壮美迷人的风景，最著名的是《望庐山瀑布》二首，其一是一首五古，其二是一首七绝，广为读者传唱的是后一首。其实，两首互有异同，各有精彩，可以取来并读：

西登香炉峰，南见瀑布水。挂流三百丈，喷壑数十里。歘如飞电来，隐若白虹起。初惊河汉落，半洒云天里。仰观势转雄，壮哉造化功！海风吹不断，江月照还空。空中乱潨射，左右洗青壁。飞珠散轻霞，流沫沸穹石。而我游名山，对之心益闲。无论漱琼液，且得洗尘颜。且谐宿所好，永愿辞人间。

日照香炉生紫烟，遥看瀑布挂前川。飞流直下三千尺，疑是银河落九天。

两诗都写出了庐山瀑布壮美奇丽的景象，有许多共同点。一是都是远望，而不是近观，视点都是在庐山西北面的香炉峰。二是由于视点相同，所见的景象和所得到的感受是大致相同的：犹如白练悬空（都用了“挂”字），流瀑的落差很大（“三千尺”或“三百丈”）。三是都比拟和想象为河汉由天而降，造成一种如梦如幻的感觉（“惊”“疑”二字，词异而义同，都真实地再现了诗人当时的真切感受）。四是都创造了气势磅礴、壮美奇丽的意境。但由于诗体的要求不同，五古写得较为铺陈具体，而七绝却写得更加精练含蓄。五古除了“挂流”和“河汉落”的比喻之外，还有“飞电”和“白虹”之比，想象更为丰富。七绝中须依靠读者自己的想象去补充的内容，五古都加以拓展和延伸，作了具体的描绘，如：三千尺的流瀑，能够“喷壑数十里”；从九天下落的银河，用“海风吹不断”到“流沫沸穹石”等六句作了具体的描写。不过七绝第一句“日照香炉生紫烟”，却为五古所无而显得十分精彩，这一笔从开阔的背景上渲染出庐山瀑布奇幻而略带朦胧的气氛，不是直接写瀑布，却为写瀑布预添了精彩的一笔。另外，诗人对庐山瀑布的赞叹，七绝中没有直接写出来，都蕴含在四句二十八字的描写之中；而五古则抑止不住自己的感情，直接抒发出来：“仰观势转雄，壮哉造化功！”五古在结尾处，还抒写了自己的心境和人生感悟。这样，两首同时写的、歌颂同一景观而又表现了诗人相同感受的诗作，放到一起来读，就有了互相依存、互相补充、互相辉映的艺术效果。不过这首七绝之所以千古以来为读者所传唱，而同题的五古却鲜为人知，是有原因的。这就在于诗歌艺术的基本要求是精练含蓄，不把意思写尽而让读者自己去品味、咀嚼，就更容易进入到诗的意境中去，也更能领略到诗歌的韵味和艺术美，而七绝更符合这样的要求。

李白描写庐山的诗作还有一些，如《庐山谣寄卢侍御虚舟》《望庐山五老峰》等，都是既能传达出庐山的神韵而又能表现出作者个性的佳作。前者比较全面地描写了庐山之美：奇峭高耸的山峰，色呈青黛的明湖，形似金阙的石门山，银河倒挂的三叠泉，凌越高空的回崖叠嶂，等等。总之写出了庐山秀、险、奇、峻的壮美景象。五老峰是庐山著名的山峰，李白曾隐居于此，后一首就是写五老峰的峭拔险峻的，说五老峰很高，站在上面可以随手摘取九江一带的秀丽景色，并点明他在五老峰筑巢隐居的原因。

天门山也是李白极为欣赏的名山，他曾作过《天门山铭》，其中有句云："梁山博望，关扃楚滨。夹据洪流，实为吴津。"关于天门山，李白也有两首脍炙人口的写景佳作。其一是《望天门山》：

天门中断楚江开，碧水东流至此回。两岸青山相对出，孤帆一片日边来。

另一首是《天门山》：

迥出江上山，双峰自相对。岸映松色寒，石分浪花碎。参差远天际，缥缈晴霞外。落日舟去遥，回首沉青霭。

天门山在安徽境内，两山夹长江对峙（李白因天门山属楚地，故称流经这一段的长江为楚江），东边叫博望山（又叫东梁山），西边叫西梁山。因为相对如门，故合称天门山。这两首诗都着眼于写江和写山，但前一首开头从写江落笔，说长江之水奔流而下，好像是将雄伟险要的天门山劈开了。但在写江中又含寓着山的形象：由大江从中将山劈开，不难想见那壁立千仞的山峰屹立两岸的雄姿；而奔腾的长江至此也不能不回旋流转，也可以想见它的峭拔和险要。后两句就直接写山了："两岸青山相对出"，显然是行舟所见，是动景。行舟在长江中由远而近，所见天门山由小而大，由朦胧而清晰，直至如迎面扑来，两山相对，呈现在眼前，好像是迎接西边飞流而来的一片孤帆。描写和感受都非常真切。而后一首则是从写山落笔，但山是"江上山"，写山就自然地又含寓了江。接着岸上松寒是写山，而"浪花碎"又是从江关合到山。后四句也是从江上行舟着眼，是流动的、变化的，最后回首遥望远去的天门山，则沉迷于一片青霭之中。两诗构思相近，却从相反的角度落笔，写舟行中对天门山的真实感受，都能使读者有身临其境之感。

李白的写景诗，常常渗透进他的求仙学道思想，有的甚至直白地表现他这方面的追求。如前面分析过的《望庐山瀑布》其一，在写完庐山的壮丽景色后，这样写道："而我游名山，对之心益闲。无论漱琼液，且得洗尘颜。且谐宿所好，永愿辞人间。"另一首歌唱庐山的名作《庐山谣寄卢侍御虚舟》，在诗的最后也归到学道求仙："早服还丹无世情，琴心三叠道初成。遥见仙人彩云里，手把芙蓉朝玉京。先期汗漫九垓上，愿接卢敖游太清。"又如《西岳云台歌送丹丘子》，在描写了华山的峥嵘景象、黄河的奔腾气势之后，就化入神仙境界："白帝金精运元气，石作莲花云作台。云台阁道连窈冥，中有不死丹丘生。明星玉女备洒扫，麻姑搔背指爪轻。我皇手把天地户，丹丘谈天与天语。九重出入生光辉，东求蓬莱复西归。玉浆傥惠故人饮，骑二茅龙上天飞。"《古风》其十九甚至入题就写游仙："西上莲花山，迢迢见明星。……恍恍与之去，驾鸿凌紫冥。"其他如《梦游天姥吟留别》《登泰山》《望终南山寄紫阁隐者》《登峨眉山》等都是如此，这使得李白的写景诗，尤其是描写名山的诗，多带有一股缥缈之气。

除了上面提到的五类外，李白还有一些歌颂友情的作品，也写得十分真挚动人。如《赠汪伦》：

李白乘舟将欲行，忽闻岸上踏歌声。桃花潭水深千尺，不及汪伦送我情。

一个比喻就写出了汪伦情意之深，千古以来，引起了无数读者的共鸣。又如《赠孟浩然》：

吾爱孟夫子，风流天下闻。红颜弃轩冕，白首卧松云。醉月频中圣，迷花不事君。高山安可仰？徒此揖清芬。

赞美孟浩然清高超逸的品格，实际就是抒发自己的人生理想和高洁的情志，这里表现的就不仅仅是个人之间的情谊，而是写出了两位诗人间格调相通的更高的精神境界。其他如《送友人》（"青山横北郭"）、《广陵赠别》、《饯校书叔云》、《黄鹤楼送孟浩然之广陵》、《白云歌送友人》等诗，都从不同的侧面，以不同的风格，表现了与朋友之间的真挚友情。

另外，李白诗歌中对妇女生活和命运的关心、对妇女形象的塑造，也很值得我们重视。《长干行》二首是其代表。其一云：

妾发初覆额，折花门前剧。郎骑竹马来，绕床弄青梅。同居长干里，两小无嫌猜。十四为君妇，羞颜未尝开。低头向暗壁，千唤不一回。十五始展眉，愿同尘与灰。常存抱柱信，岂上望夫台？十六君远行，瞿塘滟滪堆。五月不可触，猿声天上哀。门前迟行迹，一一生绿苔。苔深不能扫，落叶秋风早。八月胡蝶来，双飞西园草。感此伤妾心，坐愁红颜老。早晚下三巴，预将书报家。相迎不道远，直至长风沙。

这首诗，假拟妇女的语气，叙述了一个纯朴的女子爱情婚姻生活的不幸。她和一个男子自幼生活在长干里，青梅竹马，两小无猜，十四岁嫁过去做新妇时，还那么天真烂漫，羞涩得头都抬不起来。她本来期待并坚信丈夫是深爱自己的，却没有想到刚 16 岁时，他就远行到长江上游经商去了。① 她在家期盼、寂寞、伤心，无心出门，门前台阶上都长满了青苔，可是丈夫却一去就杳无消息。她悲伤、愁苦，连青春容颜都因此而凋谢了，可仍然痴情地盼望着丈夫归来，希望他一旦确定归期，就捎一封书来，她一定要到很远的地方去迎接他。这是一首叙事性很强的诗，作品没有也不必要写出最后的结局，但悲剧的气氛非常浓厚。这样的悲剧在封建时代是带有普遍意义的。全诗深情绵邈，写得柔婉清丽，有很强的艺术感染力。相似的主题还有《妾薄命》《白头吟》等诗。前者借历史上汉武帝与陈皇后事，倾诉了不幸妇女的哀怨，对统治阶级在妇女一旦色衰时就无情地加以遗弃的罪恶行径进行了斥责。后者则从古时“丈夫好新多异心”的普遍情况出发，传达了妇女“愿得一心人，白头不相离”的期望。

《北风行》则是写出征牺牲战士妻子的痛苦呼号，不重在叙事，而重在抒情。因涉及边塞和战争，风格又与上一首迥异。全诗感情奔涌，境界开阔，虽然是写妇女心中的哀怨，却显得气势磅礴，力透纸背。看他写妇女心中的悲伤痛苦，是：“惟有北风号怒天上来。”“黄河捧土尚可塞，北风雨雪恨难裁！”

李白对妇女不只是同情，他还为她们唱出了热情的赞歌。如《子夜吴歌》四首：

秦地罗敷女，采桑绿水边。素手青条上，红妆白日鲜。蚕饥妾欲去，五马莫留连。

镜湖三百里，菡萏发荷花。五月西施采，人看隘若耶。回舟不待月，归去

---

① 《长干行》其二有“那作商人妇，愁水复愁风”之句，据此可知丈夫远行是出门经商。

越王家。

长安一片月，万户捣衣声。秋风吹不尽，总是玉关情。何日平胡虏，良人罢远征。

明朝驿使发，一夜絮征袍。素手抽针冷，那堪把剪刀？裁缝寄远道，几日到临洮？

四首分写春、夏、秋、冬四季，从采桑、采莲、捣衣、絮袍四种与季节相关的劳作，表现了不同妇女的美丽、纯贞、勤劳和多情，以极简练的语言，创造出几个优美动人的妇女形象。《越女词》五首，内容和风格与此相似，都是很值得一读的好作品。不仅在唐代，就是在整个中国文学史上，写妇女写得这么多、这么好，都是极为少见的。

李白诗歌反映的生活面和思想内容是十分广阔的，上面只是就大的方面作了一些介绍，而每一个方面所涉及的作品也很有限；实际上同一类题材的作品，在李白的笔下，其思想风貌与艺术风貌也很不相同。伟大的诗人总是丰富的，我们只有读更多的作品，深入到他所创造的艺术世界中去，才能认识到他的丰富，也才能认识到他的伟大。

第三节　李白诗歌的艺术特色

诗歌本来就是一种作者主体意识最强、主观色彩最浓的文学体裁，而作为浪漫主义诗人的李白，他的作品所表现的主体意识就更加强烈，主观色彩更加鲜明。

他的诗歌，特别是他的一些抒怀写志的长篇歌行，总是表现出一种豪迈奔放的艺术特色，充分体现出独立不羁的个性和率直狂放的精神。试读他的《将进酒》：

君不见，黄河之水天上来，奔流到海不复回！君不见，高堂明镜悲白发，朝如青丝暮成雪！人生得意须尽欢，莫使金樽空对月。天生我材必有用，千金散尽还复来。烹羊宰牛且为乐，会须一饮三百杯。岑夫子，丹丘生，将进酒，君莫停。与君歌一曲，请君为我倾耳听。钟鼓馔玉不足贵，但愿长醉不复醒。古来圣贤皆寂寞，惟有饮者留其名。陈王昔时宴平乐，斗酒十千恣欢谑。主人何为言少钱，径须沽取对君酌。五花马，千金裘，呼儿将出换美酒，与尔同销万古愁。

作品本来是诗人在失意之时感叹人生短促，主张及时行乐的，但写来却是大气磅礴，充满了一种英气勃发的豪迈精神，使人读后不但没有感受到消极，反而为一种昂奋开朗的情绪所感染。开头那黄河之水从天而来的奔腾气势，正是诗人精神面貌的生动展现。对自己的才干，他是“天生我材必有用”的高度自信；对于人们十分珍视的财富，他是“千金散尽还复来”的潇洒豁达。他以饮酒为人生的最大乐趣，“会须一饮三百杯”，被极度夸大了的酒量表现的是他的豪情和胸襟；他将长醉不醒看作是一种人生境界，觉得比“钟鼓馔玉”更为珍贵；他陶醉于饮酒之乐中，古来圣贤都不放在眼里；他可以将“五花马、千金裘”都拿来换酒喝；而用酒来浇的愁也不是一般的愁，而是绵长不尽的“万古愁”。这首诗可以说是诗人精神气质的诗化。这样的气魄，这样的胸襟，这样的力量，充分表现了浪漫主义诗人李白的思想个性和艺术个性。

他笔下的自然景色，也总是融进了主观的思想感情，渗透着他的精神气质，写景诗往往同时也是抒情诗。最突出的是描写三峡的两首诗。一首是《早发白帝城》：

朝辞白帝彩云间，千里江陵一日还。两岸猿声啼不住，轻舟已过万重山。

这首诗描写三峡风景，却由一种轻捷欢快的节奏传达出诗人压抑不住的欣喜心情。为了充分理解这首诗所蕴含的感情内涵，了解它的创作背景是很重要的。诗作于唐肃宗乾元二年（759）。此前李白因入永王李璘幕受牵连而入浔阳狱，后被流放夜郎。他由浔阳出发，沿长江逆流而上，途中曾写过另一首同是描写三峡风景，而思想感情却与此完全不同的《上三峡》：

巫山夹青天，巴水流若兹。巴水忽可尽，青天无到时。三朝上黄牛，三暮行太迟。三朝又三暮，不觉鬓成丝。

黄牛山在今湖北省宜昌市西，山下江水滩险浪急，古歌谣有云：“朝发黄牛，暮宿黄牛，三朝三暮，黄牛如故。”李白这首诗化用古歌谣诗意，而又融进自己身遭流放时的切身感受，极写逆水行舟之艰苦、黄牛山下江水湍急之可怖、青天之可望而不可即，充分地传达出他在流放途中的苦闷心情。而当诗人行至四川夔州白帝城时，遇赦放还，于是又顺流回到江陵。《早发白帝城》一诗，就是在顺流而下的归途中所作。整首诗是写景，也是抒情，诗中所描写的景物、色彩、节奏都是开朗、明丽和欢快的，很好地表现了诗人遇赦以后那种喜悦轻快的心情。古歌中曾唱："巴东三峡巫峡长，猿鸣三声泪沾裳。"李白这里却反用其意，在诗中化凄哀的猿声为江中轻舟疾驶的伴唱。由于有诗人独特的感受的融入，便将哀景转化为乐景了。

李白的写景诗最富于个性特色，在雄奇瑰丽的景物中，总能让读者看到一个豪放诗人的形象，见出他独立不羁的性格。他写的一般都是大景，不是小景；是动景，不是静景；是奇险峥嵘之景，不是平直单调之景。"登高壮观天地间，大江茫茫去不还。黄云万里动风色，白波九道流雪山。"（《庐山谣寄卢侍御虚舟》）"明月出天山，苍茫云海间。长风几万里，吹度玉门关。"（《关山月》）"飞流直下三千尺，疑是银河落九天。"（《望庐山瀑布》其二）"孤帆远影碧空尽，惟见长江天际流。"（《黄鹤楼送孟浩然之广陵》）"君不见，黄河之水天上来，奔流到海不复回！"（《将进酒》）"连峰去天不盈尺，枯松倒挂倚绝壁。飞湍瀑流争喧豗，砯崖转石万壑雷。"（《蜀道难》）"天姥连天向天横，势拔五岳掩赤城。天台一万八千丈，对此欲倒东南倾。"（《梦游天姥吟留别》）像这样的诗句，在李白的写景诗中俯拾即是。那豪迈的气概、奔放的感情、开阔的胸襟、高远的眼光、磅礴的气势、飘逸的韵调，是只有李白才写得出的。

李白生活于盛唐时代，是时代培养了他的气质和个性，而他的思想和精神风貌又充分地反映了时代的特点。林庚先生对此有一个富于诗意的描述，他说：唐代的两位诗国的巨星，"他们并肩站在那时代的顶峰上，然而心情是两样的。一个诗人正是刚从那上山的路走上了山尖，一望四面辽阔，不禁扬眉吐气，简直是'欲上青天揽明月'了"[①]，这一位诗人就是李白。李白作为诗人的浪漫气质和他的诗歌所表现出的浪漫主义精神，是与时代有着千丝万缕的联系的。李白用他的眼睛看到的世界，是一个充满生气的宏阔的世界，他在诗中所创造的也是一个充满生气的宏阔的世界。

李白诗歌浪漫主义的艺术世界，是采用多种手法创造出来的。他常用夸张的手

① 林庚：《诗人李白》，《唐诗综论》，人民文学出版社，1987 年，第 155 页。

法，而且往往是极度的夸张，不夸张似乎就不足以表现他眼中和心中的真实。常为人所引用和称叹的，是那首著名的写愁的《秋浦歌》：

白发三千丈，缘愁似个长。不知明镜里，何处得秋霜？

人的头发会因愁而变白，因而白发用作诗的意象可以表现诗人的愁绪；但白发竟有三千丈那么长，这就是极度的夸张了。这极度的夸张，虽然并不符合日常生活中的事理，却不但没有失去真实，反而是表现了更高的艺术的真实。因为在这里，白发是诗人用以表现他独特的生活感受和思想感情的一种寄托物，诗人内心的忧愁是那样强烈、那样绵远，他的气质和个性又是那么豪放，不如此夸张就不足以表现他内心强烈的感情，不足以表现他对生活的独特感受，也不足以表现他鲜明的个性。因此从“白发三千丈”这种表面上看来不真实、不合事理的意象中，就活脱脱地创造出一个心中充满愁绪而性格豪放的诗人的形象来。我们不仅能感受到他内心强烈的、不可压抑的愁绪，而且还能感受到诗人独特的气质与个性，并从中得到一种美感。在这里，艺术的魅力不是来自夸张本身，而是来自由夸张而真实地表现出来的诗人的思想感情。

同样常被人称引的，还有《北风行》里的“燕山雪花大如席，片片吹落轩辕台”，雪花可以很大，但怎么会大如席呢？要知道这首诗是描写北方妇女倾诉丈夫在战场上牺牲以后的内心悲痛的，并借此控诉统治者开边战争的罪恶。北地苦寒，凄苦悲凉中的妇女，她眼前所能见到的最能表现内心悲痛感情的物象，大概就是这雪花了。无论从地域特征，还是从人物特定的处境和思想感情来看，雪花都是一种最生动的诗的意象。但只有用生活中实际上不存在的“大如席”的雪花，才足以充分地表达出女主人公内心感情的悲凉和沉重。艺术的夸张就是这样奇妙，通过表面上的不真实，才表现出本质上的更高的真实。又如他用“百年三万六千日，一日须倾三百杯”（《襄阳歌》）来表现他的纵酒，将放诞不羁的性格活脱脱地呈现出来。

他有时也用极度的夸张，加上对比，用来表现美好的感情。例如大家熟知的歌颂友情的绝唱：“桃花潭水深千尺，不及汪伦送我情。”（《赠汪伦》）说桃花潭水深达千尺，这已经是极度的夸张了，可是若用它来对比汪伦送我的深情，就还显得太浅了。这也是顺手拈来眼前的物象以表达心中的感情，但写桃花潭水并不是目的，夸张的效果由水而及于情，极自然又极饱满地传达出诗人和汪伦之间真挚的友情。

而《侠客行》中的“三杯吐然诺，五岳倒为轻”，手法与此相近，而表达的方式又略有不同。通常是单以泰山之重来象征某种事物或言论意义之重大，而现在竟说与侠客的然诺相比，五岳之重都还显得太轻，侠客的义气之重就由此而充分地表现出来了。

大胆奇异的想象，是构成李白诗歌浪漫主义特色的重要因素。《梁甫吟》是一首政治抒情诗，抒写他政治失意时的内心苦闷。这样的内容，在一般诗人的笔下是很难发挥想象的，可李白写来却充满奇思异想，由今而及于古，由现实而进入神话世界，创造出一种神思飞动的艺术境界。诗一开头就用“何时见阳春”写出自己内心的期待和失望。然后分别两次用“君不见”领起，引入历史上吕望和郦食其建功立业的典故。但不是抽象的用典，而是通过艺术想象，让读者进入到栩栩如生的历史情景之中，从而生动真切地感受到诗人对建功立业的热切期待以及他对自己的杰出才华和实现雄心壮志的坚定自信。出人意料的是，在写到自己现实的政治追求和这一追求遭到挫折时，却让读者进入到一个神仙世界中：“我欲攀龙见明主，雷公砰訇震天鼓，帝旁投壶多玉女。……”雷公、玉女、阍者、猰貐、驺虞等，都是神话传说中的人物或兽类，但他们的形象和活动却又构成逼真的现实图景，并具有象征的意义，生动而充分地表现了诗人内心复杂矛盾的思想感情。

著名的《梦游天姥吟留别》，也是以大胆丰富的艺术想象征服读者而得以千古传唱的。其特点同样是通过奇异的想象沟通古今，融合现实世界和神话世界，创造出绚丽多彩的艺术境界。当我们读到“脚著谢公屐，身登青云梯。半壁见海日，空中闻天鸡。千岩万转路不定，迷花倚石忽已暝。熊咆龙吟殷岩泉，慄深林兮惊层颠。云青青兮欲雨，水淡淡兮生烟。列缺霹雳，丘峦崩摧。洞天石扇，訇然中开。青冥浩荡不见底，日月照耀金银台。霓为衣兮风为马，云之君兮纷纷而来下”，似乎也同诗人一起，踩着南朝山水诗人谢灵运的足迹，登上天姥山去寻幽探胜，进入到云雾缥缈的神仙世界，要身离尘世而去了。但随着诗人梦醒，“忽魂悸以魄动，恍惊起而长嗟”，我们也跟着降落到现实的世界中来，并为结尾处诗人高傲的呼喊“安能摧眉折腰事权贵，使我不得开心颜”而惊叹、折服！

在李白诗歌丰富的艺术想象中，经常引入神话内容，也经常引入神仙传说和前代典故，这既有传统的影响，也有诗人自身思想特点和人生追求方面的原因。从浪漫主义的诗歌源流来看，他是继承了屈原的传统的；而另一方面，又与他自己学道求仙的思想和追求分不开。具有这方面特点的作品还可以举出很多，如《蜀道难》

《游泰山》《梁园吟》《西岳云台歌送丹丘子》《望终南山寄紫阁隐者》等。

李白诗歌虽然以豪放雄奇为主导风格，但像许多伟大诗人一样，他所创造的艺术境界和风格特色并不是单一的，而是丰富多彩的。试读他脍炙人口的《静夜思》：

床前明月光，疑是地上霜。举头望明月，低头思故乡。

这四句诗，写得多么淳朴、明净、自然！用人人都懂的日常口语，将自己在一个特定情景之中的独特感受表现出来，淳朴得近于天真，却创造出一种清幽邈远的诗的意境，传达出为古今无数读者所共有而找不到合适的语言表达的真切感受。这首短诗，因能引起古今无数思念故乡的读者的共鸣，又能使人获得美的享受，成为千古绝唱。又如《玉阶怨》：

玉阶生白露，夜久侵罗袜。却下水精帘，玲珑望秋月。

同样以白描手法，用极简练的文字，写出了一个既朦胧又清晰的人物形象，创造了一种明净而凄清的诗的境界，其中含蕴着令人品味不尽的深沉隽永的情韵。前面提到过的《子夜吴歌》第三、第四，也具有同样的特色。

又如他写闺情，缠绵深挚，婉曲动人，是真情的自然流露，是没有经过修饰的天然好文字。而他的一些被读者广为传唱的七绝，如《峨眉山月歌》《望天门山》《山中问答》《赠汪伦》《黄鹤楼送孟浩然之广陵》等，又写得爽朗自然、明丽清新，另是一种风格。读这些作品，与读他那些大开大合、奇诡多变的豪迈之作相比，就会有完全不同的审美感受。杜甫在《春日忆李白》中，深情地赞扬了李白诗歌的高度成就，并概括了他创作的基本风格特色："白也诗无敌，飘然思不群。清新庾开府，俊逸鲍参军。"杜甫的艺术感受是非常准确的，我们正应该这样来认识李白的艺术风格。

李白诗歌的语言，与他的艺术风格相似，是自然而明朗的。他在《经乱离后天恩流夜郎忆旧游书怀赠江夏韦太守良宰》一诗中，赞扬韦太守的诗文风格是："清水出芙蓉，天然去雕饰。"这是他所坚持的审美标准，也是他自觉的美学追求。他的诗歌的语言和风格，是完全实现了这样的审美追求的。在艺术表现上，通俗是很容易流于浅露的，而"李白的诗浅近而不浅薄，通俗而不庸俗；区别出那明朗的风格不是由于一目了然，而是由于无尽的展望；不是由于简单而是由于丰富；它的感染力之强，正因为它是美不胜收”[①]。

中国古典诗歌的艺术形式，到了唐代就已经发展到十分成熟和完备的阶段。李白的诗歌创作是各体都有的，而且都有佳作传世；但写得最多而且最出色的，是七言古体和五七言绝句。这是与李白的思想追求和艺术个性相关的，他那奔涌开放的豪情、那独立不羁的性格，是最适合于用七言为主体而又参用长短不齐的杂言的歌行体来表达的。清人沈德潜评论说：“太白七言古，想落天外，局自变生。大江无风，波浪自涌。白云从空，随风变灭。此殆天授，非人可及。”（《唐诗别裁》）李白的七古和五七言绝句，都受到乐府的影响，与上口能歌也有一定关系。

第四节 《蜀道难》的思想和艺术

《蜀道难》是李白诗歌中的名篇，也是中国古典诗歌中的名篇，它代表了李白诗歌中豪迈、奔放的浪漫主义的艺术特色，在诗中充分地表现出李白的思想与艺术个性。

噫吁嚱！危乎高哉！蜀道之难，难于上青天！蚕丛及鱼凫，开国何茫然。尔来四万八千岁，不与秦塞通人烟。西当太白有鸟道，可以横绝峨眉颠。地崩山摧壮士死，然后天梯石栈相钩连。上有六龙回日之高标，下有冲波逆折之回川。黄鹤之飞尚不得过，猿猱欲度愁攀援。青泥何盘盘，百步九折萦岩峦。扪参历井仰胁息，以手抚膺坐长叹。问君西游何时还？畏途巉岩不可攀，但见悲鸟号古木，雄飞雌从绕林间。又闻子规啼夜月，愁空山。蜀道之难，难于上青天，使人听此凋朱颜！连峰去天不盈尺，枯松倒挂倚绝壁。飞湍瀑流争喧豗，砯崖转石万壑雷。其险也如此，嗟尔远道之人，胡为乎来哉！剑阁峥嵘而崔嵬，一夫当关，万夫莫开，所守或匪亲，化为狼与豺。朝避猛虎，夕避长蛇，磨牙吮血，杀人如麻。锦城虽云乐，不如早还家。蜀道之难，难于上青天，侧身西望长咨嗟！

---

① 林庚：《诗人李白》，《唐诗综论》，人民文学出版社，1987年，第205页。

《蜀道难》是乐府旧题，属《相和歌·瑟调曲》，古辞已佚。《乐府诗集》中在李白之前已收入梁简文帝和阴铿等人所作的同题作品，但比起李白的这一首来都大为逊色。李白之作在内容上也有拓展，胡震亨《唐音癸签》说："《蜀道难》自是古曲，梁、陈作者只言其险，而不及其他。白则兼采张载《剑阁铭》'一人负戟，万夫趑趄，形胜之地，非亲弗居'等语用之。"

这首诗的确切写作时间不可详考，一般认为是初入长安时送友人入蜀之作。詹锳系于天宝二年（743），认为与《送友人入蜀》《剑阁赋》为同时之作，主题亦相近，是比较可信的。[①] 从诗的内容看，可能是诗人在长安时送友人入蜀而作，诗中生动形象地描绘了由秦（陕西长安为古秦地）入蜀途中的艰险，劝朋友不要到蜀地去，去了也不要久留，应该赶快返回长安。在诗中还曲折地表达了诗人对当时政治形势的忧虑，并含蓄地提出了警告。李白早年曾漫游蜀中各地，对四川山水的奇险有极深的感受，所以他能将蜀道之险写得神采飞动，栩栩如生，读后令人惊心动魄。诗一落笔就奇特不凡，连用三个感叹词，发出长声惊叹："噫吁嚱！"然后以夸张的笔法总写蜀道之险，主要突出两个特点：危和高。危写其险，高写其峻，这就概括出蜀道山水雄伟险峻的特色。这两个字总领全篇，全诗就着力在"危"和"高"上表现蜀道之难，表现蜀道山川之雄伟和险峻。"难于上青天"，一个比喻，极夸张之能事，在未描写具体的景象之前，就已经给人一种奇特不凡的印象和惊心动魄的感受。

接着从古老的历史传说来渲染蜀道之艰险。这是直接描绘之前的铺垫。你看，茫茫四万八千岁，这样漫长的时间里都不通人烟，其艰险难行就可以想见了。然后引入一个神话故事，从太白鸟道到天梯石栈，这才正式写到蜀道。

从"上有六龙回日之高标"开始，连用八句，以飞驰的艺术形象，极写蜀道之高和险。看那突兀的高峰，可以阻挡太阳的行进，可以触到太空闪烁的寒星；绝壁之下，是飞腾奔泻而下的瀑布流泉。这是多么令人惊心动魄的景象！值得注意的是，这八句中不全是置身景外的客观描写，"扪参历井仰胁息"二句，已是身临其境，从人的具体感受来描写这山高和水险了。这是李白的高明之处，如果一味只从正面作客观的描写，写得很多而没有变化，在艺术表现上就不免单调。所以在情不自禁

---

① 詹锳：《李白诗文系年》，人民文学出版社，1984年，第34页。

惊叹之后，作者就转而从身历蜀道的人的亲身感受来描写。“但见悲鸟号古木”“又闻子规啼夜月”云云，再加上“使人听此凋朱颜”，就都是从“见”“听”“闻”等人的主观感受来写的，带有强烈的感情色彩。古木、空山，写人迹罕到的冷寂；子规、夜月，写旅人心中的悲愁。这样，主观与客观就交融到了一起：景物本身就渲染出走在蜀道上的旅人内心的惊惧和悲愁，而这惊惧和悲愁又反过来很好地烘托出了蜀道的艰险。接下去，“连峰去天不盈尺”四句，又再次以奇峻之笔，写山的高和险。是重复，但又不是简单的重复。有意重复，使蜀道之上的高和险形象更鲜明、更突出，给人更深的印象；但在写法和具体形象上，又与上面所写并不完全相同。虽然也有夸张，但不属于想象，而是实景。前二句写所见，后二句写所闻，又都是从旅人的主观感受写的，同样使人感到真实而亲切。全诗以不多的文字，极其鲜明地写出了蜀道上这样雄伟壮丽、险峻奇峭，令人惊心动魄的大自然景象，叫人不能不叹服李白诗歌艺术的高妙。

关于此诗的作意，历来有不同的说法，但都很难坐实。[①] 不过诗的最后，“其险也如此，嗟尔远道之人，胡为乎来哉”以下发出的一段议论还是很值得我们注意的。蜀道之艰难险峻如此，诗人发出感慨，劝说朋友不要到蜀地去了。但他想到的还有比友情更多、更重要的东西。他最后化用了张载《剑阁铭》的内容，说：“剑阁峥嵘而崔嵬，一夫当关，万夫莫开，所守或匪亲，化为狼与豺。朝避猛虎，夕避长蛇，磨牙吮血，杀人如麻。”然后又劝朋友要早早还家。我们不能无视诗人的这一段议论，这绝不是无的放矢，更不是诗中多余的赘疣，应该承认在这一段议论中是有所寄托的。这是作者针对当时的政治形势提出的自己的看法，归结起来就是：蜀地形势如此险要，如果据守的人不可信赖，就有可能变成豺狼一般的强盗，酿成流血杀人的惨祸。明代的胡震亨指出，李白“自为蜀咏”，“言其险，更著其戒”。这里的“戒”，就是对统治阶级提出的警告，要他们警惕一些边将，凭据各地形势的险要而搞割据分裂。而李白在这里特别提出剑阁来写，是有其深意的。因为剑阁是蜀地门户，为关隘所在，历史上就有一些人曾在蜀地凭险割据为王。这显然是针对玄宗纵容边将，藩镇割据势力分裂趋势日益明显的情况而发的。这里表现了诗人对政治形

---

① 詹锳《李白诗文系年》中列诸家之说，归纳为四种：“1. 罪严武，2. 讽章仇兼琼，3. 讽玄宗幸蜀，4. 即事成篇别无寓意。”人民文学出版社，1984 年，见该书第 32 页。此外还有寄寓“功名难求”之说，见郁贤皓《李白丛考》，陕西人民出版社，1988 年，第 63 页。

势的敏锐观察，也表现了他对祖国统一的热切关心。

当然从读者的审美感受来说，似亦不必过于求深。沈德潜在《唐诗别裁》中评论此诗说："笔阵纵横，如虬飞蠖动，起雷霆于指顾之间。"自然形象本身融进了诗人的精神气质，读者从奇峭险峻的蜀道中不难感受到诗人豪迈奔放的个性，并进而领略到诗人笔下所创造的独特的自然美和艺术美。

第五节　李白在文学史上的地位和影响

尽管自唐迄清，对李杜的尊抑之争不断，但李白和杜甫在中国文学史上的地位是确定无疑的，这就是：高耸云天的并峙双峰。韩愈说得好："李杜文章在，光焰万丈长。"（《调张籍》）他们留给后世的辉煌作品，都是古代文学遗产中的精品。但两位诗人的创作表现出不同的思想艺术风貌，他们对后世的影响也表现为不同的方面，李白代表的是浪漫主义的艺术传统，杜甫代表的是现实主义的艺术传统。

李白对后世的影响，主要表现在两个方面：一方面是他思想人格的魅力，即他高度的自信心和积极进取的人生态度，敢于挣脱传统束缚的独立不羁的个性，藐视权贵的反抗斗争精神，以及高迈洒脱的胸襟情怀等。另一方面就是他诗歌创作的浪漫主义成就，包括表现在作品中的自由无拘的精神风貌，雄奇豪放、清新俊逸的艺术风格，大胆奇异的艺术想象等。刘熙载曾指出过李白诗歌浪漫主义的艺术渊源："太白诗以庄骚为大源，而于嗣宗之渊放，景纯之俊上，明远之驱迈，玄晖之奇秀，亦各有所取，无遗美焉。"[①] 李白的诗歌确是承继了前代浪漫主义的传统，从庄子和屈原等人那里广泛地吸取营养，加以融会创造，才形成了中国古典诗歌浪漫主义传统发展中的一座高峰。

李白的诗歌在唐代就产生了巨大的影响。杜甫就称颂"白也诗无敌，飘然思不群"（《春日忆李白》）。唐文宗时，他的诗和裴旻的剑舞、张旭的草书并称为"三绝"。唐代诗人李益、孟郊、韩愈、李贺、杜牧等都从不同方面接受过李白诗歌的影响。晚唐的皮日休对李白做出了很高的评价："吾唐来有业是者，言出天地外，思出鬼神表，读之则神驰八极，测之则心怀四溟，磊磊落落，真非世间语者，有李太白。"[②]

---

① 刘熙载：《艺概·诗概》，上海古籍出版社，1978 年。

② 皮日休：《刘枣强碑文》，《皮子文薮》卷四，《四部丛刊》本。

宋代有不少人尊杜而抑李，但李白的影响还是大且广的。王禹偁和欧阳修都对李白的诗歌倍加称赏。北宋的苏舜钦、王令、苏轼等，都自觉地接受李白的影响。南宋的陆游虽然对李白不无微词，但他的诗歌创作也明显从李白的作品中吸取了营养，写了不少风格豪放的作品，在当时有“小李白”之称。清人指出，杨万里诗的“天才清妙，绝类太白”[①]。南宋的朱熹对李白有极崇高的评价：“李太白诗非无法度，乃从容于法度之中，盖圣于诗者也。”[②]

宋以后，元代的萨都剌，明代的高启、杨慎，清代的黄景仁、袁枚、龚自珍等，也都受到李白诗歌的影响。这样，由于李白的深远影响，中国的古典诗歌就形成了一个线索清晰的浪漫主义传统。

不过，李白虽然在世时诗歌的影响和名声就已经很大，但其作品的编辑、整理和注释，在他的生前身后，比之杜诗来，就显得有些冷落和不太协调。李白在世时曾三次授稿于人，希望能编辑刊行，但都很不顺利。[③]魏颢所编的《李翰林集》只有两卷，《序》中称：“经乱离，白章句荡尽。”李阳冰所编《草堂集》十卷，在《序》中也称：“当时著述，十丧其九。”宋初的乐史，在李阳冰《草堂集》的基础上，加上搜集到的诗歌和杂著，编为三十卷，但这本书未能流传下来。后宋敏求又广泛搜集而编为三十卷，经曾巩考证编次，成为今天所称的宋本。南宋的杨齐贤第一个为李白诗作注，后又有宋末元初的萧士赟作补注，明代的胡震亨撰《李诗通》二十卷，对李诗作了简要的注释。直到清代的乾隆年间，才有王琦汇编为《李太白全集》三十六卷，并进行了注释笺证，终为集大成之作。杭世骏在《李太白集辑注序》中感叹说：“注杜者自宋以后已有千家……太白之集，历五百年而始有萧、杨二家，又历五百年而始有盐官胡氏孝辕。孝辕亡后，今且百余年矣。”而后才出现王琦的《李太白集辑注》。经过当代学者的共同努力，李白诗歌的注释笺证和研究都取得了丰硕的成果。比较重要的有：瞿蜕园、朱金城校注《李白集校注》，詹锳主编《李白全集校注汇释集评》。

千载之后，我们今天读李白的诗篇，仍然感到“光焰万丈长”。

---

① 袁枚：《随园诗话》卷十五。

② 朱熹：《朱子语类》卷一四〇。

③ 参阅乔象钟、陈铁民主编：《唐代文学史》上，第十九章第四节，人民文学出版社，1995年。

思考题

1. 李白生活于一个什么样的时代？这个时代对他的思想和精神风貌有什么样的影响？

2. 李白的生活可以划分为几个阶段？怎样认识他的干谒和漫游生活？

3. 李白的思想是比较复杂的，其中主要的思想成分是什么？

4. 在李白的人生追求中，存在着什么样的矛盾？他与陶渊明相比，主要的差别表现在什么地方？

5. 李白诗歌的思想内容主要有哪些方面？他的诗歌是怎样反映时代生活和时代精神的？

6. 李白诗歌浪漫主义的艺术特色主要表现在哪些方面？如何从《蜀道难》看出李白诗歌浪漫主义的艺术特色？

参考文献

1. 瞿蜕园、朱金城校注:《李白集校注》，上海古籍出版社，1980 年。

2. 詹锳主编:《李白全集校注汇释集评》，百花文艺出版社，1996 年。

3. 复旦大学中文系古典文学教研组选注:《李白诗选》，人民文学出版社，1961 年。

4. 裴斐主编:《李白诗歌赏析集》，巴蜀书社，1988 年。

5. 王瑶:《李白》，上海人民出版社，1979 年。

6. 林庚:《唐诗综论》，人民文学出版社，1987 年。

7. 詹锳:《李白诗文系年》，人民文学出版社，1984 年。

8. 郁贤皓:《李白丛考》，陕西人民出版社，1982 年。

第六讲　诗国天空巨星之二：“诗圣”杜甫

第一节　杜甫的生活道路和创作道路

杜甫说“白也诗无敌”，在唐代诗坛上，能与李白相敌的就是杜甫自己。杜甫生活的时代与李白相同而略晚。他比李白晚生十一年，晚逝八年。他们经历的都是唐王朝由盛转衰的时期，但李白在安史之乱以后不长时间就去世了，而杜甫却多活了动乱痛苦的八年。这八年的经历，对杜甫的生活、思想和创作都产生了很大的影响，具有很重要的意义。从他的整个生活来看，他主要生活于开元、天宝盛世；但从他的创作来看，则主要集中于安史之乱以后。杜甫今存诗一千四百多首，其中绝大部分都是在安史之乱之后写的。他的诗，由于全面、深刻、真实地反映了唐代在安史之乱前后的社会矛盾（包括阶级矛盾和民族矛盾），反映了人民的生活、思想和愿望、要求，因而有“诗史”之称；由于忧国忧民的思想和诗歌创作在思想艺术上的杰出成就，他被尊为“诗圣”。“诗史”和“诗圣”之称，对杜甫来说，是当之无愧的。

杜甫（712—770），字子美，祖籍湖北襄阳，生于河南巩县的南瑶湾村。他出身于一个有文化修养的小官僚家庭。远祖杜预是西晋时著名的军事家和学者，著有《春秋左氏传集解》，祖父是武则天时期的著名诗人杜审言，父亲杜闲也做过兖州司马和奉天县令等小官。他说自己的家庭是一个“奉儒守官”的家庭（《进雕赋表》），又说：“吾祖诗冠古”（《赠蜀僧闾丘师兄》），“诗是吾家事”（《宗武生日》）。这使得杜甫从小就得到很好的文化教育，受到正统儒家思想的影响，同时获得诗艺的熏陶。

杜甫的生活道路和创作道路都是艰难曲折的。他的一生，可以说是痛苦的一生，奋斗的一生，献身于诗歌艺术的一生，也是在痛苦中逐渐走向现实而与人民相结合的一生。在某种意义上可以说，杜甫是与苦难中的人民同生死、共命运的，因此才能以真切的感受，以他那支沉着雄健的诗笔写出那个充满血泪的时代。杜甫是中国诗歌史上少数几位堪称为“人民诗人”的作者之一。

杜甫的生活道路和创作道路大致可以划分为四个时期。

第一个时期（712—646），35 岁以前，是读书和游历的时期，也是他诗歌创作的准备时期。

这个时期，正当唐王朝的开元、天宝盛世，国力强大，社会安定繁荣，也是杜甫生活比较顺利和得意的时期。这段时期的生活内容主要是读书和游历。他 7 岁就能写诗：“七龄思即壮，开口咏凤凰。”十四五岁即有文名，被前辈称赞为很像汉代的大文学家班固和扬雄：“往昔十四五，出游翰墨场。斯文崔魏徒，以我似班扬。”（《壮游》）他的名句“读书破万卷，下笔如有神”，是他创作实践的真切体会。他这段时期读书很多，这对他一生的学养和创作都产生了很重要的作用。

自开元十九年（731，20 岁），杜甫就开始了他的壮游生活，前后三次，历时十年以上。他先后到了古吴越之地（今江苏、浙江一带）和古齐鲁之地（今河南、山东、河北等地），游览了名山大川，参观了许多名胜古迹，还经历了很有气魄的、令人振奋的射猎生活。这些都开阔了诗人的眼界、胸襟，对他以后的创作具有很重要的意义。

这期间有两件事值得注意，一是在开元二十三年（735），24 岁的杜甫由江南回到洛阳，参加进士考试，结果落第。二是在天宝三年（744），33 岁的杜甫在洛阳与李白相会，成为亲密的诗友。他的第三次游历，就是跟李白和高适同行，在河南和山东等地，登高怀古，饮酒赋诗，入山泽射猎。天宝五年（746），与李白分别，从此结束了前后为期十多年的壮游生活。这个时期写作的诗歌应该是不少的，但今天保存下来的仅有二十多首，内容主要是表现个人生活和描写自然山川，少年气盛，充满活力，最著名的如写登泰山的《望岳》。

第二个时期（746—755），35 岁到 44 岁，十年困守长安。这是杜甫走向生活，开拓诗歌创作道路的时期。这一时期处于安史之乱之前，统治阶级骄奢淫逸，社会矛盾日益尖锐；杜甫个人的生活也由快意转向艰苦，开始走向现实，走向人民，并且以清醒的眼光和头脑观察和认识现实。

杜甫结束他的壮游生活到长安，是想得到一个做官的机会，以实现他“致君尧舜上，再使风俗淳”（《奉赠韦左丞丈二十二韵》）的政治理想。但玄宗以李林甫为相，政治黑暗腐败，杜甫未能得到从政的机会。天宝六年（749），玄宗下诏，凡有一艺之长的人都可以去应试，杜甫参加了这次考试，但由于奸相李林甫的把持，谎称"野无遗贤"，竟一人未录取。

于是杜甫又走当时许多诗人常走的道路，即向达官贵人投诗，以期得到他们的提携、推荐（杜甫诗集中这类诗作不少，著名的如《奉赠韦左丞丈二十二韵》即是），但仍然没有结果。杜甫的生活因而也一天比一天贫困。后来在天宝十载（751）和天宝十三载（754）先后两次向唐玄宗献赋，特别是献"三大礼赋"，终于得到了玄宗的赏识。玄宗本拟考试录用，但又因李林甫的作梗而未能进行考试。到第二年，统治者拟安排他任河西（在同州）县尉（这只是县令的属官），被杜甫拒绝；而后才任命他担任右卫率府胄曹参军，一个管理武器仓库的小官，这当然不能实现他的政治理想。

在长安困守十年，杜甫的生活不仅非常艰苦，而且十分屈辱。他曾在诗中写道："朝扣富儿门，暮随肥马尘。残杯与冷炙，到处潜悲辛。"（《奉赠韦左丞丈二十二韵》）"长安苦寒谁独悲，杜陵野老骨欲折。……饥卧动即向一旬，敝衣何啻联百结。"（《投简咸华两县诸子》）[①] 困守长安的后期，幼子因饥饿而夭折，杜甫本人也生病了。

这一时期杜甫政治上的失意、生活上的贫困，使他对黑暗的现实有了更深切的体验，接近并深深地同情生活在痛苦中的人民，因而写出了不少揭露统治阶级罪恶和同情人民的现实主义诗篇，如《兵车行》《丽人行》《前出塞》《后出塞》等。此时期现存诗约 110 首。

第三个时期（756—759），45 岁到 48 岁，陷贼与为官时期。这是一个乱离时期，杜甫陷贼九个月，为官两年零两个月，余为逃难奔波。这也是杜甫诗歌取得现实主义成就的时期。

天宝十四载爆发的安史之乱，给国家和人民带来了极大的苦难，唐王朝也由此而转入衰败时期。杜甫跟人民在一起，经历了这次大动乱，也跟人民在一起，经受了这次大苦难。他创作了许多一字一泪的诗歌。

755 年十一月安史之乱爆发，756 年八月，45 岁的杜甫只身到唐肃宗即位的灵武（在今宁夏），本想去投奔皇帝，不料中途被乱军所俘，送至沦陷的长安。在长安，

---

① 杜甫在长安时，曾住在长安东南郊的杜陵附近的少陵，故自称"杜陵野老"和"少陵野老"。

他含着眼泪看到了人民在叛军烧杀抢掠之下所遭受的巨大苦难，写出了《春望》《哀江头》等作品。757年四月，46岁的杜甫从长安逃出，到当时的行在凤翔（今陕西凤翔一带）。他在诗中描写当时的情况是："麻鞋见天子，衣袖露两肘。"（《述怀》）肃宗让他担任左拾遗，这是一个属于从八品的在皇帝身边可以提意见的小小谏官。但不久就因为上疏营救房琯罢相而得罪了肃宗，几乎被杀头。遭斥责后，这年的八月，杜甫到鄜州探家，路上亲历目见人民所遭受的苦难，写出了著名的《北征》《羌村》三首等。757年九月，长安收复，十一月杜甫复携家至长安，继续担任左拾遗之职。乾元元年（758）六月，被贬为华州（今陕西华县）司功参军。从此他离开了长安，离开了皇帝，有机会进一步接触人民，深入人民的生活，他最重要的现实主义名篇"三吏""三别"就是在这个时期写出的。由于战乱现实的教育和政治上的失意，他对唐肃宗失去了信任和信心，因而于乾元二年（759）七月弃官，离开华州到了秦州（今甘肃天水），十月又从秦州到了同谷（今甘肃成县），十二月又由同谷到了四川的成都。漂泊奔波，"一岁四行役",759年是杜甫生活十分艰苦的一年，也是他诗歌创作获得丰收的一年。

乱离时期虽然只有短短的三年，但却是杜甫诗歌创作的重要时期，这一时期的诗作共存294首，许多著名的作品都写于此时，思想艺术都达到了很高的水平。他的"诗史""诗圣"之称，当是这一时期打下的基础。

第四个时期（760—770），49岁到59岁，十一年漂泊西南时期。其间又可分为三个阶段。

第一是草堂五年。759年年底，杜甫由同谷到了成都。第二年，他在成都西郊盖了一座"草堂"，在那里暂时定居下来，生活相对安定，开始了"飘泊西南天地间"的生活。这一时期，他与田父野老有着广泛的接触、交往，与他们建立了亲切的情谊，自己也过着一种"为农"的体力劳动生活。762年七月，成都少尹徐知道叛乱，杜甫又逃到梓州（今四川三台县）和阆州（今四川阆中市），过了一段漂泊的生活。764年春，他的朋友严武再镇蜀，他才又回到草堂。严武保荐他任检校工部员外郎，并让他做幕中参谋，他到765年正月辞职，不久就离开成都东下。除了到梓州和阆州短期避难外，他在成都草堂先后住了将近四年的时间，是他漂泊的一生中，除长安以外住得最久的地方。可以说，从760年到765年这段时间，是杜甫生活相对安定的时期。草堂时期共写作诗歌271首，广泛地反映了民间的疾苦，自己的经历、心境和情趣，著名的有《卜居》《堂成》《蜀相》《狂夫》《野老》《春夜喜雨》《江畔独步寻花七绝句》《茅屋为秋风所破歌》《遭田父泥饮美严中丞》等。

第二是夔州两年。765年五月，杜甫离开草堂，经过嘉州（今四川乐山市）、戎州（今四川宜宾市）、渝州（今重庆市）、忠州（今重庆忠县）、云安（今重庆云阳县），于766年四月漂泊到了夔州（今重庆奉节县），在这里住了将近两年，生活也相对安定。一方面继续“为农”的体力劳动生活，一方面努力创作诗歌。这段时间是他创作力最为旺盛的时期，短短两年，今存诗437首，平均每月写诗20首。著名的《遣怀》《八哀》《秋兴》八首、《诸将》五首、《咏怀古迹》五首等，就是这个时期写的。

第三是近三年的漂泊生活。768年正月，杜甫想回家乡，于是离开夔州，本打算取道陆路，因道路阻隔，便改乘小船顺流而下，到了湖北的江陵，又漂泊到了湖北的公安和湖南的岳阳。“亲朋无一字，老病有孤舟”（《登岳阳楼》），穷愁潦倒，冻饿随身。770年四月又漂泊到了湖南的衡州。晚年境遇非常凄惨，曾有数天不曾进食。终因衰老贫病，而于770年的冬天在由潭州到岳阳的湘江中一条小船上去世。在他去世前不久写的《风疾舟中伏枕书怀三十六韵奉呈湖南亲友》一诗中，有“战血流依旧，军声动至今”之句，说明他在生命的最后，仍然那么执着地关心着祖国和人民的命运。

在漂泊西南的十一年中，杜甫一共写诗1072首，占现存作品总数的70%以上。这是一个惊人的数字，也是一个辉煌的数字。这一时期抒情诗写得特别多，而且在诗艺上也更臻于成熟和精美，特别是近体诗，包括律诗和绝句，写得精练、和美，创造了优美深远的意境，极富于情韵。

杜甫与李白，这两位伟大的诗人、情同手足的诗友，从他们的生活道路和创作道路看，有相同之处，也有不同之处，各有自己的特色。两人的共同之处是：都经过相当长的壮游生活，名山胜水陶冶了他们的性情，社会生活增加了他们的阅历，开阔了他们的眼界和胸襟；都曾有过干谒的希求和努力，但在科举和仕途上都极不得意，未能实现自己的政治抱负；都曾得到过皇帝的赏识，并跟皇帝有短时期的接触，但都很快就失望离去；都经历了作为唐王朝由盛转衰标志的安史之乱的乱离和痛苦，但李白主要的生活和创作活动在安史之乱以前，而杜甫的生活和创作活动则主要在安史之乱之后，杜甫接触和感受人民的苦难比李白更多也更深切；都在诗歌创作上付出了巨大的心血，并取得了很高的成就。

两人的不同之处是：杜甫的诗歌在反映时代和反映人民生活上，比李白的诗歌要更为深广，而李白的诗歌在抒发诗人自己的怀抱和表现自己的个性上，要比杜甫更为鲜明；杜甫的思想主要受儒家思想的影响，其主导方面是积极入世的，他所追求的政治理想和人生理想是“致君尧舜上，再使风俗淳”，主导的思想感情是“穷年忧黎元，叹息肠内热”，虽然也偶然出现过求仙隐逸的思想，但只是在特定条件下短暂的萌动，李白则始终在入世与出世的矛盾中生活，求仙访道和隐逸思想是他一贯的追求；杜甫主要走的是一条现实主义的创作道路，而李白主要走的是一条浪漫主义的创作道路。

第二节　杜甫诗歌的思想内容

杜甫作为一个伟大的现实主义诗人，他的诗歌全面、真实地反映了当时的社会生活，反映了时代的面貌，特别是反映了他所亲身经历的时代的巨变和人民在动乱中的痛苦。

杜甫是盛唐时代的最后一位诗人，他经历了唐王朝由盛转衰的巨大变化。他的诗歌，特别是早期的诗歌，跟李白一样，也反映了盛唐时期那种蓬勃向上的时代精神。试读他在二十多岁时写的《望岳》：

岱宗夫何如？齐鲁青未了。造化钟神秀，阴阳割昏晓。荡胸生层云，决眦入归鸟。会当凌绝顶，一览众山小。

这首诗写的是泰山，但反映的是诗人自身的思想和情志，并折射出时代的精神面貌。从诗中能见出青年杜甫意气风发、壮志凌云的形象，诗写得气象恢宏，境界开阔。特别是“会当凌绝顶，一览众山小”两句，表现了他气度不凡的胸襟、对美好理想的追求和高度的自信心。

其他如《房兵曹胡马》写马：“所向无空阔，真堪托死生。骁腾有如此，万里可横行。”也是借马以写人，抒发了诗人自己的精神风貌。再如《画鹰》写画面上的雄鹰：“何当击凡鸟，毛血洒平芜！”那不同凡俗的轩昂的气志，那对未来必有一番作为的信念，也都是与盛唐诗歌高亢的旋律合拍的。在这方面，杜甫诗歌与李白奔放豪壮的歌唱，在精神上是声息相通的。

但杜甫很快就经历了时代的动乱，他在诗中反映出的唐代的盛世景象，要比李白微弱得多。他所能写的，只是在追忆和对比中，以惋惜的心情，描写那已经逝去的开元盛世。看他在《忆昔》其二中这样写：

忆昔开元全盛时，小邑犹藏万家室。稻米流脂粟米白，公私仓廪俱丰实。九州道路无豺虎，远行不劳吉日出。齐纨鲁缟车班班，男耕女桑不相失。宫中圣人奏云门，天下朋友皆胶漆。百余年间未灾变，叔孙礼乐萧何律。岂闻一绢直万钱，有田种谷今流血。洛阳宫殿烧焚尽，宗庙新除狐兔穴。伤心不忍问耆旧，复恐初从乱离说。小臣鲁钝无所能，朝廷记识蒙禄秩。周宣中兴望我皇，洒血江汉身衰疾。

杜甫对社会现实的反映，主要有两个方面。一方面是对当时由于统治阶级的骄奢淫逸、享乐腐化和穷兵黩武政策引起的社会矛盾有敏锐觉察，并进行了大胆的揭露和批判。《丽人行》是这方面的代表作：

三月三日天气新，长安水边多丽人。态浓意远淑且真，肌理细腻骨肉匀。绣罗衣裳照暮春，蹙金孔雀银麒麟。头上何所有？翠微㔩叶垂鬓唇。背后何所见？珠压腰衱稳称身。就中云幕椒房亲，赐名大国虢与秦。紫驼之峰出翠釜，水精之盘行素鳞。犀箸厌饫久未下，鸾刀缕切空纷纶。黄门飞鞚不动尘，御厨络绎送八珍。箫鼓哀吟感鬼神，宾从杂遝实要津。后来鞍马何逡巡，当轩下马入锦茵。杨花雪落覆白苹，青鸟飞去衔红巾。炙手可热势绝伦，慎莫近前丞相嗔。

这首诗直露地讽刺杨贵妃姊妹骄奢淫逸的生活和权相杨国忠炙手可热的情景，由于这一切都是因为皇帝对杨氏兄妹的宠信造成的，因而讽刺揭露的矛头实际上指向了最高统治者。像这样无所顾忌地触及最高统治者，而且是那样的泼辣尖锐，在中国古典诗歌中是并不多见的。

再看另一首《兵车行》：

车辚辚，马萧萧，行人弓箭各在腰。耶娘妻子走相送，尘埃不见咸阳桥。牵衣顿足拦道哭，哭声直上干云霄。道旁过者问行人，行人但云点行频。或从十五北防河，便至四十西营田。去时里正与裹头，归来头白还戍边。边庭流血成海水，武皇开边意未已。君不闻汉家山东二百州，千村万落生荆杞。纵有健妇把锄犁，禾生陇亩无东西。况复秦兵耐苦战，被驱不异犬与鸡。长者虽有问，役夫敢伸恨？且如今年冬，未休关西卒。县官急索租，租税从何出？信知生男恶，反是生女好。生女犹得嫁比邻，生男埋没随百草。君不见青海头，古来白骨无人收。新鬼烦冤旧鬼哭，天阴雨湿声啾啾！

统治阶级骄奢淫逸的生活，需要对人民进行横征暴敛来维持，也需要不断进行开边战争，以掠夺边疆兄弟民族的财富。这首诗就真实地反映了当时的这一历史情况。诗大概作于唐玄宗天宝十载（751）。这年，唐王朝连续进行开边战争，都告失败，遭受巨大损失。先是鲜于仲通攻南诏（今云南西北部），大败，死亡六万余人；又高仙芝率兵三万进攻西域的大食国，几乎全军覆没；八月，安禄山率兵六万进攻契丹，结果亦是死亡殆尽。但统治者并没有因此而停止征战，而是继续在两京（长安、洛阳）和河南、河北进行大规模的征兵，无人应征就分道抓兵。据《资治通鉴》卷二一六载：当时是“行者愁怨，父母妻子送之，所在哭声震野”。这首诗就是诗人在咸阳桥边亲见亲闻的诗的记录，不仅以惨不忍睹的具体景象揭露了统治者穷兵黩武给人民带来的深重苦难，而且同样将揭露的矛头指向最高统治者唐玄宗：“边庭流血成海水，武皇开边意未已。”诗人怀着满腔的愤怒对他们的罪行进行了血泪控诉：“君不见青海头，古来白骨无人收。新鬼烦冤旧鬼哭，天阴雨湿声啾啾！”

《前出塞》九首，以一个士卒参加开边战争十多年的经历和体验，揭露和控诉了统治阶级不断开边给人民带来的痛苦。“君已富土境，开边一何多！弃绝父母恩，吞声行负戈。”（其一）“路逢相识人，附书与六亲。哀哉两决绝，不复同苦辛。”（其四）“杀人亦有限，立国自有疆。苟能制侵陵，岂在多杀伤！”（其六）发出的都是当时人民的呼声。

另有一些作品真实地反映出安史之乱中人民所经受的巨大苦难和他们复杂的思想感情，在这方面最突出的，是至今读来仍感到一字一泪的“三吏”（《新安吏》《石壕吏》《潼关吏》）和“三别”（《新婚别》《垂老别》《无家别》）。由于这几首诗在杜甫的现实主义诗篇中占有独特的地位，最能表现出“诗史”的特色，我们将在下面列专节来进行赏析。

杜甫不愧是人民的诗人，他的诗传达的是人民的感情、人民的呼声。他对人民的同情，不是置身事外，更不是居高临下的，而是身历其境，与人民同悲苦、共命运，声息相通。“三吏”“三别”中没有写到自己的命运，但却鲜明地表现了诗人的思想感情，这思想感情是与人民融合在一起的。另有一些诗写到了个人和家庭的不幸遭遇，这不幸遭遇又是与人民和国家的命运不可分割的。无论写的是人民的生活还是个人的生活，都能见出诗人博大的胸襟和崇高的思想。他著名的长诗《自京赴奉先咏怀五百字》，既是抒怀，也是纪实，内容非常丰富。诗中说：“穷年忧黎元，叹息肠内热”，是他真实思想感情的表现。他在诗中具体地写到了回到奉先家中时的悲惨情景：“入门闻号咷，幼子饥已卒！吾宁舍一哀，里巷亦呜咽。所愧为人父，无食致夭折。”但诗人并未沉浸在个人的不幸和痛苦中，而是始终将目光投向整个国家和苦难中的人民，展现出一位人民诗人的伟大胸怀。诗虽然写在安史之乱爆发的前夕，但当时尖锐的社会矛盾、统治阶级的骄奢淫逸、人民的痛苦生活情状，都在诗中有鲜明的反映。他描写阶级矛盾的千古名句：“朱门酒肉臭，路有冻死骨！”就是他在经过骊山见到最高统治者荒淫享乐的生活之后写出的，尖锐强烈的对比，表现了诗人鲜明的爱憎。诗最后说：“忧端齐终南，澒洞不可掇。”他胸中无比深广的忧思，就产生于对国家和人民命运的深切关注。他在《北征》一诗中所说的“乾坤含疮痍，忧虞何时毕”，也是与此一致的。

杜甫推己及人、对广大苦难人民的关心，还表现为一种博大的人道主义情怀。《茅屋为秋风所破歌》就是这方面的代表作。这首诗写于他生活相对安定的成都草堂时期，但实际境况也相当困难。秋风吹破了他的茅屋，雨脚如麻，屋漏床湿，但他想到的不是自己，而是：“安得广厦千万间，大庇天下寒士俱欢颜！风雨不动安如山。呜乎！何时眼前突兀见此屋，吾庐独破受冻死亦足！”这种博大的胸怀、深广的关爱，真是感人至深！另有一首《又呈吴郎》也写得十分感人：

堂前扑枣任西邻，无食无儿一妇人。不为穷困宁有此？只缘恐惧转须亲。即防远客虽多事，便插疏篱却甚真。已诉征求贫到骨，正思戎马泪盈巾。

这首诗，没有一个字言及个人的不幸遭遇，完全是体恤别人的困苦，但它给予人们的并不是一点廉价的同情心，而是同样博大的情怀和深厚的人道主义精神。这首诗作于唐代宗大历二年（767）秋天。诗人本来住在夔州（今重庆市奉节县）的瀼西草堂，后来移居东屯，将草堂让给他的一位从忠州（今四川省忠县）调到夔州任司法参军的吴姓亲戚居住。吴郎寓居草堂后，插篱为墙，致使从前常来杜甫堂前扑枣的西邻老妇心怀疑惧而不敢再来。杜甫得知此情，便以诗代简，写了这首诗来送给吴郎。

这首诗的文字浅近平易，粗看题旨也十分明白，然而词淡、语婉、情深，值得反复吟诵品味，而且越品味就越感受到诗中蕴蓄的感情是那样的炽热、深沉、厚重。从这首诗里，我们听到了一千多年以前诗人热烈跳动着的心声，窥见了一个伟大的灵魂。

这首诗的题旨说起来很简单：告谕吴郎要体恤穷困的西邻老妇，让她毫无顾虑地来堂前扑枣充饥。诗的第一句“堂前扑枣任西邻”，就已将这首诗的主旨直接明白地揭示出来了。一个“任”字笼罩全篇。“任”是“随意”“任凭”“不加干涉”的意思，从这一个字，不难体会到诗人对西邻老妇的无限关怀和同情。诗写得有情有理：对吴郎是既动之以情，又晓之以理。全诗就一个“任”字从情和理两个方面发挥，千层百折，步步深入，将理说到极透处，将情写到极浓处，直到笔酣墨饱，和着血泪写出一个灾难深重的时代来。

第二句“无食无儿一妇人”，是申说任其扑枣的原因。七个字包含了三层意思：“无食”，言饥馁；“无儿”，言孤苦；“一妇人”，指明是寡妇。“哀哀寡妇诛求尽”（《白帝》），杜甫对命运最为悲惨的寡妇一向是最为关心和同情的。由于充分地写出了西邻老妇的苦况，也就进一步揭示出上句中“任”字所包含的丰富的情感内容——诗人对一位穷困孤苦老妇人的深切同情。表面上看来，这两句诗只是说自己过去如何体恤邻妇，实际暗中已包括了吴郎在内，蕴含了这样的意思：现在和将来，你吴郎也应该采取这样的态度。可以想见，如果吴郎也是一个富于同情心的人，仅仅读到诗开头这两句，就会顿悟其间的深意，对自己插篱为墙的粗疏行为（不一定出于吝啬）产生一种愧恧不安的感情。

“不为穷困宁有此？只缘恐惧转须亲。”三、四两句是一、二两句在一种回环往复形式中的发展，表面看是重复，实际上思想感情已经深入了一层。这样的重复，使事理所含的“因”（穷困）和“果”（扑枣）的内在联系由隐而显，揭示得更为充分，由此就进一步表现了诗人对邻妇了解深切，关怀备至，因而使感情的色调加浓、加重，显得更为丰富和深厚了。杜甫在这里还用了反问的形式。这反问显然不是对自己，而是对吴郎而发的；反问以一种比直叙形式更为强烈的语气提示对方，显得情更切而理更明。“只缘恐惧转须亲”，意思是说：正因为邻妇来堂前扑枣时心怀恐惧，就更应该对她抱一种亲切和蔼的态度。这一句表现诗人的态度和感情，极尽曲折婉转之致。前面一句虽然也包含了诗人的态度和感情，但重在析理，且纯从邻妇一面着笔；这一句则是寓理于情，从邻妇一面写到自身一面，出语恳切，将两方面的感情凝聚融合于七字之中。“恐惧”是指邻妇来堂前扑枣时的心理。邻妇“恐惧”，杜甫何得而知？这表现了诗人设身处地，对穷困老妇的处境、心理体贴入微。缺乏同情心的人自然想不到这一层，有同情心而粗心大意的人也不会有这样深细的体察。“亲”是指因对方“恐惧”应持的一种态度，也即首句“任西邻”的“任”字的一种更富于感情色彩的表达。“亲”是就自身一面言，指诗人，亦兼含吴郎在内，可以理解为“咱们”应该如何如何，着一“须”字，晓谕的意味十分鲜明。由对方的心理转到自身的态度，经这样一层转折，不仅揭示出了诗人感情心理的特征及其发展过程，而且揭示了含蕴其中的深厚的人道主义内涵。

既然是以诗代简，当然每一句都是写给吴郎、针对吴郎而发的。但从字面上看，前四句都是写自己，诗人以自己对邻妇的关心、同情、体贴，来启发和打动吴郎，结到“转须亲”三个字上。处处晓谕吴郎，却又不直接点破，只是含蓄委婉地暗示给对方。但有了前四句，在情理两方面都已作了充分的准备和铺垫，五、六两句便可直接明告吴郎，插篱一举是疏于考虑了。这里虽是点破，出语却同样委婉含蓄。“即防远客虽多事，便插疏篱却甚真。”“防”是“提防”“警惕”“疑惧”一类意思，说的是邻妇；“远客”指吴郎。意思是：邻妇对吴郎心生疑惧，不敢像从前那样来放心扑枣，未免多心；不过你一来便插疏篱，像是有意防人，就显得是过于认真了。明明意在晓示吴郎，批评吴郎，却先责邻妇，有意地倒主为宾。然而责邻妇“多事”是虚，是陪衬；怪吴郎插篱失于不必要的认真，是实，是本意。前后两句分用两个虚词“虽”和“却”，“虽”表让步，“却”表转折，两相呼应，宾主和虚实便截然分明了。意思实实在在，明明白白，写来却迂曲委婉，语气缓和，最易为对方所接受。

杜甫是一位伟大的现实主义诗人，他在许多本来不涉及政治的日常生活甚至自然风景的诗作中，都往往能即小见大，写出历史内容和时代特点来。杜甫不愧为“诗圣”，他的胸中装着国家、社会、人民，笔底翻滚着时代的风云。“已诉征求贫到骨，正思戎马泪盈巾。”这末二句进一步揭示出邻妇穷困的原因，从一个人的不幸遭遇，扩大到写社会、写时代。封建统治者敲骨吸髓的掠夺、连年不断的战祸，使千千万万的穷苦人民，如邻妇一样，沦于悲惨的境地。“已诉”是邻妇诉，诗人诉，也是千千万万的穷苦人民在诉。正是千万人的这种痛苦的呼声，激荡起杜甫心中的诗情，使他怀着无限沉痛的感情，用诗歌来传达人民的心声。这两句诗，大大地提高了全诗的思想境界和艺术感染力量。由于勾画出时代的背景，邻妇的悲惨遭遇本身也获得了深刻的社会内容和典型意义。

将《茅屋为秋风所破歌》和这首诗作一比较，可以看出，经历了六年的战乱和流离颠沛（其间仅一年左右时间相对安定）生活之后，诗人的思想感情变得更加切实、沉重了。“安得广厦千万间，大庇天下寒士俱欢颜”，含寓着深长的感叹。“安得”是想望得，却欲得而不可得。但他毕竟在幻想中安慰自己，也安慰天下的寒士，还抱着一种“何时眼前突兀见此屋”的梦想。然而充满斑斑血泪的现实，已将诗人的幻想击得粉碎，到写《又呈吴郎》的时候，杜甫已经清醒地看到，纵使任随邻妇来堂前扑枣，也并不能帮助她真正摆脱苦难。而且战火不息，统治者征敛未减，只会有更多的人陷于水深火热之中。深切同情，却又无法改变他们的悲惨命运，无可奈何，只有泪满衣衫了。可贵的是，诗人的脉搏跟邻妇和千千万万像她那样穷苦的人民的脉搏是跳动在一起的。“正思”的“思”，是杜甫在“思”，也是邻妇和千千万万苦难的人民在“思”；“泪盈巾”的“泪”，是杜甫的“泪”，也是千千万万苦难人民的“泪”。这是这首诗的深刻动人处，也是杜甫思想和人格的伟大处。

就是在一些写自然风物的诗中，也能见出杜甫博大的胸怀。如著名的《春夜喜雨》：

好雨知时节，当春乃发生。随风潜入夜，润物细无声。野径云俱黑，江船火独明。晓看红湿处，花重锦官城。

这首诗作于唐肃宗上元二年（761）的春天。这时杜甫经过长期的乱离生活，从北方来到“曾城填华屋，季冬树木苍”（《成都府》）的成都，在西郊浣花溪畔构筑草堂定居，已经有一年多的时间。只有在这时，诗人才有可能对在战火和逃难中很难注意到的泽润大地的春雨，怀着一种喜悦的心情，有这样深细的观察和体验，并从容地铸炼为精美的艺术形象，创造出极富于魅力的艺术境界。

这是一首咏物、写景诗，同时也是一首抒情诗。它通过对春日夜雨的生动描绘，抒发了诗人内心的欣喜之情。

开头两句说，春雨是知道时节的，正当万物生长需要滋润的时候，它便应时而发生。“好雨”两个字著于篇首，就跳荡出一个“喜”字，写出了诗人对这场春雨的深情喜爱和赞美。春雨本来是无知亦无情的，诗人用了拟人化的手法，把它写成有情之物，就更能表现出诗人对这场春雨的欣喜爱悦的感情——只有有情的诗人才能看出春雨也是有情的。“好”字笼罩全篇，既是写雨，也是抒情。第二句“当春乃发生”就是承首句“好”字，写“知时节”的具体内容。

三、四两句进一步承“好”字，精细地描绘春雨的特点，写出了它的风貌和神韵。夜里，随着和煦的春风，细雨轻轻地、飘飘忽忽地降落到大地上，使万物得到滋润；却又好像生怕惊扰了这世界的宁静，它是那样地无声无息，春宵酣睡的人们一点也没有觉察。“潜”“细”两个字最值得注意：“潜”字说它使人不知不觉，“细”字说它轻柔无声。表面上看只是写实，实际上仍是使用拟人化的手法，写春雨的有知觉、有感情。杜甫喜欢这轻柔无声的细雨，赞美它给世界以福泽却又不搅扰人间的清宁；从雨的风神气韵中我们窥见了诗人自己的感情和胸襟，窥见了他对人间、对世界万物的挚爱。对世界失却了爱的人，是看不见、更是写不出春雨的这种精神风貌的。读着这描摹精微、传神入妙的诗句，我们觉得诗人笔下这有知有情、抚爱润泽大地万物的春雨，简直就是诗人自己的化身。杜甫确是一位伟大的诗人，他在吟咏大自然景象的作品中，竟将自己的生命和灵魂熔铸到诗句中去了。

五、六两句拓开，写眼前景，为我们展现了一幅寥廓深远的春夜郊外雨景图。浓云低垂，笼罩着乡间小径，田野天空，一片漆黑，茫茫无所见，只有江中小船上的一点渔火在闪烁。这春雨，轻柔绵细，正像听不见它的声音一样，在漆黑的夜晚也看不见它的踪影和形态。然而“云俱黑”三个字实际上已经包孕无遗，启发读者去想象那漫天飘飞的春雨景象。上下句间形成比照、映衬：“黑”和“明”是对立的，诗人巧妙地利用了这种对立关系，通过“黑”来写“明”，又通过“明”来进一步映衬和渲染“黑”。因为有原野上一片漆黑作背景，就更显出那渔火的“独明”。而总的是突出“野径云俱黑”，因为这才是春夜郊外雨景的主要特色。这里，诗人为我们创造出一种幽深邈远的诗的意境。因有闪烁的渔火作点染，同时又启发人联想到招人喜爱的春雨，就使我们从中得到一种艺术的美的享受。

最后两句，一般解释为想象之词，其实理解为写实似乎更好一些，因为这样就显出了时间的流动，更能表现出诗人对春雨的感情，增加诗的情韵。他夜里听雨而无所闻，看雨而无所见，天刚亮，就迫不及待地去观赏那带雨怒放的春花，一朵朵沉甸甸地绽开在枝头上，那样滋润、明洁、鲜美，进而想象出，整个锦官城都因这场春雨而被装点得格外美丽了。“晓”字在回映中暗切“夜”字，因为有夜间泽被大地的细雨，才有早晨枝头“红湿”的动人景象。花因雨而变得更加美丽，因而写花就是写雨，赞美花就是赞美雨。一个“湿”字，一个“重”字，凝聚着丰厚的意蕴：“湿”字使我们看见了花瓣上晶莹的水珠，“重”字使我们看见了朵朵鲜花带着雨露低垂的那种妩媚的神态。这里洋溢着雨的感情、雨的爱；跃动着雨的精神、雨的生命。而这一切，都从这动人的鲜花形象中栩栩如生地表现出来了。

在杜甫的笔下，春雨是有知觉、有感情、有生命的，是大自然的精灵。春雨表现了杜甫的喜悦，表现了杜甫的审美情趣，更表现了杜甫博大的胸怀。

跟李白一样，杜甫也在诗歌中表现和抒发他的理想和追求。年轻时他的自信和自负不下于李白。在《奉赠韦左丞丈二十二韵》中他曾经写过：“读书破万卷，下笔如有神。赋料扬雄敌，诗看子建亲。李邕求识面，王翰愿卜邻。自谓颇挺出，立登要路津。致君尧舜上，再使风俗淳。”即使在到处碰壁，极端失意，以致“朝扣富儿门，暮随肥马尘。残杯与冷炙，到处潜悲辛”的境况之下，他仍然充满豪情壮志，就在这首诗的结尾，他这样写道：“白鸥没浩荡，万里谁能驯？”

但杜甫对自己政治理想的抒发，并不都是这种直白式的表现，而是采用多种多样的形式和手段。通过追怀自己所仰慕的古人来抒写自己的怀抱、理想，就是杜甫经常采用的方式之一。《蜀相》就是这方面的代表作：

丞相祠堂何处寻，锦官城外柏森森。映阶碧草自春色，隔叶黄鹂空好音。三顾频烦天下计，两朝开济老臣心。出师未捷身先死，长使英雄泪满襟！

在这首诗中，杜甫怀着饱满的政治热情，借历史上著名贤相诸葛亮来抒发自己的政治理想和壮志不得伸展的郁闷心情。这既是一首凭吊古人古迹的咏史、怀古诗，也是一首融进了现实内容并充满了诗人思想感情血肉的抒情诗。

杜甫是乾元二年（759）十二月到成都的，第二年的春天，草堂初建，栖止方安，长期的疲劳还来不及完全恢复，杜甫就怀着急切的心情到城郊去寻访、拜谒诸葛亮的祠堂。诗人崇拜诸葛亮杰出的才干，赞美他对刘备父子的赤胆忠心，倾慕他的际遇和辅助刘备开基立国的勋业，同时又深深痛惜他出师未捷而早逝军中。这种激情、追怀和感叹，都是有原因的，都跟杜甫本人向往于建功立业而政治理想不得实现的不幸遭遇分不开。诗中写的是历史上的诸葛亮，而我们读来却感到字字句句都有诗人自己的精神意象存乎其间：诗人借诸葛亮抒发了自己的政治理想，而读者也就从诸葛亮的身上看见了伟大诗人杜甫的自我形象。

诗人对诸葛亮的倾慕崇敬之情贯穿全诗首尾，洋溢在字里行间。开头两句，以自问自答的形式，写明诸葛亮的祠堂是在成都城外古柏参天之处，这就初步地、不露声色地抒发了对诸葛亮无限倾慕向往的感情。“寻”是追寻、寻访的意思，它含蓄着诗人至诚的热情和急切拜谒的心意。用“森森”二字来形容祠内茂密参天的古柏，是写实，但同时也婉转地表现了诗人对祠主的深厚情意。葱郁繁盛而又十分高大的柏树，造成一种苍劲的意象和肃穆的气氛，使人油然而生敬意；同时这景象是远望所见，也恰与诗人崇仰的心情相契合。

三、四句中“映阶碧草”和“隔叶黄鹂”都是写优美动人的春日景象。“映阶”承首联第一句“堂”字，写碧绿鲜亮的春草映照着祠内的台阶；“隔叶”承首联第二句“柏”字，写深藏在森森古柏繁枝密叶之中的黄莺在纵情地歌唱。略一点染，就写出了一种幽美的意境和令人愉悦陶醉的春光。但写春光不是作者的目的，用“自”字和“空”字一转折，就透露出其间隐曲深微的含义。一则，诗人拜谒丞相祠堂，本为怀想、追慕诸葛亮而来，并无意于欣赏明丽的春光；再则，春色虽好，祠堂的主人却不能感知、欣赏，这当然也是令人深深地叹息和遗憾的。因而春色自美，鸟音空好，而人（包括历史的和现实的）却无法或无心欣赏；这样越是把春光写得美丽动人、赏心悦目，就越能反衬和传达出诗人的一种空寞和失落的思绪。这不仅跟全诗所表现的思想情调和精神意趣完全一致，而且因了这春光的映衬点染而将这思想和精神表现得更加浓重、突出。

上面四句写祠堂，是通过祠堂来表达对诸葛亮的思慕怀念；四、五两句就直接赞美颂扬诸葛亮的光辉业绩了。前一句写诸葛亮杰出的政治才干和胸怀天下的气度胸襟，后一句赞颂诸葛亮鞠躬尽瘁、死而后已，效忠于蜀汉政权的拳拳之心。诗人以凝练的诗句，高度地概括了诸葛亮一生事业和思想的主要内容和主要特色，而这又适足以表现杜甫本人的理想、怀抱和深固的忠君观念。然而，诸葛亮受刘备三顾之恩，有机会施展自己的才能，辅佐两代君主开创基业，匡济危时，而诗人却没有这样的机遇。他生活蹭蹬，沉沦下僚，饱经忧患，一无所成，因而在对诸葛亮的赞美和仰慕中，又隐隐地透露出诗人内心因壮志难伸而产生的难言的苦闷和悲哀。

最后两句，对诸葛亮北伐曹魏，终因积劳成疾，壮志未酬而早逝，表现了深深的惋惜和悲悼。在强烈的哀音中结束全诗，感情既深沉又昂奋，使整首诗染上了一层深挚悲壮的色调。洒泪的“英雄”既指作者自己，又包括了历代无数渴望建功立业的有志之士。他们的悲哀，不仅仅因为历史上诸葛亮的早死，更多的恐怕是因为现实中的自己由于各种原因而壮志难酬。在“鞠躬尽瘁，死而后已”这一点上，现实和历史、杜甫和诸葛亮，在精神上是交融在一起了。

杜甫对国家命运的关心，他的爱国情怀，在前面提到的许多反映现实的诗篇中都有表现。他在身陷长安时期所写的那首感时伤世、怀念家人的《春望》，就将国破和家亡的悲痛完全融合在一起，表现了深厚的爱国情怀：

国破山河在，城春草木深。感时花溅泪，恨别鸟惊心。烽火连三月，家书抵万金。白头搔更短，浑欲不胜簪。

由于对祖国深挚炽热的爱，眼前望见的一片春色，引起的只是内心巨大的悲痛，以至感到花亦溅泪，鸟亦惊心。他还有一些作品，是针对具体的事件而表达自己哀乐之情的。如《悲陈陶》是为哀至德元年（756）陈陶之役官兵惨败而作，对牺牲的战士表示了深切的哀悼，并代表广大人民表达了期望恢复的殷切之情。《悲青坂》表达了对官军再败青坂的极大伤痛和悲愤，并提出应该做好充分的准备方能取得胜利的积极建议。而《塞芦子》则是用诗歌的形式对统治者提出的军事建议，不仅表现了诗人对国事的关切，而且也表现了诗人过人的军事眼光。而在广德元年（763），当身在四川梓州的杜甫听到历时八年之久的安史之乱终于平定时，禁不住写出了一首在杜诗中少见的充满喜悦之情的《闻官军收河南河北》：

剑外忽传收蓟北，初闻涕泪满衣裳。却看妻子愁何在，漫卷诗书喜欲狂。白日放歌须纵酒，青春作伴好还乡。即从巴峡穿巫峡，便下襄阳向洛阳。

胜利的消息给年迈的杜甫带来无限的喜悦和力量，使得诗人精神焕发，一扫过去沉重悲哀的气息，而充满一种青春的活力。

杜甫的诗歌还有多方面的内容，比如描写亲情和友情的，如《月夜》对妻儿的深情忆恋，《冬日有怀李白》《春日忆李白》《梦李白》三首等对友情的歌颂，都是十分著名的作品。他还有不少写景诗，特别是到成都以后，生活相对较为安定，才有比较安闲的心情去观赏和描绘优美的自然景色。如他在上元元年（760）春天卜居成都西郊草堂时所作的《卜居》：

浣花溪水水西头，主人为卜林塘幽。已知出郭少尘事，更有澄江销客愁。无数蜻蜓齐上下，一双鸂鶒对沉浮。东行万里堪乘兴，须向山阴入小舟。

诗中描写了未来草堂居处清幽秀美的景色，也表现了当时诗人因能找到一个安身之地而产生的喜悦和闲适的心情。特别是“无数”二句，写出了物情的闲适和林塘的幽静，如果诗人没有闲适的心境，是看不到也写不出物情的闲适之意来的。王嗣奭的《杜臆》评云：“客游者以即次为快，故此诗翩翩潇洒，不但自适，亦且与物俱适。”但杜甫的写景诗很少单纯的写景，一般或在其中表现他归隐的情志，或在其中寄寓他忧国忧民的情怀。前者如《题江外草堂》，有句云：“我生性放诞，雅欲逃自然。嗜酒爱风竹，卜居必林泉。”如《寒食》：“寒食江村路，风花高下飞。汀烟轻冉冉，竹日净晖晖。田父要皆去，邻家问不违。地偏相识尽，鸡犬亦忘归。”其基调与陶渊明的田园诗是很相近的。后者如著名的《登楼》，诗人登楼远眺，所见是广阔无垠的锦江春色，可是一想到满目疮痍的祖国大地，便不免悲从中来，故一开句就说：“花近高楼伤客心，万方多难此登临。”直接写景的二句：“锦江春色来天地，玉垒浮云变古今”，也表现出世事沧桑的深广历史内容。又如写于夔州的《白帝》：

白帝城中云出门，白帝城下雨翻盆。高江急峡雷霆斗，翠木苍藤日月昏。戎马不如归马逸，千家今有百家存！哀哀寡妇诛求尽，恸哭秋原何处村。

写在白帝高城所见的峡中雨景，但写景不是目的，写景是为了抒怀。那高江急峡的激荡之声、翠木苍藤的阴昏之貌，都为下面写出乱世景象和胸中感怀起兴。全诗因景抒情，表现了对和平安定的渴望，并对人民的苦难表示出深切的同情。仇兆鳌评曰：“此章为夔州民困而作”，是说得很正确的。寓情于景，以景写情，是杜甫写景诗的主要特色。他以物情写人情，物我相融，所写的物是诗人眼中所见之物、心中所感之物，故物中有我，从诗人笔下的景物中可以窥见诗人的思想感情和精神面貌。

第三节　杜甫诗歌的艺术特色

杜甫作为一个伟大的现实主义诗人，他的诗歌的主要特色，是以写实的手法生动真实地反映出时代的生活和人民的思想感情。他所写的叙事诗在他全部作品中所占的比例并不算很高，但却很有特色。他运用熟练的叙事手法来反映生活，在叙事时不流于概括抽象，而是有生动具体的细节描写。《北征》一诗，写诗人从凤翔到鄜州途中所见战乱造成的荒芜萧条景象，虽百世之后，仍栩栩如生地呈现在我们的眼前："靡靡逾阡陌，人烟眇萧瑟。所遇多被伤，呻吟更流血。回首凤翔县，旌旗晚明灭。前登寒山重，屡得饮马窟。邠郊入地底，泾水中荡潏。猛虎立我前，苍崖吼时裂。菊垂今秋花，石载古车辙。……夜深经战场，寒月照白骨。潼关百万师，往者散何卒！"而写归家后妻儿生活困顿的惨境、见面时自己内心的悲痛，细微到衣着、面色、赤脚等生活的各个方面，童稚天真可爱的情状也历历如在目前："经年至茅屋，妻子衣百结。恸哭松声回，悲泉共幽咽。平生所骄儿，颜色白胜雪。见耶背面啼，垢腻脚不袜。床前两小女，补绽才过膝。海图拆波涛，旧绣移曲折。天吴及紫凤，颠倒在裋（按，一作短）褐。老夫情怀恶，呕泄卧数日。那无囊中帛，救汝寒凛慄？粉黛亦解苞，衾裯稍罗列。瘦妻面复光，痴女头自栉。学母无不为，晓妆随手抹。移时施朱铅，狼藉画眉阔。生还对童稚，似欲忘饥渴。问事竞挽须，谁能即嗔喝？"叙事诗而能写到这样的深入、细致、丰满，在诗歌史上也是极为少见的。明代的李东阳曾说："汉魏以前诗格简古，世间一切细事长语皆著不得，其势必久而渐穷，赖杜诗一出乃稍为开扩，庶几可以尽天下之情事。"（《怀麓堂诗话》）这段话讲出了杜甫叙事诗的艺术创造，也揭示了杜诗能以诗存史的重要原因。

叙事诗中多写对话，也是杜甫诗歌生活气息浓厚、人物形象鲜明而富于艺术感染力的重要原因之一。这一点在"三吏""三别"中表现得尤为突出。如《新安吏》中诗人的思想感情主要就是通过叙事中穿插的对话来表现的，写得简括而具体、质朴而深挚，平直中又见曲折委婉，字字句句都蕴含着诗人对人民和国家命运的深切同情和关怀。《石壕吏》全诗的主体，也是由老妇的"致词"来构成，而从中就生动而具体地写出了人民在战争中的悲苦命运，内心的矛盾、痛苦，以及伟大的自我牺牲精神。杜甫写出的是具体的生活的细部，而表现出的却是带有整体时代特色的广阔的社会生活面貌。这是杜甫现实主义诗歌的思想深度所在。清代浦起龙说："史家只载一时事迹，诗家直显出一时气运。诗之妙，正在史笔不到处。"（《读杜心解・读杜提纲》）

杜甫诗歌的艺术风格，适应于不同的题材内容，是多种多样、丰富多彩的。但主体的风格是"沉郁顿挫"。"沉郁顿挫"四字本是杜甫在《进〈雕赋〉表》中所说，后来人们普遍用来概括杜甫诗歌的艺术风格，但与杜甫的原意已不完全相同。杜诗艺术风格的“沉郁顿挫”，其特点很难具体言说，大致说来，应该包括内容与表现两个不可分割的方面，从内容说是博大、深沉、厚重，从艺术说是凝练、浑厚、老成。这种风格的形成，主要原因是时代使然，他生活于一个万方多难的悲壮时代，所抒写的内容自不免充满一种沉重悲壮的色彩；同时也与诗人深沉的忧时伤世的感情有关。因此，这种风格主要表现在他那些忧国忧民之作中，因感时伤世而悲愤满怀，有喷薄欲出之势而不能畅快一吐，因而低回抑扬，于雄阔中见勃郁，于深沉中见遒劲。如他的体现了“诗史”特征的名篇：《自京赴奉先县咏怀五百字》、《北征》、“三吏”、“三别”等，都写出了历史的悲剧、时代的悲剧，因而都写得沉痛悲壮，最能体现出“沉郁顿挫”的风格特色。

他的一些伤时感世的律诗，写得凝练浑厚，也最能表现这种风格。诗人兼学者的林庚先生，对诗艺最有体会，他认为律诗最需要凝练，而杜甫的律诗就最见凝练的功夫。他举出《白帝》中“高江急峡雷霆斗，古木苍藤日月昏”和《阁夜》中“五更鼓角声悲壮，三峡星河影动摇”两联，评论说：“这样的诗句既雄浑奔放又是何等的凝练！几乎每个字都起着暗示形象的作用，造成了有如浮雕一般的效果，这就形成为杜甫的特殊风格。”①

杜诗的艺术风格除沉郁顿挫的基调之外，还有丰富多彩的表现。感情格调不同，所表现出的艺术风格也不同，像《望岳》《饮中八仙歌》《洗兵马》《闻官军收河南河北》等，或抒发豪情壮志，或表现喜悦心情，或刻画人物风貌，富于浪漫气息，以豪放雄浑为基调，与沉郁顿挫又有所不同。而如《月夜》之写亲情，则又表现为深婉绵邈，有人认为不让李商隐的《夜雨寄北》。而他在心境闲适时所创作的写景诗，如《水槛遣心》二首、《江畔独步寻花七绝句》、《江村》等诗，都能在幽静闲适的心境中，表现出一种清新自然、萧散闲逸的风格。

杜诗风格的多样化，还表现在同为沉郁顿挫的基调，却又因题材和感情的不同而有细微的差别。特别值得一说的是，他晚年创作的以《秋兴》八首为代表的七律，格律精严，遒劲凝重，虽同样写得雄浑老成，却又于“沉郁顿挫”中见出瑰丽奇警。试读其中的一首：

---

① 林庚：《唐诗综论》，人民文学出版社，1987年，第137页。

玉露凋伤枫树林，巫山巫峡气萧森。江间波浪兼天涌，塞上风云接地阴。丛菊两开他日泪，孤舟一系故园心。寒衣处处催刀尺，白帝城高急暮砧。

此诗以阴郁萧森的秋景，抒写乡愁和忧国之情，景中见情，蕴含着一种勃郁不平之气。写景扣住三个特点：时令是在秋末，地点是在高城，时分是在薄暮。诗人因物感兴，触景生情，境界是那样开阔，气氛是那样凄清，丧乱景象、悲愁心事，都凝聚在这精心结撰的八句之中，雄阔中透出古拙劲健。

在诗体上，杜甫几乎是五古、七古、五言律绝、七言律绝、新题乐府等各体皆作，且各体皆工，但最擅长的还是七律。他的七律不仅有格律严整的一面，而且还有打破束缚、富于变化的一面，创造了拗体、律中带古等新的表现方式。如《白帝》的开头两句："白帝城中云出门，白帝城下雨翻盆"，前人就曾指出，这首诗的起句是律体而似歌行。

作为一个伟大的诗人，杜甫重内容而不轻形式，他在艺术表现上是精益求精的。他曾说过："晚节渐于诗律细"（《遣闷呈路十九曹长》）；又说："语不惊人死不休"（《江上值水如海势聊短述》）。但他又不刻意求精求巧，不争字句之工而字句自工，诗艺已经达到了炉火纯青的境界。如黄庭坚所说："子美诗妙处乃在无意于文，夫无意而意已至，非广之以《国风》、《雅》、《颂》，深之以《离骚》、《九歌》，安能咀嚼其意味，闯然入其门耶！"[①]

陈毅元帅曾有一首诗写他读杜甫诗的心得："吾读杜甫诗，喜其体裁备。干戈乱离中，忧国忧民泪。"我想这应该是说出了千百年来无数读者的共同感受的。

第四节　"三吏""三别"的思想和艺术

著名的组诗"三吏"——《新安吏》《石壕吏》《潼关吏》，"三别"——《新婚别》《垂老别》《无家别》，写于乾元二年（759）。安史之乱中人民的苦难生活，在这组诗中得到了真实而生动的表现。杜甫作为一个伟大的人民诗人，他的深厚的忧国忧民的感情，他的诗歌的"诗史"特征，在这组诗中都有鲜明的表现。先看组诗

① 黄庭坚：《大雅堂记》，《豫章黄先生文集》卷十七。

的第一首《新安吏》：

> 客行新安道，喧呼闻点兵。借问新安吏，县小更无丁。府帖昨夜下，次选中男行。中男绝短小，何以守王城？肥男有母送，瘦男独伶俜。白水暮东流，青山犹哭声。莫自使眼枯，收汝泪纵横。眼枯即见骨，天地终无情。我军取相州，日夕望其平。岂意贼难料，归军星散营。就粮近故垒，练卒依旧京。掘壕不到水，牧马役亦轻。况乃王师顺，抚养甚分明。送行勿泣血，仆射如父兄。

这组诗所反映的历史内容，是通过诗人的所见、所闻、所感来表现的，因而写得非常具体，也非常真切。乾元元年（758）冬，郭子仪、李光弼、王思礼等以60万官兵围攻安庆绪困守的邺城（今河南安阳），相持数月，到第二年的三月，由于官军未置元帅，没有统一的指挥，加以安庆绪得到史思明的救援，导致官军的溃败。诸节度使退归本镇，郭子仪退守河阳，洛阳受到极大的威胁。统治者为了挽回败势，补充兵员，向人民征兵拉夫，灾难便落到了广大劳动人民的头上。杜甫这时正从洛阳取道潼关回华州（时任华州司功参军），途中所见，感愤不已，发为吟唱，便成了诗的实录。第一首写在新安（今属河南）所见。

诗人正行进在新安道上，赶上那里正在强行征兵。开首二句总言点兵之事。“喧呼”二字，写出嘈杂、纷扰和急迫的气氛。“借问”以下十句，写人民所遭受的兵役之苦，主要内容由新安吏的答话来表现。诗人向新安吏发问，所问的内容没有具体写出，但从吏的回答中，我们不难推想到诗人所问的大概是为什么那么小的孩子也拉去当兵。提问本身就包含着同情和愤慨。吏的回答不仅写出了新安人民的现在，也写出了新安人民的过去。“县小更无丁”，一个“更”字，隐含着这样的意思：在此之前新安人民已经为战争献出了他们所有可以充当兵役的男子。唐初规定男子十六为中男，二十一为丁，天宝三载改为十八为中男，二十二为丁。按兵制，只有成丁的男子才能服兵役。但现在的情况是，成丁已经抽光了，只好将中男也拉来充数。诗人在写吏的回答时，并没有从内容和语气上去着意渲染其人的凶横和残暴，而是多少带出一点迫不得已、无可奈何的意味。这跟诗人对这次战争的态度、对人民所受苦难的矛盾心情是分不开的。“中男绝短小，何以守王城？”这里换一个角度，从战争能否取得胜利一面来提出问题，可以见出诗人思想感情的复杂及其发展变化。他关切人民的命运，却更关切跟人民命运不可分割的国家的命运。从全诗的意脉看，有这一提问，便自然地引出后面对受难者那番劝慰的话。不过虽然如此，眼前的景象实在是太悲惨了，故又转而以凄苦之笔写出目之所不忍见。“肥男”“瘦男”云云，也是由眼前写到过去，读者由此联想到，长期战乱中人民早已忍受了妻离子散、家破人亡的巨大灾难。“白水”二句借自然景象抒发感情，暮色中的白水默默地东流，连青山也在哭泣。这难言的哀痛是新安人民的，也是诗人杜甫的。在全诗的感情气氛上，人与自然景物、主体与客体，完全融合为一个艺术的整体。

自“莫自使眼枯”以下到全诗的结尾，是诗人劝慰应征的中男和送行者的话。先是劝他们收泪，不要哭得太悲伤了，以免伤了身体。在无可奈何中充满同情，而同情中又不无愤激。“眼枯即见骨，天地终无情。”这里的“天地”含蓄地表现出的意思就是“朝廷”。诗人禁不住对统治者的残暴进行了谴责。接着讲到邺城之败，诗人将失败的原因归结为敌情难以预测，这并不是为统治者曲意回护，而是为了鼓舞新入征者的士气，使他们能在悲痛中充满信心地投入战斗。“就粮近故垒”以下八句是从不同的方面说明军中生活并不可怕，消除从征者的恐惧心理，安抚和劝慰他们应征入伍，并对他们日后的战事寄予希望。除了在讲述种种情况时表示对应征者的安慰劝勉之意外，值得注意的是“况乃王师顺”一句，明确地表示了诗人肯定和支持正义的平叛战争的态度。这是诗人虽然对苦难中的人民充满深切的同情，却又劝慰勉励中男放心入伍这种矛盾的思想感情产生的根本原因。平定安史之乱是为了国家的统一和安定，但战争本身和兵役又给人民带来巨大的痛苦和不幸，这是矛盾的。这现实的矛盾和诗人思想感情上的矛盾深刻地反映了历史的真实。这是这首诗的真实动人之处，也是杜甫作为一个现实主义诗人的伟大之处。

再看《石壕吏》：

> 暮投石壕村，有吏夜捉人。老翁逾墙走，老妇出看门。吏呼一何怒，妇啼一何苦！听妇前致词：“三男邺城戍。一男附书至，二男新战死。存者且偷生，死者长已矣。室中更无人，唯有乳下孙。有孙母未去，出入无完裙。老妪力虽衰，请从吏夜归。急应河阳役，犹得备晨炊。”夜久语声绝，如闻泣幽咽。天明登前途，独与老翁别。

石壕村在今河南陕县东，杜甫路过那里，写下了自己的亲见亲闻。这首诗所表现的思想感情，同上一首一样是复杂而矛盾的。但由于所描写的具体情景不同，表现手法不同（诗人没有直接出面发表自己的看法），因而他鼓励、劝勉人民忍受苦难去应役从征的一面，表现得比上一首显得较为曲折隐微，而对苦难人民的同情、对捉人官吏的控诉谴责，则显得更为鲜明强烈一些。

这是一首叙事诗，时间、地点、人物，事件，以及事件的发展过程，在不长的篇幅中都表现得清清楚楚，栩栩如生。在表现上不同于《新安吏》的，是没有写一问一答的人物对话，而是将对答的过程隐括到老妇的一段“致词”中。老妇这段对吏的陈述，构成了全诗的主体，人民的苦难不幸、诗人的思想感情，主要就由这段“致词”表现出来。通过老妇的这段话，生动地塑造了一个勇敢、坚韧、刚强，具有献身精神的普通老年妇女的形象。

首二句交代时间、地点，并点出全诗叙事的主要内容。接着便展开叙写。“老翁逾墙走，老妇出看门。”这自然是出于老妇对老翁的保护，乃事不得已，但也由此初步见出老妇的胆量和应付事变的能力。“呼”和“啼”相对，“怒”和“苦”相对，都用“一何”作修饰，愤慨地写出官吏的凶狠残暴、人民的悲哀痛苦。然后重点写老妇的“致词”，共包括三层意思：第一层是向吏陈述邺城之役，她三个儿子都应征参战，两个儿子已经战死。“存者且偷生，死者长已矣！”这里显然是老妇要吏不要再捉人的哀求，是痛苦的呼号、血泪的控诉。但换一个角度来看，又未尝不可以说是一个贫苦的家庭对一场正义战争所做的贡献。诗人的叙写，在同情中隐含着敬意。第二层是说家中仅存一个“乳下孙”和“无完裙”的媳妇，却隐瞒了她要保护的老翁。第三层是老妇主动请求到河阳前线去，为军队烧饭服务。征兵役而及于老翁老妇，而且是一对已经献出了三个儿子的年迈力衰的老翁老妇，战争的残酷、统治者抓兵的无情，也就可以想见了。整段“致词”，出语哀苦，是一段血泪文字；但请求应役的四句，却显得非常沉稳、冷静、有力，表现了老妇的一种坚韧的生活态度和崇高的献身精神。字里行间，充满了诗人对一个刚强、勇敢的普通妇女的热情颂扬和无限敬意。诗人愈是充分地写出战争带给人民的深重苦难，写出他们的不幸和痛苦，并对此寄予深深的同情，就愈是有力地表现出人民对战争的奉献和牺牲，愈能见出他们主动献身精神的可贵和崇高。诗人对老妇既同情又歌颂的矛盾感情，既表现了他对人民和国家的热爱，也表现了他对生活认识的历史深度。

诗的结尾余意不尽。捉人的官吏走了，老妇也走了，但诗中并没有明白道出；只是从幽咽的啜泣声中显示出石壕村又归于平静了，这平静让人感受到老妇走后给这个家庭留下的是更大的不幸和悲痛。逾墙而走的老翁在天明时显然是平安地又回来了。保护老翁和为战争的取胜出力，都是老妇的愿望，她的愿望都实现了。诗人带着强烈的爱和恨，含着悲伤的眼泪，以凄苦的笔调写出了这质朴的也是崇高的愿望的实现。

《潼关吏》的内容稍有不同，写诗人路过潼关时所见士兵筑城的情况，以及潼关吏向作者讲述潼关的防御形势，表达了士兵们的爱国热情与作者对国事的深切忧虑和关心。

《新婚别》则同《新安吏》和《石壕吏》一样，充满凄苦之词，却又是另一种景象：

兔丝附蓬麻，引蔓故不长。嫁女与征夫，不如弃路旁。结发为妻子，席不暖君床。暮婚晨告别，无乃太匆忙？君行虽不远，守边赴河阳。妾身未分明，何以拜姑嫜？父母养我时，日夜令我藏。生女有所归，鸡狗亦得将。君今往死地，沉痛迫中肠。誓欲随君去，形势反苍黄。勿为新婚念，努力事戎行。妇人在军中，兵气恐不扬。自嗟贫家女，久致罗襦裳。罗襦不复施，对君洗红妆。仰视百鸟飞，大小必双翔。人事多错迕，与君永相望！

作为组诗中的一首，《新婚别》的主题与前面三首是一致的。但从所选取的题材和表现角度看，却又显得独特而新颖。全诗不再以诗人身份作亲见亲闻的客观叙事，而是拟为一个新婚妇女送新郎参军开赴前线时第一人称的送别词。诗中凡七次使用“君”字，是新妇对即将离别的新婚丈夫直接吐露心声，怨恨、挚爱、嘱咐、决心、期望，种种复杂的感情融会在一起，起伏变化，真切动人。

在艺术表现上，这首诗得《古诗十九首》的笔意，以比兴发端，吐露心中难以忍受的怨苦。古诗中以兔丝（一种蔓生的植物）依附于女萝比喻女子出嫁后依附于丈夫，这里女萝改为矮小的蓬麻，以比喻虽结婚而无所依托。接着说嫁给一个马上就要出征的人，就连路旁的弃草都不如，这就揭示出是战争造成了他们婚姻的不幸。头天晚上结婚，第二天清晨就要离别，连床席都没有睡暖，这实在是令人难以忍受的。“无乃太匆忙”，用反诘语气道出心中的怨愤。而更令人担忧的，丈夫此去是开赴前线参加战斗，这一别就很可能成为永诀。自己留在家里，处境也十分难堪：按古礼，女子出嫁三日，先告庙上坟，然后拜见公婆，才算得正式成婚。现在婚礼未成，新娘的身份就还没有确定，叫人怎样去侍奉公婆呢？

接下去以八句诗进一步表现她对新婚丈夫的爱和内心的矛盾。出嫁前藏于深闺之中，从小就是知礼的；婚后就该如俗语所说的，“嫁鸡随鸡，嫁狗随狗”，不能再离开丈夫。可是现在丈夫是要到随时可能战死的战场上去，一想到这一点就叫人痛断肝肠。她于是想到要跟随丈夫一起到前线去，同生共死，再不分离；可是转念一想，女子到军中去是会影响战士斗志的，那样反而会造成不好的后果。离别又难舍，相随又不能，内心十分痛苦和矛盾。

“勿为新婚念”以下，主人公的思想感情从矛盾痛苦中解脱出来，升华到了一个新的境界。个人虽然痛苦不幸，更不免时时为丈夫的生死担忧，但想到国家的命运，想到丈夫从征乃平叛之必需，便忍受住巨大的痛苦，而以一种既恳切又坚强的语气，鼓励丈夫不要以新婚为念，努力投身军中，参加战斗。这是何等的眼光！何等的勇气！何等的胸怀！两句普通而质朴的话，表现了一个身遭不幸却深明大义的女子光艳夺目的思想品格。接着又写她以深挚的感情表达了对爱情的坚贞。贫家女好不容易才为新婚置办起一套“罗襦裳”，但丈夫既不在身边，就决定不再穿它，并从此卸去红妆，洗掉脂粉。这是中国古代妇女对爱情忠贞的独特表示，在那样的特定情景之下，这无疑是对丈夫的一种极大的慰藉和鼓励，让他能放心地去参加战斗。在这里，主人公对丈夫的爱和对祖国的爱紧紧地结合在一起了。通过这几句情深意切的话，一个朴实而具有崇高品德的年轻女子的形象，便栩栩如生地出现在我们的面前。

最后四句同篇首呼应，采用比兴的手法，以天上双翔的飞鸟为喻，表达了与丈夫相爱相守的愿望和对“人事多错迕”的不满。内心仍是痛苦的，却不再像开头那样充满怨恨，而是隐忍着，情意深长地归结到对丈夫永远的想望和忠贞。

送别词虽然是对丈夫说的，但诗中却没有写到丈夫的回答，甚至连他听到新婚妻子的这番话后有什么样的反应都没有写到。因此这首诗，可以看作是在战争背景下，一个面对尖锐生活矛盾的新婚女子的内心独白，它所展示的，是一个勇敢地正视现实、承受巨大不幸的普通妇女丰富复杂的感情世界。诗人没有直接在诗中出现，甚至对人物事件也不置一词，但他的爱憎和对生活的评价，却已鲜明地表现于对主人公思想感情的真实描绘之中。从这位女子充满矛盾的痛苦的感情世界中，我们窥见了诗人杜甫的伟大心灵。诗人的感情，与遭受苦难而爱国的人民的感情是紧密地结合在一起的。千载之后，我们读到这首诗，仍然受到强烈的感染，受到巨大的激励。这就是杜甫现实主义诗歌艺术的力量所在。

写得更为凄苦的是《垂老别》:

> 四郊未宁静,垂老不得安。子孙阵亡尽,焉用身独完?投杖出门去,同行为辛酸。幸有牙齿存,所悲骨髓干。男儿既介胄,长揖别上官。老妻卧路啼,岁暮衣裳单。孰知是死别,且复伤其寒。此去必不归,还闻劝加餐。土门壁甚坚,杏园度亦难。势异邺城下,纵死时犹宽。人生有离合,岂择衰盛端?忆昔少壮日,迟回竟长叹。万国尽征戍,烽火被冈峦。积尸草木腥,流血川原丹。何乡为乐土,安敢尚盘桓?弃绝蓬室居,塌然摧肺肝。

这首诗写一位老人应征从军,和老伴相别时的情景。诗写出了两个方面,一方面是老人生活的不幸和内心的痛苦,另一方面又表现了他从军的决绝和牺牲精神。诗人写出的是一幕人生悲剧,整个场景和事件的发展是十分悲哀的,令人伤心惨目。但在伤惨中又蕴含着一种昂扬的斗志和英雄主义精神,故全诗悲凄而不伤感,其格调显得悲壮而崇高。

老人悲惨的遭遇、沉痛的心情和作为一个战士的壮怀,是糅合在一起写出的。开头从大处落笔,写安禄山叛乱、战事未息的现实环境,将老人个人的不幸置于一个广阔的时代背景之下,揭示出他"垂老不得安"的原因。这里所包含的,并不全然是对政府强行征兵的怨恨,同时还有对不正义战争的强烈憎恶。因而紧接着的"子孙阵亡尽,焉用身独完"就不能简单地理解为对战争灾难的一种愤恨之词,更应该看作是他献身正义战争的决心和一种坚定的表示,"投杖出门去"就是这种献身精神在行动上的鲜明体现。但这行动既是壮烈的,也是悲惨的。一位老人在"子孙阵亡尽"的情况下,还不免于要到前线去参加战斗,实在是非常不幸和悲惨的事情。所以同行的人才都为他落下辛酸的眼泪。而老人自己,对参军一事是有所幸也有所悲的:所幸的是齿存而尚能饭,也就是说还能勉强参加战斗;所悲的是毕竟年迈力衰,同年轻人不能相比了。他想的并不是个人的苦难和得失,而是自身条件对参加战斗的利与不利。这是何等高尚的精神境界!"男儿既介胄,长揖别上官。"老迈而尚自称为"男儿",可见他是把自己当作一名真正的战士来要求的,话语中透出一股英迈之气;他与上官相别显得那样坚定、果决,表现出一种义无反顾的精神。

同《新婚别》一样,这首诗通篇都是通过人物自身的陈述来表现的;与之不同的则有两个方面：一个是，前一篇是写送行的人陈述，这一篇是写应征的人陈述，表现的侧重点不同；另一个是，前一篇近于主人公的内心独白，而这一篇还写到了“同行者”“上官”和老妻等人物，写到了人物之间感情的交流和感应，在人物关系中映射出主人公的精神品格。其间，写得最具体也最动人的，是老人与同他相依为命的老妻的关系。诗是从投军者一面来写的，但实际上表现的角度却是双向的，作者处处都着眼于这对老人之间感情的交流。“老妻卧路啼”，是从老人的眼中写出死别时的伤惨景象。令人感动的是，深知此去必定会战死，却不为自己的将死而悲哀，而是深切地关怀老伴，为她的衣单寒冷而担心、悲伤。老妻一面呢，也是明知老人“此去必不归”，但同样并不以自己将来之孤苦无靠而悲哀，反而深情地劝勉、安慰他到军中后要多加餐饭，好好保重身体。在战争的大背景下，写出两位老人之间这种互相关爱、体贴的感情，深婉真挚，感人至深。

“土门壁甚坚”以下直至“迟回竟长叹”，当是老人对老妻进一步的劝慰宽解之词。这里表现了这位遭遇不幸却富于爱国之心的老人眼界胸襟之阔大。他对当时战争形势的发展非常关切，认识也很清醒，这就在更深的层次上表现了他从征的自觉性和决死的战斗意志。他还以人生离合之不可避免来安慰老妻。但当他回忆起从前太平岁月两人相依度日的情景时，却又徘徊不忍离去，并压抑不住地慨然长叹。人物的思想感情在相互关系中起伏跌宕，表现得既强烈又深沉。

从“万国尽征戍”到结尾，是老人的自誓之词，也是他对老妻的进一步开导和劝慰。而人物的视野和思想境界都有大的提高，从个人与家庭的不幸，扩大到整个国家和人民的苦难，进而逼出了掷地有声的一句：“安敢尚盘桓？”最后决绝地离开蓬室和老妻而去，以最沉痛悲壮的感情结束全诗。

《无家别》写的是一个从战场上退归的士兵回到家里，家中所有的人都在战争中死去了，而他又再次被征入伍，离家时却无人可以告别的悲惨情景。诗中发出痛苦的呼声：“人生无家别，何以为蒸黎！”清人浦起龙在《读杜心解》中指出，“‘何以为蒸黎’可作六篇总结”。

纵观“三吏”“三别”这组诗，能十分鲜明地看出杜甫诗歌的“诗史”性质，非常真实地反映出动乱社会的现实、人民所遭受的深重苦难，以及人民的爱国热情和自我牺牲精神。而这一切，作者的思想感情又是同广大人民群众的思想感情息息相通的。

第五节　杜甫在文学史上的地位和影响

杜甫被称为“诗圣”，他的诗歌被称为“诗史”，这两个称号实际上就反映了杜甫在中国文学史上的崇高地位。“诗圣”的称号有两方面的含义：一是指他忧国忧民的崇高品格和人道主义的博大胸怀；二是指他在诗艺上的总结之功和多方面杰出的创造，是一位集大成者。“诗史”之称则揭示了杜甫诗歌与时代和社会生活的深刻联系，不仅可以补史之阙，而且可以提供正史甚至野史所不能提供的充满生活血肉的生动细节，让人读后有身临其境之感，感受到当时的时代氛围。杜甫的思想人格与在诗歌艺术上对后世的影响，也主要反映在这几个方面。

杜甫诗中所表现的深厚感人的忧国忧民之心，对后世的诗人特别是关心现实的诗人产生了极其深刻的影响。中唐时期关心现实并主张用诗歌干预现实的“新乐府运动”倡导者元稹和白居易，都对杜甫有极崇高的评价①，并从杜诗中吸取思想艺术营养，他们创作出的《秦中吟》《新乐府》等，都是学习杜甫关心时事、反映时事、干预时事的积极成果。

北宋时期著名的政治革新家王安石，曾写诗赞扬杜甫在个人生活极其困顿的情况下仍然对国家和人民十分关心，表现出博大的人道主义胸怀：“青衫老更斥，饿走半九州，瘦妻僵前子仆后，攘攘盗贼森戈矛。吟哦当此时，不废朝廷忧。常愿天子圣，大臣各伊周。宁令吾庐独破受冻死，不忍四海寒飕飕。”（《杜甫画像》）南宋民族矛盾尖锐，著名抗金爱国将领李纲，在抗金战斗中对杜甫的爱国精神有更深切的体会：“子美之诗凡千四百四十余篇，其忠义气节、羁旅艰难、悲愤无聊，一寓于此。句法理致，老而益精。平时读之，未见其工，迨亲更兵火丧乱之后，诵其诗如出乎其时，犁然有当于人心，然后知其语之妙也。”②南宋爱国诗人陆游，忧国忧民之心与杜甫相通，他写诗说：“山川寂寞客子迷，草木摇落壮士悲。文章垂世

---

① 元稹在《乐府古题序》中说：“近代唯诗人杜甫《悲陈陶》、《哀江头》、《兵车》、《丽人》等，凡所歌行，率皆即事名篇，无复依傍。余少时与友人乐天、李公垂辈，谓是为当，遂不复拟赋古题。”白居易在《与元九书》中，也特别标举出“《新安》《石壕》《潼关吏》《芦子》《花门》之章，‘朱门酒肉臭，路有冻死骨’之句”，是少见的继承了“风雅比兴”传统的好诗，值得认真学习。

② 李纲：《重校正杜子美集序》，《梁谿先生文集》卷一三八。

自一事，忠义凛凛令人思。”（《游锦屏山谒少陵祠堂》）他认为杜甫不仅是一个伟大的诗人，而且还是一个有抱负的关心国家命运的政治家，对于后人只将他看作是一位诗人感到非常遗憾：“后世但作诗人看，使我抚几空嗟咨！”（《读杜诗》）更值得一提的是南宋灭亡时，爱国诗人文天祥对杜诗的态度，他被拘于燕京狱中，读杜诗，并集为绝句二百首。他在《集杜诗自序》中说：“余坐幽燕狱中，无所为，诵杜诗稍习。诸所感兴，因其五言，集为绝句。久之，得二百首。凡吾意所欲言者，子美先为代言之。日玩之不置，但觉为吾诗，忘其为子美诗也。乃知子美非能自为诗，诗句自是人情性中语，烦子美道耳。子美于吾隔数百年，而其言语为吾用，非情性同哉！”①

到了明末清初以至晚清，由于民族矛盾尖锐，社会动乱不安，一般士人和具有爱国之心的诗人，也都以极大的热情来学习杜诗，他们的着眼点，也都在杜甫忧国忧民的高贵品质。从陈子龙、夏完淳到顾炎武、归庄、吴嘉纪等，再到张维屏、贝青乔和黄遵宪等人，也都追慕杜甫关心时代、反映时代的精神而写出许多现实性极强的诗歌。

杜甫在诗艺的吸收和学习上曾说过：“不薄今人爱古人”，“转益多师是汝师”（《戏为六绝句》其五、其六）。他确是多方面地向前人和今人学习而加以熔铸创造的。元稹早就指出杜诗在艺术创造上集大成的性质：“至于子美，盖所谓上薄风骚，下该沈宋，古傍苏李，气夺曹刘，掩颜谢之孤高，杂徐庾之流丽，尽得古今之体势，而兼人人之所独专矣。”②因而后世擅长各种体式、具有各种风格的诗人都能从杜诗中获取艺术营养。在唐代，元结的《舂陵行》、白居易的《秦中吟》，都是自觉地学习杜甫的五古的；“大历十才子”的创作，无疑在五言和七言律诗的写作上接受了杜甫的影响；而杜诗的凝练和苦吟，又影响了韩愈和孟郊的刻意求奇。总之，在唐代“杜甫不仅唤起了元白一派，也引导出韩孟一派，因此可以说整个中唐诗歌的发展乃都是在杜甫的影响之下”③。晚唐的李商隐，在七律的写作上也自觉地学习杜甫，在凝练、蕴藉和诗律的精严等方面，都显然能看出杜甫的踪影。

唐以后，自宋迄清，虽然时有抑杜尊李之论出现，但杜甫的影响还是极为广泛

---

① 文天祥：《文山先生全集》卷十六。

② 元稹：《唐检校工部员外郎杜君系铭并序》，《元氏长庆集》卷五十六。

③ 林庚：《唐代四大诗人》，《唐诗综论》，人民文学出版社，1987年，第143页。

而深刻的。由于具体的时代条件和所处环境的不同、艺术个性和追求的不同，学杜者各有所取，各有所得，有时甚至还因过于偏颇而产生弊端，但杜甫诗歌的艺术创造汇成了中国古典诗歌艺术传统的重要内容，这是毫无疑问的。

北宋的王安石，晚年诗艺趋于工细，就是学杜的成果。“江西诗派”奉杜甫为开山之祖，讲究诗法，在字句上推敲出奇，特别是黄庭坚，又喜作拗律，以至诗风变得奇险枯槁，产生若干弊病，但学杜的成绩也不容完全抹杀。张戒《岁寒堂诗话》云：“鲁直诗自言学子美，子美之诗得鲁直而后发明。”这应是持平之论。宋人喜作题画诗，在诗风上的散文化、议论化倾向，也都受到杜甫的影响。

元明两代学杜之风稍歇，但到清代却又掀起高潮。有清一代诗派很多，但各派却几乎无一例外都标举学杜。在创作实践上也取得积极的成果，像著名诗人钱谦益，就曾追和杜甫的《秋兴》八首，以七律组诗的形式反映时事，颇得老杜七律的神韵。

历代杜诗注本之多，在古代诗人中也极为少见。宋人就有“千家注杜”之叹。清人成果最为辉煌，重要的有：王嗣奭的《杜臆》、钱谦益的《杜工部诗集笺注》、仇兆鳌的《杜少陵集详注》、浦起龙的《读杜心解》、杨伦的《杜诗镜铨》等。

思考题

1. 杜甫的生活道路和创作道路可以划分为几个时期？各个时期都有什么样的特点？

2. 在生活、思想和创作上，杜甫和李白比较有什么样的异同之处？

3. 联系具体作品，理解杜甫诗歌作为“诗史”的现实主义特色。

4. 杜甫忧国忧民的思想，他博大的人道主义胸怀，是如何表现在他的诗歌创作中的？

5. 联系具体作品，体会杜甫诗歌沉郁顿挫的风格特色。

6. “三吏”“三别”在思想内容和艺术表现上有什么样的特色？

参考文献

1. 仇兆鳌注：《杜诗详注》，中华书局，1979 年。

2. 冯至编选：《杜甫诗选》，作家出版社，1957 年。

3. 山东大学中文系古典文学教研室选注：《杜甫诗选》，人民文学出版社，1984 年。

4. 陶道恕主编:《杜甫诗歌赏析集》，巴蜀书社，1993 年。
5. 冯至:《杜甫传》，人民文学出版社，1954 年。
6. 金启华等:《杜甫评传》，陕西人民出版社，1984 年。
7. 萧涤非:《杜甫研究》，齐鲁书社，1980 年。
8. 林庚:《唐诗综论》，人民文学出版社，1987 年。

第七讲　古典小说的成熟：唐代传奇

第一节　唐前的古小说形态

与正统的诗文相比，小说在中国古代文学中是一种成熟较晚的形式。学术界一般认为，真正符合现代小说观念的成熟的小说作品，是到唐代才产生的，这就是这一讲要讲的唐代传奇小说。在唐以前，中国古典小说还只是处于萌芽和雏形期，呈现为一种粗陈梗概的形态。

这里先要说说中国古代的小说观念。在先秦的典籍中，最早提到小说这个概念的是《庄子》，在《外物》篇中有这样一句话："饰小说以干县令，其于大达亦远矣。"这里所说的"小说"，是与"大达"对举的，其意显然是指那些琐屑的、无关乎政教得失大道理的浅薄言论。后来在《文选》卷三十一，李善注江淹的《李都尉陵从军》，引桓谭的《新论》说："若其小说家合丛残小语，近取譬论，以作短书，治身理家，有可观之辞。""丛残小语"是指零碎的言谈，"短书"是指当时用尺寸较短的竹简书写的著作，含有价值不高、不值得重视的意思。班固在《汉书·艺文志》中也说："小说家者流，盖出于稗官。街谈巷语，道听途说者之所造也。"这样看来，当时的所谓"小说"，是指一些琐碎浅薄的小言论、小道理，不但内容小，形式也小，是为治国理政的政治家们所瞧不起的。这同我们今天所说的小说，有很大的差别。

中国的古典小说起源于神话。神话产生于民间，是原始人类与大自然做斗争中的实践的产物。当时社会生产力十分低下，人们对自然力敬畏而不服，因此不仅借助想象以解释自然现象，而且还借助想象以征服自然力，支配自然力，把自然力加以形象化，把与自然做斗争的人力加以理想化。神话最主要的精神，是通过幻想来表现劳动人民征服大自然的愿望和理想。那种可以战胜一切、超自然、超人力的力量，就是原始人幻想中的神。中国古代著名的神话故事如《精卫填海》《夸父逐日》

等，都反映了远古时期劳动人民的理想和愿望。

但神话只是小说的萌芽，还不是小说本身，更不是成熟的小说。神话对古代小说的影响表现在许多方面，包括题材、故事、人物、思想、叙事手法等。除了神话传说之外，先秦诸子中的寓言故事和史传文学也在叙事和人物描写等方面为小说的创作和发展提供了艺术经验。

寓言故事和史传文学虽然对小说创作产生了重要影响，但它们本身并不就是小说，也不能看作是小说的起源。因为寓言的目的在于说理，跟通过形象的塑造来反映生活、表现作者思想倾向的小说不同；史传文学是历史（只不过是采用文学手段的、富于文学色彩的历史），历史要求“信”，即符合事实，不容夸饰和虚构，而小说则容许甚至离不开夸饰和虚构，两者的性质显然不同。

小说不同于历史，但中国古典小说与历史又确有不可忽视的渊源关系、血缘关系。这里应该提到从神话到传说的演变和两者的区别。神话中的人物是天神，而传说中的人物则是半神，即带有神性色彩的英雄人物，例如《后羿射日》中的后羿、《大禹治水》中的大禹就是。神话经过发展，才逐渐演变为传说。鲁迅先生在《中国小说的历史的变迁》中说：“从神话演进，故事渐近于人性，出现的大抵是‘半神’，如说古来建大功的英雄，其才能在凡人以上，由于天授的就是。……这些口传，今人谓之‘传说’。由此再演进，则正事归于史；逸史即变为小说了。”[①]由此看来，历史和小说不是父子关系，倒像是兄弟姊妹关系了。因此，在中国古代，小说和正史的界限基本上是清楚的[②]，但小说和来自民间的野史、逸史、稗史的关系就有些纠缠不清了。所以，今天所见到的古代文言小说，在古代分为四部（经、史、子、集）的目录学著作中，或者归入史部（杂史），或者归入子部“小说家”。清代编的《四库全书》子部“小说家”中，实际上包括了“杂事”“异闻”“琐语”等内容，仍透露出历史和小说的血缘关系。“稗史”在中国古代成为小说的别称，不是没有原因的。

汉以前的所谓小说，多数并不是叙事性作品。在《汉书·艺文志》中著录的小说共有十五家，1380 篇（实际为 1390 篇）。但到梁代仅存《青史子》一卷（原本

---

① 《鲁迅全集》第八卷，人民文学出版社，1957 年，第 314 页。

② 但在正史中也不排除吸收传说的成分，如《史记》中就有不少这样的成分，不过主体部分仍然恪守“信”的史学原则。

57篇，见《隋书·经籍志》)，到隋代连这一卷也亡佚了，今天仅存几条佚文（见鲁迅辑《古小说钩沉》)。十五家中，有五种都以“说”为题，如《伊尹说》《鬻子说》《黄帝说》《封禅方说》《虞初周说》，单从题目就可以看出同今天所说的小说有很大的不同。《汉书·艺文志》中著录的这些小说，多数是先秦时期的作品，但也有一部分是汉代的，如上举《封禅方说》《虞初周说》等即是。这些书的性质，大体如鲁迅所说：“托人者似子而浅薄，记事者近史而悠谬者也。”[①] 也就是说，大都介于“子”“史”之间，而又不同于“子”“史”，琐碎浅薄，故不为人所重视。班固《汉书·艺文志》中的“诸子略”分为十家，最后的一家才是“小说家”。班固说：“诸子十家，其可观者九家而已。”“小说家”无足观，所以列在最后。

现存的所谓汉人小说，实际上大多不是出于汉人之手，而是后人的伪托。因为魏晋以后的一些文人为了夸示异书，一些方士（炼丹求仙的人）为了自神其教，写了一些带有神异色彩的书，就托名为汉代人所作的小说。如托名班固所写的《汉武帝故事》和《汉武帝内传》、托名东方朔所写的《神异经》和《十洲记》等，就是这类作品。这些书的内容，“大旨不离乎言神仙”[②]。值得一提的是作者不详的《燕丹子》[③]。关于这部书的性质和时代都有不同的看法，但从内容和文词上看，虽然明显地经过后人的增饰，却基本上可以肯定是根据秦汉时期的民间传说记录下来的一部古小说。可以相信，《燕丹子》“是现存的惟一的一部比较完整的汉人小说”（程毅中语，见《燕丹子》校点本《前言》)。明代的胡应麟称它是“古今小说杂传之祖”，是很恰当的。

中国古代大量的小说作品的出现，是在魏晋南北朝时期。这个时期，中国古典小说已初具规模，但还不是成熟的小说作品，只是小说的雏形。魏晋南北朝时期的小说，分为“志怪”和“志人”两大类。“志怪”记神鬼怪异之事，“志人”则记社会人事，最主要的是记录贵族官僚和士大夫知识分子的言行轶事。所谓“志”，就是记录的意思，这说明这个时期中国的古典小说还没有脱离“史”的性质。神鬼怪异之事本来是并不存在的，是人们虚构的想象的产物，但传说的人和记录的人都相

---

① 鲁迅：《中国小说史略》，第一篇《史家对于小说之著录及论述》，人民文学出版社，1952年。

② 参见鲁迅：《中国小说史略》，第四篇《今所见汉人小说》。

③ 今有程毅中校点本，与《西京杂记》合刊，中华书局，1985年。

信其为实有。因此，虽然“志怪”和“志人”小说在题材内容上很不相同，思想意趣和艺术风格也有很大的差别，但记录的人都一样视为实录。在这一点上，“志怪”和“志人”这两种作品是完全相通的。“志怪”小说的代表作《搜神记》的作者干宝，在这本书的序言中，就说明他写作这部书的目的在“发明神道之不诬”。就是说，他通过搜集记录这些故事，是要说明神鬼怪异之事确实存在，并不是骗人的。例如在卷十六中有一篇《阮瞻》，反映了当时社会上有鬼论与无鬼论的斗争是很激烈的，而这篇故事却有意让无鬼论者阮瞻吃了败仗，用“事实”来证明鬼是确实存在的。同时，在写作上他还追求“事不二迹，言无异途，然后为信”的史学原则。（并见《搜神记》序）干宝本来就是一个史官，在写作《搜神记》时，他显然以史家自居，把我们今天看作志怪小说的作品当作信史来写，而缺乏自觉的小说创作意识。不过，作者的创作思想和写作目的虽然如此，由于许多故事来自民间，是传说中劳动人民的集体创作，因而《搜神记》中也有一些作品反映了现实生活，表现了人民群众的思想感情和愿望要求。例如卷十一的《干将莫邪》写了一个人民群众的复仇故事。楚王要干将莫邪为他铸剑，剑铸好后他怕以后干将莫邪又去为别人铸剑而危及自己的安全，就借口杀了干将莫邪。而干将莫邪早就看透了楚王的残暴本性，去献剑以前就安排好自己死后儿子为自己复仇的计划。小说写了干将莫邪的儿子赤为复仇而进行的英勇斗争，写了一位侠客见义勇为、不惜牺牲生命的高贵品质，最后实现了复仇的理想，使暴君得到了应有的惩罚。鲁迅《故事新编》中的《铸剑》就是根据这个故事改编的。其他如《韩凭妻》（卷十一）、《宋定伯》（卷十六）、《李寄》（卷十九）等，虽然也有虚幻的情节，但都反映了现实的内容，是很有意义的作品。

从小说的发展来看，志怪小说篇幅虽短，却有简单的故事，且多数作品情节完整，优秀之作人物形象鲜明（当然一般都还缺乏性格）；但内容简单，艺术描写比较粗糙，几乎没有什么细节描写。

志人小说主要有两方面的内容：一方面是写社会人物（主要是当时社会的上层人物）的传闻轶事（轶是散失的意思，也就是指那些正史中不记载之事）；另一类是记载一些诙谐幽默带讽刺意味的滑稽故事，也就是讲笑话。前者以南朝时宋刘义庆著《世说新语》为代表。[①] 全书分类编排，共分为“德行”“言语”“政事”“文学”

---

① 此书原题《世说》，因《汉志》儒家类第六十七篇中已有《世说》，故唐人题作《世说新书》，宋人才改题为《世说新语》。

等三十六门。每一门多则几十条，少则几条。所记的内容，主要是从东汉末年到东晋时止的上层统治集团和士大夫知识分子的言行和思想风貌。如《雅量》篇中的《桓公伏甲设馔》，篇幅短小却很有特色：

桓公伏甲设馔，广延朝士，因此欲诛谢安、王坦之。王甚遽，问谢曰："当作何计？"谢神意不变，谓文度曰："晋阼存亡，在此一行。"相与俱前。王之恐状，转见于色；谢之宽容，愈表于貌。望阶趋席，方作洛生咏，讽"浩浩洪流"。桓惮其旷远，乃趣解兵。王、谢旧齐名，于此始判优劣。

这则故事显然跟当时品评人物的风气有关。文字不多，却同时写出了两个人物，从对比中显示出一优一劣。既属《雅量》篇，着重表现的就是人物的胸襟气度。表面看来，好像只是表现两个人物临危时惧与不惧的区别，实际上是揭示了人物内在的精神品格。

作品一开始就渲染出一派杀气腾腾的气氛：权势烜赫的桓温举行盛大的宴会，却设下埋伏，想借此杀掉谢安和王坦之两人。作品一下子就将两个人物推向了尖锐的矛盾冲突之中，突出他们在面临危险时的不同表现。作者采用的是一人一笔，对比描写。得到消息时最初的反映是："王甚遽"，却又不敢不去，于是无可奈何地问计于谢安。写谢安则用了四个字："神意不变"，镇静得好像什么事情都没有发生。这是一层对比。接着写谢安回答王坦之"当作何计"的问话时说："晋阼存亡，在此一行。"表面上看，好像谢安并没有正面回答王坦之的问话，实际上却是高屋建瓴，出语不凡，显示了他是从国家危亡的高度来考虑问题的。这就看出来，两个人因为考虑问题的出发点不同，胸襟气度不同，对问题的态度也就截然相反：一个害怕，一个勇敢；一个犹疑，一个果决。通过对比，小说就以极经济的手法，举重若轻地揭示出了人物的内在精神。接着写赴宴时的情景，仍然用对比手法："王之恐状，转见于色；谢之宽容，愈表于貌。"一个心怀恐惧，畏葸不前；一个襟怀坦荡，神态自若。从人物外在的色貌，能见出人物内在的精神。最后就将笔墨都让给主要人物谢安一个人了，写他"望阶趋席"，仿洛下书生读书之声以讽诵嵇康之诗，见出他临危不惧，心神镇定，异乎常人。结果是化险为夷，避免了一场杀身之祸。写结果也不是简单的交代事实，而仍是着眼于人，从桓温一面进一步颂扬了谢安："惮其旷远，乃趣解兵。""旷远"二字揭示出谢安过人的胸怀气度。

在《世说新语》中，类似的篇章还有很多，著名的有《阮光禄车》《周处》《王蓝田性急》《石崇王恺》《石崇燕集》等。虽然篇幅都比较短小，情节也比较简单，但却在人物思想性格的刻画方面，取得了不容忽视的成就。

诙谐幽默、讲笑话的作品，以《笑林》为代表。这本书是魏初的邯郸淳所撰。原书三卷，已佚，鲁迅《古小说钩沉》中辑有二十八条。著名的如《楚人》《汉世老人》《执竿入城》《某甲》等。

志人小说与志怪小说不同，是只记社会人事，不记神鬼，所以能更直接地反映出当时的社会生活风貌。特别是《世说新语》型的轶事小说，常通过一个生活片断，突出人物某一方面的特点，表现出人物的思想风貌。在描写人物的思想性格方面，志人小说显然比志怪小说有更高的成就。但志怪小说一般篇幅比志人小说稍长，情节结构显得更为丰富完整。志人小说和志怪小说，都在不同方面为后代小说尤其是唐代传奇小说的发展，提供了各自的艺术经验。

还有一点值得注意，《世说新语》等书的创作，不是为了喻道论政，而是为“赏心而作”，“远实用而近娱乐”[①]，这就决定了这些作品的写作很重视娱乐性和艺术性。这一点，对唐以后文人自觉地创作小说有不可忽视的影响。

第二节　唐代传奇小说成熟的标志和繁荣的原因

唐代在小说创作上取得了很高的成就，不仅产生了符合现代小说观念的成熟的小说作品，而且出现了一批思想艺术水平很高，即使放到世界文学中来看也堪称第一流的作品。因此，前人把唐代的传奇小说同唐代的诗歌并称为“一代之奇”[②]。

唐代传奇小说的出现才使中国古典小说真正走向了成熟。传奇小说是在前代志怪小说和史传文学的基础上发展起来的。我们今天通常笼统地把唐代的文言短篇小说称作传奇，严格说来并不准确。从整体来看，唐代的文言短篇小说实际上包括了三种体制：轶事小说、志怪小说和传奇小说。前两种篇幅都比较短小，其中的多数作品虽然也有一些新的变化，但同六朝时期的志人、志怪比起来，并没有什么质的

---

① 鲁迅：《中国小说史略》，人民文学出版社，1952 年，第 65 页。

② 南宋洪迈《唐人说荟·例言》中说：“唐人小说，小小情事，凄惋欲绝，洵有神遇而不自知者，与诗律可称一代之奇。”

区别；而传奇小说是特指那些情节完整、篇幅较长、描写细腻、富于文采而表现了较为丰富的社会生活内容的作品。在唐代的文言小说中，轶事与志怪两类所占的比例相当大，但是真正传奇体制的作品虽然数量并不算很多，却代表了中国古典小说发展的一种质的新变。

古典小说在唐代走向成熟的最重要的标志，是作者这时有了自觉的小说创作意识。明代的胡应麟曾说："变异之谈，盛于六朝，然多是传录舛讹，未必尽幻设语；至唐人，乃作意好奇，假小说以寄笔端。"① 这里提到的"幻设语"和"作意好奇"，换成我们今天的话来说，就是作者通过想象和虚构，对生活进行艺术的概括和集中，以表达他对生活的认识和评价。这同单纯的记录就有了很大的区别。

鲁迅先生在《中国小说史略》中从历史发展的角度指出："小说亦如诗，至唐代而一变，虽尚不离于搜奇记逸，然叙述宛转，文辞华艳，与六朝之粗陈梗概者较，演进之迹甚明，而尤显者乃在是时始有意为小说。"② 也就是说，到了唐代，传奇作者从"事不二迹，言无异途"的史家意识，开始转变为"著文章之美，传要眇之情"（沈既济《任氏传》）的小说家意识。

所谓"传奇"，顾名思义就是传写奇事的意思。唐代不少传奇作家在他们的作品中都申言"征异话奇"的创作追求。但传奇小说中的"奇"和"异"，并非单指超现实的神鬼怪异之事，也包括现实生活中那些非同寻常的事情，例如凄婉动人的爱情故事、惊心动魄的豪侠行为等等。无论是语涉精怪，还是描写社会人事，传奇作者都在作品中熔铸进了他们对现实生活的真切体验。由神怪走向现实，这是唐代传奇小说的一大发展，即使写的是神怪题材，作者也都是十分关注并且反映现实人生的。这一点，可以说是唐代传奇小说和六朝志怪小说的一个重要区别。

在唐代，人们并没有把"传奇"看作是小说文体的专名。元稹的《莺莺传》在不同的版本和著录中也有题作《传奇》的，晚唐时期裴铏的小说集就题名为《传奇》，但这都指的是具体的作品。后来"传奇"成为小说文体的专名，可能与此不无关系。据有人考证，把传奇看作小说的一体而与志怪并称，大概是南宋时期的事。③ 但宋

① 《少室山房笔丛》卷三十六。

② 鲁迅:《中国小说史略》，第八篇《唐之传奇文》上，人民文学出版社，1952 年。

③ 李剑国："就我所能找到的材料来说，宋人用传奇之称，始于南宋谢采伯《密斋笔记》的自序。"见《唐五代志怪传奇叙录》代前言《唐稗思考录》，南开大学出版社，1993 年。

元以后“传奇”一词的使用有比较复杂的情况。南宋人用传奇专指爱情题材的小说；金代的诸宫调也被称作传奇；元代人则把南曲戏文和北曲杂剧也称为传奇；明清时期又把从南戏发展来的长篇体制的戏曲形式称为传奇。不过文学史上与朝代连用时所指则是比较明确的，即“唐代传奇”指的是文言小说，而“明清传奇”则指的是长篇戏曲形式。

唐代传奇小说的繁荣，有时代和社会方面的原因，也有文学内部发展的原因。从前一方面说，唐代政治经济的发展，城市的扩大和繁荣，随之而来的市民阶层的兴起，以及相对宽松的政治环境和开明的文化政策等，都对文学艺术的发展产生了积极的影响，促成了文学艺术包括诗歌、绘画、音乐、舞蹈等的全面发展和繁荣；而各种艺术门类的发展并不是各不相关，而是互相影响、互相促进的。在文学艺术全面繁荣的基础上，唐代的传奇小说在前代的基础上有新的变化和发展，出现繁荣的景象完全是顺理成章的事。尤其是唐诗的繁荣，唐代以韩愈、柳宗元为代表的散文成就，民间的“说话”和变文等通俗文艺形式的发展，都对传奇小说的创作产生了积极的影响。

唐代实行科举取士制度，行卷之风对传奇小说的创作也产生了一定的影响。所谓行卷，就是参加进士考试的士子，为了能顺利地被录取，就在考试之前先将自己的作品抄成卷子，送去拜谒当时与主持考试有关的或有名望的人物，希望得到他们的称赞和重视。起先主要是用诗，后来因为传奇小说这种形式，文备众体，能够见出作者的史才、诗笔、议论等多方面的才能，也成了行卷的重要内容。这一说法最早见于南宋时赵卫彦的《云麓漫钞》，得到现代学者鲁迅和程千帆先生等人的肯定。但也有不少学者反对这种看法，主要理由是找不出唐代士人用小说作为行卷的实际例子。如果将行卷之风看作是唐代传奇小说繁荣的重要原因可能不太切合实际，但似亦不能完全否定士人用传奇小说作为行卷的事实及其对小说创作会产生一定的影响。有人就注意到了王定保在《唐摭言》卷十二“温卷”条中提到进士纳卷有超过四十轴的，这么大的篇幅，内容当然不会是诗歌，用传奇小说纳卷的可能性确是很大的。[1]

唐代的文学家（包括诗人和散文家）积极参与创作，是传奇小说繁荣的一个重

---

① 参见吴志达:《中国文言小说史》，齐鲁书社，1994 年，第 270 页。

要原因。元稹、白行简、陈鸿、韩愈、柳宗元等人在诗文创作之余，都曾投身其间。元稹写过《莺莺传》，白行简写过《李娃传》，陈鸿写过《长恨歌传》，都是唐代传奇小说中的名篇；而韩愈写的《毛颖传》、柳宗元写的《河间传》和《李赤传》，虽不能说是纯正的传奇作品，但在整体风貌上是很接近于传奇小说的。他们写作这样的作品，与他们的文学创作观念不无关系。韩愈的《毛颖传》受到张籍的批评，指责这样的作品是“驳杂无实之说”，韩愈在答辩中指出：“夫子（指孔子）犹有所戏，《诗》不云乎：‘善戏谑兮，不为虐兮。’《记》曰：‘张而不弛，文王不为也。’恶害于为道哉！”（《再答张籍书》）可见这位提倡文以载道的古文家，也是很重视文学的娱乐功能的。除了抒写情志和炫耀文采外，既娱人也自娱，是文士们创作传奇小说的重要原因。

唐代思想比较开放，知识分子言论自由，禁忌较少，也是促成各种创作（当然也包括传奇小说的创作在内）发展的一个重要原因。从唐代传奇小说的一些名篇作者交代素材来源的情况看，文人间常在一起饮酒聚谈，传播异闻，或在一起听说故事，这往往成为一些作品创作的契机。

创作的繁荣与创作的内容也分不开。唐代的传奇作家们比六朝时期志怪小说的作者更多地关注现实，因而现实的社会矛盾和斗争也时时影响着传奇小说的创作内容，如不合理的士族婚姻制度、中唐时期的牛李党争、奸相的专权和昏君的失政、由于统治阶级内部矛盾的尖锐引起的士人对仕途险恶的忧虑等等，都在传奇创作中得到不同程度的反映。鲜活的现实内容更易于引起人们的注意，也因此使作品获得了蓬勃的生命。

不过更重要的原因还在于文学传统本身，在于小说创作的历史演进、继承和发展。六朝时期的小说虽然还只是粗陈梗概的形态，但如前所述，不论在叙事、语言和人物描写等方面都积累了丰富的艺术经验。这既为唐代传奇小说的发展准备了重要的条件，又为它的繁荣留下了充分的空间。从文学的渊源上说，唐代传奇小说的来源有二,一是六朝时期的志怪，二是史传文学。唐代的传奇小说在题材和表现手法上继承了志怪小说的传统，但却发展得更加丰富、精细、婉转，更富于人情味，也更富于文学色彩；而史传文学则更多的是提供了形式体制和叙事手法，唐代传奇小说中许多作品以“传”为题，为主人公立传，围绕主人公的行事和命运来叙事和组织安排结构等，显然都来自史传文学。唐代的传奇作家在创作观念上扬弃了史家意识，不遵从“信”的原则，而采用虚构和想象来反映生活，但在体制和手法上却接受和继承了史传文学的传统。

第三节 唐代传奇小说的思想内容

唐代传奇小说反映的社会生活面相当广泛，题材和主题也是多种多样的，比较集中的有爱情婚姻、英雄豪侠以及社会政治批判等几个方面。所描写的人物，则上至皇帝官僚，下至文士武夫、僧道倡优，以及超现实的神鬼精怪等等，也是多种多样的。下面分别作一些简要的介绍。

一、爱情婚姻题材的作品，在唐代传奇小说中数量最多，成就也最高。同样是描写爱情婚姻，不同的作品所反映的社会内容和所表现的思想意义是很不相同的。这表现了唐代传奇小说思想内容的丰富性和深刻性。

陈玄祐的《离魂记》肯定和赞美青年男女对真挚爱情的执着追求，揭露和批判了父母包办婚姻的不合理。倩娘的父亲张镒，在倩娘幼小时就将她许给表兄王宙为妻，两人长大以后产生了真挚的爱情，但张镒却悔约而将倩娘另许给他人。倩娘知道后十分忧郁，王宙则愤而辞别，倩娘也离家跟随王宙一起到了蜀中。两人同居五年，生了两个孩子。后来倩娘因思念父母，就同王宙一起回家探亲。这时才发现，原来同王宙在一起生活的是倩娘的灵魂。灵魂和家中的躯体相会，非常高兴地合而为一。在既成事实面前，父母只好承认了他们的结合。小说通过幻想的形式，为本来在封建社会中很难改变的悲剧事件，编织了一个喜剧的结局。

这篇小说在反映封建社会非常普遍的包办婚姻问题上有相当的思想深度。严格地说，倩娘和王宙并不是真正的自由恋爱，他们是在年幼时被倩娘的父亲张镒指定婚约的，这本身就非常不合理。但更加不合理的是，当这对青年男女在后来的相处中产生了真正的爱情时，其父却因看中了比王宙更有前途的对象而出尔反尔。张镒悔婚的行为，反映了在封建宗法制度下父母包办婚姻的典型特征，即：主宰子女婚姻的是父母的意志，只从家世的利益来考虑问题，而丝毫不顾及当事人的感情和幸福。

小说独特的艺术构思和艺术手法，还显示了更深一层的意义。在以家长制为特征的宗法制度下，父母的意志主宰一切、决定一切，子女是无力违抗父母之命的。因此，在当时的现实条件下，倩娘和王宙的爱情婚姻注定是悲剧的结局。然而，在小说中，男女主人公被迫分离后，人虽然分开了，心却不能分开，真挚的爱情和追求婚姻自主的顽强意志，竟使得倩娘的灵魂离开自己的躯体而跟随心爱的人出走，终于争得了美满幸福的生活。这当然是出于一种艺术想象，但它所反映的生活本质是青年男女追求爱情婚姻自主的要求，却是非常真实的。父母的意志可以束缚住倩娘的躯体，而不能束缚住她追求爱情的自由的灵魂。这就是这篇小说的思想意义所在，也是它获得广大读者特别是青年男女普遍喜爱的重要原因。小说虽短，对后世的影响却很大，后来的小说戏曲中产生了不少离魂型的故事，无不受到它的影响。

蒋防的《霍小玉传》是唐代传奇小说中描写爱情婚姻题材的一篇优秀的代表作。它所反映的又是另一类社会问题。小说的女主人公霍小玉，本是宗室霍王的小女，但因她的母亲是个婢女，出身低贱，就被同父异母的弟兄赶出家门，在长安沦落为娼女。贵族书生李益考中进士后在长安等待授官，爱上了霍小玉。在两人初次欢会的中宵之夜，霍小玉突然向李益哭诉内心的隐忧：她感到自己是个妓女，与李益不相匹配。虽然现在年轻漂亮，但以后年老色衰，就一定会被抛弃的。李益向她发誓："粉骨碎身，誓不相舍。"此后两人过了两年和谐美满的生活。不久李益授官赴任，离别时霍小玉感到李益的盟约之言很不可靠，便提出了一个不得已而求其次的很可怜的要求：两人在一起再生活八年，八年以后李益另选高门，自己则剪发出家，这一生也就很满足了。李益又一次发誓，表示"死生以之"，绝不相弃。但不久李益的母亲就为他选中了出身贵族的表妹卢氏为妻，李益因此与霍小玉断绝往来。霍小玉日夜想望，毫无消息，终于忧伤成疾。李益的负义行为受到当时许多人的责备。一位素不相识的黄衫豪客，出于义愤，挟持李益到霍小玉的家，霍小玉在痛斥了李益的背盟负心以后，悲痛而绝，死后变成厉鬼给李益以惩罚。

在中国的古典小说和戏曲中，有不少"痴情女子负心郎"的故事，但《霍小玉传》并没有停留在对负心郎的肤浅的谴责上，而是通过霍小玉的悲剧，揭示了深刻的社会内容。唐代森严的门阀制度反映在婚姻问题上就是讲求门当户对，高门望族与寒门庶族间不能通婚。小说写霍小玉"姿质秾艳""高情逸态"，无论才貌和格调，都是完全可以同李益相配的；只是由于李益出身于唐代著名的"甲族"陇西李氏，而霍小玉却"出自贱庶"，李益之母就为了家世的利益而为他另选了出身高门的卢氏女。作者并没有简单地将李益处理为始乱终弃、玩弄妇女的花花公子，而是写他对霍小玉确有一定的真实感情，只是由于出身所决定的贵族公子的自私和懦弱，迫于母命，在门阀观念的支配下，才那样冷酷无情地抛弃霍小玉的。在这里，个人的意志由社会和家庭支配，个人的品德受到社会和家庭的影响。这样，小说就不是简单地揭露李益个人的品质不好，而是着重揭露和鞭挞了门阀制度的罪恶。这个悲剧的感人力量，还在于小说写出了霍小玉并不是糊里糊涂地就做了门阀制度的牺牲品的，由于她的出身和遭遇，对门阀制度的罪恶，特别是在爱情婚姻问题上可能造成的阻碍，她是有一定的认识的，并且以她所可能采取的独特的形式做了有限而可怜的抗争，但最终仍未能免于被罪恶的门阀制度所吞噬的命运。这就赋予了这个悲剧以深刻的社会内容和动人的力量。

白行简的《李娃传》也是描写贵族公子和妓女的恋爱故事的。不过这次被遗弃而遭难的不是妓女，而是贵族公子。荥阳公子到长安赴试，和京都名妓李娃相爱。不久钱财花光，被鸨母和李娃设计赶出妓院。为了维持生活，就到殡仪馆去当了一名挽歌郎。后来被他的父亲发现，一顿毒打，几乎丧命，被人救活以后，沦落为乞丐。一次在风雪之中行乞时偶然遇到了李娃，李娃见他沦落到这种境地，悔恨过去的行为，便果断地赎身与他同居，并帮助他恢复健康，刻苦读书，终于功成名就，恢复贵族阶级的身份地位。这时李娃感到与公子门第悬殊，主动提出与他分手，并劝公子另选高门望族的女子为妻。荥阳公子以死来表示自己不忘旧情，李娃仍然不肯。这时又恰好遇到去赴官的荥阳公，他看见儿子在李娃的帮助下得到了功名富贵，便高兴地同意两人正式结为夫妇。荥阳公子后来做了高官，李娃也得到了皇帝的赏赐，被封为汧国夫人。

这篇小说与《霍小玉传》的悲剧结局不同，是一个大团圆的喜剧结局，但是其基本的思想倾向却同样是揭露和批判不合理的封建门阀制度。在现实生活中，一个妓女要同一个贵族公子结合几乎是不可能的，喜剧的结局带有明显的理想色彩。但是小说通过艺术描写，让李娃以自己的思想行为，证明了自己虽然出身低贱，才情品德却并不低于出身高贵的荥阳公子，不但不会损害而且是有利于高门望族的家世利益的。这就证明了在婚姻问题上讲究门当户对的门阀制度是不合理的，也就有利于打破由长期的门阀制度所造成的根深蒂固的社会偏见。当然，《李娃传》的批判锋芒比起《霍小玉传》来要稍弱一些，因为它带有适应封建贵族阶级需要的某种妥协色彩。

另一篇描写爱情的名篇是沈既济的《任氏传》。这是一篇人和狐狸精恋爱的故事。篇中虽然写到了精怪，但并不是志怪小说，而是一篇优秀的传奇作品。这不仅因为它篇幅较长，艺术上非常成熟，还因为它反映了真切深厚的现实生活内容。小说写一个叫郑六的人，家庭贫寒，靠妻子的娘家接济维持生活。他同妻子的堂兄韦鋈很要好。韦鋈出身贵族，生活富有。一天郑六骑驴走在长安的大街上，遇见三个年轻的女子，其中一个穿白衣服的长得非常漂亮，郑六十分惊喜，一番调笑之后，就随同女子到她家同居，并且知道这女子姓任。后来郑六发现任氏是一个狐狸精，但他不但不害怕、不后悔，而且仍然怀着一片恋恋不舍的深情。任氏知道自己的身份暴露以后，对郑六是否还像从前那样爱自己，心中很怀疑，便没有按约定的时间去跟郑六相会。后来郑六在市场上突然发现了任氏，任氏开始躲避，在知道了郑六对她仍一往情深以后，为其真情所感，表示要同他终身相爱。好色之徒韦鋈知道郑六得到了一个漂亮姑娘，就企图夺人所爱，占为己有。他在向任氏施暴时，遭到任氏的坚决反抗，先是拒之以力，既而是晓之以理，最后又动之以情。韦鋈为其坚贞的情操所感动，终于罢手，并多方面资助任氏的生活，两人成为非常要好只是不及于乱的好朋友。任氏以她狐仙超人的法术报答韦鋈，并帮助郑六致富。后来郑六被任命为某地的武官，赴任时恳求任氏同行。任氏明知途中会遇到很大的危险，但为报答郑六对她的一片深情，竟冒死随行，终于被猎犬咬死。在讲完故事以后，作者十分动情地发出了这样的感叹："嗟乎！异物之情也有人道焉！遇暴不失节，徇人以至死，虽今妇人，有不如者矣！"意思是，狐仙虽为异物，却具有人的思想感情，而最可宝贵的是她对郑六坚贞执着的爱情，这是现实生活中许多人都比不上的。可见作者是针对现实生活有所感而发、有所为而发的，是将现实生活中许多妇女的优美品格加以集中、概括、提高，而创造出任氏这样一个带有理想色彩的艺术形象。通过这个爱情故事，作者表达了现实人生中的一种爱情理想，这就是：男女之间真情相爱，不以门第，不以财富，甚至也不以才貌为条件。作品中的韦鋈既有钱又有地位，但财富和强暴都不能征服任氏；而郑六可以说一无所有，无钱、无才、无貌，却凭着他的一片真情赢得了任氏的爱。而任氏回报他的也同样是一份真挚的忠贞不二的爱。

这篇小说对蒲松龄《聊斋志异》的创作影响很大。人化了的精魅形象，构成中国古典小说中一个独特的形象体系。六朝志怪小说中的狐狸精形象，虽然已幻化为人，但徒具人形而缺乏人的思想感情。《任氏传》则标志着精魅人化过程中的一个质的转变，《聊斋志异》继承了这一精神而加以创造性的发展，创造出一大批不仅具有人的美的容貌，而且具有人的美的精神品格的花妖狐魅形象。

元稹的《莺莺传》也是唐代传奇小说中描写爱情的杰作。元杂剧的《西厢记》就是从《莺莺传》演变而来的。但《西厢记》是一个大团圆的喜剧结局，表达的是

“愿天下有情人终成眷属”的美好理想，而《莺莺传》则是一个“痴情女子负心郎”的悲剧结局，所表现的文化思想意蕴比较复杂。小说写贵族小姐崔莺莺同张生相爱，后来张生进京赴考，抛弃了莺莺。可是作者对张生“始乱终弃”的负义行为却采取了一种回护的态度，说莺莺是“妖孽”和“尤物”，张生“忍情”抛弃莺莺是“善补过者”。不过大多数读者读后的感受却同作者的主观愿望相反，对莺莺充满了同情，而对张生表示不满。莺莺作为一个从小受封建礼教教育的贵族小姐，敢于冲破礼教的束缚，大胆地追求爱情，同张生私相结合，在当时具有鲜明的反封建的积极意义。但造成悲剧的原因却有着深刻复杂的思想文化背景，有着值得我们思索的深刻内涵。张生抛弃莺莺，并不是因为门第不相当，事实上崔氏在门第、财富方面都不在张生之下，而张生抛弃莺莺时却不过是一个“文战不胜”的落第士人。这里实在是另有原因。虽然作者采取的是一种错误的态度，但对悲剧原因的揭示还是相当明确而具有深度的。其实，张生在诬蔑莺莺为“妖孽”和“尤物”时，提到历史上殷纣王宠妲己和周幽王宠褒姒导致乱政败国的例子，就已经透露出了一些信息。这里不能简单地看成是张生为自己辩护的托词，而是真实地表现了一种植根于悠长的历史文化土壤中的对妇女的偏见。这是从传统的男尊女卑思想中产生出的一种根深蒂固的陈腐观念。这种观念所造成的在爱情婚姻问题上的男女不平等，在历史上不知道酿成了多少悲剧。数不清有多少男人首先去追求甚至引诱女人，更有一些无耻之徒把女人当作玩物，而到头来却把一切罪责都推到了女人的身上。《莺莺传》的悲剧意义，就在于反映了这种传统观念对妇女的深深的伤害，而这在封建时代是具有深刻的普遍意义的。

莺莺的悲剧还有更深一层的含义，就是被伤害的妇女本身也受到这种陈腐观念的毒害，受人污辱反认为自己不洁而在人面前感到抬不起头来。莺莺在给张生的复信中，就说什么“儿女之心，不能自固。君子有援琴之挑，鄙人无投梭之拒”，还有“自献之羞”和“以先配为丑行”之类的说法，就都是这种心理的反映。当然，莺莺这一形象能得到广大读者的喜爱和同情，还不仅仅在于她既敢于突破封建礼教的束缚去大胆地追求爱情，又同时受到落后的陈腐观念的侵害，更不在于她的软弱和委曲求全，而在于她在事实教育下的最后觉醒。在小说的最后，莺莺毕竟从温婉柔弱走向怨愤反抗了。在文学史上，从《莺莺传》到《西厢记》的思想演变，张生从一个负心郎变成了一个忠实于爱情的痴情公子，就体现了人民群众对爱情婚姻问题上男尊女卑的陈腐观念的批判和否定，同时也体现了人们对爱情的美好理想。

其他描写爱情婚姻题材的优秀作品还有很多，例如《无双传》《柳氏传》《飞烟传》《李章武传》等，都各有思想特色。爱情婚姻问题是最普遍的人生问题之一，人们的热切关注使之成为文学的永恒主题。但是，爱情婚姻问题从来就不是单纯的两性关系问题，它总是同广泛的社会问题联系在一起的。唐代传奇小说中的优秀作品，在爱情婚姻题材中反映了丰富的社会内容，表现出多方面的思想意义，具有鲜明的时代特色。

二、歌颂侠义精神和豪侠英雄，是唐代传奇小说的另一个重要内容。这类小说的大批出现，主要是在中晚唐时期。一方面是由于长期历史文化传统的影响，另一方面也是由于特定时代条件下现实生活的需要。助人为乐、见义勇为、扶危济困等等，是中华民族在长期历史发展过程中形成的优美品德。中国自古以来就产生过许多豪侠之士，其特点是武艺高强而行为放纵，不受国家法令的约束。司马迁在《史记·游侠列传》中，就热情地歌颂了那些富于正义感，守信用，愿意为人排忧解难而不惜牺牲自己的生命，事成后又不夸功劳，不图酬报，甚至也不喜欢别人称赞自己为豪侠之士的侠客。当社会矛盾尖锐化时，人们就更加需要这种人物。唐代传奇小说中豪侠人物的出现，是历史传统和现实需要相结合的产物。

在一些爱情题材的小说中，就已有豪侠人物出现。例如《霍小玉传》中那位挟持李益到霍小玉家中去的黄衫豪客，就是一位路见不平、拔刀相助的豪侠人物。还有《柳氏传》中的许俊、《无双传》中的古押衙，也都是这一类人物，只是在小说中还不占主要地位。

李朝威的《柳毅传》是一篇热情歌颂侠义行为的小说。主人公柳毅，在考试落第回家的途中，看见一个满面愁容的女子在路旁牧羊，经询问得知她是龙王洞庭君的小女，遭到丈夫和公婆的虐待，需要传信告知他的父母。柳毅出于同情和义愤，答应为她传书到家。龙女的叔父钱塘君闻讯后大怒，立即赶去吃了龙女的丈夫泾川龙王的儿子，杀了他们全家，救回龙女。柳毅在龙宫受到龙女一家的热情款待。为了报答柳毅的恩德，钱塘君以强暴无礼的方式请柳毅与龙女结婚。柳毅以刚毅不屈的态度严词拒绝。辞别时，龙女有感于柳毅的恩义，表现出依依不舍之情。柳毅离去以后，龙女的父亲曾想将她嫁给别人，龙女坚决不肯，一心要追求和等待柳毅。后来经过曲折的过程，龙女和柳毅终于结为夫妻，过上了美满幸福的生活。小说以主人公柳毅的活动为中心，充分展示了人的美好品德以及人与人之间的美好关系。

柳毅是一个落第的穷书生，虽然自身遭遇不幸，却热心帮助别人，在他的身上体现了我们民族的传统美德：见义勇为、正直无私、言守信义、行重操守。他不辞艰辛，替龙女传书，救人于危难之中，完全是出于对受害者的同情，没有夹杂任何个人的私心，也不企望得到任何报偿。当钱塘君以粗暴的态度胁迫他和龙女成婚时，他又表现出一种富贵不能淫、威武不能屈的骨气与崇高品格。临别时龙女的爱怜之心、依然之容，都使他心有所感，甚至“殊有叹恨之色”。但他始终坚持“以义行为之志”“以操守为志尚”，能够“自约其心”。他后来和龙女结合，虽然是他内心所愿意的，却并不是他所追求的。在他看来，正直善良是立身做人的根本，“义行”和“操守”是必须坚守的志尚。他所追求的目标，是道德的崇高和完美。正如他后来对龙女所说：“达君之冤，余无及也。”就是说，除了帮助龙女解除苦难，别的他什么都不考虑。当初如果屈从于钱塘君的胁迫，同意了跟龙女结婚，在他看来，就是“杀其婿而纳其妻”，违背了救人于危难的初衷，是很不道德的。

不仅柳毅的身上体现出义，在龙女、钱塘君、洞庭君的身上也同样体现出义。龙女受恩知报，她追求爱情的过程就是报恩的过程，她对柳毅的爱情是建立在义的基础之上的。洞庭君和钱塘君虽然性格不同，但对柳毅救助龙女的侠义行为和高尚品质，都是十分赞赏和感激的，在龙宫中对柳毅的热情接待，处处表现出由衷的感激心情；而对龙女前后的婚姻和爱情，又都表现出一种愧悔和通情达理的态度。

总之，重义是小说中几个人物的共同特点。这篇小说，以由父母包办婚姻所造成的妇女的不幸遭遇为背景，描写和歌颂侠义行为，描写和歌颂美好的人、美好的人与人之间的关系、美好的人生，表达了作者对社会生活的道德评价和美学理想。因此，全篇小说闪耀着一种人格美和生活美的理想光辉。

唐代传奇小说中，豪侠题材最杰出的代表作是《虬髯客传》。小说创造了历史上称为“风尘三侠”的三个形象：李靖、红拂女和虬髯客。这篇小说虽然在思想旨趣上并不高明，但在人物描写和艺术构思方面很有特点，我们将在后文列专节进行赏析。

下面对另一篇豪侠小说的代表作《昆仑奴》作一些分析。

这是一个豪侠与爱情相结合的故事。小说带有浓厚的传奇色彩，却反映了非常现实的内容，热情地歌颂了两个身处下层的人物：豪侠之士磨勒、追求自由与爱情的歌伎红绡女。

磨勒身为奴隶，却聪明机智，勇武过人，能急人之难，救人于水火之中，有一副炽热的侠义心肠。作者将一个地位低贱的奴隶写得如此超凡出众，既肯定他高强的本领，又歌颂他的侠义精神。这种态度在封建时代是很进步的。

红绡女出身富豪，却沦为歌伎。她是一个有思想、有识见、热爱自由、反抗压迫的女性形象。她鄙弃富贵，对一品府中奢侈豪华、锦衣玉食的生活视若“狴牢”，表现了她独立的人格和卓异的思想。她抓住为崔生送行的一瞬时机，用“立三指”“反三掌”的手语暗约崔生，既大胆敏捷，又含蓄谨慎，表现了她的机警和聪慧。“所愿既申，虽死不悔。请为奴仆，愿侍光容”，表现了她追求自由和爱情的坚定和果决。由于她的身份地位，她对人身自由的追求和对爱情幸福的追求，是紧紧地结合在一起的。她对爱情幸福的追求值得同情、肯定；磨勒对她的热情救助也值得赞美、歌颂。

崔生是一个次要人物，但也有鲜明的性格，给人留下较深刻的印象。他虽然出身于一个显赫的官僚家庭，却没有侈奢浮浪的习性，而是“举止安详，发言清雅”，甚至在艳丽绝代的歌伎面前羞涩得连美食都不敢进；对身处下贱的歌伎的情意，给予积极的真诚的回报，以至于“神迷意夺，语减容沮，恍然凝思，日不暇食”，完全是一个情痴的形象。磨勒为他救出红绡妓后，他竟隐藏在家里过了两年美满幸福的生活。不过值得注意的是，他的智慧、才能、勇气，都在磨勒和红绡女之下，最终也只是一个陪衬人物，作者在艺术上对人物配置和关系的处理是恰到好处的。

小说还反映了唐代大官僚阶级骄奢淫逸和凶狠残暴的罪行。篇中的“一品者”，相传是影射唐代的大功臣郭子仪的，声名昭著的功臣尚且如此，那些无恶不作的权奸佞臣就可想而知了。

小说写得非常精练、简洁，篇幅不长，但磨勒神奇的本领、轩爽的豪气，却是情态栩栩如生、活跃如画。对这个形象的刻画，作者主要从两方面着笔：一方面是通过他的言语行动，正面表现他的机警、沉着、豪爽、侠义等思想性格特点。如对崔生的吟诗和忧伤，“左右莫能究其意”，唯独磨勒能窥见他“襟怀间事”，而且出言不逊，声言不论何事都能“为郎君解释。远近必能成之”。当他知道崔生如此是为热恋红绡而不可得时，竟毫不经意地说：“此小事耳，何不早言之。”接着又写他解会红绡的手语，巧杀一品家的猛犬，写他负崔生“而逾十重垣”，到防守极严的歌伎院与红绡相见；又写他成全红绡追求崔生的“坚确”意愿，三次反复为她“负其囊橐妆奁”，然后“负生与姬而飞出峻垣十余重”，帮助两个有情人实现了结合，而“一品家之守御，无有警者”。如此等等，都是极写其超凡的技艺和过人的勇力。通过这一系列的正面描写，一个带有传奇色彩的豪侠人物，便虎虎有生气地出现在读者的面前。另一方面，又采用虚写的手法，即通过别人对他武艺和勇力的评价和心理反应等加以烘托、渲染、反衬，使人物形象更加鲜明突出。开始是崔生“骇其言异”；接着是崔生与红绡女见面，女“跃下榻执生手曰：‘知郎君颖悟，必能默识，所以手语耳’”。读者知道这是称美错了对象，真正颖悟的实际是磨勒，这是借红绡之口来赞扬他；然后是红绡女在崔生面前直接称赞他：“贤爪牙既有神术，何妨为脱狴牢？”这已经不是一般的赞扬了，而是因其术之神，竟至把自己追求自由幸福的希望寄托在他的身上；最后是事发而“一品大骇”，认为红绡之失，来者“势似飞腾，寂无形迹，此必侠士而挈之”，点出他是一位武艺精绝的“侠士”，并且产生畏惧之心，嘱咐家人不要向外声张，否则“徒为患祸耳”。小说结尾更见神奇，写“一品”命甲士五十人“围崔生院，使擒磨勒”，结果是“攒矢如雨，莫能中之。顷刻之间，不知所向”。不仅“崔家大惊愕”，连“一品”也“悔惧”，“每夕多以家童持剑戟自卫”。如此虚实相间，正面描写再穿插侧面的渲染烘托，磨勒的形象就更加丰满和突出了。

再如《红线》，也是唐代传奇小说中豪侠题材的代表作之一。小说带有浓厚的传奇色彩。主人公红线是一个出身微贱的婢女，却有深厚的文化修养，又有高强精绝的武艺，能只身进入“侍人四布，兵器森罗”的中军帐中，将元帅头边的金合盗走而不为人所知觉。她的行为不仅使威震一方的藩镇“惊怛绝倒”，而且因此避免了一场战乱，使“两地保其城池，万人全其性命”。在男尊女卑观念极为普遍的封建时代，能将一个受压迫最深、最被人歧视的下层妇女写得如此出类拔萃、光彩照人，应该说表现了作者非常可贵的进步思想。

但是红线不避艰危，“忘于行役”，不过是“感知酬德”，为主子效劳，服务于统治阶级，这与战国时代游侠之士“士为知己者死”的精神一脉相承，其思想境界并不是很高。

这样的人物在晚唐时期的社会中出现，并反映到传奇小说的创作中来，与当时藩镇割据、社会动乱的历史条件分不开。占地为王、各据一方、互相厮杀吞并的藩镇，需要这种武艺高强的侠客来为他们服务；同时，久历战乱、不堪其苦的广大劳动人民，也期盼这样的人物来为他们除暴安良，争得太平世界。因此，红线这样的侠女形象，虽然带有浓厚的神奇色彩，充满浪漫主义的想象，却有其产生的现实土壤，反映了时代生活的一个侧面。

红线的形象塑造得非常鲜明。其间对比手法的应用收到了很好的艺术效果。小说一开头就以她低贱的身份和过人的学识才智构成强烈的反差，使人获得一个初步的印象：此人以青衣的身份而能为一方藩镇“掌笺表”，必非平凡之辈。接着便在藩镇间尖锐冲突的背景下，将身为节度使的薛嵩与红线进行了对比。在魏博节度使田承嗣咄咄逼人的威胁之下，薛嵩是“日夜忧闷”“计无所出”；而红线竟能从主子“不遑寝食”中，一眼看出是因为“邻境”不安，并表示自己“虽贱品，亦有解主忧者”。当薛嵩“具告其事”以后，红线竟不以为意地说：“易尔，不足劳主忧。”并请命到魏郡，且“一更首途，三更可以复命”。在危急的形势面前，地位极其悬殊的两个人，一个无可奈何，忧心忡忡，一个从容镇静，处变不惊。这里，在身份地位的对比中，展示了两个人物在才智、胆识、勇气、魄力等方面的悬殊。小说还借薛嵩之口称红线为“异人”。在还没有展开人物行动的具体描写之前，红线的“异人”风采，就已在读者的想象之中了。

叙事视角的转换造成了叙事的波澜和生动性。用倒叙手法，先写红线盗合归来，再由她口述其经历，既避免了平直单调，又增加了真实性和亲切感。而写她的归来，是用的限知视角，从薛嵩的听觉和感受着笔：“嵩乃返身闭户，背烛危坐。……忽闻晓角吟风，一叶坠露，惊而试问，即红线回矣。”虽极为夸张，但有人物的真实感受作基础，因而显得十分真实。然后再由薛嵩的发问，自然地引入红线的自叙，写她的所见、所闻、所做，使读者恍如身历其境。

小说虽然篇幅不长，但描写相当细致，文辞也极生动。如红线行前，有一段描写她的服饰行装：“梳乌蛮髻，攒金凤钗，衣紫绣短袍，系青丝轻屦。胸前佩龙文匕首，额上书太乙神名。”从外在的装束打扮，绘出了她内在高逸不凡的丰神。而写红线入帐盗合，写帐中侍者的睡态：“时则蜡炬光凝，炉香烬煨，侍人四布，兵器森罗。或头触屏风，鼾而亸者；或手持巾拂，寝而伸者。某拔其簪珥，縻其襦裳，如病如昏，皆不能寤……”描绘逼真，历历在目，映衬出红线动作的轻捷矫健。在自叙中，又插入一段写景：“见铜台高揭，而漳水东注；晨飙动野，斜月在林。”动静结合的景色，传达出主人公从容自喜的心情，情景相生，读来颇富于抒情意味。

小说明显地受到佛教思想的影响。佛教在唐代本来就很发达，到了晚唐时期，因为社会的不安定，佛教思想的影响就更为广泛。篇中的红线自叙她本是男身，因误致三人死获罪而降为女子，立功赎罪后才又复原男身。这不仅是佛家轮回思想的表现，而且还表现出男尊女卑的陈腐思想，这种思想由一个武艺才智出众的超尘拔俗的女子口中道出，不免显得荒唐而不协调，有损于人物的美好形象。

其他如《聂隐娘》中的聂隐娘，也同样表现了豪侠人物超凡的武艺和侠义精神相结合的共同特点。上列作品中，虽然一些人物有为统治阶级效力的一面，但身处乱世苦难中的人民，渴望过安定和平的生活，还是非常欢迎和喜爱这类人物的。

三、描写社会政治题材、总结历史经验的作品，在唐代传奇小说中虽然数量不算很多，却也是值得我们重视的一类。

与白居易的长篇叙事诗《长恨歌》同时产生、相伴流行的陈鸿《长恨传》，描写的是唐玄宗和杨贵妃的爱情悲剧，但是作品的思想内容比较复杂，不能看成是单纯描写爱情的作品。小说写唐玄宗宠幸杨玉环，册封为贵妃，杨氏兄弟姐妹因此而权倾一世，富埒王公。唐玄宗沉迷声色，不理朝政，杨国忠专权误国。天宝末年，发生了安史之乱，唐玄宗仓皇中逃往蜀中避难，途经马嵬坡时，六军徘徊不前，请求诛杀杨氏兄妹。杨贵妃被缢死。后安史之乱平息，唐玄宗返都，深切思念杨贵妃，内心十分悲痛。后派道士上天入地寻找，在仙山访得杨贵妃，以当年所赐钿盒金钗和七月七日之夜的密誓为证。道士返回后，唐玄宗忧伤而死。

小说最后的议论，提出“惩尤物，窒乱阶，垂于将来者也”的训诫目的，把女人看作导致唐王朝衰败的祸水，表现出一种女色误国的陈腐落后的观念。但小说又在同情赞美李杨爱情的同时，揭露和批判了唐玄宗纵情声色、荒淫失政、任用权奸，以致引起社会动乱的腐朽本质。这是符合历史上的帝王特征的。安史之乱的产生当然有多方面的社会原因，但小说所描写的皇帝的荒淫失政，毕竟从一个侧面反映了当时的历史真实，它所总结出的历史教训，也是值得后人（不仅仅是帝王）记取的。

另一篇揭露帝王本质、总结历史教训的传奇小说，是陈鸿祖的《东城老父传》。小说写一个名叫贾昌的老人对开元盛世的回忆。唐玄宗喜欢斗鸡，在两宫之间修建鸡坊，搜集天下各种善斗的鸡近千只，选六军中的青年五百人，专门进行饲养训练，以供皇帝享乐。小说写道：“上之好之，民风尤甚”，以致“都中男女，以弄鸡为事”。贾昌因为善于训练斗鸡，就得到了唐玄宗的宠幸，封为五百青年之长，成为闻名天下的“神鸡童”，“金帛之赐，日至其家”。小说中还引用了当时的民谣加以讽刺：“生儿不用识文字，斗鸡走马胜读书。贾家小儿年十三，富贵荣华代不如。”小说还具体地描写了贾昌所指挥的供皇帝观赏的斗鸡场面，热闹非凡，真是奢侈豪华到了极点。连对皇帝感恩不尽的贾昌本人对此也深为感叹：“使人朝服斗鸡，兆乱于太平矣。上心不悟。”意思是说，皇帝这样荒唐享乐，在天下太平的时候就已看出社会动乱的征兆了。这就把祸乱的根源归结到皇帝享乐腐化的本质上，这样的认识在封建时代应该说是相当深刻的。小说作于元和年间，距开元、天宝唐王朝由盛转衰的时代不远，其总结历史教训的创作目的也是十分清楚的。

四、在唐代传奇小说中还有一类写梦幻的作品，最著名的是沈既济的《枕中记》和李公佐的《南柯太守传》。

这类梦幻小说的产生，既有现实政治斗争的基础，也有佛家和道家思想的影响。作者的创作目的并不在梦幻本身，而是借梦幻以写真，反映现实，反映作者对现实的认识，以及对于人生的感悟。

《枕中记》写一个士人卢生，自认为富有才学，应当为官做宦，享受荣华富贵，可到了中年仍然很不得志。在邯郸道上的旅舍里，道士吕翁给了他一个瓷枕。这时店主人正在蒸黄粱饭。他见瓷枕两端洞明，便举身入内，以后便经历了种种荣华富贵的生活：娶了高门望族崔氏之女为妻，中了进士，并得到皇帝的赏识，最后还做了宰相。子孙也都富贵，并与天下望族结为婚姻。三十多年中，享尽了荣华富贵。小说对他奢侈放荡的生活是有所讽刺的，但同时又肯定他是一位有政绩的好官，治水开河，抵御外族的入侵，都得到老百姓的拥戴，人们甚至为他“立碑颂德”。在朝中执掌大权十年，也“号为贤相”。但因此也招来种种忌恨和诬陷，以至于贬官下狱，被逼得几乎自杀身亡。卢生醒来后发现这一生的经历原来不过是一场梦幻，这时旅舍主人的黄粱饭还没有蒸熟。这篇小说反映了唐代知识分子的矛盾思想，一方面追求荣华富贵，一方面又深感仕途的险恶，对政治黑暗和统治阶级内部互相构陷倾轧的残酷性心存畏惧，因而产生了“人生如梦”的思想。篇末借道士之口点明：“人世之事，亦犹是矣。”不过这篇小说的思想艺术价值，主要在于通过梦幻的形式，真实地反映了唐代现实的政治生活，也就是揭示出了“人生如梦”的思想所以产生的现实基础。这篇小说对后世的影响很大，“黄粱梦”“邯郸梦”成为诗文中常用的成语典故。

《南柯太守传》也是在表现“人生如梦”思想的同时，对那些“窃位著生”、追求荣华富贵的人提出警戒。作者以十分严峻的语气指出：“无以名位骄于天壤间”，显然是针对现实而发的。

这两篇小说中所写的种种情事，都是唐代现实生活的真实反映。所以我们不妨把这类作品看作是以特殊的形式表现的社会政治小说。在艺术描写上，人事、情境都栩栩如生，真切动人，在虚幻中又透出浓厚的生活气息。

从上面的简单介绍，可以看出唐代传奇小说的内容是十分丰富多彩的。今天的读者从中可见唐代的社会历史面貌，了解当时的风俗民情，还可以看到有社会责任感的知识分子对社会历史的反思，看到广大人民群众尤其是广大妇女的不幸遭遇，以及他们对自由幸福的追求，他们的希望与失望、欢乐与悲哀。

第四节　唐代传奇小说的艺术特色

鲁迅先生在《中国小说史略》中把唐代传奇小说的成就归结为文采与意想两个方面。意想是指内容的丰富和深刻，文采则概括了唐代传奇小说艺术上的特色，不单指文辞的华艳而已。

唐代传奇小说的艺术成就，首先表现在人物描写上。唐代传奇小说不仅创造了一批栩栩如生的人物形象，尤其是妇女形象，如霍小玉、李娃、莺莺、任氏、红拂等，给我们留下了鲜明深刻的印象，而且在人物创造上表现了小说艺术的成熟。小说中的人物不仅有鲜明的个性，而且思想性格与其身世遭遇、生活环境密切相关。例如霍小玉和李娃，身份同为妓女，同样与贵族公子相恋，又同样面对着门阀制度的威胁，但由于两个人出身遭遇不同，她们的性格和对门阀制度所采取的态度也迥然不同。霍小玉是知其不可而为之，在对生活可怜而又可悲的追求中，表现出她的执着和坚韧。而这种执着和坚韧，既表现了表面上看来与她的年龄很不相称而实际上却是由她的出身遭遇所决定的早熟和沉稳，又从中透出一个毕竟涉世未深的少女的幼稚和天真。李娃却与此不同，她是一个久落风尘的妓女，一方面对被污辱被压迫的生活不满，另一方面又在长期的妓女生活中沾染上了许多不好的习气。因此她才会在荥阳公子钱财花完之时，同鸨母一起设计将他赶出门外。但又良心未泯，终于在公子沦为乞丐之时，出于同情和愧悔去帮助他恢复身份。而在她面对本可以分享的荣华富贵时，却又对森严的门阀制度保持着十分冷静的头脑，做出了“功成身退”的明智决定。人物的思想性格，同中有异，十分鲜明。像这样丰富深刻、与生活环境血肉相连的人物性格描写，在唐以前的小说中是没有过的。

另外如莺莺深刻的内心矛盾，不仅包含着丰富的文化历史内容，而且也是由她的家庭出身和具体的生活环境所决定的。又如《柳毅传》中的洞庭君和钱塘君，作为神话人物，既具有现实的人的特点，又具有大自然的秉性。他们都很关心龙女的爱情婚姻，又都重义，但性格特点很不一样。洞庭君通情达理，宽厚平正，正是洞庭湖浩淼博大气象的人格化；钱塘君嫉恶如仇，刚烈激奋，则正是奔腾激荡的钱塘江怒潮的人格化。自然性与社会性的有机结合，是唐代传奇小说神话人物的杰出艺术创造。

细节描写是唐代传奇小说的又一个显著的艺术特色。唐以前的小说，篇幅短小，很少有细节描写，传奇小说则因篇幅长而有条件对生活进行细腻的描写。在《柳毅传》中，柳毅在道旁初见龙女时有一段精彩的细节描写。他见龙女牧羊于路边，有这样一句："怪视之，乃殊色也。"从他眼中看出龙女长得非常漂亮。但仅此一句，不铺张，不渲染，恰到好处。接下去却从他眼中转而写龙女的衣着神情，写得就比较细了："然而蛾脸不舒，巾袖无光，凝听翔立，若有所伺。"这几句是写龙女，同时也是写柳毅。这里表现了柳毅丝毫不为龙女的"殊色"所动，却注意于她悲戚的表情和破旧的衣服。只有富于同情心而又心地光明的人才会这样。几句细节，就把人物的精神世界深刻地揭示出来了。

再如《任氏传》中写郑六和任氏在长安大街上初次相遇时，也有一段出色的细节描写：

> 偶值三妇人行于道中，中有白衣者，容色姝丽。郑子见之惊悦，策其驴，忽先之，忽后之，将挑而未敢。白衣时时盼睐，意有所受。郑子戏之曰："美艳若此，而徒行，何也？"白衣笑曰："有乘不解相假，不徒行何为？"郑子曰："劣乘不足以代佳人之步，今辄以相奉，某得步从，足矣！"相视大笑。

作者用极其精练的语言，将人物的动作、神态、心理，细致入微地表现了出来，甚至还透露出两个人物在感情上的微妙交流。"忽先之，忽后之"，这是由人物的行动写人物的心理。郑六见任氏貌美，由惊喜而爱慕，因爱慕而不舍离去，进而想搭话挑逗，内心却尚有犹疑。他一会儿在前，一会儿在后，既可以欣赏任氏的美貌，观察她的表情，又可以让对方发现自己、注意自己。他的问话绝妙地传达出此时的特殊心理：没话找话、不伦不类，既传达出自己的爱慕之意，有一点挑逗的意味，又不太露骨，不算过火；既能引起对方的答话以达到试探的目的，又不至于引起对方的反感和恼怒。任氏的答话也极聪明，既巧妙地回报了对方的情意，并含蓄地暗示对方应该有进一步的表现，同时又显得热情而不轻佻，未失身份和体统；既没有让人不敢亲近的矜持之态，又不显得下贱和俗气。于是引来郑六更加大胆热情的反应，不仅有了行动（奉驴），而且进一步明确地表达了自己的爱慕之情：我能跟随在您的马后步行，就够幸福的了！整个过程，将两人关系的微妙发展、感情心理的变化交流，都合情合理、极有层次地揭示了出来。

诗与小说的融合，是唐代传奇小说在艺术上的又一显著特色。唐代是中国古典诗歌的黄金时代，诗歌艺术对小说的影响和渗透是极自然的事。唐代传奇小说中的优秀作品，在人物、环境等描写方面，都注意创造意境，创造诗的情韵。这主要表现在两个方面：一是在故事中穿插诗歌，二是注意环境、气氛、人物精神气质的诗意营造。前者如《莺莺传》中莺莺邀请张生赴约的《明月三五夜》，诗的内容既是小说故事情节的有机组成部分，同时也表现了人物诗的才情、气质和特定的思想感情。后者如《霍小玉传》中对霍小玉的描写。霍小玉的形象充满了一种诗意美，她的生活追求是那样美好而令人同情，志趣爱好是那样高雅不俗，居处环境是那样优美宜人，举止言谈是那样温婉妩媚，甚至到后面表现她刚烈的反抗性格，写她对李益背盟负义的行为进行愤怒的斥责时，用的也是诗一样的语言。由于这篇小说的人物创造富于诗的特色，因而虽然描写的是贵族公子与妓女的恋爱故事，但整篇小说表现出很高的思想格调和健康的审美情趣。

《柳毅传》中也出色地创造了诗的意境和诗的气氛，将人物崇高的道德情操加以诗化，置于一种优美的艺术境界之中，烘托得更加美好高洁。作者将传统的散文和诗歌的笔法引到小说创作中来，文辞绚丽，极富文采。如龙女被救回龙宫以后的情状，就以一种诗的语言来进行描绘。写在“祥风庆云，融融怡怡，幢节玲珑，箫韶以随”的气氛中，龙女“自然蛾眉，明珰满身，绡縠参差”而来，“红烟蔽其左，紫气舒其右，香气环旋，入于宫中”。而这一切景象都是从柳毅的眼中看出的，充满一种浓厚的喜庆、融和、美好气氛，充满一种诗意美，唤起读者回忆前文龙女那种“巾袖无光”“风鬟雨鬓”的忧伤憔悴形象，从对比中想象出回到龙宫以后的龙女那种动人的仪容风采，进而联想到这一切都是柳毅传书所带来的美好结果，自然地产生对他的崇高品德的敬佩之情。作者采用诗笔，将艺术氛围与人物的优美品德融合在一起，创造出诗一般的艺术意境。

第五节 《虬髯客传》的艺术构思和人物描写

一篇成功或优秀的文学作品，其思想和艺术总是融合在一起的。但是，思想性和艺术性相结合的情况就要复杂得多。有一些作品，其艺术就它所要表现的思想来说是完全一致的，而思想的价值和社会意义与其艺术表现的成就相比就要差很多。这种复杂矛盾的现象在文学史上并不少见。唐传奇中的名篇《虬髯客传》，就是这样一篇思想性与艺术性并不完全一致的小说。

这篇小说以它所创造的“风尘三侠”的生动形象而为广大读者所喜爱，但是作者的真正命意却不在此，而只是以这三个人物作铺垫，竭力将李世民推到一个至高无上的地位。作品所宣扬的思想并不高明，它将李世民写成一个真命天子，表现了浓厚的正统观念和宿命论的思想。作者在篇末议论道：“乃知真人之兴也，非英雄所冀。况非英雄者乎？人臣之谬思乱者，乃螳臂之拒走轮耳。我皇家垂福万叶，岂虚然哉！”联系到这篇小说产生于晚唐时期，在藩镇割据、唐王朝的统治岌岌可危的情况下说这样的话，写作这样歌颂李世民和维护唐王朝正统的小说，其历史观显然是非常落后的。

作品为了表现这一思想，作了极其巧妙的艺术构思。小说采用了环环相扣和层层递进的情节结构，将全力歌颂、热情肯定的人物李世民置于一个压倒一切的至高无上的位置上，通过艺术构思巧妙地体现了只有李世民才是真命天子、才能统治世界的创作意图。整篇小说都着眼于李世民，充分地肯定和赞美了这个人物，而对他却又着笔很少，并没有铺张的直接描写。

人物是一个一个出场的，而且一个引出一个，后出的一个比前面的一个更高、更完美。好比环扣，一环连接一环；又好比台阶，一级比一级更高。最后才在最高点上引出李世民，使他处于台阶最后一级的制高点上。在小说的整体艺术构思中，所有的人都不能超越他，都是作为他的铺垫而存在的。

最先出场的是杨素。杨素是隋末权倾一时的大臣，他自己就认为“天下之权重望崇者，莫我若也”。对杨素主要是写他两点：一是奢贵，一是狂傲。值得注意的是，小说一开头就用“又以时乱”四字，顺笔点出时代背景。这背景主要不是杨素活动的背景，而是下文众多英雄人物活动的背景。“乱世出英雄”，作者着重描写的就是乱世之中豪侠英雄的较量，但不是写势力或武艺的较量，而是写气数和气质的较量。这是一种特殊的、无形的，同时也是很难写出的较量。

杨素的出场只是艺术构思中最下一层的铺垫，然后一层一层写下去，一层比一层高地写出他的人物。由杨素引出李靖。作者竭力写出李靖的不同凡俗之处：他是一个布衣，却敢于去“上谒”一个对公卿贵宾都十分倨傲的人，向他献策，并且批评他不应该那样高傲；批评的着眼点又在“天下方乱，英雄竞起”，应该广泛地收罗英雄豪杰以安定天下。这就看出了他眼光和胆识的不凡。态度一贯倨傲的杨素，不仅“与语”，而且最后竟“大悦，收其策而退”。这里并没有具体写出两人的谈话过程，但读者可以想象出李靖过人的眼光和杰出的辩才。这是第二层。

然后由李靖引出红拂。写红拂，一出场就写她三个方面：一是写她侍妓的身份（她连名字也没有，我们只知道她姓张，排行第一，人们便以标志她身份的红拂来称呼她）。身份地位的低贱正反衬出她的不平凡之处来。二是写她的美貌。仅以“有殊色”三字带过，没有作渲染，也不宜作渲染。因为下文将要写到的两人之间的爱情，同传统的那种“佳人爱才，才子好色”的恋爱迥不相同，他们是以气质、志趣、追求相投合为基础的。三是写她不同寻常的眼光、胆识、气度。这方面作者是作为重点来描写的，写得非常出色。先是写她“执红拂，立于前，独目公”，前六字写她侍妓的身份，后三字则写她不同寻常的眼光、心机。“独目公”三个字有两层意思：一是眼中没有她的主人杨素，只有那个驰骋辩才、风度不凡的李靖；二是表明她在观察和思索，暗示她想离杨素而去是颇有时日了。下文写：“公既去，而执拂者临轩指吏曰：‘问去者处士第几？住何处？’”这就表现了她“独目公”时确实是在观察、比较、选择，她等待的时机终于到来了，临轩所言就表明了她已经下了决心。仔细想来，一个官僚人家的侍女，在客人离去时追上去打听人家的排行、居址，实在是很不寻常的。

夜奔旅店一节，就更其出色地写出了她超凡脱俗的仪状和气性来。这也写得极有层次。“五更初”到旅店去低声叩门，是从时间上写。试想一个年轻女子，夜里到旅店去敲一个陌生男人的门，在封建时代实在是需要极大勇气的。“紫衣戴帽”“杖揭一囊”，这是从衣着行装上写其不凡，似乎在有意掩盖其女性的本色；“脱衣去帽”，这才露出她“十八九佳丽人”的真面目，是写其容色不凡。但是，这些描写都还只是外在的、浅层次的。后面就逐渐深入到人物的精神气质内部去了。最重要的是写她慧眼识英雄。先是写她向李靖主动陈述投奔的原因：“妾侍杨司空久，阅天下之人多矣，无如公者。”这里与上文“独目公”相呼应，证实了她确实是经过无数次的观察和选择才最后决定投奔李靖的。其次是写她对杨素的认识。李靖问她“杨司空权重京师，如何”，她回答说：“彼尸居余气，不足畏也。”李靖的眼光虽然能纵观天下，并提出广搜人才的良策，但是他献策的对象却是所选非人。比较起来，红拂的眼光和胆识显然更高一筹。再次是写她对出逃有周密的安排、计划。她对李靖说：“计之详矣，幸无疑焉。”在胆识之外，又写出她的沉着和机智。然后从李靖的感受总写一句："观其肌肤、仪状、言辞、气性，真天人也。"最后写她跟李靖一起离开西京，避居太原，也是精彩的一笔。小说本来也可以这样写："数日，亦闻追讨之声，意亦非峻。乃同归太原。"但作者不满足于"同归太原"这样平直的叙述，特意加上这样八个字："雄服乘马，排闼而去。"这当然不只是简单地写服饰和交通工具，而主要是借此以表现红拂虽为女性而具有男子汉的行色、气派。这是第三层。

第四层是由李靖、红拂引出虬髯客。灵石旅舍"风尘三侠"相会一节，是这篇小说最精彩的一笔。写虬髯客，总的看是从凡处写其不凡处。作者也是从容运笔，层层写来。先写他的外貌，是从李靖和红拂的眼中写出的："公方刷马，忽有一人，中形，赤髯如虬，乘蹇驴而来。"这同传统小说中写英雄人物总是写其身高八尺、体态壮伟、气度不凡很不相同。这里是有意从凡俗的一面着笔，以其外在形貌的凡俗，反衬出后文将要着力描写的他的思想精神之超凡脱俗。其实，人物突然而来，虬髯、蹇驴、中形等，给我们的印象就已是俗中见奇、凡中透出不凡来了。接下来写他的粗豪和狂放，投足举止间，处处透出一股豪气："投革囊于炉前，取枕欹卧，看张梳头。"粗豪无礼，狂放不羁。这种无礼的态度，自然会引来一般人的不满甚至恼怒；李靖的反应正是如此，这也就表现出他凡俗的一面来。李靖的"怒甚"是由虬髯客的无礼激起的，由李靖的态度自然映射出了虬髯客的粗豪。而红拂却是另一种反应：她"熟视其面，一手握发，一手映身摇示公，令勿怒"；既而又"敛衽前问其姓"；最后是"遽拜之"。这一系列的表现、态度，反映出红拂的眼光和胆识都在李靖之上。就在这两副眼光的交错映照之中，初步显现出虬髯客的豪侠面貌来。接着又继续描写他豪放不羁的一面，并在此基础上，突出写他嫉恶如仇的性格。他一听说主人锅里煮熟了羊肉，便说"饥"，并抽出"腰间匕首，切肉共食"。这样的吩咐、安排和动作，似乎他跟主人已是多年相交的老朋友，甚至简直不是客人而像是主人，绝不像是初次见面的新交。这些都在粗豪爽快中透出率直可爱的气性来。待他从革囊中取出仇人的心肝，与主人共食，并说所杀之人是"天下负心者"时，他刚烈的性格和嫉恶如仇的精神就已经跃然纸上了。最后，才写出他的用世之心和帝王之志。他向李靖打听太原有无异人，而一听说太原有一位真人时，便要求李靖引见，表现了他急切于平定天下的雄心壮志。至此，虬髯客的形象较之李靖和红拂又上了一层楼。这是第四层。

第五层才由虬髯客引出李世民来。跟写前面几个人物不同，写李世民主要是采用虚写的手法，用淡墨勾勒，不那么浓，不那么细，也不那么清晰，但却充分地写出了他非凡的气度和威势。同样也是分成几层来写的。首先由李靖的口中作第一层铺垫。他回答虬髯客时说："赏识一人，愚谓之真人也；其余，将帅而已。"明确地肯定他是个真命天子。其次，通过虬髯客之口来加一层肯定："似矣。"再次，用望气者之言"太原有奇气"来略加渲染，增加了这个人物的神秘感。第四层才通过刘文静的引见，从虬髯客和李靖的眼中正面写了李世民几笔："不衫不履，裼裘而来，神气扬扬，貌与常异。"从衣着的不拘细节和昂扬的神气，写出他异于常人的不凡之处。最后，以虬髯客"见之心死"四个字，来表现他那无形却是无比巨大的威慑力量。这四个字确有撼人心魄的力量，因为虬髯客并不是一个凡夫俗子，而是一个"欲于此世界求事，或者龙战三二十载，建少功业"的非凡的英雄。他一见到李世民，不仅自惭不如，而且立即陷于绝望之中，产生一种莫名的大悲哀。写虬髯客灵魂的大震撼，包含着极其丰富的内容：李世民无论在神气、才智、气数上都是压倒虬髯客的。这四个字，就稳稳当当地将李世民置于横空出世的最高一层位置上了。

到此，文章似乎已经做到了极限，一般的作者简直是无可为继了。而小说的作者却在这看似无以复加之处再加一笔。他又引出了一个眼光更高也更准的道兄来。小说写虬髯客"心死"而实未全死，他虽然一方面惊叹地告诉李靖，李世民是"真天子也"，同时又说"吾得十八九矣，然须道兄见"。"十八九"，这就留有余地，自然地引出道兄来挥洒他的笔墨。道兄这个人物给人一种神秘感，他的神秘也就增加了李世民的神秘；同时，虬髯客对他的期待和信赖，使他对李世民的认识和鉴定也显得更加确定和有力。在这种背景和气氛之下，作者才最后写出了那段"文皇看棋"的精彩文字。他从虬髯客特别是从道兄的眼中，再一次点染李世民的气质风神："俄而文皇到来，精彩惊人，长揖而坐。神气清朗，满坐风生，顾盼炜如也。"于是，作者又写出更加撼动人心的一笔："道士一见惨然，下棋子曰：'此局全输矣！于此失却局哉！救无路矣！复奚言！'""惨然"二字与前面的"心死"二字相呼应，意思大致相同，却更进一层，分量更重。"此局全输"是双关语，既指的是眼下的棋局，又指的是天下之争。接下来的几句话，以强烈的感叹语气连贯而出，意思层层递进，似重复而实不重复，每一句都不可少，减去一句就少一句的分量。在棋局旁展开的，实际是一场逐鹿中原的较量，一场特殊的精神、气性和气数的较量。道兄的话有千钧之力，铁定不移地得出结论：虬髯客绝不是李世民的对手。

山外青山楼外楼，经过层层铺垫、渲染，终于在最后一级台阶的制高点上，让李世民的形象闪射出了“真命天子”的耀眼光环。对李世民，作者有意不作具体的描写，而只着眼于他内在的精神气性，先后以“神气扬扬”和“神气清朗”进行概括，虽然没有具体的形貌、性格，却见神采。这个形象显得比较朦胧，如镜中月、水中花，近乎一个幻影。这正是作者所要追求的艺术效果。在作者所创造的那个世界里，李世民的形象是包涵一切的，也是超越一切的。作者其实并不关心他是否也具有前面写出的几个人物那样具体的优秀品德，他所注重的，只是由他的“神气”和不可知的“气数”所决定的任何人也不能改变而只能屈服或退避的命运。从小说整体的艺术构思来看，对于支撑和实现作者在篇末明确点示出来的作品的命意来说，应该承认他的艺术追求是成功的。

然而，这并不是《虬髯客传》思想艺术的全部。历来人们喜爱这篇小说，主要并不是因为它艺术构思的巧妙和由这构思所体现的作者要着意表现而实际并不高明的命意。小说的艺术魅力另有所在。这里涉及艺术创作和欣赏中的一些复杂的问题。至少有下面这样三个方面。

其一是，作品思想的复杂性和丰富性。这篇小说的思想，除了作者明确点示而又通过艺术构思体现出的命意以外，还有作者在创造形象时熔铸其中的更丰富的内容。比如，虬髯客虽然见到李世民时顿觉心死，但他并没有跌落到深渊之中，变成一个彻头彻尾的凡夫俗子。他在将家财悉赠李、张二人后，决然远走他方，奋力谋事，终于在扶余国成就了大功业。他虽然只能回避李世民，但那种“识时务者为俊杰”的果决态度和追求奋进的精神，都给我们以强烈的感染。又如红拂的形象，她身为女奴，却有自己独立的生活信念，有自己认识人、认识生活的标准，她有眼光、有胆识、有智慧、有勇气，敢于维护自己独立的人格。为了争取自由和幸福，她不受封建统治者的压制和封建礼教的束缚，毅然夜奔李靖。后来又一眼看出虬髯客是一个非凡人物，主动同他结识，并结为兄妹。她的美好性格突出地表现在既能慧眼识英雄，又能果断、坚毅地采取行动上。作者通过这些形象所表现的人生态度和妇女观，显然比他的历史观要进步得多。而这些，也是作品的思想不可分割的组成部分。

其二是，读者对作品思想的接受，由于种种因素的影响，是有选择性的。即使是对与作者同时代的人来说，小说歌颂真命天子的思想，由于各人所处的条件不同，也未必为每个人所乐于认同和接受。今天的读者则多数会对这种思想表现出鄙弃和否定，更多的人会对“风尘三侠”身上所体现出的积极的人生态度和优美品格产生共鸣，至少也会表示欣赏。

其三是，读者对作品思想的接受，还与作品所提供的艺术形象本身的特点有关。如前面所分析的，李世民形象的特点在于略带神秘感的朦胧和空灵，而多数读者则更习惯于接受那种具体而又血肉丰满的艺术形象。“风尘三侠”的形象在人们心中普遍留下了鲜明强烈的印象，除了他们的品格为人们所共同赞赏以外，恐怕与此不无关系。

不过，无论如何，我们也不能因为“风尘三侠”形象的成功而看不到小说所表现出的明显的消极思想；反过来，同样也不能因为它歌颂了李世民这位“真命天子”而否定其全部的思想艺术成就。文学的欣赏和评论，都不能不顾及作品思想艺术的复杂性。

思考题

1. 什么叫志怪小说、志人小说？它们在思想艺术上有什么特点？在中国小说发展史上处于什么样的地位？

2. 为什么说唐代的传奇小说标志着中国的文言小说走向了成熟？它具有什么样的特点？它是怎样继承和发展六朝志怪和史传文学的传统的？

3. 结合具体作品，理解唐代传奇小说的思想内容。

4. 结合具体作品，理解唐代传奇小说的艺术特色。

5.《虬髯客传》在人物描写和艺术构思方面有什么特色？

参考文献

1. 鲁迅：《唐宋传奇集》，齐鲁书社，1997 年。
2. 汪辟疆：《唐人小说》，古典文学出版社，1957 年。
3. 张友鹤：《唐宋传奇选》，人民文学出版社，1979 年。
4. 鲁迅：《中国小说史略》，人民文学出版社，1952 年。
5. 程毅中：《唐代小说史话》，文化艺术出版社，1990 年。
6. 李剑国：《唐五代志怪传奇叙录》，南开大学出版社，1993 年。
7. 李宗为：《唐人传奇》，中华书局，1985 年。
8. 周先慎：《古典小说鉴赏》，北京大学出版社，1992 年。

第八讲　艺术全才苏轼

宋代是中国古典文学发展的转折时期，处于一种承上启下、继往开来的阶段。传统的诗、文、词和新起的小说、戏曲，都得到全面的发展，文坛上一片繁丽纷披的景象。宋诗是在唐诗的基础上发展的，但学唐诗而不为唐诗所束缚，进行了新的开拓，有自己的特点。总的看，由于时代条件不同，宋诗没有像唐诗那样表现出阔大的气象、远大的理想和昂奋的精神，但在描摹客观事物时却更趋于细密深入，往往锐意刻画、淋漓尽致，表现出与唐诗的蕴蓄浑成不同的意趣。宋诗重理趣，在表现客观事物时，常常含蕴着发人深思的哲理，跟唐诗的重意兴情韵、以情动人，也有区别。南宋诗论家严羽在《沧浪诗话》中说："唐人与本朝诗，未论工拙，直是气象不同。"① 正因为气象不同，才使得宋诗在中国古典诗歌的高峰之后，还有自己的面目，在诗史上占有不容忽视的地位。严羽还概括了宋诗的三个特点："以文字为诗，以议论为诗，以才学为诗。"② "以文字为诗"，指的是宋诗散文化的倾向，即把散文的手法引入诗中。唐代的杜甫、韩愈已开其端，宋人加以发展，成为普遍倾向。"以议论为诗"，是指宋人喜欢在诗中言理，发议论。"以才学为诗"是指宋代的许多诗人都是学问家，读书很多，不少人喜欢模拟和化用前人的诗句，好用典故，表现自己博学多闻，发展到极端，就是追求所谓"无一字无来处"。这些都是宋诗的特点，但也常常变为宋诗的流弊。有些写得不好的作品，有理无情，流于抽象的说教，缺乏艺术感染力。

在两宋诗坛上，成就最高、影响也最大的诗人，是北宋和南宋先后辉映的苏轼和陆游。他们的诗歌创作体现了宋诗的特点，却少有宋诗的流弊。苏文继承唐代韩

---

① 郭绍虞:《沧浪诗话校释》，人民文学出版社，1962 年，第 133 页。

② 同上书，第 24 页。

愈和柳宗元的古文传统而又加以新的变化创造，是“唐宋八大家”中的杰出代表。苏词在传统的婉约之外别立一宗，创造了豪放风格，南宋辛弃疾接受他的影响，也成为先后辉映的两位大家。

第一节　苏轼的生平和思想

苏轼是我国北宋时期一位伟大的文学家。他不仅在艺术上取得了很高的成就，而且还在做人、从政方面表现出极为崇高的人格魅力。在艺术上他是一个全才，除文学外，绘画、书法也有很高的造诣，在中国古代绘画史和书法史上占有很重要的地位。文学创作方面，诗、词、散文都是大家，留下了许多优秀的作品，千百年来广为传诵，受到广大读者的喜爱。

苏轼（1037—1101），字子瞻，号东坡居士，眉州（今四川眉山）人。他出身于一个有良好文化教养的中小地主家庭。父亲苏洵和弟弟苏辙在当时都极负盛名，历史上与苏轼合称为“三苏”，在中国散文史上同列为“唐宋八大家”。父亲苏洵自己功名不顺利，很重视对子弟的培养和教育。母亲程氏也是一位很有文化修养的妇女。苏轼 10 岁时就随母亲读《后汉书·范滂传》，表示愿意做一个跟范滂一样敢于反对宦官专权而至死不屈的人，得到母亲的赞许。他少年时即刻苦读书，涉猎极广；读书的方法也很好，用所谓“八面受敌”法，即一本书分几次读，每次选择不同的角度，先分析后综合。[①] 嘉祐二年（1057）进士及第，是时作者只有 22 岁，得到主持考试的欧阳修的热情赞赏。欧阳修曾对梅尧臣说：“老夫当避此人，放出一头地。”但他以后的仕途坎坷不平，曾几次遭贬，还被下过狱，在封建社会里算是一个失意的人物。

苏轼一生经历了仁宗、英宗、神宗、哲宗、徽宗五朝，升降浮沉跟由王安石变法引起的新旧党争有密切的关系。苏轼在政治思想上受儒家传统思想影响很大，表现为浓厚的忠君观念和德治仁政的政治理想。忠君、报国、便民，是他一生遵守的政治信条。他在《上神宗皇帝书》中对皇帝表示：“唯当披露腹心，捐弃肝脑，尽力所至，不知其他。”他从这种政治理想出发，在年轻时即以清醒的头脑和敏锐的

① 《与王庠书》第五，《苏轼文集》卷六十，中华书局，1986 年，第 1822 页。

眼光，提出了一系列的政治改良主张。这些主张，主要反映在他于嘉祐六年（1061）考“制科”时所写的25篇《进策》和嘉祐八年（1063）所写的《思治论》中。他针对当时北宋社会“财之不丰，兵之不强，吏之不择”的情况，在土地、财经、政治、军事等方面提出了一些富国强兵的改革方案，其目的如他后来在《辩试馆职策问札子》中所说，是要“励精庶政，督察百官，果断而力行”。但当神宗熙宁二年（1069）王安石任宰相推行新法时，苏轼却起而反对变法。苏轼反对新法，跟大地主贵族阶级的保守势力是不同的：他对新法中限制贵族特权和加强国防力量的措施是赞同的；在改革方式和进度上，他反对激进而求稳健，提倡所谓“法相因则事易成，事有渐则民不惊”，因而希望神宗不要“求治太速，进人太锐，听言太广”；在对造成当时社会危机根源的认识上，他认为不在“立法之弊”，而在“任人之失”。在苏轼的政治思想中，既有主张改革，在精神上与王安石变法相通的一面，也有偏于保守，与王安石变法相对立的一面。因而他虽然反对王安石变法，却不能笼统地将他归入以司马光为首的保守派。

由于与王安石政见不合，苏轼主动请求调到地方做官，于是在熙宁四年（1071）调任杭州通判。以后又先后转调密州（今山东诸城）、徐州（今江苏徐州）和湖州（今浙江吴兴）任知州。在熙宁九年（1076）王安石第二次罢相以后，由变法引起的新旧党争开始变质，由不同政治路线的严肃斗争变成了不同政治集团之间争权夺利的宗派斗争，苏轼因此遭到很大的打击。神宗元丰二年（1079），谏官李定、舒亶等人弹劾苏轼写作诗文反对新法，苏轼因而被捕入狱，这就是历史上著名的“乌台诗案”。苏轼出狱后，被贬为黄州（今湖北黄冈）团练副使。这次变故，对苏轼的生活、思想和创作都有很大的影响。他在黄州筑室东坡，躬身耕作，自号东坡居士，“与田父野老时时相从”，对人民的生活和思想感情有较多的体察和感受。因为在政治上遭受挫折，内心苦闷而力求排解，后期便更多地接受了佛老思想的影响，放情山水，随缘自适，在佛老思想和大自然中寻求解脱。他的许多名篇多是在贬官黄州以后写成的，较多地表现出这种思想特点。

元丰八年（1085）哲宗即位，高太后当政，起用旧党，他被召回汴京任礼部郎中、翰林学士、知制诰等高职。这时司马光做宰相，全面废除新法，苏轼却又维护新法中他认为有利于国计民生的某些内容，批评司马光“其意专欲变熙宁之法，不复较量利害，参用所长”的错误做法。他因此又遭受旧党的排挤打击，离开中央，到杭州、颍州（今安徽阜阳）、扬州、定州（今河北定县）等地任地方官。元祐八年（1093），哲宗亲政，再度起用新党。这时，年近60岁的苏轼遭到了更严重的打击，被贬到岭南惠州（今广东惠阳），后又由惠州再贬到琼州的昌化（今海南儋州），实际上是被流放到当时的蛮荒之地。在那荒远之所，他过着一种“饱吃惠州饭，细和渊明诗”的孤寂闲静的生活。元符三年（1100）徽宗即位，苏轼遇赦北归，次年病逝于江苏常州，卒年66岁。

苏轼的一生由于政治思想上的矛盾，在新旧党争中屡遭打击，饱经忧患。但他在复杂尖锐的政治斗争中，光明磊落，刚正不阿，是一个“大节极可观”的政治家。他反对王安石和司马光，都是从自己的政治观点出发，从自己的真实认识出发，并且考虑到国计民生的利益，丝毫不考虑个人的利害得失与安危。他反对自己的政敌，都是在他们身任宰相、权高势重的时候，就是很好的证明。他从未为了谋求自身的飞黄腾达，出于趋附心理而改变自己的政治主张。他在《与杨元素书》中说：“昔之君子唯荆（指王安石）是师，今之君子唯温（指司马光）是师。所随不同，其为随一也。老弟与温相知至深，始终无间，然多不随耳。”在政治斗争中，随波逐流或望风转舵，都是为苏轼所鄙弃和不齿的。这种立朝从政的高尚品质，在今天也是很值得我们学习和继承的。

苏轼从儒家德治仁政的思想出发，为官注意体恤民情，关心民生疾苦，在封建社会是一个难得的好官。他做地方官时，所在之处都留下勤政爱民的实绩，为人民所称道和怀念。如在密州，伸张正义，惩办了以捕盗为名闯入百姓家杀人的暴虐官兵；在徐州，黄河决口，他亲率官民筑堤抗灾，安定了民心，保护了人民的财产与安全；在杭州，他疏浚西湖，灌田千顷，筑成了贯通西湖南北的著名的“苏堤”。为人民做了好事的人，人民是不会忘记他的。苏辙在《东坡先生墓志铭》中说，苏轼去世时，“吴越之民，相与哭于市”，当不是夸张之词。

苏轼的世界观是比较复杂的。他出入儒、佛、道三家，兼收并蓄，融会贯通，形成了自己独特的政治态度和生活态度。大体说来，在政治思想上以儒家为主，积极从政，宽简爱民，但也受道家任乎自然、不为而为等思想的影响。而在人生态度上，虽然终其一生都未放弃过报国、事君、爱民的理想，但由于政治上迭遭挫折和不幸，愈到晚年便愈多地接受佛家和道家思想的影响，形成一种安时处顺、随缘自适、恬静淡泊、旷达潇洒的性格。佛老思想成为他在艰险境遇中的一种精神支柱，成为他排除内心矛盾和苦闷的一种自我解脱的手段。因此，他在任何险恶的境遇中都能表现出豁达开朗的情怀而不悲观失望。他贬居黄州，乃至后来远谪荒僻的海南，所到之处，都能得人情之美，览江山之胜，从精神上找到寄托和满足，而很少发出怨苦之音。他在离开海南时写了名句："九死南荒吾不恨，兹游奇绝冠平生。"（《六月二十日夜渡海》）诗中所表现的旷达乐观精神，确实是很感动人的。

这种随缘自适、旷达潇洒的思想性格和人生态度，在他的许多作品中都有鲜明生动的表现。歌颂个性自由、反抗黑暗现实和超然物外、清静无为两方面矛盾而又统一的思想内容，表现在艺术上，就形成了与此相适应的清新洒脱和豪迈奔放的带有浪漫主义色彩的艺术风格。

第二节　苏轼的诗歌

苏轼是开拓了宋诗新的境界、赋予宋诗以新生命的一位诗人。苏轼的诗歌是宋诗最杰出的代表。严羽《沧浪诗话》说："至东坡山谷，始自出己意以为诗，唐人之风变矣。"[①]他学唐诗，但不是单纯的模仿，而是经过熔铸、创造，写出了自己的面目和特色。

苏轼写诗的时间最长，从早年到晚年，一直坚持不懈。现存诗两千七百多首。他学诗不宗一家，兼取李、杜、韩、白之长，晚年又酷爱陶诗，集子中有《和陶诗》四卷。苏轼早年比较自觉地重视诗歌的社会作用，在《乞郡札子》一文中曾说："乃作为诗文，寓物托讽，庶几流传上达，感悟圣意。"在这种思想的指导下，他写过一些政治诗，揭露社会矛盾，表达了对人民痛苦生活的同情和改良政治的愿望。《吴中田妇叹》即是其中之一：

今年粳稻熟苦迟，庶见霜风来几时。霜风来时雨如泻，杷头出菌镰生衣。眼枯泪尽雨不尽，忍见黄穗卧青泥！茅苫一月垄上宿，天晴获稻随车归。汗流肩赪载入市，价钱乞与如糠秕。卖牛纳税拆屋炊，虑浅不及明年饥。官今要钱不要米，西北万里招羌儿。龚黄满朝人更苦，不如却作河伯妇！

这首诗是针对王安石变法和宋神宗的边疆政策而发的，具有讽谏意义和鲜明的

① 郭绍虞校释：《沧浪诗话校释》，人民文学出版社，1962年，第24页。

政治色彩。但作者不是通过抽象的说教来表现自己的政治思想，而是描绘出一幅具体鲜明的生活画面，于其中寄托自己的思想感情。王安石变法以后，官府收税要钱不要米，加上当时宋神宗为对付西夏而花大量的银钱去“招抚”边境上的羌人部落，以致钱荒米贱，给农民带来巨大的灾难。苏轼这首诗确实反映了王安石新法实行中的某些流弊。但这首诗的价值主要并不在这里，而在于表现了作者对人民生活的关心和深切同情，并由此而产生敢于尖锐地触及时政的勇敢精神和现实主义的创作态度。

这首诗是假拟吴中田妇的口吻来写的，诗人和诗中的人物，语气和感情都是融会在一起的。

开头四句写这一年农村的客观景象，先是粳稻迟熟，好容易盼来收割季节，却又是秋雨如泻。“耙头出菌镰生衣”，是从细处着笔，以农具的发霉生锈表现秋雨的连绵不绝。这样写，与田妇的身份十分切合，具体形象，富于生活气息。在客观景象的描绘中，已初步透露了主人公的思想感情——因失望而产生的愁苦。首句出一“苦”字，带出下面的具体描写，使这首诗从一开始就将主观的思想感情和客观的物态景象，紧密地结合在一起。

接下去两句：“眼枯泪尽雨不尽，忍见黄穗卧青泥！”便直接抒发在无尽的秋雨面前田妇内心的悲苦，也是将主观和客观结合起来写的。“黄穗卧青泥”，是连绵的秋雨带来的严重后果，是一种客观景象，但这不是一般的景象，而是无限失望的田妇眼中的景象，所以说是“忍见”。“忍见”就是不忍见。无休止的秋雨使失望的田妇流泪，而眼泪流尽秋雨却仍然不尽，只有眼巴巴地看着稻穗倒在泥水里。这两句可说是一字一泪。

下面两句写到收割之苦，写得很概括，同时也很具体。我们由此可以想象出在久雨中等待晴天的农民，抢割稻子时那种繁忙、紧张和艰苦的情状。

以上八句，循着时序的变化发展，一层层充分地写出了农民的忧愁和劳苦。但这八句的极尽形容，是为了反跌、映衬下面作者着意要表现的因米贱钱贵给农民带来的深重灾难。从叙写上看，“天晴获稻随车归”这一句，是对上半篇诗意的收束和小结，没有直接写收获的喜悦，却暗含了无限喜悦的情绪。从字里行间不难体会到这样的意思：多少个日日夜夜，忧愁焦虑，勤劳辛苦，好不容易总算收获到家了。可是接下去笔锋一转，希望马上变成泡影，短暂的喜悦顷刻化作更大的悲哀：颗颗饱含着农民血汗与眼泪的稻米，价钱却贱如糠秕！“汗流肩赪载入市，价钱乞与如糠秕！”这两句诗，以平淡沉稳的语气道出一个简单冷酷的事实，每一个字都凝聚着一种难以言传的痛苦、失望和悲愤的感情。

全诗经过上面的铺垫、衬托、叙写，感情的表达已十分饱满有力，接下去便以农民悲哀的生活景况，对当朝统治者提出直接的控诉和谴责。“卖牛纳税拆屋炊，虑浅不及明年饥。”这是何等伤心惨目的景象！只有走到了生活绝境的人，才会有这样的行动和心境。

在诗的结尾，作者怀着悲愤的感情，毫不含糊地揭露出造成这种惨境的原因在于朝廷的政策，同时对那些带给人民灾难却又以好官自诩的权贵们加以尖刻的嘲讽与抨击：“龚黄满朝人更苦，不如却作河伯妇！”这首诗在一定程度上反映了当时的历史真实，表现了诗人对人民的深切同情和对现实政治的关心，不能因为它是讽刺新法的，就贬低它的思想价值和进步意义。

又如《荔支叹》：

十里一置飞灰尘，五里一堠兵火催；颠坑仆谷相枕藉，知是荔支龙眼来。飞车跨山鹘横海，风枝露叶如新采；宫中美人一破颜，惊尘溅血流千载。永元荔支来交州，天宝岁贡取之涪；至今欲食林甫肉，无人举觞酹伯游。我愿天公怜赤子，莫生尤物为疮痏；雨顺风调百谷登，民不饥寒为上瑞。君不见武夷溪边粟粒芽，前丁后蔡相笼加。争新买宠各出意，今年斗品充官茶。吾君所乏岂此物，致养口体何陋耶！洛阳相君忠孝家，可怜亦进“姚黄”花！

这也是苏轼揭露政治黑暗、同情人民疾苦的代表作之一。诗作于哲宗绍圣二年（1095），时作者60岁。值得注意的是，这是他经过“乌台诗案”贬官黄州，又再远贬到岭南以后，政治上遭遇非常不幸时期的作品。因而这首诗不仅表现了他对黑暗政治的强烈愤恨，而且还表现出他反抗黑暗政治的巨大勇气。尤其难能可贵的是，他揭露批判的矛头，不只是指向汉唐时期的汉和帝与唐玄宗、杨贵妃等历史人物，对他们将享乐生活建筑在劳动人民血泪之上的罪行作了愤怒的控诉和谴责，而且还直截了当地点名指斥那些“争新买宠”的当代权贵，如贡茶贡花的丁谓、蔡襄、钱惟演等人，把他们比作臭名昭著的权奸李林甫。这说明，即使在屡遭打击迫害，远离朝廷的情况下，诗人仍然十分关心人民的生活，大胆地指斥时政，并没有丝毫畏惧情绪，更没有真正超然物外，忘掉现实。在艺术上，这首诗虽然重议论，但却富有激情，诗意大胆直露，略无含蓄，表现出尖锐泼辣的讽刺锋芒。

其他反映社会政治、同情人民的诗歌，还有：《许州西湖》，写在西湖春游，却不能忘怀艰辛劳作而生活于痛苦之中的下层人民；《李氏园》，揭露那些奢侈享乐、荒淫骄横，不顾人民死活的封建官僚；《陈季常所蓄朱陈村嫁娶图》，题画诗而写出政治内容，足见诗人感触很深；《山村》（五绝之三），揭露和讽刺王安石变法中的某些弊端；《赠王庆源》，歌颂赞美关心人民的清官；《石炭》，反映了诗人想人民之所想、急人民之所急的思想感情。还有一些作品表现了他和人民之间的美好关系，如《东坡》（八首）、《河复》《答吕仲梁屯田》等。

不过，苏轼的政治诗只占他全部创作的很小一部分，他的诗绝大部分是生活诗，内容大多为咏物、写景、怀人、酬答、唱和、感怀、评论文艺等。他由于仕途坎坷，长期在外地做官，走过许多地方，所谓“身行万里半天下”；又抱着一种“我生百事常随缘，四方水陆无不便”的人生态度，对山川风物以及生活中的种种事物、景象、人事，都怀着极大的兴趣和热情。因此，苏诗的题材广泛，内容丰富，几乎无事不可入诗。这些诗往往能生动地写出他的生活感受，表现出他的思想性格和美学趣味，富于个性和鲜明的艺术风格。其中，有的写得清丽精美，富有情致；有的写得雄健豪放，富有浪漫主义特色；有的寓哲理于形象之中，表现出一种耐人寻味的理趣。

《饮湖上初晴后雨》（其二）是写西湖的名篇：

水光潋滟晴方好，山色空蒙雨亦奇。欲把西湖比西子，淡妆浓抹总相宜。

全诗只有四句，却极生动地写出了西湖的情韵风貌，传唱千古，西湖也因此而获得“西子湖”的美名。这首诗，抓住特点，在形象生动的描绘中又融进议论，有景、有情、有理，意境优美而又耐人寻味，使人在思索和联想中去领会诗人对西湖景色的独特感受。

写西湖，不是写西湖一般的景象，而是写“初晴后雨”特定条件下的景象。首二句即扣住这一特点，上句写晴，下句写雨，景象很阔大，没有笔势局促的小家子气，却又不流于浮浅空疏，具体形象，十分传神。写晴，用“水光潋滟”四个字：俯视水面，阳光洒在开阔的西湖上，闪动着片片波光，着重表现她的明丽；写雨，用“山色空蒙”四个字，仰观远山，见群峰笼罩在雨雾之中，朦朦胧胧现出绰约风姿，着重表现她的秀美。同是写西湖，晴雨两种景象，一写水光，一写山色。从不同角度，写不同特色，一近一远，一高一低，显得错落变幻，多彩多姿。这就为下面两句精妙的比喻提供了艺术形象的依据。大家都说这首诗好，好在把西湖比作古代的美女西施，淡妆浓抹无不相宜；但如果没有开头这两句十分精彩的描绘，我们也不大容易体会出这个比喻的巧妙之处来。苏轼诗歌的理趣，总是与情和景相结合，植根于诗人对客观事物的独特感受和独特发现之中，因而带着鲜明的感性形象的特征。这首诗就是一个很好的例子。因此，我们可以说，“淡妆浓抹总相宜”这一句议论，不但照应着开头两句（有人认为“淡妆”关合“山色”，“浓抹”关合“水光”，也不必理解得这么死板），而且简直是从开头两句自然地生发出来的。但是反过来，最后两句的比喻、议论，又起着启发读者思索和想象，从而更好地去品味前面两句的形象描绘，进入到诗人为我们所创造的艺术意境中去的作用。诗里发议论并不一定就不好，苏轼发了议论，却达到了绝佳的艺术境界。

另一首传唱千古的《题西林壁》，是写庐山的绝唱：

横看成岭侧成峰，远近高低各不同。不识庐山真面目，只缘身在此山中。

这首诗也是在独特生活感受的基础上，通过杰出的艺术创造，构成一种精妙隽永的理趣而征服读者的。“不识庐山真面目”流传至今，在口语里竟变成了人们习用的成语俗谚。苏轼是一个诗人，又是一个哲学家，他的这类诗是诗人与哲学家结合的产物。生活里的各种景象，他目遇神接，在不断思考中常常得到某种领悟，再用诗的形式、诗的意境，加以熔铸概括，表现出来，这才产生出这种充满哲理意味，在思想和艺术上都令人耳目一新的杰出诗篇。

这首诗好，也是因为它有景有情，理见于情、景之中。它以精练的诗句描画出庐山那种侧峰横岭、参差交错、气象万千的景象，同时也写出了诗人那种不局限于一隅、眼界开阔的不凡气度和胸襟。跟上一首一样，前面两句“横看成岭侧成峰，远近高低各不同”是形象的描绘，是后面两句议论“不识庐山真面目，只缘身在此山中”的基础和依据；而后面两句则是前面两句形象描绘在思想上的深化和发挥。两方面的紧密结合，构成了不可分割的思想和艺术整体。很显然，既要有庐山这样的景象，也要有苏轼这样的慧眼，还要有苏轼这样阔大的胸襟，才能产生这样杰出的富于理趣的诗篇。我们读这首诗，不仅认识到庐山的“真面目”——领会到它那丰富深邃、难以穷究的大自然之美，而且还得到一种哲学的启发：一个人如果只局限于个人的狭小范围，没有从各个角度统观全局，缺乏高瞻远瞩的胸怀和眼光，就不可能全面正确地认识客观事物，探索到它的奥秘。

苏轼富于理趣的诗作，还有一首为人传诵的名篇《和子由渑池怀旧》：

人生到处知何似？应似飞鸿踏雪泥。泥上偶然留指爪，鸿飞那复计东西。老僧已死成新塔，壁坏无由见旧题。往日崎岖还记否？路长人困蹇驴嘶。

写作这首诗时作者还不到30岁，却概括了在一般的情况下应该是有丰富的人生阅历的人才能获得的人生体验，从中表现出一种耐人寻味的人生哲理。前面四句用一个新奇的比喻，概括出一种既独特而又具有普遍意义的人生体验，含蓄地表达出人生漂泊无定，对于往事不必过于介怀的感受和襟怀。由于比喻的精巧以及它所概括的富于哲理意味的人生思考，引起了后世无数读者的共鸣，以至在广泛传诵中凝固成了一个人们常常引用的成语“雪泥鸿爪”。后面四句描写他们兄弟二人一段具体的生活经历，但其中所包含的思想感情和人生感慨，也是具有普遍意义的。那种对于岁月易逝的感慨和对亲人的怀念之情，都是人们共同体验过的，所以读起来会感到特别亲切有味。

他还有一首表现禅理的诗，也是极富于理趣的：

若言琴上有琴声，放在匣中何不鸣；若言声在指头上，何不于君指上听？

苏轼自己称这首诗为“偈”，可见确实是表现禅理的。清代的纪昀很鄙夷地批评说：“本不是诗。”认为千古诗集中没有此体。这个批评其实是不对的。因为这首诗确实表现了一种发人深思的哲理，启发人们从琴声到底是从哪里发出来这一具体问题的追问中，去体会和认识一种带有普遍意义的道理：任何美好事物的产生或事业上的成功，都是主观和客观条件相结合的产物。同时它在艺术上也有其特点，作者所要表达的这种意思，并没有直接说出来，而是含蓄地蕴含在两句看似简单的发问中。全诗妙在只提问，不作答，似愚而实智，似拙而实巧，意在言外，发人深思。

《惠崇春江晓景》（二首其一）却是另一种类型的诗作，创造了优美的艺术意境：

竹外桃花三两枝，春江水暖鸭先知。蒌蒿满地芦芽短，正是河豚欲上时。

这是一首题画诗。苏轼是一位杰出的诗人，也是一位杰出的画家，对诗画艺术都有很精深的见解和出色的创造。惠崇是宋初的一位僧人，诗人而兼画家。他画的这幅画是一幅鸭戏图，就是画春天的江水里鸭子在自由自在地嬉游。原画没有保存下来，画的内容我们可以从苏轼的这首诗里得知。

题画诗如果只是把画面上的景象描绘出来，让没有见过画的人也知道画上画了什么，其余就再不能给读者别的东西，那这样的作品就不能称为诗，最多也只是低等的不入流的诗。苏轼这首诗则是一种艺术的再创作，既有所凭借，又有所创造和拓展。就是说，他既没有离开原画画面的景象，又创造了新的意象和意境。通过对诗中意象和意境的感受，我们能领会到蕴含在画面之中的意兴情韵和思想感情。这思想感情是画家的，也是诗人的，但主要是诗人的。这首诗创造了我国传统诗论中所谓的“象外之境”，就是说在画面所描绘的景象之外，我们可以感受和领悟到许多画面上所没有绘出的丰富的内涵。

画面上描绘的是水乡的春色。首句先从竹外绽开的三两枝桃花来点染出初春的景象，秀美而不繁丽，却溢出一派冬去春来的勃勃生机。桃花还仅仅是背景，在春水中嬉戏的鸭子才是画面的主体。诗人写鸭，把握并再现了原画的神韵，得其意而忘其形：他无意于让读者“看见”画中之鸭的颜色、大小、神态，而只是突出它对初春的那种敏锐的感知。画里可以画出水，却画不出鸭子对水暖（即春意）的感觉。但画中之鸭在水中自由欢乐地嬉戏的情景，就包含了一种意蕴，使人感受到并且相信，鸭子是一定感觉到了水暖、感觉到了春意的，要不就不会那么欢乐、舒展、自由自在。苏轼准确地捕捉住画面上没有画出却蕴含在鸭戏这一特定的意象之中的精神，并且用精练传神的富于个性的语言将它表现出来。再进一步探究，鸭子是谈不上对春意有什么感觉的，即使真有这种感觉，画家和诗人又从何而得知呢？所以，水中的鸭戏只是诗人所创造的一种意象，它所蕴含、所传达的实际上是诗人（也许同时也包括画家）从生活里和从惠崇这幅画上感受到的春天的暖意和甜美，以及在春天到来时内心的欣喜和振奋。这里可以说是同时融进了诗人对生活和对绘画的审美体验。通过苏轼的描绘、揭示和启发，我们在读这首诗时，内心也感受到了春水的暖意以及春天带给人的振奋与欣喜。这时候，我们就与诗人产生了共鸣，有了会心，有了同他近似的对生活和绘画的审美体验。如果我们在艺术欣赏时比较投入，那么就会在一种艺术的氛围和境界里，感觉到画中在水里嬉戏的鸭子、诗人和我们自己，在精神上和感情上已经融为一体了。

接下来的第三句，写的也应该是画中的实景，但同样不是对画面的简单再现，而是为了抒写诗人自己对春天的感受。蒌蒿（俗称白蒿）满地生发，芦芽（即芦笋）刚冒出土来，还很短小，这都是南方大地回春时节，万物复苏、竞相生长的动人景象。在第四句里，诗人又融进了民间的传说和习俗。传说河豚食蒌蒿则肥，而人在烹食河豚时加用蒌蒿和芦笋则既能解毒，味道又极鲜美。于是诗人便十分自然地产生了一种联想：鸭子戏游江水之日，正是河豚欲上之时。春天来了，海中的河豚开始沿着初发的江水上游，这与前面的“春江水暖”相呼应，又从一个独特的角度传达了诗人对盎然春意的一种富于机趣的新鲜感受。

这样，全诗就由竹子、桃花、春水、戏鸭、蒌蒿、芦芽、河豚这种种意象构成了一个充满生机和欣喜之情的诗的意境、诗的艺术世界。进入到这个意境和艺术世界之中，我们就会感受到诗人的那颗诗心和他丰富的精神世界。

又如《六月二十七日望湖楼醉书》（五首其一）：

黑云翻墨未遮山，白雨跳珠乱入船。卷地风来忽吹散，望湖楼下水如天。

这首诗，写西湖夏天阵雨前后风云突变的奇特景象。特点是写出了倏忽间的变幻，是动景不是静景。他着眼于颜色，黑云和白雨构成了鲜明的对比。又着力于写动：用“翻墨”作比喻，见出黑云快速涌动的情景。“未遮山”也是写云的涌动，夏天浓重的黑云，只有涌动才不会把山完全遮住。下一句的“跳”字，也是写的动景，雨点如珍珠般跳动，极其生动地写出了急雨打到船上的情状。后两句中的“卷地”“吹散”，也都是写动的，但写出的却是另一番开阔明净的情景。前后对比，就使我们感受到了夏天阵雨前后西湖的独特气象和魅力。这气象是开阔的，而且是跳动的、充满生气的，因而能给人强烈的感染。

苏轼这些描写个人生活感受、抒写个人胸襟情怀的诗歌，极富于思想和艺术个性，往往信手拈来，随笔写出，不见雕琢痕迹，却写得诗意盎然，极富情致，读来引人入胜，有一种明朗舒畅、触处生春的感觉。这类诗的共同特点是：写得广（内容广泛丰富）、深（有独特的感受，能自出新意，不蹈袭前人）、活（自由灵活，挥洒自如）。清人赵翼在《瓯北诗话》中说苏轼“大概才思横溢，触处生春。胸中书卷繁富，又足以供其左旋右抽，无不如意。其尤不可及者，天生健笔一支，爽如哀梨，快如并剪，有必达之隐，无难显之情”，应该说是大体上概括出了苏诗的艺术特色的。

苏轼诗歌的思想艺术成就和特点，除上面所说的以外，还有几点值得注意：

第一，他继承杜甫和白居易诗歌的现实主义传统，关心国事民生，虽然政治诗在他诗集中所占的比重不算很大，但他有着“寓物托讽”“感悟圣意”以改良政治的自觉意识。

第二，题材内容和艺术风格的多样化，既有清新自然的，也有飘逸洒脱的，又有豪迈雄肆的。晚年则趋于平淡，但不是真正的平淡，而是绚丽至极的平淡，如他在《评韩柳诗》中所说的“外枯而中膏，似淡而实美”。

第三，苏诗表现了宋诗散文化、议论化的特点，以文为诗，以议论为诗，以学问为诗。不过由于艺术上的创造性，他克服了宋人那种缺少形象思维，显得生硬粗浅，读来味同嚼蜡的通病，多数诗写得新鲜而富有诗意。这有两方面的特点。一是他能同写作散文一样，做到如“行云流水”“随物赋形”，笔力曲折，自由挥洒，不拘一格。他特别擅长七古，就因为这种形式束缚比较少，篇幅又较长，便于他那种奔放感情的自由表达。试读他的《游金山寺》一诗，写诗人在金山寺眺望长江，抒发思乡之情，气象开阔，景色瑰丽；诗思如流泉般涌出，随物赋形，略无拘碍。二是一般人认为，唐诗重情韵，而宋诗则重议论，苏轼虽然好议论却同样富于感情，又善于概括提炼，因而能做到情、景、理的结合，使诗歌富于理趣。

第四，苏诗以善用比喻著名，其比喻贴切、自然、奇巧，有丰富的内涵。如以西子比西湖、以雪泥鸿爪喻人生漂泊，等等。《百步洪》中连用七个比喻，来表现“长洪斗落”的快速和气势，是苏诗中非常著名的例子。

第三节　苏轼的散文

苏轼平生以作文为一大乐事，下过很深的功夫。曲折尽意是苏文总的特色。他曾说：“某平生无快意事，惟作文章，意之所到，则笔力曲折，无不尽意，自谓世间乐事无逾此也。”[①] 这既是他创作的甘苦之言，也说明了他的散文创作确实达到了很高的水平。

---

① 何薳：《春渚纪闻》卷六引。

在散文创作上，他既反对“五代之余”的“浮巧轻媚丛错采绣之文”，又反对宋初某些古文家“求深”“务奇”、艰涩怪僻的文风。[①] 苏文沿着欧阳修开辟的平易通达、文从字顺的方向发展，体现了宋代散文平易流畅的共同特色。但苏轼的散文又有着鲜明的个性，表现出他独有的纵横恣肆、挥洒自如的艺术风格。

苏轼的散文可以分为非文学性散文和文学性散文两大类。非文学性的散文主要指政论文，包括时论和史论两种。这类文章继承和发扬了汉代贾谊和唐代陆贽的传统，多为针对现实而发，立论精辟，切中时弊，引古证今，具有丰富的内容和强烈的现实意义。艺术上汪洋恣肆，说理透辟，有庄子和战国纵横家的论辩特色。因为他知识广博，所以能做到联系古今，反复论说，议论纵横。最有代表性的是他在嘉祐六年（1061）由欧阳修荐举，为参加“制科”（皇帝为招揽人才而下诏特设的一种考试科目）考试，向宋仁宗进献的《进论》和《进策》各二十五篇。《进论》主要论历史，但是针对现实而发，史论而兼有政论的色彩；《进策》主要论时政，但也联系历史，政论而兼有史论的成分。《进策》二十五篇分为三个部分：《策略》五篇是总纲，对当时政治形势作出基本分析，并提出总的方针；《策别》十七篇是分论，属于专题性质，讲具体问题、具体措施；《策断》三篇是结论，讲根本决策。其中最有代表性的是《教战守策》，属于《策别》中的第十一篇。

苏轼作文，务求实用，反对浮词连篇而无补于世。他赞同父亲苏洵的主张：文章当“有为而作”，“言必中当世之过”，像“五谷必可以疗饥”和“药石必可以伐病”那样，对社会有所裨益。这篇文章就是苏轼针对北宋时期的现实矛盾，为社会“疗饥”“伐病”之作。文章主要是讲一个战备问题，提倡在承平时期要重视并抓紧教官民讲武，加强军事训练，以应付随时可能发生的不测之变。居安思危，有备无患，这是苏轼对当时的政治形势作了深刻的分析以后提出的一项积极的政治主张。这对北宋时期的社会现实，可说是切中要害。

北宋统治阶级为了防范武将割据和农民起义，一方面以文官充任州郡长官，并将财权军权集中于中央，同时削弱武将兵权，加强士兵与将官的更换调动，使“兵无常将，将无常帅”；另一方面实行“守内虚外”的错误政策，集中兵力对付所谓“内患”。结果造成边防空虚，地主阶级与农民的矛盾也趋于激化。北宋自建国以来

---

① 苏轼：《谢欧阳内翰书》，《苏轼文集》卷四十九，中华书局，1986 年，第 1423 页。

一直受到西夏和辽的威胁，统治者每年向外输送大量银钱和绢帛，以求苟安。苏轼对这种形势十分不满，他在《进策》总论中有极精当的概括，一针见血地指出："天下有治平之名，而无治平之实；有可忧之势，而无可忧之形。"意思是说，当时的社会表面上承平安定，实际上内忧外患，矛盾重重。苏轼认为，特别值得忧虑的，是异族侵扰的严重威胁，指出："二虏之大忧未去，而天下之治，终不可为也。"这是与"守内虚外"的政策针锋相对的，他明确指出，在内忧外患中外患是主要矛盾。《教战守策》就是针对当时的这种情况而发，尖锐地批评了北宋王朝软弱苟安和士大夫绝不言兵的危险倾向，并结合北宋与辽和西夏间战争不可避免的形势，阐明了教民讲武的重要意义。

文章旗帜鲜明，立论精辟，条理清晰，逻辑性很强。全文六个自然段，可以划分为四个部分。

第一部分是文章的开头。第一句就提出文章的中心论点，笼罩全篇："夫当今生民之患，果安在哉？在于知安而不知危，能逸而不能劳。"简捷、鲜明，开门见山。然后说："此其患不见于今，而将见于他日。今不为之计，其后将有所不可救者。"不仅强调了问题的严重性，提醒读者注意，而且在写作上开启下文，使后面的申说论证承接自然，顺理成章。

第二部分是文章的主体，包括二、三、四三个自然段。承接上文所说祸患"不见于今，而将见于他日"，也就是隐而未显的意思，抉隐发微，说明为什么"知安而不知危，能逸而不能劳"是"生民之大患"的道理。

第二段从历史的角度进行分析，以古鉴今，总结历史经验，着重申说"知安而不知危"的一面。从正反两方面论证。先提出先王"知兵之不可去"，在和平安定时期没有忘记教民习武，重视军事训练，所以当突然发生"盗贼之变"时，百姓能从容应付，不至于惊溃。然后说后世用迂儒之议，"以去兵为王者之盛节"（认为放弃军备是统治者的最好措施），结果武器被毁坏，人民习于安乐，一旦出现事变，百姓便恐惧惊惶而互相传播谣言，以至于不战而逃。最后举出唐代安史之乱的史实，证明上述论断的正确性。这样，便从虚到实，由远及近，有理有据，层次分明地阐明了问题。

第三段以日常生活中的养身之道作比喻，用王公贵人生活安逸容易招致疾病，而农夫小民经岁勤苦却身体刚健为例，着重申说"能逸而不能劳"的一面。最后归结到社会问题，指出"天下之人骄惰脆弱"和"士大夫未尝言兵"，就好像养身者"畏之太甚而养之太过”，是经不住寒暑侵袭的。

第四段分析当时形势，说明战争不可避免，指出如果人民习于安乐，缺少军事训练，丧失警惕，就必然产生不测之患，使国家人民遭受重大损失。又指出，隐伏着的战争危机，实际上是由朝廷“奉西北之虏者，岁以百万计”的屈辱苟安政策造成的。这个批评，要言不烦，一语中的，相当尖锐。这段对形势的分析，表现了作者强烈的爱国主义思想和政治上的远见卓识，是他写作这篇文章的基本出发点。

至此，三段文章，从人们主观的认识和情状，也就是“知安而不知危，能逸而不能劳”，到客观的政治形势，也就是“天下固有意外之患”，“其势必至于战”，步步推进，层层深入，如水到渠成，合乎逻辑地得出结论：“故曰：天下之民，知安而不知危，能逸而不能劳，此臣所谓大患也。”不是夸大其词，耸人听闻，而是一种切合实际的扎扎实实的分析，充满令人信服的逻辑力量。

第三部分是文章的第五自然段。根据上文所揭示出的矛盾和危险形势，提出解决问题的具体措施，就是：在承平时期就抓紧对人民进行军事训练，做好战备。并分别对士大夫、庶人之在官者和役民之司盗者三种人，提出不同的训练内容及方法、步骤。在此基础上，又论证了进行军事训练表面上好像是“无故而动民”，实际上，使民不习于安乐正是安民的最好办法。苏轼能从表面上的承平安定看出潜伏着的战争危险，又敢于提出从困扰劳顿中去求得真正的安宁，这表明他在考察形势、处理问题时有朴素的辩证思想，能透过现象看到本质，眼力确乎过人一等。这是这篇文章认识深刻、说理透辟，能见人之所未见、道人之所未道，具有很强的说服力的根本原因。

第四部分是全文的结尾。指出教战守还能解决另一个社会问题，即可以破除地方驻兵的奸谋和摧折他们的骄气，搬掉一块压在老百姓头上的石头。表面上看，这层意思似乎是离开中心论点，节外生枝，实际上跟上文所论有密切联系，是教战守“所以安民”的一个必要的补充。

这篇文章在艺术表现上采用了设问、驳难、对比等多种手法。文章开头，作者不直说“当今生民之患，在于知安而不知危，能逸而不能劳”，而是先设问：“夫当今生民之患，果安在哉？”再以回答问题的形式提出自己的论断，这就比直接陈述更能给人以一种斩钉截铁、确定无疑之感。第三段论析安逸易使人致病而劳苦反使人身体刚健的道理，也是先摆出王公贵族和农夫小民两种截然相反的现象，然后设问：“此其何故也？”以引起下文的分析论证。这样写，不仅能唤起读者的注意，而且可以引人思索，使读者更易于接受自己的观点。第五段，作者在正面提出教官民习武的具体措施以后，为了强调这些措施的必要性和正确性，故意虚拟出一个反对者，以设难的形式将问题引向深入："然议者必以为无故而动民，又挠以军法，则民将不安。"在辩驳中进一步阐述了自己的观点，说明所谓"无故而动民"正是安民的道理。这样写，避免了说理的平板单直，使文章显得议论风生、跌宕有致。最后一段，先讲屯聚之兵的骄豪多怨、陵下邀上，然后以"何故"一问提起下文，在解释中自然地从另一个侧面阐明了教民讲武的好处，收到了同样的效果。第二部分采用对比分析的方法十分成功。第二段论"知安而不知危"，引古事证今事，以"昔者"和"后世"作对比；第三段论"能逸而不能劳"，取养身作比方，将王公贵人跟农夫小民作对比。都是正论反论，从两方面进行分析，议论纵横，鞭辟入里。

这篇文章在表达上还注意了前后呼应，使得脉络分明、结构严谨。文章第二部分，经过层层分析，在第四段末尾得出结论："故曰：天下之民，知安而不知危，能逸而不能劳，此臣所谓大患也。"这与文章开头提出的论点不是简单的重复，而是有意回复照应，以突出中心论点。第一段末尾说："今不为之计，其后将有所不可救者。"第五段讲教战守的具体措施，正是作者提出的挽救他日之危的今日之计。前有伏笔，后有呼应，这就使文章的逻辑联系更加清晰。第三段的开头说："天下之势，譬如一身。"一句领起，下文便挥洒笔墨展开关于养身之道的论析；末了用"夫民亦然"一句收住，使文章又回到有关社会政治的问题上来。一前一后，简短两句话，一领起一收束，此呼彼应，能放能收，使文章奇纵变化而又不失于散漫。

史论文章可以《志林·平王论》为例。这是引古喻今的代表作。周平王由镐京迁都到洛阳，文章由此而发，主旨是评论平王东迁之谬。但评论的是史事，针对的却是现实问题。全文的中心论点是反对"避寇迁都"，其基本出发点是主张坚决对外，抗击侵略。文章对南宋爱国士大夫反对迁都临安（今杭州），苟安江南，产生了很好的影响。这篇文章在表现上的突出特点，是引证繁富、雄辩有力。全文不到七百字，却前后引证了十三个历史上迁都的例证。共分为三类：第一类是并非害怕外族侵略而迁都的（五例），第二类是有外族威胁而不迁都的（二例），再一类是畏惧外族侵略而迁都的（六例）。前二类存，后一类亡。正反举证，错杂辩说，都围绕平王"东迁之谬"这个中心思想，因此文章似散而实不散，内容充实，气势旺盛，具有很强的说服力。又如《留侯论》（仁宗嘉祐六年，即1061年，应"制科"考试时写的《进论》二十五篇之一），借秦末张良佐汉兴天下的历史事实，着重论证欲治天下，必须克服匹夫之刚，能忍小忿而就大谋。有理有据，内容充实，说理透辟，逻辑性强。

苏辙在《东坡先生墓志铭》中说苏轼文章“论古今治乱，不为空言”，这是对苏轼优秀的时论和史论文章的一个十分中肯的概括。当然在苏轼的议论文中，空疏迂阔，不切实际，书生气十足的败笔也是存在的，但这不代表苏轼这类散文的主流。

另一类是文学性散文，即叙事、写景、抒情散文，包括游记、书札、札记、序跋、小赋等。从总体上看，这类作品的艺术成就在政论文之上。这类文章总的特点是：

第一，题材内容广泛。或抒发对生活的某种感受，或描写自然风物，或表现朋友间的真挚情谊，或发表艺术见解，或阐发人生哲理，等等。

第二，用笔自然，抒写自由，如行云流水，姿态横生。他在《自评文》（又题作《文说》）中谈到自己的文章时说：“吾文如万斛泉源，不择地皆可出，在平地滔滔汩汩，虽一日千里无难。及其与山石曲折，随物赋形，而不可知也。所可知者，常行于所当行，常止于不可不止，如是而已矣。”[①] 这是他散文创作的经验总结。他的优秀的文学性散文，确实是达到了这样的艺术境界。他特别强调自由抒写，不拘一格，不受任何形式的束缚。他不是有意作文，而常常是内心思想感情的自然流露。这类文章可以说是不作之作，用他的话来说就是：“不能自已而后作”，“轼与辙为文至多，而未尝敢有作文之意”。[②]

第三，有浓郁的诗情，富于诗的意境。再加上作品的语言优美，读起来感到亲切、有情味，具有很强的艺术感染力。

第四，表现手法多样化。无论写人、状物、写景，都能将叙述、描写、议论、抒情结合起来，熔于一炉，又穷极变化，生动活泼。

《前赤壁赋》是苏轼抒情写景散文的名篇，是苏轼散文赋、也是宋代散文赋的代表作。

赋是中国传统的一种特殊的文体，由“楚辞”发展而来，中经铺采摛文的汉赋、短小清丽的魏晋抒情小赋，再经唐代的律赋，发展到了宋代，欧阳修、苏轼等人创造了一种更便于抒情写物的散文赋。它既保存了传统赋体那种诗的特质与情韵，同时又吸取了散文的笔法，打破了赋在句式、声律、对偶等方面的形式束缚。

① 《苏轼文集》卷六十六，中华书局，1986 年，第 2069 页。

② 《江行唱和集叙》，《苏轼文集》卷十，中华书局，1986 年，第 323 页。

《前赤壁赋》是一首意境优美的散文诗，也是一首探索人生哲理的哲理诗，是诗情与哲理的结合。这篇赋写于元丰五年（1082）。当时苏轼贬官黄州，政治上的挫折，使他的心情十分苦闷，但江山风物又给予他极大的慰藉。这篇文章抒发了作者复杂的思想感情。

全文共分为五段。第一段，写苏子与客在秋天夜游赤壁，泛舟江上，江水和月光景色十分优美，使他们产生了一种飘飘然将变成神仙的感觉。先点出时间（七月既望）、地点（游于赤壁之下），然后写景。“清风徐来，水波不兴”，八个字，简淡清疏，写出一种静谧舒畅的艺术境界。下面写月，“徘徊”二字，传达出东升之月的动的形态。“白露横江，水光接天”，又是八个字，不见着力，却轻松自如地写出了一种寥廓邈远的景象。一片白茫茫的水气横在江面上，月光和江水融成一片，旷远无际，遥接天边。单是前后这十六个字描写出的优美境界，就足以令人陶醉了；何况泛舟江上，饮酒唱歌的主人公又是那样的胸怀旷达、自由不拘，难怪他们任随小船在江上自由飘荡，要产生一种遗世独立、羽化而登仙的感觉了。这里值得注意的是，作者将写景和抒情、议论相结合。这一段写景，抓住清风、明月、江水三个方面，这不仅有利于表现具体环境的特点和突出作者的主观感受，而且在艺术构思和结构上还有很重要的作用。它们贯穿首尾，成为构成全篇艺术意境的主要物象，并为后文议论人生的主客问答提供了取譬的依据，更好地表达出作者的思想感情。

第二段，由上文的重点写景（当然景中亦有情）转而重点写情。感情经历了由乐而悲的变化，是通过饮酒唱歌来表现的。“渺渺兮予怀，望美人兮天一方”，自己思慕怀想的人远在天边，不得相见。这歌词已初步透露出一缕惆怅的思绪，而客人呜呜咽咽的洞箫则吹出了更加幽怨凄哀的情调。对箫声的摹写，连用五个“如”字，比喻联想，极尽形容、渲染之能事，使人读后如闻其声，不能不为它所传达出的情思所打动。这一段在结构上主要起一种过渡作用，自然地引起下文主客问答的议论。

第三段，开始进入文章的主体，借主客问答的形式，写对人生的思索和感叹。客人从眼前景象（明月、江水、山川）想到曹操的诗，再联想到赤壁之战已成为历史遗迹，曹操、周瑜等不可一世的英雄人物也早已风流云散，因而发出人生短促的哀叹。

第四段，写苏子的回答，照应文章开头的写景，以明月、江水作比喻，说明世界万物和人生都既是变化的，又是不变的，用不着羡慕长江的无穷，也用不着哀叹人生的短促，应该到大自然中去，尽情享受清风明月之美。怎样认识苏轼的这种对世界和人生的态度呢？从表面上看，作者超然物外，襟怀旷达，是积极乐观的；实际上主和客只是一种出于传统赋体形式的虚拟，问和答两个方面其实都反映了作者的思想感情。仔细体会就不难发现，作者虽然表现得十分旷达，而在内心深处却是充满着矛盾和苦闷的。他那种在大自然中寄托人生的想法，只是一种自我排解、一种超脱，同我们今天讲的对生活和前途充满希望和信心的真正的乐观主义，还是不完全一样的。他那种变和不变的观点，也不是真正的辩证唯物论，而是受到庄子齐物论和相对主义思想影响的一种主观唯心主义哲学。它抹杀了物（江水、明月、宇宙万物等）与我（人）之间的区别，也否定了事物发展变化中量与质的联系与差异。不过，苏轼处于政治上遭受残酷打击的逆境中，总是以老庄思想进行排解，能做到随缘自适、安时处顺，在大自然中寻找寄托，不消极颓废，哭哭啼啼，在封建时代也是十分难能可贵的。善于排解、化苦为乐，是苏轼思想表现在人生态度上的一个突出特点，有他积极的一面，也有他消极的一面。这篇赋写于他被贬官黄州期间，这段主客问答的议论，正是他这种人生态度的典型表现。

第五段，写转悲为喜，以开怀畅饮，尽兴酣睡结束全文。

苏轼的这篇赋，灵活地运用了传统赋体的主客问答形式，生动巧妙地表现了他的思想矛盾、对人生的思考，以及由悲转喜的变化过程，使我们从具体鲜明的形象中，看到了近千年以前一位古诗人的精神世界——封建社会中不得志的知识分子内心的苦闷，以及用来排解这种苦闷的方法与过程。这对我们今天认识历史和历史人物，都是很有意义的。而作者在文章中赞颂优美的江山风景，追慕历史上的英雄人物，透露出对生活和人生的热爱，也是值得肯定的。

这篇赋在艺术表现上也很有特色。首先是写景、抒情、议论的紧密结合，情景交融，情理相生，创造出一种情、理、景相结合，充满诗情画意而又含蕴着人生哲理的独特的艺术境界。其次是善于取譬，特别是写箫声的幽咽哀怨，通过比喻，将抽象而不易表现的声、情写得具体可感，诉诸读者的视觉和听觉，使文章生色不少。第三是语言优美，辞采绚丽，句式骈散相间，富于变化，读起来声韵和美，节奏鲜明。这也是这篇赋能给人以美感的一个重要原因。

苏轼的《日喻》是一篇说理的文章，但不是一般的说理文，而是一篇形象的说理文，因此也可以归入文学性散文一类。全文意在说明求道是不容易的，切忌主观性和片面性。强调求道的关键在于学，学即实践，“君子学以致其道”，表现了一种朴素唯物论的思想，认识相当深刻。文章的突出特点在于很讲究构思。他不是平实地将这一道理讲出来，而是以形象化的故事入题，设喻成篇，使比喻的事与被比喻的理融合为一，非常自然。文章将深刻的道理讲得十分浅显生动，既具有吸引人的力量，又富有启发意义。这篇文章读起来很亲切，似乎并不是作者为了向我们讲述某种道理在那里巧为设喻，倒像是作者跟读者一起从那生动的故事中共同悟出了深刻的道理。作者讲道理讲得一点不费力，读者接受这道理也一点不勉强。这篇文章的构思，体现了一种以易为工的特色，即在平易自然中见出工巧，而又不露一点人工斧凿的痕迹。

苏轼的记体散文也有很多传世的名篇，而且很富于创造性。最著名的是《石钟山记》。记是中国古典散文中的一体，这种文体发展到宋代常常和议论相结合，在感性的叙述描写中表现出作者对生活的态度和理性思考。这一特点在欧阳修、王安石等人的作品中已经表现出来，而到了苏轼则有了进一步的开拓和创造。他常常将诗情和哲理结合起来，在记体散文中渗透进思辨的成分，表现出一种启人灵智的理趣。这篇《石钟山记》，与王安石的《游褒禅山记》同出一机杼，都是风格特异的山水游记，又是发人深思的说理文，是古代游记散文中的创格。文章提倡不迷信，不盲从，注重实地调查，勇于探求真理，反对主观臆断的思想，在今天看来也是很可贵的。中间一段写亲身于月夜探访石钟山，是全文的主体。写景极为出色，使人有亲临其境之感。既有直接的描摹，有生动的比喻，又有宿鸟惊飞的点染，写出了一种令人毛骨悚然的气氛。中间一段更穿插进人物的心理活动，景与情融为一体，不单能使读者如见月下种种奇特景象，如闻山下种种奇特的声音，而且还能感受到作者在这个特定环境中的心境及其变化，从而体会到作者那种探索幽微、追求真理的勇敢精神。最后一段议论是前文必然引出的结论，是作品的主旨所在。但用语却并不多，因为有前两段作基础，道理很容易明白，不用多说。“事不目见耳闻，而臆断其有无，可乎？”将结论以问句形式带出，更能收到发人深思的效果。接着以几种不同人物的不同情况加以对比、评论，不仅写出作记的缘由，而且更加突出了目见耳闻、亲自作实地调查的重要意义。

另一篇《文与可筼筜谷偃竹记》是记叙与亡友文与可的情谊的，充满真挚的感情，同时又是一篇出色的画论。作者睹物伤情，追念亡友，却寄哀痛于嬉笑之中，写得情辞真挚，十分感人，又充满诙谐幽默的情趣。但文章的精警之处还不在叙友情，而在论创作，叙事、记人与谈论画意、画法融合在一起。作者在他本人深厚的创作实践和艺术经验以及同画家文同相知极深的基础上，提出了对艺术创作问题的真知灼见："画竹必先得成竹于胸中"，阐明了画竹不重在节节叶叶之形似，而重在求其气韵精神之神似的道理。论叙相结合，情理相渗透，在论画意画法时实际上已经写了人，而在叙写人物的精神风貌时，又在不知不觉中使文同的画竹之法具象化，从而证实并深化了他所要阐发的绘画理论。

苏轼的小品文也写得很出色。他将传统的主要用来叙事和议论的笔记文，渗透进抒情的成分，使之在短小的篇幅中（一般只有百字左右）创造出诗情画意。在这类文章中，苏轼往往信手拈来，十分自然地就写出了他的生活感受，鲜明生动地表现出他的思想性格和生活情趣。最出色的是《记承天寺夜游》：

> 元丰六年十月十二日，夜，解衣欲睡，月色入户，欣然起行。念无与为乐者，遂至承天寺寻张怀民。怀民亦未寝，相与步于中庭。
>
> 庭下如积水空明；水中藻荇交横，盖竹柏影也。
>
> 何夜无月？何处无竹柏？但少闲人如吾两人者耳。

这是一篇脍炙人口的抒情小品。全文不足百字，作者信手写来，不加涂饰，却创造了一种诗的艺术境界，表现了闲适的心境和超旷的人生态度，是古代小品文中的杰作。它能给人以美感，给人以诗的陶冶，并含有某种人生哲理，既富于艺术感染力，又耐人寻味。文章以极精练的文字，绘形、绘影、绘色，描绘出承天寺庭中月下的优美景色，表现了浓郁的诗情。这篇文章，妙在将月色当作水来写，将月下的竹柏之影当作水中的藻荇来写。前者突出其"空明"之色，后者突出其"交横之态"。作者虽然用了一个"如"字，但它却并不是一个简单的比喻，而是写一种近于错觉的对特定物境的独特感受。唯其近于错觉，反而格外显得真切而富于情致，读后能唤起我们近似的生活体验，因而自然地进入到作者所描绘的意境中去。

这篇小品也作于黄州，所表达的生活情趣跟《前赤壁赋》大体一致。他寄情山水，做大自然的主人，时时处处都能解脱尘世间的种种烦恼、苦闷。他曾说："江山风月，闲者便是主人。"（《临皋闲题》）《前赤壁赋》中所表现和赞美的便是这种"闲者"的情趣。在这篇小品的结尾，作者写道："何夜无月？何处无竹柏？但少闲人如吾两人者耳。"这两句话所传达的思想感情是相当复杂的，既有欣喜愉悦，又有落寞孤寂，还透露出某种鄙视尘俗的骄矜。从一方面看，苏轼是因为政治上失意，内心孤独忧愤，才放情于山水，在江山风月中去寻找寄托的；但从另一方面看，大自然的美，江山风月所给予人的无穷愉悦，又不是每个人都能真正体会和领受到的。比如那些斤斤于个人名利得失、为俗务羁系的人，即使走到令苏轼陶醉的承天寺的庭中月下，他们也一定会一无所见、茫无所得的。在苏轼看来，真正能欣赏江山风月之美，将自己的精神境界融进大自然广袤、渺远、博大的世界中去的人，才能真正成为江山风月的主人。“闲者便是主人”，苏轼和他的朋友张怀民便是“闲者”（在这篇文章中称为“闲人”），因而是江山风月的真正“主人”。显而易见，这里所说的“闲人”的“闲”，是指闲散无拘的性格和冲和淡泊的心境。在这种时候，在这种境界中，苏轼有这样的心境，他当然能得到一种世人很难得到的愉悦和满足。也正因此，他才那样陶醉于大自然的景色，有独特的体验和发现，并能融主观和客观于一体，眼中所见、笔下所写，才能那样自然而又微妙地传达出月下夜景的真趣，创造出一种闲静淡远、清幽空灵的诗的意境。这种“闲情”和“闲者”眼中所见的景色，是处于逆境中的苏轼引以自慰乃至自傲的；也是我们读完此文，在欣赏和分享作者所写那种清幽空灵的优美景色的同时，不能不去思索和品味的一种人生哲理和思想情味。

这一类的小品文还很多，例如《记游定惠院》是一篇记游小品，叙写二三子出游定惠院的情景，写法又有所不同，是依时间的发展，随兴而游，随事而记。我们读时像是随着作者的履迹，见景色，见人情，更重要的还能见出作者的胸怀、性格。又如《书上元夜》，也是信手拈来之作，很像是写给自己看的日记，以通俗明畅的语言记人叙事，写所见所感，却语浅意深，表现了作者的思想性格和气质，写得清新自然，意味隽永。这类文字最为明末提倡“独抒性灵”的“公安派”作家所推重，袁宏道曾说：“坡公之可爱者，多其小文小说（指短小的笔记杂说之类），使尽去之，而独存高文大册，岂复有坡公哉！”①

还有一批小品是说文论艺的，笔致既清新自然，又表现出他在艺术上的真知灼见。如《书吴道子画后》，就提出了著名的“出新意于法度之中，寄妙理于豪放之外”的观点，文中概括了他丰富的创作经验，有情有理，不发空论，既给人以艺术的享受，又给人以思想的启发。又如《书蒲永升画后》《文说》《评韩柳诗》等，都是这样的佳作。

① 郑之惠：《苏长公合作》引。

总起来看，苏轼散文的共同特色是：纵横恣肆、挥洒自如、自然流畅而又奇警新颖。

第四节　苏轼的词

苏轼在中国词史上有极其重要的地位和影响。他把诗文革新运动的精神扩展到词的领域，并取得了积极的成果。无论题材内容、表现手法还是艺术风格等各个方面，他都有很大的开拓和创造，提高了词的意境和表现力，使词从音律的束缚中解放出来，成为一种便于抒情写志的独立的新诗体。苏轼突破了晚唐五代以来词是“艳科”，主要用来歌唱男欢女爱和离愁别绪的狭小范围，极大地扩展了词的题材内容。几乎凡是可以写到诗里去的内容，他都可以写到词里去。前人说他“以诗为词”，这确实是他的特点，也是他的贡献。苏轼今存词三百多首，除了传统的描写男女爱情和离愁别绪之外，写景、咏物、悼亡、怀人、咏史、怀古、抒怀、写志等，内容十分丰富。同时，适应于题材内容的丰富多彩，苏词的艺术风格也是多种多样、不拘一格的：有的写得缠绵深婉，有的写得明丽清新，有的写得雄健豪放，有的写得飘逸洒脱。特别是他的豪放词，虽然数量不算很多，但在婉约正宗之外别立一派，为南宋辛弃疾等人的爱国主义歌唱开了先河，在词的发展上有重大意义。

苏轼是豪放词的开派作家，但他也写作了不少婉约词。他的《江城子》（十年生死两茫茫）写得缠绵深挚，是他婉约词的代表作。

十年生死两茫茫，不思量，自难忘。千里孤坟，无处话凄凉。纵使相逢应不识，尘满面，鬓如霜。　　夜来幽梦忽还乡，小轩窗，正梳妆。相顾无言，惟有泪千行。料得年年肠断处，明月夜，短松冈。

这是一首写给他亡妻的悼亡词。词调下有小序云：“乙卯正月二十日记梦。”乙卯是宋神宗熙宁八年（1075），这时距他的妻子王弗去世已整整十年。这首词通过写梦境来表现对亡妻的真挚爱情和深沉思念，艺术上很有特色。

上片写死别之痛和相思之苦。“十年生死两茫茫”，起句即从内心迸发出长久郁积于心的深长的悲叹，为全词定下了凄伤哀婉的基调。十年漫长的岁月，生活经历了巨大的变迁，却没有冲淡诗人对亡妻的一片深情。思念至切，却生死相隔，不得一见。“茫茫”两个字，传达出一种莫可名状的空寂凄清之情。“茫茫”前加一个“两”字，这就不单指词人，也是包括了九泉之下的亡妻在内的。读这三个字，我们仿佛听见了词人对亡妻深挚的告语：“十年呵，我日夜思念你，杳无音信；你也是日夜思念我，音讯杳无。”生者与死者，一有知一无知，但同样的情怀，一样的哀绪。首句所表现的痛切凄哀的感情，笼罩全篇。“不思量，自难忘。”不去想它，却怎么样也忘不掉。这是最质朴自然的表达方式，因为情真，就显得特别动人。

“千里孤坟，无处话凄凉。”这也是概括生者和死者两个方面说的。死别十年，又千里相隔，各自都有满腹凄凉要向对方诉说，却又无处诉说，无法诉说。“孤”字传达出诗人对亡妻深情的体贴：独卧泉下，远在千里之外，没有自己相伴身边，可以想见她一个人是何等的孤寂凄清。接下去三句便是诗人向亡妻“话凄凉”了。人死了以后是不可能重逢的，所以诗人用了“纵使”两个字。“纵使”就是明知相逢不可能成为事实，却姑且假想其成为事实。仔细品味这两个字，是含蕴着深沉的痛苦在内的。诗人对亡妻说：“纵然是我们真有见面的机会，你看见我风尘满面，两鬓如霜，疲惫垂老的样子，也一定会不认识了。”这三句隐含着诗人深沉的身世感慨在内，妻子亡故后，他仕途坎坷，政治上备受挫折，确实是满腹凄凉的。然而生者有情，死者却无知；本来是无处可话的，却偏偏向那无可诉说处去诉说凄凉，因而就愈见其凄凉。这三句，可说是一字一泪。

下片写梦。因思而成梦，上片写思，下片写梦，自然成章。“夜来幽梦忽还乡”，笔意一折，即转入梦境。梦是“幽梦”，见出景象之缥缈朦胧。入梦是很轻快迅捷的，这层意思由一个“忽”字传达出来。但唯其“忽”，相见得太快、太容易了，也就透露出虚幻不实的一面来。回乡以后看见了什么呢？“小轩窗，正梳妆。”这是梦境纪实，也是恩爱夫妻平素生活的生动写照。由这一具有典型特征的生活片断，读者不难想象出从前这对年轻夫妻相亲相爱、融和欢乐的情景。经历了十年死别和无限思念之苦，一旦相见，该有千种哀愁、万种凄凉要向对方倾诉，然而却是“相顾无言，惟有泪千行”，竟连一句话也说不出来。无言胜似有言，泪眼相看，两心相印，比千言万语更能表现出复杂深沉的感情。

“料得年年肠断处，明月夜，短松冈。”这三句总束全词，是感情发展的高潮。“短松冈”是说种着短小松树的山冈。这里用了一个典故，《本事诗·征异》载：开元中，有幽州衙将姓张者，妻孔氏，生五子，不幸去世。后妻虐待五子，孔氏忽从冢中出，题诗赠张，有两句是：“欲知断肠处，明月照孤坟。”典故的运用十分贴切、自然，不露痕迹。承上片“千里孤坟”，指亡妻的坟墓。“料得”虽是推测之词，语气却十分肯定。这里跟首句“十年生死两茫茫”遥相呼应，写梦醒之后，重又陷入了“千里孤坟，无处话凄凉”的悲哀。“年年”，是年复一年，既指过去漫长的十年，也指未来无尽的岁月。回到现实之中，则又是冷月清光，洒满亡人长眠的松冈。此情此景，不能不使人肝肠寸断。因此，“肠断处”是指亡妻的孤坟，而断肠人则兼指生者和死者。这三句，遥承开头“十年生死两茫茫”的词意，首尾相接，全词浑然融为一体，使感情得到充分的表现和强化。

以虚映实、虚中见实，是这首词在艺术表现上的显著特色。梦是虚幻的、缥缈的，然而梦中人的感情却显得那么真挚深沉、实实在在。或者可以说，正因为借助于梦境的虚幻与缥缈，才格外显得情真意切。感情的表现，在梦前和梦中，前后一致，而随着入梦和梦醒，又一步步深化。死别相思是很苦的，相思而不得相见，满腹凄凉无处可以诉说，更苦；积思成梦，幽梦话凄凉是很苦的，梦醒而只剩得冷月松冈，则最苦。全词凄凉哀伤，出语悲苦，真可说一字一泪。

这首词像是春蚕吐丝，又像是幽山流泉，从诗人的胸臆中泻出，非常质朴自然。全词无矫饰之情，无故作之态，不以使事用典取胜，也不以锻炼词句生色，完全以平常语言写出来，却具有强烈的艺术感染力，其原因就在于以情动人。

另一首婉约风格的名作，是他咏杨花的《水龙吟》（次韵章质夫杨花词）：

> 似花还似非花，也无人惜从教坠。抛家傍路，思量却是，无情有思。萦损柔肠，困酣娇眼，欲开还闭。梦随风万里，寻郎去处，又还被、莺呼起。
>
> 不恨此花飞尽，恨西园、落红难缀。晓来雨过，遗踪何在？一池萍碎。春色三分，二分尘土，一分流水。细看来，不是杨花，点点是离人泪。

这首词的作年，过去多沿用清代王文诰的猜测，系于元祐二年（1087），后经人考证，应该是作于元丰四年（1081）春天谪居黄州时。当时章质夫写了一首咏杨花的词寄给苏轼，词由咏杨花而写到思妇，写杨花写得很传神，写思妇的哀伤也写得很真切。苏轼读后回了一封信，同时作了这首和词。和词同原词的作意相近，也是从咏杨花而写到思妇的。词中的思妇有所指。当时章质夫在“柳花飞时出巡”，苏轼想到章的妻子一定非常思念他，因而拟想并代她抒发心中的愁绪，当然也同时寄托了自己因政治上的失意而产生的苦闷和忧愁。不过，这首词所写的杨花和思妇都不局限于个别，不局限于具体所指，而具有高度的概括性和典型意义，它表现了一种普遍的人生感受，一种人人都经历过、都感受过的离愁。因此，从它产生以来，曾引起过无数读者的共鸣。

这首词的突出特点，是把杨花当作有生命、有感情的东西来写，在词中杨花和思妇是融合到一起的，我们简直分不清哪是写的思妇，哪是写的杨花。开始入题就于平常语中见神奇："似花还似非花"，这是大实话，春天漫天飞舞的杨花，确确实实是又像花，又不像花。但从这最平实的语言中，却是最传神地概括出了杨花的特点。而全词正是从这一特点来发挥的。第二句"也无人惜从教坠"，也写出了人们对杨花的普遍态度和感受。正因为它又像花又不像花，所以在繁花似锦的春天，人们并不十分看重它，珍惜它，因而随它到处飞舞、飘落。"抛家傍路，思量却是，无情有思。""抛家傍路"是对满天飞舞的杨花的客观描绘，却很传神，而且暗中关合着"离情"。接着就点出杨花是有生命、有感情的。"有思"的"思"字，在这里作名词用，是"情思"的意思。韩愈《春晚》诗："杨花榆荚无才思，惟解漫天作雪飞。"章质夫的原词里也说："轻飞乱舞，点画青林，全无才思。"苏轼从反面写，就不落陈套，而翻出了新意。强调杨花有"思"，就赋予了杨花以人的感情，就把花和人联系起来了。因此，下面的几句："萦损柔肠，困酣娇眼，欲开还闭。梦随风万里，寻郎去处，又还被、莺呼起。"就既是写的人，又是写的杨花。有人说，"柔肠""娇眼"，是指柳枝、柳叶，古人确有将初生柳叶称为柳眼的。但柳枝、柳叶又都同杨花分不开，所以目的还是写杨花，而最终还是写人。后面三句是化用唐代金昌绪的《春怨》诗："打起黄莺儿，莫教枝上啼。啼时惊妾梦，不得到辽西。"这离愁是思妇的，也是杨花的，妙在花和人融合在一起，不能分割，也无法分割。

下片一开始，又好像完全是写花："不恨此花飞尽，恨西园、落红难缀。"还是照应到上片的意思，"抛家傍路"的杨花是不被人怜惜的，人们伤春，也只是由"落红难缀"引发；春归了，杨花飞尽了，人们也不会产生什么怨恨。可是下面一转，却与一般人不同，作者特别关注那"飞尽"了的杨花到底到什么地方去了。执着之情使他禁不住去追寻杨花的遗踪："晓来雨过，遗踪何在？一池萍碎。"这里作者自注："杨花落水为浮萍，验之信然。"按，苏轼的自注并不可信。他所据的是三国时魏张揖的《广雅》"杨花落水化萍"之说。当然我们是在解诗，不必拘泥于这个说法的科学性，作者用典的目的，意在表现杨花的多情，也表现杨花的生命力。"春色三分，二分尘土，一分流水。"这里把春色具象化、数量化，说它三分之二化成了尘土，三分之一化成了流水。这种写法好像很笨，好像跟诗不相干，实际上却是写得非常巧妙、非常聪明，也是很富于诗意的。它表现了诗人对春天的热爱、对杨花的执着和一片深情。下片到此为止，都是写花，可是末二句一收束却又归结到人上来："细看来、不是杨花，点点是离人泪。"这真是精妙至极的神来之笔：原来，写杨花就是写思妇，就是写离情，花和人浑然化为一体。在作者的笔下，不论是浮萍、尘土、流水，都是杨花化来的；而最后竟看出来，这由杨花化来的浮萍、尘土、流水，又都变成了离人的眼泪。咏物词而能写出如此深婉缠绵的感情内涵，实在是很少见的。苏轼将赋物之作写成言情之作，一反过去许多词人咏物之作多堆砌辞藻典故的弊病，构思巧妙，想象丰富，语言清丽，深婉含蓄，极富韵致。王国维《人间词话》评云："东坡《水龙吟》杨花词和韵而似原唱，章质夫词原唱而似和韵，才之不可强也如是。"又说："咏物之词，自以东坡《水龙吟》为最工。"这是苏轼婉约词的代表作，但又不同于传统的婉约词，清而不艳、柔而不媚是其特色。

另外如《贺新郎》（乳燕飞华屋），以香草美人喻自己高洁的志行品格，采用的是古典诗歌中托物写志的手法。上片写美人，下片写榴花，而高洁的榴花正是诗人的自我形象。《卜算子》（缺月挂疏桐），以凄苦之词写寂寞之感，创造出一种清寒幽深的意境，正是诗人孤寂忧伤内心世界的真实表现。

总之，苏轼的写情词，风格近于婉约，却又不完全同于婉约，有传统婉约派词的深婉细腻，而没有常见的那种柔弱和纤艳。可以说是温婉清新、柔而不媚，洗尽了"绮罗香泽之态"。

另一类风格是超旷洒脱的，如著名的《水调歌头》：

丙辰中秋，欢饮达旦，大醉，作此篇兼怀子由。

明月几时有？把酒问青天。不知天上宫阙，今夕是何年？我欲乘风归去，又恐琼楼玉宇，高处不胜寒。起舞弄清影，何似在人间！　　转朱阁，低绮户，照无眠。不应有恨，何事长向别时圆？人有悲欢离合，月有阴晴圆缺，此事古难全。但愿人长久，千里共婵娟。

这是苏词中的名篇，历来被认为是他豪放词的代表作。从词的构思、气象、意境等方面看，确实显得开阔豪迈，但它的基本风格特色却不是豪放，而是飘逸洒脱。词的小序说："丙辰中秋，欢饮达旦，大醉，作此篇兼怀子由。"丙辰是宋神宗熙宁九年（1076），词的内容是咏月而兼怀人。它的特点是咏月而不拘限于月，怀人而不露悲伤凄戚的离愁别绪，写出了新的面目、新的格调。

全词紧紧扣住明月，上片写对人生的思索，下片写离情。“明月几时有？把酒问青天。”首二句点出饮酒赏月。起笔就发问，显得突兀奇崛，表现了诗人浪漫的性格和超旷的胸怀。古代的浪漫主义诗人，屈原写了《天问》，李白写了《把酒问月》，都是向上天提出问题，苏轼师承这种意思，面对中秋美好的月色，开怀畅饮，赞赏之余，不禁抬头望着高远的青天，提出这样的问题：这样美好的月亮是从什么时候开始有的呢？这一问，从赏月的欣喜中透露出一位哲人对宇宙人生的沉思。

“不知天上宫阙，今夕是何年？”这两句承上启下，把词人的思索更推进一层：明月不知几时产生，又不知经历了多长时间的发展变化，今晚是到了哪一年，月色竟是如此的清润皎洁？于是便产生了下面要飞入月宫去的奇想。

“我欲乘风归去，又恐琼楼玉宇，高处不胜寒。”从《前赤壁赋》中我们已经看到，苏轼在欣赏大自然时，常常陶醉于其中，进入物我化而为一的境界，产生一种飘飘欲仙的感觉。这是由诗人浪漫的性格、飘逸的情怀和道家出世思想的影响所决定的。反映在艺术上，则表现为神思飞扬，产生奇丽大胆的想象。月色那么美好，自然引发他飞升上天的幻想；而在他的心中，自己本来就是仙界中人，所以说想“乘风归去”。联系到他政治上的遭遇，这里面是隐含着词人的身世感慨的。他因为反对王安石变法而调任地方官，政治上的失意，加上不能跟感情很好的弟弟朝夕相处，内心很苦闷，便产生了一种出世的思想。但他内心又有矛盾，所以下面两句又回转笔来写他所执着的现实，表现出他对人间的热爱：“起舞弄清影，何似在人间！”不能和不愿乘风上天，于是在月下起舞，跟自己的“清影”相伴嬉戏，月宫里的生活哪里能跟人间相比呢？由现实而产生幻想，又由天上再回到人间，表现了词人内心复杂矛盾的思绪及其起伏变化的过程。

下片写对弟弟的怀念。“转朱阁，低绮户，照无眠。”“转”和“低”，写出月的动态：月光缓缓地转过红色的楼阁，又低低地照进雕花的门窗，最后照在长夜无眠的人的身上。由月写到人，由月亮的流动映衬出人的思绪，不言离情而离情自见。天上满满一轮圆月，使经受着离别之苦的词人联想到亲人不能团聚，于是便产生了对月亮的埋怨：“不应有恨，何事长向别时圆？”明月无知，不该有什么怨恨，可是为什么老在人们离别的时候那么圆呢？下面，诗人在深沉的思索中又自己提出一种带哲理意味的解答：“人有悲欢离合，月有阴晴圆缺，此事古难全。”天上人间，一切事物都不可能是完美无缺、尽如人意的。这是对月亮的谅解，也是对自己的劝慰。“但愿人长久，千里共婵娟。”既然如此，跟亲人的离别也就用不着忧愁哀怨，只求永远身体健康，能在千里之外共赏明月，也就求得情意相通了。这是对自己和远离自己的弟弟的宽慰，也是对世间一切离人的美好祝愿。这里既写了离别之苦，又写了对这种苦闷的排解，最后上升到一种十分超脱而且格调很高的美好祝愿。几层意思，转折写出，愈转愈深，充分地表现出作者洒脱的性格和旷达的情怀。

这首词，充满浪漫主义色彩，境界开阔，想象新奇，既有飘逸邈远的意境，又有耐人寻味的理趣；语言自然生动，如行云流水；词中多处活用前人诗句，都浑化无迹，如从诗人胸臆中流出。南宋胡仔在《苕溪渔隐丛话》中说：“中秋词，自东坡《水调歌头》一出，余词尽废。”这种赞誉并不算过分。

又如《定风波》（莫听穿林打叶声）：

三月七日，沙湖道中遇雨，雨具先去，同行皆狼狈，余独不觉。已而遂晴，故作此。

莫听穿林打叶声，何妨吟啸且徐行。竹杖芒鞋轻胜马，谁怕？一蓑烟雨任平生。　料峭春风吹酒醒，微冷，山头斜照却相迎。回首向来萧瑟处，归去，也无风雨也无晴。

此首作于元丰五年（1082），时作者47岁，在黄州。路上遇雨，这是一般词人不屑于写到词里来的题材，而作者却写得那么富于生活情趣，那么活泼优美。词人的思想性格，以及用来表现这思想性格的生活画面都是独特的。“一蓑烟雨任平生”，可以看作是他对于生活里的挫折和打击所取的一种超然物外、旷达开朗的态度。他与世无争，满不在乎，自得其乐。这种以无争表示抗争的处世哲学，当然受到道家和佛家思想的影响，但也同时表现了他热爱生活、追求生活中美好事物的愿望。在艺术上，是以眼前景曲笔抒写胸臆，通过具体形象的刻画，性格、情绪、气象等都在形象之中。

还有一首著名的《临江仙·夜归临皋》（夜饮东坡醒复醉）：

夜饮东坡醒复醉，归来仿佛三更。家童鼻息已雷鸣，敲门都不应，倚杖听江声。　长恨此身非我有，何时忘却营营？夜阑风静縠纹平。小舟从此逝，江海寄余生。

这是苏轼在黄州雪堂饮酒，醉归临皋时作。醉归敲门，伫听江水之声，简直像是一幅生活的素描。简淡的几笔，明白如画，就勾勒出词人鲜明的形象和性格。词中词人的性格是超旷洒脱的，不过仔细体会，他的内心还是充满了难于排解的苦闷。真正的超脱实际上是做不到的。正因为不可能超脱，才在词中反复地表现要超脱。就词中所表现的思想来看，正因为不能“忘却”，所以才呼喊“何时忘却”。历史上写出世和入世矛盾的作品，实际上都不可能真正解决矛盾，苏轼当然也不例外。但他的好处并不在这种超脱和出世的思想本身，而在词中所表现的那种鲜明的个性，他确实是比较自由潇洒，不大在乎名利得失的。关于这首词，还有一个有趣的传闻。据叶梦得《避暑录话》载：“翌日，喧传子瞻夜作此词，挂冠服江边，拏舟长啸去矣。郡守徐君猷闻之，惊且惧，以为州失罪人，急命驾往谒，则子瞻鼻鼾如雷，犹未兴也。”很能见出他的生活态度和精神面貌。

下面谈谈他的豪放词。

《念奴娇·赤壁怀古》：

大江东去，浪淘尽、千古风流人物。故垒西边，人道是、三国周郎赤壁。乱石穿空，惊涛拍岸，卷起千堆雪。江山如画，一时多少豪杰！

遥想公瑾当年，小乔初嫁了，雄姿英发。羽扇纶巾，谈笑间、樯橹灰飞烟灭。故国神游，多情应笑我，早生华发。人生如梦，一樽还酹江月。

这是千古传唱、脍炙人口的苏轼豪放词的代表作。作于元丰五年（1082），时苏轼贬官黄州。这首词借怀古以抒写怀抱，通过对祖国壮丽山川的出色描绘，表达了对古代英雄人物的无限倾慕和向往；而联想到自己的政治处境，又流露出远大抱负不得实现的深沉苦闷。

上片着重写江山，带出历史人物，从赞叹中抒写自己的豪情壮志。“大江东去，浪淘尽、千古风流人物。”一开头就居高临下，俯仰千古，表现出一种高远的眼光、广阔的胸怀、奔腾豪迈的气势，为全词定下了高昂的音调。“故垒西边，人道是、三国周郎赤壁。”这是写眼前景，点出赤壁，并带出自己所仰慕的历史人物周瑜。学界一般认为，三国时的赤壁之战发生在今天湖北省蒲圻县长江南岸的赤壁，不是黄州赤壁，作者意在借景抒情，并不拘泥于史迹。“乱石穿空，惊涛拍岸，卷起千堆雪。”这三句描绘赤壁景象，写山的峭拔险峻，写江的奔腾汹涌，表现出一派奇峭雄峻的气势。这是写景，也是抒情。词人笔下的江和山都富有生气，充满活力，正足以表达出他的理想、志向、气度、胸怀。“江山如画，一时多少豪杰！”面对赤壁壮丽的景色，词人不禁发出了这样的感叹。由江山自然地转到历史人物身上，既收束上片，又引起下片。

下片着重刻画历史人物，借以进一步抒发自己的理想情怀以及壮志难酬的苦闷。“遥想”二字，总领下面六句，具体地刻画出周瑜的英雄形象。“小乔初嫁了，雄姿英发。”写他年轻英俊，谈吐气度，卓绝不凡。“羽扇纶巾，谈笑间、樯橹灰飞烟灭。”写他指挥战争，身着便服，仪态从容，凭着过人的胆略智慧，谈笑间就能克敌制胜。这里写得既概括又具体，栩栩如生，呼之欲出。“故国神游，多情应笑我，早生华发。”这三句，从历史转到现实，由英雄联想到自己。第一句中的“神游”，指游古战场赤壁而产生的对历史和历史人物的追忆和向往；第二句中的“多情”，既指对历史上英雄人物的深情倾慕，也指对祖国河山的热爱，以及建功立业的积极追求；第三句，跟前面写周瑜的“雄姿英发”形成鲜明的对比，暗喻自己政治上的失意。头发已经花白而事功未成，也就写出了“多情应笑我”的具体内容。在表现了因理想和现实的矛盾而产生的内心苦闷的基础上，词人以无限的感慨结束全词：“人生如梦，一樽还酹江月。”由于内心的苦闷，词人在这里流露出一丝消极低沉的情绪，但从全首词来看，意境恢宏，气势雄迈，风格豪放，基调是积极开朗的，我们读后也确实感到有一种引人奋发向上的鼓舞力量。

据宋人俞文豹《吹剑续录》记载：“东坡在玉堂，有幕士善讴。因问：‘我词比柳词何如？’对曰：‘柳郎中词，只好十七八女孩儿，执红牙拍板，唱“杨柳岸晓风残月”；学士词，须关西大汉，执铁板，唱“大江东去”。’公为之绝倒。”这个传说说明，这首《念奴娇》词确是最充分地表现出苏轼豪放词的艺术特色，因而被作者引以为豪的。

另一首豪放词的代表作，是写打猎的《江城子·密州出猎》(一题作《猎词》)：

老夫聊发少年狂。左牵黄，右擎苍。锦帽貂裘，千骑卷平冈。为报倾城随太守，亲射虎，看孙郎。　酒酣胸胆尚开张。鬓微霜，又何妨！持节云中，何日遣冯唐？会挽雕弓如满月，西北望，射天狼。

这首词作于熙宁八年（1075），与前面那首悼亡词作于同一年。同一年以同一词调写词，内容和风格却迥不相同。这是这年的冬天，苏轼任密州（今山东诸城）知州，因天旱求雨，得雨后到常山去祭神谢雨，归来时与同官梅户曹会猎于铁沟作。同时又有诗《祭常山回小猎》记其事，可参考。

这首词表现了词人关心国家命运，热切地盼望到疆场杀敌报国立功的雄心壮志和爱国感情，气势宏大，情绪激昂，思想和风格都极为豪迈奔放，在此前的词作中是很少见的。

上片写出猎，既是叙事，又是抒情。写出了意气风发的一腔豪情壮志，刻画出一个性格豪放、威武雄壮的太守形象，为下片抒写爱国感情和杀敌报国的雄心壮志打下基础。首句"老夫聊发少年狂"，是年苏轼40岁，古人以为40即入老境，故自称"老夫"。"聊"是"聊且"之意。意思是打猎本来是青年人的事，年届四十原该没有这样的豪兴了，这次却像年轻人一样发发这样的豪兴和狂情。下两句具体写打猎的形象、情景："左牵黄，右擎苍"，左手牵着猎狗，右臂擎着苍鹰。这不仅是纪实，同时更重要的是借此以抒写自己的豪情壮志，是承上句的"狂"字来写的，从具体的形象中表现了词人出猎时的狂放和豪迈。"锦帽貂裘，千骑卷平冈。"锦帽貂裘是汉代羽林军的装束，这里用来写太守出猎时的随从，以状其威武。"千骑卷平冈"写围猎的情景，用了夸张的笔墨进行渲染。但也有纪实的一面，因为他在《祭常山回小猎》诗中曾写道："青盖前头点皂旗，黄茅冈下出长围。"看来他带的人确是不少，围猎时很有气势，十分壮观。"为报倾城随太守，亲射虎，看孙郎。"这是兴之所至，发豪言壮语，以抒豪情壮志。意思是，为了报答全城的百姓们都跟随来看我出猎，我一定要像三国时的孙权那样亲自射虎。① 打猎人人都可以，射虎却并非人人都能做到，非英雄壮夫不能。这里是承接并落实首句"少年狂"的"狂"字，以收束上片。因此，上片主要是叙写词人出猎的情景，以抒发他像年轻人那样的豪情壮志。

但是写出猎只是起兴，只是铺垫，下片在此基础上抒发自己杀敌报国的雄心壮志和爱国感情，才是全词的主旨。"酒酣胸胆尚开张"，是说畅饮一醉之后（饮酒本身也能见出词人的豪迈性格），更加意气风发了，胸襟更加阔大，胆气也更旺盛了。"鬓微霜，又何妨"，年纪虽大，却仍然具有年轻人的雄心壮志和英雄胆气。"又何妨"

① 据《三国志·孙权传》记载，孙权曾经亲自射虎。

是不承认自己已老，也不伏老，还有为国建功立业的雄心。“持节云中，何日遣冯唐？”这一句用了一个典故，其中曲折地表现了作者强烈的期望和深沉的感叹。汉文帝时，魏尚为云中太守，抵抗匈奴的入侵，立下战功，仅仅因为报功时在歼敌数字上多报了六个，便不公平地被坐罪削职；后来冯唐为他辩白，汉文帝便令冯唐持节（使者所持以作为凭信的节符）赦免魏尚，恢复他云中太守的职位。苏轼在这里用了这个典故，不仅用得十分准确、贴切，而且含义是非常丰富的。因为当时苏轼离开朝廷到外地做官，是因为遭到排斥打击，政治上是失意的，这一点与魏尚蒙冤获罪有相似之处；同时更重要的是，在抵御外侮、杀敌报国这一点上，苏轼以魏尚自许，表现了他强烈的爱国感情。然而不同的是，至今并没有像魏尚那样被赦罪复职，重新受到信任与重用的好运气。“何日”二字是发问，既表现了他强烈的期待、向往，又表现了他内心的不满和感叹。“会挽雕弓如满月，西北望，射天狼。”正面直接地抒发自己为国杀敌立功的雄心壮志，在一个高昂的音调上结束全词。值得注意的是，他的一腔爱国激情和建功立业的壮志，不是以抽象、空泛的语言表达出来的，而是通过刻画具体的形象来表现的。读完这首词，一个热情洋溢、豪迈英武、正在挽弓射敌的英雄形象栩栩如生地出现在我们的面前。

苏轼是有意识地追求一种豪放词风的。他在《与鲜于子骏书》中说：“近颇作小词，虽无柳七郎（永）风味，亦自是一家，呵呵。数日前猎于郊外，所获颇多，作得一阕，令东州（即密州）壮士抵掌顿足而歌之，吹笛击鼓以为节，颇壮观也。写呈取笑。”这是苏轼抒发豪情壮志的“壮词”，其风格豪迈雄放，确实是需要“壮士”吹笛击鼓而歌的。这样的词，前所未有，确实使人奋发向上，耳目一新，对宋词发展的影响是不能低估的。

苏轼还有一些农村词，风格明丽清新。代表作是《浣溪沙》（徐门石潭谢雨道上作，潭在城东二十里，常与泗水增减，清浊相应）五首。

这是一组出色的农村风俗画，既写自然景色，也写风俗人情。以这样的农村题材入词，又写得如此生动活泼、清新可喜，在过去是没有的，为苏轼所开创。这组词作于元丰元年（1078）初夏，时作者在徐州任地方官。这年春天，徐州发生了严重的旱灾，作为知州，苏轼曾到城东面二十里的石潭去求雨。这并不完全是出于一州之长的例行公事，苏轼是一个勤政爱民的好官，他是带着感情去的。为这次求雨，他还写过一首《起伏龙行》诗，表现他殷切期望下雨的心情。得雨后他便亲赴石潭谢雨。如小序所示，这组词即作于谢雨道上。

我们选出其中的三首来作些分析。先看其一。这一首一般的选本都不选，但写得很有特色，我们作为重点来分析：

照日深红暖见鱼，连村绿暗晚藏乌。黄童白叟聚睢盱。　　麋鹿逢人虽未惯，猿猱闻鼓不须呼。归来说与采桑姑。

这是一首写景词。寥寥数句，用精练的语言，将客观景物描绘得逼真生动，而且切合特定情景，不一般化，并能于景中见情。这首词，像一幅色彩明丽的农村画，写得爽朗明快，清新喜人，其风格，跟关西大汉执铁板所唱“大江东去”，又大异其趣。谢雨道上所作，全词所写，紧切“谢雨”二字。起笔便用明朗的色调，绘出一派生机勃勃的喜人景象：晴空丽日，红艳艳的阳光照射着清澈见底的溪水，鱼儿在自由欢快地游动，给人一种温暖的感觉；一村连着一村的绿树，枝叶繁茂，一片深碧，晚来可以藏乌。完全是一种朗朗晴天景象，表面上看好像跟雨没有关系。但实际上这两句正是写雨：不是正在下着的雨，也不是刚刚下完的雨，而是已经渗透到地下，滋润着万物，使干渴的世界得以复苏，再现出盎然生意的那场喜雨。这场雨早已过去，但通过作者的巧妙构思和描绘，我们还能看到它：从水中欢快的游鱼，从连村碧绿的树叶。没有那场已经过去的雨，便没有眼前这清心悦目的晴天景象。以晴写雨，巧妙含蓄，富有情致。谢雨的意思和作者欢悦的心情，都充分地表现出来了。

第三句“黄童白叟聚睢盱”是写人。太守到石潭谢雨，村里的百姓一时都拥出来观看。“聚”字表明人很多。说“黄童”“白叟”，一则是标举代表，以概其余；再则是从色彩着笔，与上面两句中的“红”和“绿”相映照，写出这世界的繁盛与多彩，意在表现诗人眼中所见，写得很真切。“睢盱”是喜悦的样子。前面两句所描绘的景象，显然使村民们感到喜悦，太守到石潭去谢雨这件事也使他们感到喜悦。这两个字所表现的人物的意态情绪，与作者的思想感情，以及全词的情调意境是和谐统一的。

石潭在山间，下片开头两句写到麋鹿和猿猱。过去有人解释“麋鹿”和“猿猱”指的是观看太守的百姓，这是不确切的。[①] 麋鹿和猿猱原本是山中特有之景：“麋鹿

① 见《唐宋词选》，中国青年出版社，1981 年，第 61 页。

逢人虽未惯，猿猱闻鼓不须呼。”换一个角度写，与上片不重复。两种动物，写得各具性格，神态逼真：麋鹿性温驯而胆小，远望着人群，一副怯生生的样子；猿猱机敏而富有灵性，惯于和人接触，谢雨祭神有供品可食，不用呼唤，一听到鼓乐之声，便勇敢地走上前来。这里又好像跟雨没有关系，但关乎“谢”，也就关乎“雨”。一个“鼓”字传出声音，启发人想象太守谢雨时的欢乐热闹情景。在作者笔下，麋鹿和猿猱似乎通解人意，为太守石潭谢雨所惊动和招引，走进画面，点染着这富有生气的山村美好风光和欢乐的气氛。

结句不再写景，转而写内心的感受：“归来说与采桑姑。”什么样的感受呢？妙在并没有明白说出来。目有所见，心有所感，抑止不住要向人诉说。说与谁呢？说与一个能够理解也愿意知道太守此时此地所见所感的人——采桑姑。一场甘雨给养蚕的村姑送来期待已久的丰足的桑叶，她对这场雨，该是多么喜悦，又是多么感谢！诉说什么呢？应当是词中所写的种种新奇喜人的景象和作者内心的喜悦之情。词里没有写出来，但读者能够体会到。引而不发，含而不露，读来更耐人寻味。

作者采用写实手法，直写眼中所见。全词六句，除结句外，一句一景。恰似电影镜头，连续地将客观景物一个个展现在我们面前。这里有自然景物，也有人，人也是形形色色，有黄童白叟，有采桑村姑。描形写态，绘声绘色，形态有动有静，色彩有明有暗，距离有近有远，角度有高有低。丰富而不显得单调的种种物态、色泽，使人觉得字里行间跳动着生命的活力。通篇未着“雨”字而景象无不和雨相关，不言“欢乐”而处处洋溢着欢乐。作者以景写情，融情入景。句句是景语，句句也是情语。景，不是一般的景，是谢雨道上所见之景；情，也不是一般的情，是谢雨太守心中之情。此景此情，又是太守跟黄童白叟及采桑村姑共同欣赏、彼此相通的。正因为这样，这些表面上看来互不相关的镜头，才能够和谐地结合在一起，构成一个浑然不可分割的艺术整体——一幅明丽清新的风景画，一首隽永含蓄的抒情诗。

第二首：

旋抹浓妆看使君，三三五五棘篱门。相排踏破蒨罗裙。　老幼扶携收麦社，乌鸢翔舞赛神村。道逢醉叟卧黄昏。

与上一首不同，这一首没有写自然景色，全首都着眼于人物活动。前三句写一群农村姑娘争看太守的情景，“旋抹”二字，生动地表现出人物的神态、心理。突然传来太守去谢雨祭神要经过这里的消息，来不及打扮，但还是要赶快打扮。由此可以见出她们的纯朴，也可以见出她们对太守的热爱。为了争看太守，你拥我挤，竟然把红色裙子都踏破了。气氛之热烈，心情之兴奋，本来是极难描摹的，但作者用寥寥数语，略加点染，其景其情便栩栩如生，如在眼前。

后三句写农村丰收赛神时人们的欢乐。第一句是全景，“老幼扶携”表现老老少少都出来了，给人以一种熙熙攘攘、十分热闹的感受。后两句是特写镜头，前一句由“乌鸢”点染出供品的丰盛，后一句则由“醉叟”点染出人们的喜悦和满足。而作为一个太守，他能够看到这些，感受到这些，在所见的许许多多景象中拈出这些典型特征来描写，又都表现了他跟人民的亲切关系和美好感情。

第四首：

簌簌衣巾落枣花，村南村北响缲车。牛衣古柳卖黄瓜。　　酒困路长惟欲睡，日高人渴漫思茶。敲门试问野人家。

这一首是写他行走在村中时的所见所闻，以及同老百姓自然亲切的关系。第一句写所见。写的是农村中极寻常的景象，但却是一种极美好的景象。诗人走在农村的路上，道边的枣花簌簌地落到衣巾上。文字上没有刻意的锻炼，似乎是随口而出，却极自然地写出了他的亲切感受。这里我们不仅看见了枣花飘落，而且似乎还闻到了枣花扑鼻的清香。第二句写所闻。“村南村北响缲车”，是与第一首的“归来说与采桑姑”相呼应的。可见雨后桑叶繁茂，蚕姑们的喜悦和劳动的繁忙。第三句又是写所见。写的同样是农村中常见的景象，同样写得很亲切。“牛衣”一作“半依”，似更合理。后三句写他行路中口渴了，敲门去向老百姓讨茶喝。没有州长官的架子和派头，就像一个普通百姓，那样平易随和，这在封建时代是难能可贵的。所以第五首的末一句说：“使君原是此中人”，这应该是发自内心的话，而不是装腔作势的一种表白。

总之，这组农村词写得生动活泼，清新喜人。写人写景，有声有色，见形象，见心境，见感情，充满浓郁的生活气息。用苏轼评王维“诗中有画”和“画中有诗”来评论这组词，也是很贴切的。但这词中的画不是静止的画，而是动态的画，是充满生气的画。这样的词，在苏轼以前也是没有见过的。

关于苏轼的词，还有两点应该再作一点说明。第一，他是有意打破婉约派的一统天下，而要创造出多种多样的艺术风格和艺术手法的。这一点，在前引他关于《江城子》（密州出猎）给鲜于子骏的信中已经可以看出来。他还在《答陈季常书》中说：“又惠新词，句句警拔，诗人之雄，非小词也。”又在《与蔡景繁书》中说：“颁示新词，此古人长短句诗也。得之惊喜，试勉继之。”都能见出他以诗为词，创造出不同于以往的豪放风格，确实是一种自觉的艺术追求。所以我们不能否认在中国词史上确实有一个豪放词派，而苏轼则是这一派的开派人物。

第二，关于苏轼的词不协音律的问题。这在宋代就有人批评。如陈师道《后山诗话》说：苏轼“以诗为词，如教坊雷大使之舞，虽极天下之工，要非本色”。又如李清照《词论》说苏轼的词是“句读不葺之诗尔，又往往不协音律”。但同样在宋代，也就有人为他辩护。如晁补之说：“居士词，人谓不谐音律，然横放杰出，自是曲子中缚不住者。”（《复斋漫录》引）南宋的陆游也说：“世言东坡不能歌，故所作乐府多不协律，晁以道谓：‘绍圣初，与东坡别于汴上，东坡酒酣，自歌《古阳关》。’则公非不能歌，但豪放不喜剪裁以就音律耳。试取东坡诸词歌之，曲终，觉天风海雨逼人。”（《历代诗余》卷一一五引，又见《老学庵笔记》）由此可见，苏轼不是不懂音律，苏词也不是完全不协音律；苏轼是有意要突破音律的束缚，这是出于内容的需要和风格的要求，是他艺术创造的表现。词这种文体发展到了苏轼，已经不完全是为歌唱而作词，而是为文学而作词了。词突破音律的束缚，其意义不仅在于使词在表现手法上得到解放，更重要的是把词从封建文人用来娱宾遣兴、追求享乐的工具，一变而为一种可以咏物、抒情、言志、体物等等多方面功能的独立新诗体。

第五节　苏轼的影响

苏轼是中国文学史上少有的诗、文、词三者兼擅的大家，是北宋文坛上继欧阳修之后的领袖人物。在他周围团结和培养了一批作家，如号称“苏门四学士”的黄庭坚、晁补之、秦观、张耒，以及加上陈师道、李荐的“苏门六君子”等。虽然他们的诗风词风各有不同，但都受到过苏轼的培养、提携和影响。

苏轼以多方面的创作成就，发展和扩大了北宋诗文革新运动的成就，将这一精神扩展到词的领域，开辟了一条新的道路。苏词创造了多种多样的艺术风格，尤其是自觉地创造了豪放词风，这直接影响到南宋爱国词家的出现，在文学史上有着重要意义。后人以“苏辛”并称，列为豪放一派。这派词一直影响到清代，如陈维崧、查慎行等人都受到他的影响。

苏诗后人与黄庭坚诗并称为“苏黄”，实际上二人的风格特色并不相同，而且黄庭坚的成就也远不如苏轼。苏诗开阔的境界、奔放雄健的风格、丰富奇特的想象等，对后代都有积极的影响。金代以元好问为代表的诗人就是学习苏轼的。明代宗宋的“公安派”十分推崇苏轼，清代的钱谦益、宋荦、查慎行等人也受到苏诗的影响。

苏轼的文论和散文创作实践，对两宋文坛及后世也有很大的影响。他强调文章如精金美玉的艺术特征，区别了文统与道统，打破了道学家们将文束缚在道统上的流弊。苏轼的诗文集在北宋末曾遭到禁止，但到了南宋又广泛流传。陆游在《老学庵笔记》中曾记述说：“建炎（宋高宗年号，1127—1130）以来，尚苏氏文章，学者翕然从之。”据说当时是“家有眉山之书”。南宋文人为了科举考试，都学习苏轼的文章，以至有所谓“苏文熟，吃羊肉；苏文生，吃菜羹”的说法。南宋的辛弃疾、陈亮、叶适等人的文风雄健豪迈，显然受到苏文的影响。明清以来苏轼散文更被推为“唐宋八大家”的杰出代表，各种古文选本都竞相选入，影响尤大。他的笔记小品，精练优美，富于抒情特色，对晚明“公安派”的“三袁”（袁宗道、袁宏道、袁中道）和“竟陵派”以及明末的王思任、祁彪佳、张岱等人，还有清代的袁枚、郑板桥等人，都有直接的影响。

思考题

1. 以王安石变法引起的新旧党争对苏轼的生活、思想、创作产生了什么样的影响？宋人称苏轼立朝大节极可观，表现在什么地方？

2. 儒、佛、道三家的思想对苏轼有什么样的影响？他的政治理想是什么？在他的从仕生活中有什么样的表现？

3. 联系具体作品，理解苏轼政治诗的思想艺术特色。

4. 苏轼诗歌题材内容的多样性和艺术风格的丰富性有什么样的表现？苏诗的主要风格特色是什么？

5. 联系具体作品，理解苏轼政论文与史论文的特点？

6. 苏轼的文学性散文在思想艺术上有什么特色？

7. 怎样认识和评价苏轼以诗为词的新变？联系具体作品理解苏轼在词风上的杰出创造。

8. 苏轼诗、文、词三个方面在文学史上各有什么影响?

参考文献

1. 孔凡礼点校:《苏轼诗集》, 中华书局, 1982 年。

2. 孔凡礼点校:《苏轼文集》, 中华书局, 1986 年。

3. 石声淮等笺注:《东坡乐府编年笺注》, 华中师范大学出版社, 1990 年。

4. 王水照选注:《苏轼选集》, 上海古籍出版社, 1984 年。

5. 徐永年等主编:《东坡选集》, 四川人民出版社, 1987 年。

6. 王思宇主编:《苏轼词鉴赏集》, 巴蜀书社, 1990 年。

7. 周先慎主编:《苏轼散文鉴赏集》, 巴蜀书社, 1994 年。

8. 林语堂:《苏东坡评传》, 海南出版社, 1992 年。

9. 刘乃昌:《苏轼文学论集》, 齐鲁书社, 1982 年。

10. 朱靖华:《苏轼论》, 京华出版社, 1997 年。

11. 王水照:《苏轼研究》, 河北教育出版社, 1999 年。

第九讲　爱国诗人陆游

宋代民族矛盾的尖锐化，激起了广大人民的爱国主义热情。特别在金贵族南侵，宋钦宗靖康二年（1127）靖康之难以后，北宋沦亡，南宋统治者偏安江南，北方沦陷区人民处于水深火热之中，人民纷纷组织义军，奋起抗金。在民族矛盾尖锐化和人民抗金爱国热情普遍高涨的基础上，产生了宋代文学的爱国主义基调。发展到南宋，出现了伟大的爱国诗人陆游和爱国词人辛弃疾，唱出了激越高昂的时代最强音。反抗民族压迫和侵略，发扬爱国主义，成为宋代特别是南宋的时代精神，成为这一时期文学最突出的主题。

第一节　陆游的生平和思想

陆游不仅是南宋时期的一个大作家，而且是中国文学史上的一个大作家。陆游的作品反映了鲜明的时代特色，表现了时代精神。南宋时期民族矛盾十分尖锐，民族压迫和反民族压迫、民族投降和反民族投降的斗争，成为当时时代生活的中心内容。广大人民群众强烈反对金贵族统治者对汉族和其他兄弟民族的压迫，奋起反抗金兵的侵扰和掠夺，力图恢复中原，实现统一。当时人民自发组织的抗金义军活跃在全国各地，尤其是沦陷的北方地区。一些反对民族压迫的士大夫，在人民抗金斗争浪潮的推动下，也力主抗战和北伐，反对民族投降主义的路线。陆游是主战派中最坚决的人物之一，他的诗歌反映了当时社会的主要矛盾，表现了激越高昂的爱国主义精神。

陆游（1125—1210），字务观，号放翁，越州山阴（今浙江绍兴）人。他出身在一个有文学教养的官僚家庭。祖父陆佃是王安石的学生，很受王安石的器重，会作诗，曾和王安石讨论诗句，有著作行世，其《陶山集》中有诗二百余首，以七言近体见长。他父亲陆宰官至直秘阁，是一位藏书家兼学者，著有《春秋后传补遗》。这样的家庭，自然从小就使陆游受到很好的文化和文学的教育。他在诗中曾写到自幼的学习生活："我生学语即耽书，万卷纵横眼欲枯。"（《解嘲》）又说："少小喜读书，终夜守短檠。"（《幽居记今昔事》十首之十）他从小就很喜欢读诗，大概十一二岁时就开始写诗了。

陆游是在民族矛盾的动乱岁月中诞生的。出世后的第三年，北宋就灭亡了。他在诗里说："少小遇丧乱，妄意忧元元。"（《感兴》）"我生学步逢丧乱，家在中原厌奔窜。"（《三山杜门作歌》）民族压迫和侵扰造成的广大人民的苦难，他从小就有极为深切的体会。这就成为他的爱国主义思想的生活基础。

家庭的影响也非常重要。他的父亲陆宰是一个具有爱国思想的知识分子，与其来往的多是些主张抗战的忠君爱国之士。陆游在后来写的《跋傅给事帖》中回忆当时的情景：

> 绍兴初，某甫成童，亲见当时士大夫，相与言及国事，或裂眦嚼齿，或流涕痛哭，人人自期以杀身翊戴（辅助拥戴）王室，虽丑裔方张，视之蔑如也。

陆游20岁时，主战派的重要人物李光被罢归乡，常到陆游家与其父"剧谈终日"。提到秦桧时"愤切慨慷形于色辞"，谈到被排斥罢官，陆游描写他"目如炬，声如钟，其英伟刚毅之气，使人兴起"①。

陆游青年时代曾从曾几学诗，曾几也是一位具有爱国思想的诗人，在思想上也对他产生了积极的影响。就是在这种生活实践和家庭环境的影响下，陆游形成了反对民族投降、坚持统一祖国的爱国主义思想，20岁时即立下"上马击狂胡，下马草军书"（《观大散关图有感》）的雄心壮志。陆游诗中那种英伟刚烈之气，正是他从小形成的爱国主义思想的一种表现。

陆游原想通过科举考试的道路，登上政治舞台，去实现自己的政治抱负的。但由于南宋统治阶级的腐败，信用权奸，执行投降主义路线，陆游虽多次做官，仕途却很不顺利，从政前后三十年，四次被罢免，杀敌报国的雄心壮志一直不得实现。

---

① 《渭南文集》卷二十七《跋李庄简公家书》。

陆游的政治命运同当时主战主和的政治斗争交织在一起。31岁（1155）时，他到首都临安参加进士考试，当时大权奸秦桧的孙子秦埙也参加考试，主考官不畏权势，将陆游取为第一，秦埙取为第二。因此触怒了秦桧，加上陆游“喜论恢复”，更为卖国贼所不容，结果遭到除名。秦桧死后，1158年，陆游34岁，才出任福州宁德县主簿。一年多以后，绍兴三十年（1160）为人所荐，被召到中央，补敕令所删定官。1161年七月迁大理司直，兼宗正簿，有机会接近皇帝，因此提出了不少励精图治的建议。但他的这些意见不但没有得到采纳，反而引起当权者的憎恶。此年夏，一度被罢职还乡。

绍兴三十二年（1162），陆游38岁，孝宗即位，有恢复中原的意思，开始起用主战派人物。陆游被任用为枢密院编修官兼编类圣所检讨官，得到当时的宰相史浩、黄祖舜的推荐，被孝宗召见，赐以进士出身，得到“力学有闻，言论剀切”的称赞。他非常高兴，又积极提出了一系列抗金复国的政治和军事主张，表现出杰出的政治眼光和军事才能，以及高度的爱国热情。孝宗起用张浚准备北伐，陆游积极支持。但这时陆游因为在朝中反对“招权纳党”深得孝宗信任的曾觌和龙大渊，触怒了孝宗而被贬为镇江通判，不久又改为隆兴（今江西南昌）通判。后来由于宋朝军队的软弱无力，加上朝中主和派的干扰破坏，北伐失败。于是主和派抬头，孝宗对金屈膝投降，签订“隆兴和议”。张浚死后，陆游被投降派诬陷打击，以“交结台谏，鼓唱是非，力说张浚用兵”的罪名，于乾道二年（1166）42岁时罢官还乡。

“一从南昌免，五岁嗟不调。”（《将赴官夔府书怀》）他在家一住五年，生活十分穷困。他在《通判夔州谢政府启》中这样写道：“儿女忽其满前，藜藿至于并日。”他多次向朝廷申请授官，希望能以禄代耕。在“贫不自支，食粥已逾数月”的情况下，终于得到一个夔州（今重庆奉节县）通判的职务。乾道六年（1170），陆游46岁，入蜀任夔州通判。入蜀对他的思想和创作都产生了很大的影响。他有诗云：“道路半年行不到，江山万里看无穷。”（《水亭有怀》）他沿长江逆流而上，经江苏、安徽、江西、湖北，通过急流惊险的三峡，进入蜀境。一路上所见名山大川、名胜古迹、风俗民情，都开阔了他的眼界，激发了他的诗情。他写了六卷《入蜀记》，记述了沿途的见闻和感受。但夔州通判这样一个“实类闲官”的职务，是不能实现他杀敌报国的雄心壮志的。他曾写诗表示愿意参军杀敌：“残年走巴峡，辛苦为斗米。……但忧死无闻，功不挂青史。……士各奋所长，儒生未宜鄙！复毡草军书，不畏寒堕指！”（《投梁参政》）他以一个书生而向往着火热的战斗生活。

乾道八年（1172），陆游48岁，驻陕西汉中的四川宣抚使王炎请他做干办公事，襄赞军务，于是他从夔州至南郑（今陕西汉中一带）。南郑地处宋金边境，陆游亲临前线，参加军队生活，精神十分振奋。他向王炎提出进取中原的积极建议："经略中原，必自长安始；取长安，必自陇右始。当积粟练兵，有衅则攻，无则守。"（《宋史·本传》）南郑的军中生活，是陆游一生中最为意气风发的时期，他身穿军衣，戍守边防，雪中出猎，提剑刺虎。军中火热的战斗生活、前线热情的爱国军民，使他的生活和感情都有了很大的变化，大大地开拓了他诗歌的境界，使他唱出了更加激越高昂的调子。这以后，他写出了不少战斗性很强、风格豪迈的诗歌。他后来曾写过不少诗歌来怀念这段难忘的生活，如："昔者戍南郑，秦山郁苍苍。铁衣卧枕戈，睡觉身满霜。"（《鹅湖夜坐书怀》）又如："投笔书生古来有，从军乐事世间无。"（《独酌有怀南郑》）他在总结自己的创作道路时，说这段生活使他得到了诗家三昧：

> 我昔学诗未有得，残余未免从人乞。力孱气馁心自知，妄取虚名有惭色。四十从戎驻南郑，酣宴军中夜连日。打球筑场一千步，阅马列厩三万匹；华灯纵博声满楼，宝钗艳舞光照席；琵琶弦急冰雹乱，羯鼓手匀风雨疾。诗家三昧忽见前，屈贾在眼元历历。天机云锦用在我，剪裁妙处非刀尺。世间才杰固不乏，秋毫未合天地隔。放翁老死何足论？《广陵散》绝还堪惜。
>
> （《九月一日夜读诗稿有感走笔作歌》）

虽然如此，但陆游在南郑也并没有真正实现他抗金复国的理想，他的生活不过是习武打猎而已，并未直接投身于抗金的战斗。即使是这样的生活也并不长，还不到一年，王炎就被调离川陕，陆游也随之改除成都安抚司参议官。他怀着壮志难伸的悲愤心情到成都赴任，在一首诗中深沉地感叹道："渭水岐山不出兵，却携琴剑锦官城。"（《即事》）这以后相继在四川的蜀州（今崇州市）、嘉州（今乐山市）、荣州（今荣县）等地任地方官。虽很不得意，但他仍时时注意军事训练，准备一旦有机会就投入北伐。他在嘉州时就曾亲自检阅部队："书生又试戎衣窄，山郡新添画角雄。"（《八月二十二日嘉州大阅》）诗人穿上军衣，主持秋操检阅，训练消灭侵略者的军队："草间鼠辈何劳磔，要挽天河洗洛嵩！"（同上诗）

淳熙二年（1175），陆游51岁，范成大帅蜀（任成都路安抚使兼四川制置使），陆游被邀请到成都任参议官。虽然身份是范成大的幕僚，但彼此以文字相交，范对他不以下属看待，两人友谊极深。因为不得志，陆游常常借酒浇愁，放浪不羁。“脱巾漉酒从人笑，拄笏看山颇自奇。”（《春晚抒怀》）由此遭嫉，被人讥为“不拘礼法，恃酒颓放”，他因此而自号“放翁”。“名姓已甘黄纸外，光阴全付绿尊中。门前剥啄谁相觅，贺我今年号放翁。”（《和范待制秋兴》三首其一）他在生活富裕、市景繁华的成都，担任幕僚的闲职，日常多是看花饮酒作诗，但实际上对国事仍是不能忘怀。他在《送范舍人还朝》一诗中这样写道：“平生嗜酒不为味，聊欲醉中遗万事。酒醒客散独凄然，枕上屡挥忧国泪。”

陆游在四川创作了大量的诗歌，“寄意恢复，书肆流传”，孝宗赵昚读后也为之动心，因此于淳熙五年（1178）他54岁时召他到了临安。陆游于是东归，先后在福建、江西、浙江等地做地方官。淳熙七年（1180），陆游56岁，江西水灾，人民遭受很大的苦难，他“奏拨义仓赈济，檄诸郡发粟以予民”[①]。就因为他给人民做了这一点好事，被给事中赵汝愚参了一本，竟以“擅权”的罪名被罢职还乡。

淳熙八年（1181），陆游57岁，回到了山阴。他心中十分愤慨，在诗中写道：“南山射虎漫豪兴，投老还乡一秃翁。”（《感秋》）“少携一剑行天下，晚落空村学灌园！交旧凋零身老病，轮囷肝胆与谁论？”（《灌园》）直到淳熙十三年（1186），陆游62岁时，在山阴住了五年以后，才又被起用为严州（今浙江建德）知府。孝宗接见他时对他说：“严陵山水胜处，职事之暇，可以赋咏自适。”（《宋史·本传》）在严州任上，他将历年所作诗歌严加删汰，刊刻诗稿二十卷，计二千五百余首，为了怀念蜀中生活，题为《剑南诗稿》。

但他仍然念念不忘恢复中原。淳熙十五年（1188），64岁的诗人除军器少监。次年光宗立，除朝议大夫礼部郎中，又在朝供职。他于是又向皇帝提出了许多“缮修兵备，搜拔人才”以图恢复和轻赋救民的建议，但这些不但不被采用，反而招致当权者的嫉恨，又获罪罢官。这次加给他的罪名十分奇怪，叫做“嘲咏风月”。他在一首诗中自述道：“予十年间两坐斥，罪虽擢发莫数，而诗为首，谓之嘲咏风月。既还山，遂以‘风月’名小轩，且作绝句。”诗题表现了诗人满腔的愤慨和反抗精神，颇具讽刺意味。

绍熙元年（1190），66岁的诗人退居山阴，直到嘉定三年（1210）去世为止，

---

① 《大雨逾旬既止复作江遂大涨》一诗自注云：“民家避水，多依丘阜，以小舟载米赈之。”见《剑南诗稿》卷十二。

中间除约一年时间（1202—1203）入都主修孝宗实录以外，近二十年间都是在山阴三山故居的农村度过的。他“身杂老农间”，过一种“扶衰业耕桑”的生活（《晚秋农家》其五）。他和农村劳动人民做朋友，与他们结下了深挚的情谊。退居生活是闲适的，他或是种菜，或是饮酒，或是赏花，或是闲游，或是读书，恬淡的田园生活，同陶渊明极为相似。他生活穷困，过着节衣缩食的简朴日子，常常“炊米不继”，甚至老病时连吃药的钱都没有。但他安于贫贱，足不踏权门。他在《薪米偶不继戏书》一诗中写道：“丈夫穷空自其分，饿死吾肩未尝胁！世间大有乞墦人，放翁笑汝骄妻妾。”他还在不少诗中记述了他与农民的亲切关系：

野人知我出门稀，男辍银耰女下机。掘得茈菇炊正熟，一杯苦劝护寒归。

野人喜我偶闲游，取酒匆匆劝小留。舍后携篮挑菜甲，门前唤担买梨头。

（《东村》）

放翁病起出门行，绩女窥篱牧竖迎。酒似粥浓知社到，饼如盘大喜秋成。归来早觉人情好，对此弥将世事轻。……

（《秋晚闲步邻曲以予近尝卧病皆欣然迎劳》）

陆游家世有医学传统，通医术，曾收集验方，成《陆氏续集验方》。他给农民治病，并施药给他们，还常常登门探病，送药上门，受到农民们极大的欢迎。许多被他治好的病人，将自己的孩子取名为“陆”以表达对他的感谢：

驴肩每带药囊行，村巷欢欣夹道迎。共说向来曾活我，生儿多以“陆”为名。

（《山村经行因施药》其四）

在陆游晚年，因壮志不得伸展，长期受到压抑，佛道思想对他也产生了一定的影响。这段时期他确实写过一些津津乐道闲适恬淡生活的诗歌，不过这只是他晚年退居生活的一个方面。另一方面，在贫病衰老的困境中，他仍然无时无刻不惦念着恢复中原，忧国忧民和建功立业的思想感情仍然十分深沉。他在81岁时写了一首《自贻》诗，其四云：

退士愤骄虏，闲人忧旱年。耄期身未病，贫困气犹全！

作者在这里自称为“退士”和“闲人”，但是“愤骄虏”就说明他是身退而心未退，“忧旱年”就说明他是人闲而心未闲。又如在《春日杂兴》其四中他写道：“身为野老虽无责，路有流民终动心。”忧国忧民的感情，并没有因为年迈力衰而有丝毫的减退。

跟从前不同的是，他在跟劳动人民的接触中，思想感情有一定的变化。在《识愧》一诗中记述了一位老农民对他的教育：

几年羸疾卧家山，牧竖樵夫日往还。至论本求编简上，忠言乃在里闾间。

诗题下原注云：“路逢野老共语，归舍赋此诗。”一个封建时代的知识分子，在自己的生活中能有这样的认识和感悟，是十分难能可贵的。所以他便将“耿耿一寸心，思与穷友论”（《村饮示邻曲》）。但诗人的雄心壮志终未能实现，他抱着“死前恨不见中原”的遗憾，于嘉定二年己巳的旧历十二月二十九日（公历 1210 年的 1 月 26 日）离开了人间。

第二节　陆游诗歌的思想内容

陆游是我国古代少有的高龄作家，也是我国古代少有的多产作家。他的著作很丰富，主要有：《剑南诗稿》八十五卷，《逸稿》二卷，《渭南文集》五十卷（包括词二卷，《入蜀记》六卷，《天彭牡丹谱》一卷）。① 今存诗近万首，《全宋诗》收集最完备。另外，他还著有《南唐书》十八卷、《老学庵笔记》十卷等别行于世。陆游诗、文、词兼擅，但以诗的数量最多，成就也最高。

陆游的诗歌，中年以前的作品为诗人自己手定，删去很多。在《渭南文集》卷二十七《跋诗稿》中说：“此予丙戌（1166 年，诗人 42 岁）以前诗二十之一也。及在严州再编，又去十之九。”（1190 年，绍熙改元作）现存《剑南诗稿》卷一共存诗 94 首，均为 1165 年以前的作品，若按陆游自己所说的计算，这时期的作品当近

---

① 以上各卷，中华书局 1976 年汇集为《陆游集》点校出版；另，夏承焘、吴熊和有《放翁词编年笺注》，上海古籍出版社，1981 年出版；钱钟联有《剑南诗稿校注》，上海古籍出版社，1985 年出版。

两万首。又《剑南诗稿》卷三十七《感旧》诗注云："予山南杂诗百余篇，舟行过望云滩，坠水中，至今以为恨。"据此，他的诗作实际上可能有几万首之多。他对于"倚声制辞"的词，所作不多，他曾说："予少时汨于世俗，颇有所为，晚而悔之，然渔歌菱唱，犹不能止。"[①] 今《渭南文集》中共收词130首。

前人论陆游诗，分成三个时期。清人赵翼的《瓯北诗话》中说："放翁诗凡三变：初境穷极工巧；从戎巴蜀后变为豪肆；晚年则又造平淡。"[②] 这种说法跟陆游自己的说法大体相符。他在晚年总结自己的诗歌创作经验时说："我初学诗日，但欲工藻绘；中年始少悟，渐欲窥宏大。……汝果欲学诗，工夫在诗外。"（《示子遹》）也就是说，他早期的诗注意在文字上下功夫，写得比较工巧；中年以后，由于参加了军中生活，诗歌变为宏丽和豪迈；晚年生活闲适，心境逐渐恬淡消沉，诗风也就变得平淡了。宏丽豪迈的作品，从早年到晚年都有，这是陆游诗歌创作的主调。

这三个时期，按时间划分，大约是：

一、从少年时期到入蜀（1170，46岁）以前（《剑南诗稿》卷一至卷二的《瞿唐行》）。

二、自入蜀到东归，再到被罢官归故里（从1170年到1189年，即从46岁到65岁），前后共二十年（《剑南诗稿》卷二《入瞿唐峡登白帝庙》至卷二十一《去国待潮江亭太常徐簿宋卿载酒来别》）。

三、罢归山阴到去世（从1189年至1210年，即从65岁到85岁），共二十年（《剑南诗稿》从卷二十一《醉中作行草数纸》至卷八十五）。此期存诗最多，共约七千多首。

陆游诗歌的内容是很丰富的，但是最突出的还是表现他抗金复国的爱国主义思想。这是陆游诗歌创作的一个中心主题，是贯穿他一生的创作过程的。《新春》一诗有两句说："忧国孤臣泪，平胡壮士心。"这两句诗很好地概括了陆游爱国主义诗歌的主要内容。具体分析，他的爱国诗歌又可分为如下几个不同的侧重面。

第一，从正面表现他杀敌报国的雄心壮志。

跟许多爱国诗人不同的是，陆游不只是抒发内心爱国忧时的思想感情，而且要求直接投身于火热的抗敌斗争，成为一个跃马操戈、报国立功的战士。如《夜读兵书》：

---

① 《渭南文集》卷十四，《长短句序》，作于1189年。

② 《瓯北诗话》卷六。

孤灯耿霜夕，穷山读兵书。平生万里心，执戈王前驱。战死士所有，耻复守妻孥。成功亦邂逅，逆料政自疏。陂泽号饥鸿，岁月欺贫儒。叹息镜中面，安得长肤腴？

这首诗作于他32岁时，表现了他刻苦钻研兵书，为恢复中原而不惜牺牲自己生命的决心和坚强意志；同时表现了他以厮守妻孥为耻的崇高的人生态度，也流露出岁华易逝、壮志难伸的内心苦闷。“平生万里心，执戈王前驱。战死士所有，耻复守妻孥。”诗中所表达的爱国感情和献身壮丽事业的人生观，是十分崇高感人的。

又如《剑门道中遇微雨》：

衣上征尘杂酒痕，远游无处不消魂。此身合是诗人未？细雨骑驴入剑门。

此诗作于乾道八年（1172）。陆游在南郑前线担任军职，南山射虎，雪满貂裘，正当他意气风发地要协助王炎收复长安，大展宏图的时候，王炎突然被调回临安，陆游也被改任成都府参议官。就在这年初冬的一个细雨蒙蒙的日子，诗人怀着抑郁愤懑的心情，由陕入蜀，在经过剑门的途中，写下了这首绝句。

诗很短，含义却十分丰富。“衣上征尘杂酒痕”，开头由细处着笔，写得具体、形象。我们似乎看见一位狂放潦倒的诗人，风尘仆仆地迎面走来，衣上染着旅途飞扬的尘土，苦闷时醉饮的斑斑酒痕还隐约可见。这里从衣服写出诗人内心的苦闷和失意，抓住特点，手法是极精练的。“远游无处不消魂”，写途经剑门时的感受。剑门山在今四川剑阁县北，上有剑门关，形势险要，为川陕之间的要隘。面对着唐代大诗人李白曾歌咏过的峥嵘而崔嵬的剑门关，诗人放眼望去，高崖峭壁，奇峰峻岭，处处是壮美的风光，令人不禁心荡神驰。蜀中雄奇的山水，曾经哺育过像李白和杜甫那样为陆游所景仰的前辈诗人，要说写诗，到四川去该是最好不过的环境了。然而此时的陆游却是从火热的前线撤退下来，携带着琴剑，要到风景如画的锦官城去过一种闲散的生活了。因而，眼前的风光愈美，便愈是触动他心中的隐悲。“消魂”两个字，是喜悦？是惆怅？是愤懑？其中蕴含的复杂感情，很值得我们反复吟咏。“此身合是诗人未？细雨骑驴入剑门。”这两句诗一气吟出，在意思上是一个不可分割的整体。第三句自问是全诗的命意所在，第四句“细雨骑驴入剑门”应是写眼前景，却又包含着诗人丰富的联想和深沉的感慨。它像是前一句自问的自答，实际却是那感慨所由产生的依据。陆游一生志在沙场，连做梦也想着跃马横戈，恢复中原。他要做一个战士，而不甘于仅仅做一个诗人。前代不少诗人如李白、杜甫、郑綮、李贺等，都有过骑驴赋诗的逸事，这时正在微雨中骑驴山行的陆游，便自然地由眼前情景联想到他们，并进而念及自己未来的生活，于是情不自禁地发出这样的感叹和自问：我这个人大概是注定了只能做一个诗人吧？

这首即景抒情的小诗，通过写旅途中的感受，曲折地抒发了因受投降派的打击，渴望做战士而不能的苦闷心情，寄慨是很深的。看似自喜，实则自嘲，寓沉痛悲愤于幽默机趣之中，写得婉曲含蓄，读来耐人寻味。这一类的诗句还有很多，如：

报国计安出？灭胡心未休。

（《枕上》）

逆胡未灭心不平，孤剑床头铿有声。

（《三月十七日夜醉中作》）

不仅中年时期如此，即使到了老年，仍然壮心不减：

老病虽惫甚，壮气颇有余！长缨果可请，上马不踌躇！

（《夜读兵书》）

60 多岁时他写道：

丹心自笑依然在，白发将如老去何！安得铁衣三万骑，为君王取旧山河！

（《纵笔》其二）

82 岁时，虽老病在家，仍然时时想着要投身战斗：

一闻战鼓意气生，犹能为国平燕赵。

（《老马行》）

他始终以一个战士来要求自己，用战士的眼光来看待生和死：

诸人但欲口击贼，茫茫九原谁可作！丈夫可为酒色死？战场横尸胜床第！

（《前有尊酒行》其二）

男儿堕地志四方，裹尸马革固其常。

（《陇头水》）

丈夫不虚生世间，本意灭虏收河山。

（《楼上醉书》）

在七百多年以前，一个封建时代的士大夫，能有这样的生死观，确实是十分难能可贵的。

第二，抒发他壮志难伸的满腔悲愤。

《书愤》就是最有代表性的一首：

早岁那知世事艰？中原北望气如山。楼船夜雪瓜洲渡，铁马秋风大散关。塞上长城空自许，镜中衰鬓已先斑。《出师》一表真名世，千载谁堪伯仲间？

诗中充满悲愤沉痛的感情。明代郎瑛在《七修类稿》中说：“《晓叹》一篇，《书愤》一律，足见其情。”这“情”就是爱国之情，也是被压抑而壮志难伸的悲愤之情。这种悲愤之情，在他的爱国诗篇中比比皆是：

醉中拂剑光射月，往往悲歌独流涕。

（《楼上醉歌》）

胸中磊落藏五兵，欲试无路空峥嵘。

（《题醉中所作草书卷后》）

丈夫五十功未立，提刀独立顾八荒。

（《金错刀行》）

夜视太白收光芒，报国欲死无战场！

（《陇头水》）

这些诗句都表达了他内心无比沉痛悲愤的心情。

第三，通过追怀、凭吊古人或歌颂当代的抗金英雄来寄托自己的爱国感情和恢复中原的雄心壮志。

如《屈平庙》：

> 委命仇雠事可知，章华荆棘国人悲。恨公无寿如金石，不见秦婴系颈时！

这首诗是诗人途经归州（今湖北秭归）时为怀念屈原而作。诗中总结了楚被秦所灭的历史经验，指出向敌人妥协投降是一条亡国之路，只能使人民陷于悲痛之中。屈原的路线不被人理解和采用，含愤而死，未能看见秦国败亡、秦婴系颈的历史结局，是屈原和陆游都引以为恨的。诗中充满了现实感，完全是针对现实而发，借凭吊屈原抒发自己内心的悲愤之情。

其他如《楚城》也是经过屈原祠感怀屈原而作，所抒发的感情也是与上一首诗相似的。他对诸葛亮也十分敬仰，时时怀念。《书愤》中有："《出师》一表真名世，千载谁堪伯仲间？"《病起抒怀》中有："《出师》一表通今古，夜半挑灯更细看。"《游诸葛武侯书台》中有："《出师》一表千载无，远比管乐盖有余。"三次提到诸葛亮的《出师表》，追怀敬佩之情溢于言表，从中可以看出诗人的爱国感情和雄心壮志。《游锦屏山谒少陵祠堂》《草堂拜少陵遗像》《隆兴寺吊少陵先生寓居》《读杜诗》等，都是凭吊和追怀杜甫的。后一首中有句云："看渠胸次隘宇宙，惜哉千万不一施！空回英概入笔墨，生民清庙非唐诗。……后世但作诗人看，使我抚几空嗟咨！"写的是历史上的杜甫，吐露的完全是自己的心声。《秋风亭拜寇莱公遗像》是歌颂和悼念当代人物寇准的。《感事》其二则热烈地歌颂南宋的抗金名将韩世忠和岳飞："堂堂韩岳两骁将，驾驭可使复中原。"《夜读范至能〈揽辔录〉，言中原父老，见使者多挥涕。感其事，作绝句》中云："公卿有党排宗泽，帷幄无人用岳飞。遗老不应知此恨，亦逢汉使解沾衣。"也是借歌颂悼惜当代名将来表达自己的爱国情怀和悲愤感情。

第四，对卖国求和、苟安享乐的投降派进行愤怒的谴责和揭露。最著名的如《关山月》：

> 和戎诏下十五年，将军不战空临边。朱门沉沉按歌舞，厩马肥死弓断弦。戍楼刁斗催落月，三十从军今白发。笛里谁知壮士心，沙头空照征人骨。中原干戈古亦闻，岂有逆胡传子孙？遗民忍死望恢复，几处今宵垂泪痕！

这首诗写于淳熙四年（1177）的春天，当时诗人在成都。从南郑前线撤到成都，本来心中就十分苦闷，加上在写这首诗的前一年，当时在嘉州（今四川乐山市）任知州的陆游又被指斥“燕饮颓放”而被免官，改为主管台州桐柏山的崇道观。在这样残酷的打击面前，诗人并没有消极颓放，沉溺于个人的不幸之中，而是更深切地关心国家，关心人民，怀着更强烈的爱和恨，发出更加高昂的爱国主义歌唱。这首《关山月》就集中地反映了诗人这种崇高的思想感情。

《关山月》是乐府旧题，属于西域军乐中的横吹曲，一般用来表现边塞战士的怀人思乡之情，声调悲凉哀怨。陆游却用来抒发爱国愤世的思想感情，内容丰富充实，情调悲壮激越，在艺术上表现了很大的创造性。

全诗十二句，从内容上可分为三段。前四句为第一段，从大的方面写统治阶级屈膝投降政策所带来的严重后果。以对比的手法，对只知享乐、屈辱苟安的统治阶级提出愤怒的谴责。“和戎诏下十五年，将军不战空临边。朱门沉沉按歌舞，厩马肥死弓断弦。”因张浚北伐失败，宋孝宗于隆兴二年（1164）下诏与金议和，签订了屈辱投降的“隆兴和议”，到此诗写作时是十四年，十五年是举其成数。“和戎诏”三个字从思想上统摄全篇，点出一切问题和后果都由此产生出来。全诗一开头就鲜明地把揭露和谴责的矛头指向最高统治者，由此可见陆游当时反对妥协投降路线的锐气和无所畏惧的精神。戍守边疆的将军本来是应该进行战斗的，如今却没有机会进行战斗，一个“空”字包含着无限的感慨和愤怒。醉生梦死的投降派们在高楼深院里歌舞作乐，而战马却因不战而肥死，弓箭因不用而朽坏。这种景象对一个一心想为国戍边和恢复中原的战士来说，是多么的沉痛。

中间四句为第二段。“戍楼刁斗催落月，三十从军今白发。笛里谁知壮士心，沙头空照征人骨。”边防线上，戍楼里传出刁斗的悲凉之声，一次又一次催促着月亮西沉，战士们由壮年入伍，如今已是白发苍颜，然而既不能为国建立战功，又不能回乡与亲人团聚。这样的苦闷和悲愤，无处可以诉说，只有从悲凉的笛声里传达出来，可是又有谁能真正理解呢？为国捐躯的战士们的白骨，在清冷的月光下依然横陈在沙场上。“谁知”与“空照”相呼应，把壮士们悲愤难言的心情表现得十分强烈，同时与前一段相关联，又包含了对投降派的愤怒谴责。

最后四句为第三段。“中原干戈古亦闻，岂有逆胡传子孙？遗民忍死望恢复，几处今宵垂泪痕！”诗人在这里将视野扩大到沦陷区的中原大地，写出了苦难中人民悲痛的感情和盼望恢复的殷切期待，同时又从历史发展的角度表达了对收复失地的坚强信念和对入侵者的强烈仇恨。作者一方面表现了不能容忍异族统治者侵占祖国大地的坚定信心，同时又沉痛地提出一个问题：沦陷区的人民正含泪等待恢复，可是这样的愿望何时才能实现呢？诗人没有做出回答，但与第一段遥相呼应，他强烈的爱和恨、他的批判的锋芒所指都是十分鲜明的。

这首诗的内容非常丰富，表现了诗人杀敌报国的雄心壮志、对遭受外族入侵者蹂躏的苦难人民的深切同情、对外族入侵者的强烈憎恨、对屈膝投降的统治阶级的愤怒谴责。可以说，概括了陆游爱国诗歌思想内容的所有方面。内容丰富深厚，而艺术表现则凝练集中，将多方面的内容融聚在一起，浑化为一个严整而又富于变化的整体。声情苍凉激越，风格沉郁悲壮，无论从思想和艺术上看，都堪称陆游爱国诗篇的代表作。

其他谴责投降派的诗歌尚多，如："诸公尚守和亲策，战士虚捐少壮年！"（《感愤》）"战马死槽枥，公卿守和约。穷边指淮淝，异域视京雒。于乎此何心，有酒吾忍酌？"（《醉歌》）他还明确地指出，坚持投降路线的不只是一两个人，而是有一个投降派："诸公可叹善谋身，误国当时岂一秦！"（《追感往事》其五）他甚至怒斥投降派为"无血"的动物："看渠皮底元无血，那识虞卿鲁仲连！"（《叹俗》）

前人评论陆游，说他是"寤寐不忘中原"（林景熙《王修竹诗集序》引），确是如此。一腔报国之志时刻存于胸中，客观环境中的某些景象或声音，一经触发，诗人便产生联想，抒发爱国情怀，甚至幻化出浴血战斗的雄壮场面来。例如他曾写过："忽闻雨掠蓬窗过，犹作当时铁马看。"（《秋雨渐凉有怀兴元》其三）就是把风雨之声当作金戈铁马的杀伐之音。在他的诗中，无论是饮酒看花、夜里失眠、枕上闻雨、冬夜闻雁还是提笔作书等，本来写的都只是日常生活的内容，但都会触动他"寤寐不忘中原"的爱国之心，写出悲壮的杀敌复国的主题。例如，天上大雪纷飞，一片银白，他便联想到出征战士所穿的白色衣甲，写出威武雄壮的军队阵容："壮哉组练从天来，人间有此堂堂阵。"夜里风吹窗户的声音，在他听来也如披着铁甲的战马在奔驰："夜听簌簌窗纸鸣，恰似铁马相磨声。"因而振荡起为国战斗的激情："起倾斗酒歌《出塞》，弹压胸中十万兵。"（以上均见《弋阳道中遇大雪》）夜里听着雨声，久不成眠，看着昏灯，听着虫鸣，一片愁绪涌上心头，想着有什么好方法能实现灭胡报国的心愿："虫声憎好梦，灯影伴孤愁。报国计安出？灭胡心未休。"（《枕上》）他住在南方，冬夜听见北来的飞雁鸣叫，便又唤起对当年军中生活的回忆，不禁发出北方尚未恢复的叹息："夜闻雁声起太息，来时应过桑乾碛。"（《冬夜闻雁有感》）

陆游在诗中表现出的爱国感情，是那样的热烈、执着，到死都是不能放下的。他在《感兴》一诗中写道："常恐先狗马，不见清中原！"但即使生前没有亲眼看到祖国的统一，死后也要为杀敌复国献出自己的力量："壮心埋不朽，千载犹可作！"（《醉歌》）

著名的还有《秋夜将晓出篱门迎凉有感》其一：

三万里河东入海，五千仞岳上摩天。遗民泪尽胡尘里，南望王师又一年！

这首诗写于绍熙三年（1192），当时诗人已 68 岁，退休后闲居于家乡山阴。秋夜迎凉这样的小题目，诗人却写出了深刻的主题和伟大的胸怀。在一个秋天的晚上，诗人想到祖国的半壁河山沦于敌手，广大人民生活于水深火热之中，而统治者却年复一年依旧坚持可耻的妥协投降政策，便不禁悲愤填膺，思绪万千，竟至夜不成寐，步出篱门，写下了这首诗。"三万里河东入海，五千仞岳上摩天。"开头两句气势磅礴，借对祖国河山壮伟形象的摹写和歌颂，表达出对祖国的强烈的爱，并寄托了因国土沦陷而产生的痛惜之情。这里的"河"指黄河，"岳"指五岳，即东岳泰山、西岳华山、中岳嵩山、南岳衡山、北岳恒山。黄河和五岳是中华民族的象征，这里借以概括出伟大祖国的形象：三万里长的黄河，浩浩荡荡，奔流入海；五千仞高的五岳，巍峨峭拔，直入云霄。从这无比雄伟高大的形象里，传达出一种凛然不可侵犯的威严与气势。其中蕴含的感情，与《关山月》中"中原干戈古亦闻，岂有逆胡传子孙"是一脉相通的，包含了对外族入侵者的藐视和仇恨。但同时其中也暗含了国土沦丧的深沉悲痛，因为当时黄河流域已经失陷，而五岳中除南岳衡山外，其余四岳也都沦入敌手。因而接下来就直接抒发内心的悲痛："遗民泪尽胡尘里，南望王师又一年！"这两句看似转折而实相承，感情由昂扬变为沉痛。沦陷区的人民在敌人的蹂躏下，经受了无数的苦难，日夜盼望着南宋的军队去解救他们，但是眼泪流尽、眼睛望穿却仍不见来。"又一年"三个字，说明时间过了很久，年复一年，暗含了没有尽头之意，生动地表现出沦陷区人民的失望情绪，其间也就传达出诗人对投降派的谴责与批判。

这是一首绝句，全诗只有四句，诗人将他满腔的爱国激情，经过高度提炼，凝聚在一首小诗之中。跟古体《关山月》一样，写得悲壮豪迈，深沉有力，表明诗人经过长期的探索、实践，在诗艺上已达到了很高的造诣。

又《十一月四日风雨大作》其二：

僵卧孤村不自哀，尚思为国戍轮台。夜阑卧听风吹雨，铁马冰河入梦来。

这首诗写于跟上一首诗同一年的冬天，陆游仍在家乡山阴闲居。“僵卧孤村不自哀，尚思为国戍轮台。”开头两句是明志，却先从当时所处的境况写起。陆游以垂暮之年，闲居乡里，在一个寒冬的风雨之夜，独卧孤村，在一般人是会感到十分孤寂凄哀的。但一生忧国忧民的老诗人，此时却不以个人的悲苦为念，也不顾自己已近 70 岁的高龄，年迈力衰，仍然热切地渴望着去为祖国戍守边疆。由于写出了“僵卧孤村”的处境，下句又用了一个“尚”字作转折，写出身处衰境而不自哀，一心只想着报效祖国，这种雄心壮志和爱国感情，就更具有感人的力量。把曹操《步出夏门行·龟虽寿》中的四句诗“老骥伏枥，志在千里；烈士暮年，壮心不已”移用来评论爱国诗人陆游，是最恰当不过的了。“夜阑卧听风吹雨，铁马冰河入梦来。”这两句写梦中北征的情景，完全是想象之词。陆游在现实中没有机会实现杀敌报国的理想，就常常托之于梦，写在梦中戎装出征，驰骋沙场。据有人统计，陆游的记梦之作竟多达百首以上，而内容多是写梦中出征收复中原的。这真是时代的悲剧。在这两句里，寒夜里的急风骤雨，不但没有引起这位孤苦老人的悲哀和恐惧，反而触发了他爱国忧民、渴求战斗的豪情壮志，竟幻化成奔腾的战马踏着北国的冰河、追击敌人的雄壮的战斗之音。但“卧听”二字又传达出报国无门的悲哀和难言的愤慨。陆游年老而志不衰，一心献身祖国的精神是感人至深的。这首诗写得豪迈沉郁、悲壮感人。

再看他的《示儿》：

死去元知万事空，但悲不见九州同。王师北定中原日，家祭无忘告乃翁。

这是陆游的绝笔诗，写于宁宗嘉定二年（1209）十二月二十九日（公历 1210 年 1 月 26 日）他辞世之前。这首诗不只是写给他儿子的，也是写给世世代代的炎黄子孙的。一首小诗，在我们的面前展现出一颗伟大的灵魂。诗人 86 岁高龄，快要离开人世了，他心里想的是什么呢？他要嘱咐儿子几句话：“死去元知万事空，但悲不见九州同。”人死了，原是一种彻底的解脱，什么事也不知道了，什么事也跟自己不相干了，因而并没有什么值得悲哀和遗憾的。但是唯独没有亲眼看见祖国的统一，是诗人最大的悲哀和遗憾，是死后在九泉之下也放不下的。陆游是临终前对自己的儿子说话，而不是对皇帝或官府说话，他倾吐的是内心最真实的思想感情，没有半点粉饰和虚假。一般人的遗嘱不外是儿孙的立身处世或遗产问题，而陆游念念不忘的却是恢复中原、实现祖国的统一。他的思想是多么崇高，他热爱祖国的感情是多么炽热、深挚和执着啊！这一终生遗憾怎样弥补呢？他接下去嘱咐儿子："王师北定中原日，家祭无忘告乃翁！"诗人不仅不能忘怀于祖国的统一，而且相信祖国总有一天会实现统一，表现了他对抗金复国事业必胜的坚定信念。爱国诗人陆游，在高昂的爱国主义音调中结束了他一生的歌唱。《示儿》一诗，是陆游一生爱国精神的一个诗的总结，光辉的总结。这首诗和诗人其他的爱国诗篇，七百多年来曾引起无数爱国者的共鸣，激励过无数中华民族的优秀儿女为祖国献身。现代著名爱国诗人朱自清先生，曾对陆游的这首《示儿》诗作了崇高的评价，他说："这是他爱国热忱的理想化；这理想便是我们现在说的'国家至上'的信念的雏形。……过去的诗人里，也许只有他才配称为爱国诗人。"①我们今天学习陆游的诗歌，就要像他那样热爱自己的祖国，为祖国的繁荣富强和实现统一而奋斗。

陆游的爱国诗篇充满着战斗精神，他把自己看作一个战士，他的诗是战士的诗。他不希望后人仅仅把他看作一个诗人，也不希望把他的诗当作一般的诗歌来读。前面曾引述过，他在评论杜甫的诗歌时说："看渠胸次隘宇宙，惜哉千万不一施！空回英概入笔墨，生民清庙非唐诗。……后世但作诗人看，使我抚几空嗟咨！"（《读杜诗》）这里写的是杜甫，实际上表现的就是他自己，他也是壮志难酬才"空回英概入笔墨"的。正如他在《书悲》一诗中所写的："立功老无期，建议贱非职。赖有墨成池，淋漓豁胸臆。"

清人梁启超在《读陆放翁集》中写道："集中什九从军乐，亘古男儿一放翁。"又说："辜负胸中十万兵，百无聊赖以诗鸣。"这种评价是真正理解陆游，也是真正懂得陆游诗歌的思想和艺术价值的。

除爱国诗篇外，陆游还写作了不少其他题材的诗歌，其中有不少反映和同情人民疾苦的作品。比如《夜闻蟋蟀》：

---

① 朱自清：《爱国诗》，《新诗杂话》，三联书店，1984年。

布谷布谷解劝耕，蟋蟀蟋蟀能促织。州符县帖无已时，劝耕促织知何益？

又如《书叹》：

有司或苛取，兼并亦豪夺；正如横江网，一举不能脱。

他对官吏压迫人民的残暴行为表示了极大的愤慨：

数年斯民厄凶荒，转徙沟壑殣相望；县吏亭长如饿狼，妇女怖死儿童僵。

（《秋获歌》）

在《岁暮感怀》中他写道："富豪役千奴，贫老无寸帛。"揭示了这种贫富尖锐对立是引起人民反抗斗争的根本原因。他忧国忧民，甚至夜不能寐："捶楚民方急，烟尘虏未平。一生那敢计，雪涕为时倾。"（《三月二十五夜达旦不能寐》）他与广大的劳动人民同忧同乐，声息相通。久旱逢雨，因庄稼可以长得好一些，他便感到无比的喜悦：

嘉谷如焚稗草青，沉忧耿耿欲忘生。钧天九奏箫韶乐，未抵虚檐泻雨声。

（《秋旱方甚七月二十八夜忽雨喜而有作》）

悲喜之间，我们看到诗人对人民生活的深切关怀。

除此之外，陆游还从多方面表现了生活的丰富多彩。如清代的赵翼所说："凡一草一木，一鱼一鸟，无不剪裁入诗。"[①]

他那首著名的《游山西村》表现了诗人同人民亲切美好的关系。这首诗写于宋孝宗乾道三年（1167）。前一年（1166）陆游支持抗金将领张浚北伐，结果因战事失败而获罪，被罢官回到故乡山阴。报国无门，反遭打击，陆游内心的悲愤和苦闷是可以想见的。但陆游热爱生活，热爱人民，并不悲观失望、消极颓废；故乡美好

---

① 赵翼:《瓯北诗话》卷六。

的景色、古朴的民风，给了他很大的慰藉和愉悦，使他对生活充满信心和希望。这首诗就真实地表现了诗人这样的思想感情和生活感受。

陆游在绍兴，住在离城不远、风景优美的镜湖三山。春日里的一天，诗人信步走到三山西面的一个村子去，受到村里农民的盛情款待，村里优美的景色和古朴的民风，又使他受到极大的感染，于是怀着欢愉的心情写下了这首诗。

"莫笑农家腊酒浑，丰年留客足鸡豚。"开头二句写诗人受到了热情好客的主人的丰盛款待。用来款待客人的不是奇珍异味，而是农村里最普通的食品：自酿的浊酒和自养的鸡豚。点出"丰年"，又用一个"足"字，表明这是一个丰收的年成，农民把全部最好的东西都奉献给他们所欢迎的来客了。"莫笑"二字传达出诗人喜悦和感谢的心情，意思是说，在城里富豪们的眼里，用这样的食品待客，只能付之一笑，而诗人所看重并深深为之感动的，却是主人的一片热情和真诚，以及纯朴的性格。

"山重水复疑无路，柳暗花明又一村。"三、四句是写山西村的自然景色。这景色是从一个对村里的路径不太熟悉而正行走中的来客的眼睛和感受写出来的，是动态的、变幻的，而不是静止的、僵死的。通过这种出人意想的景色的变幻，又十分真切地表现出身处这一情景中的诗人思想感情的发展变化：先是疑虑，后是惊喜。情景交融，显得十分自然而又生动。"山重水复"，写山环水绕，重重叠叠，见其幽折深远；"柳暗花明"，写春色繁丽，红红绿绿，见其明丽秀美。"疑无路"，写探幽寻胜时的迷惑；"又一村"，写豁然开朗时的惊喜。作为一种生活感受和艺术体验的典型概括，这两句诗长期以来成为人们口头传诵的名句，经常被移指某种相似的境界或感受。

"箫鼓追随春社近，衣冠简朴古风存。"五、六两句由自然风光转而写人民——民俗、民风、民情。"箫鼓"是从所闻写，"衣冠"是从所见写，跟开头两句遥相映照。在春天祭祀土地神和五谷神以祈求丰收，是我国农村的古老习俗，诗人从箫鼓齐鸣的热烈气氛写出了农民们的欢乐和希望，又从简朴的衣冠写出农村风俗的淳厚，表现了质朴的农民令人敬慕的精神面貌。这两句也是从作者的感受来着笔的，有景有情，蕴含着诗人对农民的热爱，融会了诗人与农民相通的喜悦之情。

最后两句"从今若许闲乘月，拄杖无时夜叩门"，写诗人就要离开这个山村了，他满怀深情地对殷勤的主人说：今后如果允许我在闲暇时踏着月色再来你们村子的话，我将随时像不速之客那样在夜里叩门相访。这是从一种不确定的语气中，表现出一种确定的而且是极为融和亲切的感情，说明诗人这次游山西村的感受之深、对纯朴好客的村民们的情谊之重。

这首诗，山重水复的幽曲、柳暗花明的秀丽，加上民俗民风的古朴淳厚，都使人联想到陶渊明笔下的桃花源。但桃花源出于幻想，而山西村则是写实；若从所创造的美好意境与现实社会的黑暗丑恶相对立这一点来看，两者又有相通之处。这首诗感情真挚，描写生动，对仗工稳，语言明畅，在艺术上也很有特色。

《临安春雨初霁》也是很著名的一首：

世味年来薄似纱，谁令骑马客京华？小楼一夜听春雨，深巷明朝卖杏花。矮纸斜行闲作草，晴窗细乳戏分茶。素衣莫起风尘叹，犹及清明可到家。

这首诗作于淳熙十三年（1186）的春天。这时作者将知严州，由家乡山阴到首都临安等候皇帝召见。这首诗表现了诗人对仕宦生活的淡漠和对闲居生活的兴致。诗人虽然是在临安等候皇帝赐官，但心中并不满意，所以才有开头两句世味淡薄的感叹。三、四两句写南国春天的气息，有极强的生活实感，好像我们也听到了春雨的声音，闻到了杏花的香味。五、六两句中的“闲”字和“戏”字，可见出诗人当时短纸作书和晴窗分茶的既恬淡而又有些无聊的心境。最后两句中的“素衣”是用陆机诗的典故，却是反其意而用之，意思是自己并不想在京城久居，因而不必有素衣变黑之叹。

诗人晚年退居山阴时，写了不少描写农民生活和田园风光的诗篇，也写得逼真传神，富有诗情画意。如《秋怀》其二：

园丁傍架摘黄瓜，村女沿篱采碧花。城市尚余三伏热，秋光已到野人家。

又如《春晚即事》其四：

龙骨车鸣入水塘，雨来犹可望丰穰。老农爱犊行泥缓，幼妇忧蚕采叶忙。

他的一些咏物诗也写得很好，特别是咏梅诗，大多托物写志，表现了自己高洁美好的品格。如《梅花绝句》其一：

幽谷那堪更北枝，年年自分著花迟。高标逸韵君知否？正在层冰积雪时。

这完全可以看作是诗人自我形象的写照。由于对梅花的无比喜爱，他竟生出这样的奇思异想。在《梅花绝句》其三中他写道：

闻道梅花坼晓风，雪堆遍满四山中。何方可化身千亿？一树梅花一放翁。

别出新意，富有诗情，鲜明地表现了诗人独特的思想精神。

当然，诗人晚年过着一种“荷锄”“作诗”的闲适生活（他自己说“百事不能能荷锄，百事不学学作诗”）。如他在一首题为《闲趣》的诗中所写：“心平诗淡泊，身退梦安闲。”他的诗确实也有追求闲适恬淡的一面。他常到农村的自然风光中去寻找诗情：“堤上淡黄柳，水中花白鹅。诗情随处有，此地得偏多。”（《野步》）在他的《秋思》中有这样的句子：“日长似岁闲方觉，事大如天醉亦休。”又如《六言绝句》六首中有三首是这样的：

豪士以妾换马，耕农卖剑买牛。我看浮云似梦，却贪山水闲游。（其三）
觅饱如筹大事，拥书似堕重围。误喜敲门客至，出看啄木惊飞。（其五）
香烟触帘不散，灯焰无风自摇。独倚蒲团寂寂，忽闻山雨萧萧。（其六）

如果没有真正闲适的生活和心境，这样的诗是写不出来的。

第三节　陆游诗歌的艺术成就

陆游诗歌继承和发扬了中国古典诗歌的现实主义传统，同时又表现出浓厚的浪漫主义色彩。他早年曾受“江西诗派”的影响，但后来抛弃了“江西诗派”形式主义的缺点，在艺术上学习前人，却又不蹈袭前人，有自己的创造和发展。他从创作实践中总结经验，重视生活实践对于创作的决定意义。他对儿子说：“汝果欲学诗，工夫在诗外。”（《示子遹》）又说：“纸上得来终觉浅，绝知此事要躬行。”（《冬夜读书示子聿》）所以他的诗歌表现出丰富而深厚的现实内容，比较真实地反映了那个时代的社会生活。因此，曾有人认为“剑南集可称诗史”（清褚人获《坚瓠补集》）。

但陆游的诗歌与号称“诗史”的杜诗也有不同之处。杜诗常常是通过对现实生活的具体描绘，在读者面前真实地再现出一幅幅具有时代特色的鲜明的图画或场面（如著名的“三吏”“三别”），而陆游则主要是通过自己对客观事物的感受的抒写，来表现出那个时代人民共有的精神风貌（主要是抗金复国的爱国精神和渴求战斗的英雄主义）。也就是说，陆游的现实主义成就突出地表现在他诗中所传达出的时代精神上。

另外，在陆游的一部分作品中也表现了鲜明的浪漫主义色彩，所以他在当时就有“小李白”之称。他诗中那种飞动的气势、奇丽的想象、大胆的夸张、狂放的个性，确是很接近于李白的。特别是那些写醉酒的诗。李白是“斗酒诗百篇”，大醉之后狂放不羁，气如长虹。陆游在酒醉之后，也往往神采飞扬，有天马行空的气势。我们试读陆游的《醉歌》（我饮江楼上）、《江楼吹笛饮酒大醉中作》（世言九州外，复有大九州）以及《醉中下瞿唐峡中流观石壁飞泉》（吾舟十丈如青蛟）等，都是以夸张之笔作豪语，写得雄放奇丽、笔势矫健，确有李白之风。

陆游的诗创造了鲜明的艺术风格，而且与不同的内容相适应，表现了不同的丰富多彩的艺术特色。他的爱国诗篇的主要风格是豪迈悲壮。他喜欢唐代的边塞诗人岑参的诗歌，说他“崔嵬多杰句”，赞美他“公诗信豪伟，笔力追李杜”。这话用来评论他自己的爱国诗篇也非常确切。这种诗风的形成，主要是由于他内心那种不可遏止的奔腾激荡的思想感情，发为诗歌，自然显得气象恢宏、雄健有力。试读他的《题醉中所作草书卷后》，就可以清楚地看出他的思想决定了他的诗歌（也包括书法）的思想内容和艺术风格。

陆游多方面地继承前代的文学遗产，博采众家之长，根据内容的需要，熔铸自己不同的艺术风格。大抵抒写杀敌报国的豪情壮志以及梦里出征的，显得豪迈奔放，近似李白、岑参；写满腔悲愤和反映人民疾苦的，写得沉郁凝重，又逼近杜甫；而写田园风光和闲适生活的，则平淡清新，又很像陶渊明。他 82 岁时写的《自勉》诗，首二句云：“学诗当学陶，学书当学颜。”可见他晚年确实是自觉地学习陶渊明的诗风的。试读下面两首：

春深农家耕未足，原头叱叱两黄犊。泥融无块水初浑，雨细有痕秧正绿。……

（《岳池农家》）

> 桑竹成阴不见门，牛羊分路各归村。前山雨过云无迹，别浦潮回岸有痕。
>
> （《秋思》其七）

诗中以平实朴素的语言，写山阴三山农村春耕时的景象以及秋天雨后优美的景色，宛如一幅明丽的图画呈现在我们的面前。这跟前面那些豪迈奔放的作品相比，风格迥然不同。

陆游擅长众体，他古体、近体，近体中绝句、律诗都写，而以七律见长，历来为人所称道。赵翼在《瓯北诗话》中赞扬他的古体诗写得好，说是“才气豪迈，议论开辟”，于“华藻”中出“雅洁”，于“奔放”中见“谨严”。这话是说得不错的。前面所引的那些豪迈雄放、充满浪漫主义特色的诗篇，大多是古体。这跟古体（特别是七古或杂言）比较自由，宜于放笔直书、表现奔放的思想感情分不开。律诗则格律很严，讲究平仄和对偶，字数又少，限制很大。但陆游的七律却能“从心所欲不逾矩”，于不自由中求自由，写得自然明畅，给人以毫不费力的感觉。沈德潜《说诗晬语》说他的七律“对仗工稳，使事熨帖”，这确实是陆游七律的特色。如著名的“山重水复疑无路，柳暗花明又一村”“楼船夜雪瓜洲渡，铁马秋风大散关”，都是极为工整又极为自然的偶句。过去不少人喜欢摘陆游律句作为楹联，除了内容方面的原因外，主要就因为对仗的工稳。另外就是使事用典十分熨帖，常常不露痕迹。如《书愤》中的“塞上长城空自许，镜中衰鬓已先斑”，用南朝刘宋时檀道济典故，不仅十分贴切，而且浑化无迹，十分自然，就是不了解典故也可以懂得诗意，因为事典已经化到诗情中去了。其他类似的例子比比皆是。

陆游诗歌还有一个显著的特点，就是在“易处见工”，于平淡中见功力。他的诗歌比较好懂，因为语言明白如话，晓畅平易，读来使人感到亲切有味，富有情致。他自己说：“功夫深处却平夷”（《追怀曾文清公赵教授》）；又说：“天机云锦用在我，剪裁妙处非刀尺”（《自述》）。南宋戴复古评他的诗说：“入妙文章本平淡，等闲言语变瑰奇”（《读陆放翁先生剑南诗草》），就是说的这一特色。看他写春雨的自然景象：

> ……
>
> 池鱼泼泼随沟出，梁燕翩翩接翅归。唯有落花吹不去，数枝红湿自相依。
>
> （《雨》）

通过游动的池鱼、接翅飞翔的归燕，以及带露依枝的落花，三种极为普通也是人们极熟悉的景象，就非常自然又毫不费力地写出了一片浓烈的春的气息，生意盎然，十分诱人。

陆游在诗歌艺术上的主要缺点，一是句意重复。尤其是晚年这一点更加显著。清代朱彝尊《曝书亭集》跋陆游诗，摘其自相蹈袭者至一百四十余联。二是尽意发挥，较少含蓄。前者是由于写作很多，不暇剪裁；后者则由于感情激荡，奔泻而出，自不免缺少蕴藉。

陈毅元帅《读杜甫诗》云："吾爱杜甫诗，喜其体裁备。干戈乱离中，忧国忧民泪。"移用来表达我们读陆游诗的感受，也是很切合的。

最后简单谈谈陆游诗的影响。由于陆游诗歌的杰出成就，也由于时代的原因，陆游诗歌对南宋诗坛的影响很大。尤其是戴复古和刘克庄，他们都是自觉地向陆游学习而接受其影响的。南宋末年以及宋亡以后的一些遗民诗人，也都继承了陆游诗歌的爱国主义和现实主义传统，如林景熙等人。在清代诗人中，也有许多人推崇陆游，并向他学习，如宋琬、查慎行、郑燮、赵翼等。

第四节　陆游的词和散文

陆游的词也写得很好，只是被他的诗名所掩，大家重视不够。当然，比起诗来，陆游在词上用力不多。他在《长短句序》中说："予少时汩于世俗，颇有所为，晚而悔之，然渔歌菱唱，犹不能止。"[①] 陆游词虽然保存下来的数量比较少（不及诗的百分之二），但在南宋词坛上，不论思想和艺术也都是值得注意的。陆词的内容主要有三个方面：

第一，写爱国思想和壮志难伸的悲愤心情，与诗歌的主调相通。如《诉衷情》：

当年万里觅封侯，匹马戍梁州。关河梦断何处，尘暗旧貂裘！　胡未灭，鬓先秋，泪空流。此生谁料，心在天山，身在沧州！

---

① 《渭南文集》卷十四。

这首词大概作于退居山阴的晚年。词中对他的一生作了回顾，充满壮志难伸的悲愤，同时也隐含着虽然年迈却仍然希望为国建功立业的豪情壮志。“当年万里觅封侯，匹马戍梁州”二句，是对年轻时候杀敌报国雄心壮志的回忆，特别不能忘怀的是南郑时期的军中生活。但接下去两句“关河梦断何处，尘暗旧貂裘”，“梦断”和“尘暗”都说明往事均已成了陈旧的记忆，有不堪回首的意味。上片追忆过去，已暗含了理想不能实现的悲愤，下片则直抒胸臆，径直而又深沉地感叹时光流逝，壮志难伸。最后三句“此生谁料，心在天山，身老沧州”，充分地表现了理想与现实的矛盾。一方面抒发了想为国立功而不能的无限苦闷，同时也抒发了虽然已经年迈退休，却仍然向往着投身沙场杀敌报国的壮志豪情。

第二，抒发词人的高洁情志。如《卜算子》(咏梅)：

驿外断桥边，寂寞开无主。已是黄昏独自愁，更著风和雨。　无意苦争春，一任群芳妒。零落成泥碾作尘，只有香如故。

这是一首托物写志的词。写的是梅花，实际上表现的是作者自己的精神品格。“驿外断桥边，寂寞开无主”二句写孤寂的处境。“已是黄昏独自愁，更着风和雨”二句写被摧残的命运。“无意苦争春，一任群芳妒”二句是言志，表明自己的理想高出于群芳之上，立身行世意不在争春，因此也不在乎群芳的嫉妒，明显带有一种藐视群芳的意味。最后两句“零落成泥碾作尘，只有香如故”，表现了词人坚贞的品格：虽然遭受严重的摧残，高洁的品格仍坚持不改。这首词在艺术上的特点，是将梅花当作人来写，将自己的思想感情寄托在梅花的形象之中，梅花与词人化而为一。

第三，描写自己的爱情婚姻悲剧。来看那首影响很大的写情词《钗头凤》：

红酥手，黄縢酒，满城春色宫墙柳。东风恶，欢情薄。一怀愁绪，几年离索。错！错！错！　春如旧，人空瘦，泪痕红浥鲛绡透。桃花落，闲池阁。山盟虽在，锦书难托。莫！莫！莫！

关于这首词的本事，最早的记载是南宋人陈鹄和周密的笔记，他们都认为陆游经历了一场与唐氏女的爱情婚姻悲剧，此词是为唐氏而写，是沈园题壁之作。[①] 据他们的记载，陆游年轻时跟一个姓唐的姑娘结婚，婚后夫妻感情甚笃。唐氏侍奉公婆亦很孝顺，但陆游的母亲不喜欢她，以致强迫他们离婚。后来唐氏改嫁，陆游也另娶，但两人深挚的感情无法割断，彼此都思念难舍。陆游一次春日出游，在绍兴禹迹寺南的沈园与唐氏相遇。唐氏送酒给陆游以致情意，陆游深为感动，回忆起昔日的感情，十分伤感，便在沈园的墙壁上写下了这首《钗头凤》词。据说在两人相会后不久，唐氏即因爱情的不幸郁闷而死。

千百年来读者都认可这一背景，深深地为陆游的爱情悲剧和词中所表现的真挚爱情所感动。但自清乾隆以来，开始有人对这一背景提出怀疑，近年更有学者撰文提出质疑，认为此词并非沈园题壁之作，而是作者蜀中偶兴的游冶之作。但细读他们的文章，基本上系推测猜想之词，并无实据。[②] 我们认为，做这样的翻案文章应该特别慎重。陈鹄和周密的时代去陆游未远，他们没有理由无中生有地捏造出这一事实，我们与其相信近千年之后的人毫无实据的推测，不如相信作者同时代人虽小有出入的记载。而且更重要的是，词中所表现的那种悲愤沉痛的感情，与妓女之间是很难产生的。因此我们仍然认为这是一首写作者自身悲剧的真挚感人的爱情词。由于是写他个人的爱情婚姻悲剧，才写得那样真挚沉痛、一字一泪，在后世产生很大的影响，不仅有诗词吟咏，还改编为戏剧，甚至被搬上了银幕。

关于陆游与唐氏的爱情婚姻关系，在陆游的诗作中也可以得到印证。陆游对唐氏的感情十分真挚，对于他们的不幸离异以及唐氏的亡故，一直十分悲痛，难以忘怀。他在 1192 年（68 岁）时还写了一首诗来追忆这件事情。诗序云："禹迹寺南，有沈氏园。四十年前，尝题小词一阕（按，即这首《钗头凤》）壁间。偶复一到，而园已三易主，读之怅然。" 1199 年，75 岁的诗人还写了两首著名的《沈园》来追悼唐氏，其中有两句云："此身行作稽山土，犹吊遗踪一泫然。"1205 年（诗人 81 岁），

---

① 陈鹄的《耆旧续闻》卷十云："余弱冠客会稽，游许氏园，见壁间有陆放翁题词（按，即本词，词略），笔势飘逸，书于沈氏园。辛未（按，即绍兴二十一年）三月题。" 又周密《齐东野语》卷一亦载其事，略谓："……唐后改适同郡宗子士程。尝以春日出游，相遇于禹迹寺南之沈氏园。唐以语赵，遣致酒肴。翁怅然久之，为赋《钗头凤》一词题园壁间云……"

② 见吴熊和《陆游〈钗头凤〉词本事质疑》（载其所著《唐宋词通论》一书）、周本淳《陆游〈钗头凤〉主题辨析》（载《江海学刊》1985 年第 6 期）。

陆游夜里梦游沈氏园，又写了两首绝句，其中有两句说："玉骨久成泉下土，墨痕犹锁壁间尘。"对唐氏，对由封建礼教造成的他们的爱情婚姻悲剧，对描写这悲剧和两人真挚爱情的这首《钗头凤》，陆游是终生未能忘怀的。

这首词作于何年，历来众说不一。按前引诗序"四十年前"的说法，该是写于28岁；据宋人周密《齐东野语》卷一的记载，则是绍兴乙亥，即1155年，诗人31岁时。虽然不能确指某一年，但写于年轻时期则是可以肯定的。

上片由追忆昔日的生活，再联想到当前，对被迫离散表示出深沉含蓄的怨恨。开头三句是回忆离异以前夫妻二人春日相携宴游的欢乐情景："红酥手，黄縢酒，满城春色宫墙柳。""红酥手"以局部代全体，写唐氏的美貌，是从诗人的主观感受写出的，自然地表达出诗人对唐氏的爱悦之情。"黄縢酒"指一种用黄纸封口的官酒，不只点明是出游宴饮，而且"红"与"黄"对举相映，从色彩上也显示出令人欢愉的气氛。"满城春色宫墙柳"，点明宴游的时令、地点、环境，从大处着笔，点染出一种明丽爽朗的色调和欢快愉悦的气氛，正足以传达出两人热烈相爱的心情。下面笔墨一转，由远及近，从过去说到眼前："东风恶，欢情薄。一怀愁绪，几年离索。""东风"隐指一种拆散他们夫妻的粗暴力量，实即指陆游的母亲；"恶"这个词的分量是很重的，鲜明地传达出了词人的感情倾向，可以见出陆游所感受到的母亲的无情和残忍。明人毛晋说，这首词是"孝义兼挚"(《词林记事》引)，并不符合这首词的实际，单是这一句就无孝可言。联系到陆游诗集中有好几首夜闻姑恶（姑恶是一种水鸟名，传说是由被婆婆虐待而死的妇女变成，因而鸣叫声如"姑恶"）的诗，对于虐待媳妇的恶婆婆鲜明地表现了憎恶的感情，不可能跟他自身痛切的体验无关。这首词虽然没有公开大胆地对封建礼教和宗法制度的罪恶提出控诉，但含蓄的怨恨则是十分明显的。从语气和语意的发展上看，"东风恶"这三个字统领了下面三句，一气流转而下：由于这"东风恶"，才造成"欢情薄"，以至于"一怀愁绪"，以至于"几年离索"。接下去，在感情已经表达得十分强烈的基础上，用叠字"错！错！错"收束上片。这三个叠字所包含的思想感情是非常复杂的：有对无情的东风的怨恨，有对自己软弱屈从的痛悔，也有对夫妻间被迫离散的共同的深情惋惜，等等。重叠的形式，将内心沉痛怨愤的感情，表现得十分鲜明强烈。

下片着重抒发分离的怨苦。在对唐氏深切的爱怜同情中，进一步表现了内心的怨恨。"春如旧，人空瘦，泪痕红浥鲛绡透。"这三句是写这次相遇，从陆游的眼里写出唐氏的憔悴悲苦情态。"春如旧"跟上片"满城春色宫墙柳"相呼应，形成比照，是说春天一如过去那样美丽，而人却因欢情淡薄和几年离索而面貌全非了。“人空瘦”的“空”字，含蕴着词人丰富深厚的感情。因离别而痛苦，因相思而愁闷，人是明显地瘦了。但为失去的爱情而折磨自己，又有什么用呢？所以说是“空瘦”。在无可奈何中表现了对唐氏无限的爱怜和慰藉，同时也透露出自己无力改变这种现实，甚至连内心的悲苦也无处倾诉的深沉悲哀与怨恨。“泪痕红浥鲛绡透”，是说流不尽的眼泪把一张张手绢都湿透了。这是以有形之物来写无形的感情。由此我们可以想象出这位无辜的女子在封建礼教的迫害下，与丈夫分离后那种以泪洗面的日子是何等的悲苦。接下去四句进一步申说物是人非和离别的惆怅与痛苦：“桃花落，闲池阁。山盟虽在，锦书难托。”“桃花落”，从眼前所见景象看，可能是写实；但联系上片“东风恶”的句意，则具有明显的象征意味，是说艳丽可爱的桃花在无情的东风摧残下已经凋落了。其中既包含着对东风的怨恨，又包含着对桃花的同情。“闲池阁”，也是跟昔日宴饮的欢愉形成鲜明的对照，意思是说，眼前池阁依旧，却显得冷落凄清，两人都无心再去欣赏了。着一个“闲”字，便以池阁的冷落来映衬出内心的孤寂悲哀。“山盟”两句，是说两人对爱情都是忠贞不渝的，但这又有什么用呢？相亲相爱而不得不分离，分离之后不但难于见面，就连互通音信也是十分困难的啊！这反映了在封建礼教和宗法制度的压迫下，缺乏反抗精神的青年男女艰难的处境和无可奈何的痛苦心情。这在封建时代是具有普遍意义的。末了，又用叠字“莫！莫！莫”收束全词。这三个字跟上片结尾的“错！错！错”相呼应，所传达的思想感情也是非常丰富、强烈而又深永的。“莫！莫！莫”就是“罢！罢！罢”的意思，它强化了前面所表现的无可奈何的痛苦心情，而包含的内容却又是十分复杂的。重复三次“算了吧”是指的什么呢？难道是词人向唐氏提出，一切都就此了结了吗？双方爱情专一，情意难舍，要从此一刀两断显然是不可能的。那么，是劝慰对方、也劝慰自己从此不要再怨恨，不要再痛悔吗？这些意思，可以说都是，又都不全是。包含在这三个字中的思想感情充满了矛盾，恐怕连作者自己也是很难说清的。[①]

---

① 宋人陈鹄《耆旧续闻》卷十记载，唐氏读了这首词以后曾有一首和作，其中有“世情薄，人情恶”之句，可惜全词未能流传下来。《历代诗余》卷一一八引夸娥主人说，录载了全词，但多数人认为是后人依据唐氏的断句补拟的。姑录以供参考：“世情薄，人情恶，雨送黄昏花易落。晚风干，泪痕残。欲笺心事，独语倚阑。难！难！难！　人成各，今非昨，病魂常似秋千索。角声寒，夜阑珊。怕人寻问，咽泪妆欢。瞒！瞒！瞒！”

这首词，感情真挚，写得情辞凄恻、深婉缠绵；语言明畅精练而意蕴丰厚，要反复吟咏才能体会出文字之外的种种感情。它的强烈的艺术感染力不在于尽意发挥、酣畅淋漓，而在于欲说还休、不能尽吐的哽咽难言。所以吴梅在《霜崖三剧》中评论这首词是“有千言万语锁住舌尖头”。

关于陆游的词，前人有过许多评论。毛晋《宋六十名家词·放翁词跋》云：“杨用修云：‘放翁词纤丽处似淮海，雄快处似东坡。’予谓超爽处更似稼轩耳。”也就是说，陆游词的风格并不单一，有的写得缠绵深沉，比较接近婉约派的秦观；有的写得雄健豪放，又比较接近苏轼和辛弃疾。这大体上是符合实际的。

除诗词外，陆游的散文也取得相当高的成就。他的散文学韩愈和曾巩。结构整饬、语言洗练、通俗晓畅、平易近人，是其特色。用日记体写的《入蜀记》，自然生动，其中有不少优美的游记小品，文情并茂，议论风生，别是一格。如写巫山神女峰一段：

> 二十三日。
>
> 过巫山凝真观，谒妙用真人祠。真人，即世所谓巫山神女也。祠正对巫山，峰峦上入霄汉，山脚直插江中。议者谓太华、衡、庐，皆无此奇。然十二峰者，不可悉见。所见八、九峰，惟神女峰最为纤丽奇峭，宜为仙真所托。祝史云：每八月十五夜月明时，有丝竹之音，往来峰顶，山猿皆鸣，达旦方渐止。庙后山半，有石坛平旷。传云：夏禹见神女，授符书于此。坛上观十二峰，宛如屏障。是日，天宇晴霁，四顾无纤翳；惟神女峰上有白云数片，如鸾鹤翔舞，裴徊久之不散，亦可异也。祠旧有乌数百，送迎客舟。自唐夔州刺史李贻诗已云“群乌幸胙余”矣。近乾道元年，忽不至。今绝无一乌，不知其故。泊清水洞，洞极深。后门自山后出：但黯暗，水流其中，鲜能入者。岁旱祈雨颇应。

以清丽的文字，写优美的景色，引人入胜。有叙述，有描写，既写眼前实景，又杂叙传闻，并生想象，创造了一种奇异缥缈的境界。

思考题

1. 陆游爱国思想的产生，与他的时代、身世、家庭和生活环境有什么样的关系？

2. 陆游在他的仕途中有四次被罢官，都是由于什么原因？说明什么问题？

3. 陆游诗歌爱国主义的思想内容有哪几个主要方面？从他的爱国诗歌中体现了什么样的人生观和生死观？

4. 除爱国主义的内容外，陆游诗歌还有哪些方面的内容？

5. 陆游诗歌为什么有“诗史”之称？陆游本人为什么有“小李白”之称？结合具体作品，理解陆游诗歌现实主义和浪漫主义的不同特色。

6. 结合陆游创作道路和诗歌风格的发展变化，如何正确理解陆游“汝果欲学诗，工夫在诗外”的创作经验？

参考文献

1. 陆游:《陆游集》，中华书局，1977 年。

2. 钱仲联校注:《剑南诗稿校注》，上海古籍出版社，1985 年。

3. 夏承焘、吴熊和:《放翁词编年笺注》，上海古籍出版社，1981 年。

4. 游国恩、李易选注:《陆游诗选》，人民文学出版社，1997 年。

5. 陆坚主编:《陆游诗词赏析集》，巴蜀书社，1990 年。

6. 朱东润:《陆游传》，上海古籍出版社，1979 年。

7. 朱东润:《陆游研究》，中华书局上海编辑所，1961 年。

第十讲　爱国词人辛弃疾

辛弃疾比陆游晚生十五年，而比陆游早逝三年，他们是同时代人。在南宋文坛上，陆游和辛弃疾是两颗交相辉映的明星。他们在遭遇和思想感情上有某些相似之处，一位主要以诗歌为武器，一位主要以词为武器，但都用以抒发爱国感情，表达人民的愿望，唱出了激越高昂的时代最强音。他们的作品，不仅是一份珍贵的文学遗产，也是一份珍贵的精神遗产，读后能启迪和激发我们热爱生活、热爱人民、热爱祖国，使人精神振奋、斗志昂扬地去献身建设和保卫祖国的壮丽事业。

第一节　辛弃疾的生平和思想

辛弃疾（1140—1207），字幼安，号稼轩。他出生于金人占领的沦陷区历城（今山东济南市），生活在民族矛盾十分尖锐的年代（他出生前两年，岳飞被赵构和秦桧害死），一方面是金贵族统治者对汉族人民政治上歧视、侮辱、迫害，经济上残酷剥削，广大人民（尤其是北方沦陷区的人民）生活于水深火热之中；另一方面，南宋统治者偏安江南，不图恢复，对金贵族统治者奴颜婢膝，纳币称臣，继续执行妥协投降的屈辱政策。因此，反对金统治者的入侵和掠夺，反对妥协投降，就成为时代的主要斗争潮流。辛弃疾投身于时代的斗争潮流之中，既受到这一潮流的激荡，同时又以他政治和军事斗争的实践以及杰出的文学创作，推动了这一潮流的发展。

关于辛弃疾的生平和思想，有三个特点值得提出来说一说。

第一，辛弃疾不仅是一个词人，也不仅是一个具有爱国思想的一般的仁人志士，而且是一个亲身参加战斗、有斗争实践和英雄业绩的战士，是一个战斗英雄。

辛弃疾出身在一个世代仕宦的家庭。父亲辛文郁早死，祖父辛赞被迫降金，曾做过金朝的地方官。但他具有爱国思想，曾引导辛弃疾“登高远望，指画山河”，以舒国愤。这使得辛弃疾从小受到爱国思想的教育。更主要的是北方沦陷区人民的苦难生活和抗金斗争，都给了少年辛弃疾以极大的感染和鼓舞。因此，辛弃疾很早就立下了杀敌报国、恢复中原的雄心壮志。他为此而积极准备，一方面学习兵法，一方面受祖父之命，曾以准备赴燕京参加科举考试为名两次到燕山观察形势。

绍兴三十一年（1161），金主完颜亮率大军南侵，给北方人民带来更加深重的灾难，激起了北方人民抗金斗争的高涨。济南农民耿京起事，很快发展到二十多万人。当时只有22岁的辛弃疾，率两千多人投奔耿京，为掌书记。完颜亮南侵失败，宋金议和，耿京决定率义军南归宋朝。次年，在辛弃疾被派往南宋联系期间，叛徒张安国杀害了耿京，率领部分义军投降了金人。辛弃疾于北归途中听到这一消息，当即率五十骑兵，直入五万人的敌营之中，活捉叛将张安国，并带领一万多叛离的旧部反正，一起投奔南宋。这真是一次惊天动地的壮举。洪迈《稼轩记》称颂他的英雄业绩说："壮声英概，懦士为之兴起。"

第二，辛弃疾不仅是一个有抱负、有气节、有勇力、有胆识的英雄战士，同时也是一个有才干、有谋略的杰出的政治家和军事家。陈亮赞颂他："眼光有棱，足以照映一世之豪；背胛有负，足以荷载四国之重。"（《辛稼轩画像赞》）

辛弃疾的才干、谋略，主要表现在用兵、理财、安民三个方面。26岁时，辛弃疾出于爱国激情，不顾自己官小位卑，向皇帝进献了十篇有关抗敌复国的论文，这就是有名的《美芹十论》（又名《御戎十论》）。《十论》分为两大部分，前三论分析"女真虚弱不足畏"，后七论批驳当时所谓"南北有定势，吴楚之脆弱，不足以争衡于中原"的妥协谬论，分析了能够取胜的有利条件，并提出具体的作战部署和自治图强的一整套办法。但遗憾的是，对这样的抗敌复国良策，南宋统治者竟弃置不用。31岁时，宋孝宗赵昚接见他。他在皇帝面前纵论南北形势及三国、晋、汉人才，"持论劲直，不为迎合"（《宋史·本传》）。当时虞允文任宰相，辛弃疾又将自己的恢复大计写成论文九篇，总题《九议》，进献朝廷，也不被采用。33岁时，辛弃疾调淮南滁州任知州。滁州处于两淮之间，为南北必争之地，辛弃疾十分重视。他的《美芹十论》的第五篇即题为《守淮》。滁州惨遭战祸，人民流落在外，田园荒芜。辛弃疾到任后，恢复生产，豁免租税，教练民兵，使滁州很快得到恢复发展，表现出他安民理政的实际才能。

辛弃疾36岁时出任江西提点刑狱，节制诸军，镇压了以赖文政为首的茶商起义军，这可以说是辛弃疾一生中的政治污点。不过辛弃疾对农民起义问题的认识，有些看法却是很值得我们注意的。40岁时他曾给皇帝奏呈《论盗贼札子》，在论及农民起义发生的原因时，一面强调老百姓生活之苦，一面指陈政治上的种种弊端，说："田野之民，郡以聚敛害之，县以科率害之，吏以取乞害之，豪民大姓以兼并害之，盗贼以剽夺害之，民不为盗，去将安之？"因此，他劝谏宋孝宗要"深思致盗之由，讲求弥盗之术，无恃其平盗之兵"[①]，这种对被压迫的起义人民表示同情，并反对一味用武力镇压的主张，表现了辛弃疾安民舒困的政治卓见和"不胜忧国之心"的胸怀。

辛弃疾还善于治军。41岁在湖南任安抚使时，他创置飞虎军，统一指挥，加强教阅，此后"垂四十年……北虏颇知畏惮，号'虎儿军'"[②]。飞虎军在抗金斗争中发挥了显著的作用。

第三，辛弃疾虽然"才兼文武"，并怀着满腔报国热忱，却一直无法得到南宋小朝廷的重用，而且在政治上多次遭到投降派的排斥打击，壮志难伸，内心十分苦闷。这一点和陆游的遭遇是很相似的。

他冒着生命的危险，率义军回归南宋，统治者却只任命他为江阴签判。23岁南归到68岁去世的四十多年中，大半时间是被废置不用。用时也只是担任一些不能充分施展政治军事才干和实现抗金复国雄心壮志的小官，即使在显示了杰出的才干谋略并经人力荐的情况下，也不过在江西、湖北、湖南等地任知府、安抚使一类地方官。而且浮沉变化，不断调动，几乎一年一调，多时甚至一年数调，根本无法施展才智和宏图。加上在统治阶级内部和战两派的斗争中，他由于力主抗金而屡遭主和派的排斥和打击，政治上备受冷落和压抑。这种孤危的处境，造成辛弃疾内心极大的悲愤和苦闷，对他词作的内容和艺术风格都有明显的影响。

由于长期不得志，又不断遭到排斥打击，辛弃疾逐渐产生了一种退居的念头。42岁时，他在江西信州上饶郡城外购地建园筑室，称为带湖新居。他认为"人生在勤，当以力田为先"，因此以"稼"名轩，并自号"稼轩"。他从这年被罢官到53岁被重新起用，十一年的时间都在上饶带湖新居过一种闲散的生活。重新被起用后，在福建等地做官，仍不得志，并屡遭罢黜。57岁时，因带湖新居失火，便迁入铅山瓢泉新居。此后一直到去世，除短暂到浙江、镇江等地任职外，都闲居于

① 《宋史·本传》，参见邓广铭《辛稼轩年谱》，上海古籍出版社，1979年，第60页。

② 卫泾:《奏按郭荣乞赐镌黜状》,《历代名臣奏议》卷一八五。

此。晚年在带湖和瓢泉两处，先后大约二十多年的时间，辛弃疾在农村中闲居度日。作为一个有远大政治理想和爱国思想的军事家和政治家，他心中的苦闷是可以想见的。在农村闲居度日，一方面当然不免有“却将万字平戎策，换得东家种树书”（《鹧鸪天》）的感叹和愤懑；另一方面也产生了一些消极思想，如词中所写：“而今何事最相宜？宜醉宜游宜睡。”（《西江月》）“归去来兮，行乐休迟。命由天，富贵何时？”（《行香子》）

第二节　辛弃疾的爱国词

辛弃疾一生致力于词的创作，今存词六百多首，在两宋词人中是创作最宏富的。辛词题材广泛，内容丰富多彩，其中以抒写爱国主义的思想感情为主调，数量最多，思想艺术成就也最高，调子激越高昂，最能代表辛词的特色。

在爱国词篇中，有一部分是直接表现抗金战斗生活，抒发他恢复中原、杀敌报国的雄心壮志的。前面讲过，辛弃疾不仅是一个爱国者，而且是一个曾经驰骋沙场的战士，因此他在词中表现的爱国感情，不同于一般士大夫的空泛感慨，而是表现出一种迫切而又强烈的投身战斗、献身壮丽事业的愿望和要求。《破阵子》（为陈同甫赋壮词以寄之）是这方面的代表作：

醉里挑灯看剑，梦回吹角连营。八百里分麾下炙，五十弦翻塞外声，沙场秋点兵。　　马作的卢飞快，弓如霹雳弦惊。了却君王天下事，赢得生前身后名，可怜白发生！

这首词是辛弃疾写给他的朋友陈亮的。陈亮（1143—1194），字同甫，南宋时著名的进步思想家和爱国词人。他坚决主张抗金和恢复中原，曾向朝廷上《中兴五论》，意见跟辛弃疾的《美芹十论》很相近，但同样不被采纳，反而遭到排挤打击。思想上的一致和遭遇的相同，使两人成为政治上声息相通、志同道合的好友。淳熙十五年（1188）冬，辛弃疾住在铅山瓢泉，正患小病，陈亮从浙江东阳来看他。两人在瓢泉附近的鹅湖寺纵谈十日，“长歌相答，极论时事”。别后两人以《贺新郎》调作词唱和，共抒爱国情怀，互相激励。这就是南宋词坛上传为美谈的“鹅湖之会”。这首《破阵子》的作年不能确考，大约写于“鹅湖之会”互相唱和以后不久。作为挚友，辛弃疾对陈亮十分敬重，对他寄予了很高的期望，所以写了这首壮词（即表现豪情壮志的词）来送给他，以表示对他的激励，同时也激励自己。

这首词描写的是豪壮的抗金战斗生活。上片主要写战地秋天早晨点兵的情景和气氛。联系到作者年轻时战斗生活的实践，应当看作是对那段令人难忘的火热的战斗生活的追忆和概括。从对昔日生活的追忆中，表现了作者对投身战斗的热切的渴求和向往。首句“醉里挑灯看剑”是写晚上。主人公在大醉之后，拨亮军营里的油灯，抽出剑来仔细地抚摩、观看。次句“梦回吹角连营”是写早晨。早晨醒来，听到营地此起彼应一片嘹亮的军号声。这里只写到动作和所见所闻，却渲染出了浓厚的战斗气氛，而主人公杀敌报国的雄心壮志已隐然含蕴其间。

接下去三句：“八百里分麾下炙，五十弦翻塞外声，沙场秋点兵”，是写军中用餐、演奏军乐和检阅军队的情景。“八百里”是指牛，八百里炙就是烤牛肉；但是八百里在字面上显示出一种开阔的景象和气势，适足以表现出作者豪迈的情怀。这三句意思是：在广阔的连营里，战士们都分到了烤牛肉吃，军乐队演奏起令人振奋的悲壮的乐曲，在肃杀的秋天，战场上正在检阅部队。

上片共五句，在时间的发展中写出一组流动而又互相关联的画面与情景，意境悲壮开阔，战斗气氛渲染得十分浓烈，字里行间已见出主人公一片杀敌沙场的勃勃雄心。下片紧接着写紧张激烈的战斗场面：战马像历史上记载的曾经载着刘备飞越檀溪的“的卢”马那样奔驰，射箭的弓弦发出的响声如雷鸣般使人吃惊。“了却君王天下事，赢得生前身后名。”这两句是以一种欣慰的心情写出的。意思是说，击败了金兵完成了收复中原的大业，也就赢得了生前死后的崇高声誉了。然而出人意料，末句“可怜白发生”一转笔，整首词的情绪、意境便发生了巨大的变化，从想象追忆回到眼前的现实，从激昂豪壮的情绪一下子跌落为深沉的悲叹。一切都只不过是追怀、幻想、希望，而岁华易逝，白发早生，杀敌报国无门，功名一无成就，这是多么令人悲愤的事！词人对于抗金战斗生活的追忆、向往，表现了他作为一个战士渴求参加战斗的激情；而现实和理想的矛盾，又使整首词涂上了一层悲壮的色彩。

这首词在结构上有它的独特之处。传统双调的词分为上下两片，一般是上片写景，下片抒情，过变（即第二片的开头）转折。而这首词由于作者的感情激越昂奋，汹涌奔腾，不可遏止，所以一气而下，上下片内容密不可分，浑然一体，一直痛快淋漓地发挥到极致，最后一句才出现转折。这样，全词前九句是一层，末一句是一层，在感情上形成一个大的跌宕起落，显得异常矫健有力。这种结构形式，与词的内容相适应，很好地表现了理想和现实的矛盾、希望和失望的矛盾，在豪情壮志中透露出沉痛与悲愤。

跟这首词的内容相近似的还有一首《鹧鸪天》(有客慨然谈功名，因追念少年时事，戏作):

壮岁旌旗拥万夫，锦襜突骑渡江初。燕兵夜娖银胡𬮱，汉箭朝飞金仆姑。追往事，叹今吾，春风不染白髭须。却将万字平戎策，换得东家种树书。

这首词作年不详，从词意看，应作于退居农村的晚年。上片追忆年轻时驰骋沙场的生活，充满意气风发的战斗豪情。首二句“壮岁旌旗拥万夫，锦襜突骑渡江初”，写他22岁时率五十骑突入金营，活捉叛将张安国，献俘行在，回归南宋的一段经历。他率领着一支数以万计的抗金队伍，着锦衣，骑快马，浩浩荡荡地挥旗渡江南下。写得精练、概括，然而一个青年英雄的形象已栩栩如生地出现在我们的面前。三四句“燕兵夜娖银胡𬮱，汉箭朝飞金仆姑”，则对一次激烈紧张的战斗做了生动具体的描写。“燕兵”是指作者所统率的北方抗金义军。这两句意思是：战士们连夜整理好行装，准备好武器，天明即万箭齐发，射向敌人。

下片笔墨一转，写眼前境况，发出无限沉痛的感叹。“春风不染白髭须”，是说自己年岁已老，即使是能使万物复苏的春风，也不能再使自己恢复青春了。言外之意是，年轻时那种意气豪壮的战斗生活，只能追忆而不能再来了。末二句“却将万字平戎策，换得东家种树书”，是对自己失意一生的高度艺术概括。作者曾向朝廷呈献《美芹十论》《九议》等抗金复国的万言书，可是不被采用，反而招来排挤打击，罢职归耕农村，只能向邻家去学习栽花种树了。

这首词的特点是，上片写过去，下片写现在，今与昔形成鲜明强烈的对照，在对比中表现出词人对国家民族命运的深切关怀，对抗金战斗生活的热烈向往。全词在深沉的悲愤中，又洋溢着积极昂扬的战斗精神。

壮志难伸，报国无门，这是统治阶级中妥协投降政策所造成的时代悲剧。正像陆游的爱国诗篇一样，反映这种时代的悲剧，成为辛弃疾爱国词篇的重要内容。这一类爱国词，在深广的忧愤中，表现出的是词人对祖国的热烈的爱，对沦陷区人民的深切的同情，对完成祖国统一大业的执着追求。如《水龙吟》(登建康赏心亭):

楚天千里清秋，水随天去秋无际。遥岑远目，献愁供恨，玉簪螺髻。落日楼头，断鸿声里，江南游子，把吴钩看了，栏杆拍遍，无人会，登临意。
休说鲈鱼堪脍，尽西风，季鹰归未？求田问舍，怕应羞见，刘郎才气。可惜流年，忧愁风雨，树犹如此！倩何人唤取、红巾翠袖，揾英雄泪。

这首词大约作于宋孝宗淳熙元年（1174），当时作者在建康（今江苏南京）任江东安抚使参议官。他率领抗金义军回归南宋，至此时已历十二年的漫长岁月，但抗金复国的雄心壮志不能实现，因而内心十分苦闷。此时他登上建康的赏心亭，凭栏远望祖国的壮丽河山，不禁发出无限的感慨。

赏心亭据说建在当时建康城西下水门城上，下临秦淮河，尽观览之胜。词的开头即从登亭远望写起。“楚天千里清秋，水随天去秋无际。”“楚天”在这里泛指江南的天空。极目所见是这样一种景象：楚天千里，秋色无际，长江之水浩荡无涯，一直流到天的尽头。阔大的景象表现出词人心怀祖国的博大胸襟。

“遥岑远目，献愁供恨，玉簪螺髻。”这三句是写山，也是词人眼中所见。“玉簪螺髻”是用妇女的头饰和发型来形容远山的形象。眼前是：远山层层叠叠，起伏连绵，有的像美人头上的玉簪，有的像美人头上的螺形发髻，不禁引起心中无限的愁和恨。用“献”和“供”两个字，就把远山写成了有生命、有感情的东西，好像它们也充满了哀愁怨恨，时时向人诉说。写山的愁和恨，实际上是写人的愁和恨，但通过山来写，就比直说自己内心充满愁和恨，在表现上要显得委婉曲折，更深沉，也更强烈。

“落日”二句继续写景，并由客观的景写到主观的情。“落日楼头”写所见，“断鸿声里”写所闻。日是“落日”，见薄暮黄昏之景；鸿是“断鸿”，见飘散零落之情。景和情，都带着浓重的孤寂、清冷、哀怨的色彩。一个家在北方沦陷区而长期羁留江南，政治上又十分不得志的游子，置身于这样一种令人伤心惨目的境界之中，他的心情应该是不难想见的。所以接下去写：“把吴钩看了，栏杆拍遍，无人会，登临意。”这四句是抒写词人内心难以言传的苦闷和忧愤。这里是采用委婉含蓄的手法，不是直接写内心如何苦闷和怨恨，而是通过词人自我形象的刻画来表现的。这里着重写了两个动作：把身边带的本来是用来杀敌报国的宝剑仔细地看了看，然后用手遍拍赏心亭上的栏杆，作者因杀敌报国的雄心壮志不能实现的苦闷和悲愤心情，便由此透露出来了。“登临意”就是杀敌报国之意，可是在投降派当权的条件下，却没有一个人能够理解。上片词由景写到情，由远及近，由客观到主观，感情由平静发展到强烈，极有层次地创造出一种充满孤寂、凄清、怨愤色调的艺术境界。

下片着重抒写那“无人会”的“登临意”，将长期郁积于心的愤激之情，充分地、淋漓尽致地表现了出来。“休说鲈鱼堪脍，尽西风，季鹰归未？”这里是反用西晋时张翰的典故。张翰见秋风起来，就想起家乡美味的鲈鱼和莼菜羹，于是便辞官归家。这里的意思是，不要说什么家乡的鲈鱼最好吃，尽管现在西风已经起来，季鹰归去没有呢？言外之意是：自己登临远望，不是为了思乡欲归，而是为了抗金复国，而这个理想还远没有实现呢！“求田问舍，怕应羞见，刘郎才气。”这三句用了三国时许汜的典故。许汜在社会动乱之际，不能忧国忘家，而只顾求田问舍（买田置屋），受到了刘备的批评。这三句意思是说：像许汜那样不关心国家兴亡，而只追求一己私利，热衷于买田置屋的人，在具有雄才大略的刘备面前是应该感到羞愧的。这里表现了词人以国家兴亡为己任的远大理想和崇高品质，同时也讽刺了朝中那些只知妥协苟安如许汜一类人物。

“可惜流年，忧愁风雨，树犹如此。”这三句用了晋朝桓温北征经过金城时见早年种的柳树已长得很粗大而发出感叹的典故，意思是说：可惜宝贵的时光如流水一样过去，人已经老了，而祖国仍处于风雨飘摇的危险局势之中，杀敌报国的愿望不能实现，内心的忧愁无法压抑，也无法终止。“倩何人唤取、红巾翠袖，揾英雄泪？”“倩”是请的意思；“红巾翠袖”是以服饰代人，这里指歌儿舞女。这三句意思是：能请谁替我唤来歌儿舞女，为我擦干忧国伤时、壮志难伸的悲痛之泪呢？下片所抒写的因为没有知音，得不到同情和安慰，郁结于内心的孤寂愤慨之情，与上片的“无人会，登临意”是完全一致的。这样，上下片前后呼应，一唱三叹，使感情表达得愈加强烈，收到了很好的艺术效果。全词就登临所见发挥，由写景进而抒情，情和景融合无间，将内心的感情写得既含蓄又淋漓尽致。虽然出语沉痛悲愤，但基调还是激昂慷慨的，表现出辛词豪放的风格特色。

再看他的另一首名作《永遇乐》（京口北固亭怀古）：

千古江山，英雄无觅、孙仲谋处。舞榭歌台，风流总被、雨打风吹去。斜阳草树，寻常巷陌，人道寄奴曾住。想当年，金戈铁马，气吞万里如虎。

元嘉草草，封狼居胥，赢得仓皇北顾。四十三年，望中犹记、烽火扬州路。可堪回首，佛狸祠下，一片神鸦社鼓。凭谁问：廉颇老矣，尚能饭否？

这首词通过登临怀古来抒发内心的忧愤。作于开禧元年（1205），距上一首的写作时间已经过去三十多年了，其时词人66岁，在江苏镇江任知府。但是国家的局势、他个人的处境和心情，跟三十多年前相比都没有大的改变。他虽已年迈，杀敌报国的雄心壮志却仍不减当年。词里表现了他对国事的深切忧虑，尤其对当时韩侂胄没有做好准备就轻率北伐十分担忧，于是借历史教训提出警告。词作不仅抒情，而且言志，不仅言志，而且直陈时事，发表政治见解。这在辛弃疾以前的词的创作中是从没有过的。

词人登上镇江城北北固山上的北固亭，想起历史上的一些人物、事件，感慨万端，写下了这首词。题为“怀古”，实际是借古喻今，以抒情怀。

上片追怀与京口有关的历史人物。“千古江山，英雄无觅，孙仲谋处。”这三句写三国时期的孙权。孙权在建都南京以前曾建都京口，所以词人登上北固亭，追怀历史人物，首先想到的就是他。这三句意思是：祖国的江山千古不废，可是曾经在这里据长江之险，抗拒了曹操数十万大军，干出了一番轰轰烈烈大事业的英雄人物孙仲谋，却早已成为过去，再也找不到了。暗寓当时南宋统治集团中，连雄踞江左的孙权这样的英雄人物也无处寻觅了。

“舞榭歌台，风流总被、雨打风吹去。”这两句意思是：六朝时江南一带歌舞繁华的生活、孙权等英雄事业的流风余韵，都因风雨的常年吹打而消逝了。“斜阳草树，寻常巷陌，人道寄奴曾住。”这三句写南朝宋武帝刘裕。刘裕曾在京口起兵北伐，征讨桓玄，平定叛乱。作者怀想他，寄托自己恢复中原的理想。意思是：南朝的刘裕也是个英雄人物，在斜阳照射着的草树之中，在普普通通的街巷里，人们还能指点出他曾经居住过的地方。“想当年，金戈铁马，气吞万里如虎。”这三句承上，具体地追怀和赞美刘裕北伐，消灭南燕、后秦，收复洛阳时的战斗业绩和英雄气概。意思是：追想当年，刘裕率军北伐，马壮兵强，军威赫赫，真有席卷万里，如猛虎那样的气势呢！

上片的内容，是通过追怀历史人物孙权与刘裕寄托自己的感慨，主要是仰慕和赞美他们的英雄业绩，没有直接抒写自己的怀抱，但那种想要仿效历史上的英雄人物去干一番伟大壮丽事业的雄心壮志，已隐然于字里行间透露出来了。

下片是借历史人物、历史事件，发表对时事和重大国策的认识。主要是针对当时韩侂胄为了一己浮名，以及巩固自己的地位，急于事功，没有做好充分的准备，就想贸然兴师北伐的情况而发。“元嘉草草，封狼居胥，赢得仓皇北顾。”这里用了宋文帝刘义隆事。刘义隆是刘裕的儿子，元嘉是他的年号。他好大喜功，却平庸无能，听信大将王玄谟北伐的主张，草率出兵，结果大败。这三句意思是说：元嘉年间，刘义隆轻率举兵北伐，妄想追求汉代霍去病在狼居胥山筑坛祭天那样的功业，结果兵败，张皇失色，狼狈不堪。作者仅用了 14 个字，借用一个典故，就把自己对北伐的认识和既积极主张北伐又反对轻率出兵的复杂的思想感情，准确生动地表达出来了。

“四十三年，望中犹记、烽火扬州路。”“四十三年”，指他从 1162 年南归到作这首词时的 1205 年。四个字，寄寓了年华虚掷、事功无成的深沉感慨。“望中”两句，是追忆他南归以前在北方参加抗金义军的战斗生活。作者登楼北望，自然地想起当年在北方，烽烟遍地、意气风发的情景。然而四十三年过去，祖国仍是南北分裂，恢复中原的壮志难酬，心中无比悲愤。

“可堪回首，佛狸祠下，一片神鸦社鼓。”“可堪”就是哪堪、不堪。“佛狸祠”在长江北岸的瓜步山上，是当年北魏太武帝拓跋焘击败王玄谟军队后建立的行宫，南宋时百姓常在这里迎神赛会。这三句意思是：往事不堪回首，那佛狸祠本来是异族首领南侵的遗迹，可现在人们却在那里击鼓祭神，连半点恢复北方的战斗迹象和气氛都看不到了。

“凭谁问：廉颇老矣，尚能饭否？”这三句是对全词的总结，同时也是感情发展的高潮。词人在这里以战国时赵国名将廉颇自比，意思是说：现在能依凭哪个人来问问我：廉颇已经老了，食量还好吗？这里包含了两层意思：一是自己虽然年纪大了，但壮心不已，仍然殷切地期待着有杀敌报国的机会；二是空怀壮志，长期被弃置不用，甚至像当年去询问、观察廉颇的人都没有一个。

这首词表现了词人对祖国的热爱、对战斗的向往，充满激情；而对统治者的妥协投降、轻率北伐，又表现出深沉的忧愤，字字句句都渗透着沉痛的感情。

全词抒怀写志，内容丰富，意蕴极深，非一般的登临怀古之作可比。在艺术表现上的一个突出特点是用典使事，贴切自然。全词几乎三句一典。但是所用典故，既切合北固亭之地，又切合渴望北伐的内容，更切合词人的思想感情，借古喻今、融古于今，历史和现实、古人和自己，浑然融会为一体，而不露丝毫生硬堆砌的痕迹。另外，围绕忧虑国事和自伤身世这一中心，层层铺写，熔写景、叙事、抒情、议论于一炉。而在艺术风格上，则在豪放中透出沉郁和苍凉。

对投降派的愤怒指斥，是辛弃疾爱国词作的一个重要内容。《摸鱼儿》（淳熙己亥，自湖北漕移湖南，同官王正之置酒小山亭，为赋）是这方面的代表作：

> 更能消、几番风雨，匆匆春又归去。惜春长怕花开早，何况落红无数。春且住，见说道、天涯芳草无归路。怨春不语，算只有殷勤，画檐蛛网，尽日惹飞絮。　　长门事，准拟佳期又误，蛾眉曾有人妒。千金纵买相如赋，脉脉此情谁诉？君莫舞，君不见、玉环飞燕皆尘土！闲愁最苦，休去倚危栏，斜阳正在、烟柳断肠处。

己亥是宋孝宗淳熙六年（1179）。这年三月，辛弃疾从湖北转运副使调任湖南转运副使，同事王正之在小山亭为他设宴送行，他心有所感而作。

词的上片写惜春、留春、怨春的感情，借以起兴，引起下片抒发内心壮志难酬的抑郁不平之气。“更能消、几番风雨，匆匆春又归去。”这两句意思是：再也经受不住几番风雨了，春天又已匆匆地归去。字面上是写花残的暮春景象，实际上暗寓了南宋当时面临的风雨飘摇的危殆局面。“惜春长怕花开早，何况落红无数。”这是说，因为珍惜春天，不愿它很快离去，所以总怕花开得太早；何况现在不是花开，而是已经凋零残败了呢。这就使人更加感到惋惜惆怅了。

“春且住，见说道、天涯芳草无归路。”这两句是诗人向春天语，想要留住它的脚步：春天你暂且留住吧，听说天边已长满了芳草，你的归路已经被阻塞了。“怨春不语，算只有殷勤，画檐蛛网，尽日惹飞絮。”向春天问话，可是春天沉默不答，竟自悄悄地走了，词人心里便充满了怨恨。接下去却又通过一种客观的景象，进一步表现自己惜春、留春的心情：看来只有画檐下的蜘蛛网，整天沾惹住无数漫天飞舞的柳絮，像是殷勤地在挽留春天一样。上片写得情意缠绵，深曲隐微，像是别有寄托，可是寄托的是什么呢？又不太清楚。

下片借用古事来诉说自己的遭遇和抒发爱憎，词意就显豁具体了。“长门事，准拟佳期又误，蛾眉曾有人妒。”这是用汉武帝和陈皇后的故事，以美人遭妒来喻指政治上品德高洁的人常常遭到谗害。“千金纵买相如赋，脉脉此情谁诉？”意思是说，纵然是用千金买来司马相如的一篇《长门赋》，也是无济于事的；遭谗畏讥，满腔怨恨，又能向谁去诉说呢？这几句，写出了词人在政治上得不到信任，遭到排挤打击的孤危处境。

“君莫舞，君不见、玉环飞燕皆尘土。”这是向那些妒恨谗害贤能的人发出的警告：你们也别太得意了，难道没有看见历史上的杨玉环和赵飞燕，都曾烜赫一时，不久也都命丧黄泉，化为尘土了吗？“闲愁最苦，休去倚危栏，斜阳正在，烟柳断肠处。”“闲愁”二字，概括了全词所抒发的主要思想感情，指报国之志不能实现反而遭到嫉恨打击所产生的满腔怨愤，所以说是“最苦”。而眼下的景象是，残阳正照着烟柳，满目凄哀，真是令人柔肠寸断，伤心到了极点，所以便自己劝慰自己再不要去凭栏远望了。

这首词在手法和寓意上，都显然受到屈原《离骚》的影响。它表面上是写惜春、怨春、留春，实际上却是借香草美人，暗寓深沉的家国身世之感，既有对祖国命运的关切，也有对投降派的愤怒斥责，又有壮志难伸的悲愤心情的抒发。据罗大经《鹤林玉露》记载，宋孝宗看到这首词后很不高兴，说明皇帝也是看出了它的政治寓意的。

辛弃疾的爱国词篇，比较著名的还有《菩萨蛮》（书江西造口壁），词中追忆了四十多年前金兵侵扰江西时带给广大人民群众的深重苦难，联想到中原沦丧、旧京未复的现实情景，既表现了自己抗金复国的决心和信念，又抒发了壮志难酬的悲愤。又《南乡子》（登京口北固亭有怀），同样抒发了登高望远时对沦陷的中原地区的深切怀念，并进而追怀历史上的英雄人物孙仲谋。这些所表现的感情同前面所分析过的作品是一致的。

辛弃疾的爱国感情和恢复之志深沉强烈，在生活中时时流露出来。比如在一些本来是应酬性质的祝寿词中，他也常常禁不住自然地表现出他的爱国感情和恢复中原的雄心壮志。如《水调歌头》（寿赵漕介庵）一词中，就写出了这样的句子：“要挽银河仙浪，西北洗胡沙。”意思是说，要牵引来天河中的仙浪，去洗净金贵族统治者侵占中原所带来的污秽。又如《水龙吟》（甲辰寿韩南涧尚书）（韩指韩元吉，号南涧翁）中也表现出统一祖国的强烈愿望和同投降派坚决作斗争的精神。词中写道：“算平戎万里，功名本是、真儒事，公知否？”意思是说，打败金兵，恢复祖国，这才是读书人的真正追求呢！您知道吗？词的末尾甚至这样写道：“待他年，整顿乾坤事了，为先生寿。”从国家大事的高度出发，寄希望于韩元吉，说要在将来共同消灭了敌人、恢复祖国的统一以后，再来为他祝寿。祝寿词而能写出如此的胸襟、怀抱，表现出这样高的思想境界，确实是不多见的。

第三节　辛弃疾的其他词作

除爱国词篇外，辛弃疾的农村词继苏轼之后，同样开拓了词的题材和意境，也很值得我们重视。他虽然没有像陆游那样跟农民有深入的交往，在作品中反映出他们的艰难困苦，但他写农村的自然景物，也写农民的生活，写他对农村生活的亲切感受和喜悦之情，风格自然清新，别具一格。如《西江月》（夜行黄沙道中）：

明月别枝惊鹊，清风半夜鸣蝉。稻花香里说丰年，听取蛙声一片。七八个星天外，两三点雨山前。旧时茅店社林边，路转溪桥忽见。

这首词的作年不可确考。黄沙岭在江西上饶境内，因此可以推测大概作于1182—1191年闲居上饶带湖时期。黄沙就是黄沙岭，在上饶的西边，据说作者在那里建有书堂。这首词，写词人夏夜行走在黄沙道上的所见所感。

“明月别枝惊鹊，清风半夜鸣蝉。”夏夜里，清风徐徐吹来，清白的月光洒在大地上，斜伸出的树枝上鹊鸟被惊醒过来，不时听到蝉鸣的声音。这是写词人在道中的所见所闻，抓住夏夜景物的特点，有动有静，有声有色，一下子就勾画出一种清幽宜人的境界。

“稻花香里说丰年，听取蛙声一片。”“听取”在这里不仅有听见的意思，还有欣赏、享受的意思。词人走在田野上，不时闻到飘来的阵阵稻花清香，又欣喜地听到一片热闹的蛙声，好像在向人报告今年是一个丰收的年景。“说丰年”是谁在说？词人没有交代，让我们自己去体会。是农民在说？是作者跟农民一起说？我们不妨把蛙声和作者所听到的大自然的一切声音都包括在内。因为词人内心里充满丰收在望而产生的喜悦，从一切声音里他都可能听出喜悦之情来，一切声音就都可能跟他的喜悦心情和谐相合，传达出他的、也是农民的丰收的欢乐。自然景象在作者的笔下充满情趣、生机，也充满人的欢乐的感情。

这首词虽分片，但前后是浑然一体、连续不断的。接下去仍写他道中的所见所感。“七八个星天外，两三点雨山前。”这两句，对仗工稳自然，用了倒装句法，实际是：“天外有七八个星，山前下两三点雨。”这种疏星、淡雨，也是令人感到十分惬意的清幽的夏夜景象。

“旧时茅店社林边，路转溪桥忽见。”这条路词人过去是走过的，记得有一个小小的茅店，就在土地庙旁树林的附近，这次怎么不见了呢？正在疑惑之际，转了一个弯，走过溪桥，它忽然出现在眼前——原来是在这里哩！词人的惊喜之情，跃然纸上。这是一种极平常的生活感受，词人用朴素的笔墨自然地写出，却显得十分亲切、传神。

这首词全篇写景，从词人的所见、所闻、所感着笔，生动活泼，富于变化，十分轻快地描绘出夏夜的优美景色，同时传达出诗人的喜悦心情。情和景自然和谐地融合在诗人所创造的艺术境界之中。这首词与前面谈过的几首爱国词作相比，表现出不同的艺术风格，没有使事用典，没有古奥难懂的词汇，采用白描手法，以浅近平易的口语入词，显得质朴自然、素淡清新。

另一首《浣溪沙》（常山道中即事），不大为人所知，却同样写得很有特点：

> 北陇田高踏水频，西溪禾早已尝新，墙隔沽酒煮纤鳞。　　忽有微凉何处雨，更无留影霎时云，卖瓜人过竹边村。

常山宋代属衢州，即今浙江常山县。辛弃疾于嘉泰三年（1203）曾被任命为绍兴府知府兼浙江东路安抚使，六月赴任。这首词当是词人赴任途中所作。词写途中所见景象，并及感受，但其中所表现的思想感情，却完全没有一种高高在上的官吏的意味，而同普通的农民完全相通。

上片写夏日所见农村中的喜人景象。由于地势和位置的不同，田野中出现了很不相同的情景。“北垄田高”，为了灌溉保苗，农民们正在用力地踏着水车；西边地势低，溪流灌溉方便，早稻已经收割，尝新的人们心中充满喜悦，煮小鱼下酒庆贺丰收。这后一句所写的情景，自然是行路之中不可能看到的，但词人熟悉农民的生活，懂得他们的思想感情，因而这种想象不仅合理，而且表现出词人与农民在思想感情上是息息相通的。

下片写景，兼写词人的感受，这感受是清爽宜人的，也是充满喜悦的。他突然感到有些微凉，凭经验推想该是什么地方下雨了；而眼前，霎时间天上的云团便变得无影无踪。这是农村中夏日特有的天气景象，词人用朴素的语言，将这种景象写得十分生动真切。最后一句写到人，在一片晴空的映衬之下，一位卖瓜人从竹边村落走过。这很像是一幅淡墨素描，略一点染，农村中清新而充满生意的图景就呈现在我们的眼前。这首词的风格是素淡的，但是淡而有味，不仅风景宜人，而且生活气息扑面而来，千百年后读来仍能感到像是进入到作者所创造的艺术境界之中。

还有一首也是大家很喜欢读的，即《清平乐》(村居)：

茅檐低小，溪上青青草。醉里吴音相媚好，白发谁家翁媪？　大儿锄豆溪东，中儿正织鸡笼。最喜小儿无赖，溪头卧剥莲蓬。

这首小词，寥寥几笔，简直是一幅栩栩如生的农村风俗画。有人有景，有声有色，有动作有对话，写出了一种亲切和谐的景象和氛围。尤其是最后四句："大儿锄豆溪东，中儿正织鸡笼。最喜小儿无赖，溪头卧剥莲蓬"，把农村中既紧张又安闲的劳动生活情景，十分真实生动地描绘了出来，极富于生活的情趣。特点是词人并没有作纯客观的描绘，而是在景中充满了词人的切身感受，充满了发自内心的喜悦之情。

写农村景象而充满清新之气的，还有《鹧鸪天》(游鹅湖，醉书酒家壁)：

春入平原荠菜花，新耕雨后落群鸦。多情白发春无奈，晚日青帘酒易赊。闲意态，细生涯，牛栏西畔有桑麻。青裙缟袂谁家女？去趁蚕生看外家。

又同调(代人赋)：

陌上柔桑破嫩芽，东邻蚕种已生些。平冈细草鸣黄犊，斜日寒林点暮鸦。山远近，路横斜，青旗沽酒有人家。城中桃李愁风雨，春在溪头荠菜花。

词中虽然主要表现的是词人的闲情逸态，但他眼中的农村景象总是同农事活动联系在一起，因而不是单纯的写景，而是反映了民俗、民情，从中表现出词人对农民生活的关注和亲切感情。

辛弃疾还写过一些表现爱情的小词，也写得情意幽婉，十分动人。一般都语言通俗平易，风格清新婉丽，可以归入传统的婉约一类，但又和传统的婉约词不同，没有婉约派词人写男女爱情时常有的那种浮艳柔媚的格调和浓重的感伤情绪，而是表现为情感真挚朴实，富于民歌风味。如《恋绣衾》(无题)：

夜长偏冷添被儿。枕头儿、移了又移。我自是、笑别人底，却元来、当局者迷。　　如今只恨姻缘浅，也不曾、抵死恨伊。合下手、安排了，那筵席、须有散时。

词里写一个被遗弃的妇女彻夜难眠时矛盾复杂的心理。她孤独一人，夜长被冷，却仍然一片痴情。写她的一个动作十分传神：她将枕头儿移了又移，是企盼着还能找到往日的情人，可是什么也没有找到。她明知到了筵席必散的时候，却并不怨恨那个薄情的人，而只是埋怨姻缘太浅。她的遭遇值得同情，而她那近于痴迷的纯朴真挚的爱情却令人十分感动。

又如《清平乐》：

春宵睡重，梦里还相送。枕畔起寻双玉凤，半日才知是梦。

一从卖翠人还，又无音信经年。却把泪来做水，流也流到伊边。

这也是从妇女的角度写爱情的，写的是闺思。丈夫（或是情人）出外经商，经年不归。不知多少次梦里同他相见，但梦里也总是相聚短而离别长，因而相送时也是恋恋不舍。可是梦醒后又复归于冷寂孤清。她爱恋他是那样的热烈深沉，思念他是那样的殷切执着。她流着眼泪发出爱的誓言，这誓言是那样的夸张，夸张中透出天真，也透出傻气，而正是这种天真和傻气，十分真实动人。

当然，辛弃疾的爱情词并不都是单纯写爱情的，其中有一些可能别有怀抱。如他著名的写元宵节的《青玉案》（元夕）：

东风夜放花千树，更吹落、星如雨。宝马雕车香满路，凤箫声动，玉壶光转，一夜鱼龙舞。　　蛾儿雪柳黄金缕，笑语盈盈暗香去。众里寻他千百度，蓦然回首，那人却在，灯火阑珊处。

词的最后几句经王国维征引后为大家所熟知：“众里寻他千百度，蓦然回首，那人却在，灯火阑珊处。”一般都认为，这首词表面上写爱情，而实际上别有寄托。词人所追慕的美人，实际上是他的一种理想，是他在政治上失意之后要尽量保持的一种高洁的品格。近代的梁启超评论说：“自怜幽独，伤心人别有怀抱”（《艺蘅馆词选》引），说那在“灯火阑珊处”的美人是个幽独的形象，由此去理解词人的寄托，自是不无道理。

这样有寄托的爱情词，表面上看风格是婉约的，实际上其意蕴和他的爱国词篇相通，与传统的婉约词并不完全相同。不过，即使不去追究和体会其中的寄托，就当作单纯的爱情词来读，也是很好的作品。我们不妨设想，一对恋人真的在除夕之夜互相寻觅。很可能那个美人并没有随“笑语盈盈暗香去”，也正在寻他呢。他们很可能是事先有约的，可是元宵佳节那么多人，不到繁华热闹尽处，是很难找到人的。那么，为什么不写他们相见后的情景呢？好就好在他不写，让读者自己去想象，去补充。如果都写出来，那就没有什么余味了，至少，跟其他写爱情的作品没有什么区别，也就落入俗套了。

又《祝英台近》：

> 宝钗分，桃叶渡，烟柳暗南浦。怕上层楼，十日九风雨。断肠点点飞红，都无人管；更谁劝啼莺声住。　　鬓边觑，试把花卜归期，才簪又重数。罗帐灯昏，哽咽梦中语。是他春带愁来，春归何处？却不解带将愁去！

表面上看，这首词写的是一个女子伤春和思念自己情人的愁苦心情，而实际上是寄托了他对国势飘摇的忧虑和壮志难伸的悲愤感情。词的格调缠绵悱恻，与他的爱国词作豪壮奔放的风格完全不同。沈谦评云：“稼轩词以激扬奋厉为工，至‘宝钗分，桃叶渡’一曲，昵狎温柔，魂销意尽，才人伎俩，真不可测。”（《填词杂说》）

除了上述内容外，辛弃疾在晚年退居农村时，还写了不少的闲适词。其中一部分是在表面闲适中寄寓了内心的愤懑不平，表现了他那种壮志难伸、英雄失意的心情，即“却将万字平戎策，换得东家种树书”的悲愤。如《鹧鸪天》（博山寺作）：

> 不向长安路上行，却教山寺厌逢迎。味无味处求吾乐，材不材间过此生。宁作我，岂其卿。人间走遍却归耕。一松一竹真朋友，山鸟山花好弟兄。

这首词在安于甚至是追求闲适中却透露出一种不满和牢骚来。“味无味”是用《老子》里的典故：“为无为，事无事，味无味。”（《老子》第六十三章）“材不材”是用《庄子·山木》篇里的典故，意谓山中之木以不材得终其天年，而雁以不材死，那么最好的生存状态就应该在“材与不材”之间。以松竹为朋友、以鸟花为弟兄，都含寓着世无君子、无以为友之意。细细品味，不难体会出其中所含蕴的愤世感情。

又如《水调歌头》(盟鸥)：

带湖吾甚爱，千丈翠奁开。先生杖屦无事，一日走千回。凡我同盟鸥鹭，今日既盟之后，来往莫相猜。白鹤在何处，尝试与偕来。　破青萍，排翠藻，立苍苔。窥鱼笑汝痴计，不解举吾杯。废沼荒丘畴昔，明月清风步夜，人世几欢哀！东岸绿阴少，杨柳更须栽。

他退居之地的带湖，湖水清澈得像一面打开的巨大的绿色镜子，风景十分宜人。他每日闲暇无事，要在那里散步许多次，与鸥鹭相伴，与游鱼嬉戏。表面上看来，他好像是与鸥鸟结盟为友，沉迷陶醉在大自然之中了。但“来往莫相猜”一句，就透露出世情的险恶和心中的不平。这类词不妨说是他的爱国感情的另一种含蓄深沉的表现形式。当然也有真正闲适的，不免流露出一些消极颓废的思想。如前面提到过的《西江月》：“而今何事最相宜？宜醉宜游宜睡”；《行香子》：“归去来兮，行乐休迟。命由天，富贵何时？”

总起来看，辛弃疾词的最重要的价值，是表现了词人热烈的爱国主义思想，反映了南宋时期深刻的民族矛盾，表现了广大人民反对投降、坚持抗战的愿望要求，因而在历代词家中是最富于时代特色的。

第四节　辛弃疾词的艺术成就和影响

辛弃疾的词在艺术上也取得了很高的成就。与激昂慷慨的时代精神和自己的爱国主义思想相适应，辛弃疾继承和发扬了苏轼开创的豪放词风，不仅豪放词的数量大大超过苏轼，题材范围也进一步扩大，几乎凡是可以入诗的内容均可以写到词里。虽然同为豪放风格，苏、辛也各有特点。苏词在豪放中见飘逸旷达，而辛词则在豪放中见悲壮沉郁，这是由时代条件和词人的思想性格不同决定的。读苏词，处处能从他的善于排解中体会到他超旷的个性；而读辛词，总感到有一股刚正勃郁之气腾涌于字里行间，这是苏词里所没有的。

适应于内容的丰富多彩，辛词在体裁形式上也多种多样，做到了内容与形式、文情与声情的统一。在现存六百多首词作中，使用的词调就有一百多个。既有慢词，也有小令；既有适合于表现豪放悲壮感情的如《六洲歌头》《满江红》《念奴娇》等词调，也有适合于表现婉曲细腻感情的《虞美人》《声声慢》《清平乐》等词调。而对各调又能灵活运用，不受词调本身声情的局限。

辛词的艺术风格是多样化的，以雄浑、豪放、沉郁为主，声调昂扬，意境恢宏。如《四库全书总目提要》所评论的那样："辛弃疾词慷慨纵横，有不可一世之概；于倚声家为变调，而异军特起，能于剪翠刻红之外，别立一宗，迄今不废。"（《稼轩词提要》）但也有写得明丽清新或缠绵深婉的，有的词他自己就注明是"效花间体"或"效李易安体"。夏承焘先生说辛词"能刚能柔，能豪能婉，不拘一格，纵横如意"①，是符合实际的。

辛弃疾读书很多，学问渊博，能"搜罗万象""驰骋百家"，因而喜欢用典使事是辛词的一大特色。不仅前人的诗句，他可以信手拈来融入词中，就是经、史、百家、诸子，他也可以取来成句，写到词里。总的看是用得好的，贴切自然，精练含蓄，做到了所用故实跟作品的具体内容、跟自己的思想感情密合无间，比直接抒写收到更好的艺术效果，而且常常具有一种独特的情韵。正如刘辰翁所指出的："词至东坡，倾荡磊落，如诗如文，如天地奇观，岂与群儿雌声学语较工拙；然犹未至用经用史，牵《雅》《颂》，入《郑》《卫》也。自辛稼轩前，用一语如此者必且掩口。及稼轩横竖烂熳，乃如禅宗棒喝，头头皆是；又如悲笳万鼓，平生不平事并卮酒，但觉宾主酣畅，谈不暇顾。词至此亦足矣。"②来读他的《沁园春》（将止酒，戒酒杯使勿近）：

> 杯汝来前，老子今朝，点检形骸。甚长年抱渴，咽如焦釜；于今喜睡，气似奔雷。汝说刘伶，古今达者，醉后何妨死便埋。浑如此，叹汝于知己，真少恩哉！　　更凭歌舞为媒，算合作、人间鸩毒猜。况怨无小大，生于所爱；物无美恶，过则为灾。与汝成言："勿留亟退，吾力犹能肆汝杯！"杯再拜，道"麾之即去，招亦须来"。

且不说词的内容，以戒酒这样的生活琐事入题，在过去极为少见；在表现手法

① 《辛词论纲》，《月轮山词论集》，中华书局，1979年，第32页。

② 《辛稼轩词序》，《须溪集》卷六。

和风格上，采用对话和散文化的笔法，将内心的忧闷以游戏笔墨出之，写得诙谐风趣；同时化用《晋书·刘伶传》和《汉书·汲黯传》中的典故，用来却浑化无迹，如自胸中涌出。这一类的作品数量不少，像“哉”“矣”一类虚词，也常出现在他的词中，这也是其他词家的作品中少见的。

在词的发展史上，苏轼“以诗为词”，到辛弃疾则发展为“以文为词”。从适应词的内容的扩大、丰富词的表现手法一面看，“以文为词”当然有其积极意义。但用典过多，终是一病，何况在辛词中确实存在生硬堆砌的败笔。辛词中一部分作品艰深晦涩，“掉书袋”的习气不能不说是原因之一。

总的看来，辛弃疾作为一个战士、一个爱国的军事家和政治家，他的词是最富有时代精神和战斗性的。具有真情实感——爱国之情、身世之感，是辛词的最大特色。那种昂扬奋发的精神、开阔恢宏的意境、飞动腾跃的气势，至今读来，仍具有极强的鼓舞力量和艺术感染力。

在辛弃疾之后，出现了一批辛派词人，学习辛词，走辛弃疾开辟的创作道路，形成了一个坚实有力的创作流派。这一方面是因为辛弃疾的词取得了很高的思想艺术成就，但更重要的是时代条件使然，人们读辛词时得到共鸣，有类似的思想感情要抒发；而要抒发这种感情，也需要与辛弃疾有相近的词风。因此，辛弃疾的词在他生前就有刻本流传，这不是偶然的。

辛派词人虽然每个人的身份地位不同（有的做过官，有的仅是布衣身份），具体遭遇不同，也表现出不完全相同的创作个性，但作为一个创作流派，有其共同的特点。这就是：

第一，都跟辛弃疾有密切的关系，或者虽无直接的关系，也是他创作上的追随者。他们都对辛弃疾有很高的评价，因而自觉地学习他的词风，沿着他所开辟的道路继续前进。其中陈亮、韩元吉、杨炎正是辛弃疾的朋友，有唱和往来；刘过是辛弃疾的门人，也有唱和；刘克庄、刘辰翁是辛弃疾的追慕者（刘辰翁出生时辛弃疾已不在世）。他们中成就较高、影响较大的是陈亮和刘克庄。

刘克庄对辛词的评价，代表了辛派词人对辛词的认识：“公所作，大声鞺，小声铿鍧，横绝六合，扫空万古，自有苍生以来所无。”[①] 侧重从思想境界的开阔宏伟

① 《辛稼轩集序》,《后村大全集》卷九十八。

去评价，这跟时代和他们的思想有关。这正可以看出辛派词形成的原因。

第二，都具有强烈的爱国思想，都有恢复中原的雄心壮志（刘辰翁活到南宋亡国，宋亡后以词抒发故国之思），都对投降派极为愤恨，因而他们的词跟辛词有相近的思想内容和格调。

第三，在词的境界和风格上，都以豪迈奔放、雄伟有力为主，多作壮语而不作软语、艳语、媚语。虽然个人风格也各有特点，互有差异，如陈亮以雄肆激昂、慷慨磊落为特色；刘过在粗豪中又见悲凉沉痛，有时显得笔势含蓄；刘克庄则在豪放中见沉郁苍凉，所谓慷慨生哀。

第四，词中好发议论，且多用典故。这也是继续走辛弃疾"以文为词"，并以词直陈政见、直抒胸臆的道路。但词的过分散文化、议论化，也使辛派词人的某些作品有浅率散漫之病。

思考题

1. 在辛弃疾的生平和思想中，有哪三个特点是值得我们注意的？为什么说他不仅是一个词人，而且是一个战士、军事家和政治家？

2. 联系具体作品，理解辛弃疾作为一个战士，其词作在思想内容上的特点。

3. 和陆游相同题材的诗作比较，辛弃疾的词作是如何表现报国无门、壮志难伸的深广忧愤的？这一类词作有什么样的时代意义？

4. 联系具体作品，认识辛弃疾在词中是如何揭露和批判投降派的。

5. 辛弃疾的农村词有什么样的特点？在词史上有什么样的意义？

6. 辛弃疾的爱情词和闲适词在内容和风格上有什么样的特点？

7. 怎样认识和评价辛弃疾的"以文为词"？

参考文献

1. 邓广铭:《稼轩词编年笺注》，上海古籍出版社，1993 年。

2. 邓广铭:《辛稼轩年谱》，上海古籍出版社，1979 年。

3. 蔡义江、蔡国黄:《辛弃疾年谱》，齐鲁书社，1987 年。

4. 刘乃昌:《辛弃疾论丛》，齐鲁书社，1979 年。

5. 郑临川:《稼轩词纵横谈》，巴蜀书社，1987 年。

第十一讲　人民戏剧家关汉卿

第一节　元杂剧的形成和体制

元代文学的总趋向是正统的诗文衰落而新兴的戏曲繁荣。“元曲”在文学史上，同“唐诗”“宋词”并列，成为一代文学的专称。一般所说的“元曲”包括杂剧和散曲两部分。杂剧是戏曲，是集音乐、舞蹈、表演于一体的综合艺术；散曲则是一种配乐歌唱的新诗体。它们可以说是两种独立的文体，但彼此间又有密切的关系。散曲是一支一支的单曲或成套的套曲，多数用来抒情，少数叙事，但不一定表现完整的故事内容。杂剧除唱词外，还有道白和动作，称为宾白和科范。其中的唱词采用丰富的曲调来配乐歌唱，与歌舞、表演相配合，表现完整的故事内容。因为元杂剧的成就远比散曲为高，因此也有人以“元曲”单指杂剧，如明代臧懋循的《元曲选》，所选就都是杂剧，并不包括散曲在内。

元杂剧作为一种舞台艺术，是综合了唱、念、做、打，形成了完整表演体系的一种成熟的古典戏曲形式。它的产生经历了一个长期酝酿发展的过程。远古时期的原始歌舞和祭祀，春秋战国时期专门供人娱乐的俳优（用滑稽幽默的表演和诙谐的语言来娱乐贵族并进行讽谏），汉代以竞技为主的角牴（即百戏，与相扑摔跤近似），汉魏以后在民间流行的杂舞、杂曲，以及唐代的参军戏（由秦汉时期的俳优发展而来，主要由参军、苍鹘两个角色作滑稽的对话和动作，引人发笑，以达到讽刺或讽谏的目的）等，都包含着构成中国古典戏曲的艺术因素。经过长期的孕育，在北宋杂剧和金院本的基础上，和宋金时期在民间流行的说唱结合的诸宫调相融合，便产生了杂剧的形式。“杂剧”一词源于唐代，本是各种杂耍、技艺的总称。到宋代，把歌舞戏、滑稽戏和有故事内容的清唱也叫做杂剧。元杂剧的表演形式同唐宋杂剧不同，但它们之间存在着渊源关系，故仍用杂剧来称呼。在文学史上讲到杂剧，一般都是指在元代成熟的戏曲形式。

宋杂剧就是宋代的歌舞戏，表演中吸收歌舞，能演述比较复杂的故事。南宋灌园耐得翁的《都城纪胜》，在“瓦舍众伎”条中说：“教坊十三部，唯以杂剧为正色。”可见在当时的各种伎艺中，杂剧已成为最受欢迎的形式之一。可惜宋杂剧没有完整的剧本保留下来。

金院本大概是从宋杂剧发展来的。金院本就是北方行院艺人演出的脚本（“行院”指艺人居住的地方）。元代陶宗仪《辍耕录》云：“院本杂剧其实一也。”院本是北方的宋杂剧向元杂剧的一种过渡。金院本也没有一个完整的剧本保留下来，不能详细窥见它的面貌，但可以断定它比宋杂剧又有了新的发展。

宋金时期在民间流行的诸宫调，对元杂剧的产生有着重要的意义。诸宫调以一个演员说唱故事，虽然还是叙述体的说唱文学形式，但已包含了代言体的成分。它有唱词，有说白，以唱为主。乐曲组织也丰富而又完整，将同一宫调的若干支曲子联成短套，再将不同宫调的若干短套联结在一起，以表现一个完整的故事。如现存的《西厢记诸宫调》共用了十四种宫调、一百九十三套组曲，非常丰富多彩。

宋杂剧和金院本的载歌载舞，加上诸宫调的曲白结合和丰富多彩的曲调组合，就促成了中国古典戏曲形式走向成熟，产生了元杂剧。

元杂剧在结构上，一般是一本四折加上一个楔子。少数剧本也有一本五折或六折的，如著名的《赵氏孤儿》是五折，《秋千记》是六折。个别特殊情况也有多本连演的，如《西厢记》共五本二十一折。一折大体上相当于今天话剧中所说的一幕。折是故事发展的段落，也是曲调组织的单元。楔子本来是木工用来楔进木器缝隙里的小木片，元杂剧中的楔子一般放在开头，用以介绍故事的由来或发端，很像现代戏剧中的“序幕”；也有放在折与折之间的，作为承前启后的“过场”。也有少数剧本不用楔子或用两个楔子的。

在音乐上，元杂剧要求每一折必须用同一个宫调（如[黄钟宫]、[仙吕宫]、[商调]、[大石调]等）的一套曲子。曲子的支数可以不固定，有多有少，一般用十来支曲子，少的也有二、三支曲子，而多的则有多至二十多支的。一套曲子只能用一个韵，不能换韵。楔子不用套曲，只用一支或两支单曲。

元杂剧的剧本，是由韵文（唱词）和散体（宾白）相结合构成的。曲调主要用来抒情，表现戏剧主人公的思想感情，但也可以用来叙事、描写、议论，起到点染气氛、交代背景或贯穿情节的作用。宾白就是人物的道白，因为戏曲是以唱为主的，说白只处于从属的、辅助的地位，所以称为“宾白”。“白”又分为独白（人物自我介绍或自言心事，或叙述故事等）和对白（人物之间相互对话），独白又有定场白（角色初上场时作自我介绍）、冲场白（同一角色再上场时叙述事由或表达心情）、背白（或称旁白，剧本中写作“背云”，即背着同台的角色向观众述说心情或叙事）。另外，还有一种“带白”（剧本中写作“带云”），只有主角才会出现这种情况，即在唱词中插入一两句说白。此外还有“科范”（简称“科”），是说明动作效果的。

元杂剧的角色，主要有旦和末，此外还有净和丑。旦是女角，女主角称为正旦；末是男角，男主角称为正末。净扮演刚强或凶恶一类人物，大多为男角扮演，偶尔也有女角；丑扮演滑稽人物。有人认为元杂剧中没有丑角，说现在所见《元曲选》中有的剧本有丑角，是明代人整理时加上去的，但王国维、吴梅、王季思等戏曲专家在他们的著作中都谈到了元杂剧中有丑角。比较次要的角色还有孤（官员）、细酸（穷书生）、孛老（老头儿）、卜儿（老妇人）等。元杂剧规定，一本四折由一个角色独唱到底，其他的角色只有说白。以正旦主唱的剧本称为“旦本”，以正末主唱的剧本称为“末本”。一般是一个角色在一本戏中固定演一个人物，也偶尔有一个角色在不同折中扮演不同人物的。如末本戏《单刀会》是由男主角即正末主唱的，但第一折中的男主人公是乔公，第二折中的男主人公则换成了司马徽，而第四、五折中的男主人公又换成了关羽，都由一个角色即正末来扮演，由他一个人唱几个人物的戏。《赵氏孤儿》也是如此。这种情况也仍然没有改变“末本”戏的性质。这种由一个角色主唱到底的体例也偶尔有突破的情况，如《西厢记》全本二十一折，是分别由张生、莺莺和红娘来唱的。

元杂剧在每一本的结尾处，一般用两句或者四句诗来结束全剧，起到一种概括内容或揭示主题、标明题目的作用，称为“题目正名”。一般前面两句是“题目”，后面两句是“正名”。“正名”就是剧本的名字。如《窦娥冤》的“题目正名”是“秉鉴持衡廉访法，感天动地窦娥冤”。

杂剧在元代的兴盛，除了艺术发展本身的内部规律以外，还有社会历史方面的原因。约略说来，主要有以下几个方面：

第一，元代蒙古族入主中原，阶级矛盾和民族矛盾十分尖锐。统治阶级骄奢淫逸，吏治腐败，政治黑暗，人民处于水深火热之中。杂剧这种将歌唱、宾白、舞蹈结合在一起，为群众喜闻乐见的综合的表演形式，显然比简单的歌舞戏和说唱文学更能表现丰富广阔的社会生活内容，传达人民的愿望要求。杂剧受到群众的欢迎而得到繁荣发展，是很自然的事。

第二，杂剧要繁荣，剧本是基础。元代长期没有实行科举考试制度，到元仁宗延祐二年（1315）才重开科举，知识分子失去了进身之阶，社会地位很低。在元代有所谓“九儒十丐”的说法，知识分子的地位比娼妓还要低，有的人甚至连生计也难以维持。这种情况，一方面迫使许多知识分子投身下层，有机会同广大群众接触，了解和熟悉他们的生活和思想感情，为艺术创作打下了坚实的生活基础。另一方面，知识分子的聪明才智没有机会在政治上得到发挥，而从事艺术创作正可以大显身手。许多生活于城市下层、熟悉生活、有志于戏剧创作的知识分子，与民间艺人结合，参加“书会”组织，被尊为“书会才人”。他们实际上是一些从事杂剧创作的专业作家。元代最杰出的杂剧作家关汉卿和王实甫便是这样的下层知识分子。他们熟悉生活，又有戏剧创作的经验，甚至亲自登台演出，不断创作出新的剧本来，这就有力地推动了杂剧艺术的繁荣和发展。

第三，元代统治阶级靠军事力量不断向外扩张，版图不断扩大，成为我国历史上版图最大的朝代，超过了汉、唐时期。这就必然促进中西方的交通联系和思想文化的交流，造成元代社会开放性的思想文化因素的活跃和发展。这些都是促使元杂剧繁荣的不可忽视的原因。

第四，元代城市畸形发展，城市市民群众的娱乐场所瓦舍、勾栏比宋代更多、更繁荣，也为杂剧的演出和发展提供了必要的物质条件。

元杂剧的发展可分为前后两期。前期从金末（1234）到元成宗元贞、大德前后（元贞为1295—1297，大德为1297—1307），将近一百年，是元杂剧的鼎盛时期，活动中心在大都（今北京），代表作家有关汉卿、王实甫、杨显之、马致远、白朴、高文秀等。后期从大德以后到元末，六十年左右，杂剧创作逐渐衰落，活动中心转移到南方的杭州，代表作家有郑光祖、乔吉、宫天挺、秦简夫等。

第二节　关汉卿的生平、时代和作品

政治黑暗的时代是人民经受苦难的时代，也是激起人民普遍反抗的时代。生活在这样时代的艺术家，如果他是与人民息息相通、热切关注人民的命运的，就会通过自己所熟悉的艺术形式，去反映人民的苦难和他们的斗争精神。元代伟大的戏剧家关汉卿，正是这样一位艺术家。他以杂剧的形式，反映出社会政治的黑暗和被压迫者的反抗斗争精神，以及在他们身上所表现出的崇高美好的品德。

关汉卿是中国文学史上一位伟大的戏剧家，是元代杂剧作家中最优秀的代表。中国的古典戏曲比起正统的诗文来，是一种晚熟的形式，但一成熟就产生了如此伟大的戏剧家。他比英国的大戏剧家莎士比亚（1564—1616）要早三百多年。

但是关于这位戏剧家的生平事迹，保存下来的资料却非常少。据钟嗣成《录鬼簿》的记载，他是“大都人，太医院尹，号已斋叟”。大都就是今天的北京。元代有“太医院”，却没有“太医院尹”这样的官职，而《录鬼簿》的不同版本如孟称舜本就作“太医院户”。元代户籍中有一种“医户”，属太医院管辖，医生的亲属（弟兄或子孙）虽不懂医术，因为出身于这样的家庭，也称为医户。因此关汉卿很可能就是这样一个家庭出身，他本人可能是一个普通的医生，也可能根本就不懂医术。关于他的籍贯，清代乾隆二十年修订的《祁州志》，有“关汉卿故里”条，说他是“祁之伍仁村人”。祁州即今河北省安国市，据说安国地方流传许多关汉卿的传说，很可能安国就是他的原籍。

关汉卿的生卒年也难以确切考证，各家的推断也不尽一致。据元末朱经的《青楼集·序》云：“我皇元初并海宇，而金之遗民若杜散人、白兰谷、关已斋辈，皆不屑仕进，乃嘲风弄月，留连光景。”可知他生于金末，由金入元，年代大约同杜善夫（即杜散人）、白朴（即白兰谷）相近。《录鬼簿》中已将他列为“前辈已死名公才人”，《录鬼簿》成书于1330年，此时关汉卿肯定已不在世。关汉卿本人所作的《大德歌》中，有“吹一个，弹一个，唱新行大德歌”的句子，大德是元成宗的年号，说明他在大德初年仍在世。金亡于1234年，他的剧作《拜月亭》以蒙古族灭金的战乱时代为背景，对乱离生活写得十分真切，显然有切身的生活体验作基础，可知他在元兵围中都（后改为大都）时已经懂事。由此推断，他大约生活于1210—1300年前后的八九十年间，是一位高龄的作家。

关汉卿活动的主要地区是大都，但也曾到过汴梁（今河南开封），元灭南宋以后，又到过临安（今浙江杭州），曾写过［南吕·一枝花］《杭州景》套曲，还到过扬州，写过赠著名杂剧演员朱帘秀的套曲。

关汉卿是一位生活落拓而不肯仕进的知识分子，是一位性格刚强而又多才多艺的艺术家。《析津志·名宦传》中概括地描绘过他作为一个艺术家的主要特征：“生而倜傥，博学能文，滑稽多智，蕴藉风流，为一时之冠。”他在套曲［南吕·一枝花］《不伏老》里这样描述自己：

> 我是个普天下郎君领袖，盖世界浪子班头。愿朱颜不改常依旧，花中消遣、酒内忘忧；分茶攧竹，打马藏阄，通五音六律滑熟，甚闲愁到我心头。……你道我老也暂休，占排场风月功名首，更玲珑又剔透。我是个锦花阵营都帅头，曾玩府游州。（［梁州第七］）
>
> 我是个蒸不烂煮不熟捶不匾炒不爆响珰珰一粒铜豌豆，恁子弟们谁教你钻入他锄不断斫不下解不开顿不脱慢腾腾千层锦套头。……我也会吟诗，会篆籀；会弹丝，会品竹；我也会唱《鹧鸪》，舞《垂手》；会打围，会蹴鞠；会围棋，会双陆。你便是落了我牙，歪了我口，瘸了我腿，折了我手，天赐与我这几般儿歹症候，尚兀自不肯休。……（［尾］）

这套套曲十分率直生动地描绘了剧作家的生活和思想。他不愿意为封建统治阶级服务，却将自己的一切献给了杂剧艺术事业；他不愿意跟贵族官僚结交，却乐于和下层的歌伎艺人做朋友；他本人不仅是一个剧作家，而且还是一个有舞台演出经验的演员。当时的大都是全国杂剧艺术的中心，关汉卿是大都杂剧艺术家的创作组织“玉京书会”中最杰出的戏剧艺术家，是当时戏剧界的领袖人物。明初戏曲家贾仲明为《录鬼簿》中关汉卿传所写的《凌波仙》吊词，称他是“驱梨园领袖，总编修帅首，捻杂剧班头”。他与元代前期杂剧作家杨显之、费君祥、梁进之和散曲家王和卿等都是朋友。杨显之和他更是莫逆之交，两人常互相讨论作品，切磋技艺；他和当时著名的杂剧女演员朱帘秀等也有交往。

关汉卿的时代，是中国历史上民族矛盾和阶级矛盾十分尖锐的时代。关汉卿经历了蒙古贵族以军事力量统一中国的过程，亲眼看见他们灭金灭宋的战火。封建经济在战争中受到严重的破坏，各族人民饱受战祸之苦。蒙古贵族统治者在统一全国后，实行民族歧视和民族压迫的政策，各族人民尤其是汉族人民遭到极为沉重的压迫和剥削，不少农民和手工业者沦为奴隶。政治黑暗，官吏昏庸无能，贪污腐败。人民在高压统治下不甘屈服，不断地滋长着反抗情绪，爆发一次又一次的反抗斗争。生活在下层人民中间的关汉卿，既深切地感受到社会的黑暗，也深切地感受到人民的思想感情，尤其是他们的反抗情绪。时代和社会的悲剧，成为关汉卿悲剧创作的源泉。他对那些被压迫、被侮辱处于社会底层的小人物，更多地倾注了深切的同情。正如郑振铎先生所说：“他热情地写着，以整个生命和感情来写着。在中国，没有一位大戏剧家写得像他那末多的剧本的，同时，也很少有像他那样地表现出对社会上被压迫、受侮辱的小人物的同情，而为之作代表人，大声疾呼地控诉着的。”[1] 关汉卿通过杂剧创作，深刻地反映了那个时代社会政治的黑暗，尖锐地揭露了统治阶级的罪恶，同时又热情地歌颂了被压迫人民不屈不挠的斗争精神。我们称关汉卿是人民的代言人，把他的杂剧创作看作是那个苦难时代的一面镜子，是并不为过的。由于在杂剧艺术上取得的杰出成就以及在当时和后世的巨大影响，他成为一个具有世界意义的伟大作家。1958 年，经世界和平理事会提名，关汉卿成为当年全世界人民共同纪念的“世界文化名人”。

关汉卿是一位多产的作家，一生创作了六十多种杂剧[2]，今存 18 种，其中《包待制智斩鲁斋郎》《尉迟恭单鞭夺槊》《刘夫人庆赏五侯宴》等几种是否是关汉卿所作，尚有争论。关汉卿的杂剧有一部分直接取材于现实生活，但多数还是对传统题材的改编或重新创作，也有写历史故事的。但不论何种题材，关汉卿都能在剧本中融进他对当时社会的深切感受，反映出时代的精神和人民的愿望要求，有很强的现实性和时代感。反映社会黑暗、歌颂人民反抗斗争精神的作品，有《窦娥冤》《救风尘》《望江亭》等；采用历史题材，借描写历史事件、刻画历史人物以表现对现实社会的感受和认识的作品，主要有《单刀会》《西蜀梦》《哭存孝》等。关汉卿创作的杂剧作品中，不仅有悲剧，也有喜剧；不仅有对黑暗丑恶事物的暴露鞭挞，也有对光明美好事物的歌颂赞美；不仅有令人憎恶的反面形象，也有令人喜爱的正面形象。更为难能可贵的是，他在描写十分悲惨的社会悲剧时，也从不悲观失望，而是表现出对生活的坚强信心，表现出高度的乐观主义精神。这些都反映出关汉卿杂剧所取得的杰出成就。关汉卿除杂剧外，还写作散曲，今存小令六十二首（其中几首是否为关作尚有争议）、套曲十四套，但成就不如杂剧。

第三节 《窦娥冤》的思想和艺术

《窦娥冤》的全名是《感天动地窦娥冤》，是关汉卿的代表作，也是中国戏剧史

---

① 郑振铎：《关汉卿传略》，《郑振铎古典文学论文集》，上海古籍出版社，1984 年，第 698、699 页。

② 《录鬼簿》著录关汉卿的杂剧名目共 62 种，今人傅惜华编的《元代杂剧全目》著录关汉卿剧作共 67 种。

上一部著名的悲剧。这部剧作，无论在思想还是艺术上都能反映出关汉卿杂剧所取得的杰出成就。

《窦娥冤》的题材来源，是长期在民间流传的“东海孝妇”的故事，但剧作家不是简单的改编，而是进行了彻底的改造，融进了现实内容，写出了新的时代特色和深刻的社会意义。《汉书·于定国传》中最早记载了这样一个故事：东海有一个年轻的寡妇，对婆婆非常孝顺，婆婆想让她改嫁，她坚持不肯；后来被诬告杀死了婆婆，昏庸的太守将她冤判为死刑。当时在东海郡任狱吏的于公（于定国的父亲），力争不得，孝妇终于被冤杀。孝妇蒙冤，感动了天地，后来东海郡大旱了三年。新郡守听了于公的话，东海孝妇的沉冤终于得到了昭雪。这个故事的主要思想，一是表彰孝妇对婆婆的孝道，二是歌颂于公的阴德。关汉卿在《窦娥冤》中，实际上只是吸取了主人公蒙冤得伸的框架，不仅写进了大量元代的社会生活内容，而且从根本上改变了这个故事的主题思想，着重揭露出当时社会的黑暗和腐败，特别是对官吏的昏庸贪暴给予了尖锐的抨击，同时热情地歌颂了被压迫妇女的反抗斗争精神。

剧本在思想内容上有两个突出的特点。

首先是在广阔的社会背景上，展开戏剧冲突，多方面地反映了社会矛盾，深刻地揭示了窦娥悲剧的社会根源。

如剧本在“正名”里所显示的，剧作家所着力描写的，是一个善良无辜的被压迫妇女窦娥被冤屈处死的悲剧，其冤之深足以感天动地。作者在广阔的社会背景上，细致而又真实地描写了酿成窦娥悲剧的社会根源，从而广泛地反映了元代社会生活的复杂矛盾及其基本面貌。窦娥的悲剧是由多方面的社会原因造成的。剧本在一步步展开戏剧冲突的过程中，触及了当时诸种错综复杂的社会矛盾，由此而表现出窦娥所生活的社会环境，并揭示出这一悲剧所包含的丰富深刻的社会内容。

剧本在“楔子”里，简要地交代了窦娥的身世：她是一个穷书生的女儿，3岁丧母，7岁时就因父亲借了蔡婆婆的高利贷无力偿还而被抵债，做了童养媳。她的父亲窦天章的穷困潦倒，反映了元代知识分子的悲苦命运；而高利贷的剥削，则是造成窦娥悲惨遭遇以致酿成悲剧的最初种因。“楔子”是这出大悲剧的序幕，剧作家不仅向我们初步介绍了人物，而且一开始就将悲剧的根源指向了当时的罪恶社会。窦天章与女儿惨别时对她说：“孩儿，你也不比在我跟前，我是你亲爷，将就的你；你如今在这里，早晚若顽劣啊，你只讨那打骂吃。”几句嘱咐的话，预示了等待着女主人公的，将是充满血和泪的生活。她的命运已经交给了别人，不能由自已掌握了。

在第一折里，剧作家非常高明，他并没有仅仅着眼并局限于描写、渲染窦娥童养媳生活的悲苦，而是着重展示社会恶势力对蔡婆的迫害，从而将他的笔触指向更广大的社会生活面。

这个虽说小有财产却处于孤弱地位的家庭，不断遭到恶势力的残害、凌辱与侵吞。一开始就由蔡婆的道白，交代了时间已经过去了十三年，窦娥 17 岁成亲，不久就死了丈夫，成了年轻的寡妇。婆媳两代寡妇相依为命，支撑着一个家庭，由此便招来种种横逆。这正是黑暗社会中常有的现象。先是赛卢医为了赖债，将蔡婆婆骗到荒郊野外，企图用绳子将她勒死。这时幸亏有人救她而免于一死。可救她的两个人张驴儿父子，却又正好是一对流氓泼皮，借此闯入了她们的家庭，要霸占婆媳二人为妻。接踵而来的迫害和欺凌，反映了当时社会上恶势力的猖獗，同时也反映了法制纲纪的松弛。而普遍的恃强凌弱，正是政治黑暗和社会腐败的显著特征。这时戏剧冲突的发展还没有触及统治人民的官府，但坏人肆意横行，好人得不到保护，官府的黑暗腐败已经在观众的意想之中。

如果婆媳二人忍辱屈从，分别成了这两个坏蛋的老婆，这当然也是一出悲剧，但却是思想格调完全不同的另一种面貌的悲剧。剧作家非常高明地在社会冲突中组织进了人物的性格冲突，这样便丰富多彩地扩大了戏剧冲突的内容，推进戏剧情节向着更高的思想高度发展。人物的性格冲突主要在婆媳二人之间展开，而性格冲突的发展和激化，则又是由于社会冲突的尖锐化。性格矛盾与社会矛盾紧紧地结合在一起，有力地推动着戏剧情节的发展。蔡婆在威逼面前，就想含羞忍辱答应下来；而窦娥，这个善良纯朴、一向显得温顺柔弱的年轻寡妇，面对凶相毕露的流氓泼皮，却表现得十分勇敢刚强。她坚决反抗，不仅敢于顶撞张驴儿父子，还勇敢地批评和奚落了婆婆，初步地表现出这个看似柔弱的女子那“气性最不好惹”的一面来。

第二折的戏剧冲突，就是由于窦娥的“坚执不从”才进一步展开的。张驴儿因窦娥不肯顺从他，便生出毒计，乘蔡婆生病之机，买来一副毒药，想毒死蔡婆，然后霸占窦娥。张驴儿将毒药下到羊肚汤里，但恰好这时蔡婆呕吐不想吃，张驴儿父亲就接过来吃下，结果被误毒死。张驴儿借机以“药死公公”的罪名来胁迫窦娥顺从，窦娥却仍然坚决不从，于是张驴儿告到了官府。贪鄙残暴的桃杌太守不问情由，将窦娥打得皮开肉绽、鲜血淋漓。但刚强的窦娥仍不屈招。可是，当太守下令要毒打蔡婆时，窦娥却出人意外地立即主动招认是自己药死了张驴儿，结果被冤判了死刑。她原来是以死来保护婆婆，使得婆婆免受痛苦。

这一折，由善良百姓与流氓泼皮的矛盾，进一步发展到被压迫人民与官府之间的矛盾，揭露了当时政治的腐败黑暗和贪官酷吏的凶残本质。随着矛盾冲突的发展，剧作家的批判锋芒越来越尖锐，对现实的揭露也越来越深刻。

第三折写窦娥被斩，是整个戏剧冲突发展的高潮。窦娥的三桩誓愿（血溅素练、六月飞雪、山阳县大旱三年），是被压迫者以独特的反抗形式对官府的抗争，是她负屈含冤的痛苦呼喊，也是她对黑暗社会的血泪控诉。她最后唱出："这都是官吏每无心正法，使百姓有口难言。"剧本一针见血地揭示出，在造成窦娥悲剧的众多社会原因中，官吏的昏庸、腐败、贪婪、横暴，是最重要的起决定作用的原因。这样，剧本在广泛地揭露社会矛盾的基础上，将批判的矛头集中在黑暗的吏治上，显得十分深刻有力。

其次，剧作家不只是同情被压迫者，而且是歌颂被压迫者，着重描写了处于孤弱地位的窦娥，也表现出坚强不屈的反抗意志和斗争精神。通过一系列的情节，例如坚决不肯忍辱屈嫁坏人、在公堂上苦打而不招、就刑时发出三桩誓愿等，对她在特殊条件下的反抗斗争精神作了鲜明的表现。

这里要特别提出来说一说的，是矛盾解决过程中，窦娥的冤魂述冤所表现出的思想意义。第四折写窦娥的冤案得到昭雪，是矛盾冲突的最后解决。从表面上看，这桩冤案的昭雪是由于"廉能清正，节操坚刚"的肃政廉访使窦天章的重新审理、公正执法。但从剧本的艺术描写来看，实际上是窦娥死后冤魂不屈，进行顽强斗争的结果。魂旦出场时唱道："我每日哭啼啼守住望乡台，急煎煎把仇人等待。"（[双调新水令]）神鬼本是一种迷信，但剧作家写窦娥的鬼魂上场却绝不是为了宣扬迷信，而是借神鬼形式，通过艺术的想象，表现被压迫者人虽然死了，但反抗之心不死，体现出那种无论在什么条件下都一定要昭雪沉冤、报仇雪恨的顽强意志。窦天章领钦命"随处审囚刷卷，体察滥官污吏"，仗着"势剑金牌，威权万里"，来到楚州地方巡察，并已接触到窦娥的案卷。按理窦娥的冤情是很容易发现的，但他翻到窦娥冤死的案卷时却不细审始末，竟然糊里糊涂地认为"这是问结了的文书，不看他吧"，便漫不经心地"将这文卷压在底下，别看一宗"。看到这里，观众和读者自然会问：问结了的文卷就不看，还要你这个廉访使干什么呢？接下去，剧本写窦娥几次将窦天章压到下面的文卷又翻到上面来，并几次将窦天章阅案的灯弄暗，以此来引起窦天章的注意。在此情景之下，窦天章这才引起警觉："这桩事必有冤枉。"

剧作家如此不厌其烦地反复描写压卷翻卷、剔灯弄灯，很明显，其意义都在于表现窦娥那种大冤未伸、绝不罢休的斗争精神。

在窦天章重行审案时，剧本又写窦娥的鬼魂上堂，跟张驴儿当面对质，在澄清案情中起到了关键性的作用。鬼魂上台是一种出于想象的虚幻的形式，但所表现的内容却是完全现实的，窦娥坚强不屈的反抗斗争精神由此而得到了充分的表现。她坚定执着，不屈不挠，自诉冤苦，“自来折辩”，既迫促她的父亲、那位一时昏昧的廉访使猛然省悟，又对质得杀人的张驴儿有口无言，终于冤情大白，坏人和昏官都得到了应得的惩罚。由于历史条件的限制，窦娥冤案的最后昭雪是依靠钦差大臣的重行审理，而从全剧最后“秉鉴持衡廉访法”的题目看，剧作家也确实将“不使民冤”的希望寄托在清官廉吏的身上。但在整个作品的艺术构思中，可以鲜明地看出，剧作家所着力表现和强调的，却是冤屈者本人顽强不屈的反抗意志和斗争精神，这种意志和精神具有感天动地的力量，在关汉卿的时代是极其难能可贵的。这反映了《窦娥冤》的现实主义艺术所达到的思想高度。

《窦娥冤》在艺术上也取得了杰出的成就。

首先是戏剧情节集中，戏剧冲突紧凑，结构严谨。剧作家在提炼生活的基础上，善于组织戏剧冲突，矛盾的发展一环紧扣一环，层层递进，一直发展到高潮。情节的发展一气贯注，不枝不蔓，重点非常突出。

剧中的人物不算多，但所代表的社会生活面却相当广泛，有穷书生、高利贷者、骗人的医生、流氓泼皮、官吏，等等。剧作家巧运匠心，将这些人物所构成的复杂的社会矛盾，组织到杂剧艺术四折一楔子的结构框架里，使戏剧冲突的构成和情节的发展丰富而不枝蔓、集中而不单调。

剧本是如何组织戏剧冲突的呢？《窦娥冤》是一部旦本戏，剧作家以女主人公窦娥为中心，紧紧地围绕着她的悲剧命运来组织和展开戏剧情节，这就使得全剧的内容既丰富又集中，情节的发展既紧凑又线索分明。蔡婆这个人物与窦娥的悲剧命运的发展相终始，关系最为密切，所以最先出场。她的性格、活动和遭遇，在戏剧冲突的发展和全剧情节的连缀穿插中起了十分重要的作用。在“楔子”里，由她的放高利贷，引出负债不能偿还的穷书生窦天章，窦娥因此而沦为童养媳。这是悲剧命运的发端。而窦天章的进京赴考，又为第四折窦天章出场为窦娥的冤案昭雪伏笔。

第一折里，由蔡婆引出向她借债的赛卢医，又由赛卢医的赖债行凶引出无赖泼皮张驴儿父子，同时又为下一折写购药下毒预作布置。这两个原本跟窦娥毫不相干的人物，由于剧作家熟悉生活，在提炼生活矛盾的基础上作了巧妙的安排，一下子就闯进了窦娥的生活里来，大大地促进了戏剧冲突的发展，影响到窦娥的命运。

第二折里，张驴儿阴谋毒死蔡婆，使戏剧情节突进，铸成了窦娥悲剧命运的一个契机。而其间蔡婆的忍辱屈从与窦娥刚强反抗的对照，以及蔡婆的生病，都在情节的演进中起到了很重要的作用。张父的被误毒死，又将戏剧冲突大大地向前推进了一步，使矛盾由民间扩大到官府，为悲剧的最后完成、为戏剧高潮的到来，打下了重要的基础。在公堂上，窦娥由苦打不招转变为不打而招，如前面所指出的，关键也是为了不连累婆婆，保护婆婆。

发展到第三折，戏剧情节便进入高潮。第二折里窦娥已被误判问斩，悲剧实际已经完成。这一折主要写行刑、诉冤，将整场戏让给了女主人公一个人，通过一系列的道白和唱腔，尤其是三桩誓愿，表现出她感天动地的沉冤，也表现出她感天动地的反抗精神。著名的［滚绣球］唱词，不仅对人间官府提出控诉，而且对日月、鬼神、天地也发出了怨恨和怀疑：

有日月朝暮悬，有鬼神掌着生死权。天地也只合把清浊分辨，可怎生糊突了盗跖颜渊：为善的受贫穷更命短，造恶的享富贵又寿延。天地也，做得个怕硬欺软，却元来也这般顺水推船。地也，你不分好歹何为地？天也，你错勘贤愚枉做天！哎，只落得两眼泪涟涟。

通过这场戏，不仅使窦娥的形象升华到一个很高的思想境界，而且大大地增强了悲剧的感人力量和批判意义。

第四折中窦娥已死，但她的鬼魂形象继续在戏剧冲突的发展和解决中起着主导作用。因此，整本戏都以窦娥的悲剧命运为中心，始终围绕着她来组织和发展戏剧矛盾，使得全剧结构严整，情节紧凑集中。

其次是成功地塑造了窦娥这一典型的艺术形象。

这个人物写得好，是因为她的性格比较丰满，不简单化，剧作家既写出了她善良温顺的一面，也写出了她刚强坚定的一面，而这两方面又是统一在一起的。她对自己的婆婆尽心侍奉，非常体贴，固然是受到封建孝道的一定影响，但更重要的是在险恶的社会环境中，与婆婆相依为命所表现出的纯朴善良的性格。而当恶势力压迫她时，她就奋起而坚决地进行反抗，刚强不屈，甚至对软弱妥协的婆婆也投以嘲笑：

[后庭花] 遇时辰我替你忧，拜家堂我替你愁；梳着个霜雪般白鬏髻，怎戴那销金锦盖头？怪不的女大不中留。你如今六旬左右，可不道到中年万事休！旧恩爱一笔勾，新夫妻两意投，枉把人笑破口。

这正说明她对婆婆的心疼体贴，不同于百依百顺、不问是非的愚孝；正因为她心地善良，才更容不得恶势力的肆意横行，因而平日的温良柔顺中已经蕴含着倔强反抗的因素，只是在一定条件下得到发展并表现出来罢了。

窦娥的反抗性格，在第一折与张驴儿父子的斗争中已得到初步的展示；到第二折公堂受审时，又作了进一步的表现："捱千般打拷，万种凌逼，一杖下，一道血，一层皮。"虽然被打得血肉淋漓，也绝不屈招，在审案的太守面前公然发出"天那，怎么的覆盆不照太阳晖"的呼喊，对官府的黑暗提出了直接的指责和控诉。但一听说官府要拷打蔡婆时，便立即毫不犹豫地主动屈招，以死来保护婆婆。这一情节发展上的跌宕转折，同时表现了她性格中倔强和善良两个方面。

第三折写她在临刑前发出的三桩誓愿，以及她死后三桩誓愿的实现，以幻想的形式使窦娥的反抗斗争精神得到升华，她的冤屈动地惊天，她的反抗也由人间社会扩展到主宰人间社会的鬼神天地。而同时，又进一步表现她的善良性格。屈招冤死本是为了婆婆，而赴法场就刑时，还为了不让婆婆看见自己而伤心气愤，要求从路远的后街绕行。

第四折写冤魂报仇，进一步通过幻想的形式突出她的深仇大恨和不屈不挠的斗争精神。而在冤情大白以后，剧作家仍不忘表现她善良的性格，写窦娥的鬼魂嘱咐她的爹爹："俺婆婆年纪高大，无人侍养，你可收恤家中，替你孩儿尽养生送死之礼，我便九泉之下，可也瞑目。"在整个戏剧情节的发展过程中，剧作家都集中刻画了窦娥这两方面的性格特征。善良和反抗，这两个侧面是互相依存的，而在艺术表现上，则又起到互相映衬的作用。对窦娥善良的一面越是表现得充分，她的被冤处死就越能引起读者的同情，越能暴露出官府的腐败黑暗，进而显示出她的反抗斗争的难能可贵及其合理性和正义性。

窦娥的形象塑造得成功，还因为人物性格不是孤立的、静止的，而是与生活环境紧密地结合在一起，随着戏剧冲突的展开而发展变化。窦娥是在封建黑暗势力的迫害下，经历了一个思想觉醒的过程，才逐渐显现自己的全部性格特色的。作为一个身世悲苦的弱女子，开始时她的反抗是十分微弱的。她被父亲出卖为童养媳，没有怨恨，只是默默地忍受着生活的沉重苦难。她“情怀冗冗，心绪悠悠”，在忍无可忍时也曾发出过这样的质问：“满腹闲愁，数年禁受，天知否？天若是知我情由，怕不待和天瘦。”但是宿命论的观念却使她又将自己的命运归结为“前世里烧香不到头”，于是把希望寄托在“早将来世修”上面。她这时的生活信念和准则，只是侍奉婆婆以尽孝道，清白自持以守贞洁，明显地受到封建道德观念的束缚。不过，尽管她由于思想观念上的落后，对生活和命运得出错误的结论，但她对不幸命运的不满和探索本身，就表明了她并不甘心永远承受这种苦难，其中潜伏着反抗的因素。张驴儿父子突然而来的凌辱，犹如铁器撞击着火石，开始闪射出反抗的火花来。

但这时在她反压迫的刚毅性格中，仍然包含着某些落后的思想因素，这就是她所谓的“好马不鞴双鞍，烈女不更二夫”的贞节观念。而在她对婆婆屈辱求生的锋芒毕露、毫不留情的批评中，又表现出她已经开始突破封建礼教的束缚而在反抗的道路上大大地向前跨进了一步。

但囿于环境、教养和生活阅历，她这时对官府却毫无认识，情愿跟张驴儿父子去“官休”，幻想着审案的大人会“明如镜，清似水”，替她辨明是非，主持公道。直到以“人是贱虫，不打不招”为信条的贪鄙凶残的梼杌太守对她横施大棍，直打得她血肉横飞以后，这才对官府的黑暗有了清醒的认识，发出如此悲愤的呼喊：“天那，怎么的覆盆不照太阳晖！”“呀！这的是衙门从古朝南开，就中无个不冤哉！”死前的三桩誓愿，是她对现实世界的绝望呼号和血泪控诉，是她彻底觉醒的标志，不仅对现实世界提出抗议，还对不辨清浊、不分好歹的天和地提出了斥责和质问。这是第四折她诉冤复仇的思想基础。三桩誓愿的实现是窦娥反抗性格的升华，冤魂复仇是窦娥反抗性格的延伸。

由于剧作家有根有据地写出了这个孤苦无依、安分守己的弱女子，怎样由黑暗的社会现实一步步地铸成了光辉的反抗性格，因而三、四两折中浪漫主义的幻想描写才不显得虚妄不实，而仍然充满着现实生活的血肉，人物形象才更加鲜明，也更富于理想的光彩。在窦娥形象的塑造上，充分地表现了关汉卿剧作现实主义和浪漫主义相结合的艺术特色。

除窦娥外，其他人物形象虽然着墨不多，但也都有各自的性格特点，刻画得栩栩如生。如蔡婆的善良和软弱、张驴儿的蛮横和无赖、梼杌太守的贪鄙和凶残等，都写得相当鲜明。在刻画人物性格时，剧作家善于运用对比和虚实相兼等艺术手法。在对待张驴儿的态度上，剧作家将蔡婆的软弱和窦娥的刚强作对比描写，互相映衬，相得益彰。对窦娥平素寡妇生活的凄苦，采用虚写的手法，通过几段唱词加以概括渲染；而对促成她思想性格变化和最能突出她性格特点的几次尖锐冲突，则作了正面的细致描写。对桃杌太守贪鄙的一面，运用戏曲的特殊手段，让他上场时几句道白，来一番自我暴露，三言两语，是虚写；而对他凶残的一面，则通过审案过程中窦娥被毒打，加以淋漓尽致的揭露，是实写。这样，虚实结合，详略得当，使情节简练而人物形象鲜明突出。

再次是《窦娥冤》的语言本色、当行，表现了关汉卿杂剧语言艺术的共同特色。所谓本色，是指质朴自然，不尚雕琢，在群众口语的基础上进行提炼，保持着浓厚的生活气息和生动活泼的特色。所谓当行，是指符合戏剧演出的要求，用语言来刻画人物，无不切合人物的身份地位和思想性格。《窦娥冤》的语言在这两方面都取得了很高的成就，不论曲词或宾白，都是如此。例如窦娥表达三桩誓愿的三段曲词：

［耍孩儿］不是我窦娥罚下这等无头愿，委实的冤情不浅；若没些儿灵圣与世人传，也不见得湛湛青天。我不要半星热血红尘洒，都只在八尺旗枪素练悬。等他四下里皆瞧见，这就是咱苌弘化碧，望帝啼鹃。

［二煞］你道是暑气暄，不是那下雪天，岂不闻飞霜六月因邹衍？若果有一腔怨气喷如火，定要感的六出冰花滚似绵，免着我尸骸现；要甚么素车白马，断送出古陌荒阡。

［一煞］你道是天公不可期，人心不可怜，可知皇天也肯从人愿。做甚么三年不见甘霖降，也只为东海曾经孝妇冤，如今轮到你山阳县，这都是官吏每无心正法，使百姓有口难言。

其中也化用了历史典故，但基本上还是经过锤炼的口语，通俗易懂，质朴自然，简练明净，充分地表现出主人公内心汹涌澎湃的思想感情。以俗为雅，浅中见深，使戏剧语言达到了诗化的境界。这三段曲词，可以说就是三首动人心魄的抒情诗。

宾白则更加口语化、性格化。例如第一折里，张驴儿父子听说蔡婆一家只有婆媳二人守寡度日时，有一段极富于性格的对话：

（张驴儿云）爹，你听的他说么？他家还有个媳妇哩。救了他性命，他少不得要谢我；不若你要这婆子，我要他媳妇儿，何等两便？你和他说去。（孛老云）兀那婆婆，你无丈夫，我无浑家，你肯与我做个老婆，意下如何？

七百年前写的这些话，跟我们今天的口语相去也不太远。简单几句话，声口毕肖，活画出流氓泼皮的心理和神态。王国维在《宋元戏曲考》中说："关汉卿一空倚傍，自铸伟词，而其言曲尽人情，字字本色，故当为元人第一。"[①]这样的评价是不为过的。

第四节　关汉卿的其他剧作

下面介绍关汉卿其他三部重要剧作。

一、《救风尘》

长期生活于下层人民中的关汉卿，不是一个悲观主义者。他在黑暗的社会里，不只看到人民的苦难、统治阶级的罪恶，同时也看到被压迫者的美好品质和斗争精神。《窦娥冤》写出了一个惊天动地的大悲剧，而窦娥那种虽死而不可摧毁的斗争意志却给读者以巨大的鼓舞，读后一点也没有给人悲观消极的感受。剧作家这种对生活的信心和乐观主义的态度，更加鲜明地表现在他的喜剧创作中。《救风尘》就是他最优秀的喜剧代表作之一。

这本戏的全名是《赵盼儿风月救风尘》。赵盼儿是剧中的女主人公，她以风月场中的卖笑调情手段，把沦落于风尘之中的姐妹宋引章从火坑里救了出来。富商周舍是周同知的儿子，他"酒肉场中三十载，花星整照二十年"，是风月场中的老手。年轻幼稚的歌妓宋引章，经不住周舍花言巧语的诱骗，答应了嫁给他。赵盼儿深知周舍的流氓本性，得知这一消息后对宋引章诚恳相劝，告诉她周舍是一个虚伪凶狠的家伙，如果嫁给他，不过半年就会被他抛弃，而且还会遭到他的凌辱和迫害。但是年轻的宋引章不听劝阻。事实果然是"不信好人言，必有恓惶事"，她刚嫁过门就被周舍打了五十杀威棒。以后朝打暮骂，备受凌辱，在将被折磨致死的情况下，宋引章不得已写信给曾经好心劝告但被自己严词拒绝的姐姐赵盼儿求救。赵盼儿闻讯后急人之急，立即设计救援宋引章。她利用周舍这个花花公子贪财好色的本性，

① 王国维：《王国维戏曲论文集》，中国戏剧出版社，1984年，第90页。

“以其人之道还治其人之身”，施展出风月场中的手段，把自己打扮得花枝招展，又带上定亲需要的美酒肥羊花红等财物，到郑州找到周舍，以休了宋引章为条件，表示一心一意要嫁给他。喜新厌旧的恶棍周舍终于落入赵盼儿精心设计的圈套，写休书放走了宋引章，同时又走了赵盼儿，结果是弄得个“尖担两头脱”。最后在主持公道的清官李公弼辨明是非的情况下，全剧以喜剧告终。

剧本成功地塑造了赵盼儿这一勇敢机智的下层妇女的光辉形象。剧作家不只是一般地表现她的善良性格和对落难姐妹的深厚的同情心，而且还热情地歌颂了她主动救人于水火之中的侠肝义胆。她是不顾自身的安危，冒着很大的风险去救宋引章的。她只是一个在当时地位很低贱的妓女，面对的却是有钱有势、诡计多端的宦家公子，但她老练沉着、无所畏惧，凭着自己丰富的阅历和过人的胆识、智慧，巧作安排，终于迫使对手陷入狼狈的境地。

赵盼儿的形象，在关汉卿的时代当然带有理想的色彩。但整个戏剧冲突却深深地植根于现实的土壤之中，人物的思想性格都有充分的现实依据。她对苦难姐妹的深挚的关切和同情、对玩弄摧残女性的流氓恶棍的强烈憎恨，以及从这种爱和恨中焕发出的智慧的光芒，都是从她长期的风尘生活经历中产生出来的。在第一折里，剧作家即连续以几支曲词，让女主人公一出场就唱出她在长期被污辱、被损害的生活中郁积于心的辛酸与悲愤。例如在［天下乐］这支曲子中她唱道：

我想这先嫁的还不曾过几日，早折的容也波仪、瘦似鬼，只教你难分说、难告诉、空泪垂！我看了些觅前程俏女娘，见了些铁心肠男子辈，便一生里孤眠，我也直甚颓！

她对宋引章的命运怀着那样深切的关怀，对周舍奸险狠毒的本性有那样清醒的认识，在救援宋引章与周舍周旋时是那样的精细和沉着，这一切都产生于这种切身的生活体验之中。在赵盼儿性格的刻画上，同样体现了关汉卿杂剧现实主义与浪漫主义相结合的艺术特色。这个形象是剧作家对现实生活中无数下层妇女优秀品质的艺术概括，同时又寄托了他美好的理想，作了极大的加工和提高。他肯定和歌颂被压迫的弱者能依靠自己的智慧和力量去战胜狡猾凶狠的强大的压迫者。这个敢于斗争又善于斗争的下层妇女形象，给被压迫者以巨大的信心和鼓舞力量。

这是一本以被压迫者的胜利告终的喜剧，却又渗透进了浓厚的悲剧色调。整个戏剧情节是在被压迫的下层妇女受欺骗、受凌辱的生活基础上展开的，喜剧性的情节中弥漫着愁云惨雾。在戏剧冲突的发展和喜剧的结局中，人们在欢笑和快意的同时，会发现剧作家的泪水，从而更深地去感受剧作家的爱和恨，去思考生活中的美和丑。

二、《望江亭》

《望江亭》的全名是《望江亭中秋切鲙》。这也是一本歌颂被压迫妇女的智慧胆识和斗争精神，并以压迫者的失败结局的喜剧。

谭记儿死了丈夫以后，权豪势要杨衙内听说她长得很漂亮，就妄图霸占为妾。罪恶意图未及实现，谭记儿就嫁给了在潭州为官的白士中，婚后夫妻相爱，过着美满幸福的生活。但号称“花花太岁为第一，浪子丧门世无对”的杨衙内却不肯就此罢休，他依仗自己的权势，在皇帝面前谎奏白士中“贪花恋酒”，并讨来势剑金牌、尚方文书，前去潭州取白士中的首级，以此达到霸占谭记儿的罪恶目的。谭记儿得知此事后，十分气愤，却从容镇定，一方面劝慰鼓励丈夫，另一方面巧设制胜敌人的计策。她于中秋节之夜，装扮成渔妇来到望江亭，向杨衙内献鱼切鲙，佐酒助欢，以酒色为手段，制伏对手，趁机盗走了势剑金牌和尚方文书，使杨衙内杀人夺妻的罪恶阴谋成为一枕黄粱，成功地保护了丈夫，保护了自己，保卫了幸福美满的生活。

在第三折高潮之前，剧本就表现了谭记儿的“聪明智慧，事事精通”，为她跟杨衙内的一场正面斗争做了铺垫。高潮一折，在轻快活泼的戏剧情节中，完成了对这个大智大勇的妇女形象的塑造。剧本在对权豪势要的无情揭露和对被压迫妇女的热情歌颂方面，跟《救风尘》在艺术上是一致的。但由于谭记儿的身份地位跟赵盼儿有所不同，剧本反映的具体生活内容有所不同，《望江亭》的喜剧色彩显得更为浓烈。

三、《单刀会》

《单刀会》的全名是《关大王独赴单刀会》。这是关汉卿历史剧的代表作。

剧本写的是三国时期的历史故事：鲁肃为了索还荆州，约请关羽过江赴会。他设下了三步计策：先是以礼索取；不成则拘留关羽，胁迫对方献还；再不成则出伏兵擒住关羽，以武力攻取荆州。鲁肃与关羽的矛盾，实际上是东吴与蜀汉之间的矛盾，因此关羽单刀赴会，不但关系到他个人的生死，而且关系到蜀国的安危。戏剧冲突包含着丰富的社会历史内容，具有激动人心的力量。关羽明知过江是置身于“千丈虎狼穴”，但为了蜀汉的利益，还是以大无畏的精神单刀赴会。席间，以他非凡的英雄气概，拒绝交出荆州，并喝退伏兵，在关平的接应下安然地回到了荆州。

剧本用虚实结合的手法，突出地刻画和歌颂了关羽的智慧、勇敢和忠心，完成了英雄主义主题的表现。在第一、二折里，剧本写鲁肃征求乔公和司马徽的意见，两人都不同意，在申说理由时都极力夸赞渲染了关羽的勇武过人。这样，通过人物之口，在关羽尚未出场前，他的大无畏的英雄气概和威武的形象，就已经鲜明地出现在读者的面前。这两段虚写，为后文正面刻画关羽的英雄形象起到了很好的映衬作用。

第三折通过鲁肃派黄文下书，着重表现关羽的机智。他一下子就看穿了鲁肃的阴谋诡计："那里有凤凰杯满捧琼花酿！他安排着巴豆砒霜，玳筵前摆列着英雄将！"他看出了杀机，却又不避危险，奋然前往，这就充分地表现了这位英雄人物的智勇和胆气，以及对蜀汉的一片忠心。基于这些描写，读者对他单刀赴会而又能胜利归来便充满了信心。等到第四折高潮到来，正面写跟鲁肃的冲突时，剧作家没有费多少笔墨和力气，举重若轻地就写出了一个光彩照人的英雄形象来。

这本戏是一本以正末主唱的"末本"戏，与前面介绍的三本都是"旦本"戏不同。不过角色的男女虽有别，具体的内容也有所不同，但所歌颂的都是大无畏的英雄主义这一点却是相通的。关汉卿写历史故事，却仍然着眼于现实，他显然从他所生活的那个时代的现实社会中吸取了营养，把人民群众的英雄主义和乐观主义的精神风貌熔铸到了关羽这个具体的历史人物身上。因此，关羽的形象，包含着历史的和现实的内容。或者反过来说，《救风尘》中的赵盼儿、《望江亭》中的谭记儿，在她们身上所表现出的大智大勇的品格，也可以看作是关大王单刀赴会的精神在现实人物身上的表现。因此，这些剧本虽然题材和主题并不完全相同，但它们所表现出的英雄主义和乐观主义精神，却同样能给当时广大被压迫的人民群众以巨大的力量和鼓舞。

思考题

1. 杂剧这种戏曲形式是怎样形成的？它在体制上有什么样的特点？

2. 为什么说关汉卿是一位人民戏剧家？他的作品在思想内容上有什么样的特点？

3.《窦娥冤》是怎样刻画窦娥这个人物形象的？这本戏在戏剧冲突的组织上有什么样的特点？

4. 窦娥、赵盼儿、谭记儿这几个人物形象有哪些异同？

5. 结合具体作品，理解关汉卿戏剧创作现实主义与浪漫主义相结合的艺术特色。

参考文献

1. 吴晓铃等编校:《关汉卿戏曲集》，中国戏剧出版社，1958 年。

2. 王学奇等校注:《关汉卿全集校注》，河北教育出版社，1988 年。

3. 范达人、颜长珂主编:《古典戏曲十讲》，中华书局，1986 年。

4. 黄克:《关汉卿戏曲人物论》，人民文学出版社，1984 年。

5. 古曲文学出版社编辑部编:《关汉卿研究论文集》，古典文学出版社，1958 年

6. 霍松林主编:《关汉卿作品赏析集》，巴蜀书社，1990 年。

第十二讲　汤显祖和《牡丹亭》

第一节　南戏的发展和明代传奇的体制

中国古典戏曲的发展，从宋元至明清，主要的形式体制有两种：杂剧和传奇。杂剧又称北曲杂剧或北杂剧，最早形成于北方的山西、河北一带；传奇则是由南曲戏文（简称南戏）发展而来，而南戏最早源于温州杂剧（又称永嘉杂剧）。明代的戏剧在宋元南戏和元代杂剧的基础上发展，因而其形式体制有两种，即传奇和杂剧。总的来看，明代的杂剧成就不高，而传奇却取得了很高的成就，特别是嘉靖年间昆山腔兴起以后，在剧坛上占统治地位的是传奇，在剧场中演出很多，也产生了杰出的作家和作品。而杂剧在有明一代作品数量虽然也不少[①]，但思想艺术均佳的作品很少，可供演出的剧本更少。

南曲戏文是与北曲杂剧相对而言的。从演唱的乐曲看，南戏用南方的曲调，杂剧用北方的曲调，曲调的风格和乐曲的组合都是很不相同的。南戏和由南戏发展而来的传奇，其繁荣期虽晚于在元代盛极一时的北杂剧，但其形成却早于北杂剧。祝允明《猥谈》说："南戏出于宣和之后，南渡之际，谓之温州杂剧。"[②]大概经过一段时间的发展，到了光宗时期就逐渐成熟、繁盛起来。王国维称："南戏之渊源于宋，殆无可疑。……然其渊源所自，或反古于元杂剧。"[③]温州杂剧无疑与宋杂剧有血缘

---

① 据傅惜华的《明代杂剧全目》统计，明杂剧共有五百多种，现存剧本也有一百五六十种，数量只略少于元杂剧。

② 《续说郛》卷四十六。

③ 王国维：《宋元戏曲考》第十四，《王国维戏曲论文集》，中国戏剧出版社，1984 年，第 93 页。

关系，但更多的还是受到地方民间歌舞和说唱伎艺的影响。温州杂剧最初只是一种地方小戏，由于能广泛地吸收各种艺术形式（包括北曲杂剧）的经验和营养，因而就逐渐发展成为相当成熟且影响广泛的戏曲形式。

估计至迟到南宋末年，发展得相当成熟的南戏，已广泛地在南方特别是在浙、闽一带流传。南宋灭亡以后，随着蒙古统治者的南下，北杂剧传到南方，占据了统治地位；而南戏虽为一般封建文人所轻视，在民间却仍然流传不绝，而且相当活跃，并吸取北杂剧的艺术成分而继续发展。到了元代末年，北杂剧走向衰落，南戏则兴盛繁荣起来，不仅在南方各地广泛流传，而且远及于北方的大都。与此同时，南戏已不仅在农村搬演，在城市中也广泛演出，进而引起封建士大夫的重视。例如元末的高则诚，就以南戏的形式，写成了传奇名作《琵琶记》。有些杂剧作家也从事南戏的创作。

温州杂剧的音乐，最初大概只是以一两首民歌来演唱的，后来就慢慢发展为有丰富的曲调。前人称南戏“不叶宫调”，其实并不确切。南戏自有其宫调，只是每一种曲调属于何种宫调，在最初并没有明确的规范，运用时也没有严格的组合规则。因而南戏的乐曲带有鲜明的民间音乐自由灵活的特色。随着南戏的进一步发展，后来也就有了明确的宫调规范，但在使用上也比杂剧灵活得多。例如并不像杂剧那样，在一折中要求用同一宫调的若干支曲子来组合，而是在同一出中可以使用几个不同宫调的乐曲来组合。到后来，北曲杂剧与南曲戏文彼此交流融合，就产生了所谓“南北合套”的情况，也就是在乐曲的运用和组合上，可以打破南曲和北曲的界限，将本来属于南曲中的曲调同本来属于北曲中的曲调混合联成一套。这时南戏的音乐就显得十分丰富了，但同时仍然保持着来自民间的自由灵活的特色。从总体上看，南曲和北曲的风格差异是比较明显的：北曲节奏比较急促，声调雄劲有力，而南曲则节奏比较舒缓，声调柔美婉转。

早在宋元时代，南戏就有各种声腔先后在各地民间流行，以后逐渐发展起来，主要有海盐、余姚、杭州、弋阳、昆山等腔。除失传的杭州腔不计外，其余四种号称南戏“四大声腔”。海盐腔大约在南宋中期即已形成，最初流行于嘉、湖、温、台一带，其风格特色为后起的昆山腔所吸收。余姚、弋阳二腔时代稍晚，大概形成于宋元之间。弋阳腔出于江西，开始在江西、安徽一带流行，后来广泛流行于北京、南京、广东、福建、湖南等地，影响及于西南的云、贵。余姚腔出于会稽，流行于常、润、池、太、扬、徐一带。昆山腔晚出，大概产生于元末明初的苏州昆山，但在明代影响极大。特别在嘉靖时魏良辅等人改造了昆山腔原有的曲调和唱法，进行了大胆的革新以后，昆山腔便风行南北，压倒其他各种声腔而成为明清时期传奇剧本创作的代表性声腔。昆山腔的特色是清柔婉曲、细腻优美。在乐器伴奏上，则兼用弦索、箫管、鼓板，打破了以往南北两套伴奏乐器不能相混的成规。

南戏和杂剧，作为两种不同的戏曲体制，除了在音乐上有南北的不同外，其主要的区别还有以下几个方面：在结构上，杂剧一般是四折加上一个或两个楔子（少数也有五折、六折或多本连演的，如《西厢记》）。而南戏则比较自由灵活，视剧本内容的需要可长可短，短的可以仅有十几出（早期南戏分场，后来才分出），长的则可以有几十出。不过一般都是在三十出到五十出之间，例如《琵琶记》为四十二出，《白兔记》为三十二出，《荆钗记》为四十八出。发展到明清传奇时，长短之间的伸缩性更大，一般在二十出至六十出之间。这种长篇戏曲体制，显然更适合于表现丰富复杂的社会生活，比杂剧的容量更大，表现也更自由灵活。在曲文上，杂剧要求每一折必须一韵到底，中间不能换韵，南戏则可以换韵。南戏曲辞使用的语言为南音，有入声，有些韵部可以通押。在角色行当上，杂剧主要分末、旦、净、丑四大行当（也有人认为杂剧中没有丑），南戏则有生、旦、净、末、丑，分工较细。而在唱腔的分配上，杂剧一般只能由正旦或正末一人主唱到底，南戏则可以分由各种角色来演唱，而且不仅有独唱，还有对唱、合唱、轮唱等，更有利于刻画人物性格，揭示人物之间的关系。

这些形式体制上的特点当然是逐步形成的，但从温州杂剧到南戏，再发展到明清传奇，就使得这一长篇的戏曲形式终于发展成为一种适合于表现丰富的社会生活内容的新的戏曲体制，在明清两代压倒杂剧而得到空前繁荣，取得高度成就。

南戏的剧目应该是十分丰富的，但保存下来的作品不多。据钱南扬的《戏文概论》和刘念兹的《南戏新证》，二书共搜录宋元南戏剧目二百四十多种，但绝大多数都已亡佚。据有关文献资料记载，今天可以确定为宋人作品的有六种：《赵贞女蔡二郎》《王魁》《王焕》《乐昌分镜》《韫玉传奇》和《张协状元》。前五种均已亡佚，唯《张协状元》因收录在《永乐大典》中而幸存于世。

在今存《永乐大典》所收的三种戏文中，除《张协状元》外，另两种是产生于元代、由杭州书会才人编写的《小孙屠》和《宦门子弟错立身》。从中也能见出早期南戏的面貌。元末南戏最重要的作品是被称为“四大传奇”的《荆》(《荆钗记》)、《刘》(《刘知远白兔记》)、《拜》(《拜月亭》)、《杀》(《杀狗记》）和高则诚的《琵琶记》。

在南戏的发展中，高明（字则诚）的《琵琶记》称得上是一部里程碑式的作品。

《琵琶记》是根据南宋戏文《赵贞女蔡二郎》改编的。但作者对原著作了重大的改动，将蔡伯喈背亲弃妇的行为，改变为全忠全孝，将蔡伯喈被暴雷轰死受到应有惩罚的结局，改变为一夫二妻大团圆的美好收场。他将赵贞女和蔡二郎都塑造为正面形象。剧本的题目“有贞有烈赵贞女，全忠全孝蔡伯喈”，就显示了鲜明的思想倾向。作者确是自觉地通过戏剧的形式来宣扬封建道德的。虽然如此，剧本反映的社会生活内容是比较丰富的，其中仍然包含了许多值得肯定的现实主义描写。剧本通过赵五娘在家中的悲惨遭遇，在一定程度上揭露了官府的腐败和社会的黑暗。赵五娘的形象也有其独特的社会意义，她在丈夫离家后独立支撑全家的生活，历尽种种艰辛，后又只身一人沿路弹唱琵琶行乞，进京寻找丈夫，都表现了一个下层妇女勤劳、纯朴、善良和坚忍不拔的精神。《琵琶记》在艺术上也取得了较高的成就。在南戏的形式体制上，剧本已发展提高到完整成熟的程度。赵五娘的形象塑造得十分成功。结构上两条线索（陈留家乡五娘的悲苦生活和京师蔡伯喈招赘后在牛府中的荣华富贵生活）交错发展，形成鲜明强烈的对比，增强了戏剧冲突，突出了戏剧主题。语言也明净洗练，既本色又富于文采。后人将《琵琶记》推为南戏之祖，不是没有道理的。

明代昆山腔风行南北以后，南戏发展为成熟的长篇传奇体制。明代传奇产生了许多优秀的作品，其中最杰出的就是汤显祖的《牡丹亭》。

从上面的论述可以看出，从宋代的温州杂剧到明清传奇，南戏体制经历了漫长的历程：由简单到丰富，由粗糙到成熟，由最初的地方小戏发展为遍及全国的完美的戏曲形式。在中国戏剧史上，南戏不仅成为可与北曲杂剧媲美、并行的独立体制，而且两种体制互相吸收、互相影响、互相渗透，为中国古典戏曲艺术的创造和发展做出了巨大的贡献。

第二节　汤显祖的时代、生平和思想

在文学艺术史上，任何一部杰作的产生，除了作家、艺术家本人的条件（包括天才的条件）以外，还必然伴随着相应的时代条件。伟大的作家、艺术家是时代的儿子，而他精心结撰的作品则是属于历史的。

就思想统治的严酷而论，处于中国封建社会后期的明王朝，可以称得上是中国历史上最黑暗的朝代之一。宋明时期的理学，从朱熹到王守仁，都提倡“存天理，灭人欲”，他们从不同的角度将封建伦理纲常神圣化、神秘化，使之成为加在广大人民（尤其是妇女）身上的精神桎梏。人欲——人的自然的、合理的生活或生存的要求，人原本充满生机的个性，在很长时期都遭到蔑视、窒息和摧残。但在明中叶以后，古老的中国封建社会的经济结构开始发生了细微而缓慢的变化，由于手工业和商品经济的发展，开始孕育出新的资本主义的因素。随着市民阶层的壮大，不仅出现了反封建压迫和反封建专制主义的市民斗争，而且在思想上产生了新的民主要求。以泰州人王艮为代表的“左派王学”（又称“泰州学派”），提出“百姓日用即道”的观点，肯定人民群众日常生活、生产的要求和活动都是合理的，并以此作为标准来衡量神圣的高不可攀的圣人之道。这种思想与封建专制主义相对立，具有鲜明的民主色彩。稍后的李贽发挥了王艮思想中积极的一面，批判宋明理学家“存天理，灭人欲”的说教，尤其对所谓假道学深恶痛绝，进行猛烈攻击，被封建统治阶级视为“异端之尤”。在这种新的社会思潮的影响下，在 16 世纪与 17 世纪之交的中国剧坛上，出现了一位反映出朦胧的个性解放要求的伟大戏剧家汤显祖。他生活于大黑暗的时代，却敏锐地感受到新的时代气息；他诅咒黑暗，呼唤光明，赞颂美，为长期被窒息的人欲的复苏和人的个性的发展而呼号。

汤显祖（1550—1616），字义仍，号若士，又号海若，自署清远道人。江西临川人。他出身于书香世家，从小喜读书，善作文。他为人耿直正派，不肯为换取个人飞黄腾达的前途去趋附权贵。1570 年（21 岁）时考中举人。当时权势很大的宰相张居正，因看到汤显祖才名很高，就想笼络他与自己的子弟交游。这在某些人看来是一个极好的晋身机会，但汤显祖却加以拒绝，因而得罪了位高权重的首辅大臣。因此，他后来多次赴京考进士都未考中，直到 1583 年（34 岁）时（此时张居正已死）再一次参加考试，才以第三甲第 211 名赐同进士出身。1584 年（35 岁）辅臣申时行和张四维又慕名来结纳，他又宁愿失掉考选庶吉士而晋升为内阁大臣的机会，再次加以拒绝，结果到南京太常寺做了一个博士。1589 年（40 岁）才升任南京礼部祠祭司主事。

他生活的明中后期嘉靖、隆庆、万历三朝，是一个政治十分黑暗腐败的时代。皇帝骄奢淫逸，崇信道教，服药求仙；一些朝廷大臣专权，为非作歹，贪官污吏大量搜刮人民的钱财，人民生活极其贫困，阶级矛盾十分尖锐，市民暴动和农民起义不断发生。汤显祖对黑暗政治十分不满，心中充满愤慨之情。他和早期东林党的领袖顾宪成、高攀龙、邹元标等人都是政治上的好友，对当时政治的看法和批评的态度都是相近的。

汤显祖官位不高，又比较关心人民，有机会接触和了解人民的生活。1587—1588年，江南大饥之后继以大疫，人民流徙沟壑，而救灾者却在大饱私囊之后得到升迁。1590年，青海火落赤部来犯，临洮总兵官刘承嗣兵败失事，为主和的首辅申时行所庇护。汤显祖由于仗义执言，敢于批评朝政，被人称为“狂奴”。1591年（42岁），他上了一道《论辅臣科臣疏》，直言不讳地揭露了辅臣专权、政治黑暗的情况，得罪了权相申时行，因此被贬到边荒之地的广东雷州半岛南端的徐闻县任典史的小官。1593年（44岁），调任浙江遂昌知县。在遂昌五年，他比较关心和接近人民，做了不少为人所称道的好事，如压抑豪强、驱除虎害、建立相圃书院和尊经阁、除夕放囚犯回家和家人团聚等。出于对黑暗政治的强烈不满，1598年（49岁），他愤然辞官回到家乡临川。不朽的杰作《牡丹亭》即创作于这一年。归家后三年，被当权者以“浮躁”之名追论罢职。此后就在家乡临川过着闲居生活，主要是读书、创作和进行戏剧活动。由于《牡丹亭》的风行于世，加上既从事戏曲创作，又亲自参加导演，他便成为蓬勃发展的江西戏曲界的领袖人物。

汤显祖所生活的时期，正是思想领域内掀起以王艮和李卓吾为代表的“左派王学”反对程朱理学斗争的时期。他明显地受到“泰州学派”进步思想的影响。他的老师罗汝芳就是“左派王学”的进步思想家，是王艮的三传弟子。他13岁即从罗汝芳游，中年时又在南京跟罗讨论过学问。他诗文中提到的明德先生即指罗汝芳。他对李卓吾非常佩服和崇拜，称其为“畸人”，并托朋友殷勤求访刚刚刊行的《焚书》。① 他还跟当时有名的禅师紫柏和尚交好。紫柏又叫达观、可上人，是以禅宗来反对和批判程朱理学的一位思想家。汤显祖有一个佛号叫寸虚，就是达观赐给他的。他在《答邹宾川》书中曾说：“弟一生疏脱。然幼得于明德师，壮得于可上人。”② 可见这两个人对他的影响。李贽和紫柏都被当时的统治者视为“异端”，并遭迫害，先后被囚禁而死于狱中。汤显祖怀着深切的同情，为他们写过悼诗。③

① 汤显祖：《寄石阳苏州》，《汤显祖诗文集》卷四十四，上海古籍出版社，1982年，第1246页。

② 《汤显祖诗文集》卷四十七，上海古籍出版社，1982年，第1352页。

③ 《叹卓老》诗中有句云：“知教笑舞临刀杖，烂醉诸天雨杂花。”《西哭》三首其三云：“万物随黄落，伤心紫柏西。”并见《汤显祖诗文集》卷十五，第583、595页。

汤显祖的“至情”论思想，就是在这样的时代条件下，受到这些思想家的影响而产生的。其核心是反对程朱理学对人性和人的个性的抹杀与摧残。他认为人是有情的，人生也是有情的人生；不仅如此，他还认为世界上的万事万物也都是有情的。他提倡人要有真性情，反对假道学。他将人自然具有的真情与道学家提倡的“理”对立起来，以情来反对“理”，反对道学家的禁欲主义。至情论就是他创作《牡丹亭》的思想基础。

汤显祖同时也受到佛家和道家思想的影响。早在南京做官时他就开始读佛家和道家的书，而且多和道士和尚交往，作方外游，这也被封建士大夫视为异端。他对佛学用力尤多，30 岁时曾在南京清凉寺设坛讲经，又曾为《蜀大藏经》和《五灯会元》作序。晚年因政治上的失意和生活上遇到的一些挫折（如爱子的夭折），佛家和道家的出世思想对他产生了较大的影响，这在他的戏剧和诗文中都有不同程度的表现。

要正确地认识汤显祖《牡丹亭》的思想艺术特色，还应该了解他有关戏剧创作的思想。他的创作思想和艺术观，鲜明地表现在当时剧坛上所谓“吴江派”与“临川派”之争中。万历以后，剧坛上由于昆山腔的兴盛和广泛流传，作家作品日益繁多，便产生了不同的戏剧流派，其中影响最大和最有代表性的是以沈璟为代表的“吴江派”（因为沈是江苏吴江人）和以汤显祖为代表的“临川派”（汤是江西临川人）。这两派代表了两种不同的创作思想。沈璟精于音律，强调剧作要协律守法，连一个字也不能违背音律；而汤显祖则崇尚意趣，主张音律形式要服从于内容，服从于意趣。王骥德《曲律》中曾精要地概括过这两派的差别和对立：

> 临川之于吴江，故自冰炭。吴江守法，斤斤三尺（三尺即法的代称），不欲令一字乖律（违背声律的要求），而毫锋（笔）殊拙（非常低下平庸）；临川尚趣，直是横行，组织（这里指文采）之工，几与天孙（织女星）争巧，而屈曲聱牙（曲折拗口），多令歌者咋舌。[①]

沈璟有一些非常极端的意见，如他说：“宁协律而词不工，读之不成句，而讴

① 《中国古典戏曲论著集成》第四册，中国戏剧出版社，1982 年，第 165 页。

之始叶，是曲中之工巧。”[①]又说：“宁使时人不鉴赏，无使人挠喉捩嗓。”据传，沈璟曾嫌汤显祖的《还魂记》（即《牡丹亭》）不协律，取而改其字句不协律者，吕玉绳（汤之同年友，《曲品》一书的作者吕天成的父亲）给汤显祖看，汤非常不高兴地复了一封信，信中有这样的话：“彼恶知曲意哉！余意所至，不妨拗折天下人嗓。”[②]但汤显祖实际上并不是不懂音律，也不是不注意音律，他只是不为音律所束缚，正如有人对苏轼词作的评论，是为曲子所缚不住者，他强调音律要服从于作品的内容。他曾说：“凡文以意趣神色为主。四者到时，或有丽词俊音可用。”[③]吴江派强调曲文应该协律不是没有道理，但强调到文不成句、内容无人欣赏也在所不惜，那就走上形式主义的道路了。明代人认为汤显祖的剧作不守法、不协律，只是由于天才很高，才创作出脍炙人口的作品，实际上汤显祖的创作成就并不在他的天才，而主要在于他强调和重视思想内容、追求意趣的创作思想。

“吴江派”创作成就不高。沈璟本人创作传奇十七种，总称《属玉堂传奇十七种》，今存七种。其中写水浒英雄武松的《义侠记》较有影响，但剧中武松的忠君思想也很严重，其他作品大多是形式主义的，且露骨地宣扬了封建伦理观念和宿命论思想。与“吴江派”相反，“临川派”在创作上取得了杰出的成就，汤显祖所作五种传奇剧本全部流传至今。郑振铎先生称汤显祖为“传奇黄金时代的一位最好的代表”，并说：“他只是一位不声不响，自守其所信的孤高的作家。他不提倡什么，他不宣传什么，他也不要领导着什么人走。他只是埋头的尽心尽意的创作着。然而他的晶莹的天才，立刻便为时人所认识，他的影响立刻便扩大起来——那么伟大的影响，大约连他自己也不会相信的。”[④]汤显祖的巨大影响，主要来自他的作品，来自他创作的实绩。

汤显祖除了五种传奇作品外，还有大量的诗文、辞赋、书札等，在当时也颇负盛名。今存诗集《红线逸草》《问棘邮草》和《玉茗堂集》（诗、文、赋合集），今人徐朔方汇集为《汤显祖诗文集》，并为笺校，由上海古籍出版社出版。

---

① 吕天成：《曲品》卷上，《中国古典戏曲论著集成》第六册，中国戏剧出版社，1982年，第213页。

② 同上。

③ 汤显祖：《答吕姜山》，《汤显祖诗文集》，上海古籍出版社，1982年，第1337页。

④ 郑振铎：《插图本中国文学史》，作家出版社，1957年，第854页。

第三节 《牡丹亭》的思想基础和反封建意义

汤显祖一生创作了五个传奇剧本:《紫箫记》《紫钗记》《南柯记》《邯郸记》和《还魂记》(即《牡丹亭》)。《紫箫记》写于早年，仅成三十四出，没有终卷。后来作的《紫钗记》即据《紫箫记》删润而成。后四种因在剧中都写到梦境，故合称为“临川四梦”或“玉茗堂四梦”(“玉茗堂”为汤显祖的堂名)。

“四梦”的取材，都有前代的小说笔记作依据。《紫钗记》取材于唐代蒋防的传奇小说《霍小玉传》,《牡丹亭》取材于明代话本小说《杜丽娘慕色还魂》,《南柯记》取材于唐代李公佐的传奇小说《南柯太守传》,《邯郸记》取材于唐代沈既济的传奇小说《枕中记》。但这四种剧都不是原作的简单改编，而是经过剧作家思想上的改造，融进了现实生活的内容，传达出时代的气息。汤显祖在《紫钗记》中改变了小说中李益负心薄义的思想性格和有关情节，将悲剧性的结局改变为喜剧性的团圆结局，热情地赞颂了霍小玉的“有情痴”和黄衣客的“无名豪”，这显然是寄托了他的理想的。剧本揭露了卢太尉的专横自私、卑鄙奸诈，也对李益的软弱动摇作了一定的批判，认为这是造成霍小玉悲剧命运的两个主要因素。《南柯记》通过一个名叫淳于棼的人梦境中的种种遭遇，曲折地表现了剧作家对现实政治的认识，对朝廷的腐败和统治者的骄奢淫逸，做了一定程度的揭露；南柯郡的太平景象则体现了作者与黑暗现实相对立的政治理想，但剧中有些地方流为佛教教义的宣讲，在全剧的末尾更表现出一切皆空、人生如梦的消极思想。《邯郸记》也是通过梦境来反映现实的，内容比《南柯记》深刻一些，带有更为鲜明强烈的揭露意义。卢生飞黄腾达和荒淫无耻的一生，是封建社会中大官僚生活的艺术概括。剧中对科场的腐败、官场中的互相倾轧、统治阶级生活的豪华奢靡等，都作了广泛的揭露，可以说是明代后期黑暗政治的缩影。但剧中通过吕翁度人成仙，将现实社会中种种黑暗和腐败归结为梦幻，也表现出浓重的佛道思想。

《牡丹亭》是汤显祖的得意杰作。他自己曾说：“一生四梦，得意处惟在《牡丹》。”[①] 的确，无论是从剧本的思想艺术成就来看，还是从对社会生活的影响及在戏剧史上的地位来看，足以使汤显祖成为一个伟大的戏剧家以至与同时期英国的伟大

① 王思任:《批点玉茗堂牡丹亭叙》。

戏剧家莎士比亚并称的，正是他的不朽杰作《牡丹亭》。

《牡丹亭》又名《还魂记》，或称《牡丹亭还魂记》，是16世纪末期中国戏剧史上一部描写爱情的杰作。剧本描写了一个奇异动人的爱情故事：南宋初期，南安太守杜宝夫妇只有一个女儿叫杜丽娘，视若掌上明珠。杜宝为了按自己的理想和道德观念来培养教育杜丽娘，请来了一个老秀才陈最良做家庭教师，由杜丽娘的丫头春香陪读。严格的闺戒和深闺生活，使得杜丽娘的精神生活十分苦闷。在封建思想很少而又十分活泼调皮的春香的诱使之下，再加上《诗经》中描写爱情的诗篇《关雎》的启发，杜丽娘的青春和爱情开始觉醒。在百花盛开的美丽的春天，杜丽娘到后花园去游玩，十分惊异于春天自然景色的美丽，因春色而更加触发了内心的苦闷。在小睡的一会儿工夫，就在梦中遇到了一个青年书生，这个书生向她折柳求诗，表白对她的爱情，于是两人幽欢相爱。（《惊梦》）醒来后总忘不了那个梦中的情人，再到园中去追寻，却毫无踪迹。（《寻梦》）于是因情而病，因病而亡。死前她对镜自画了一幅小像（《留真》），并题了一首诗，表达了对梦中情人的爱情和思念，托春香在她死后将她的画像埋在花园中的太湖石下，求她母亲将她葬于园中的梅花树下。杜丽娘终于因为她梦中的爱情不能变成现实忧郁而死。此时正值李全作乱，杜宝奉命到扬州做安抚使。杜家走后，按杜丽娘的遗言将她埋葬在花园中的梅花树下，并建造了一座梅花观，由石道姑看守灵柩，又置田产，让陈最良监守。三年后，青年书生柳梦梅到临安赴试，路过南安时得病，由陈最良救至梅花观养病。一天，柳梦梅在园中闲游，偶然发现了杜丽娘的那幅自画像，他看了又看，挂在壁上反复欣赏，竟然对画中人产生了爱情。后来为情所感，杜丽娘的幽魂出现，与柳梦梅幽欢。杜丽娘天天晚上来，鸡鸣前即走。一天晚上，杜丽娘的鬼魂告诉柳梦梅，她就是那个画中人，是已死的南安太守的女儿，并要求他开墓让她还魂复生。第二天，柳梦梅即与石道姑一起商量，开了墓穴，救活了已经死去三年的杜丽娘。柳梦梅于是和杜丽娘一起带着石道姑到临安去参加考试，并准备到扬州，请求杜丽娘的父母允婚。但这时因李全骚扰淮安，朝廷命杜宝由扬州移镇淮安。在此之前，陈最良发现杜丽娘的坟墓被掘开，石道姑和柳梦梅突然不见，即赴扬州报告盗墓之事。杜夫人和春香因李全之乱前往临安，途中在旅舍中突然巧遇再生的杜丽娘。杜丽娘在柳梦梅考试后，要他带着她的自画像到淮安去打听父亲的消息，并请求允婚。此时，正值杜宝派陈最良设计招降李全成功，淮安解围，安抚使正大摆太平宴。柳梦梅自称是安抚使的女婿，再三请见。安抚使不承认，拒不相见。柳梦梅强行闯入，闹了太平宴，被抓了起来。杜宝在拷问柳梦梅时，发现女儿的那幅自画像，就认定他是一个盗墓贼，将他吊打。柳梦梅再三申明辩白也无济于事。此时考试放榜，柳梦梅状元及第，报喜的人到处找他，最后发现他正被吊打，就将他抢走。后来在皇帝面前辩论，最终辩明了杜丽娘确是死而复生，又经杜丽娘的再三解释，在皇帝的调解命令之下，柳梦梅与杜丽娘终于结为夫妇，以全家大团圆结局。

《牡丹亭》一问世，便风行一时，在社会上产生了广泛的影响，据说是“家传户诵，几令《西厢》减价”[①]。当时一些女性读者被它深深地感动，在思想感情上产生了强烈的共鸣。相传一位名叫俞二娘的年轻女子，因读了《牡丹亭》伤感而死，汤显祖还曾写诗来悼念她。杭州的女演员商小玲，意有所属而情不得通，在演出《牡丹亭·寻梦》一出时，竟因哀感而当场死在舞台上。扬州一个酷爱《牡丹亭》的女子，临死时遗言要拿《牡丹亭》殉葬。多情才女冯小青，爱情婚姻极其不幸，读《牡丹亭》后题诗云：“冷雨幽窗不可听，挑灯闲看《牡丹亭》。人间亦有痴于我，岂独伤心是小青。”可见杜丽娘的形象确实概括了当时许多妇女的不幸命运，表达了她们痛苦的心声。一百多年以后，曹雪芹在《红楼梦》里写了“西厢记妙词通戏语，牡丹亭艳曲警芳心”一回，写林黛玉听了悠扬婉转的《牡丹亭》曲词，竟“心动神摇”“如醉如痴”。这位伟大的现实主义作家，以一种特殊的形式——通过他笔下的女主人公，一个生活在黑暗王国之中，开始觉醒，具有初步民主思想的少女的心灵感应，对《牡丹亭》做出了评价。这是一个不同寻常的很高的评价。

时间过去了将近四个世纪，由于时代条件完全不同，剧中所反映的生活早已成为历史的陈迹。今天的女孩子读《牡丹亭》，当然不可能再唤起如俞二娘、商小玲、冯小青那样五内摧伤的心灵共鸣，也不会有像林黛玉那样撼魄惊心的感受。但《牡丹亭》的全本或单折至今还在不断演出，它仍然能够活在社会主义的舞台上，仍然能够打动人心，具有认识的和审美的价值。

一部充满幻想、描写贵族少女同青年书生爱情关系的剧作，在封建社会里引起了各阶层读者的强烈反响，至今仍然保有它的艺术生命力，这当然不是无缘无故的。《牡丹亭》以青年男女的爱情为题材，却不仅仅以表现男女爱情为目的，它通过杜丽娘和柳梦梅由梦生情、因情而死、死而复生、终得团圆的曲折过程，歌颂了青年

---

① 沈德符：《顾曲杂言》。

男女真挚的爱情和对自由幸福生活的执着追求，揭露和批判了封建礼教的残酷和罪恶，表现了丰富的社会内容，跳动着时代的脉搏。鲜明而强烈的反封建精神，植根于历史和现实的土壤之中，是《牡丹亭》艺术生命力的根本所在。

《牡丹亭》的主题是反封建压迫的，不过这种压迫不是一般的政治压迫，而是理学的、礼教的压迫，是看不见血污的思想上、精神上的压迫。这深刻地反映了明代中叶以后思想领域里新旧两种思想的斗争。

对于封建礼教对人的残酷压迫的深刻揭露和批判，表现了《牡丹亭》强烈的反封建精神。这在剧中是通过三个方面来表现的。

第一，表现在剧本对女主人公所生活的典型环境作了真实而富于时代特征的艺术描写上。

剧中的男主人公柳梦梅，在第二出《言怀》中即已出场，但在“自报家门”并唱了一番将来要登科发迹的理想之后，即一闪而过，直到第十出《惊梦》才再次出场，在那如水中月、镜中花一样朦胧的梦境中倾诉对杜丽娘的爱情。其间，剧本用了大量的篇幅去描写女主人公杜丽娘的身世、家庭、教养、环境，并揭示出由此而形成的人物的思想性格和内心世界。这样的艺术构思和结构安排，表明了剧作家对他所反映的社会生活（亦即剧中人物所处的历史环境）有着非常清醒的认识；表明了他非常重视爱情同人物思想性格的关系，非常重视人物的思想性格同环境的关系。也即是说，剧作家不只是写了爱情，而且写了爱情是在怎样的环境条件下产生和发展的，揭示出爱情与环境的矛盾。

原来，美丽而苍白的爱情之花，是生长在一个完全不适合、不允许它生长的土壤之中。这是一种不合时宜的爱情。汤显祖在我们面前展现了一个阴暗而又冷酷无情的世界。他描绘出一种与爱情对立而又统一的、不可分割而又极不和谐的时代气氛。很明显，剧作家写爱情，歌颂爱情，其着意处却在揭露和抨击摧残爱情的封建压迫。这种压迫不同于我们在《窦娥冤》和《水浒传》一类作品中所看见的那种政治压迫，而是思想和精神的压迫，亦即理学的和封建礼教的压迫。精神压迫不像政治压迫那样常常染着可以看得见的血污，但它无所不在，渗透在日常生活之中，也渗透于人物的内心世界；其残忍酷烈，不在常常令人惨不忍睹的政治压迫之下。

我们现在就来看看剧作家所写的杜丽娘生活的环境，看看在她周围给予她的生活和思想以巨大影响的，都是些什么样的人物。

除了男女主人公外，剧中着笔较多的是杜丽娘的父亲杜宝。他在剧中是封建势力的主要代表。杜宝是一个正统的封建官僚，他严格遵守封建礼教的一套规范，并按照这种规范去要求和塑造自己的女儿。在他的眼里，诗书女红是名门小姐的必修功课。他曾说："自来淑女，无不知书。"又说："看来古今贤淑，多晓诗书。他日嫁一书生，不枉了谈吐相称。"（《训女》）因此他要求杜丽娘读"孔子诗书"，要"略识周公礼数"。他的理想是要将杜丽娘培养成像东汉的班昭和晋朝的谢道韫那样知书识礼的贤淑之女，以便"他日到人家，知书知礼，父母光辉"。杜丽娘在家里延师就学以前，就已经"男女四书"都能成诵了。（《训女》）"知书"是为了"知礼"，是为了培养性情，铸造灵魂。因此，并不是什么书都让女儿读的，他以为："《书》以道政事，与妇女没相干"；"其余书史尽有，则可惜她是个女儿"。（《延师》）所以他请来陈最良时就要他从颂扬"后妃之德"的《诗经》讲起。

杜丽娘那样一个青春年少的姑娘，应该是十分天真活泼的，却被整天关在幽闭的闺房里做绣活，不仅与社会隔绝，而且也与充满生机的大自然隔绝，连春天的气息都闻不到一点，甚至刺绣累了在白天打一个盹儿，也被认为有背家规而被斥为非礼行为。不仅杜丽娘受到斥责，就是杜夫人也因此而招来一个"娘亲失教"的罪名。仅此一点，就不难想象杜丽娘那样一个贵族小姐，内心世界是多么的狭小、空虚和苦闷。那样娇贵的小姐生活，无异于被软禁，她实际上是生活在一个温情脉脉的人间活地狱中。这就是后来她游园惊梦的现实基础。游园惊梦是荒诞的，但产生这一梦境的现实基础却是非常真实的。

杜宝请陈最良这样的腐儒做塾师，目的非常清楚，就是要使杜丽娘"拘束身心"，而不能"纵她闲游"。所谓"拘束身心"，就是要拿一套封建的礼法教条去束缚和扼杀一个青春少女的心灵和个性，为她设下一个精神的牢笼。且看陈最良对她的一番教训吧："凡为女子，鸡初鸣，咸盥、漱、栉、笄，问安于父母。日出之后，各供其事。"这是《礼记·内则》中所规定的古代女子的生活守则。春香说过一句揭露和讽刺的话："《昔氏贤文》，把人禁杀。"陈最良的教训，恰好成了春香讽刺的最好注脚。（《闺塾》）春香所说的"把人禁杀"，也就是杜宝所说的"拘束身心"，意思完全一样，只是立场不同，说法不同而已。

至于杜丽娘的母亲杜夫人，虽然被杜宝斥责为"纵女闲游""娘亲失教"，其实她对杜丽娘的教育和管束也是极为严格的，而用来管教杜丽娘的也完全是那套封建礼法。她认为一个女孩儿家，"止堪深阁重帘，谁教月榭风檐"（《诘病》）。她认为："少年女子，最不宜艳妆戏游空冷无人之处"；"女孩儿只合香闺坐，拈花剪朵。

问绣窗针指如何？逗工夫一线多。更昼长闲不过，琴书外自有好腾那”。(《慈戒》)这跟杜宝将诗书女红规定为女儿的必修功课，“假如刺绣余闲，有架上图书，可以寓目”（《训女》）的教训毫无二致。作为一个女性长者，她对女儿的观察和防范更加细微深入，甚至看见女儿裙衩上绣着成双作对的花鸟，也禁不住引起骇怪和警惕。她跟杜宝的思想本质上没有什么不同，只是严父慈母，表现形式上略带一点温情而已。

连白天在闺房里打个盹儿都不许可，春天到花园中去游玩更是严禁的，更何况私下里跟一个青年男子发生爱情，当然被视为大逆不道、绝不允许的了。因此杜丽娘因思念自己梦中理想的情人忧伤而死，表面上看来好像是一个痴情女子得了相思病，实际上是被封建礼教拘束、迫害致死的。正如杜丽娘在《寻梦》一出中所唱的：“这般花花草草由人恋，生生死死随人愿，便酸酸楚楚无人怨。”意思是说，如果没有那许许多多对于人的严酷的束缚，可以自由自在地要爱什么就爱什么，生死都可以由自己的心愿决定，那么内心也就没有什么凄楚哀怨了。这种发自内心的怨恨，正是对于杀人不见血的封建礼教深沉而又强烈的控诉。最顽固的要数那个身居高位的杜宝，他在女儿死而复生以后，仍然死死守着封建礼教不放，说什么“人间私奔，自有条法”，又认为女儿跟柳梦梅结合不是门当户对，一定要女儿“离异了柳梦梅，回去认你”(《圆驾》)。

总之，剧本通过杜丽娘周围的人物对她所生活的典型环境作了富于时代特征的艺术描写。汤显祖在我们的面前展现了一个时代，一个已经逝去几百年却不应该被遗忘的时代，一个在理学统治下没有人情味的令人窒息的时代，使我们从中具体地感受到了弥漫在当时社会生活中的一种迫人的气压，看到了封建礼教对人（尤其是对妇女）的压迫和摧残是多么的严重。《牡丹亭》并没有着意去从正面展示青年男女的爱情和爱情破坏者之间的直接冲突，但是剧本所揭示的这种环境与人的个性自由、人的正常合理的生存权利之间的冲突，却体现了更加深刻和广泛的社会意义，更富于时代色彩。

第二，表现在剧本准确地、符合生活逻辑地刻画出女主人公杜丽娘的思想性格上。

剧作家是怀着热烈的爱和深深的同情来塑造这个美丽动人的艺术形象的。杜丽娘是中国古代小说和戏曲中反抗女性的艺术画廊中一个独具异彩的形象，具有区别于其他同类型人物的独特的思想意义和美学意义。这不仅表现在这个形象的时代特征上，而且也表现在与时代条件密不可分的人物的个性特征上。

汤显祖以极大的热情刻画了杜丽娘的反抗性格，赞颂了她执着地追求个性自由和爱情理想的斗争精神。剧本将她塑造成不但美，而且具有思想力量的形象。他不满足于描写杜丽娘的才貌双全和温柔的性格（这仅仅是旧小说戏曲中司空见惯的平庸的大家闺秀），而是着力去揭示杜丽娘的内心世界，揭示她那由特定的环境、身份形成而又跟她的环境、身份很不和谐的灵魂深处的隐秘。作者写她的空虚、寂寞、苦闷，写她对贵族风范家教的不满，写她对"拘束身心"的闺中生活的怨恨，写她对大自然景物的向往和热爱，写她对自由生活和美的憧憬和追求。总之，是写出了一个不安分的反抗的杜丽娘。

她是一个名门闺秀、贵族小姐，从小受到严格的封建教育。尽管她向往着一种正常人的生活（主要是精神生活），执着地追求自由幸福，也有怨恨、有不满、有反抗，但封建礼教却在她的思想性格中投下了阴影，严重地束缚着她的思想和行为。剧作家一方面怀着极大的热情刻画她的反抗性格，歌颂她追求爱情和自由幸福的斗争精神，同时又非常真实地写出了她在特殊生活环境中形成的复杂的内心世界。

当春香向她露泄一点春光，告诉她在她的身边就有一个后花园，那里有"流觞曲水"和"名花异草"时，她竟失声发出如此的惊叹："原来有这等一个所在！"（《闺塾》）游园伤春是惊梦幻境产生的现实基础。出于一种萌发于深心却是强烈而不可压抑的对于封建礼教的不满，她无限向往那生气盎然的三春好景。杜丽娘不同于头脑僵化的杜宝，也不同于心如死灰的陈最良，她的内心含蕴着对生活的执着的爱，因此在杜宝和陈最良看来是宣扬后妃之德的《诗经》中的《关雎》，却意外地"讲动"了杜丽娘的"情肠"，唤醒了她蛰伏的青春。

花园中迷人的春色跃动着生命的活力，清新的空气一下子注入了这个自幼为封建礼教窒息的贵族少女的心灵："不到园林，怎知春色如许！"她发现了一个诱人的新世界，惊喜之余又不禁发出哀叹："春呵，得和你两留连，春去如何遣？……吾生于宦族，长在名门。年已及笄，不得早成佳配，诚为虚度青春，光阴如过隙耳。"（《惊梦》）作者脉络分明、极有分寸地写出了杜丽娘青春的觉醒和朦胧的个性解放的要求。在封建礼教的严酷拘禁下，她几乎与世隔绝，连白天打个盹儿都要受到严厉的斥责，可是竟然背着父母偷偷地去游园，不仅游园而且伤春，以至于惊梦，与一个青年男子发生爱情，这实在是无视礼法、大逆不道的行为。毫无疑问，在不适宜、不容许生长爱情的土壤里偏偏要萌生爱情，这种对正常人生活的自然而又合理的向往与渴求，本身就是对封建礼教的一种蔑视和反抗。它表明人的青春和生命是富于活力的，纵然礼教的压迫十分严重酷烈，也并不那么轻易地就会被埋葬和扼杀掉。生活在中国16世纪黑暗王国之中而不甘沦亡的广大被压迫妇女的心声，在汤显祖的笔下，由一位被春天唤醒了青春的贵族小姐的口中呼喊了出来："这般花花草草由人恋，生生死死随人愿，便酸酸楚楚无人怨。"（《寻梦》）这是杜丽娘对自由生活的憧憬，对美好理想的追求。杜丽娘从心灵深处发出的呼喊，虽然凄苦哀怨，却深沉有力。在这里，人们清晰地听到了那个时代的社会思潮的回响。杜丽娘形象所包含的历史内容和激动人心的思想力量，主要就在于此。

然而这还仅仅是一个方面。杜丽娘对封建礼教的反抗是大胆的，从她与柳梦梅爱情关系发展的曲折过程看，甚至可以说是坚韧的，但却缺乏一种明快爽朗的色调。从她的反抗行动和反抗性格中，我们分明地看到了那个令人压抑的、不自由的时代在杜丽娘的思想性格中投下的暗影。剧作家虽然在剧中采用大胆想象的艺术手段，但他对人物性格的把握和刻画，却是严格地符合于历史真实的，是现实主义的。人物不能超越历史而存在、活动；现代的读者不能用今天的眼光和标准理解、看待和要求杜丽娘的反抗精神。

杜丽娘是一个热情大胆的反抗女性，但她同时又是一个生活于理学统治下的中世纪的贵族妇女。她不能脱离她的时代，也不能脱离她的阶级。她的反抗采取了不同于他人的形式，带有为她所独具的特征。她在反抗道路上的每一个行动，几乎都拖带并晃动着那副沉重的精神镣铐。非常熟悉又非常爱护杜丽娘的贴身丫头春香，在《肃苑》一出中，曾这样评说她的小姐："看他名为国色，实守家声。嫩脸娇羞，老成尊重。"春香不愧为杜丽娘的贴身丫头，她对这位贵族小姐思想性格的概括是非常准确的。特别是与春香那种大胆、爽朗、率直的性格相对比，封建礼教对杜丽娘的束缚就可以看得非常清楚。比如在《闺塾》一出中，她们因为进馆迟了，招来了陈最良的一顿训斥，教育她们："如今女学生以读书为事，须要早起。"对此杜丽娘和春香都一样不满，但杜丽娘只是恭谨地说："以后不敢了。"春香却是针锋相对地投以大胆的嘲讽："知道了。今夜不睡，三更时分，请先生上书。"一个含蓄、软弱，一个直率、尖刻。又如两个人对陈最良解诗都是不满的，但春香是打趣、嘲笑，说什么"衙中一斑鸠被小姐放了，一飞飞到了何知州的家里"，杜丽娘则温驯而含蓄，只轻言细语地说那么一句："师父依注解书，学生自会。但把《诗经》大意，敷演一番。"春香骂陈最良为"村老牛，痴老狗"，杜丽娘却以"一日为师，终身为父”的教条来训斥她。杜丽娘明明跟春香一样厌倦那枯燥的读书生活，向往着那“花明柳绿”的美好春光，却在陈最良恼怒时矫揉作态，斥责春香为“死丫头”，训诫她“手不许把秋千索拿，脚不许把花园路踏”，甚至居然要拿“夫人堂上那些家法”来吓唬她，俨然是一个卫道者的面孔。可等到老师一走，她却又迫不及待地问：“花园在哪里？”听春香说景致十分美妙以后，就惊叹“原来有这等一个所在”，压抑不住内心的向往之情。(《闺塾》）春香见她受爱情诗《关雎》的启发，青春有所觉醒，就有意挑逗她，问她读书困闷了如何消遣，她“一会沉吟，逡巡而起”，心有所向往而口不愿说，不敢说。待春香直说“到后花园走走”时，她竟然娇骂一声：“死丫头，老爷闻知怎好？”春香提醒她“老爷下乡，有几日了”，她于是“低回不语者久之，方才取回历书选看”游园的佳日良辰。这一切，都精细入微地揭示了杜丽娘复杂矛盾的内心世界，准确地刻画了一个有朦胧的个性解放要求却又承受着过重精神压力的贵族小姐的思想性格。看她半推半就，羞羞答答，忸忸怩怩，含蓄而近于矜持，娇羞而近于懦弱。她在反封建的道路上前进着，却又步履维艰，受到无形的精神枷锁的严重束缚。这就是杜丽娘独具个性的反抗与追求。她有怨恨，有不满，在追求光明与自由，然而每迈出一步都是那样的沉重与困难。

青春的觉醒和爱情的追求，总是跟思想上种种封建礼教的束缚相抵触，构成了杜丽娘内心深刻的矛盾和苦闷。但她毕竟是一个勇敢的反抗者，她以长期被禁锢的娇弱孤寂之身，敢于冲破牢笼，进入到一个春光明媚的世界，主动大胆地去追求被人间长久遗弃了的幸福。更可贵的是，杜丽娘在不断地追求和反抗中，逐渐地克服内心的矛盾，挣脱封建礼教强加在她身上的枷锁。

歌颂杜丽娘反抗封建礼教，却又处处写她受到封建礼教的束缚，不回避自幼的家庭教养打在她身上的鲜明烙印。这样写，不仅是真实的，而且是深刻的。通过这个没有被简单化的血肉丰满而又富于时代感的艺术形象，读者更能感受到封建礼教的罪恶。对于杜丽娘思想性格的这种严格地符合于现实主义原则的刻画，应该说是《牡丹亭》在思想艺术创造上的一个杰出成就。

第三，表现在杜丽娘和柳梦梅爱情产生和发展的曲折过程及其表现的特殊形式上。

封建社会中的妇女很少有同男子接触的机会，因而一见钟情式的爱情就成为封建社会中一种常见的形式。但是杜丽娘所生活的时代和环境，却连一见钟情的机会也没有。除了顽固的杜宝和迂腐的陈最良以外，她没有跟异性接触的任何机会。于是就出现了一种更为特殊的形式——未见即相爱，梦中相爱。梦中相爱毕竟是虚幻的，不能变成现实；于是因爱而病，因病而死；而死后因爱情的执着深沉无法化解竟又死而复生，最后经过种种曲折和磨难才得以实现美满的结合。

从艺术表现来说，这当然是一种幻想的形式，是一种浪漫主义的手法。但艺术表现又不仅仅是一种方法的问题，采用何种手法，都与作者的思想有关，与现实和艺术的关系有关。就《牡丹亭》来说，它采用一种超现实的幻想形式来表现生活，仍然是植根于现实，并且为现实所决定的。值得注意的是，杜丽娘梦中和死后的幽魂与柳梦梅相爱时，是那样的大胆、主动，而一旦复生，柳梦梅要求她“便好今宵成配偶”时，她却板起面孔，搬出那套陈腐的“必待父母之命，媒妁之言”的古训来，说什么“前夕鬼也，今日人也。鬼可虚情，人须实礼”。一回到现实世界，封建礼教的精神枷锁就又重新套到了她的身上。梦中和冥界的自由，正是因为现实世界的不自由，而且也更能衬托出现实世界的不自由。这一点，柳梦梅的感受是很深切的，在《冥誓》一出中，他对杜丽娘的鬼魂唱道：“叹书生何幸遇仙提揭，比人间更志诚亲切。”他们的爱情追求和爱情的实现，都是在梦中、冥界，亦即在超人间、超现实的世界里产生的，这本身就是对现实世界的一种有力的否定和批判。

我们在分析和评论《牡丹亭》的反封建意义时，不能不触及汤显祖创作这个剧本的思想基础。前面说过，汤显祖是反对程朱理学的。他提倡人要有真性情，反对假道学。他将人自然具有的真实的“情”和道学家提倡的虚伪的“理”对立起来，以“情”来否定“理”，强烈地反对道学家的禁欲主义。有人劝他讲学，他回答说：“诸公所拘者性，仆所言者情也。”[①] 他赞同达观的观点：“情有者理必无，理有者情必无。”并称赞这是令他“神气顿王”的“一刀两断语”。[②]“情”“理”对立、以“情”反“理”，这就是汤显祖创作《牡丹亭》的思想基础。

每一位伟大的作家，都必然在他的作品中提供前代作家所没有或很少提供过的东西，也即提供属于他那个时代的新的思想。应该说，《牡丹亭》在描写青年男女的爱情时，并没有突破古典小说戏曲中才子佳人和郎才女貌的窠臼，但它也表现了新的因素和新的特色，这就是剧作家突出地描写并满腔热情地歌颂的那个“情”字。在剧中，“情”是作为“理”的对立面而出现和被强调的。在《冥誓》一出中，柳

---

① 朱彝尊：《静志居诗话》卷十五。

② 汤显祖：《寄达观》，《汤显祖诗文集》，上海古籍出版社，1982年，第1268页。

梦梅问杜丽娘的幽魂："因何错爱小生至此？"杜丽娘先是说："爱的你一品人才。"然后又说"看上你年少多情，迤逗俺睡魂难贴"。杜丽娘对柳梦梅也表现出真挚深厚的"情"，这情被作者赋予异乎寻常的神奇力量，它可以超越生死，用杜丽娘的话来说是："前日为柳郎而死，今日为柳郎而生。"亦如她的幽魂所唱："生生死死为情多"（《魂游》）；"死里淘生情似海"（《婚走》）。剧作家极力地渲染和热情地歌颂的，就是这个"情"字，在这一点上他是非常自觉的。他在剧本的《题辞》中说：

> 如丽娘者，乃可谓之有情人耳。情不知所起，一往而深。生者可以死，死可以生。生而不可与死，死而不可复生者，皆非情之至也。……第云理之所必无，安知情之所必有邪！

汤显祖在《牡丹亭》中所热情肯定和歌颂的，就是这样一种主人公为之生、为之死、出生入死、起死回生的天下之"至情"。这种"至情"，正是《牡丹亭》所提供给我们的带有时代特色的新思想。这种"至情"，用我们今天的话来说，就叫做"爱情至上"。"爱情至上"在今天不值得提倡，但在理学统治的时代，在"爱情至下"的时代，歌颂这种天下之至情，歌颂"爱情至上"，就具有进步意义。《牡丹亭》反封建主题的进步意义，并不在于表现青年男女婚姻自主的要求（实际上剧本中的杜丽娘仍然遵守父母之命媒妁之言），而在于热情地歌颂这种超越生死的男女之间的至情。《牡丹亭》上演后在社会上引起强烈的反响，特别在青年男女中产生了强烈的共鸣，就是因为它深刻地反映了时代的要求和时代的精神。

当然《牡丹亭》也存在一些思想局限。一是宿命论的观念。剧中几次点明，柳梦梅和杜丽娘的爱情，是命中注定的，是前世姻缘。《惊梦》一出二人幽欢时，剧作家特意安排了花神的保护，就是因为两个人"后日有姻缘之分"。《冥判》一出，写冥府里的判官在《断肠簿》上查出杜丽娘命中注定"有此伤心之事"，又从《婚姻簿》上查出柳梦梅将来是个新科状元，他和杜丽娘"前系幽欢，后成婚配"。《幽媾》一出写杜丽娘的幽魂看到柳梦梅在她那幅画像上和诗并题名时，就感叹道："梅边，柳边，岂非前定乎？"强调命中注定，剧作家的本意是为男女主人公的最终团聚找到一个非人力所能改变的合理的基础，可是其结果却与剧作家的愿望相反，在一定程度上减弱和冲淡了主人公的反封建斗争意义。

二是剧中表现了追求功名富贵和夫荣妻贵的庸俗思想。第二出《言怀》，失意书生柳梦梅一出场就表露出他的生活理想："能凿壁，会悬梁，偷天妙手绣文章。必须砍得蟾宫桂，始信人间玉斧长。"在《写真》一出中，杜丽娘在自画像上题诗，其中两句是："他年得傍蟾宫客，不在梅边在柳边。"她将爱情的实现寄托在折桂之夫的身上。在当时的时代条件下，剧作家除了在幻想中让他笔下的主人公获得爱情幸福之外，在现实生活中，他如果想要他们最后实现美满的结合，也只有让柳梦梅高中，并在夫贵妻荣的条件下，由皇帝调解、撮合实现大团圆，也即是得到封建统治者的承认一条路，舍此，似乎也没有别的什么好办法。不过主人公身上散发出的那种追求功名富贵的庸俗气息，今天的读者和观众，谈来总会感到有些不太舒服。

第四节 《牡丹亭》的艺术特色

在中国戏剧史上，《牡丹亭》是一部浪漫主义的杰作。大胆而又奇异的想象，构成了这部浪漫主义戏剧第一个最突出的艺术特色。

剧本中的主人公由梦生情，因情感病，因病而死，死而复生，通过幻想的形式、离奇曲折的情节，表现了人物的思想性格，寄托了作者的理想愿望。情与理的矛盾，在剧本中表现为理想与现实的矛盾。上面说过，梦境、幽冥世界、人死三年而后复生等奇幻情节的创造，并不单是一个艺术手法的问题。从根本上说来，《牡丹亭》中浪漫主义的艺术描写，决定于剧本所反映的特定的生活内容，决定于由特定的历史条件所造成的理想与现实的矛盾。在剧本中，大胆奇异的浪漫主义想象，与扎实而深刻的现实主义描写并不显得矛盾和不协调，相反，两个方面互相依存，构成了一个不可分割的艺术整体。

浪漫主义通过幻想去描写现实生活中不可能实现或者作家希望能实现的事物，以寄托作家的社会理想。在幻想世界，作家可以自由地驰骋他的想象。法国浪漫主义大师雨果曾说："总起来讲，浪漫主义，其真正的定义不过是文学上的自由主义而已。"[①] 这是一方面。雨果同时也说过："诗人可以有翅膀飞上天空，可是他也要有

① 《〈天神〉序》，转引自《〈欧那尼〉序言》，《古典文艺理论译丛》第二辑，人民文学出版社，1961 年，第 121 页。

一双脚留在地上。”[①] 浪漫主义的幻想是自由的，又是不完全自由的。一切真正艺术作品中的奇思异想，都不是完全不受现实生活制约的作家随心所欲的凭空杜撰。

杜丽娘的青春的觉醒，她的爱情追求，在她那个时代的现实生活中是不可能实现的。于是有《惊梦》。惊梦是由女主人公内心的渴求而产生的一种虚幻的境界，或者说是在一种虚幻的境界中去实现她所希望实现的事物。然而好梦不长。醒来以后，热恋的情人像烟雾一样地飘散，无影无踪，留下的依旧是包围着她的冷冰冰的世界。于是又有《寻梦》。寻梦是现实中的人的现实要求，在得不到实现时的一种无望的追寻。这注定是不可能实现的。这才有因情而病，感病而死，现实中的人于是又进入到另一个幽冥的世界。人死了，但爱和青春不死，活的生命附丽到本来并不存在的幽魂身上。于是又有了《幽媾》。人和鬼（富有人情的、美丽的鬼）之间终于实现了爱的结合——一种为人间所无而为人们普遍渴求的结合。而后是死而复生，回到现实世界，重又经历种种磨难和曲折，最后才出现人们期待的大团圆的结局。整个过程不仅是曲折的，而且采用了一种幻想与现实交叉的形式，幻想与现实两方面是紧密联系在一起、不可分割的。

显而易见，幻想产生的基础还是现实的社会生活。剧本中所描写的那种理想的真挚深厚的爱情，在汤显祖那个时代的现实生活中是不可能实现的，因此只能安排在梦境和幽冥之中。理想和现实形成的对比，人物在现实和幻想境界中不同性格的反差，就更加突出了封建礼教的不合理和统治者的罪恶。幻想世界的产生，是建立在对现实世界不满的基础之上的，同时又基于对不合理的现实世界某些方面和某种程度的否定。因此，虽然想象非常奇异和大胆，却并没有脱离生活土壤，而是有扎实的生活依据。在具体描写中，浪漫主义和现实主义又是相结合的。在第十出《惊梦》以前，全是写实，而第十出以后的幻想性描写，又是从这些现实主义描写中生发出来的。幻想与写实互相渗透，形成一个不可分割的艺术整体，这是《牡丹亭》浪漫主义艺术描写的重要特点。

其次，人物形象各具面貌，刻画得真实细致，特别是发掘出人物内在的精神世界，是《牡丹亭》另一个突出的艺术特色。

杜丽娘作为一个贵族闺阁小姐的思想性格和内心矛盾，除了上面已经谈到的，

---

① 《西方古典作家谈文艺创作》，春风文艺出版社，1980 年，第 375 页。

通过她与春香关系的对比，刻画得十分细致传神以外，还通过一些含蓄蕴藉、富有诗意的曲词，揭示出她爱情和青春的觉醒。如第十出《惊梦》，写杜丽娘游园以前，对镜整妆，在赞了一句“好天气也”以后，唱了一段［步步娇］：

袅晴丝吹来闲庭院，摇漾春如线。停半晌，整花钿。没揣菱花，偷人半面，迤逗的彩云偏。（行介）步香闺怎便把全身现！

通过春日景色的描写，以及女主人公在游园前对镜整妆，突然间意想不到地发现那面菱花镜偷偷地照见了自己，从镜中看到自己的面容以后，竟挑逗得她羞答答地把美丽的发髻也弄歪了。这样，就将一个青春开始觉醒的少女，那种顾影自怜、含情脉脉而又羞涩娇艳的心理和神态，传神入妙地表现出来了。

到园中一看，那一片美丽的春光，以强大的生命的活力，一下子注入到那长期被幽禁而变得空虚苦闷的心灵之中，使她又惊又喜，感叹万分。先说了一句：“不到园林，怎知春色如许！”然后唱［皂罗袍］：

原来姹紫嫣红开遍，似这般都付与断井颓垣。良辰美景奈何天，赏心乐事谁家院！恁般景致，我老爷和奶奶再不提起。（合）朝飞暮卷，云霞翠轩；雨丝风片，烟波画船——锦屏人忒看的这韶光贱！

这支曲子以景写情，表现了杜丽娘发自深心的叹息和怨恨。在未进入花园以前，她向往明媚的春光，心中虽有犹疑，却是欢愉喜悦的。及至置身于百花盛开的优美景色里时，却反而勾引起无限的心事，只剩下一腔惆怅情怀了。她只有伤感悲叹，再无心绪去观赏美丽的春色了。她在极艳丽极热烈的春色之中，突然产生一种荒凉寂寞之感，看似有些奇怪，实际上是非常深入非常真实地揭示了在此情此景之下女主人公的特殊心理。“良辰美景”和“赏心乐事”本来是十分美好的景象和令人满意的事情，但“良辰美景”而值“奈何天”，“赏心乐事”而不知是“谁家院”，就不能不引起心中的无限惆怅了。

陈最良的迂腐庸俗、令人讨厌的道学气，在《闺塾》一出中，也有着非常传神的表现。杜丽娘因《诗经》中情诗的启发，感于雎鸠“尚然有洲渚之兴”，而引起伤春之情，他却完全不理解，在宣扬了一番封建礼教的教条以后，这样对春香说：

"春香，你师父靠天也六十来岁，从不晓得伤个春，从不曾游个花园。……孟夫子说的好，圣人千言万语，则要人'收其放心'。"(《肃苑》)那种道学家空虚的灵魂，只这几句话就被淋漓尽致地表现出来了。那种迂腐和顽固的态度，使人读后感到既可笑又可悲。

杜夫人的形象也是写得真实而深刻的。她的性格刻画得十分细致准确。她是一个被封建礼教毒害的慈母形象。她自己从小受到封建礼教的教育，被封建礼教埋葬了青春，却又来按杜宝的意旨和封建道德的规范去埋葬女儿的青春。她爱杜丽娘，视为掌上明珠，然而爱她却又摧残她，摧残她而又不自知，还以为是在爱她。这就是她的悲剧所在。这是写得很真实也是很深刻的。看见女儿生病，她哭泣，很心疼；而当她了解到女儿的病因后又大惊。这又哭又惊就写得非常好，不哭不是杜夫人，不惊也不是杜夫人。同样是扼杀杜丽娘青春的封建礼教的代表，可是杜宝和杜夫人的性格和面貌是各不相同的。因为杜夫人本人就是封建礼教的牺牲品，因而这个人物不像杜宝那样冷酷无情，令人憎恨，读者更多地给予她同情，主要是痛恨她身上的封建思想。

第三，曲词优美动人，具有抒情诗的特色，也是《牡丹亭》为读者和观众所喜爱，具有永恒艺术生命力的重要原因。

汤显祖以诗的语言、诗的手法，创造出诗的意境，完成了人物的刻画和重大的社会主题的表现。一些脍炙人口的片段，如前面所举的几支曲子，无论读或是听起来都能使人获得一种美的享受。《红楼梦》中写林黛玉听了以后魄动神摇，这不是没有原因的。《牡丹亭》中的曲词，确如王骥德在《曲律》中所说："妙处种种，奇丽动人。"[①] 在音乐上，兼采南北曲的长处，各尽其用。南曲婉转清丽，多用来写生旦诉情；北曲泼辣动荡，多用来描写战争和神鬼。雅俗并存，浓淡有致，各尽其妙。它的语言，一方面有元杂剧来自口语的自然真切的本色，同时又融进了六朝辞赋、唐诗、宋词典雅绮丽、含蓄蕴藉的风格。曲词与音乐相配合，有浅有深，有浓有淡，有雅有俗，铸成了一种与音乐和谐一致的富于诗的特质的戏剧艺术语言。前面所举的两支曲子，是描写贵族小姐的感情世界的，偏于深、浓、雅的一面，能真实地描绘出环境气氛，又能刻画出人物细微的内心活动，读来回肠荡气，给人以一种美的

① 王骥德:《曲律·杂论》第三十九下。

艺术享受。当然《牡丹亭》的语言也有失于过分艳丽典雅之处，有时着意锤炼，加上使用冷僻的典故，结果反而徒费经营，有失明快、爽朗，现代读者在阅读时常常会遇到一些晦涩难懂的地方。

思考题

1. 南戏是怎样发展成明清传奇的？南曲戏文与北曲杂剧在音乐和形式体制上有什么区别？

2. 汤显祖生活在一个什么样的时代？他的思想受到何种思潮的影响？与他的创作又有什么样的关系？

3. 汤显祖一生创作了几个剧本？其中哪几种合称为“临川四梦”，为什么？

4.《牡丹亭》是从哪几个方面表现它的反封建主题的？它的思想基础是什么？体现了什么样的时代精神？

5.《牡丹亭》在塑造杜丽娘的形象上有什么特点？它的成功之处体现在什么地方？

6. 怎样认识《牡丹亭》浪漫主义的艺术特色？它与时代条件和社会生活有什么关系？

参考文献

1. 钱南扬校点:《汤显祖戏曲集》，上海古籍出版社，1978 年。
2. 徐朔方笺校:《汤显祖诗文集》，上海古籍出版社，1982 年。
3. 徐朔方、杨笑梅校注:《牡丹亭》，人民文学出版社，1982 年。
4. 徐朔方:《汤显祖评传》，南京大学出版社，1993 年。
5. 侯外庐:《论汤显祖剧作四种》，上海人民出版社，1956 年。
6. 沈达人、颜长珂主编:《古典戏曲十讲》，中华书局，1986 年。

第十三讲　古代第一部章回小说：《三国演义》

第一节　章回小说的形式和《三国演义》的成书

《三国演义》（原题为《三国志通俗演义》或《三国志演义》）是我国第一部章回体小说，又是我国第一部历史演义小说。章回小说是我国古代长篇小说的民族形式，来源于宋元时代“说话”中的讲史。宋元时期，在商品经济发展和市民阶层扩大的基础上，适应于市民群众的文化娱乐要求，各种民间伎艺蓬勃发展起来，其中“说话”是最受欢迎的一种。据史籍记载，南宋时的“说话”分为四个“家数”，也就是四个门类。关于四家的名目，各家的记载不完全一样，今天的学者也有不同的认识。按鲁迅先生在《中国小说史略》中的说法，四家是指：一、小说，又名银字儿，有说有唱，演唱时用银字笙伴奏，专门说唱短篇故事，内容一般是现实生活的反映，一次或两次就可以讲完；二、说经，由唐代的俗讲演变而来，主要讲宗教故事；三、讲史，只说不唱，专讲长篇历史故事；四、合生，是一种比较特殊的形式，可能是两人演出，一人指物为题，另一人以题成咏，有时还伴以歌舞。[①]讲史演说历史故事，一次不能说完，要连续讲说多次，每说一次就是一回。说书人为了吸引听众下次再来听讲，就有意在每一次结束时留下悬念，或在紧张之处戛然而止，让听众很想知道后面情节的发展，这就是后来的章回小说在每一回的末尾总有“欲知后事如何，且听下回分解”的来历。

“演义”的意思就是根据史实，敷演大义，在叙事中加进作者的政治和道德评价。清刘廷玑说：“演义者，本有其事，而添设敷演，非无中生有者比也。”[②]“演义”

① 参见鲁迅：《中国小说史略》，第十二篇《宋之话本》，人民文学出版社，1953年。

② 《在园杂志》卷二。

一词很好地概括了历史演义小说的特点，这就是：既有史实的依据，又进行了艺术的创造和加工，既有历史上实际发生的事实，又有艺术的想象和虚构。《三国演义》就是以三国时期的历史为内容的一部长篇历史小说。

《三国演义》是不知名的群众作者与文人作家相结合的创作成果，它的写定者一般认为是元末明初的罗贯中。[①] 关于罗贯中的材料，历史上记载很少，而且多有歧异。由元入明的贾仲明在《录鬼簿续编》中说："罗贯中，太原人，号湖海散人。与人寡合。乐府、隐语，极为清新。与余为忘年交。遭时多故，各天一方。至正甲辰复会，别来又六十余年，竟不知其所终。"[②] 关于他的籍贯，除太原外，还有钱塘（今杭州）、东原（今山东东平）、庐陵（今江西吉安）等说。他的生卒年也很难确定，一般认为他生活于元末明初，大约在 1315—1385 年之间。

关于《三国演义》的成书年代，大体上有五种不同的看法：一是宋代；二是元代中期；三是元代后期；四是明代初期；五是明代中期。过去普遍认为成书于明初，但近二十年来主张元代后期的学者日渐多起来，提出了不少证据，但并未成为定论。近年新出的文学史著作已有将《三国演义》处理为元代作品的。[③] 考虑到《三国演义》的刊行和流传主要是在明代，在它的成书年代有确切的考证并得到学术界公认以前，我们还是持慎重态度，处理为明代小说比较妥当。

据传罗贯中的一生在政治上很不得志（若贾仲明的记载可靠，则从他的别号"湖海散人"也能看出），"与人寡合"，具有文学才能，努力于通俗文学创作，所作

---

① 关于《三国演义》的作者是否是罗贯中，尚存在一些疑问，值得进行认真的探讨。现在有人认为罗贯中不是《三国演义》的作者，却并没有提出有说服力的证据。如《中华读书报》2003 年 4 月 9 日载张志和文《元末明初人罗贯中不是小说作家》，作者在解释为什么嘉靖壬午刊本上署"罗贯中编次"不足为据的理由时，这样说："也许是某一书坊的老板出此奇招：干脆借一个古人的名字（按，指罗贯中）。于是乎，元末明初人罗贯中就这样阴差阳错地被拉出来，作了明中叶才出现的第一部长篇历史小说《三国演义》的作者。"对一桩重大的历史旧案，全凭主观臆想，用"也许"二字就想将它完全翻倒过来，不是进行学术考证的严肃态度。

② 《录鬼簿续编》是否为贾仲明所作尚有疑问，同时他所称的罗贯中与《三国演义》的作者是否为同一人亦无确证，因此这条材料只能作为一种参考。

③ 参见周兆新：《〈三国志演义〉成书于何时》，见周兆新主编《三国演义丛考》，北京大学出版社，1995 年。又章培恒主编《中国文学史》已将《三国演义》列入元代文学一编。

有曲词、杂剧、小说等，以小说最为重要和有名。杂剧今存《宋太祖龙虎风云会》，是写宋初宋太祖赵匡胤和赵普故事的，剧中表现的“圣君贤相”的政治理想与《三国演义》一致。传说他曾写作十七史演义，今存署名罗贯中所作的小说有《隋唐两朝志传》《残唐五代史演义》《三遂平妖传》等，但均已经过后人的增删，失去了本来的面貌。较能保存他创作原貌的，就是这部《三国志通俗演义》。罗贯中所生活的元末明初，正是阶级矛盾和民族矛盾十分尖锐，农民起义风起云涌的动乱年代。明代王圻的《稗史汇编》说他是“有志图王者”，因“不遇真主”，后来才“传神稗史”（用形象化的方法将历史传说写成文学作品）。还传说他曾在元末农民起义的领袖张士诚（后叛变）手下做过幕僚。这样一个时代，这样一种经历，一定会对他的生活、思想和创作产生巨大的影响。

《三国演义》属于世代累积型的作品，它的成书经历了一个漫长的过程。素材来源主要有两个方面：一是正史的材料，即晋陈寿的《三国志》和刘宋时裴松之的注；二是广泛地吸收了民间传说和野史笔记中的记载，以及民间说唱艺术和戏曲艺人的创造。三国故事开始在民间流传，可以追溯到很早的时期。裴松之给陈寿的《三国志》作注，引用了二百多种魏晋人的著作（今天多已亡佚），以充实、丰富、修正陈志的内容，其中有一部分就是来自民间的野史杂说，带有明显的民间传说的成分。宋刘义庆的《世说新语》，也辑录了一些民间传说中的三国故事。

唐宋时期民间的戏剧和影戏演出中已有三国故事。唐代李商隐的《骄儿》诗云：“或谑张飞胡，或笑邓艾吃。”描写一个小孩模仿当时说话艺人讲说三国故事时的生动情状，说明三国故事至迟到晚唐时期，就已在民间得到广泛流传，而且人物形象已经非常生动了。宋代“说话”中的“讲史”，有专说“三分”的艺人，如霍四究。①北宋苏轼的《志林》中记载：“王彭尝云：‘涂巷中小儿薄劣，其家所厌苦，辄与钱，令聚坐听说古话（历史故事）。至说三国事，闻刘玄德败，频蹙眉，有出涕者；闻曹操败，即喜唱快。”这说明三国故事到此时已经非常生动，而且拥刘反曹的思想倾向也已十分鲜明。

宋元时期各种戏曲形式（包括南戏、院本、杂剧以及皮影戏、傀儡戏等）中也都有以三国故事为内容的节目。宋张耒《明道杂志》云：“京师有富家子，甚好看

① 孟元老:《东京梦华录》卷五。

弄影戏，每弄至斩关羽，辄为之泣下，嘱弄者且缓之。”陶宗仪《南村辍耕录》卷二十五载金院本名目有：《赤壁鏖兵》《襄阳会》《大刘备》《骂吕布》等。宋元南戏《宦门子弟错立身》中提到的南戏有：《关大王独赴单刀会》《刘先主跳檀溪》。元代和元明之际杂剧中的三国戏，现在见于著录的就有六十多种，实存二十多种。《三国演义》中的一些重要情节，如刘关张桃园三结义、关羽过五关斩六将、三顾茅庐、赤壁之战、单刀会、白帝城托孤等，在元杂剧中就都已经有了。

宋人说三国故事的话本今天已经看不到了，但还保存了一种元代至治年间（1321—1323）建安虞氏刊刻的《三国志平话》（《全相平话五种》之一），全名为《全相三国志平话》。共三卷，约八万字，上图下文，显然是供人阅读的。内容从桃园结义开始，到诸葛亮病死结束，可能是根据宋元时说书人讲说三国故事的提纲略加整理而成。另有一种《三分事略》（题为《至元新刊全相三分事略》，书中标明“甲午新刊”，至元甲午为1294年，但也有人认为是指至正十四年即1354年），据考证，此书实际与《三国志平话》为一部书的两种不同版本。①

《三国志平话》内容简单，文笔粗劣，人名地名颇多错别字。但它有鲜明的民间传说色彩，特别是张飞的形象塑造得相当生动；书中因果报应和迷信思想也很严重。全书以司马仲相（阴君）判狱开始，把整个三国纷争的历史发展归结为因果报应思想。平话虽然文学价值不高，但已初步具备了《三国演义》的故事轮廓，是《三国演义》创作的重要基础。罗贯中正是在这样长期传说的基础上，参考了各种历史资料，再熔铸进他自己的生活体验与思想感情，最后加工成《三国演义》一书的。

现存最早的《三国志通俗演义》的刊本是明嘉靖壬午（1522）的本子，署为“晋平阳侯陈寿史传，后学罗贯中编次”。此书分为二十四卷，二百四十则，每则前有七字单行标题，如《祭天地桃园结义》《刘玄德斩寇立功》等。书前有庸愚子（金华蒋大器）弘治甲寅（1494）所作的序和修髯子（关西张尚德）嘉靖壬午所作的引。②弘治时社会上还只有抄本流传，故嘉靖本可能是最早的至少也是接近于最早的刻本。有人认为它的底本即罗贯中的原本，但也有人认为刊印在嘉靖本之后的《三国

---

① 《三分事略》一书，以前国内失传，近年由日本天理图书馆发现传入国内，今已影印出版，收入中华书局《古本小说丛刊》第七辑中。

② 此书1974年和1975年由人民文学出版社以上海图书馆藏本为底本，参照其他藏本配补影印出版，1980年又由上海古籍出版社分两册排印出版。

志传》，从版本来源上看实际上比嘉靖本还要早。[1] 嘉靖以后，明清两代新刊本不断出现，约有十几种，内容没有太大的改动，只是卷数、回目、诗词等略有不同。明末题为《李卓吾先生批评三国志》的刊本，将原来的二百四十则合并为一百二十回，原来的单句回目改为双句回目。书中的评语前常冠有“梁溪叶仲子遗曰”，因此学者一般认为，此本实为叶昼所伪托。

清初康熙年间，江苏长洲（今江苏苏州）人毛纶、毛宗岗父子，以李卓吾批评本为基础，仿金圣叹评改《水浒传》《西厢记》之例，修订、加工、评点《三国志演义》，并伪托金圣叹之名撰写序文，称为“第一才子书”。毛本的加工，主要在回目的修改调整（将杂乱无章、参差不齐的回目改为整齐的对偶两句），增删了一部分情节，删改了一些多余的诗词赞语，文字上也作了不少润色加工。毛本在情节上比原来更紧凑，文字也更精练、流畅，但也更增强了作品拥刘反曹的思想倾向。自此以后，毛本即成为流行最广、影响最大的一个本子。毛氏父子在《三国演义》的传播上功不可没，同时在小说的理论批评方面也有很大的贡献。

第二节 《三国演义》的思想内容

《三国演义》描写的是三国时期的历史故事。三国时期是从公元220年到280年，共六十年的历史。[2] 但《三国演义》实际是从黄巾起义写起的，黄巾起义起事于汉灵帝中平元年（184），小说开头还追溯到建宁二年（169）。这样，小说实际上描写了从公元184年到280年将近一百年的历史，而着重描写的是半个多世纪的魏、蜀、吴三国之间的纷争和兴衰过程。具体的内容是写魏、蜀、吴三方从镇压黄巾起义起家，到消灭割据势力，形成三国鼎立的政治局面，最后又先后被消灭的过程，着重描写了三国之间在实现统一的过程中又联合又斗争的复杂关系和兴衰成败的变化过程。

小说描写的基本内容是：

---

① 参见周兆新:《三国演义考评》，北京大学出版社，1990年。

② 公元220年曹丕废汉献帝建立魏国，221年刘备即帝位于蜀，建立蜀汉，222年孙权改元黄武，229年在江东称帝建立吴国；到晋武帝太康元年即公元280年晋灭吴，统一全国，三国时期结束。

第一回至第二回，相当于全书的引子，写东汉末年政治的黑暗腐败引起黄巾起义，造成军阀混战的局面，交代三国形成的来龙去脉和斗争背景。

第三回至第三十三回，写董卓集团被消灭和曹操打败袁氏兄弟，统一北方。其中第三十回写官渡之战，是曹操统一北方的关键。

第三十四回至第五十回，写刘备集团由弱到强，经过与孙吴的联合，阻止了曹操的向南发展，正式形成了三国鼎立的局面。其中第四十三至第五十回集中写赤壁之战，这是形成三国鼎立局面的关键一战。

第五十一回至第一百一十五回，着重写刘备集团兴衰成败的曲折过程，其中第五十一回至第五十七回，主要写吴蜀之间又联合又斗争的复杂关系及其发展；第五十七回至第七十四回，写刘备的发展（占益州，取汉中，有了巩固的根据地）；第七十五回至第八十五回，写刘备集团的衰落，吴蜀关系破裂，关羽被害，刘备兵败病死；第八十五回至第一百零四回，着重写刘备死后诸葛亮治理蜀国，南征北战，直至病死五丈原；第一百零五回至第一百一十五回，写诸葛亮的继承人姜维北伐，这是蜀汉政权的回光返照。

第一百一十六回至第一百二十回，写三国先后被消灭，统一于晋。

在认识和评价《三国演义》的思想内容时，有两点值得我们注意。一是它的成书经历了一个由群众创作到作家写定的复杂而漫长的过程，因而受到各种思想的影响。二是作为历史演义小说，它既不同于一般的历史（因为它有虚构和想象），也不同于一般的小说（因为它必须在基本的历史轮廓、重大的历史事件、历史人物的主要活动等方面受到历史的约束）。清代章学诚批评说："惟《三国演义》，则七分实事，三分虚构，以致观者，往往为所惑乱……但须实则概从其实，虚则明著寓言，不可虚实错杂如《三国》之淆人耳。"[①] 这是把《三国演义》当作纯历史著作来要求了。今人郭沫若先生曾经写文章为曹操翻案[②]，实际上也是混淆了小说与历史的界限，因为《三国演义》和戏曲舞台上的曹操，不同于历史上的曹操，而由于文学形象的艺术生命力和在群众中的广泛影响，这个案无须翻，也是翻不了的。这种情况，不仅决定了小说的思想是比较复杂的，而且还影响到作者的思想感情常常同历史事实和事件的发展产生矛盾。这些都是我们在阅读这部小说时应该注意的。

---

① 《章氏遗书外编》卷三《丙辰札记》。

② 郭沫若:《替曹操翻案》，载《人民日报》1959年3月23日。

下面就具体地谈谈《三国演义》思想内容的一些问题。

第一,《三国演义》是以描写封建统治集团的内部斗争为主要内容的，它所概括的历史生活，超出了特定的三国时期，在封建社会具有典型意义，因而比较真实地描写了封建统治阶级代表人物的种种特征，对我们今天认识封建统治阶级的本质，具有积极意义。

比如封建统治阶级的代表人物都是一些极端的利己主义者，这在书中表现得十分突出。他们为了自己的一己私利或某种政治目的，互相间钩心斗角，尔虞我诈，不惜使用各种阴谋诡计和残酷的手段。比如十八路诸侯联合讨董，打着“扶持王室，拯救黎民”的旗号，并称为“义军”，但实际上各怀异心，互相拆台和暗算。袁术管粮草，当他听说孙坚是江东猛虎时，怕他打破洛阳，杀了董卓，力量壮大后对自己不利（“除狼而得虎”），便故意扣发粮草，以致使孙坚因缺粮而军中自乱，被敌军偷袭军寨，吃了败仗。（第五回）又如孙坚意外地得到了皇帝的玉玺，便背弃盟约，准备回到江东“别图大事”。袁绍向孙坚索取玉玺，两家几至动武。（第六回）孙坚死后，其子孙策为报父仇、救老母，以玉玺为质向袁术借兵，袁术便赖着不还玉玺，并凭此在淮南称帝。（第十五回、十七回）而当三国鼎立的局面形成，吴蜀联盟破裂以后，三家又都使用各种权术，保存自己的实力，而让另外两家互相残杀。曹操重病在身时，孙权遣使上书，劝他“早正大位，遣将剿灭刘备，扫平两川”，并表示愿意“率臣下纳土归降”。这一阴谋当即被曹操识破，他大笑着对群臣说：“是儿欲使吾居炉火上耶！”结果司马懿替他出主意，利用孙权“称臣归附”之机，对孙权“封官赐爵，令拒刘备”。（第七十八回）

在这方面，曹操的形象具有很高的典型意义。虽然这个人物的性格比较复杂，而且与作者的正统观念有密切的关系，但在他的身上确实集中概括了封建地主阶级代表人物的一些典型特征，例如虚伪、奸诈、残忍和极端利己主义等。第四回里写曹操杀吕伯奢，就为这一形象的刻画定下了一个基调。吕伯奢是他父亲的结义兄弟，他因多疑而误杀吕，陈宫谴责他：“知而故杀，大不义也。”他却回答说：“宁教我负天下人，休教天下人负我！”曹操的这句名言，道出了他的人生信条，也是封建地主阶级本质的生动概括。第十七回写他围寿春、攻打袁术时，因军中粮尽，竟借粮官王垕的头来稳定军心。他是顺我者昌，逆我者亡。他手下的谋士荀彧替他出过很多好主意，如“奉天子以从众望，不世之略也”就是荀彧提出来的（第十四回），为他立了很大的功劳，曹操也一直对荀彧很欣赏信任。但当荀彧劝他不要封魏公、加九锡时，因为触动了他篡权的野心，他便怀恨在心，遣人送了一个食盒给荀彧，盒上有他的亲笔封记。荀彧开盒一看，盒内并无一物，即会其意，便服毒自杀了。（第六十一回）荀攸（荀彧之侄）不同意他封魏王，他就大怒，威胁说："此人欲效荀彧耶？"致使荀攸忧愤成疾，卧病而死。（第六十六回）

刘备形象的刻画，表现了《三国演义》作为历史演义小说的一个显著特点，即作者主观的爱憎感情再强烈，也不能完全改变历史人物的本来面目。拥刘反曹的《三国演义》是把刘备作为正面的理想人物来刻画的，在书中他是一个理想化的仁君的典型。但在小说对他的具体描写中也处处可以看出他作为一个地主阶级政治家的基本特点——虚伪。他城府极深，善用韬晦之计。在罗本中，作者既写了他长厚仁义的一面，也写了他虚伪奸诈的一面。毛本将后一方面大大删削，但仍然不能完全改变这个人物的这一特点。例如在罗本中刘备被称为"枭雄"（"枭"有勇猛之意，但同时也不那么驯服忠厚），出场时的介绍也是不太好的："那人平生不甚乐读书，喜犬马，爱音乐，美衣服，少言语，礼下于人，喜怒不形于色。"这一段被毛本删去了。但毛本中对他"以屈为伸"的策略也是写得很充分的。如吕布与曹豹里应外合，偷袭了徐州，吕布将刘备的家眷送出，他还入城表示感谢，虽然心里很不高兴，但口头上则说："备欲让兄久矣。"还住小沛，关、张十分气忿，刘备对他们说："屈身守分，以待天时。"后来吕布攻破小沛，刘备无路可走，迫不得已到许昌归附曹操，他采取的是"勉从虎穴暂趋身"的"韬晦之计"，在"下处后园种菜，亲自浇灌"，所以在"煮酒论英雄"时，曹操一说出"今天下英雄，惟使君与操耳"时，他便吃惊得连筷子都拿不住了，并以怕雷来作掩护。（第二十一回）赵云单骑救主以后，刘备将阿斗掷之于地，说"为汝这孺子，几损我一员大将"（第四十二回）；针对这一情节，民间有俗语"刘备摔孩子——邀买人心"，揭露了他虚伪的一面。

刘备的虚伪更突出地表现在他图霸称帝这一问题上。他本来是有帝王之志的，否则就不会三顾茅庐去请诸葛亮出山，但在他谋取帝业的过程中，却一直以"仁厚"和"忠义"来掩盖他的政治目的。他自领益州牧，取刘璋而代之，作者却极力渲染他"再三辞让"，说什么"奈刘季玉（刘璋字）与备同宗，若攻之，恐天下人唾骂"（第六十回）。他一面要刘璋"交割印绶文籍"，献城投降，一面又口称"吾非不行仁义，奈势不得已也"（第六十五回）。这种心口不一的表白，正是刘备虚伪性格绝妙的自我暴露。攻取汉中以后，诸葛亮、法正等人劝他"应天顺人，即皇帝位，名正言顺，以讨国贼"，他却说："刘备虽然汉之宗室，乃臣子也；若为此事，是反汉矣。"又说：

"要吾僭居尊位，吾必不敢。"后诸葛亮劝他暂称"汉中王"，他则说："不得天子明诏，是僭也。"然后是"再三推辞不过，只得依允"。（第七十三回）及至曹氏篡汉自立，诸葛亮等人又要他即帝位时，他却说："卿等欲陷孤为不忠不义之人耶？"还矫揉造作地勃然变色说："孤岂效逆贼所为！"再三坚执不允，后来诸葛亮不得已托病，并以人心思散相告，他这才说出真心话来："吾非推阻，恐天下人议论耳。"最后还补上这么一句："陷孤于不义，皆卿等也！"（第八十回）这简直可以说是："皇帝由我来当，责任由你们来负。"说穿了，他不是不愿，而是不敢。他既要当皇帝，又要避免"僭越"的恶名。

读到这些地方，我们就会体会到鲁迅所说的《三国演义》"欲显刘备之长厚而似伪"①的论断。当然，从刘备形象来认识统治阶级的虚伪，是从客观的艺术效果来看的，作者在主观上是歌颂他的，是要把他塑造成一个正面的仁君形象的。但这也并非完全是《三国演义》在艺术描写上的失败所致，而是由小说的题材和历史演义的性质所决定的，作者的主观意愿不可能完全背离历史的真实，他无论怎样加工，也不能从根本上改变历史人物的基本面貌。而且由于刘备有一层仁义长厚的外衣，他的虚伪就更加隐蔽，当被人识穿后，就比曹操相对显得露骨的虚伪更加令人嫌恶。

由于《三国演义》是直接以封建统治阶级内部不同政治集团之间的斗争为题材的，因此对剥削阶级代表人物的活动及其相应关系的描写较之其他题材的小说就更加广阔和充分，对他们丑恶面目和阶级本质的揭示也就更加深刻和真实。这是《三国演义》在思想内容上的一个突出特色和独特成就。

第二，反映了由于长期分裂割据和军阀混战，人民所遭受的深重苦难，以及造成这些苦难的统治阶级的残暴罪行。

这虽然不是《三国演义》的主要内容，但也是它所反映的历史生活的一个重要侧面和组成部分，对我们今天认识封建社会的真实面貌也是很有意义的。如第四回写董卓专权，以讨贼（黄巾军）之名大肆杀戮百姓的暴行；第六回写董卓迁都长安时驱赶数百万人口，百姓死于沟壑，啼哭之声，震动天地，以致"二三百里，并无鸡犬人烟"。这同王粲著名的《七哀》诗里"出门无所见，白骨蔽平原"和曹操《蒿里行》中"白骨露于野，千里无鸡鸣"的情景是完全相合的。这样的描写，虽然不

① 鲁迅:《中国小说史略》，人民文学出版社，1953 年，第 135 页。

占小说的主要部分，但作者对统治阶级暴行的谴责和对苦难人民的同情，也是表现得很清楚的。修髯子在他所作的《三国志通俗演义引》中就说过："欲知三国苍生苦，请听《通俗演义》篇。"因此，小说虽然诬蔑黄巾起义军为盗贼，表现出地主阶级的政治偏见，但由于有这样一些比较真实的描写，也就在客观上反映了农民起义的社会原因在于统治阶级的罪恶；同时它还比较真实地写出了黄巾起义军的声威和规模，以及"四方百姓，裹黄巾从张角反者四五十万。贼势浩大，官军望风而靡"的事实（第一回）。

第三，通过生动的艺术描写，揭示了封建社会政治斗争和军事斗争的一些经验和规律，有些方面至今仍然具有借鉴意义。

《三国演义》的主要内容是描写不同政治集团之间的政治斗争和军事斗争。政治斗争和军事斗争是不可分割的，各个政治集团的政治目的（统一天下）的实现，主要以军事斗争为手段，因此可以说《三国演义》是一部以描写战争为主要内容的历史小说。《三国演义》是中国古典小说中写战争写得最好的一部。作者写战争写得好，是因为他并不是凭主观臆想写出来的，而是对历史上的无数次战争进行艺术概括的结果，因而达到了艺术真实和历史真实的统一。

《三国演义》战争描写的特点和成就，可以概括为六个字：丰富、深刻、生动。丰富，是指它写出了战争的多姿多彩，每次战争，各有特点，互不雷同；深刻，是指它通过真实的艺术描写，反映出了战争的客观规律，可以给我们以深刻的启示；生动，是指它的描写具体、形象，有声有色，特别是通过战争的描写塑造出了一系列个性鲜明、栩栩如生的人物形象。最突出的是书中关于三大战役的描写。三大战役指：官渡之战（第三十回）、赤壁之战（第四十三回至第五十回）、彝陵之战（第八十一回至第八十四回）。这三次大的战役，都影响到三国时期的整个历史进程，同时又在全书的艺术构思和艺术结构中占有很重要的位置，作者是很用心地写出来的，所以具有很高的典型意义。

官渡之战是在曹操与袁绍之间进行的，结果是袁绍大败，曹操平定了北方，大大地扩张了自己的势力；赤壁之战是孙权和刘备结成联盟，在赤壁打败了挥师南下、锐不可当的曹操，使他不能统一天下，最后形成了三国鼎立的局面；彝陵之战是刘备伐吴，急于要替关羽报仇，结果大败，从此走向了衰亡。这三次大的战役，有其相似之处：都是以弱对强，都用了火攻，结果又都是弱者战胜了强者。但作者写来却毫不雷同，他具体地写出了三次战役交战双方不同的特点、所处的不同的环境条件、所面临的不同矛盾，以及不同的强和弱的转化过程，等等。

先看官渡之战。这次战争是袁绍主动进攻曹操的。袁绍当时处于优势，他拥有北方的冀州、青州、幽州、并州等大片土地，又有丰足的粮草，共调动了七十多万军队进攻许昌，曹操仅以七万军队在官渡迎敌。双方军力有十倍之差。当时的基本形势，如曹操手下的一位谋士所说，是“以至弱对至强”。在这种情况下，仗应该怎么打呢？值得注意的是，小说写了双方的谋士都对战争双方的特点和各自应取的战略战术，作了基本上相同的正确分析。这就是：袁绍虽然兵多粮足，但战斗力不如曹军；而曹军虽然兵精，但数量远不及袁军，更重要的是粮草不足。因此，双方的谋士都认为：这场战争对曹操来说，利在急战，也就是说应该速战速决；而对袁绍来说，则利在缓守，即应该采用拖延战术，时间一长，曹军没有了粮食，不战自败。在这场战争中，粮食是一个主要矛盾。

但对于这些特点和应该采取的对策，作为主帅的袁绍却并没有认识到，不但没有认识到，而且当他手下的谋士沮授向他正确地分析了形势并提出正确的作战指导思想时，他还不听，反而认为沮授有慢军心，将他囚禁起来，待破曹之后治罪。战争进程中，已逐渐显露出粮草问题十分重要（袁绍大将韩猛运粮，路上被曹军阻劫，并烧了粮草）。手下的另一位谋士审配也向袁绍提出建议：“行军以粮草为重，不可不用心提防。乌巢乃屯粮之所，必得重兵守之。”结果袁绍只派了一个性刚好酒的淳于琼去守乌巢，筑成了大错。与此同时，曹操军粮告急的机密被袁绍手下的另一个谋士许攸获得，许攸报告给袁绍，并建议他乘机偷袭已经空虚的许昌，以此一举而战胜曹操。这本来是一个极好的机会，但袁绍不但不听，反而听信谗言，因许攸以前是曹操的朋友，就怀疑他是曹操的奸细，要处死他。结果逼迫许攸去投奔了曹操，泄漏了军事机密，导致乌巢被烧，遭到了惨败。

而与袁绍相反，曹操的表现却完全不同，他自己已经对战争双方的特点、整个形势以及应该采用的战略战术等都有了正确的认识，做到了心中有数，但他并没有因此就掉以轻心，盲目乐观，而是认真地召集众谋士共同商议，虚心地听取大家的意见。当谋士荀攸讲出了与沮授相同的“利在急战”的意见时，曹操非常高兴地说：“所言正合吾意。”在战争以曹胜袁败结束以后，小说有两句诗评论道：“弱势只因多算胜，兵强却为寡谋亡。”可见作者对这场战争的描写，并没有停留在表面的谁胜谁败上，而是将重点放在表现战争的谋略，即指挥员主观指导的正确与否上，这是符合战争的客观规律，写得很有深度的。官渡之战的艺术描写，还给予我们另一方面的启示，即战争中军事民主的重要性。袁绍十分愚蠢，但如果他稍微虚心地听取手下谋士的意见，具有起码的民主作风，也不至于落得如此惨败。

彝陵之战与此有些相像，刘备处于强的一方，孙吴处于弱的一方。当时刘备急于为关羽报仇，举大军伐吴，这一战略决策本身就是错误的。三顾茅庐时，诸葛亮为刘备制订的基本路线是联吴抗曹。后来的斗争实践证明了这条路线是完全正确的，凡是执行这条路线时就得到发展（赤壁之战就是最生动的一例），而违背这条路线时就遭到挫折、失败。所以当刘备决定“提兵问罪于吴”时，诸葛亮就劝谏说：“不可。方今吴越令我伐魏，魏亦令我伐吴，各怀谲计，伺隙而乘，主上只宜按兵不动，且与关公发丧，待吴魏不和，乘时而伐之，可也。”赵云也劝谏，甚至很尖锐地指出：“汉贼之仇（指对曹操）公也，兄弟之仇（指对孙吴）私也。愿以天下为重。”这里表现的是一种从全局出发的战略眼光。但是刘备却听不进去，执意要为关羽复仇而伐吴。这就首先在战略决策上犯了错误。他甚至还对提出相同正确意见的学士秦宓大发雷霆，要“武士推出斩首”，经众人劝说才暂时囚禁起来。这种表现与官渡之战中刚愎自用的袁绍已经不相上下了。这是彝陵之战失败的根本原因。

接着刘备又在具体的作战方案上犯了错误。当时他率兵七十五万，孙吴只有十万军队抵抗，也是以至弱对至强。他报仇心切，又依仗兵多，采用急战的方法，一开始取得节节胜利。孙吴畏惧，遣人求和，刘备不允，一定要灭吴。结果逼得孙权起用了一个年轻的儒将陆逊任统帅。这个人很年轻，东吴方面也有很多人瞧不起他，但他却非常聪明，很有谋略。他采用的战术是：避其锐气，坚守不出，以逸待劳。结果使得本来锐气很盛的蜀军被拖得“兵疲意阻”，再加上天气炎热，喝水困难，最后刘备只得下令在山林茂密之地安营扎寨，连营七百里。当诸葛亮看到刘备派人送回去的连营图时，立即拍案叫苦说：“汉朝气数尽矣！”结果，蜀军被以逸待劳的吴军顺风举火，烧了七百里连营，遭到了惨败。

三大战役中，赤壁之战是最复杂、最丰富，也是描写得最为精彩的，体现了《三国演义》战争描写的高度艺术。

小说首先用两回书的篇幅来写孙刘联盟的缔结。这是因为曹操平定北方以后，挥师南下，军力十分强大，东吴和刘备都无力单独抗曹，只有联合起来才有可能取胜。这两回书写出了一场尖锐紧张的外交斗争。外交斗争为军事斗争服务，是战争能否取胜的前提条件，因而是这次大战役不可分割的组成部分，不是多余的笔墨。

在孙刘联盟缔结的过程中，诸葛亮表现出非同寻常的大智大勇。他对孙权和周瑜用的都不是一般的说服的方法，而是智激的方法，表明了他对孙权和周瑜这两个人物都有非常深刻的了解。他希望他们能够抗曹，却偏偏先夸大曹操的力量，劝他们降曹，结果反而促进了两人下定决心抗击曹操。对这个过程小说描写得非常生动、细致，诸葛亮的智慧能给我们许多有益的启示。

《三国演义》写战争，不只是军力的对抗，更重要的还是一个斗智、斗勇的过程。这一特点在赤壁之战中表现得极为鲜明。这次战役中双方的斗智，即战争谋略的运用，也就是战争中指挥员主观指导思想的正确与否具有非常重要的意义。简直可以说，整个赤壁之战就是一场智慧的较量。这次战役也是以至弱对至强，结果也是以弱胜强，但基本矛盾与官渡之战和彝陵之战又不相同，不是粮草，也不是军队的劳逸，而是曹军来自北方不习水战的问题。因此双方的斗智就是围绕这个基本矛盾展开的。曹操任用荆州降将蔡瑁、张允为水军都督，就是为了弥补自己这方面的弱点；周瑜发现后就使用了“反间计”，让曹操自己杀了蔡、张二人，受到了很大的损失；接着，诸葛亮草船借箭，本来是对付周瑜企图杀害自己的阴谋的，结果却又使曹操损失了水战中非常重要的十几万枝箭。再接下去，写周瑜和诸葛亮两人不约而同地制定了对付曹军的火攻计。这是赤壁之战中的中心谋略，曹军的最后失败就在于被盟军用火烧了赤壁之下连在一起的战船。为了火攻计的实施，又引出了苦肉计——周瑜打黄盖、阚泽下书等一系列斗智斗勇、惊心动魄的情节，最后是庞统授连环计，让曹操用铁链将战船连结在一起。在这一过程中，一方面写曹操的机智，如一开始就发现并及时地解决军队不习水战的问题，重视训练水军；阚泽下书时一下子就识破了其诈降的诡计，给阚泽以极大的压力，等等。但另一方面，也写出了他一系列的失误。如两次派无能的蒋干过江，促成了对方反间计和连环计的实现；派蔡中、蔡和诈降，促成了对方苦肉计的实现，等等。除此而外，作者还将曹操和周瑜作对比，描写决战前夕双方统帅的不同精神面貌。曹操危在旦夕，却轻敌麻痹，盲目骄傲；周瑜胜券在握，却精细谨慎，毫不懈怠。这样，不待作者写出这场战争的最后结果，读者就已经从战争进程的真实描写中自然地得出谁胜谁负的结论，并且了解到之所以胜和之所以败的原因。这是《三国演义》写战争的高明之处，也是《三国演义》写战争的深刻之处。赤壁之战的描写，给我们的启发是多方面的，《孙子兵法》中所总结过的一些战争的规律，如“知己知彼，百战不殆”“兵不厌诈”“以己之长，攻敌之短”“骄兵必败”等等，都有鲜明的体现。

三大战役都表现了战争的客观规律，都符合和体现了《孙子兵法》中的有关论述。但是符合兵法只是《三国演义》战争描写的一个方面；还有另一方面，即在战争的进程中，有时还有表面上看来是违背兵法而实际上是灵活运用兵法的例子，表现了战争指导者的高度智慧。如兵法上说：虚则实之，实则虚之。就是设下埋伏的时候，要让敌人误以为没有埋伏；而没有埋伏的时候，却又要让敌人误以为有埋伏。但赤壁之战中，曹操败走华容道，诸葛亮对关羽作了阻击的部署，让关羽埋伏于道路的两旁，却这样吩咐他："可于华容小路高山之处，堆积柴草，放起一把火烟，引曹操来。"这就是反用兵法之道，即实者实之。明明告诉敌人这里有埋伏，不是很笨吗？诸葛亮的聪明就表现在他深知曹操是一个机警而精通兵法的人，曹操以"虚则实之"的兵法常理来对待，以为对方是虚张声势，就上了诸葛亮的大当。与此相似而又相反，空城计却是以虚者虚之而取得了险胜。关键都在于对不同的人采取不同的对策。诸葛亮的空城计，如果对手不是深知兵法而又对诸葛亮一生谨慎行事十分了解的老谋深算的司马懿，而换成是勇猛无比、头脑简单的张飞，结果就只能是：既然城门大开，那毫无犹豫就长驱直入了。

不仅是大的战役，就是一些小的战斗，写来也是千姿百态、毫不雷同的。如同样是写曹操吃败仗而终于逃生，由于所遇对象不同，情形也就大不一样。如第十二回写濮阳之战败于吕布，第五十八回写潼关之战败于马超，就迥不相同。在曹操的心目中，吕布是一个有勇无谋的人，所以即使在被他打败时，也并不惧怕和慌张。小说是这样写的："火光里正撞见吕布挺戟跃马而来。操以手掩面加鞭，纵马竟过。吕布从后拍马赶来，将戟于操盔上一击，问曰：'曹操何在？'操反指曰：'前面骑黄马者是也。'吕布听说，弃了曹操，纵马向前追赶。曹操拨转马头，望东门而走。"情况虽然危急，但曹操却表现得相当镇静，轻而易举地就把吕布蒙骗过去了。但潼关之战遇到的对手马超却大不相同，一则马超与曹操有杀父之仇，此次为报仇而来，气势极为凶猛；二则曹操在阵前初见马超时，就完全不同于对吕布的印象："又见马超生得面如傅粉，唇若抹朱；腰细膀宽，声雄力猛；白袍银铠，手执长枪，立马阵前……操暗暗称奇。"开战以前就已经认为他是一个非同寻常的武将。因此，当曹操吃败仗被追赶时就另是一番情景："马超、庞德、马岱引百余骑，直入中军来捉曹操。操在乱军中，只听得西凉军大叫：'穿红袍的是曹操！'操就马上急脱下红袍。又听得大叫：'长髯者是曹操！'操惊慌，掣所佩刀断其髯。军中有人将曹操割髯之事，告知马超，超遂令人叫拿：'短髯者是曹操！'操闻知，即扯旗角包颈而逃。"

这就是《三国演义》中著名的曹操割须弃袍的故事。接下去小说是这样写的："曹操正走之间，背后一骑赶来，回头视之，正是马超。操大惊。左右将校见超赶来，各自逃命，只撇下曹操。超厉声大叫曰：'曹操休走！'操惊得马鞭坠地。看看赶上，马超从后使枪搠来。操绕树而走，超一枪搠在树上，急拔下时，操已走远。"除了作战的对象不同引起曹操的心理反应、精神状态不同外，跟作战的具体环境也有很大的关系。濮阳之战在城里，回旋余地小，却也容易掩蔽脱身；而潼关之战是在野外，回旋余地大，却很难隐蔽，脱逃比较困难。但野外有树，"绕树而走"，也表现了曹操随机应变的聪明。《三国演义》写战争重谋略，突出了斗智的一面，因而这是一本使人增长智慧的书。

《三国演义》战争描写的生动性，主要表现在情节组织的波澜起伏、引人入胜，以及人物描写的鲜明突出上。作者把人物形象的塑造放到一个重要的地位，不是为写战争而写战争，而是在战争中写人，写人的历史活动，从中刻画鲜明生动的人物形象。战争发展的过程，就是人物活动的过程，战争犹如一个广阔的历史舞台，各种人物登台演出，各自展现自己的性格特征和思想风貌。在赤壁之战这场大的战役中，魏、蜀、吴三方面的主要人物都集中在一个舞台上，演出了一场有声有色、威武雄壮的戏剧。这一特点，决定了《三国演义》对战争的描写，表现出一种英雄史诗的格调。

第四，通过人物形象的塑造，在一定程度上表现了人民群众的爱憎感情和理想愿望。

人民（特别是生活在动乱年代的下层人民）是渴望安定统一的，是渴望圣君贤相出现的；同时，一些下层人民的道德观念（如信义等），也通过人物形象表现出来。书中对诸葛亮多智的描写，已经大大超过了历史上真实的那个诸葛亮本人，是对人们长时期政治斗争和军事斗争的经验的概括，也可以说是人民群众聪明智慧的一种艺术概括。在生活中，诸葛亮已经成了智慧的代名词。关羽和赵云等人的英勇善战，则是古代人民群众英雄主义的体现。赤壁之战中黄盖和阚泽从大局出发的自我牺牲精神，也是人民群众所赞扬的。相反，曹操的虚伪奸诈、凶暴残忍，袁绍的懦弱无能、刚愎自用，周瑜的心胸狭隘、不顾大局等，都是人民群众所不喜欢的。这同三国题材长期在人民群众中流传，得到许多无名作者的加工，从而将广大群众的道德观念、爱憎感情和愿望要求熔铸到形象中去是分不开的。

书中通过刘备、诸葛亮、关羽、赵云等形象的塑造及其相互关系的描写，表现了封建时代人民德治仁政和圣君贤相的政治理想。特别是刘备和曹操形象的对比刻画，更体现了作者在人物塑造上关于这方面的自觉意识。在书中，曹操成为奸诈残忍的化身，刘备成为长厚仁义的化身。第六十回，写庞统议取西蜀时，刘备曾说："今与吾水火相敌者，曹操也。操以急，吾以宽；操以暴，吾以仁；操以谲，吾以忠：每与操相反，事乃可成。"作者显然是以儒家德治仁政的政治理想和天下归仁的政治观念，来指导他对三国时期的历史进行艺术概括和加工的，因此，曹操和刘备的形象虽然并不完全符合历史上真实人物的本来面貌，却传达了人民群众的理想和心声。不过，我们同时也要看到，作者虽然有鲜明的思想倾向，并且认为以宽、仁、忠待民事君者可成大事，但他并没有、也无力改变历史发展的真实面貌，虽然违背了他的主观感情，仍写出了他所喜爱和热情歌颂的刘备集团，在发展上（力量和地盘）不如曹魏，而且在三国中最先衰亡的历史事实。这种历史与作者主观思想感情的矛盾，使得这部以展现威武雄壮的历史场面和斗争风云为特色的历史演义小说，在书中（特别是在后半部写蜀汉衰亡时）表现出浓重的悲剧色彩。

下面再谈谈两个在评论《三国演义》思想内容时不能回避的问题。

第一，关于拥刘反曹的思想倾向。

对《三国演义》的主题思想学术界有不同的认识。据有人统计，现在至少有九种不同的说法①，而且还可能列出许多来。不过，如果要说作品的主题思想，那应该只有一个，就是作者自觉地确立并极力在书中表现的，而不是由读者从作品的艺术形象中凭自己的主观感受分析出来的。对《三国演义》来说，这个主题思想应该是：拥刘反曹。

拥刘反曹的思想倾向，有比较复杂的内涵，应该作具体的分析，不宜作简单的肯定或否定。大致说来，包含了三个方面的内容：一、德治仁政理想和反暴政思想的反映。二、民族思想的反映。在《三国演义》成书的宋元时期，民族矛盾都是十分尖锐的，对蜀汉正统地位的肯定，反映了以民族斗争为历史背景的一种民族意识，即反异族统治的思想。三、封建正统思想的表现。

关于第三点，我们要多说几句。书中的曹操，不仅是作为一个"乱世奸雄"来刻画的，而且还是作为一个"名为汉相，实为汉贼"的"乱臣贼子"来刻画的。鲁迅在《在现代中国的孔夫子》一文中曾说："说到乱臣贼子，大概以为是曹操，但

---

① 参见袁行霈主编：《中国文学史》第四册，人民文学出版社，1999年，第42页注14。

那并非圣人所教，却是写了小说和剧本的无名作家教的。”[1] 在小说所写曹操的性格特征中，不忠不义是核心。作者对那些反对曹操而维护汉室统治的人，都一律予以肯定。如第二十四回中写董承等人奉诏讨曹，第六十九回中写“讨汉贼五臣死节”（耿纪、韦晃等人因反曹操而被杀）；第二十三回写祢衡骂曹和吉平骂曹，第三十六回写徐母骂曹，第六十八回写左慈戏曹等，突出的都是曹操对汉室的不忠。而与此相反，刘备的形象，其仁德爱民等品质，也是从属于他忠于汉室、是汉室之胄这一中心的。书中处处突出他“以仁义躬行天下”，“仁义布于四海”。但他的称王称帝，同曹丕的篡汉自立，在我们今天看来，本质上是没有什么区别的。连刘备自己在称帝时也承认是违背了君臣的名分，是僭越，是不忠不义的行为。他以“匡扶汉室”相号召，跟曹操的“奉天子以从众望”的手法也是相同的，都不过是一种图霸称王的策略手段。但作者却肯定和歌颂刘备，而否定和暴露曹操，所不同的，只是曹操姓曹，而刘备姓刘，是汉室之胄，是符合天命的“正统”。第八十六回就表现得非常清楚，东吴的张温与益州的学士秦宓辩论，秦宓说：天有姓，姓刘，因为天子姓刘。这就是赤裸裸的封建正统思想。

所谓封建正统思想，就是建立在天命论基础上的君权神授的思想，是皇权和神权相结合的产物，是封建统治阶级维护其一家一姓统治地位的一种思想武器。只要对天所授命的皇权不忠，就是大逆不道，就是“乱臣贼子”，就可以“人人得而诛之”。这当然是一种落后和陈腐的思想观念，是应该批判和否定的。

第二，关于“忠义”思想。

“义”是《三国演义》中表现得非常突出的思想。小说一开头，“桃园三结义”，着重描写的就是一个“义”字。但义作为一种道德观念，内涵是比较复杂的，属于一个历史范畴，在不同时期、在不同的社会阶级和阶层中，有不完全相同的含义。义常常和其他的伦理观念相联系，有正义、信义、情义、恩义、忠义等的不同结合，就产生了不同的侧重点和具体内涵。战国时期，信陵君等人养士，礼贤下士，被称为一种美德，那是一种贵族豪门之义，主给客以恩，客则“士为知己者死”，是一种以主奴关系作基础的“恩义”。秦汉时代，有乡曲的“侠客之义”，即舍己为人，路见不平拔刀相助一类的言行准则。这种侠客之义，就是历代在民间流行的“信

① 《鲁迅全集》第六卷，人民文学出版社，1958年，第252页。

义”。主奴关系的“恩义”扩大到君臣关系就是“忠义”。这是历代统治阶级所大力提倡的，是维护君臣关系的道德准则。孟子曾提出过君臣关系的最高理想，即：“君之视臣如手足，则臣视君如腹心。”在《三国演义》中，既有下层人民群众互相扶持帮助的信义，也有上下隶属关系的“恩义”和“忠义”，而且后者占有更突出的地位。刘、关、张桃园三结义，采用的是民间结义的形式：异姓结为兄弟，“同心协力，救困扶危；上报国家，下安黎庶；不求同年同月同日生，但愿同年同月同日死”，其内容是民间的“信义”。但从三人关系的发展看，实际上主要内容还是“恩义”和“忠义”。因为从表面上看，三个人是朋友、兄弟关系，而实际目的却是恢复汉室，帮助刘备打天下。有一个例子最能说明问题。第二十六回，写关羽暂归曹操以后，张辽去试探他，问：“兄与玄德交，比弟与兄交如何？”关羽回答说：“我与兄，朋友之交也；我与玄德，是朋友而兄弟、兄弟而主臣者也：岂可共论乎？”这时候，刘备败投袁绍，身无立足之地，离做皇帝还差得很远，但关羽已经以君臣关系来看待了。小说具体的艺术描写也是这样体现的。第二十六、二十七回，写关羽在曹操那里，秉烛达旦，维护的是“君臣之礼”，挫败了曹操的阴谋；挂印封金，过五关斩六将，信守誓约。这些都使得曹操大为赞叹：“事主不忘其本，乃天下之义士也！”还这样教育他手下人说：“不忘故主，来去明白，真丈夫也。汝等皆当效之。”关羽写信向刘备表达他的赤胆忠心，其中有八个字，可视为关羽一生的写照：“义不负心，忠不顾死。”“义”和“勇”是关羽形象最突出的特色，其中“勇”是从属于“义”的。而“义”的内容则主要是“忠义”。所以可以说，关羽是“忠义”的化身。

诸葛亮形象的主要特点是多智，被毛宗岗称为三绝之一的“智绝”。在他的身上也表现出非常突出的“恩义”和“忠义”思想。他与刘备的关系，是封建社会中君臣关系的典范，达到了儒家提出的“君之视臣如手足，则臣视君如腹心”的理想境界。诸葛亮出山本身，就是为了报答刘备的知遇之恩，用他自己的话说就是：“吾受刘皇叔三顾之恩，不容不出。”此后他一生的行动，就是报答刘备的这种知遇之恩，真正做到了“鞠躬尽瘁，死而后已”。第八十五回，写刘备托孤白帝城，对诸葛亮说：他未能实现的理想就是“同灭汉贼，共扶汉室”，如果嗣子不才，则诸葛亮“可自为成都之主”。诸葛亮听后，“汗流遍身，手足失措，泣拜于地曰：‘臣安敢不竭股肱之力，尽其忠贞之节，继之以死乎？’”又说：“臣虽肝脑涂地，安能报知遇之恩也。”刘备死后，他七擒孟获，六出祁山，南征北战，就都是为了报刘备的“三顾之恩，托孤之重”（语见第八十七回）。他甚至事无大小，都必须亲自处理，事烦食少，弄得形疲神困。主簿杨颙劝他注意身体，不必亲理细事，他回答说："吾非不知，但受先帝托孤之重，惟恐他人不似我尽心也！"可见，诸葛亮的智慧也是从属于忠义思想的。

《三国演义》中的忠义思想，当与封建正统思想结合时，是以对汉室的态度为衡量标准的，凡是拥护汉室或投奔蜀汉的，就是忠，否则就是奸；但有时也超出于集团的利益，而成为一种普遍的道德准则，对于各个集团中的人物，只要表现出忠心不事二主，作者就加以赞扬。如官渡之战中，袁绍的谋士沮授战前正确分析形势，提出正确决策，袁绍不但不听，反而加罪于他。袁绍战败后沮授在狱中被曹操所获，按情理讲，沮授抛弃袁绍这样一个昏庸残暴的主子而改事曹操，是明智之举，无可非议。但他坚决不投降曹操。曹操厚待他，将他留于军中，他毫不动心，反盗营中之马欲归袁氏。曹操最后杀了他，作者还有意渲染他死时英勇不屈，神色不变。曹操无限感叹地说："吾误杀忠义之士也！"书中还以诗赞曰："河北多名士，忠贞推沮君。"又如魏将庞德在与蜀汉交锋中被擒，关羽劝他投降，庞德宁死不降，关羽斩而怜之，予以厚葬（第七十四回）。与此相反，凡是叛主的几乎都遭到了谴责。如关羽取长沙时，魏将魏延斩太守韩玄后投降关羽，关羽引其见刘备时，诸葛亮要斩魏延，痛斥之曰："食其禄而杀其主，是不忠也；居其土而献其地，是不义也。"（第五十三回）可见即使是叛曹归汉也是要受到斥责的，而且还特意安排由蜀汉的军师诸葛亮来进行谴责。最突出的要数对魏将于禁的描写。关羽水淹七军，于禁战败投降刘备，后又复归曹操。作者对他的降汉并不肯定，而对他"兵败被擒，不能死节"却谴责为"临难不忠"。而且还安排了这样一个情节来表现作者的道德观念：曹丕当皇帝后，让于禁去看守曹操的陵墓，故意在陵墓的墙壁上画关羽水淹七军时于禁被擒之事，关羽俨然上坐，而于禁伏地求免一死。于禁见此又羞又恼，郁闷成疾而死。还引诗予以评论："三十年来说旧交，可怜临难不忠曹。知人未向心中识，画虎今从骨里描。"（第七十九回）蜀汉的使者邓芝在回答孙权的话时这样说："为君者各修其德，为臣者各尽其忠。"这很好地概括了书中所表现的基本道德观念。有人称《三国演义》"有通俗伦理学、实验战术学之价值"[①]，是有一定道理的。

---

① 蛮：《小说小话》，载《小说林》第八、九期，引自陈平原、夏晓虹编《二十世纪中国小说理论资料》第一卷，北京大学出版社，1989 年，第 264 页。蛮为谁，有人认为是黄人，有人认为是张鸿，不能确定。

第三节 《三国演义》的艺术成就

第一,《三国演义》在民间传说和宋元“讲史”的基础上，吸收和发展了说书人讲故事的艺术传统，善于组织故事情节，故事性强，惊心动魄，引人入胜。

以赤壁之战为例。这是一次三国都参加的大战役，三方面的风云人物都集中在一个舞台上，人物众多，矛盾斗争十分尖锐复杂，内容丰富，场面宏伟，作者以八回书的篇幅来着力描写这次大战。开战以前，矛盾的发展就曲折多变，一波未平，一波又起，一步步逼近高潮。中间既张弛有间，又环环相扣，始终吸引着读者。

曹操乘胜挥师南下，声势浩大，锐不可当。在强敌压境的情况下，东吴内部两派主战主和意见不一，决策人物孙权却犹豫不决，令人担心。孙刘结盟是这场战役能否取胜的关键，因此作为重点来描写。而孙刘结盟的过程，又充满了复杂的矛盾斗争，其中孙吴内部矛盾又穿插进孙刘之间（主要体现在周瑜和诸葛亮之间）的矛盾，造成错综复杂的关系，引出许多热闹紧张文字——诸葛亮舌战群儒、鲁肃力排众议、诸葛亮智激周瑜等。在周瑜的促进之下，孙权这才最后下定了联合刘备、共同破曹的决心。在下定决心以后，又有反复。

写诸葛亮和周瑜矛盾的部分，似乎是将主要矛盾暂时搁下，气氛稍微缓和一点。但从一开始读者就已经感到，孙刘联盟的巩固和诸葛亮杰出的智慧，将是这场战争取胜的关键因素。因而诸葛亮的安全和孙刘联盟能否巩固，就令读者十分关心。因此，草船借箭，作者把诸葛亮写得那么安闲镇静，而读者却始终为他的安全捏着一把汗，心情跟坐在船上的鲁肃一样紧张。

这以后，以火攻计为线索，一个情节引出另一个情节：苦肉计、阚泽献书、庞统授连环计等。眼看着孙刘一方一步步走向胜利，而曹操一方一步步走向失败，写得环环紧扣，笔酣墨饱。而整个过程也写得十分曲折紧张。如阚泽献书几乎被曹操识破，就十分惊险。随后曹操二次派蒋干过江，故事又生出一层波澜。在紧张的情节中又穿插进庞统夜读兵书的安闲文字，看似舒缓，实际上却由于蒋干二次中计而变得更加紧张。在庞统授连环计以后，周瑜用火攻的部署业已完成，就只等开战纵火了。作者此时又故作惊人之笔，插入徐庶扯住庞统道破火攻计的一段情节，使读者意外地感到紧张，担心孙刘一方即将到手的胜利眼看会变成泡影。作者这样写，并不是单纯为了追求引人入胜的艺术效果，而是为了通过这一情节，将联军会战部署完毕而促成了矛盾的转化作一个总结，使读者对矛盾的发展以及由此带来的战争胜败的必然结局看得清清楚楚，为下文写两军的决战振起一笔。

由此可以看出，作者在情节的提炼组织上是颇富于艺术匠心的。到第四十七回完结，庞统巧授连环计成功，已是决战前夜，一片“山雨欲来风满楼”的气氛。可是，意想不到的是，作者在第四十八回却以悠闲的笔墨写长江风平浪静、皓月东升的优美景色，使紧张的气氛暂时松弛下来。《三国演义》较少写景文字，但这里有一段写景非常出色：“天色向晚，东山月上，皎皎如同白日。长江一带，如横素练。”可读完这节文字，读者的心情更加紧张。因为作者写了曹操横槊赋诗，还举槊刺死了刘馥，使读者感到本来已经十分被动、处于不利地位的曹操，却表现得那样的盲目自满和轻敌麻痹，他最后全军覆没的命运显然是不可避免的了。这一情节写得好，好在它看似旁枝侧出，实际上却紧紧地与主要矛盾的发展相结合，并促进了主要矛盾的发展；好在它似闲笔而实非闲笔，似松而实紧，从容不迫地将矛盾的发展推向高潮。这是曹操由强转弱、由主动转入被动，以致最后遭到惨败的重要原因之一。作者通过这一情节加以强调，穿插在这里写出，是再合适不过的了。因此，到“三江口周瑜纵火”战斗正式打响之时，这场战争已经写得差不多，毋须再多费什么笔墨了。

而在“万事俱备，只欠东风”的情况下，围绕着风的问题，却又生出一层波澜来。这就是周瑜在山顶视察曹操战船排合江上，连成一片最易着火，因而感到稳操胜券而志得意满的时候，突然一阵风刮来，将旗角卷起从他脸上拂过，猛地使他想到，如果没有东风将使全部计划归于失败，因而急得大叫一声，口吐鲜血，不省人事：“一时忽笑又忽叫，难使南军胜北军。”在读者心情又为之紧张之时，这才引出诸葛亮借东风的情节来。这样写，也不仅仅是为了追求情节的曲折紧张，更重要的是与前面写曹操横槊赋诗的轻敌麻痹思想作对比，表现周瑜在稳操胜券的情况下，仍然那样的谨慎和精细，对这样很容易被忽略的小问题也不放过，其最终获胜的结局也就是必然的了。

可以设想，这样的情节安排，如果让一个高明的说书艺人来讲说，该是如何惊心动魄和引人入胜了。《三国演义》故事情节的安排，可以用十六个字来概括：波澜层叠、张弛相间、巧妙曲折、自然紧凑。这是中国古典长篇小说在民间“说话”艺术基础上形成的艺术传统，《三国演义》在这方面是最具代表性的。

第二，塑造众多鲜明生动的人物形象，是《三国演义》在艺术上的杰出成就。《三国演义》全书写了四百多个人物，给读者留下鲜明印象的也有几十个，其中，如曹操、诸葛亮、关羽、张飞、刘备、赵云、周瑜等人，都是家喻户晓的人物形象。《三国演义》塑造人物，有下面这样一些特点，一直到今天也还值得我们借鉴。

（一）能抓住人物最突出的特点，通过典型的情节加以突出，因此能给读者留下深刻的印象。如通过怒鞭督邮、古城会挥矛擲关羽、三顾茅庐时急躁鲁莽的言行等刻画张飞的粗豪爽直和嫉恶如仇；通过秉烛达旦、挂印封金、过五关斩六将刻画关羽的忠义；通过单骑救主、截江保阿斗等写赵云的勇武和对刘备的忠心不二；通过博望坡用兵、草船借箭、安居平五路、空城计等写诸葛亮的足智多谋；通过因幼子生疥疮而愁得“形容憔悴，衣冠不整”、无心更论他事，以致贻误了乘虚进攻许昌，刻画袁绍的昏庸懦弱；通过杀吕伯奢、借粮官王垕的头以压军心、梦中杀人等情节刻画曹操的奸诈和残忍。因为情节很典型、很生动，因而突出了人物的主要特征，给人留下鲜明深刻的印象。

（二）已经初步注意到了多角度、多层次地刻画人物。《三国演义》刻画人物能突出人物形象的主要性格特征，但比较缺乏个性，也不够丰满，因而过去有人批评它的人物描写有“类型化”的缺点。有人认为“类型化”的说法不太准确，又概括为“特征化”，总之是说它缺少个性和层次。但实事求是地看，对每个具体的人物，应该作具体的分析，不能一概而论。比如曹操这个人物，就不是写得很简单的，已经初步注意到了多方面地展示人物的性格特色。毋庸置疑，《三国演义》的作者，从拥刘反曹的总体思想倾向出发，是把曹操当作一个反面人物来描写的，强调他的不忠不义、奸诈阴险、凶暴残忍等，但在书中他毕竟还是一个英雄人物，不失他的英雄本色。作者没有把他简单化，写得一无是处。《三国演义》（即使是经毛宗岗修改过的通行本）中的曹操，是一个反面的英雄人物，是一个奸雄。第一回，写有一个善于“知人”的（不是相面的）许劭，曹操自己跑去见他，问他：“我何如人？”许劭回答说：“子治世之能臣，乱世之奸雄也。”曹操闻言大喜，一点也不生气。曹操身处汉末乱世，终于如许劭所言，成了一个“奸雄”。作者在描写他奸诈残忍的同时，又生动地展现了他思想性格的另一面，即作为一个杰出的政治家和军事家的一面。

首先，是写他的雄才大略和政治上的远见卓识。他在与刘备“煮酒论英雄”时，曾说：“夫英雄者，胸怀大志，腹有良谋，有包藏宇宙之机，吞吐天地之志者也。”（第二十一回）应该承认，在小说中的曹操身上，是多少表现出了这一特色的。他确是胸怀大志，以实现天下的统一作为自己的奋斗目标，并在不少问题上以此为考虑和处理问题的出发点。特别在讨董过程中，作者处处将他同那些各怀异心、坚持搞分裂割据的军阀作对比，写他政治上的卓见和谋略。如第四回，写董卓欺君弄权，王允宴请旧臣商议讨伐，但大家慑于董卓的威势，毫无办法，“众官皆哭”。这时作者写：“坐中一人抚掌大笑曰：‘满朝公卿，夜哭到明，明哭到夜，还能哭死董卓否？’”他对那些面对董卓专权而只有哭鼻子的公卿大臣投以轻蔑和嘲笑，并主动提出担任谋刺董卓的重任。后来盟军内部互相钩心斗角，各谋私利，袁绍身为盟主却按兵不动，不下令乘胜追击董卓。这时这样描写曹操：“操曰：‘董贼焚烧宫室，劫迁天子，海内震动，不知所归：此天亡之时也，一战而天下定矣。诸公何疑而不进？’众诸侯皆言不可轻动。操大怒曰：‘竖子不足与谋！’遂自引兵万余，领夏侯惇、夏侯渊、曹仁、曹洪、李典、乐进，星夜来赶董卓。”很显然，这时候的曹操，是一个具有讨董卓、平天下的雄心壮志，而高出于群雄之上的政治上有远见卓识的人物。

第五回《温酒斩华雄》一节，从他对关羽的态度中，写出他能识才、爱才，且能打破贵贱出身的偏见，坚持“得功者赏”的正确原则，又能从统一大业出发考虑和处理问题。袁术听说那个自告奋勇能斩华雄之首的关羽，不过是刘备手下的一个马弓手，便轻蔑地大喝一声：“汝欺吾众诸侯无大将耶？量一弓手，安敢乱言！与我打出！”曹操却能慧眼识英雄，断定他“必有勇略”，并劝袁术息怒：“试叫出马，如其不胜，责之未迟。”亲自为关羽酾热酒一杯，以壮行色。他不以贵贱论人，而能打破偏见，采取一种实事求是的态度，确实表现了一个政治家的风度。当曹操指出“得功者赏，何计贵贱乎”时，袁术发怒，说：“既然公等只重一县令，我当告退。”此时曹操说：“岂可因一言而误大事耶？”在刘、关、张回寨以后，曹操又暗使人赍牛酒抚慰三人。

又如第十六回，写刘备为吕布所逼，到许昌投靠曹操，荀彧劝他乘机杀刘备，说：“刘备，英雄也，今不早图，后必为患。”操不答。荀彧出，另一谋士郭嘉入。操曰：“荀彧劝我杀玄德，当如何？”嘉曰：“不可：主公兴义兵，为百姓除暴，惟仗信义以招俊杰，犹惧其不来也；今玄德素有英雄之名，以穷困而来投，若杀之，是害贤也。天下智谋之士，闻而自疑，将裹足不前，主公谁与定天下乎？夫除一人之患，以阻四海之望，安危之机，不可不察。”操大喜曰：“君言正合吾心。”于是表荐刘备领豫州牧。精明的曹操当然非常清楚刘备是一个了不起的英雄，是将来跟自己争夺天下的劲敌，从他的主观愿望说，是非常想杀掉刘备的。所以对荀彧的话不作回答。不作回答就说明他在思考，在权衡利弊。但他善察安危之机，能从收四海之望、统一天下的长远政治目标着眼来考虑和处理问题，终于听从了郭嘉的意见而拒绝了荀彧的意见。这些地方很难说不是曹操远大的政治眼光和开阔的政治胸怀的表现，不能不无偏见地一律解释为是出于曹操的奸诈。

官渡之战表现了他杰出的军事才能和政治上的远见卓识，已如前述。在战争进行前，他既能正确分析形势，又能虚心地听取下属的意见，集思广益，及时地做出正确的战略决策，表现得既果断而又稳重。战争进行中，许攸从袁绍营中跑来向他探听军粮还有多少，他没有如实相告，先说："可支一年。"后又说："有半年耳。"最后许攸发了脾气，他还装作迫不得已的样子说："实诉：军中粮食可支三月耳！"直到许攸怒斥他为奸雄，他才最后附耳低言告诉说："军中只有此月之粮。"这一情节一直被人当作曹操奸诈的例子来运用，实际上曹操是很冤枉的。"兵不厌诈"，这是用兵之道的常识，如果在两军对垒的紧张战斗中，对一个突然从敌人方面跑来的故人，曹操一见面就把自己的军事绝密告诉对方，岂不是愚蠢至极吗？实际上这一情节非常生动地表现了曹操在军事斗争中的机智和高度警惕性，表现了他作为一个军事家丰富的斗争经验。破袁后，在袁绍军营中发现了书信一束，皆许都及军中诸人与袁绍暗通之书。有人劝曹操："可逐一点对姓名，收而杀之。"但他却说："当绍之强，孤亦不能自保，况他人乎？"即将书信焚毁，不予追究。（第三十回）有人认为这也是曹操虚伪的表现，实际上却是他能从长远利益出发来处理问题的典型例子，因为当时只是初获胜利，袁氏余党势力仍然比较强大，如果此时整诛内部，必然动摇军心，不利于将来更图大事。这恰恰表现了他作为一个政治家的明智和宽容的胸怀。此外，他在战斗中又能亲临前线，身先士卒。他渴求贤才，广泛地招贤纳士，争取更多的人为自己服务，因而造成"文有谋臣，武有勇将，威镇山东"的胜利局面。他对关羽恩义备至也并非出于奸诈，而是真心爱才的表现。他带兵军纪严明，制法尊法，割发权代首就是一例，不少人以为也是奸诈的表现，同样是不实事求是的。（第十七回）讨袁绍时，他号令三军"如有下乡杀人家鸡犬者，如杀人之罪"，使得"军民震服"。（第三十一回）他派儿子曹彰北征乌桓时，临行戒之曰："居家为父子，受事为君臣。法不徇情，尔宜深戒。"使得曹彰"身先战阵，直杀至桑乾，北方皆平"。（第七十三回）这些地方，作者都比较真实地写出了曹操节节胜利、迅速统一中原的原因，应该说是符合历史真实的。

从人物描写的角度看，曹操这一面的性格特点，似乎与他奸诈的另一面是矛盾的，实际上却是统一的整体，完整而丰富地表现了曹操的性格，从而使得这一形象血肉丰满，富于艺术生命力。值得注意的是，作者大胆地描写了曹操身上作为杰出的政治家和军事家的特色，不但没有妨碍将他写成一个令人憎恶的反面人物，而且恰恰相反，使这个形象不但可恨，而且可怕。

其他如张飞，既有嫉恶如仇、粗豪爽直的一面，又有从善如流、粗中有细的一面；周瑜既有聪明干练、有勇有谋的一面，也有忌刻褊狭、不顾大局的一面。对张飞的描写，有些地方是很感动人的。如第二十八回古城会，写张飞误以为关羽真的投降了曹操，一见到关羽，便“圆睁环眼，倒竖虎须，吼声如雷，挥矛向关公便搠”，谴责他背叛了桃园结义。可等到关羽斩了蔡阳，又听二夫人讲说关羽一系列表现后，张飞自知错了，竟然大哭起来，立即参拜云长。丈夫有泪不轻弹，张飞是很少哭的，但哭起来却非常动人，交织着悔恨、敬佩、感动等复杂的感情。他的嫉恶如仇和服从真理，都统一于他那率直粗豪的性格之中，心地光明，快人快语，叫人十分喜爱。

（三）《三国演义》塑造人物很少用工笔细描的方法，而是用粗线条勾勒的方法，但常常简单几笔就能将人物的精神面貌表现出来。吴组缃先生认为《三国演义》写人物，如“单线平涂”的年画，虽然没有立体感，但却独具一格。[①] 这诚然有多方面的原因，但同小说熟练地运用如夸张、对比、映衬、烘托、渲染等艺术手法有关。艺术技巧、表现手法，都是来自生活的，艺术表现中的辩证法，反映了生活中的辩证法。在生活中，美与丑、善与恶、真与假，都是对立统一的，有假、恶、丑，才能显出真、善、美来，坏和更坏、美和更美，也往往是通过比较才能表现得更加鲜明突出，这就是艺术表现中对比、映衬、烘托一类艺术手法的生活依据。作者掌握了生活和艺术的辩证法，掌握了生活的内在联系，在表现人物时就能左右逢源、举重若轻，有时为了表现甲事物，却不从甲事物着笔，而是从与其相关的乙事物着笔，却比直接写甲事物收到更好的艺术效果。《三国演义》在这方面是有很成功的经验的。下面举几个例子。

在赤壁之战中，作者就将周瑜、鲁肃、诸葛亮等人对比起来写，他不是孤立地把握和表现人物的性格，而是在人物的相互关联中去把握和表现人物的思想性格。在整个赤壁之战中对诸葛亮用笔并不是很多，但他的形象却非常突出，如果将这场战争比作在一个广阔的舞台上演出的一出威武雄壮的戏剧，那么，年轻有为、机智

---

① 吴组缃：《关于三国演义》，见《说稗集》，北京大学出版社，1987 年，第 41 页。

果断的周瑜就是这出戏的主角，而诸葛亮则可以说是这出戏的总导演，一切都在他的预料之中，一切又都按着他的布置和指挥在活动着和发展着。作者对周瑜是正面写，而对诸葛亮是侧面写；写周瑜是实多虚少，写诸葛亮是虚多实少。实际周瑜成了诸葛亮的陪衬，写周瑜聪明，是为了写诸葛亮更聪明。而鲁肃在作者运用的对比手法中却处处处于一种极其微妙的地位，周瑜与诸葛亮一个聪明、一个更聪明，一个气量狭小、不顾大局，一个目光远大、胸怀坦荡的对比，主要就是通过鲁肃在其中的穿插、联系体现出来的。他显得忠厚老实，周瑜定计加害诸葛亮和诸葛亮识破周瑜的奸计，都是通过鲁肃奔走于双方之间来加以揭示的。草船借箭让他陪着，他的惊慌失色烘托出诸葛亮的沉着镇静，他的恍然大悟显示出诸葛亮的聪明比周瑜更高出一筹。他心肠好，忠于周瑜，却又不愿加害诸葛亮，有时还肯帮诸葛亮的忙。

更突出的例子是第五回的《温酒斩华雄》。这节文字，是鲁迅先生在《中国小说史略》中讲到关羽的形象写得成功时，特意引用加以赞扬的，称其“义勇之概，时时如见”。这是关羽初露头角的一场战斗，集中表现了关羽的英勇和威武。文字不多，前后不过一千多字，而直接写到关羽的文字更少，却写得有声有色，把一个高大威武、生龙活虎的关羽形象突现了出来。这段文字写关羽，主要是采用虚写的手法，采用侧面烘托的手法。整段文字，没有一句从正面直接描写关羽作战如何英勇、战斗场面如何惊险紧张，而主要通过人物关系，运用烘托、映衬等手法加以表现。作者相信读者的艺术想象力，并启发和调动读者的艺术想象力，获得了很大的成功。

看作者未写关羽，先写关羽的对立面华雄。作者把华雄写得很高大，很英勇，很了不起。但是写华雄不是目的，目的是写关羽；写华雄只是一种陪衬，一种铺垫。写华雄首先写他不平凡的外形：“其人身长九尺，虎体狼腰，豹头猿臂。”次写他口出狂言：“吾斩众诸侯首级，如探囊取物耳。”接着，就在实际战斗中具体地描写他的英勇善战。这又分几层写：先是“手起刀落”（应了他“探囊取物”的豪语）斩鲍忠于马下，被董卓提升为都督。这是第一层。次写他夜袭孙坚兵寨，杀得孙坚狼狈逃窜，险丧性命，连头上的红头巾也换给别人才得以逃脱。这是第二层。再次是写他把孙坚的四员大将之一的祖茂“一刀砍于马下”。这是第三层。所有这三层笔墨最后都落到了关羽的身上。

这里写华雄是用欲抑先扬的方法，为了写他乃关羽手下的败将，却先故意写他英勇善战。在上面层层铺垫的基础上，作者这才写关羽出场。从读者的阅读心理来看，这样安排情节也是很吸引人的：面对如此英勇、气焰又如此嚣张的华雄，关羽能战胜他吗？这就造成了一个很大的悬念，使读者不得不十分关心。

关羽的出场也不同寻常，作者着意加以布置，主要是通过不同人物的反应来烘托、映衬。如写孙坚损兵折将后“伤感不已”，写袁绍闻讯后“大惊”，写众诸侯聚集商议时，因被挫动锐气，一个个无可奈何，“并皆不语”。而这时却写刘、关、张三个人立在公孙瓒背后冷笑。众诸侯是不语，三人是“冷笑”，在那冷静而又紧张的场面中形成了鲜明的对比。这“冷笑”二字意味深长：不只是笑那些身为将帅却对华雄束手无策的“众诸侯”，同时也是笑那猖狂一时、不可一世的华雄，是对他的一种藐视。这已经使读者感到这三个人有些非同寻常了。接下来又写华雄来挑战，连斩骁将俞涉和上将潘凤。在“众皆失色”“惶惶不安”之时，这才写：“阶下一人大呼出曰：‘小将愿往斩华雄头，献于帐下！’”这几句话本来平平常常，几乎任何一个出战的武将都可能说；但有了上面那些描写作铺垫，这几句普普通通的话，在此时此地说出来，就变得不同凡响了。这样，经过多方面、多层次的烘托、映衬，气氛渲染得十分紧张。关羽这时出场，自然十分引人注目，处于一种非常突出的位置了。

按理说，到这时关羽就应该和华雄交手了。但作者却从容不迫，写得极有层次。在情节的安排上又故作顿挫，振起一笔，使不长的文章变得波澜层叠、摇曳多姿。看作者先让关羽亮相，写他的外表：“见其人身长九尺，髯长二尺；丹凤眼，卧蚕眉；面如重枣，声如巨钟；立于帐前。”好一条英雄好汉！读到这里，读者自然地会同前面对华雄的外貌描写产生对比：两人一般高的个子，关羽却比他长得英俊威武，一个在高大中见豪爽，一个在高大中见卑琐（“虎体狼腰”“豹头猿臂”都给人这样的印象），可是袁术一听说他不过是一个县令的马弓手（相当于今天的警卫员），便大喝道：“与我打出！”关键时刻曹操为他说情：“试教出马，如其不胜，责之未迟。”叫人意想不到的是，在这种十分危急的情况下，关羽竟然主动地立下了军令状，说：“如不胜，请斩某头。”这样一来，气氛就更加紧张了：关羽能否斩华雄之头，不仅关系到盟军的胜负，而且也关系到他个人的安危。经过这样一系列的烘托和渲染，作者这才使关羽出马同华雄交锋。可以想见，这场战斗是多么地吸引读者关注，多么地激动人心了。

就在这种能否取胜事关重大的悬念之下，一般的设想，作者该放开笔墨，有声有色地去描写这场激烈的战斗了。可是，跟读者的期望和预料相反，作者非常巧妙地避开了很容易流于一般化的正面描写，而是继续采用从侧面烘托、渲染的手法。关羽如何英勇善战、华雄如何被斩，没有一句正面的直接描写，一切都让读者从音响、环境气氛，从人们的反应中，自己去想象出来，而效果比直接描写还要好。

他先从酒上点染。曹操为他酾酒，是为了预祝他胜利，寄希望于他，也是为了鼓励他，为他壮壮行色胆气。然而，酒的作用又不止于此。关羽并不喝（如果他端起来就喝，这酒的作用就一般化了，就不能充分发挥了），而是说："某去便来。"这四个字，平平常常，可是在此情此景之下，出于关羽之口，却是掷地有声的响当当的语言，是英雄声口。如此性命攸关的紧急关头，出语却如此轻松安闲、沉稳镇静，好像不是去跟一个劲敌作殊死搏斗，而是日常生活中对朋友说要去做一件极普通的事情一样。这就十分自然又十分有力地表现了关羽对战胜华雄有绝对的把握。还未上阵，单是那副形象，那几句平常而又不同凡响的话，就已经渲染出关羽的英雄气概，一个高大的英雄形象已经栩栩如生地跃然纸上了。

下面写战斗本身，只用了六十三个字："出帐提刀，飞身上马。众诸侯听得关外鼓声大振，喊声大举，如天摧地塌，岳撼山崩，众皆失惊。正欲探听，鸾铃响处，马到中军，云长提华雄之头，掷于地上，其酒尚温。"写得是何等的精练、何等的巧妙，又是何等的出色！直接写这场战斗的，连一个字也没有。但从帐外天摧地塌、岳撼山崩的鼓声、喊声，从众诸侯闻声失色的表情，接着又看到了得胜而归的关羽将华雄之头掷于地上，关羽的英勇善战、战斗的紧张激烈，就全都在读者的想象中了。聪明的艺术高手，是充分相信并且会运用各种方法去充分调动读者的艺术想象力的；同时，在不该浪费笔墨的地方也是不肯多写一个字的。这里特别值得玩味的是"其酒尚温"的那个"温"字。这个"温"字真是画龙点睛之笔。"温"字说明时间之短，借用华雄的话来说，就是"如探囊取物"那般轻而易举。那样一个令众诸侯闻风丧胆的华雄，关羽不费吹灰之力就战胜了他，关羽是一个什么样的英雄人物，还用说吗？读到这里，读者才领悟到，作者花那么多笔墨去写华雄，其实都是在写关羽；也才领悟到，在艺术表现中，恰当地运用对比、映衬、烘托、渲染等艺术手法是能收到事半功倍的艺术效果的。

此外，夸张手法的运用，也是《三国演义》刻画人物常用的一种方法。夸张手法运用得成功与否，关键在于是否突现出人物的本质特征。突现了，读者明知是夸大其词，却仍然信以为真，而且十分喜欢。如第四十二回写"张飞大闹长坂桥"，竟将曹操身边的夏侯杰"惊得肝胆碎裂，倒撞于马下"，且"一时弃枪落盔者，不计其数”，就将张飞的勇猛和英雄气概表现得非常突出。第四十一回至第四十二回写“赵云单骑救主”，在百万军中经过一番激战，而阿斗竟然在赵云怀中“正睡着未醒”，将赵云的忠勇渲染得栩栩如生。这些都是很成功的例子。但也有过分夸大而失实之处，如第九十三回写诸葛亮在阵前将曹操的军师、七十六岁的王朗骂死，还写诗赞美说：“轻摇三寸舌，骂死老奸臣。”又如前面提到的张飞大闹长坂桥，总的说是成功的，但曹操那样有勇有谋的军事家，居然在张飞的三声大喝之下吓得“冠簪尽落，披发奔逃”，也未免显得夸张过分。鲁迅在《中国小说史略》中批评的：“欲显刘备之长厚而似伪，状诸葛之多智而近妖。”也有夸张过分而失实的原因在内。

《三国演义》的人物描写也存在一些缺点。主要是：

（一）人物的性格还未深深地植根于生活的土壤之中，即还没能写出人物的思想性格与社会环境及个人遭遇的内在联系。这突出地表现为人物性格的定型化，缺少发展，好像曹操生来就奸诈，刘备生来就仁义，关羽生来就忠勇，诸葛亮生来就聪明。

（二）人物的性格还有前后不够一致的地方。如赤壁之战中，阚泽献书时，曹操表现得那样机智而保有高度的警惕；而在蒋干第一次过江吃了大亏，实践证明蒋干是一个草包决不是周瑜的对手时，又派他二次过江，显得那样愚蠢而又麻痹。又如徐庶，是一个大孝子，对自己的母亲深有了解；又是一个十分聪明的人，略施小计就帮助刘备转败为胜，扭转了局面。但他一收到曹操伪造的母亲给他的信，要他投奔曹操，就立即信以为真，跑到曹操那里去见母亲，结果上了大当，受到母亲的严厉责骂。

第三，《三国演义》的艺术结构也很有特色。

它不像一般长篇小说那样，以一两个主人公的活动所构成的中心事件为线索来组织小说的内容，而是以三国时期的历史发展作为全书的线索，其中又以蜀汉和曹魏的矛盾斗争和兴衰过程作为主线，又穿插进蜀和吴的关系、吴和魏的关系，将前后近一百年纷繁的事件、众多的人物、错综复杂的矛盾，环环紧扣、有条不紊地组织成一个有机的整体，有详有略，有主有次，有虚有实，穿插分合，前后照应。因此全书的结构既宏伟又严密，既丰富多彩、曲折多变，又脉络分明、前后连贯。三次大的战役，作为全书的重点来描写，重点之外，又有不少次要的情节事件穿插其间，前因后果，互相勾连，表现得清清楚楚。这样的结构在中国古典小说中是罕见的，表现了作者杰出的艺术才能。

第四，《三国演义》的语言，吸取了史传文学的语言而又有新的发展，其特色如庸愚子序中所说，是“文不甚深，言不甚俗”①。在浅近文言的基础上，又适当地吸收了一些口语的成分，做到了简洁明快，雅俗共赏。《三国演义》的语言在普及文言方面起到了一定的作用。但作为小说艺术语言来说，在表现生活和刻画人物上，终不如纯白话的《水浒传》《金瓶梅》等作品那样流畅和生动，更富于表现力。

第四节 《三国演义》的影响

《三国演义》问世以后产生了广泛的社会影响，主要有两个方面，一是思想精神方面的影响，二是文学发展特别是小说创作方面的影响。

在中国古典小说中，《三国演义》可以说是在群众中影响最为广泛的一部。从明清一直到今天，不断被改编为戏剧在舞台上上演，甚至搬上银幕和屏幕，它的一些重要情节和主要人物都家喻户晓，深入人心。据说它所描写的军事斗争的经验，成为明清时期农民起义领袖李自成、张献忠、洪秀全等人的重要参考，“攻城略地，伏险设防……皆以《三国演义》中战案为玉帐惟一之秘本”②。《三国演义》的战争描写突出斗智，其中的谋略给人多方面的启示，因而是一本教人增长智慧的书。过去民谚中有“少不看《水浒》，老不看《三国》”的说法，意思是《水浒》描写“官逼民反”，是歌颂造反的，年轻人年少气盛，读了以后就容易走上反抗的道路；而《三国演义》则主要描写战争，突出人的计谋，让人增长智慧，年纪大的人阅历多，本来就有丰富的生活经验，再读《三国演义》就会变得更加老谋深算了。据说在今天的商海中，中外企业家都有从《三国演义》中学习谋略，运用到经商上而取得成功的。

《三国演义》的社会影响，还表现在伦理道德方面。“桃园三结义”所宣扬的“不求同年同月同日生，但求同年同月同日死”的“信义”观念，成为历代下层人民团结互助，进行反抗斗争的思想纽带，曾产生过积极的作用。但另一方面，它所宣扬的“忠义”思想和以巩固一家一姓的皇权为目的的“正统思想”，在封建社会中也

---

① 见《三国志通俗演义》卷首。

② 蛮:《小说小话》，载《小说林》第八、九期，引自陈平原、夏晓虹编《二十世纪中国小说理论资料》第一卷，北京大学出版社，1989年，第264页。

产生过消极的影响。

《三国演义》在文学上的影响更是不容忽视。一方面是章回小说的形式，经《三国演义》的演变和广泛传播，成为我国古代长篇小说的一种为群众喜闻乐见的民族形式，不仅古典小说作家，在现代作家中也还有人运用这种形式来进行写作。另一方面，从小说类型来看，由于《三国演义》的成就和影响，其后产生了不少历史演义小说，成为一个重要的小说类型系列。明末的可观道人在《新列国志叙》中说："自罗贯中氏《三国志》一书，以国史演为通俗演义，汪洋百余回，为世所尚。嗣是效颦日众，因而有《夏书》、《商书》、《列国》、《两汉》、《唐书》、《残唐》、《南北宋》诸刻，其浩瀚几与正史分签并架。"事实上，中国历史上的每一个朝代，从盘古开天辟地开始，一直到民国时期，都有历史演义，但没有一部的成就和影响能同《三国演义》相比。

在明代，较有成就的历史演义小说还有余邵鱼编写的《列国志传》，写从商亡到秦并六国八百年的历史，但艺术上比较粗糙。后来经过冯梦龙的扩大、增补和加工，成为一百零八回的《新列国志》，内容则集中写春秋、战国时期的故事，在语言和艺术上都有很大的提高。到清代，又经人删改，最后成为流传很广的蔡元放的《东周列国志》。另外还有《唐书志传通俗演义》《隋唐两朝志传》《隋炀帝艳史》《隋史遗文》等，到清代康熙年间褚人获又将后三种剪裁改写为《隋唐演义》一书，在群众中产生了较大的影响。

思考题

1. 章回小说的形式是怎样产生的？有什么样的特点？
2. 什么叫做历史演义小说？它与历史著作和一般的小说作品有什么异同？
3.《三国演义》的题材和演变的情况是怎样的？
4. 结合书中描写的三大战役，分析《三国演义》战争描写的特色。
5. 怎样认识和评价《三国演义》拥刘反曹的思想倾向？
6. 怎样认识和评价《三国演义》中的"忠义"思想？
7.《三国演义》在人物描写上取得了什么样的成就？有什么样的特点？

参考文献

1. 罗贯中：《三国志通俗演义》，上海古籍出版社，1980 年。

2. 罗贯中:《三国演义》，人民文学出版社，1959 年。

3. 作家出版社编:《三国演义研究论文集》，作家出版社，1957 年。

4. 吴组缃:《说稗集》，北京大学出版社，1987 年。

5. 周兆新:《三国演义考评》，北京大学出版社，1990 年。

6. 沈伯俊:《三国演义新探》，四川人民出版社，2002 年。

7. 陈其欣选编:《名家解读三国演义》，山东人民出版社，1998 年。

第十四讲　古代文言短篇小说的高峰和总结：《聊斋志异》

第一节　蒲松龄的生活和《聊斋志异》的创作

清代是中国古典小说发展的最后阶段，是古典小说发展的高峰期，也是古典小说发展的总结期。代表这高峰和总结的是两部伟大的作品，一部是《聊斋志异》，一部是《红楼梦》。《聊斋志异》是古代文言短篇小说的总结，《红楼梦》是古代长篇小说的总结。

唐宋以后，古代小说的发展出现了文言和白话两途，白话小说以其语言的通俗和内容的贴近现实而得到广泛的传播，取得了压倒性的优势；在唐传奇的高峰以后，文言小说虽然代不乏作，数量亦相当可观，但是有影响的传世佳作却非常少。宋代“说话”艺人总结他们的艺术经验说：“话须通俗方传远。”这里的“话”是故事的意思，但无疑也包含了语言的因素在内。《聊斋志异》的语言用的是相对比较典奥的文言，远不如白话小说那么通俗，但它在中国广大群众中的影响，却几乎可与古代通俗的长篇名著《三国演义》《水浒传》《红楼梦》等相媲美。这说明，《聊斋志异》在思想艺术上有足以克服其语言障碍的独特成就。

这部文言短篇小说集，虽然写的大多是一些花妖狐魅的故事，充满奇思异想，但却深切地反映了现实的社会人生，反映了广大人民群众的思想感情。这是它受到广大读者喜爱的根本原因。而这些，又都是与蒲松龄的生活遭遇、生活体验和文化素养分不开的。

蒲松龄（1640—1715），字留仙，又字剑臣，淄川（今属山东淄博市）人。他出生的村庄原名满井庄，村口有一眼泉井，泉水清澈四溢，四周翠柳掩映，因而自号柳泉居士。他生活于明末清初中国封建社会末期一个黑暗腐朽的时代。连年的战乱和自然灾害，加上繁重的科税和贪官污吏的敲剥，使广大人民遭受了深重的苦难。这都是他亲身经历和亲眼所见的，自然会对他的思想和创作产生重要的影响。

蒲松龄出身于一个世代书香却功名不显的家庭。父亲蒲槃虽然弃儒经商，但广读经史，学问渊博，在思想和文化教养上都对蒲松龄产生了极大的影响。蒲松龄从小受到儒家思想的影响，有经世济民的政治理想。他曾写过一篇《循良政要》的文章，针对时弊，提出了一套切实可行的政治措施。他自幼聪慧好学，19 岁时就连续以县、府、道三个第一考中了秀才，并且得到山东学道、清代著名诗人施愚山的赏识，在当地很有文名。他热衷功名，热切地希望通过科举考试进入仕途，实现经世济民的政治理想。考了几十年却连一个举人也没有考中，直到 72 岁时才援例被拔为岁贡生，但这时对他已经没有什么意义了。对科举考试的热衷和失败，使他对科举考试制度的弊端和腐败，以及落第士子的内心痛苦，都有极为深切的体验。这就使得关心社会的人才问题，揭露和批判科举考试制度的种种弊端，成为《聊斋志异》的重要内容。

蒲松龄的一生，绝大部分是在山东农村度过的。但在 31 岁那年，他曾经有一次南游的经历。那就是他应同乡好友、在江苏扬州府宝应县任知县的孙蕙的邀请，到那里去做幕宾。幕宾相当于今天的私人秘书，在封建时代就是替人捉刀的文牍师爷。这是他一生中唯一的一次离开山东农村，也是他足迹最远之处。他应幕到南方，原因主要有三：一是为了生计；二是因为岁试和科试都不得意；三是出于朋友的情谊。孙蕙，字树百，比蒲松龄大 9 岁，是蒲松龄的同乡好友。孙家在淄川是个富室，家中有园林，堆岩布壑，有山有水。又在博山置别馆，“流泉曲曲，万木茏葱”。孙蕙又喜声伎，“金粉罗绮，列屋而居”[①]。这次南游的时间，是从 1670 年秋到 1671 年秋，即蒲松龄 31—32 岁。主要是在宝应，1671 年元宵节后曾随孙蕙游扬州。这年三月，孙蕙调署高邮州（今江苏高邮市），蒲松龄随往。做幕宾的工作和生活都是非常单调的，主要是替孙蕙起草书启、呈文、告示等。他后来将这些代人捉刀的文稿抄订成四册，题为《鹤轩笔札手稿》。他同孙蕙虽为朋友，但毕竟有主宾之分，不免时时有寄人篱下之感，加上时时惦念着参加科举考试，所以刚一年时间就辞幕

① 王培荀：《乡园忆旧录》卷二。

返回故里了。

这段经历虽然时间不长，且生活很不得意，但对他的思想和创作都有着很重要的影响。首先是南方的自然山水、风俗民情，开阔了他的眼界，陶冶了他的性情。王洪谋《柳泉居士行略》中说："然家贫不足自给，遂从给谏孙树百于八宝，因得与成进士康保、王会状（元）或丹兄弟、陈太常冰壑游，登北固，涉大江，游广陵，泛少（邵）伯而归。"[①]北固指镇江的北固山，大江就是长江，广陵就是扬州，少伯即邵伯湖，都是江南风景胜地。他在《南游诗草》中写了不少描绘江南山水的诗作，如《泛邵伯湖》《扬州夜下》《与树百论南州山水》《夜登维扬》《河堤远眺》其四、《泰山远眺》（此泰山系指高邮泰山）等。江南自然山水对蒲松龄创作的影响还不止于精神上的陶冶，对他《聊斋志异》的创作也有直接的意义。某些作品中对江南乡村景色的描绘，就同这一时期的生活体验分不开。如《王桂庵》一篇中，写王桂庵在镇江所见柴门疏竹、红丝（即马樱花）满树、红蕉蔽窗等景色，显然都是江南所特有的。如果作者没有这段生活作基础，不可能写得如此逼真如画，富于生活气息。

其次，是深切地感受到即使在号称富庶的南方，人民的生活也是同样悲惨，社会矛盾也是同样尖锐的。他在这时期所写的诗中，以同情的笔墨表现了高邮人民所受水灾之害。城北的清水潭，在运河堤旁，地势低洼，河水常常决堤酿成灾害。他在《清水潭决口》一诗中写道："河水连天天欲湿，平湖万顷琉璃黑。……东南濈濈鱼头生，沧海桑田但顷刻。岁岁滥没水衡钱，撑突波涛填泽国。朝廷百计何难哉！惟有平河千古无长才。"[②]他对统治阶级的腐败无能和不关心民生疾苦，提出了愤怒的抗议。在《夜坐悲歌》一诗中，他抒写了自己在人民遭受水灾时内心的痛苦和忧闷："黄河骇浪声如雷，游人坐听颜不开。短烛含愁惨不照，顾影酸寒山鬼笑……但闻空冥吞悲声，暗锁愁云咽秋雨。"[③]在夜深空冥之中，作者听到的，除了惊涛骇浪如雷的吼声，就是受灾人民的饮泣吞悲之声，这声音是这样的凄凉哀怨，以致使得愁云暗锁，秋雨也哽咽了。作者的感触是多么的深切，同情又是多么的深厚。反映南方人民的疾苦、表达自己忧愤心情的作品还有不少，如《再过决口放歌》《养蚕词》《牧羊辞，呈树百》等。而另一方面，却是王孙公子醉生梦死的享乐生活，

---

① 北京大学图书馆藏抄本《聊斋遗集》。

② 《蒲松龄集》，上海古籍出版社，1983 年，第 465 页。

③ 同上。

他在《贵公子》四首中摄下了与上述情景形成强烈对比的镜头："斜阳归去醉模糊，酣坐金鞍踏绿芜。落却金丸无觅处，玉鞭马上打苍奴。"（其一）"夜半梧桐隐玉钩，朱门挽辔系骅骝。两行红烛迎人入，一派笙歌绕画楼。"（其二）"罗绮争拥骕骦裘，醉舞春风不解愁。一曲凉州公子醉，樽前十万锦缠头。"（其三）[①] 诗人纯是客观的描绘，没有一句议论，也没有一句斥责，但与上列诸首一对比，作者的愤懑和爱憎感情，就非常鲜明强烈地表现出来了。包括南游的这一年在内，蒲松龄亲身经历和目睹的人民的苦难和血泪，以及由此产生的满腔的忧愤，便成为他创作《聊斋志异》的重要的生活基础和思想基础。

幕宾的身份还使蒲松龄有机会广泛接触封建官僚，并熟悉官府的种种黑暗内幕和政治腐败。从他代孙蕙写给上级的信中，可以看出当时政治黑暗之一斑。如他为孙蕙所写的《二月念四日上布政司书》[②]，这封信是因上级委任孙蕙兼管高邮印务，而孙蕙婉转辞谢而写的，信中历数了为官之难，其中的一个重要原因，就是吏治的腐败。又《拟请拨补驿站上巡抚书》[③]，信中谈到驿站的经费不足，就因为官吏的敲诈勒索，那些"意外飞差"，本来是"不用夫马"的，"亦多为需索，以便按其数目，折而入之腰橐，稍拂其意，呵骂不啻奴仆"，这使得孙蕙苦不堪言。蒲松龄在信中写道："卑职之苦累，真有心可得而会，口不可得而言者也。"这虽是替孙蕙代笔，写来却有切肤之痛，显然也是包含了蒲松龄本人目睹身历的生活体验在内的。又如《十一月十七日与淮安（知府）王克巩》[④]，信中向知府呈述了一群恶徒借知府之势，"怒如虎狼""目无王法"的情况。从《聊斋志异》反映政治黑暗的篇章中，我们不难感受到他从生活中直接得来的鲜活体验。

另外，孙蕙喜欢蓄妓养优，这又使得蒲松龄有机会同南方受封建礼教影响较少、思想比较开放而又富于才情的歌妓舞女们接触，并同她们中的一些意趣相投、才情出众者，建立起深厚的情谊。他有好几首诗记述孙蕙宴饮歌舞的享乐生活。如《树百宴歌妓善琵琶，戏赠》七言绝句五首[⑤]，详细地描写了琵琶女的容貌、服饰、神态

---

① 《蒲松龄集》，上海古籍出版社，1983 年，第 465 页。

② 同上书，第 126 页。

③ 同上书，第 127 页。

④ 同上书，第 154 页。

⑤ 同上书，第 471 页。

以及按红牙的指法等等。《戏酬孙树百》七绝四首，记述了孙蕙“五斗淋浪公子醉，雏姬扶上镂金床”的放浪生活。最突出的是孙蕙过生日，大开寿筵，招梨园演戏，灯红酒绿，妙舞轻歌，作者写成七古一首，题为《孙树百先生寿日，观梨园歌舞》①。在他有关歌妓的诗中，提到名字的有两个人，一个是歌女顾青霞，一个是舞女周小史。尤其顾青霞，两人过从甚密，感情颇深。有一首《听青霞吟诗》云：“曼声发娇吟，入耳沁心脾。如披三月柳，斗酒听黄鹂。”②极力渲染她吟诗的美妙动听，以至于以在春日柳荫下一边喝酒一边听黄鹂鸣叫的愉悦感受来相比。这是一个儒雅风流、很有文学修养的风尘女子。她能很好地理解唐诗，并感情深挚地将它吟唱出来，极富于艺术感染力。蒲松龄特为她选了唐诗绝句一百首，供她吟唱，并有《为青霞选唐诗绝句百首》诗记其事：

为选香奁诗百首，篇篇音调麝兰馨。莺吭啭出真双绝，喜付可儿吟与听。③

赞美她的歌喉堪与音调美妙的唐诗绝句媲美而称“双绝”。又有一首七绝（缀于《听青霞吟诗》后，题为《又长句》）云：

旗亭画壁较低昂，雅什犹沾粉黛香。宁料千秋有知己，爱歌树色隐昭阳。④（自注：青霞最爱斜抱云之句。）

后来顾青霞不幸去世，蒲松龄还去探视她的墓地，并作诗哀悼她。《伤顾青霞》云：

吟音仿佛耳中存，无复笙歌望墓门。燕子楼中遗剩粉，牡丹亭下吊香魂。⑤

---

① 《蒲松龄集》，上海古籍出版社，1983年，第477页。
② 同上书，第463页。
③ 同上书，第673页。
④ 同上书，第463页。
⑤ 同上书，第676页。

诗中直将她比作《牡丹亭》中的杜丽娘，足见对她评价之高和感情之深。

另一首《周小史》[1]是一首四言诗，记舞女“凤舞鸾翔”的翩翩舞姿，也是极尽赞美之能事。此外有关民间女艺人的诗词还有多首，如《与王心逸兄弟共酌，即席戏赠》（七律二首）、《西施三叠 · 戏简孙给谏》（《聊斋词集》），对歌妓的外貌、心理、神态等都描摹得极为生动传神，赞美之情溢于言表。《赠妓》绝句11首，对妓女的不幸遭遇表示了深切的同情。他在《日用俗字》的第二十五章《衏衏》（同行院，指妓女）中，也对妓女的悲惨屈辱的生活作了真实的描写，同样表现出深切的同情。这些体验和感情，都是跟南游在孙蕙那里做幕宾这一段生活分不开的。这些生活体验，都熔铸到他的《聊斋志异》中去，创造出形形色色的鲜明生动的人物形象，尤其是那些优美动人的花妖狐魅的妇女形象。

南游归来以后的生活，是一边舌耕度日，一边积极准备科举考试，生活是极其艰苦的。王洪谋《柳泉居士行略》云：“自是（指北归）以后屡设帐缙绅先生家，日夜攻苦，冀得一第。”这是他主要的奋斗目标，也是他主要的生活内容。与此同时，他也在奋力写作《聊斋志异》，创作他那部寄托孤愤的“鬼狐史”。“屡设帐”，所指当不止一次，也不止一家。现在考知，在康熙十三年（1674，作者35岁）前后，他曾往外在丰泉王家设帐，与王观正（号如水）关系密切。[2]到康熙十八年（1679，作者40岁），就开始在西铺毕际有家坐馆，一直到1710年初，即作者已年交71岁时，才撤帐回家，前后共历三十年的时间。坐馆教书，舌耕度日，对当时的蒲松龄来说，既是迫不得已，又是非常合适的生活方式：既可以谋生计，又可以习举业，同时还能获得搜集民间传说，创作《聊斋志异》的良好机会。尤其是在毕际有家，具备极优越的条件。毕际有，字载绩，号存吾，淄川西铺人，官至江南扬州府通州知州，是明代尚书毕自严的儿子。毕家系世家大族，家中有园林之胜，又藏书甚富。蒲松龄诗中写到毕家优美园林的不少，以“石隐园”为题的就有多首，又有《和毕盛钜石隐园杂咏》绝句十六首，以毕氏石隐园中的风景为题，一景一题，共十六景十六题。在《次韵毕刺史归田》（作于1679年，作者40岁）中有句云：“石隐园中石色斑，

---

① 《蒲松龄集》，上海古籍出版社，1983年，第663页。

② 参见王枝忠：《关于蒲松龄生平经历的几点考订》，载《蒲松龄研究集刊》第四辑；袁世硕：《蒲松龄与丰泉乡王氏》，见《蒲松龄事迹著述新考》，齐鲁书社，1988年。

白云尽日锁花关。疏栏傍水群峰绕，芳草回廊小径弯。……武陵天地非尘境，不必巢由更买山。”[①] 他在效樊堂读书，在绰然堂与毕氏兄弟谈狐说梦。他与毕家几十年一直关系很好，《赠毕子韦仲》其三云：“宵宵灯火共黄昏，十八年来类弟昆。……疏狂剩有葵心在，肺腑曾无芥蒂存。高馆时逢卯酒醉，错将弟子作儿孙。”[②] 毕家有许多应酬文字如书信、祭文、墓志等都由蒲氏代笔。他还写过一篇《绰然堂会食赋并序》，生动地描绘了毕家六个弟子与他同桌共食的情景，真是不分内外，情同家人。[③]

这一时期，虽然劳顿艰苦（西铺与蒲家庄往返百余里，数月一次探家），但家庭经济情况略有好转：“此三十年内，不孝辈以次析炊（即分家），岁各谋一馆，以自糊其口，父子祖孙分散各方，惟过节归来，始为团圞之日。自是我父始不累于多口。又加以我母节省冗费，瓮中始有余粮。”[④] 直到晚年，他的生活才稍微安定闲适，不再为衣食所困。

蒲松龄长期生活贫困，与穷苦农民有着大体相近的生活遭遇。他曾在《斋中与希梅薄饮》一诗中这样描绘他的生活境况：“久典青衫惟急税，生添白发为长贫。”[⑤] 这样的生活，使他接近下层，了解和熟悉劳动人民的生活与思想感情；对政治的腐败和黑暗，都有极其深切的感受。这是他能够在《聊斋志异》中充当人民的代言人，传达人民的爱憎感情和愿望要求的重要基础。

蒲松龄自幼爱好民间传说，喜欢搜集精魅神鬼的怪异故事，积累很多；但他不是单纯的记录，而是熔铸进自身的生活体验和爱憎感情，以毕生的精力写出了这部文言短篇小说集。“聊斋”是他书斋的名字，在聊斋中写下许多花妖狐魅的奇异故事，所以取名《聊斋志异》。

《聊斋志异》的创作始于二十多岁的青年时期，到康熙十八年（1679，作者40岁）到西铺坐馆以前，已初步结集成书，故有《自志》之作。同年有同邑人退职御史高珩为之作序。但当时规模还不大，以后又继续补充创作，数量不少。在

① 《蒲松龄集》，第515页。

② 作于58岁。《蒲松龄集》，第568页。

③ 《聊斋文集》卷一，《蒲松龄集》，第31页。

④ 蒲箬：《柳泉公行述》，《蒲松龄集》，第1819页。

⑤ 《蒲松龄集》，第564页。

缙绅家坐馆的这三十多年时间，当是主要的创作时期。辞馆归家的晚年，在进行加工、修订、整理的同时，或亦时有新作。应该说，蒲松龄的一生，虽然科场上失意使他情意灰冷，但生命和热情融入《聊斋志异》的创作中，人生的追求总算是有所寄托了。

《聊斋志异》虽以神鬼怪异为主要内容，却同传统的志怪小说有很大的不同，创作目的并不在张扬神道，也不是单纯博人博己愉悦的游戏之作或消闲之作，而是一部充满现实生活血肉的抒发孤愤之作。蒲松龄在南游时写过一首《感愤》诗，其中有这样的句子："漫向风尘试壮游，天涯浪迹一孤舟。新闻总入《夷坚志》(一作"鬼狐史")，斗酒难消磊块愁。"[①]《夷坚志》是宋代洪迈写的一部志怪小说集，这里用来借指他当时正在写作的《聊斋志异》。这两句诗的意思是说，他创作《聊斋志异》，是为了抒发和消解胸中郁积的悲愤和不平。他在《聊斋自志》中，就将《聊斋志异》称为一部"孤愤之书"，并且深深地感叹说："寄托如此，亦足悲矣！"难能可贵的是，蒲松龄在书中所寄托的"孤愤"，并不仅仅是他个人因为怀才不遇、穷困潦倒而产生的不平，而主要是同广大被压迫人民的思想感情息息相通的对黑暗现实的强烈愤懑。

蒲松龄一生创作繁富，据张元《柳泉蒲先生墓表》，"所著《文集》四卷，《诗集》六卷，《聊斋志异》八卷"。此外还有杂著五种，戏三出，通俗俚曲十四种。除《聊斋志异》外，所存作品大部分收入路大荒先生所编《蒲松龄集》中，计：《聊斋文集》十三卷，《聊斋诗集》五卷，续录一卷；《聊斋词集》一卷；杂著两种；戏三出；《聊斋俚曲集》十三种（《富贵神仙》与《磨难曲》算作一种）；并附重订《蒲柳泉先生年谱》。但此书编辑较早，有缺漏，也有误收。其后经学者广搜佚作，又先后有马振方先生的《聊斋遗文七种》（北京大学出版社）和盛伟先生新编《蒲松龄全集》（学林出版社）出版。

下面简单介绍《聊斋志异》的几种重要版本。

---

① 一题作《十九日得家书感赋，即呈刘子孔集、孙子树百两道翁》，见《蒲松龄集》，第476页。

《聊斋志异》今存半部手稿本，原稿藏辽宁省图书馆，有影印本出版。[①]这是《聊斋志异》研究中非常重要的文献资料。另有康熙抄本，藏山东省博物馆，未影印。[②]铸雪斋抄本是现在能确定具体年代的时代较早的一部抄本，现藏北京大学图书馆，有影印本出版。[③]又，1962 年在山东淄博市周村发现一部二十四卷抄本，又称为周村本，原稿藏山东人民出版社。[④]1963 年 6 月中国书店又发现了一部题为《异史》的重要抄本，现藏北京中国书店。[⑤]

最早的刻本叫青柯亭刻本，刻于乾隆三十一年（1766），十六卷，是现存最早，也是流行最广、影响最大的一个《聊斋志异》刻本。青柯亭刻本的最大功绩，在于

---

① 此书 1955 年由文学古籍刊行社影印出版。影印本分装四册，共收作品二百三十七篇。其中第一册的最后一篇《猪龙婆》与第二册的第二十四篇重复，后者在原稿上有勾销的符号，并于书眉上注明“重”字，故实收作品二百三十六篇。其中有二十五篇是通行的青柯亭刻本没有的。影印本出版说明中说“有二十八篇”，误。因《鬼哭》青柯亭本题作《宅妖》（在卷十三），《绛妃》题作《花神》（在卷十六），《青蛙神》之又则题作《募缘》（在卷十三），这三篇名异而实同，青柯亭本不缺。

② 此本据山东学者介绍，存四整册零一残册，另有两个残册。大约抄于康熙四十七年后，最接近于作者的手稿本，有人甚至认为是直接根据手稿本过录的。此抄本保存了一部分已亡佚的半部手稿本中的作品，共存作品二百七十一篇，有很高的校勘价值。未见单独影印出版。2005 年 4 月，广陵书社影印手稿本，手稿本中所缺部分，由康熙抄本补入，故实际为部分影印出版。

③ 据抄者历城张希杰（铸雪斋主人）的跋语，署年是“乾隆辛未秋九月中浣”（即乾隆十六年，1751），距作者去世仅三十六年。全书共十二卷，收目四百八十八篇，其中有目无文的十四篇，实收作品四百七十四篇（部分作品有残缺），是目前保存作品最完整的抄本之一。藏北京大学图书馆。1975 年上海人民出版社影印出版，1980 年又校点排印出版，影印本和校点本都据别本补足了有目无文的十四篇。

④ 此本 1980 年由山东齐鲁书社影印出版，1981 年又校点排印出版。据山东的学者考证，此本可能抄于乾隆十五年（1750）至乾隆三十年（1765）之间，但也不排除是道光、同治年间据乾隆时期抄本过录的。二十四卷抄本与铸雪斋抄本的抄录时间相差不太远，所以它跟铸本一样，也是目前所能见到的时间较早的抄本之一。

⑤ 此本 1990 年由中国书店影印出版，1993 年安徽文艺出版社校点出版。共六卷。此本的年代，比康熙抄本晚而早于铸本及二十四卷抄本。在已发现的各抄本中，此本收文最多。全书总目四百八十五篇，《跳神》一篇有目无文，实收四百八十四篇，可以说是近于全本的一个抄本。此本的文字也接近于手稿本。

广泛地传布了《聊斋志异》，在手稿本、铸雪斋抄本、二十四卷抄本、《异史》本等重要抄本发现和影印出版之前，人们阅读和研究《聊斋志异》，几乎就只知道、只凭借这个本子。它的缺点是收录不全，且文字上多有删改，无法得见《聊斋志异》的真貌。

由张友鹤先生编校的会校、会注、会评本《聊斋志异》，简称为“三会本”。[①] 三会本资料丰富，在版本、注释、评点三方面都带有初步的总成性质。读者一册在手，等于得到了好几种版本，而且每句下出校记，最方便研究者进行比较。但因编校时间较早，当时所取底本除手稿本之外，用了文字与手稿本异文较多的铸雪斋抄本，未免失当。当时一些重要版本尚未发现，未能取以参校，也是重大的缺憾。

齐鲁书社 2000 年出版了由任笃行辑校的全校会注集评《聊斋志异》。这是一部“新三会本”，是在张友鹤先生“三会本”基础上编校而成，弥补了前者底本选取失当和参校本不全之不足，序跋和评语收罗亦更为完备。但此书的校勘方面尚存在一些疏漏和不足。

其他各出版社出版的新注本尚多，其中比较好的是由朱其铠先生主编的全本新注《聊斋志异》。[②]

第二节 《聊斋志异》的思想内容

《聊斋志异》全书将近五百篇作品，除了少数篇章写的是现实故事以外，多数都是充满奇异幻想的花妖狐魅的故事。但在《聊斋志异》所创造的奇异世界中，却充满了人间气息，充满了现实生活的血肉；所提出的问题，涉及重大的社会矛盾，反映了广泛的社会人生。可以说，《聊斋志异》是一部以幻想的形式写成的社会问题小说。

《聊斋志异》所反映的社会人生，概括起来，主要有这样几个方面：

---

① 此书 1962 年由中华书局上海编辑所出版，1978 年上海古籍出版社再版。

② 此书 1992 年由人民文学出版社出版，为“中国古典文学读本丛书”之一种。收录作品较全，共四百九十四篇。全书校勘严谨，凡校改必有所据，并以注释形式做出校记；用白话作注，通俗简明，亦较准确，最便一般读者阅读。但亦未及采用《异史》本进行参校。

一、抨击黑暗政治，揭露封建统治阶级的罪恶

这类作品，集中地反映了广大人民群众反压迫、反剥削的要求，主要是暴露封建官吏的贪和虐。《梅女》中写一个典史，因为收受了小偷三百钱的贿赂，就颠倒黑白，包庇小偷，诬陷被害者，逼得无辜的梅女含冤自缢。小说借人物之口怒斥典史道："汝本浙江一无赖贼，买得条乌角带（按，小官的服饰），鼻骨倒竖矣！汝居官有何黑白？袖有三百钱，便而（尔）翁也！"《梦狼》运用象征的艺术手法，通过梦境来揭露封建官吏的吃人本质。白翁的儿子白甲在外地做官，白翁在梦中到了他的衙门，看到的是巨狼当道，"堂上、堂下，坐者、卧者，皆狼也"。庭院之中是"白骨如山"，儿子白甲则化为一只老虎。这种梦中的幻境，实际上是黑暗现实的反映和写照。《席方平》则通过阴间来反映阳世。席方平的父亲在阴间因仇人买通冥吏遭受酷刑，席方平的灵魂到冥界为父伸冤报仇。可是上至冥王，下至郡司、城隍，无不贪赃枉法，凶暴残忍，不但不明辨是非，伸张正义，反而对席方平施以种种酷刑。小说通过二郎神的判词，斥责这些统治者："惟受赃而枉法，真人面而兽心！"《续黄粱》中，写曾孝廉在梦中做了宰相，贪赃枉法，无恶不作，甚至到了"扈从所临，野无青草"的地步。小说里说他"可死之罪，擢发难数"。

除了官府的黑暗腐败，豪绅恶霸的罪行也是《聊斋志异》揭露和鞭挞的对象。《红玉》中写被罢了官的宋御史，横行乡里，欺压良民。他看见别人的妻子长得漂亮，就派人在光天化日之下到人家家里去抢夺，逼得人家破人亡。而官府却包庇他的罪行，使受害者的冤屈无处可伸。《窦氏》写恶霸南三复诱奸了一个纯朴的农家少女，在她怀孕以后又将她抛弃，生产后母子被逼，僵死在南三复的门前。

《聊斋志异》抨击黑暗政治的作品有如下几个鲜明的特色：

（一）小说揭露的是整个吏治的腐败，而不是个别官吏的品德不好。这就触及了封建政治的本质问题。在《梦狼》篇末的"异史氏曰"中，作者愤慨地说："窃叹天下之官虎而吏狼者，比比也。即官不为虎，而吏且将为狼，况有猛于虎者耶！"又在《成仙》中借人物之口说："强梁世界，原无皂白，况今日官宰半强寇不操矛弧者耶？"意思是说，整个社会就是一个强暴横行的世界，黑白颠倒，当官的多半是不拿凶器的强盗。这些认识，在《聊斋志异》中，都通过奇幻而又真实的生活画面，展现在读者的面前。

（二）小说不仅揭露一般的官吏，还将矛头指向封建社会中的最高统治者——皇帝。名篇《促织》，就写的是为了满足皇帝斗蟋蟀的享乐需求，逼得普通老百姓家破人亡的骇人听闻的事实；而皇帝的享乐生活一旦得到满足，就给奉献者以极高的赏赐，以致“一人飞升，仙及鸡犬”，连那些抚臣、令尹都得到了好处。在“异史氏曰”中，作者针对皇帝发出了这样的议论：“天子偶用一物，未必不过此已忘；而奉行者即为定例。加之官贪吏虐，民日贴妇卖儿，更无休止。故天子一跬步（按，即半步），皆关民命，不可忽也。”这段话表面上委婉含蓄，却暗藏着尖锐的锋芒。在青柯亭刻本中，这几句话就被删掉了，说明在蒲松龄所生活的那个时代确实是犯忌的。《续黄粱》中的曾孝廉，也是因为得到了皇帝的信任、支持、包庇、纵容，才敢于那样为所欲为、无恶不作，因此揭露曾孝廉，也就连带地触及了皇帝。

（三）表现了作者鲜明强烈的爱憎感情。在作品中，不仅无情地揭露和抨击压迫者的罪恶，而且总是借助于现实的或超人的力量，使恶人受到应有的惩罚；故事的结局，一般都是被压迫者得到好报，过上美满幸福的生活。《梅女》中的典史，在受到杖击、簪刺后患脑病而死。《席方平》中的冥官鬼役，受到了二郎神的严厉惩罚。《梦狼》中的白甲，不仅被冤民砍下脑袋，而且被一位神人将其头歪装到脖子上，使之虽然复生却“目能自顾其背，不复齿人数矣”。作者还借神人之口说“邪人不宜使正”，表现出强烈的憎恨之情。《红玉》中的宋御史，被行侠仗义的虬髯豪客杀了一家五口。而最令人感到痛快淋漓的，则是《续黄粱》中对曾孝廉的惩罚。作者真是别出奇想，写他被冤民杀死以后到了阴间，下油锅、上刀山还不解恨，又将他生前所贪占的321万钱，全部烧化灌进他的嘴里。作者尖锐地讽刺道：“流颐则皮肤臭裂，入喉则脏腑腾沸。生时患此物之少，是时患此物之多也。”作者对残酷压迫剥削人民的贪官污吏充满刻骨仇恨，在《伍秋月》的“异史氏曰”中，甚至这样说：“余欲上言定律：‘凡杀公役者，罪减平人三等。’盖此辈无有不可杀者也。”相反，作者总是将深切的同情给予被压迫者，使他们不仅在历尽磨难之后终于伸冤吐气，而且大多有一个美满幸福的结局。《促织》《红玉》《梅女》中的主人公都是如此。

二、歌颂青年男女纯洁真挚的爱情

这类作品在《聊斋志异》中数量最多，成就也最高，占有很重要的地位。这类作品反映了反封建礼教的进步倾向。作者通过一系列花妖狐魅与人的恋爱故事，热情地歌颂青年男女的真挚爱情，寄托了他的爱情理想，即：不受封建礼教的束缚，婚姻自由，并且有真挚的爱情作基础。

《聊斋志异》中塑造了一系列的“情痴”形象。《阿宝》中的孙子楚，家庭贫穷而为人诚朴，爱上了富商的女儿阿宝。论门第和容貌，他都不可能娶貌美而家富的阿宝为妻。但他真诚执着地追求阿宝，情志专一，以致灵魂化为一只鹦鹉，飞到阿宝的身边，朝夕不离。阿宝终于为他的真情所感，与他结成美满的婚姻。《香玉》中的黄生，爱上了牡丹花精香玉，当牡丹花枯死时，他精心浇灌培护，最后自己也变成了牡丹花，与香玉美满结合。其他如《婴宁》中的王子服、《阿绣》中的刘子固、《王桂庵》中的王桂庵、《花姑子》中的安幼舆、《青凤》中的耿去病等，都是一些情痴的形象。所谓情痴，在蒲松龄的笔下，就是指对爱情的如痴如醉的坚韧追求，就是对爱情的执着和专一。作者在《阿宝》篇的“异史氏曰”中对什么是“痴”作了十分精辟的解释，他说：“性痴则其志凝，故书痴者文必工，艺痴者技必良；世之落拓而无成者，皆自谓不痴者也。”在《香玉》中写香玉死后，黄生一片至情感动了花神，遂使香玉死而复生。作者感叹说：“情之至者，鬼神可通。”这反映了蒲松龄对爱情追求者的基本态度，因此在《聊斋志异》中，情痴们真诚执着的追求，总是能得到美满幸福的结局。

《聊斋志异》中的爱情描写，突破了传统小说戏曲中才子佳人、郎才女貌的模式，而强调一种心灵契合的知己之爱。这是同曹雪芹在《红楼梦》中所描写的贾宝玉和林黛玉的爱情很接近的一种新的爱情观。《连城》中写乔生同连城相爱，就是以两心相知为基础，而不以金钱、门第和才貌为条件。乔生割下自己的胸肉来为连城治病，是因为连城与他心心相印。正如他所说：“‘士为知己者死’，不以色也。”《瑞云》一篇所写的知己之爱，则主要表现在“不以妍媸易念”上。瑞云是一个名妓，“色艺无双”，红极一时。贺生很穷，十分爱慕瑞云，他去见瑞云时还心存疑虑，没想到却得到了瑞云的理解和热情接待。后来当瑞云变得丑状如鬼，遭人鄙弃时，贺生不忘旧情，仍然一如既往热烈地爱着她。他对瑞云说：“人生所重者知己：卿盛时犹能知我，我岂以衰故忘卿哉！”这种以心灵的契合为基础，打破了门第、金钱、才貌等世俗观念束缚的纯真的爱情，已经初步具有现代爱情观念的色彩，就是以今天的眼光来看，格调也是比较高的。

蒲松龄还继承了明代汤显祖《牡丹亭》的思想传统，肯定和赞美超越生死的爱情力量。这在今天看来不免有些荒唐，但在当时男女爱情普遍被压抑和摧残的历史条件下，却是具有进步意义的。《连城》中写连城和乔生因情而死，又死而复生。清代的王渔洋评论说：“雅是情种。不意《牡丹亭》后，复有此人。”《莲香》写鬼女李氏和狐女莲香都真挚地与桑生相爱，为了实现美好的爱情，鬼女借尸还魂，由鬼而变成人，与桑生结为夫妇；狐女莲香则为桑生生了一子后死去，转世投胎为人，十四年后也与桑生实现了结合。鬼女和狐女是一对情痴，她们为了真挚的爱情，可以生，可以死，可以由生而死，也可以死而复生。作者深有感叹地说："嗟呼！死者而求其生，生者又求其死，天下所难得者，非人身哉？奈何具此身者，往往而置之，遂至泯然而生不如狐，泯然而死不如鬼。"这是批评现实生活中许多人还不如狐女和鬼女那样多情。这说明蒲松龄在《聊斋志异》中创造情痴的形象，是有所感而发的，表现了他对爱情理想的追求。其他如《香玉》《阿宝》等，也都是歌颂了一种生可以死、死又可以复生的真挚爱情的。

在爱情不被承认甚至被扼杀的封建时代，歌颂真挚的爱情本身，应该说就具有反礼教的积极意义。但除此以外，在《聊斋志异》中，还有一部分作品是直接描写了反封建礼教和反世俗观念的内容，表现了男女主人公在争取爱情的过程中，同封建礼教进行了曲折的斗争。例如《连城》《鸦头》《葛巾》《青凤》等篇就表现了这方面的内容。

三、揭露讽刺科举考试制度的腐败和弊端

这类作品，提出的是现实生活中的一个人才问题。蒲松龄在科举考试中失败，最痛切的感受就是社会上不懂得爱惜人才。他在《中秋微雨，宿希梅斋》（其二）中写道："与君共洒穷途泪，世上何人解怜才？"在《九月望日有怀张历友》中写道："名士由来能痛饮，世人原不解怜才！"都将自己的科场失意提高到人才问题来认识，深切地感叹当时的社会不懂得爱惜人才。他从自己的切身体验中认识到，由于试官的昏庸、贪贿，真才不得录用，而庸碌之辈却能飞黄腾达。因此，他在《聊斋志异》中，就将试官的昏庸无能和贪鄙作为揭露和讽刺的重点。

《司文郎》是一篇杰出的讽刺作品。写一个盲僧，在文章烧后可以用鼻子闻出好坏来。一个叫余杭生的人文章写得非常不好，盲僧闻后"咳逆数声"，马上就要呕吐，赴考后却高中了；可经他鼻闻鉴定文章写得很好的王生却反而落选。盲僧不禁发出这样的感叹："仆虽盲于目，而不盲于鼻，帘中人（指试官）并鼻盲矣！"《贾奉雉》写才名冠一时的贾生屡试不中，后来把落卷中写得最不好的文句拼凑到一起再去应试，却意外地考中了。考中后再读旧稿，不禁遍身出汗，重衣尽湿。他因此而羞愧得无地自容，决心"遁迹山丘，与世长绝"，以保持自己的清白。考官的昏庸无能，造成了"陋劣幸进，而英雄失志"（《于去恶》）和"黜佳士而进凡庸"（《三生》）的不公平的现实。蒲松龄对此是十分愤慨的。他在《于去恶》中借人物之口说：

“数十年游神耗鬼，杂入衡文，吾辈宁有望耶！”《三生》中写这种因考官的昏庸而被黜落以致忧愤而死的人，竟“以千万计”，这些冤魂在阴司中纷纷要求阎王对这样昏庸的考官施以剜眼、剖心的严厉惩罚。

这类作品大多渗透了作者本人痛切的生活体验。《叶生》一篇写叶生久考不中，忧愤而死，死后也要显示自己的才学不凡，不仅教朋友的儿子获得功名，自己也终于中了举人。篇中叶生所说的“借福泽为文章吐气，使天下人知半生沦落，非战之罪也”，就完全是蒲松龄本人的心声。清代的《聊斋》评论家冯镇峦评云：“余谓此篇即聊斋自作小传，故言之痛心。”这是说得非常正确的。

《司文郎》和《叶生》的命意相同，但写法和风格却有很大的差别：《叶生》着重表现的是落第书生内心的忧愤，写得十分沉重；而《司文郎》则出之嬉笑怒骂，是一篇入骨三分的讽刺杰作。《叶生》重点写知识分子的不幸，而《司文郎》则以锋芒毕露的笔墨揭示出造成这种不幸的原因。

试官的昏庸总是和贪婪联系在一起的，因此不少作品又揭露了考官们的贪贿和可鄙。《于去恶》中，作者将试官斥骂为瞎了眼的乐正师旷和爱钱的司库和峤；《考弊司》中，又将阴司的学官称为“虚肚鬼王”；《神女》中，揭露“今日学使署中，非白手可以出入者”。

在批判科举考试制度的作品中，还有一些揭示了热衷功名的封建士子那种痛苦而又空虚的精神世界。如《王子安》中的王子安，因为久困场屋，期望甚切，醉中竟产生幻觉，在迷离恍惚中体验了瞬间的得志，显现出种种虚妄而又可笑的丑态。作者在篇末的“异史氏曰”中，以犀利淋漓的笔墨，讽刺秀才入闱有“七似”：

> 初入时，白足提篮，似丐；唱名时，官呵隶骂，似囚；其归号舍也，孔孔伸头，房房露脚，似秋末之冷蜂；其出场也，神情惝恍，天地异色，似出笼之病鸟；迨望报也，草木皆惊，梦想亦幻，时作一得志想，则顷刻而楼阁俱成，作一失意想，则瞬息而骸骨已朽，此际行坐难安，则似被絷之猱；忽然而飞骑传入，报条无我，此时神情猝变，嗒然若死，则似饵毒之蝇，弄之亦不觉也。初失志，心灰意败，大骂司衡无目，笔墨无灵，势必举案头物而尽炬之；炬之不已，而碎踏之；踏之不已，而投之浊流。从此披发入山，面向石壁，再有以“且夫”“尝谓”之文进我者，定当操戈逐之。无何，日渐远，气渐平，技又渐痒，遂似破卵之鸠，只得衔木营巢，从新另抱矣。

然后说："如此情况，当局者痛哭欲死，而自旁观者视之，其可笑孰甚焉。"这表明，作者有时也能从当局者的位置上跳出来，以比较冷峻的眼光和心态，透视出舍身忘命地追求功名富贵的封建士子那可怜而又可悲的心理和神情。这是蒲松龄作为一个过来人、一个从往昔的沉沦和惨痛经历中醒悟的初醒者，在回视过去时的一种带着苦味的反思。其中的况味，既是作者本人在科场上大半生的追求、失落，也是无数封建士子痛切体验的一种艺术提炼和概括。

此外，还有一些作品触及了更广泛的社会生活面，揭示出科举考试制度不仅影响到读书人本人的前程和命运，而且还影响到他们妻子的命运和家庭生活。如《镜听》《胡四娘》等即是。

从总体上看，蒲松龄虽然还没有完全否定科举考试制度，但他在揭露和批判这一制度的弊端和腐败时所达到的深度和广度，是前所未有的，对稍后产生的《儒林外史》和《红楼梦》显然产生过积极的影响。

四、热情歌颂普通人的种种美德和情操

蒲松龄虽然生活在黑暗腐朽的社会中，但他不仅看到生活中的污浊和罪恶，而且看到光明和希望。在作品中，他热情地赞美和歌颂现实生活中人们的种种优美品德，诸如反压迫的斗争精神、热情无私、助人为乐、诚实纯朴、勇敢机智、为官清廉，等等。

在歌颂被压迫人民的反抗意志和不屈不挠的斗争精神方面，《席方平》一篇是最出色的代表作。席方平的灵魂到阴间去代父伸冤，他告状从城隍一直告到冥王，都因官府贪贿，不但不为他伸冤，反而对他施以种种酷刑。席方平勇敢反抗，毫不畏惧，当面对冥王进行一针见血的揭露和抗议："受笞允当，谁教我无钱耶！"冥王将他放到火床上，烙得骨肉焦黑，问他还敢不敢再讼，他坚强不屈地回答说："大冤未伸，寸心不死，若言不讼，是欺王也。必讼！"后来冥王又下令用铁锯将他从头到脚锯成两半，席方平忍着剧痛，一声不号。连执刑的小鬼也为他的这种精神所感动，不禁发出这样的感叹："壮哉此汉！"由于他坚持斗争，最后在二郎神的帮助下，终于使贪暴的冥王、郡司、城隍都被治了罪，为父亲伸了冤报了仇。席方平这一光辉的复仇者形象，显然是封建社会中被压迫人民反抗斗争精神的艺术概括。

《向杲》中的向杲，也是一个动人的复仇者形象。他的哥哥被一个财主打死，他告到官府，官府受贿，大冤不得伸张。他于是靠自己的力量进行复仇斗争，最后在神人的帮助下，变成一只老虎，咬死了仇人。作者在"异史氏曰"中感叹说："然天下事足发指者，多矣！使怨者常为人，恨不令暂作虎。”人化为虎而复仇，当然是出于一种幻想，但它既反映了现实生活中含冤者申诉无门的悲惨遭遇，也是被压迫者反抗意志的一种艺术升华。

《商三官》中描写了一位复仇的少女，年仅 16 岁，但在眼光、胆识、坚韧的斗争意志等方面，都大大地超过了男子。父亲被杀而大冤不得昭雪，使她看清了官府的本质，于是丢掉幻想，自己斗争，经过长期的准备和周密的计划，终于亲手杀死仇人，然后自缢而死。作者在“异史氏曰”中深情地加以赞美：“然三官之为人，即萧萧易水，亦将羞而不流，况碌碌与世浮沉者耶？愿天下闺中人，买丝绣之，其功德当不减于奉壮缪（按，指关公）也。”在作者看来，就连历史上刺杀秦王的壮士荆轲，在商三官的面前，也会感到自愧不如，人们真应该像供祀关公那样来敬奉她。

《聊斋志异》中还塑造了许多幻化为花妖狐魅的妇女形象，她们大多具有美好的思想品德，非常善良，富于同情心，能主动热情地帮助别人，救人于危难之中，往往比现实中的人更富于人情味。这些精怪，我们读后不仅不感到可怕，相反却感到可亲甚至可敬。

《红玉》中的狐女红玉，奉献给遭难的冯相如的，不只是真挚的爱情，更重要的是在反压迫斗争中的赤诚相助。所以作者热情地称赞她为“狐侠”。

《阿绣》中的狐女，自己有着热烈的爱情追求，并且幻化为阿绣的样子而先于真阿绣得到了刘子固的爱情；但当她得知阿绣和刘子固两人真诚相爱时，并没有产生嫉妒心而加以破坏（作为具有超人本领的狐精，要做到这点是非常容易的），相反却有感于两人的真情而主动退出，并无私地促成两人的结合，帮助他们建立起一个美满幸福的家庭。她失掉了爱，却显示了道德上的完美。这是一个灵魂优美、超尘拔俗的具有更高人生追求的崇高形象。

同红玉相似，《张鸿渐》中的狐女施舜华，也是一个具有侠义心肠而品格优美的妇女。她在书生张鸿渐遭受迫害逃亡时，热情地帮助他，并与他相爱而结为夫妇。但当她得知张鸿渐仍然深切地怀念家中原来的妻子方氏，并且看出张对妻子是怀着真挚的爱情，而对自己则仅仅是一种感恩，起初虽也曾感到不高兴、不满足，但继而马上就诚心诚意地检讨自己存有私心，对张鸿渐说：“妾有褊心，于妾愿君之不忘，于人愿君之忘之也。”她心有艳羡、追求，却既不嫉妒，也不苟且，而是热情无私地帮助真心地爱着妻子的张鸿渐回家与妻子团聚。她追求爱情，但并不是为了爱情才对张鸿渐好的，在得不到爱情时仍然乐于助人。在她的人生价值观中，显然有比爱情更高、更珍贵的东西。

类似的形象还有《宦娘》中的鬼女宦娘，也是一个风雅不俗而灵魂优美的妇女形象。她爱好音乐，暗中向书生温如春学琴，自然地对温产生了一种爱慕之心，却因自己是异物（鬼身）而压抑自己的感情，以自己超人的能力帮助温如春与所爱的少女良工美满结合。深情美意，人间少有。

值得注意的是，《聊斋志异》还创造了不少在思想品格、精神面貌上与传统的妇女迥然不同的新的女性形象。婴宁是其中最杰出的代表。这个形象的创造本身，就反映了作者对封建社会中长期窒息妇女天性和生命的封建礼教的一种否定和蔑视。小说以貌写神，通过对形体动作、音容笑貌的描写，着重表现她内在的优美的精神世界。这是一个笑容可掬的少女，从她抑止不住、无拘无束的笑声中，我们看到了她那天真、爽朗、纯洁、善良的性格；她不受礼教的束缚，甚至无视礼教的存在，天真无邪，自由不拘。婴宁的形象表现了作家对至纯本真的人性的肯定，对个性自由的热情呼唤。婴宁是真、善、美的结合和艺术升华。此外，《小翠》《霍女》《侠女》等，也都创造了不同凡俗的妇女形象。有一些女性形象，作者还特意强调她们是压倒了须眉男子。如庚娘被誉为“千古烈丈夫”（《庚娘》），细柳被认为是“此无论闺闼，当亦丈夫之铮铮者矣”（《细柳》）。又如，在《颜氏》中，作者这样颂扬颜氏：“天下冠儒冠，称丈夫者，皆愧死矣！”《农妇》把一个普通的农村妇女描写为有勇、有力、具有侠肝义胆的女中豪杰，并且热烈地赞美说：“世言女中丈夫，犹自知非丈夫也，妇并忘其为巾帼矣。”

这些形象都多少带有一些理想的色彩，但也并非凭空虚构，而是作者对现实生活中人们美好思想品德的集中和概括，也是他针对现实的缺陷而发的对现实人生的一种美好憧憬和呼唤。生活在大黑暗之中而能发现美和赞颂美，表现出改良社会和改良人生的美好愿望，给人们以希望和信心，这是蒲松龄难能可贵之处。

五、带讽刺意义的训诫故事

在《聊斋志异》中，作者还总结了社会人生中的一些经验教训，教育人要诚实、勤劳、乐于助人、知过能改、清正廉洁，同时又劝诫人要戒贪、戒淫、戒狂、戒酒、戒赌等。例如著名的《劳山道士》，就描写了一个想学道而不能吃苦耐劳，半途而废，并最后碰壁的书生的可笑故事，揭示出带有普遍意义的人生哲理。它告诫人们：对任何一种学问或事业，都必须有真诚执着的追求，并付出艰苦的努力，才能获得成功。

另一篇为大家所熟知的《画皮》，其训诫意义其实有两个方面。除了人们熟知的，告诫读者要透过现象看本质，揭破美女的画皮看出其厉鬼的真相以外，还有警戒好色之徒的意义：王生之所以被化为美女的厉鬼所迷惑，并且对道士和妻子的劝诫置之不顾，根本原因就在于他贪恋女色，迷了心窍。结果不但自己被厉鬼掏心而去，连妻子也蒙受了食人之唾的羞辱。

这些训诫故事既是现实人生经验的总结，同时也体现了蒲松龄本人的道德追求。他曾经为朋友写过一篇《为人要则》，提出了十二条做人的准则。第一条就是“正心”，其中说：“凡人忍心（残忍之心）动，则欲害人；贪心动，则欲作盗；欲心动，则欲行淫。”第八条是“轻利”，是反对吝和贪的。作为他的这些道德观念的体现，《聊斋志异》中戒贪、戒吝、戒淫的作品相当多。戒贪的有：《雨钱》《骂鸭》《沂水秀才》《丑狐》《金陵乙》《真生》等；戒吝的有：《种梨》《僧术》《死僧》等；戒色的有：《瞳人语》《董生》《黎氏》《杜翁》《人妖》等。此外还有戒酒的《酒狂》、戒赌的《赌符》、戒狂的《仙人岛》等。

由于历史条件的限制和作者世界观的影响，在《聊斋志异》中也表现了一些落后的思想和封建糟粕，比如封建迷信和因果报应思想、封建伦理道德观念、肯定一夫多妻、反对妇女改嫁，等等。但这些毕竟只是这部小说集极其次要的方面。从整体来看，肯定和歌颂真、善、美，揭露和抨击假、恶、丑，是蒲松龄创作《聊斋志异》总的思想追求和艺术追求。郭沫若先生 1962 年给山东淄川蒲松龄纪念馆题写了一副对联：上联是“写鬼写妖高人一等”；下联是“刺贪刺虐入骨三分”。这是对《聊斋志异》思想特色的最精当的概括。

第三节 《聊斋志异》的艺术特色

《聊斋志异》创造了一个色彩绚丽、美不胜收的艺术世界。它之所以受到人民群众的广泛喜爱，除了深刻地反映了人民的思想感情、愿望要求外，还因为它具有极强的艺术魅力，读后能使我们得到艺术的美的享受。《聊斋志异》的艺术美，表现为思想与艺术的完美融合，绝不是那些逞才使气、炫弄技巧的作品所能比拟的。下面从五个方面来谈谈《聊斋志异》的艺术特色。

一、形式上兼采众体之长

《聊斋志异》虽然名为短篇小说集，实际上其中所收的作品非止一体，而是兼采众体之长，又加以融会创造，是对中国传统的文言小说体式和散文体式的总结和发展。《聊斋志异》中的作品，从形式体制上看，大致可以分为三类：

其一，是符合现代小说观念的典型的短篇小说。一般篇幅都较长，有完整的情节结构、鲜明的人物形象和明确的主题思想。书中的传世名篇多为这类作品，如《促织》《席方平》《红玉》《婴宁》《青凤》等。这类作品多取法于唐人传奇，又广泛地从志怪小说和散文传统中吸取营养，是对传奇小说的发展和提高。与唐人传奇相比，想象更丰富，情节更曲折，描写更细腻。在形式上，这类作品多采用以一个人物为中心的传记体，小说也多以主人公的名字命名；又仿《史记》人物传记后的"太史公曰"，篇末一般附有"异史氏曰"，在讲完故事之后，直接发表作者的议论和见解，或者点明主题，或者借题发挥，尖锐泼辣，短小精悍，很接近于我们今天所说的杂文。这些都显然熔铸了中国古代文学中史传文学和散文的艺术传统，以及宋元以来白话短篇小说的艺术经验，在构思、人物塑造、情节组织和语言提炼等方面，都有新的特色。

其二，可以称为志怪短书。这类作品，内容多为记述奇闻异事、神鬼妖魅；但与上一类不同的是，它们情节单纯，用笔精简，一般篇幅很短，只有二三百字，或者更少。从形式上看，这类作品很像六朝时期的志怪小说，但多数又在意趣、情韵上与传统的志怪小说很不相同。作者创作的目的，不是为了证明神鬼妖异确实存在，而是含蕴着隽永的思想内涵，透出浓厚的生活气息。

例如《捉狐》一篇，描写一个黄毛碧嘴的狐怪如何偷偷地附在人的身上，在人捉住它的时候又如何狡猾地逃跑，显得十分怪异。但作品的主旨实际并不在狐怪本身，而是借狐怪以写人，表现的重点是现实生活中人的勇敢、沉着和机敏的精神品格。《骂鸭》写一个人偷了邻居的鸭子，吃了以后满身长出鸭毛，痛痒难耐，只有等丢失鸭子的人骂他时鸭毛才会脱掉，可偏偏丢鸭子的人十分大度，丢了东西从不骂人。在奇异荒诞的情节中，传达出隽永的讽世意味。《咬鬼》一篇，其旨趣似乎跟早期不怕鬼的故事十分相近，但作品写鬼女出现时的种种情景、某翁的感觉和心理活动，细致逼真，栩栩如生，在怪异中透出生活气息，也是早期志怪小说中很少见的。

其三，是纪实性的散文小品。内容或写人，或记事，或描绘一个场面，或摄取某种生活情景，多为记述作者的亲见亲闻，近似绘画中的素描或速写。这类作品，一般篇幅短小，而内容大多写实，不涉怪异。如《偷桃》写民间杂技，《山市》写山中奇景,《地震》写自然灾异,《农妇》记人物异行等。

适应于题材内容和形式体制的不同,《聊斋志异》各篇的篇幅也是有长有短,参差不齐的。长的如《婴宁》《莲香》《胭脂》《王桂庵》等一些典型的短篇小说,往往有四五千字的规模;而一些志怪短书却只有百十来字,最短的如《赤字》,仅有二十五字。

中国古代的文言短篇小说,包括所谓笔记小说在内的各种形式体制,可以说都能在《聊斋志异》中找到。单从形式体制的丰富多彩看,《聊斋志异》也无愧于称为集大成的作品。清代的纪昀曾批评《聊斋志异》"一书而兼二体,所未解也"。实际上《聊斋志异》不止是"兼二体",而是兼众体,但这并不是《聊斋志异》的缺点,而是它在艺术形式上带总结性和创造性的一个特色。清代的冯镇峦对纪昀的看法就委婉地提出了批评:"一书兼二体,弊实有之,然非此精神不出,所以通人爱之,俗人亦爱之,竟传矣。虽有乖体例可也。"并指出纪昀的《阅微草堂笔记》虽"无二者之病",但比之《聊斋志异》却是"生趣不逮矣"(《读聊斋杂说》)。[①]

二、大胆奇异的艺术想象

奇幻,是《聊斋志异》在艺术描写上的一个突出特色。其艺术想象之丰富、大胆、奇异,在古今中外的小说中,都是不多见的。人物形象多为花妖狐魅、神鬼仙人,一般都具有超人的特点和本领;活动的环境或为仙界,或为冥府,或为龙宫,或为梦境,神奇怪异,五光十色。他们变幻莫测,行踪不定,常常在人意想不到的时候飘忽而来,又在人意想不到的时候飘忽而去。人物活动所产生的种种景象,也是奇幻无比,令人目眩神迷。

例如《劳山道士》中写道士剪纸如镜,贴在墙上,竟变成了"光鉴毫芒"的月亮,而且有嫦娥从里面出来,跳舞唱歌。《翩翩》中的翩翩用芭蕉叶做成的衣服,竟然像绿色锦缎一样细腻柔滑;采白云做成的衣服,竟然无比的松软温暖。《巩仙》中,巩仙的袖子简直就是一个神仙世界、世外桃源,从里面可以招出一群群仙女;而秀才入袖,见"中大如屋",而且"光明洞彻,宽若厅堂,几案床榻,无物不有"。秀才可以在袖中与心爱的女子惠哥幽欢而得子,致使秀才有"袖里乾坤真个大"的感叹。《陆判》中写性格豪放的朱尔旦,同阴间的陆判官交朋友,人神之间建立起真

---

① 张友鹤辑校:《会校会评会注聊斋志异》卷首,上海古籍出版社,1986年,第15页。

挚的情谊。朱生原来资质鲁钝，文章写得不好，陆判就帮助他，为他“破腔出肠胃，条条整理”，换得一颗“慧心”，从此“文思大进，过眼不忘”。朱生的妻子本来长得不漂亮，陆判又找了一个美人头来替她换上，使丑妇立即变成了“长眉掩鬓”的“画中人”。《葛巾》中写牡丹花精葛巾和玉版姊妹与常大用兄弟二人结合，各生一子，后花精的身份暴露，姊妹二人掷儿而去。两儿堕地以后就不见了，不久却长出牡丹二株，“一紫一白，朵大如盘”，十分奇幻。又如《娇娜》中写狐女娇娜为胸部长疮的孔生施行“伐皮削肉”的手术，其景象也与人间医生的手术迥不相同。她先将手镯放在患处，肿块立即变小，用比纸还薄的刀子将腐肉割去，然后口吐红丸，在伤口处旋转按摩。旋转三遍，孔生就感觉“遍体清凉，沁入骨髓”，病马上就好了。

以上这些，都还只是一些场面或细节的奇异想象，是服务于整篇小说的艺术构思和主题思想的表现的，其本身还很难体现出独特的思想意义。而有的则整篇就是一种想象的世界，如《罗刹海市》。小说描写了一个美丑颠倒、是非混淆的罗刹国。整个社会不重文章，只重外貌，而看外貌又是美丑完全颠倒的。男主人公马骏长得很英俊，可罗刹国的人却以为他是一个怪物，见到他便马上跑掉。相反，长得最丑的人他们却认为最美，可以做大官，有很高的地位。当权的统治者都是一些眼不明、耳不聪的糊涂虫。像马骏那样正常的人，只有变成带着假面具的骗子，才能在这里享受到荣华富贵。这显然是一篇充满奇思异想的愤世之作、骂世之作。“花面逢迎，世情如鬼”，文中的这八个字，正是蒲松龄所要揭露和抨击的目的，也是对当时社会的一种最精当的概括。

显而易见，奇幻本身并不是作家艺术创造的目的。蒲松龄以大胆的艺术想象创造出一个奇幻的、绚丽多彩的艺术世界，是为了获得更大的艺术自由，更加充分地表现他对现实人生的体验，表现他的爱与恨，表现他对生活的认识与评价，表现他对未来的憧憬与向往。因此，以虚写实，幻中见真，才是《聊斋志异》所创造的奇幻世界的本质特征。通过超现实的幻想，表现出来的却是非常现实的社会内容。

《梦狼》和《续黄粱》中的梦境、《席方平》和《考弊司》中的阴界、《晚霞》中的龙宫、《罗刹海市》中的异域等，无一不是现实社会生活的象征或影射。那些作为正义力量化身的神，如《席方平》中的二郎神、《公孙夏》中的关帝、《梦狼》中的神人等，对贪官污吏的惩罚，都体现了广大被压迫人民的愿望要求和作者的理想。至于那些花妖狐魅的形象，虽然具有超人的特点，却又处处透出浓厚的人间气息和人情味。她们所表现出来的喜怒哀乐的种种感情，实际上都是属于人间社会的，因此我们不但能够理解，而且感到亲切。

《凤仙》一篇借狐仙写人情世态，批判了世俗婚姻中嫌贫爱富的错误思想。在“异史氏曰”中作者说：“冷暖之态，仙凡固无殊哉！”这句话可以看作是蒲松龄以幻写真的艺术追求的一种概括。鬼狐形象中蕴含着丰富的现实内容，蕴含着作者本人真切的生活体验，虽奇幻却不显得荒诞，因而能令读者在陌生而又熟悉的景象中产生一种亲切感、认同感，十分喜爱，乐于接受。

同时，《聊斋志异》中的幻想，也并不是作者不受生活的约束，随心所欲的胡思乱想，而是处处都观照或体现出现实生活的客观依据。作者的艺术想象，有时看起来匪夷所思，实际上都有或显或隐却又十分深厚的生活基础。例如，《绿衣女》中的绿衣女是个绿蜂精，就写她“绿衣长裙”，“腰细殆不盈掬”；《花姑子》中的花姑子是个獐子精的女儿，就写她“气息肌肤，无处不香”；《葛巾》中的葛巾是个牡丹花精，就写她“纤腰盈掬，吹气如兰”，等等。奇幻的环境、景物、气氛，也大都可以找到现实生活的依据：《莲花公主》中写窦生进入的那个“桂府”，原来是个蜂精的世界。他所看到的是“叠阁重楼，万椽相接”，“万户千门，迥非人世”——这是蜂房，同时又是人间楼阁；他所听到的是轻柔悦耳的歌声，“钲鼓不鸣，声音幽细”——这是蜂叫，同时又是人间音乐。

总之，《聊斋志异》中的想象是幻和真的融合，处处奇幻，又处处于虚中见实、幻中显真。因此，它不是把我们引向虚无缥缈的天国，而是引导我们去俯视满目疮痍的人世；憎恶这人世，同时又充满希望地要改善这人世。

三、曲折奇峭引人入胜的情节艺术

《聊斋志异》的叙事艺术以“文思幽折”（但明伦语）为人所称道。可以毫不夸张地说，在《聊斋志异》中没有一篇传世名篇是平铺直叙的。《聊斋志异》的情节艺术，以曲折奇峭为突出的特色，概括起来有三妙：出人意表之妙，层出不穷之妙，合情合理之妙。情节的发展，总是波澜层叠、悬念丛生，紧紧地吸引住读者，让你非读下去不可，让你不断地去猜想情节将如何发展，如何结局；却又总是出人意料，让你费思索、猜不透。而在读完全篇之后，掩卷细想，又感到处处合情合理，在人意中。

蒲松龄精心地组织故事情节，并不是单纯为了吸引读者，或者炫弄技巧，为曲折而曲折，而是为了充分地展示社会矛盾，表现人物的思想性格，揭示作品的主题思想。

例如名篇《促织》，基本情节是成名捉促织和斗促织。这种在农村中常见的景象，本来平淡无奇；但由于其背景是“宫中尚促织之戏，岁征民间”，官府逼迫他限期交纳，因此一只促织的得失、生死、优劣、胜败，就同成名一家生死存亡的命运联系在一起，时时处处牵动着主人公成名喜怒哀乐的思想感情。这样，由平凡小事构成的波澜起伏的故事情节，就具有了令人惊心动魄的思想力量。《促织》曲折的情节，是为充分地展示主人公成名及其一家的悲惨遭遇服务的，真正吸引读者并令他们激动、感叹的，并非捉促织、斗促织的曲折过程本身，而是与此紧密联系的主人公大起大落的命运和喜怒哀乐的思想感情。促织的得失、存亡、优劣、胜败，仅仅是情节的外在形式；形式与内容，也就是捉促织、斗促织和主人公的命运，以及他全家人喜怒哀乐思想感情的变化，这三个方面是不可分割地联系在一起的，是统一的。全部曲折的情节，是产生于并最后归结到这个故事产生的背景和根源上，即：“宫中尚促织之戏，岁征民间”；抚军“以金笼进上”，“上大嘉悦，诏赐抚臣名马衣缎”。这样，一只小虫的故事，构想出紧张曲折的情节，就具有了丰富深刻的社会内涵。

《促织》的情节，线索比较单纯，但是写来却是重峦叠嶂，婉曲峭折。这是一种类型。另有一种类型是内容比较复杂、头绪比较纷繁的，写来更觉烟波浩荡，神龙见首不见尾。如写判案的《胭脂》和写爱情婚姻的《青梅》即是。以当今小说家的眼光和手段，这两篇小说若加敷演，都可以铺展为长篇小说的规模。

《胭脂》的情节极为曲折、复杂，但写来却井井有条，一丝不乱，安排得巧妙自然，合情合理。这篇小说同一般的公案小说不同，不是在叙写案情时故意闪烁其词，藏头露尾，以制造悬念来吸引读者；而是将案情发生的前后经过，明明白白、清清楚楚地写出来，让读者一目了然，然后将描写的重点放到判案上。读者虽然早知底里，但读来却并不觉得兴味索然；相反，由于作者引导我们思索的重点是如何合理地去寻求破案的线索，因而感到小说别具一种特殊的吸引人的力量。随着故事的演进，处处启发人思考，教人增长智慧，在曲折的情节中透出思想的力量。

《青梅》则又不同。小说展开描写青梅（狐女）和少女王阿喜的爱情婚姻及生活遭遇，人物多，头绪繁，作者经过惨淡经营，情节的构想、组织，离奇曲折，无限烟波，无限峰峦，从中很好地展现了现实的人情世态，突出地表现了两位主人公（尤其是狐女青梅）过人的眼光、识见，以及善良多情的优美品格。篇末的“异史氏曰”，在评论青梅和王阿喜曲折奇异的婚姻生活时说：“而离离奇奇，致作合者无限经营，化工亦良苦矣。”冯镇峦在此句下评云：“此即作者自评文字经营独苦处。”另一位聊斋评论家但明伦对此篇的评论则是：“此篇笔笔变幻，语语奥折，字字超脱。”其他如《石清虚》《青娥》《葛巾》等，也无不从曲折奇峭的情节中展现世态人情，透出思想的力量。

四、诗情浓郁的意境创造

虽然中国古典小说有与诗歌结合的艺术传统，但在中国古典小说中，真正能够创造出富于诗的意境的作品并不很多。《聊斋志异》中却有不少作品表现出诗情浓郁的意境美。所谓意境，是指在作品中由作家的主观感情与客观物境相结合而创造出的一种艺术境界。它使得描写对象带有一种抒情的色彩，变得比实际生活更美，更富于诗的情韵，也更富于深邃的思想力量，使读者产生一种超出于笔墨之外的联想和感受，进入一种诗一样的艺术境界，在精神上得到一种审美的愉悦和陶冶。

《聊斋志异》的意境创造，主要表现在作者将他所热爱和歌颂的人和美好的事物加以诗化。特别是对那些幻化为花妖狐魅的女性形象，作者总是赋予她们以诗的特质。例如《红玉》中热情歌颂的那位同情被压迫者、具有侠义心肠、热情助人的狐女红玉，作者就赋予她以一种仙资玉质的诗意美：

> 女袅娜如随风欲飘去，而操作过农家妇；虽严冬自苦，而手腻如脂。自言二十八岁，人视之，常若二十许人。

《娇娜》篇表现出作者一种很进步的思想，即男女之间不仅可以有美好真挚的爱情，而且可以有美好真挚的友情。小说在开头介绍男主人公孔生时，说他“为人蕴藉”。所谓“蕴藉”，在这里是指为人含蓄、宽厚、诚挚、多情。孔生诚挚热情地教授娇娜的哥哥皇甫公子的学业，后来公子一家有难时他又冒着生命的危险去救助；而娇娜则两次用自己修炼所得的红丸去救治孔生的病难，使他死而复生。小说中不仅男主人公孔生蕴藉，女主人公娇娜也蕴藉，整篇作品泛出一种人物的性格、人与人关系的蕴藉美。但明伦评论此篇说：“蕴藉人而得蕴藉之妻，蕴藉之友，与蕴藉之女友。写以蕴藉之笔，人蕴藉，语蕴藉，事蕴藉，文亦蕴藉。”蕴藉美就是一种诗意美。

通过环境气氛的渲染烘托来表现一种诗意美，是《聊斋志异》意境创造的一个重要方面。《宦娘》中优美的琴声，创造出一种充满诗意的气氛，以此来烘托出品格优美的鬼女宦娘那风雅不俗的精神世界。《粉蝶》中渲染的爱情之美，不仅与琴曲美妙的音乐融合在一起，而且还带有一种神奇缥缈的仙风仙气。《白秋练》中男女主人公的爱情，始终以诗来串合。《婴宁》中那不断点染的女主人公天真爽朗的笑声，以及总是伴随着她而具有象征意义的鲜花，也烘染出女主人公天真无邪、富于诗意的性格美。

《聊斋志异》中优美动人的花妖狐魅形象，是现实生活中美好的人的艺术升华，是幻想的创造物，与一般小说作品中须眉毕现的纯写实的形象不同，带有某种虚幻性和飘忽性。作者常常不作精雕细刻的外形描写，而着意于描绘人物的内在风神，接近于绘画中的写意。例如《阿绣》一篇，对那位幻化为阿绣的狐女，除了她所冒充而近于乱真的阿绣的形象外，她本人自己是什么模样，我们甚至连知道都不知道。作者是有意略貌而取神。她的外貌虽然也很美，但经过较量证明还稍有欠缺，不如真阿绣美；而从一系列的行为中表现出来的她的内心世界，却已经达到了美的极致。可以说，她在爱情的追求和外貌美的追求中都是一个失败者，但却完成了一种比爱情和外貌美都更美、也更崇高的人生追求。她在失败中实现了道德的完美，这在实质上是一种胜利，一种包含着人生哲理的胜利。读者感受到，在她身上焕发出的是一种内在的诗意美——执着追求的意志美、舍己助人的道德美。假阿绣狐女的形象，如水中之月、镜中之花，显得朦胧而空灵。而朦胧美，正是一种诗意美。

五、雅洁明畅的语言艺术

《聊斋志异》是用文言写成的，用文言写小说而能与白话小说媲美，甚至在某些方面还具有白话小说不可能有的独特的魅力，是蒲松龄杰出的艺术创造。

《聊斋志异》语言艺术的特色，主要表现在两个方面：

其一是，从表现生活和刻画人物性格的需要出发，改造书面文言，吸收生活口语，将两者加以提炼融合，使典奥的文言趋于通俗活泼，又使通俗的口语趋于简约雅洁。这样就创造出一种既雅洁又明畅、既简练又活泼的独特的语言风格。

其二是，无论来自书面的文言，还是来自口头的白话，经作者的选择提炼，都变成一种饱和着生活的血肉、饱和着人物思想感情的血肉的活的语言。在表现活的生活和活的人物这一点上，使两种语言成分自然和谐地融合在一起。典雅和通俗、精练和明畅、凝重和活泼，从全书的整体来看，两种语言风格是统一的，不仅不可分割，而且连分解也难于分解。

在《聊斋志异》中有相当多的人物对话，其中融入了不少口语的成分。这在过去的文言小说中是很少见的。这显然从宋元以来的白话小说中吸取了艺术营养。例如在《镜听》中，有如此生动的对话情景：大儿子考试高中，消息传来，婆婆对正在厨房干活的大儿媳妇说："大男中式矣！汝可凉凉去。"心中憋了一肚子气的二儿媳妇，后来听到自己的丈夫也考中时，把擀面杖一扔，说："侬也凉凉去！"所用的虚词，既有文言也有白话；人物的口吻、语气逼近生活，却也并未背离总体上雅洁的文言风貌。其他如《邵女》中写媒婆贾媪替柴廷宾到邵家说媒时的一大段对话，也是使生动活泼的口语和简约雅洁的文言相融合的著名例子：

夫人勿须烦怨。恁个丽人，不知前身修何福泽，才能消受得！昨一大笑事，柴家郎君云：于某家茔边，望见颜色，愿以千金为聘。此非饿鸱作天鹅想耶？早被老身呵斥去矣！

媒婆说媒，目的自然在传递男方对女方的追慕和情意，可她却有意把别人托付的极认真事说成"大笑事"，慧心利嘴，巧舌如簧，以退为进，举重若轻。媒婆的神情意态，在这里活灵活现地跃然纸上。这段对话大有《战国策》纵横家的风致，却又带有更为灵动鲜活的生活气息。

至于叙述描写的语言，可以《红玉》中写冯相如第一次见红玉时的一段作为例子：

一夜，相如坐月下，忽见东邻女自墙上来窥。视之，美；近之，微笑；招以手，不来亦不去。固请之，乃梯而过，遂共寝处。

这段叙写是文言，却相当通俗；接近于白话，却又未失雅洁凝重的文言本色。活泼清新，自然明畅，将人物形象、环境气氛、当事人的内心感受等等，都极其生动地表现了出来。

总起来说，《聊斋志异》是真正的美文学：思想美，形象美，语言美，意境美。一篇篇优美的作品，在我们的面前展现出一个色彩绚丽的艺术世界，使我们在奇异的幻境中，体尝现实人生的甘苦，认识那已经逝去但不应该被忘记的历史，在得到思想启发的同时，也得到艺术的美的享受。

第四节 《王桂庵》的思想和艺术

《王桂庵》在《聊斋志异》中不是最著名的篇章，但在思想艺术上却很有特点，值得我们重视和好好欣赏。

比起《聊斋》中的其他作品来，这是比较特殊的一篇。主人公不是花妖狐魅，除写梦境略涉奇幻外，通篇都是写实：现实的人，现实的生活景象，现实的爱情追求，现实的人生。小说的主题十分单纯明朗，就是对真挚爱情的热烈歌颂。这在《聊斋志异》中是反复表现的主题，但它与别的同题材的作品却一点也不重复，而是表现出独特的思想风貌和艺术魅力。最值得注意的是它植根于现实生活土壤之中的性格描写，而人物塑造的特点又与作品的艺术构思密不可分。

篇中主要写了两个人物——王桂庵和芸娘。作为爱情故事的主角，两个人物都重情，但是性格各异，对情的态度和表现也各不相同。不同的性格都有现实生活的依据，表现了丰富的思想内涵。蒲松龄写人物写得好，主要不在于写外貌，而在于写出人物内在的精神风貌，写出人物丰富的性格内容。就这篇小说对两个人物不同性格的表现来看，王桂庵是比较直露的，不仅一开始作者就有明确的点示，而且人物自身对自己的内心世界也不加掩藏，表现得相当明朗；其性格特征随着情节的发展愈来愈鲜明，愈来愈丰富，愈来愈突出。而芸娘的性格表现则比较含蓄，作者在手法上不作任何点示，有意写得隐微婉曲；在很长一段时间中，她的心思、感情都深藏不露，显得扑朔迷离，叫人捉摸不透。在性格刻画上，作者对两个人物采用了不同的表现方法，而在小说的艺术构思中都有鲜明的体现。

下面分两个方面来分析：

一、提笔作伏

小说以《王桂庵》为题，显然是为王桂庵立传的。仿效史传文学的写法，开头由介绍传主入题："王樨，字桂庵，大名世家子。"粗看简单两句，颇似古代人物传记千篇一律的程式，毫无出奇之处。但细读全篇后再来回味，就会看出这简单的十个字，特别是"大名世家子"这五个字，实乃一篇纲领。"大名"指大名府，属今河北省，在北方。一开始就特意点出他的里籍，是为了写他与芸娘的爱情是产生于其南游之中，而后来为了爱情而多次由北而南的种种情景，甚至包括他所见的南方水乡的自然景色等，都与此不无关系。"世家子"指世代富贵显赫的贵族子弟，王桂庵在以后整个爱情发展过程中的种种表现、他的言语行为的种种特征，都是由他的这种出身和家庭教养决定的。而基于他的这种思想性格与芸娘产生的种种矛盾，以及由这些矛盾构成的富于戏剧性的曲折生动的故事情节，都跟他“世家子”的身份地位有关。可以说，全篇的艺术描写，包括人物思想性格的刻画、故事情节的组织安排乃至主题思想的表现，等等，都在这开头的简单介绍中埋下了伏笔。这种写法在《聊斋志异》中极为常见，清代评论家冯镇峦将这一艺术构思上的特点概括为四个字：“提笔作伏”。

小说在对王桂庵作了简单的介绍之后，便迅即展开人物关系的描写。在两人关系中，王桂庵是爱情追求的主动者。小说一方面写他多情，写他的热情和执着（这方面是逐渐展现而直到篇末才最后完成的）；另一方面又时时处处揭露他那种世家子弟的不良习气。

江上邂逅芸娘的场面是极富于戏剧性的。王桂庵在南游的船上看见邻舟的一个姑娘，判断是一个“榜人女”（船家的女儿），这个判断就跟他作为“大名世家子”的思想和眼光有关。芸娘在舟中做绣活，想来穿着也比较朴素，他于是连想都没有想就认定是一个船家的女儿。这一认定，马上就在他的心中确立了两个人在身份地位上的差距，因而带来由这一思想决定的一系列行动。但是值得注意的是，小说写他被这个女子所吸引又并不是因为她表面的姿色（这一点常常可以超越社会地位的障碍而产生吸引力，但小说对她是否长得漂亮却连提都没有提），而是写他一看见就敏锐地感受到对方属于内在气质方面的“风姿韵绝”。这几句叙写很简单，却十分精妙而富于深意。这是从王桂庵的眼中心中来写芸娘，效果是一笔同时写出了两个人物：既表现了芸娘看来似乎与她的身份地位不大相符的内在气质（这又与后文芸娘的一系列表现有关），同时也暗示了王桂庵有着不同于一般花花公子的眼光和修养。这些看似无关紧要的叙写，却为下文展开两人关系的描写打下了重要的基础。

在这一场面中，关于王桂庵对芸娘的追求，凡作三层写：

第一层，写他朗吟诗句。因为在他的眼中对方不过是一个“榜人女”，下意识地便觉得可以居高临下放肆地进行挑逗；又因为世家子弟有一定的文化素养，所以挑逗的方式是先高声吟诗，显得含蓄风雅、文明而不粗俗。这里有一个问题：王桂庵吟诵的诗是唐人王维的《洛阳女儿行》，既然他认定对方是一个“榜人女”，又对她吟诵唐诗，不是有点不伦不类甚至是对牛弹琴的意味吗？但这种看似矛盾的行为，表现的内容却相当丰富：一方面，很自然地流露出王桂庵世家子弟故作风雅以炫耀自己的那种优越感（不管你懂不懂，你不懂更显得我有修养、有身份）；另一方面，与前面他对这位姑娘“风姿韵绝”的感受相呼应，又表现出他很可能下意识地感到，这个“榜人女”同一般的下层妇女是不一样的，因而必得以这样风雅的方式来传达自己的爱慕之情，才不至于亵渎对方。这便在轻率无礼的行为中同时包含了一种真挚的情意在内。简单的一个动作、一种行为方式的选择，却表现了人物特定的性格和心理内容。

第二层，写他投金试探。在朗吟诗句后，小说从王桂庵感受的角度写了一笔芸娘的反应：“似解其为己者”。最妙的是“似解”二字，意思是：对方好像领会到了自己的心意，又好像并没有领会到。对王桂庵来说，惟其在“解”与“不解”之间，这女子就更具有一种诱惑力。因而随即就有了第二个动作：“王神智益驰，以金一锭投之，堕女襟上。”“神志益驰”四字补足上文。所谓“神驰”，用今天通俗的话来说，就是为之神魂颠倒。前面只写了王桂庵的行为动作，没有直接写他的精神状态，这里写“益驰”，就暗示一开始王桂庵就为芸娘而“神驰”了。由于“神志益驰”，胆子就更大，于是又自然流露出世家公子粗俗浅薄的另一面来：富家子弟有钱，自然以为用金子就可以打动一个贫家船女的心。读到这里，在读者的感受中，王桂庵对芸娘的追求，大概不过是当时生活中常见的富家子弟对贫家女儿的一种挑逗和调戏罢了。

第三层，写他再掷金钏。对“投金”这种露骨和无礼的挑逗，芸娘有了与前面完全不同的明确而果断的反应：“女拾弃之，金落岸边。”（青柯亭本在“女拾弃之”后有“若不知为金也者”七个字，使原本隐微的含义显露无遗，变成了蛇足）这时小说这样写王桂庵：“王拾归，益怪之。”简单六个字很简洁，却挖掘到王桂庵的灵魂深处，一下子就显出了同芸娘思想境界的高下之别。青柯亭本无“益怪之”三个字，其实这三个字是绝对不可少的，它写出了王桂庵由于社会地位的悬殊而产生的对芸娘行为的不理解。前文写芸娘对王桂庵的挑逗行为在似解与似不解之间，既不理睬也不逃避，叫人捉摸不透，这自然使王桂庵感到困惑，此时对芸娘的“弃金”行为当然就更加迷惑不解了。正因为“益怪之”，而又不甘心就此罢手，这才有再次试探的动作：“又以金钏掷之，堕足下。”这次“榜人女”是“操业不顾”——照常做自己的绣活，若无其事，不予理睬。接下去，“榜人”的不意归来，打断了两人之间的奇特交流，却又引出了芸娘异乎寻常的举动。这些都给读者留下了许多悬念，也为作者进一步展示人物关系和刻画人物性格开拓了更大的艺术空间。

在“榜人解缆，径去”以后，由于两人的离别，小说就转向了对王桂庵的另一面——痴情一面的描写。小说通过一系列生动曲折的情节，表现了他对芸娘确有真实的爱，而非一般贵族公子对贫家女子的挑逗和勾引；但与此同时，作者又处处不忘揭露他作为一个世家子弟的不良习气和恶劣作风。

写王桂庵的痴情，写他对芸娘的执着追求，共作八层写。第一层是总写：在芸娘离去以后，他“心情丧惘，痴坐凝思”，这显然不是逢场作戏者能有的表现。第二层，写“王方丧偶，悔不即媒定之”。“方丧偶”是叙事中非常重要的顺笔交代。一方面补叙了他南游的原因，同时也就揭示了他一看见芸娘就那么动情并非完全出于非礼，确有物色新偶的打算；另一方面又为后文写他婚后对芸娘说家中早已娶妻的玩笑预作伏笔，起到前后映照的作用。细心的读者读到后面时会记住作者在这里的点示，会明白王桂庵说的并非实情，不是真的欺骗，只不过是一种恶作剧而已，进而更准确地理解和把握他的思想性格。“悔不即媒定之”也是世家子弟特有的心理。一看到中意的姑娘就马上想到要娶她为妻，而且因为自家有钱，便以为一说媒对方就会立即同意。第三层，写他去向舟人打听：“乃询舟人，皆不识其何姓。”第四层，写他乘舟追寻：“返舟急追之，杳不知其所往。”失望的心情可以想见。但他虽失望而心未死，情不断：“不得已，返舟而南。”这里两个“返舟”的方向不一样，前一个是往北，后一个是往南。这照应到他是“大名”人，是北人而南游。第五层，写他在由南北归的路上又细细查访：“务毕，北旋，又沿江细访，并无音耗。”这几层，写他不断追寻，又不断失望。第六层，写他归家以后的深切思念：“抵家，寝食皆萦念之。”第七层，写他在事过一年之后仍不死心，还专门买舟寻找：“逾年，复南，买舟江际，若家焉。日日细数行舟，往来者帆楫皆熟，而曩舟殊杳。居半年，赀罄而归。”这里写他由北而再南，又再一次照应到他是“大名”人。不过这次南游，却是专为寻找芸娘而来。这里还有三点值得注意：一是，一年之后，不是如一般人那样，时过境迁，日渐淡忘，相反，他对芸娘的情意却是丝毫未减。二是，为了寻找芸娘而专门去买了一只船，在表现他情志坚定的同时，又自然地表现出他“世家子”的身份与作派。三是，沿江细细寻找，整整住了半年。“若家焉”与“居半年”相互呼应，说明他为寻找芸娘做了长期的充分准备，表现了不达目的、誓不罢休的决心和耐心。这是何等感人的一片深情！但这种执着追求的过程本身，也同时表现了王桂庵作为一个世家子弟的身份和特点。为了追求一个心爱的姑娘，就可以花这么多钱，这么多时间、精力，一般人就是想做也做不到的。第八层，写他从江上回家后的感情和表现：“行思坐想，不能少置。”

这一气八层描写，在艺术表现上起到了非常重要的作用。一方面写他世家子弟的特点，同时又写他与一般世家子弟不同的另一面。刚开头读船上挑逗一节，当事人芸娘和读者都还不能判断，王桂庵到底是一个调戏妇女的恶少呢，还是一个严肃热情的爱情追求者呢？但是通过这一系列的描写，就清清楚楚地将他同一般逢场作戏的花花公子区别开来，不能不为他的一片痴情和执着追求所感动。

“行思坐想，不能少置”这八个字，在小说的艺术结构上起到了一种总结上文和开启下文的作用。榜人解缆径去和王桂庵一年多时间的追寻而杳无消息，情节的发展已是到了“山穷水尽疑无路”的境地；但在这看似绝境中又包含着开拓新境的因素。“日有所思，夜有所梦”，“积思成梦”——下文写王桂庵在梦中突然见到芸娘，都是由于他“行思坐想，不能少置”所致。没有现实中的痴情追求，就没有梦境中的意外相见。情节由实入虚，进到了一个新的境界；奇幻，却又并不显得荒诞，而是生活情理的合乎逻辑的发展。

写梦用幻笔，但幻中见真。这真，一是指人物思想感情的真。不仅如上文所说没有痴情就不能成梦，而且梦中人物的感情也同生活中的一样真挚。二是指生活情境的真。虽是梦境，写来却是历历如在眼前，符合生活的真实。比如梦境设置在江村，就和前面王桂庵对芸娘“榜人女”身份的判断有关。写江南水乡风光也写得非常逼真：柴扉南向，疏竹为篱，有红丝满树的夜合花，有光鲜明洁的苇笆，有浓荫蔽窗的红蕉，种种景象都是优美而颇富诗意的。这诗意又同时来自主人公王桂庵的内心感受，景与情合，便禁不住默念出平时读过的诗：“门前一树马缨花。”这首诗是元代诗人虞集的《水仙神》，全诗是：“钱塘江上是奴家，郎若闲时来吃茶。黄土筑墙茅盖屋，门前一树马缨花。”借这首诗，又再一次非常自然地点染到他的文化教养，表现出只有一个世家子弟才有的风流梦想和风雅情怀。这是一首情诗，表现的是一个多情女子对她所钟情的情郎的召唤和期待。这正好是王桂庵想象和期待中的芸娘应有的思想感情，默念这一句诗，是一个情痴内心感情的真实流露。与其说念诗是表现了王桂庵对江村景色的诗意感受，毋宁说是表现了他对所追求的芸娘的诗意感受。

除了通过写景来表现人物的思想感情之外，作者还通过人物的行动、心理直接展示人物的性格特征。而他的思想、行为，又处处都流露出作为一个世家子弟的身份和习性：他看到“一家柴扉南向，门内疏竹为篱”，也不打听，就主观地“意是亭园，径入”，显得孟浪而不受拘束。接着，又连续写他的行动：“过数武”，“又入之”。见到“北舍三楹，双扉阖焉”时，按常理他就应该想到这是私人住宅了，但他还是不止步；当见到“南有小舍，红蕉蔽窗”时，不仅不退缩、收敛，反而“探身一窥”；当看到“椸架当门，罥画裙其上，知为女子闺闼”时，才“愕然却退”。旁若无人，大摇大摆地就闯进别人的闺闼之中，这同他前面初见芸娘时就掷金、扔钏来挑逗一个女孩子一样，都表现了一个世家子弟的行径和习性。而当他突然意外地见到苦苦追寻多时而不见的芸娘时，竟“喜出非望，曰：‘亦有相逢之期乎？’”这脱口而出的肺腑之言，正是他往日“行思坐想，不能少置”的思想感情的自然流露。作者通过梦中人物的语言、行动来写人物内在的思想感情，写得很深、很真实。梦醒以后，王桂庵“秘之，恐与人言，破此佳梦”。只是在梦中重见芸娘，而且还没有实现企盼中的幽欢，就如此珍惜，可见他痴情之深。

情节的发展又由虚而转实，写他梦醒后继续追寻，竟在不意中见到了日思夜想的芸娘，于是大胆求婚，两人终于实现了美满的结合。这里值得注意的是，一开始就点出：“又年余，再适镇江。”前面三字点出时间，说明又过了一年而王桂庵的痴情依然不变；后面四字点出地点，补出南方江村的具体所在。写在梦境中与自己追寻的人相见并不奇，奇的是梦境中的情景竟在现实生活中变成为事实。这当然是用的幻笔，但由于这是人物愿望要求和心理意向的一种强烈表现，是人物精神追求的一种艺术升华，因而不仅幻中仍然包含着某种真实，而且也体现着一种理想（属于人物，也属于作者），因而读者不仅可以理解，而且是乐于接受的。不过，作者写现实景象与梦中景象相符，却写得很聪明。他不是一一列举，件件相符，而是拈出最具代表性的马缨花来写，其他只是一笔带过：“道途景象，仿佛平生所历。一门内，马缨一树，梦境宛然……种种物色，与梦无别”，“房舍一如其数”。这样写，既与梦境形成映照，却又不是一对一的落到实处，以致冲淡了幻境的诗意美，还避免了文字上的呆板和累赘。这一段写王桂庵的思想性格，还是继续着重写他的两个方面：一是情痴，一是他世家子弟的思想习性。看他一见眼前景象与梦境中所见一样，第一个反应是“骇极”。“骇极”而走，应该是一般人在这种情境下的自然反应，但王桂庵却不但没有走，反而连想都没有想就“投鞭而入”；见到“种种物色与梦无别”时又“再入”；见到“房舍一如其数”，验证了与梦境一样时，便“不复疑虑，直趋南舍”；最后终于发现“舟中人果在其中”。日思夜想，两年多的怀想追求，这时意外地突然实现了。这里连用两个“入”字、一个“趋”字，从急切中表现出他的一片痴情，同时也表现了一个世家子弟的孟浪和无礼。王桂庵在对方突然叱问的情况下，没有回答，而是“逡巡间，犹疑是梦”，对已经证实的现实情景竟又发生了怀疑，惟妙惟肖地传达出他当时的精神状态。但更妙的是，在“逡巡”之后，又立即往前走，而不是自然地往后退。在芸娘“砰然扃户”的情况下，他道出一句深情的话：“卿不忆掷钏者耶？”然后“备述相思之苦，且言梦征”。这里他不说“掷金者”，而说“掷钏者”，大概是因为榜人女临别前以“双钩覆蔽之”的深情动作，给他留下了太深的印象。而这正是他历久不忘，长期苦苦追求的一个重要原因。这话同样是在急切之间脱口而出的肺腑之言，而不是经过冷静思考之后才说出的，所以就显得格外真实感人。他在芸娘的询问下，具道自己的家世，并回答自己还未婚娶的原因：“非以卿故，昏（婚）娶固已久矣。”到此，才真正打动了芸娘的心，让她终于说出了心里话：“妾此情难告父母，然亦方命而绝数家（违背父母之命，几次拒绝别人的求婚）。金钏犹在，料钟情者必有耗问耳。”“钟情者”三个字，是芸娘出于自己内心的真实感受而对王桂庵作出的评价，到此时也是读者能够接受并且希望听到的评价。在芸娘提出希望他请媒人来求婚，而不能“以非礼成耦（偶）”后，他的表现是“仓卒欲出”，立即离去，而不是纠缠不走。他虽是一个世家子弟，有时不讲礼仪，却还是一个有教养、能节制自己感情的人。这本身就表现出他对芸娘确是怀着一种真诚的爱。

求婚一段，人物关系转换为王桂庵与芸娘之父江蓠的矛盾。王桂庵亲自去拜见芸娘之父，而不是如芸娘所嘱请托媒人去说媒，这既表现了他的真情，又表现了他的急切。但王桂庵在说明来意后，就“兼纳百金为聘”，结果遭到了芸娘父亲的坚决拒绝。这同前面写他向芸娘投金等行为一样，都极其自然地表现了一个世家子弟的思想和习性。他十分看重金钱，以为有了钱就可以顺利地解决一切问题。而这种过分看重金钱和不自觉地流露出来的优越感，却反而成为引起芸娘和他父亲警惕与反感的重要原因。他接着去请求徐太仆为他说媒，也同样生动地表现出世家子弟的心理：“向欲以情告太仆，恐娶榜人女为先生笑；今情急，无可为媒”，只好硬着头皮将实情告诉太仆，求他帮忙。他真心地爱上一个身份地位较低的女子，却又要顾及自己世家子弟的身份和体面，不敢向人谈起；而在爱情与门第观念发生矛盾时，他却又能毅然地追求爱情而不顾世家子弟的身份和体面。这又是十分难能可贵的。这是王桂庵真情的表露，也是他性格中令人喜爱的一面。

如果单纯从爱情故事来看，到“王盛备禽妆，纳采于孟，假馆太仆之家，亲迎成礼”，就已经有了一个美满的结束。但作者意犹未足，又敷演出两段故事，进一步表现人物的思想性格，并传达出作者对人物的评价。在归舟中王桂庵的一番玩笑话竟掀起轩然大波，看似闲笔，实际上完全是性格化的描写，进一步展现了两人由于家庭出身不同、性格各异而带来的矛盾冲突。他狡黠地告诉芸娘，家中早已娶妻，并指明是吴尚书的女儿加以坐实。这番戏言，一方面表现了他在同芸娘结合之后的得意心情，另一方面又是他世家子弟恶劣习性的自然流露。他以为已经同芸娘结婚了，就什么玩笑话都可以说了，却一点也不理解芸娘对真挚爱情的追求，更不理解芸娘自尊自重的人格意识以及在此基础上产生的对儇薄子弟欺骗和玩弄妇女行径的警惕与憎恶。而在芸娘愤而投江之后，作者又从他的反应表现出他多情的一面：先是写他“大呼”，然后从人物主观感受的一面来一笔写景：“夜色昏蒙，惟有满江星点而已。”以冷寂凄清的自然景色映衬出王桂庵当时的悲痛心情。然后又分三层进一步写他对芸娘的一片深情：“悼痛终夜”是第一层；“沿江而下，以重价觅其骸骨，亦无见者”是第二层；“悒悒而归，忧痛交集”是第三层。由一句玩笑话而带来爱情的挫折，使他由此经受相思离别之苦，从艺术构思上看，这一情节的安排，明显地是表现了作者对这个人物性格缺陷的一种批判。

故事的最后结局是很奇特的。王桂庵避居到姊丈做官的河南任所，在归家的途中避雨，意外地同自己已满周岁的儿子寄生和芸娘相聚。作者对王桂庵身上的不良习气虽有所批判，但对他执着的爱情追求，始终是充满同情并加以肯定的。大波折后重又实现的大团圆结局，很好地传达了作者“愿天下有情人皆成眷属”的美好理想，同时也表现了作者基于现实生活的逻辑而对人物性格的准确把握。“酸来刺心，不暇问其往迹，先以前言之戏，矢日自白。”王桂庵经过一年多的离别之痛和深切的反省，在见到芸娘和寄生时什么都顾不得说，只是急切地表白发自内心的真诚忏悔，显得十分真实动人。

细观全篇对王桂庵性格的描写，再来回顾开头“大名世家子”的简单介绍，就不难体会到蒲松龄“提笔作伏”的构思之妙。

二、先暗后明

芸娘作为矛盾冲突的另一面，其思想性格也是写得非常真实生动的。在作者的笔下，这个人物的性格特征，同王桂庵一样，也是由她的出身教养和社会地位决定的。但揭示的方法和过程，却与写王桂庵有很大的不同。她是一个什么样的家庭出身，这个家庭又决定了她具有什么样的思想性格，不是一开始就点明——“提笔作伏”，而是先暗后明，由开始时的烟笼雾罩、镜花水月，随着情节的发展，才逐渐变得清晰起来。

芸娘一出场，小说就从王桂庵的眼中写她是一个“榜人女”。从她当时所处的环境（舟中）和生活状况（绣履）来看，读者当然不会有什么怀疑。但这身份与当事人王桂庵“风姿韵绝”的感受又有着相当的距离，她隐约透露出来的内在气质似乎不大像是一个下层的劳动妇女。这种矛盾，使得这个人物一出现就给人一种朦胧而难于把握的感觉。此后，作者通过她的行动、言语逐步展开对她思想性格的描写。对于王桂庵长时间的“窥”视，小说写她“若不觉”。这个“若”字下得极妙：不是没有发觉，而是发觉了或者不以为意，或者装作好像没有发觉。这里是写当事人王桂庵一种不确定的感受，同时也令读者捉摸不透：她可能是一个严谨守礼的妇女，对不认识、不了解的陌生男子抱着非常庄重严肃的态度；但更可能并不是对于对方的注视无动于衷，而是一个有修养、有心计，不轻易表露自己感情的聪明女子。按常理，如果仅仅是守礼而讨厌一个陌生男子的“暗窥”，她最正常的反应应该是立即气呼呼地收拾起绣活儿躲到船舱里去。但她没有这样做。她很敏感，又很稳重，不理不睬，若无其事，却留下了既可以进一步观察对方，同时又很自然地会引发对方产生进一步期待的余地。而在对方故意高声朗诵诗歌进行挑逗之时，芸娘的反应就更其微妙了：“女似解其为己者，略举首一斜瞬之，俯首绣如故。”这里“似解”的“似”字，与前面“女若不觉”的“若”字一样，也是意味深长的。对方是“朗吟”，故意提高嗓门以引起自己注意的用意是非常明显的，她却装着好像没有发觉的样子。似解，又似不解，这就使当事人、也使读者对她的态度更加捉摸不定了。前写王桂庵看芸娘是“窥”，这里写芸娘看王桂庵是“斜瞬”，就是斜着眼睛瞟一眼。其间所表现出的含义也是不确定而很难捉摸的：或不愿，或不敢，或不屑一顾。都有可能，也许兼而有之。同是看，不同人物、不同对象、不同情景，一词之别，刻画出不同的神情意态。芸娘的这种态度，较之明确地表示接受，对于热切的追求者王桂庵来说，显然是更富于吸引力也更加激动人心的。这就自然地引起下文王桂庵投金、投钏等既符合他的性格又切合当时规定情景的行为。

在王桂庵的意想中，投金对于一个家境贫穷的下层女子来说，必定是“正中下怀”。但芸娘却毫不犹豫地拾而弃之，这一反应大大地出乎他的意料之外。这个简单的动作，写出了一个“船家女子”不慕富贵、视黄金如草芥的高洁品格。她显然对眼前这个世家子弟居高临下的态度和以金钱诱人的恶劣习气十分反感和鄙弃。而在王桂庵投钏再试以后，芸娘的反应就显得更为意味深长了：虽然金钏“堕足下”，她却不再“拾弃之”，而是“操业不顾”，若无其事。有了前面“弃金”行为的映照，这种不予理睬的态度，比写她“再拾弃之”似乎表现了更加不屑一顾的鄙薄态度。不过值得注意的是，她对王桂庵的这一庸俗行为却又不责怪、不动怒、不躲避。这让人既捉摸不透，又耐人寻味：是表现了她的持重、高傲和大度呢，还是表现了她的默许、感谢乃至期待呢？也许这些成分都有，很复杂，连当事人也很难说得清楚。这时芸娘的父亲突然回来，与王桂庵的恐惧、惶急相反，芸娘却“从容以双钩覆蔽之”，大胆机智地替王桂庵遮掩了过去。这真是出人意想之笔，却由此让人去揣想这个女子的内心世界。粗看这种态度似乎有些令人不解，但联系到小说前面对她的描写，却又感到不无依据。因为早在“似解其为己者”之后，她不但没有躲避，反而是“略举首一斜瞬之”，实际就已经含蓄地透露出她对于王桂庵的钟情是心有所动了。

关于梦境的描写，除了上面指出的表现了王桂庵对芸娘的执着追求外，也同时映照出了女主人公的思想性格。那里的居处环境是那样的优美而富于诗意，生活在这一环境中的女子，她的身份、教养和性格，也就不难想见。这一段写景，写王桂庵对景物的诗意感受，都意在间接烘托和表现芸娘的美好形象。在王桂庵大摇大摆地闯进去时，女主人公的出现又是出人意料之笔：“有奔出瞰客者，粉黛微呈，则舟中人也。”她发觉王桂庵进来，不是回避，不是斥责，而是主动迎出。这种态度，同前面写她在舟上绣履时对王桂庵的挑逗似解未解，后来又以双钩覆蔽金钏的表现其实是一脉相承的。梦境中人物的感情、人物的性格，都同现实生活中的实情实景完全契合。虚实交融，情节在梦境中继续得到发展。梦境后来又变为现实，因为有人物真实的性格和思想感情作为内在的线索来贯穿，幻与实得到了沟通，也就有了令人可信的真实感。

当芸娘看到多情而又孟浪的王桂庵闯入她的住处时，小说这样写她的反应：“遥见王，惊起，以扉自幛，叱问：‘何处男子？’”她显然一下子就发现了眼前这个人就是从前对自己抛金挑逗的男子，所以在大吃一惊的同时，保持着高度的戒备，以一种极严肃冷峻的口气斥问来者。芸娘此时的表现，使我们对她“船家女儿”的身份进一步产生了怀疑：她的言行举止、风调气性，显然出自一个颇有教养的家庭。但她对王桂庵的态度是爱是憎，却仍然扑朔迷离。而当这个男子在她的叱问面前不但没有后退，反而在“逡巡”之后继续前进时，芸娘就有了极为强烈的反应：“女见步趋甚近，砰然扃户。”警惕性极高，采取了果断的行动。这与开头一段写她毫不犹豫地“拾金弃之”的行为和心理，起到了一种前后呼应和映照的作用，从而加强了人物的思想性格。她是那样庄重，又是那样机警，使人感到绝不是一个轻易就可以引诱和征服的女子。下面写两人的对话极为精彩，真实地表现了两人复杂的内心世界和真挚的感情，写得十分动人。王桂庵提起掷钏的事，以引起她的回忆，芸娘听了以后气氛就有了较大的缓和，于是“隔窗审其家世，王具道之”。事情因之有了很大的转机：如果她对王的钟情无所动心，如果根本没有考虑到婚姻的问题，就不会去询问别人的家庭情况。所以这一“审”，其实已透露出她对王桂庵长期以来对自己的一片情意给予了很有分寸的回报。但她虽然有意却仍存戒心，提问的内容（家庭情况）和方式（隔窗）都表现出她是一个十分庄重而颇有心计的女子。知道了王桂庵是一个世家子弟后，又问：“既属宦裔，中馈必有佳人，焉用妾？”这进一步的追问又表现出她的感情是复杂而微妙的：不是不愿意，只是不放心。她已经有意了，但仍然有很高的警惕性，考虑问题非常周到，绝不轻易许人。这里特别写出她对世家子弟不放心，怕受骗上当，尤不愿为人之妾。这一笔，很好地表现了芸娘的性格和思想感情，为后文写她投江自杀伏下了重要一笔。她的自尊自重、不甘被人欺骗和玩弄的气性，在此已初露端倪。在听了王桂庵那句发自肺腑的分量极重的话“非以卿故，昏（婚）娶固已久矣”以后，芸娘才终于消除了内心的疑虑，为王桂庵的一片痴情所动，第一次明确地表露了自己的心迹：“果如所云，足知君心。妾此情难告父母，然亦方命而绝数家。金钏犹在，料钟情者必有耗问耳。”但同时又告诉他：“倩冰委禽，计无不遂；若望以非礼成耦（偶），则用心左矣。”这段话所传达的信息非常丰富，其内心的感情也是极其复杂的。“钟情者”三个字，道出了芸娘对王桂庵长期苦苦追求的真切感受；而“必有耗问”，又透露出她长期以来内心的殷切期待。“此情难告父母”的“情”，就是她对“掷钏人”的怀念之情、期待之情。和王桂庵的话一样，这些都是发自肺腑的极有分量的情语，是十分感人的。但“果如所云”者，又只是一种假设，明显地仍然有所保留。而在明确地表示接受王桂庵的情意的同时，又同样明确而且坚决地表示，只能明媒正娶，不能苟合。这些都表现出她是一个有身份的自尊自重的女子，在爱情婚姻问题上是极其严肃持重的；而且很有思想，考虑问题非常细致周到，始终保持着高度的警惕。她的冷静不无道理，一方面同当时的社会生活有关，一个良家女子，被欺骗而失身于人的情况是很普遍的；另一方面又同她所感受到的王桂庵本人一系列世家子弟不良习性的表现有关。在王桂庵“仓卒欲出”时，“女遥呼王郎曰：‘妾芸娘，姓孟氏。父字江蓠’”。“遥呼”二字与“仓卒”二字是相呼应的，都表现了一种急切之间的情态。王桂庵接受了芸娘的要求，急切之间离去，表现了他的诚挚；芸娘在急切之间突然想到应该告诉对方自己的姓名和父亲的名字，表现了她希望王桂庵赶快遣媒求婚的热切期待。到这时，她对王桂庵的态度就已表现得十分明朗而确定了。

求婚一段，小说变换了一个角度，通过写芸娘之父来表现芸娘。王桂庵亲自登门求婚，芸娘父亲接待的态度就很有讲究。前面写芸娘的居处庭院，“疏竹为篱”，这里写“江迎入，设坐篱下”，只在“篱下”接待而没有请他进入堂室，就表明了一种保持距离的态度。王“兼纳百金为聘”，又无意中表现出他世家子弟的不良习性，招来的却是江蓠的坚决拒绝，而且不留一点余地：“息女已字矣！”设坐篱下与一口回绝，都十分清楚地表明，芸娘之父藐视金钱富贵，是一个很有骨气的品格高洁的人。有其父必有其女，父亲的拒婚及其因由，与前面芸娘的弃金，表现的是同样的品格风范。这里写孟氏家风，就从家庭教养与熏陶方面揭示了芸娘思想性格形成的依据。

在徐太仆说媒的整个过程中，才使前面许多隐约不明的情况逐渐变得清晰起来。一是最后点明芸娘的出身：“江蓠固贫，素不以操舟为业。”她原来并不是一个船家女儿，读者回顾小说前面有关芸娘教养、眼光和思想气性的种种描写，就自然地产生一种恍然大悟之感。她虽出身贫寒，却显然受过很好的思想和文化教育。二是补叙出前面芸娘之父拒婚的理由：“仆虽空匮，非卖婚者，曩公子以金自媒，谅仆必为利动，故不敢附为婚姻。”这实际上是揭示了前面芸娘弃金行为的家庭渊源。三是明确交代了芸娘在爱情婚姻问题上有独立的人格和不俗的眼光：“但顽女颇恃娇爱，好门户辄便拗却，不得不与商榷。”这就同前面芸娘对王桂庵所说的“然亦方命而绝数家”的话呼应起来，既表现了她鲜明的个性，又表现了她对真诚的追求者王桂庵的一片深情。她不是在当时极普遍的受父母之命支配的凡俗妇女，而是在爱情婚姻问题上有自己的主见和独立人格的卓特不凡的女子。她多次拒绝“好门户”的求婚者，是因为已经有了自己的意中人。她在等着他，而且相信他有一天肯定会到来——“钟情者必有耗问”。江蓠“少入而返，拱手一如尊命”，十个字，省却无数笔墨，却概括了极其丰富的内容：既写出了一个尊重女儿的选择，开明而具有民主作风的父亲，又表现了芸娘自主、坚定的思想性格和对王桂庵的一片深情。不负王桂庵的苦心追求，也不负芸娘的殷切期待，故事终于有了一个美好的结局。

北归舟中两人的“闲谈”，如前所论，主要是表现了王桂庵世家子弟的不良习性；但对芸娘来说，也使前面一些隐而未显的情况变得更加清楚：一是交代了芸娘父女第一次在江上与王桂庵邂逅，是因为他们借舟到江北叔家省亲，使读者明白了芸娘不是“榜人女”却又何以泛舟江上。二是明确写出芸娘对王桂庵的认识，前面王桂庵在江上孟浪挑逗时芸娘的种种叫人捉摸不透的表现，谜底此时一一揭破：“妾家仅可自给，然傥来物颇不贵视之。笑君双瞳如豆，屡以金赀动人。初闻吟声，知为风雅士，又疑为儇薄子作荡妇挑之也。使父见金钏，君死无地矣。妾怜才心切否？”这段话可看作是第一段场面描写的注脚，真实地表现了芸娘当时的感受和矛盾心理，一方面是对当时显得居高临下的世家子弟王桂庵的藐视和批判，另一方面在藐视批判中又包含着对风雅之士的怜惜与同情。回顾开头的描写，原来种种不清晰、不理解处，至此就都变得非常明朗了，因而使读者更加深切地感受到芸娘美好的内在感情和高洁不俗的品格。这些看似作者不经意写出的“闲话”，却有非常重要的意义：由暗到明，揭破谜底，既是上文情节的总结，也是上文所写人物性格的总结；而在总结中，人物的思想性格便升华到了一种更加高洁美好的境界。这样，前面隐约不明的芸娘复杂的内心世界，这时在读者的心中便最后融合为一个真实而又合理的整体。王桂庵在得意之时的一番戏言，使芸娘“色变，默移时，遽起，奔出”，愤而投江。这几句连续性的动态描写，含蓄而又充分地表现了芸娘此时复杂痛苦的内心世界。而小说的最后写两人重新团聚时，芸娘对王桂庵从怒骂转而为悲，再转而为谅解的过程，也非常真实地揭示出她贯穿始终的内心矛盾。

这篇小说从两个人物的出身和家庭环境来把握和表现他们不同的性格特色，真实生动地揭示出不同思想性格产生的生活依据，从创作方法来看，可以说完全是现实主义的。而对两个人物性格的具体刻画中，在艺术构思上又作了完全不同的艺术处理。全篇以王桂庵为主，以芸娘为副。为主的一开始就提明，采用的是“提笔作伏”的思路，在情节发展中使人物性格一步步突现、深化；为副的则开头一片混茫，由扑朔迷离而逐渐显山露水，到终篇才使读者全部了然于心，采用的是“先暗后明”的思路。思路不同，却有异曲同工之妙。

思考题

1. 蒲松龄的生活与《聊斋志异》的创作有什么样的关系？这种关系表现在哪些方面？

2. 为什么说《聊斋志异》是中国古典文言短篇小说的高峰和总结？

3. 为什么说《聊斋志异》是一部用幻想的形式写成的社会问题小说？它的现实性表现在哪些方面？

4.《聊斋志异》中爱情题材的作品有什么样的新特点？表现了什么样的意义和价值？

5. 蒲松龄是从什么样的高度来描写科举考试制度的？表现出什么样的思想艺术特点？

6.《聊斋志异》中揭露社会政治黑暗的小说，在思想上有什么样的特点？

7. 结合具体作品谈谈《聊斋志异》情节艺术的特色。

8. 结合具体作品谈谈《聊斋志异》意境创造的特色。

9.《王桂庵》在艺术构思和人物性格刻画上有什么样的特点？

参考文献

1. 路大荒编:《蒲松龄集》，上海古籍出版社，1983 年。

2. 张友鹤辑校:《会校会评会注聊斋志异》，上海古籍出版社，1986 年。

3. 盛伟编:《蒲松龄全集》，上海学林出版社，1998 年。

4. 任笃行辑校:《全校会注集评聊斋志异》，齐鲁书社，2000 年。

5. 朱其铠主编:《全本新注聊斋志异》，人民文学出版社，1992 年。

6. 马振方:《聊斋艺术论》，上海文艺出版社，1986 年。

7. 张稔穰:《聊斋志异艺术研究》，山东教育出版社，1995 年。

8. 盛源、北婴编:《名家解读聊斋志异》，山东人民出版社，1999 年。

第十五讲　古代长篇小说的高峰和总结：《红楼梦》

第一节　曹雪芹的身世和《红楼梦》的创作

《红楼梦》是中国古典长篇小说中最优秀的作品，是中国古典小说发展的高峰和总结。这部小说思想内容之博大、艺术描写之精深，在中国小说史上前所未有。

《红楼梦》的作者曹雪芹所生活的时代，是中国封建社会总崩溃前夕处于回光返照时期的康乾盛世。这个时代的特点，是整个社会表面上的繁荣和稳定，已掩藏不住内在的黑暗和腐朽，尖锐复杂的社会矛盾日益明显地暴露出来。由于曹雪芹的出身和特殊的经历，他对封建制度的不合理、对社会的黑暗和腐朽，尤其是这个制度对人的摧残，有着极其痛切的感受。《红楼梦》是曹雪芹的忧愤之作、呕心沥血之作。作者在自己生活体验的基础上，以贾宝玉、林黛玉和薛宝钗的爱情婚姻悲剧为中心，通过对一个典型的封建贵族大家庭日常生活的真实描绘和深刻解剖，揭示出封建社会末期腐朽、黑暗和丑恶的面貌，表现了深广的历史内容。《红楼梦》是时代的产物，它反映了时代的矛盾、时代的痛苦、时代的思考和憧憬。《红楼梦》又是曹雪芹天才的艺术创造，其间包孕着他在生活中产生的强烈的爱和恨，以及充满血肉的生活体验和人生感悟，书中处处可见他把原生活提炼、构思、加工、创造为艺术精品的刻苦匠心。

有关曹雪芹生平事迹的材料非常少，经过几代红学家的考证探索，现在也只能了解一个概貌。

曹雪芹，名霑，字梦阮，号雪芹，又号芹圃、芹溪。关于他的生卒年有不同的看法。生年主要有两说：一说是生于康熙五十四年乙未（1715），一说是生于雍正二年甲辰（1724）。卒年主要有三说：一是卒于乾隆二十七年壬午除夕（1763），二是卒于乾隆二十八年癸未除夕（已入 1764 年），三是卒于乾隆二十九年甲申岁首（1764）。我们认为，曹雪芹生于康熙五十四年乙未（1715），而卒于乾隆二十八年癸未除夕（1764），也就是说，他活了将近 50 岁。

曹雪芹的祖先本是汉人，但很早就加入了旗籍。他的远祖曹世选被后金的军队俘虏，给满族统治者多尔衮当家奴，属正白旗包衣（“包衣”即满语“家奴”一词译音“包衣阿哈”的简称）。清朝建立以后，设立“内务府”，负责为皇帝管理财产、饮食、器用等各种生活琐事和宫廷杂务，曹家成为内务府的成员。曹世选的儿子曹振彦因建立军功，官至两浙转运盐使司盐法道。从曹振彦的儿子曹玺（曹雪芹的曾祖父）开始，曹家进一步得到皇帝的信任。曹玺和曹玺的长子曹寅，曹寅的长子曹颙和侄儿曹頫（他就是曹雪芹的父亲，在曹颙死后过继给曹寅为子），三代四人相继担任江宁织造的官职达六十年之久。织造的职务，由内务府派员充任，主要为皇帝管理织造机房等和采办宫廷用品，除此而外，还同时担任替皇帝搜集情报的工作，曹寅就经常向康熙密奏南方各方面的情况，包括政治、经济、文化、思想、治安、民情等。曹家几代人世袭这一职务，表明他们跟皇帝有一种特殊亲密的关系。康熙六次南巡，有四次是住在曹氏任职期间的江宁织造府内。曹玺有较高的文化水平，其妻孙氏做过康熙的保姆，康熙南巡时还在江宁织造府内接见过孙氏，称她为“吾家老人”。曹雪芹的祖父曹寅小时候曾做过康熙的伴读，以后又担任过御前侍卫。曹寅在给康熙的奏折中自称“包衣下贱”。这说明曹家具有一种特殊的地位：对皇帝来说是奴才；对一般人来说则是一个极为显赫的大官僚，属于最高统治层中的成员。这样的家庭出身，对于曹雪芹创作《红楼梦》具有重要的意义。这样一个跟清王朝有着特殊关系的贵族之家，显然在政治、经济、思想等各个方面都比较典型地反映出贵族阶级的某些本质特征，尤其反映出贵族阶级的穷奢极侈、腐朽没落以及人与人之间的冷酷无情。少年时代生活在这个豪华家族中的曹雪芹，因此而获得对贵族之家种种黑暗与罪恶的深切体验，这便成为他创作《红楼梦》的重要的生活基础。

曹寅有很好的文学修养，藏书极富，是当时一位有名的藏书家和刻书家。会作诗词，又兼作戏曲，有《续琵琶记》等四种传世，另有《楝亭诗钞》《楝亭词钞》《楝亭文钞》等著作。曾奉旨参加了《全唐诗》和《佩文韵府》的编纂和刊刻工作。跟当时一些著名的诗人和作家如施闰章、陈维崧、尤侗、朱彝尊、洪昇等都有过交往。

家庭中这样的文化传统，必定使曹雪芹从小受到很好的文化教育和艺术熏陶。他在《红楼梦》中所表现出的非凡的天才，是其来有自的。

曹雪芹出生在南京，少年时代在南方过了一段锦衣玉食的荣华生活。这段生活他始终不能忘怀。他的朋友敦敏在一首诗中说："燕市哭歌悲遇合，秦淮风月忆繁华。"那已是他穷困潦倒的晚年了，却仍时时追忆。南京一带工商业发达，使他有机会受到比较开放的初级民主主义思想的感染。显然，如果没有在南方的这一段风月繁华的生活，没有对这段生活的深情追忆，便不会有《红楼梦》的创作。

不过这段生活非常短暂。雍正五年（1727），曹雪芹的父亲曹𫖯在江宁织造任上，被以"行为不端""骚扰驿站"以及"亏空"等罪名革职抄家。这当然是名义上的原因，实际上很可能跟当时封建统治阶级内部的斗争有关。雍正六年（1728），曹家从南京迁回北京。这时的曹雪芹最多只有十三四岁，但家庭的重大变故，肯定会在他幼小的心灵上留下很深的烙印。

曹家回到北京以后的情况，由于材料的缺乏，不是十分清楚。乾隆即位以后，曹𫖯的亏空曾得到宽免，家道可能稍有复苏。大约在曹雪芹二十多岁以后，曹家便彻底败落了，曹雪芹也从此沦落到穷困潦倒的境地。他可能一度在西单石虎胡同的右翼宗学（清王朝为宗室子弟所设立的官学）里担任过文墨杂录一类的小职员。在那里他结识了宗室子弟敦敏、敦诚兄弟，成为知己。大约在乾隆十五年（1750）以后，曹雪芹便流落到北京的西郊，传说他曾在香山正白旗一带住过。这段时期，他生活十分困难，过的是"茅椽蓬牖，瓦灶绳床"（《红楼梦》第一回）和"举家食粥酒常赊"（敦诚《赠曹雪芹》）的生活。他可能跟下层劳动人民有过一些接触。家庭的变故和败落，以及晚年的贫困生活，都使曹雪芹深切地感受到世态炎凉和人情冷暖，深刻地体察到复杂尖锐的社会矛盾和黑暗丑恶的世道人心，加深了对社会生活的认识，并积累了丰富的创作素材。

从朋友的诗中可以看出，曹雪芹性格豪放，喜欢饮酒，愤世嫉俗，孤傲不屈，对黑暗现实表现了极大的蔑视和不满。他会作诗，又长于绘画，是一个多方面的艺术天才。敦敏的《寄怀曹雪芹霑》诗称赞他："爱君诗笔有奇气，直追昌谷破篱樊。"把他比作唐代著名的诗人李贺。另一首《题芹圃画石》诗又赞扬他的绘画："傲骨如君世已奇，嶙峋更见此支离。醉余奋扫如椽笔，写出胸中磊块时。"这种傲岸的思想性格和满腔的不平之气，以及杰出的诗才画才，都在《红楼梦》的创作中有所表现。书中通过贾宝玉、林黛玉形象的塑造，热情地歌颂了个性解放、自由平等、同情被压迫者等带有叛逆色彩的思想，都与此有关。“残杯冷炙有德色，不如著书黄叶村。”（敦敏《寄怀曹雪芹霑》）就在生活十分困难的晚年，曹雪芹在北京西郊一个荒僻的山村里，坚持写作他的不朽巨著《红楼梦》。大约在乾隆二十五年（1760）以后，曹雪芹在生活上遭受多次打击（妻亡，续娶新妇；爱子因病夭亡），十分感伤，最后在贫病中死去。死后只有琴剑在壁，“新妇飘零”，靠朋友们的帮助才得以草草下葬。

根据脂砚斋评甲戌本第一回的《凡例》有“字字看来皆是血，十年辛苦不寻常”的诗句，以及正文中“曹雪芹于悼红轩中披阅十载，增删五次”的话来看，由甲戌（乾隆十九年，1754）上推十年，应该是乾隆九年（1744），即他30岁以前就开始了《红楼梦》的创作。从“披阅”和“增删”的话，又可推断他是基本上写出了全稿的，可能他在初稿完成后就进行修改和整理，在这个过程中他的亲友如脂砚斋等人就随时取阅并加评。在他去世前，只基本上整理完前八十回，后四十回（或三十回）的原稿在脂砚斋评阅时就有一部分迷失了，后来更是不知所之。从十分了解曹雪芹创作情况的脂砚斋的评语中，能大略推断出后四十回的部分内容。

曹雪芹在创作《红楼梦》之前，曾经写过一本叫《风月宝鉴》的书。甲戌本的一条脂批云：“雪芹旧有《风月宝鉴》之书，乃其弟棠村序也。今棠村已逝，余睹新怀旧，故仍因之。”《风月宝鉴》的主旨，按甲戌本上《红楼梦旨义》的提示，是“戒妄动风月之情”，即劝诫人不要淫佚，这与表现“儿女真情”的《石头记》（后来才改名为《红楼梦》），可以说大异其趣。可见从《风月宝鉴》到《红楼梦》，其间经历了一个重大的改造过程。而在《红楼梦》的多次修改过程中，小说的思想内容又不断得到丰富、深化和发展。

《红楼梦》全书一百二十回，一般认为前八十回为曹雪芹所作，后四十回为高鹗所续。现在新出版的一百二十回本的《红楼梦》，都署名为曹雪芹和高鹗著。但后四十回是否为高鹗所续，尚有许多疑问，学术界也还有不同的认识。

《红楼梦》的版本有八十回抄本和一百二十回印本两个系统。在1791年高鹗和程伟元的一百二十回《红楼梦》刊本问世以前，这部小说长期以八十回抄本形式在群众中流传。这种抄本除正文外，大多附有各种形式的批注（回首总批、眉批、夹批、正文下面的双行批注、回末总批等），批注者的署名以脂砚斋和畸笏叟为多，其他还有常（棠）村、梅溪、松斋、立松轩、绮园、鉴堂等。因此这种八十回的抄本系统，就简称为“脂评本”或“脂本”。迄今为止，脂本系统的抄本共发现十一种，已经影印出版的主要有八种，即：甲戌本《脂砚斋重评石头记》（甲戌为乾隆十九年，公元1754年，当为原底本抄录之纪年。以下各本之纪年同）[①]，已卯本《脂砚斋重评石头记》（乾隆二十四年，1759；存四十一回零两个半回）[②]，庚辰本《脂砚斋重评石头记》（乾隆二十五年，1760；存七十八回）[③]，戚蓼生序本《石头记》（八十回）[④]，乾隆抄本《红楼梦》（一百二十回，全称为《乾隆抄本百二十回红楼梦稿》）[⑤]，苏联列宁格勒藏本《石头记》（简称“列藏本”，存七十八回，缺五、六两回，七十九回包括庚辰本的第七十九和八十两回）[⑥]，已酉本（仅存前四十回）[⑦]，蒙府本（十二卷，

---

① 此本1962年中华书局上海编辑所影印出版，1973年上海人民出版社重印，1985年上海古籍出版社平装重印。书前有胡适作《影印乾隆甲戌脂砚斋重评石头记的缘起》。

② 此本据学者考定，为乾隆时怡亲王允祥、弘晓府上的抄藏本，故又称为“怡府本”。此本现藏国家图书馆，其中三回又两个半回藏中国历史博物馆。1981年上海古籍出版社影印出版，书前有冯其庸作《影印〈脂砚斋重评石头记〉已卯本序》。

③ 此本的脂批文字有不少可贵的参考资料。原书存北京大学图书馆。1955年、1962年、1974年由文学古籍刊行社、人民文学出版社几次影印出版。所缺两回据他本配补。

④ 现存戚本有两种：一是张开模旧藏本；二是泽存书库旧藏本。前者1912年由上海有正书局石印大字刊行，题为《国初钞本原本红楼梦》，称为有正大字本；1920年有正书局又用大字本剪贴缩印成小字本，称为有正小字本。后者因藏于南京图书馆，故又称戚宁本。八十回，线装二十册。这两种戚序本，均只题《石头记》，而去掉了“脂砚斋重评”五字。书中虽然仍保存大量的脂批，但将眉批、批注者的署名等删去，且混入一些非脂批的批语。1973年人民文学出版社据有正书局大字本影印出版。

⑤ 此本因扉页上有“兰墅太史手定红楼梦稿百二十回”的题签，故简称为“梦稿本”。它的前八十回属脂评本，后四十回比程高本简略，因此有学者认为可能是程高本续作或增补《红楼梦》过程中的一个改本。但不少文字同于程乙本而不同于程甲本，故又有人认为它的抄录时间（至少是在上面修改的时间）应在程乙本问世之后。原书藏中国社会科学院文学研究所，1963年由中华书局影印出版，书末有范宁所作跋文。

⑥ 此本为道光十二年（1832）由来中国的俄国大学生库尔康德采夫带回俄国的，原本藏苏联科学院东方研究所列宁格勒分所，属早期抄本。它的批语与正文都有较高的校勘价值。1986年中苏合作由中华书局影印出版。卷首有中国艺术研究院《红楼梦》研究所所作的《序》和苏联学者李福清、孟列夫合写的《列宁格勒藏抄本〈石头记〉的发现及其意义》一文。

⑦ 此本卷首有舒元炜序，作于乾隆五十四年已酉（1789），故又称“舒元炜序本”或“舒本”。原书由吴晓铃先生收藏。此本已题名为《红楼梦》，且仅有白文，删除了批语。但底本仍属于脂本系统。此本的影印本收入中华书局出版之《古本小说丛刊》第一辑中。

一百二十回）[①]。

早期在抄本上加评的脂砚斋是谁，学术界有不同的说法，迄今没有统一的认识。但可以肯定，这个人与曹雪芹的关系非常密切，不仅熟知曹雪芹的家世生平，且与曹雪芹有大体相同的生活经历，非常了解《红楼梦》的创作过程，并对小说的构思、情节、细节等提出过自己的意见，还实际参与了小说的抄阅、校订、修改、誊清等工作。因此，虽然从批语中可以看出，脂砚斋的思想和审美趣味，与曹雪芹有相当大的差距，但脂评对我们理解和研究《红楼梦》的创作过程，以及小说的思想和艺术特色，都有着重要的参考价值。

乾隆五十六年（1791）萃文书屋第一次以木活字刊印，开始了《红楼梦》的印本时代。印本全题为《新镌全部绣像红楼梦》，一百二十回，有程伟元和高鹗序。程序称，《红楼梦》原目本一百二十卷，但传抄仅八十卷，"读者颇以为憾"，经他多方"竭力搜罗"，在"积有廿余卷"之后，又"偶于鼓担上得十余卷"（合起来约四十卷，正符合后四十回之数），于是"同友人（按，即指高鹗）细加釐剔，截长补短，抄成全部，复为镌板，以公同好"，这才有《红楼梦》全书的"告成"。这就是人们所称的"程甲本"。程高二人又在此本的基础上，于第二年（乾隆五十七年，1792）"详加校阅"，"补遗订讹"，由萃文书屋用木活字再次印行，这就是所谓"程乙本"。卷首引言中说："书中后四十回系就历年所得，集腋成裘，更无他本可考。惟按其前后关照者，略为修辑，使其有应接而无矛盾。"[②]

程乙本的刊印，影响较大的是1921年由汪原放点校、上海亚东图书馆铅印出版的本子。1927年又重排出版，重印多次。新中国成立后，1953年作家出版社出版的《红楼梦》，采用的就是亚东本的重排本。人民文学出版社1957年出版新排印本《红楼梦》，由周汝昌、周绍良、李易校点，启功注释。一百二十回，是以程乙本为底本，再参校其他七种版本整理而成。此本一直到1979年，曾多次改版重印。1982年，人民文学出版社出版了由中国艺术研究院红楼梦研究所校注的新校本，这

① 此本原为清蒙古王府藏抄本，题为《石头记》，卷前有程伟元序。前八十回大体同戚蓼生序本，后四十回大概是据程高本抄配。此本除夹批及回前回后批大体同于戚本外，另有六百多条侧批为别本所无。原本藏国家图书馆，1987年由书目文献出版社影印出版，有周汝昌作《影印〈蒙古王府本石头记〉序言》。

② 一粟编：《红楼梦卷》，中华书局，1963年，第31—32页。

是目前最通行的本子。①

后四十回的问题是一个比较复杂的问题，学术界有不同的认识。现在一般认为，后四十回为高鹗所续，但其中也可能包含了部分曹雪芹的残稿在内。多数学者同意鲁迅先生对后四十回较为公允的评价，他说："《石头记》结局，虽早隐现于宝玉幻梦中，而八十回仅露'悲音'，殊难必其究竟。……后四十回虽数量止初本之半，而大故迭起，破败死亡相继，与所谓'食尽鸟飞独存白地'者颇符，惟结末又稍振。"②应该说，后四十回的最大贡献，是它根据前八十回的线索，完成了贾宝玉、林黛玉爱情悲剧的结局，使《红楼梦》成为一部首尾完整的小说，而且基本上保持了前八十回的悲剧气氛，矛盾冲突的发展和人物的处理也大体上合乎曹雪芹原作的意图。但贾宝玉和林黛玉的思想性格有与前八十回不符之处，而又未能写出这些性格发展变化的依据。更重要的是，贾府后来又"沐皇恩""延世泽"，"兰桂齐芳、家道复初"，与曹雪芹原来的构思（"落了片白茫茫大地真干净"）并不完全相符。艺术描写虽有精彩的片断，但从整体上看，较之前八十回还较为逊色。从总体看来，应该说后四十回是得大于失、功大于过的。

高鹗（1763—1815），字兰墅，一字云士，别署红楼外史。祖籍辽东铁岭。关于他的出身，以前红学界据晚清震钧的《天咫偶闻》，说他是张问陶的妹夫，是汉军镶黄旗内务府人。现经学者考证，这都是误传和误解。③乾隆五十三年（1788）顺天乡试举人；乾隆六十年（1795）考中进士。先后做过内阁侍读、江南道监察御史、刑科给事中等官。著有《高兰墅集》《兰墅诗抄》《小月山房遗稿》等书。《红楼梦》后四十回的补订工作，大约是在他考中举人而未中进士这段时期完成的。程伟元，生卒年不详，约生于1745年，卒于1819年。字小泉，江苏苏州人。他是个出身诗书之家的文士，晚年做幕辽东，与盛京将军晋昌为忘年交。居京时（大约在乾隆五十五年前）曾广泛搜集有关《红楼梦》的各种抄本。

---

① 此本前八十回是以庚辰本《脂砚斋重评石头记》为底本，以其他九种脂评本参校，后四十回则以程甲本为底本，参校其他几种本子整理而成。这是目前经过精校而比较接近于原作的一个校本。

② 鲁迅：《中国小说史略》，人民文学出版社，1953年，第245—246页。

③ 参见胡传淮、李朝正：《洗百年奇冤还高鹗清白——高鹗非"汉军高氏"之发现》，《红楼梦学刊》2001年第三辑。

第二节　宝黛爱情悲剧的社会意义

《红楼梦》在思想内容上的一个突出特点，是整体地把握和反映生活。它描写的是爱情悲剧、家庭悲剧和人生悲剧的结合，是具有深刻的社会历史内容的社会悲剧。《红楼梦》全书是以贵族青年贾宝玉、林黛玉和薛宝钗之间的恋爱婚姻悲剧为中心，描写了贵族之家贾府的日常生活及其内外错综复杂的矛盾，揭露了封建社会末期种种骇人听闻的黑暗和罪恶，对封建社会和封建统治阶级作了全面有力的批判。小说极其生动地展示出这个贵族之家及其所寄生的封建社会已经全面腐朽，不可避免地将要走向衰亡。

极为可贵的是，《红楼梦》不仅深刻地揭露了封建制度的黑暗腐败和统治阶级的罪恶，而且还通过对封建贵族阶级的叛逆者和被压迫阶级的反抗者的热情歌颂，反映并肯定了现实生活中已经萌生并在强大的封建势力压迫下曲折成长的初步的民主思想，描写了具有这种思想的人物以及他们在当时以可能有的独特方式冲击封建黑暗统治而闪耀着动人的理想光辉。也就是说，曹雪芹不仅看到生活中黑暗和污浊的一面，而且还看到生活中光明和美好的一面，并着意加以表现和歌颂。曹雪芹在书中怀着极大的热情描写了一批觉醒者和反抗者的形象，这包括出身于贵族阶级的叛逆人物和被压迫的反抗者奴隶。通过他们的活动，作者表达了一种新的带有民主色彩的朦胧理想；通过他们被迫害、被摧残的遭遇和悲剧结局，作者对封建制度的罪恶提出了沉痛有力的控诉。

贾宝玉、林黛玉和薛宝钗之间的爱情婚姻悲剧，是《红楼梦》全书的中心情节。这是一个具有深刻社会意义的激动人心的悲剧。《红楼梦》在一开始就透露出贾府这个声势显赫的贵族之家的败亡趋势，然后一步一步揭露它的罪恶，一步一步写出它由盛转衰的发展，直至败落。曹雪芹的高明之处是，他把贾宝玉、林黛玉和薛宝钗的爱情婚姻悲剧跟贾府由盛转衰的命运结合起来描写。他写出了一部贵族之家的罪恶史、衰亡史，同时也就写出了这个悲剧的构成、必不可免的原因及其深刻的社会意义。

贾宝玉和林黛玉都是具有叛逆思想的新人形象。他们都出身于贵族阶级，又都不满于这个阶级，特别是不满于这个阶级所坚持的正统思想以及由这种思想为他们规范出的人生道路。贾宝玉的叛逆思想是在贾府内外错综复杂的矛盾中逐渐产生并发展起来的。他和林黛玉的爱情，是在思想一致基础上的心灵的契合与共鸣，既不是简单的性爱，也不同于以往小说戏曲中才子佳人、郎才女貌的结合。《红楼梦》不但深刻地描写了贾宝玉和林黛玉在叛逆思想基础上产生的爱情，同时又极其真实生动地写出了他们爱情的被毁灭。

贾府的衰败没落，不仅表现在经济上的后手不接、日见拮据上，也不仅表现在产生了一群堕落子孙上，更重要的还表现在产生了像贾宝玉和林黛玉这样的叛逆人物上。早在第二回“冷子兴演说荣国府”时就已指出：“更有一件大事：谁知这样钟鸣鼎食之家，翰墨诗书之族，如今的儿孙，竟一代不如一代了！”也就是说，在贾府面临的各种危机中，后继无人是最大的危机。在整个家庭的兴衰命运面前，贾宝玉处于一个十分特殊的地位。由于他是当家的一支贾政正出的儿子，再加上聪明颖悟，便被看作是贾府里能继承祖业、复兴家道的唯一希望。以贾政为代表的贾府里的统治者，按照地主阶级的需要和封建道德的标准，千方百计地要把贾宝玉培养成为立身扬名、光宗耀祖的忠臣孝子。因此对他管教甚严，要他读孔孟之书，走读书应举、为官做宦的道路。但贾宝玉的行为却跟贾政的希望背道而驰，他的思想跟贾政等人拼命维护的封建伦理道德产生了激烈的冲突。在贾政等人的眼中，贾宝玉是封建地主阶级的逆子。第三十三回写贾政对贾宝玉大施笞挞，恨不得当时就结果了他的性命，其原因就在于从贾宝玉的言语行为，贾政已经看出将来必定发展到“弑君（不忠）杀父（不孝）”的地步。

贾宝玉的叛逆思想，是在封建制度腐朽没落的过程中种种错综复杂的矛盾里孕育出来的，在他的周围，洁白和污浊两个世界的鲜明对比，养成了他独特的是非观念和爱憎感情。贾母的宠爱放纵，使他有机会跟聪明纯洁却被压迫的女孩子们长期相处，又为他叛逆思想的滋长与发展提供了具体的环境和有利条件。可以说，贾宝玉是一个在新旧交替的时代，最早地感受到新的时代气息，从没落的贵族阶级中分化出来的浪子，是那个腐朽没落、不可救药的贵族之家合乎规律的产儿。他不愿走读书中举的道路，视为官做宦如粪土，将那些“读书上进”的人称为“禄蠹”，将那些谋求功名富贵的人必读和必作的八股文看作是“饵名钓禄之阶”，将“仕途经济”一类的议论斥为“混账话”。在贾宝玉的时代，在他那个家庭环境里，这样的思想和人生态度实在是非常大胆，足以惊世骇俗的，不能不使正统派统治者们惊恐失色。不仅如此，贾宝玉对现存的封建制度和封建伦理道德都感到强烈不满。他无视男尊女卑的传统观念，说什么“女儿是水作的骨肉，男人是泥作的骨肉。我见了女儿，我便清爽；见了男子，便觉浊臭逼人”！因此，他愿意跟女孩子们亲近，对她们总是怀着一种尊重和体贴之情。他不遵守尊卑有序、贵贱有别的封建等级制度，不高兴跟那些为官做宦的“俗人”如贾雨村之流应酬来往，却愿意跟那些处于社会下层甚至被人所轻贱的人物如秦钟、柳湘莲、蒋玉函等人做朋友。他同情被压迫、被剥削的奴隶，有时跟她们简直没有主子和奴才的界限。特别是面对那些纯洁美好然而命运悲苦的女孩子，他常忘掉自己应该被他们侍候的身份而去侍候她们。她们悲惨的遭遇使他产生深切的同情，以至于五内摧伤，痛彻肺腑，例如对金钏儿、对鸳鸯、对晴雯都是如此。他甚至不以生长在这个显赫富有的贵族之家为荣，反而引以为憾，为此发出深长的感叹。第七回里写他同出身于寒儒薄宦之家的秦钟初次见面，竟然使得他的灵魂都受到了震撼，心里这样想：“可恨我为什么生在这侯门公府之家，若也生在寒门薄宦之家，早得与他交结，也不枉生了一世。我虽如此比他尊贵，可知锦绣纱罗，也不过裹了我这根死木头；美酒羊羔，也不过填了我这粪窟泥沟。‘富贵’二字，不料遭我荼毒了！”这里表现的不单单是对富贵荣华生活的厌恨，而且是对自己出身阶级的否定。总之，他在那个不自由、不平等的黑暗王国里，从爱与恨中，逐渐地产生了一种对自由平等生活的朦胧向往与追求。这就使贾宝玉和以贾政为代表的封建正统派之间产生了尖锐的对立和冲突。

但是贾宝玉是一个孤独的反抗者。他所喜爱和同情的女孩子们，虽能给他以生活的喜悦，但她们的不幸遭遇却也使他感到难言的痛苦。他同情她们，却无力改变她们的命运。她们的反抗虽也能给他以鼓舞，但他能获得的仅仅是有限的力量。在那个黑暗王国里，他终于找到了林黛玉作为知己。林黛玉由于具有跟贾宝玉相同的思想志趣和爱憎感情，长期的亲密相处、耳鬓厮磨，终于成为贾宝玉叛逆道路上的忠实伴侣。共同的叛逆思想使他们产生了爱情，而爱情的发展和成熟反过来又进一步促进了两人叛逆思想的发展。这当然是令封建统治者感到惊恐不安的。

林黛玉虽然出身于仕宦之家，但父母早亡，孤苦伶仃，在贾府过着寄人篱下的生活。她是贾母的外孙女，得到贾母的宠爱，这使她有机会跟贾宝玉朝夕相处，在长期相互了解的基础上产生了爱情。她的思想、她的精神品格，引起贾宝玉的共鸣和敬重。贾宝玉面对的是虽然已经没落，却还相当强大的封建势力。他在反抗的道路上，不能不时时感到势孤力单。显然，他除了从那些被压迫的纯洁的女孩子们身上得到一些生活的乐趣和精神寄托以外，更需要同情和支持，需要一个与他有共同的思想、志趣，愿意走共同的人生道路的伴侣。封建统治阶级越是显露出凶狠的面目，越是向他施加压迫，他就越需要这种同情与支持。试看第三十四回，宝玉被打以后，黛玉去探伤，满心悲伤与爱怜，却说不出，只是抽抽噎噎吐出无可奈何的一句："你从此可都改了罢！"宝玉的回答却是："你放心，别说这样话。就便为这些人死了，也是情愿的！"在一顿几乎丢掉了性命的毒打之后，这样表示绝不悔改的话，宝玉对袭人没有说，对先后来探伤也是异常关切与疼惜他的宝钗和凤姐也没有说，单单对黛玉说了，可见他是听懂了黛玉那句话的真实含义，可见他们在心灵深处是息息相通的。在那个令人窒息的黑暗王国里，这样的同情与支持，对宝玉来说，真是比什么都宝贵。他们的爱情就是在这样的基础上发展和成熟起来的。接下去小说便写袭人建议王夫人让宝玉搬出大观园，同时又写宝玉支走袭人，让晴雯去给黛玉送两张旧手帕。你看，一边日渐剑拔弩张，一边却因此而日渐亲近、契合。曹雪芹就是这样在有关家庭命运的尖锐的矛盾冲突中，来描写宝、黛爱情的产生及其发展的。

林黛玉的思想确实不同于她同时代的贵族妇女，有她的独异之处，有她的出类拔萃之处。她无视"女子无才便是德"的封建道德规范，喜欢读书写诗，有出众的才华，而且处处都希望表现这才华。她跟宝玉一样，最爱读《西厢记》《牡丹亭》一类封建统治阶级不许看的所谓"邪书"，从中呼吸到思想的新鲜空气，以至一些曲词烂熟于心，说话时竟不自觉地脱口而出。她爱贾宝玉，期待着能跟他结合，却从不劝他去读书中举，立身扬名。在她的身上闻不到当时一般贵族妇女常有的那种夫贵妻荣的庸俗气味。思想上的一致、对于人生道路的共同认识和选择，是贾宝玉、林黛玉之间爱情产生和发展的坚实基础。他们摒弃了以郎才女貌为条件、以夫贵妻荣为目标的庸俗陈腐思想，体现出一种新的进步的爱情婚姻观念。

但贾宝玉身边还有别的女孩子，他本可以别有所择，尤其是还有一位同样十分亲近、又有"金玉之说"的姨表姐薛宝钗。但薛宝钗却是一个与林黛玉迥然不同的女子。她出身于一个皇商家庭，虽也幼年丧父，却受到比林黛玉正规完整的封建正统教育，遵从一整套封建道德规范，常常向林黛玉宣扬"女子无才便是德"的陈腐说教，不断地劝说贾宝玉要听父亲的话，热心科举考试，走仕途经济之路。她端庄稳重，安分随和，显得很有修养。但在她身上却时时透出一种在林黛玉身上绝对没有的庸俗气息。她艳羡并露骨地追求荣华富贵，她是为候选入宫才进京的，显然是以做一个遵从妇德的贵夫人为生活的目标。她又很有心计，善于奉承和讨好人，特别是讨好在贾府里握有大权的贾母和王夫人。她的性格相当冷酷，对被压迫、被摧残至死的人缺乏起码的同情心。薛宝钗在品貌上有她独具风流之处，对贾宝玉也并不是没有一点吸引力的。最初，贾宝玉也并没有把全部的热情都倾注在林妹妹的身上，常常是“见了姐姐就把妹妹忘了”。只是到了后来，当他对林黛玉和薛宝钗的思想性格都有了比较深入的了解以后，在内心深处感到跟林黛玉是心心相印，而跟薛宝钗则是格格不入。于是他便最后选定了林黛玉，不仅深深地爱着她，而且对她十分“敬重”。贾宝玉在爱情上的抉择，实际上反映了对不同思想和不同人生道路的抉择。这种抉择本身就带着鲜明的反传统色彩。

曹雪芹对贾宝玉、林黛玉爱情关系的描写，在中国古典小说中达到了前所未有的思想高度。他是从封建贵族大家庭贾府兴亡盛衰的历史命运着眼来描写两个人的爱情关系的，他将这一爱情的发生、发展和悲剧的结局，同这个贵族之家的衰败没落过程紧密地结合在一起。叛逆思想是他们爱情产生的基础，叛逆思想的发展促成了他们爱情的成熟，爱情的成熟又使他们在叛逆的道路上愈走愈远；而他们的爱情和叛逆思想又跟这个贵族之家的盛衰荣辱密不可分。因此，在《红楼梦》中，贾宝玉和林黛玉的叛逆思想，他们在这种共同叛逆思想基础上产生的爱情，以及贾府这个封建贵族大家庭的逐步走向衰败，这三个方面是不可分割地结合成一个有机整体的。

贾宝玉和林黛玉的爱情悲剧，以及贾宝玉和薛宝钗的婚姻悲剧，其结局都是不可避免的。为了维护家族的根本利益（用贾政的话说就是为了“光宗耀祖”），封建统治者十分害怕贾宝玉和林黛玉的结合，他们不顾给宝玉造成精神上的巨大折磨与痛苦，不惜置黛玉于死地，最终选择了薛宝钗做贾宝玉的妻子。这不仅仅因为薛家有钱，两家门第相当，联姻以后可以进一步加强他们“扶持遮饰，俱有照应”的关系；更重要的是因为薛宝钗脑子里那一套封建正统思想，完全符合封建主义的道德规范和整个贵族家庭的利益，只有她才可能帮助贾宝玉这个“浪子”回头，重新走向正统派们一直希望和要求他走的“正道”，以挽救这个贵族之家日益衰败的趋势。他们把本来已经失落了的家族“中兴”的希望，又投向这个举止端庄的封建淑女的身上。因此，对于贾府的统治者来说，在宝玉婚姻问题上对薛、林二人的选择，就不仅仅是一般意义上的择配，而是关系到整个家族盛衰兴亡命运的严峻抉择。对于贾宝玉来说，同样不仅仅是一般意义上的择配，而是对人生道路的重大抉择。正因为如此，贾宝玉和林黛玉的思想性格虽然有其软弱的一面，但由于共同的叛逆思想，使他们在爱情婚姻问题上不可能跟封建家长妥协；而另一方面，封建统治者们为了维护整个家世的根本利益，也不可能顺从贾宝玉，同意他去选择具有叛逆思想而又无权无势的林黛玉。

因此，我们绝不能把这个社会悲剧的成因归结到某些个人的动机和行为上。有的研究者曾经去考察和追究逼死黛玉的主凶到底是谁，这种离开了小说深刻的现实主义艺术描写的探讨，是没有什么意义的。逼死黛玉的凶手是那个巧施调包计的凤姐？还是主持其事的王夫人？是批准同意这么干的贾母、贾政？还是那个据有人考证可能在后台借助于至高无上的皇威行使杀伐之权的元妃？从他们每一个人来说，可以说是，却又不完全是。曹雪芹虽然没有最后写出黛玉之死，但是在他的笔下，造成贾宝玉和林黛玉爱情悲剧的原因，已经揭示得非常清楚了：不是某一个人的主观意志，而是一群人，一群身份不同、地位有别，却由共同的思想道德观念和共同的利益结合在一起的封建制度的维护者。在这里，个人罪责的大小主次是极为次要，也是很难分清的。曾经那样真心实意地疼爱过而且到最后他们自己也仍然认为是在爱着宝玉的贾母和王夫人，在毁灭宝黛爱情时，竟是那样的冷酷无情。温情混杂着血污，娇宠在一定条件下转化为残忍。曹雪芹笔下所展现的生活，就是这样复杂矛盾而又合乎逻辑。

正因为作者在这个爱情悲剧中写出了深刻的社会关系，所以薛宝钗的插入就完全不同于一般庸俗的三角恋爱关系，而是富有社会意义的深刻矛盾冲突的表现。宝玉不可能接受薛宝钗，她在结婚以后的悲剧结局也是注定了的。这位封建淑女成了行将灭亡的封建家族和封建制度的殉葬品，她的遭遇也是令人悲叹的。同时，宝、黛、钗三人的爱情婚姻悲剧，也不仅仅是他们个人的悲剧，而是与封建贵族家庭的前途、命运紧密相关的，富有深刻历史内容的社会悲剧。黛玉饮恨而亡，宝玉悬崖撒手，这并不是贾府统治者们的胜利，而是标志着他们为挽救整个家族的衰败所做努力的破产。不论曹雪芹本人主观上自觉不自觉、愿意不愿意，从这个悲剧结局中人们看到的，是以家长制为标志的封建宗法制度的崩溃，是贾政、薛宝钗等人所虔诚信奉并极力维护的封建伦理道德再也不能维系那摇摇欲坠的统治了。

从以上分析可以看出，《红楼梦》所写的宝黛爱情，完全突破了传统小说戏曲中那种郎才女貌、一见钟情的老套子，其结局也不再是千篇一律的夫贵妻荣的大团圆，而是一个具有深刻思想意义的社会悲剧。《红楼梦》不是孤立地描写青年男女之间的爱情，不是单纯地肯定与封建礼教相对立的爱情婚姻自主的要求，而是着重表现男女主人公从生活道路到整个伦理道德观念上与封建正统派的尖锐对立，揭露了封建制度的黑暗、腐朽和没落。宝黛爱情是封建末世一对地主阶级叛逆者的爱情，它在衰败没落的贵族家庭的各种矛盾中产生，又在这些矛盾的发展和激化中被毁灭，而它的毁灭又预示了这个贵族大家庭不可挽回的衰亡命运。

第三节　贵族之家的罪恶史和衰亡史

曹雪芹在《红楼梦》中不只是写出了一个动人心魄的爱情婚姻悲剧，还写出了一部贵族之家的罪恶史和衰亡史。他在我们面前展现的，是一幅广阔的封建末世现实生活的斑斓图画。除了产生贰臣逆子，曹雪芹还多方面地揭示了这个贵族之家腐朽没落和必然衰败的原因。

《红楼梦》中对于贾家的烜赫权势没有作正面的描写，但是多次通过侧面的点染、通过人物之间的复杂关系，作了深刻的揭露。贾府凭着自己的财和势，交结官府，无恶不作，肆无忌惮地对下层人民进行经济掠夺和政治压迫。例如那个贾雨村，就是凭着贾府的关系而飞黄腾达的。他一补了应天府的缺，便遇到一桩人命官司，当他了解到打死人的薛蟠是贾府的亲戚时，便不顾被卖丫头是他往日恩人甄士隐之女，徇情枉法，胡乱判断了此案。以后又帮助贾赦夺走了石呆子家藏的二十把扇子，弄得石呆子家破人亡。书中通过贾雨村这个人物，多次从侧面揭露贾府的权势，揭示了贾府与官府的政治联系。连贾府里的一个管家媳妇王熙凤，也能操持别人的生杀之权。第十五回写“王熙凤弄权铁槛寺”，她为了贪图三千两银子，接受水月庵尼姑静虚替张家说的情，以贾琏的名义修书一封给长安节度使云光，结果逼得大财主的女儿张金哥和长安守备的公子双双自杀。云光只看作是小事一桩，是对贾府情意的小小报答。而王熙凤竟然宣称：她“从来不信什么阴司地狱报应的，凭是什么事，我说要行就行”。小说里写道：“自此凤姐胆识愈壮，以后有了这样的事便恣意的作为起来。”

第四十四回写荒淫无耻的贾琏跟鲍二媳妇通奸，被凤姐发现后将鲍二媳妇一顿毒打，鲍二媳妇受辱后上吊自杀。初闻时凤姐也不免一惊，既而改了怯色，反喝道：“死了罢了，有什么大惊小怪的！”听说鲍二媳妇娘家的要告，凤姐竟冷笑说：“这倒好了，我正想要打官司呢！”听林之孝家的说许了几个钱，他家已依了。凤姐反倒不干，说：“我没一个钱！有钱也不给，只管叫他告去。也不许劝他，也不用震吓他，只管让他告去。告不成倒问他个‘以尸讹诈’！”凤姐能如此肆无忌惮，胆壮气粗，就因为她凭借贾家财势，交结官府，有很硬的靠山。

更令人触目惊心的是第六十八回，写王熙凤大闹宁国府。贾琏偷娶尤二姐，凤姐为使贾琏、贾蓉当众出丑，一面以最阴险毒辣的方法将尤二姐害死，一面又唆使尤二姐原夫张华去告状，她却又暗中买通都察院，“只要虚张声势，警唬而已”。结果都察院因和贾王两家都有“瓜葛”，又“深知原委”，得了凤姐三百两银子，审案时如同演戏一般，一切都由王熙凤导演，按照她的意志行事。难怪她能夸下这样的海口：“便告我们家谋反也没事的。”这些笔墨，其意义当然不仅仅在刻画王熙凤贪婪、凶狠、泼辣的思想性格（这方面自然也不能忽视），更重要的在揭露贾府的权势，并从这个视角将描写扩大到与贾府有联系的社会政治方面。

在这方面的某些顺笔点染，也富有深意，不能忽略。第七回里写到贾府里收地租的管家周瑞，他的女婿是个古董商人，就是当初演说荣国府的冷子兴，因跟人打官司，就来通过周瑞的老婆向贾府“讨情分”，周瑞老婆听了一点儿不着急、不紧张，竟说：“这有什么大不了的事！”结果“把这些事也不放在心上，晚间只求求凤姐儿便完了”。就连贾府里一个奴才的亲戚，也能凭着贾府的权势，轻而易举地就逃脱了官司。由此可见，诸如此类惊心骇目的事不知道有多少，贾府里的主子奴才都已司空见惯，不放在心上了。

对贾府穷奢极侈享乐生活的描写，是《红楼梦》揭示这个贵族之家的罪恶和衰败原因的另一个重要方面。在贾府里，上自老太太，下至少爷小姐，每个人的起居饮食，都有几个至十几个老妈子、丫头或小厮侍候。贾家荣宁二府相连，“竟将大半条街占了”。第十一至十四回，写秦可卿的生病、死亡、出殡，从艺术构思上看具有多方面的意义。一方面是为了显示贾家衰败的趋势，通过托梦凤姐，传达出“月满则亏，水满则盈”和“树倒猢狲散”的“衰时”必将到来的悲音；一方面通过秦可卿的丧事，写王熙凤协理宁国府，表现凤辣子杰出的管理才干和杀伐决断的凌厉作风；再一方面是以此来写贾府的豪华靡费，这也是作者的重要用心。秦可卿仅是贾府里的一个重孙媳妇，身份并不高，可那豪华气派真叫人吃惊。卧室里的陈设不必说，她生病时，“三四个人，一日轮流着，倒有四、五遍来看脉”；吃药是最贵重的人参，凤姐说“别说一日二钱人参，就是二斤也能够吃的起”。死后的丧礼也是豪华无比，用的是“万年不坏”、“以手扣之，玎珰如玉石”的棺材；为了丧仪的风光，特意花上千两银子为贾蓉捐了个御前侍卫龙禁尉的头衔。出殡时，热闹异常，连显赫一时的王公贵族都来送殡或路祭，“各色执事、陈设、百耍，浩浩荡荡，一带摆三四里远”。那出殡队伍，“浩浩荡荡、压地银山一般从北而至”。这与后来衰败时的情景形成鲜明的对比。第十六回至十八回中写为贾元春归省而修建的大观园，亭台楼阁、山水花草、装饰陈设，无不极尽豪华奢侈，真所谓“金门玉户神仙府，桂殿兰宫妃子家”。连皇妃贾元春“看此园内外如此豪华，因默默叹息奢华糜费”。在贾府里，一张药方子要上千两银子才能配成。吃一分茄鲞，单是配料就要用十来只鸡。连家境清寒的史湘云开诗社，一顿最普通、又“便宜”又“不得罪人”的螃蟹宴，从农村来的刘姥姥看了也大吃一惊，认为这够庄稼人吃一年的了。由于极度的挥霍浪费，在这种豪华气派的背后，已隐藏着贾府严重的经济危机，入不敷出、内囊空虚、后手不接的矛盾日益明显地暴露出来。为了维持享乐腐化的生活，加紧对农民的剥削，预收地租，已是寅吃卯粮了。及至后来，竟发展到靠典当和借贷度日的地步。

前八十回写了四次过生日，其构思安排和具体描写都是极富深意的。第一次在第二十二回，是薛宝钗过生日，又是宴会，又是演戏，一片热闹繁华景象；第二次在第四十三回，是凤姐过生日，已经由上下主子奴仆摊派银两凑份子来办寿筵；第三次在第六十二回，是宝玉过生日，已经“不曾像往年热闹”；第四次在第七十一回，是老祖宗的八旬大寿，却是将库存的银子花得精光，贾琏“支借”无门，不得不找鸳鸯借当。四次生日，人物的地位一个比一个高、一个比一个重要，而景象却是一次比一次冷落。第七十五回，写贾母吃红稻米粥，竟连一点儿富余也没有了。后四十回中也有相应的点染，如第一百一十回，写贾母的葬仪就十分冷落，仍由曾在协理宁国府中大显身手的王熙凤来主持内里，但巧妇做不出没米的粥来，闹得她“失魂落魄”，又累又气，竟吐了血。穷奢极侈所造成的严重经济危机，是贾府败落的重要表现，也是造成其败落的重要原因之一。

贾府里末世子孙们的荒淫无耻、腐化堕落，也是这个贵族之家走向没落的重要表现和重要原因。在权势和富豪的基础上必然要生长出毒菌来，贾府里的末世子孙们，如贾赦、贾琏、贾珍、贾蓉等，都是道德和灵魂堕落，生活上的荒淫腐化达到了十分惊人的程度。在贾府里，表面上极力维护封建伦理纲常，等级名分、男女大防十分森严。就连男仆看见女眷到来，都要马上回避；医生给小姐或上等丫头看病，也要隔帘诊脉。但实际上在那里什么荒淫无耻的事都干得出来。贾赦已是头发花白、妻妾成群、儿孙满堂了，却还要讨贾母的贴身丫头鸳鸯为妾，事情不成，又花近千两银子去买了一个小老婆。贾琏不止一次跟奴仆之妻有不正当关系，偷娶尤二姐更是书中的著名情节。热孝在身的贾珍、贾蓉父子，同时侮辱玩弄尤氏姐妹。这些衣冠禽兽腐烂不堪的淫乱行为，将这个贵族家庭封建伦理道德的庄严外衣撕得一干二净。贾府里的老仆人焦大骂贾家的末世子孙说：“如今生下这些畜牲来……爬灰的爬灰，养小叔子的养小叔子。”柳湘莲也说贾府是“除了那两个石狮子干净，只怕连猫儿狗儿都不干净”。

在第五回《红楼梦十二支曲》的《好事终》一曲中，作者写道：“擅风情，秉月貌，便是败家的根本。箕裘颓堕皆从敬，家事消亡首罪宁。宿孽总因情。”虽然这里将贾府的衰败首先归罪于宁府的不肖子孙，又将荒淫堕落看作败家的根本，都有很大的片面性，但不可否认，荒淫腐化确实也是一个家族走向衰败的重要标志之一，同时堕落子孙的成群出现，说明纲常毁坏，也在实际上会加速这个家族的败亡。这是《红楼梦》揭露贵族之家的腐朽衰败不可忽视的重要内容之一。

被压迫奴隶的觉醒和反抗，是贾府这个黑暗王国里透出的一线光明。残酷的政治压迫和惨重的经济剥削必然激起被压迫被剥削者的坚决反抗。曹雪芹没有直接正面地反映农民的反抗斗争，只是从侧面隐约地透露出农民抗租、夺粮、夺地的斗争。他主要是怀着深切的同情，描写和赞美了大观园里奴隶们的反抗斗争。这种斗争虽然是自发的，缺乏明确自觉的阶级意识，而且分散孤立、单薄脆弱，最终未能逃脱失败的悲惨结局，但他们的反抗是坚决的、勇敢的，闪射出耀眼的光彩。

第四十六回写的鸳鸯抗婚，是大观园中极有代表性的反抗事件。鸳鸯的父母兄嫂都在贾府里做奴仆，是个丧失了人身自由的所谓“家生子儿”。她贴身侍候贾母，以聪明细心而得到贾母的喜爱。但头须皆白、有子有孙的贾赦却看中了她，要讨她做小老婆，一向温顺的鸳鸯，这时突然爆发出了强烈的反抗斗争精神。她不慕富贵，不畏强暴，既不为邢夫人等人所劝说的做了姨娘就成了“又体面、又尊贵”的“主子奶奶”的引诱而动心，也不因贾赦“任凭他嫁到谁家，也难出我的手心”的威胁而有半点畏惧，她当众发誓，以断发丧生来表示决心反抗到底，终于维护了自己的纯洁与尊严。鸳鸯抗婚的描写，不仅揭露了封建贵族阶级的腐朽和罪恶，更重要的是表现了这个阶级的本质及其前途，已为地位卑微的被压迫者看得清清楚楚。在她们的心目中，嫁给老爷做“主子奶奶”并不是一种荣耀和幸福，而是被推入“火坑”。鸳鸯抗婚，表现了她的心高智大、胆识过人。她的刚烈的反抗，不仅仅是抗婚，而且是抗压迫，抗侮辱，抗封建制度，抗在封建地主阶级思想影响下的世俗观念。奴隶们的觉醒，标志着贾府里贵族阶级的统治已经很难维系下去了。

其他如金钏儿、晴雯、司棋、尤三姐等人的被侮辱、被残害，以及她们以不同形式所进行的反抗斗争，都在贾府这个污浊的世界里，显示出她们纯洁美好的性格；她们的抗争是生气勃勃的，让人们在大黑暗中看到了一丝虽然惨淡却耀眼的亮光。她们的反抗行动和悲惨的结局，是对统治阶级血腥罪行的大胆抗议和血泪控诉。

在地主阶级走向没落衰亡的封建社会末期，统治阶级内部的尔虞我诈、钩心斗角、互相倾轧也就日趋激烈。在《红楼梦》中，曹雪芹出色地描写了这方面的矛盾斗争。

曹雪芹是把统治阶级内部的这种尖锐激烈的斗争作为封建贵族阶级走向衰亡没落的重要特征来描写的。尖锐激烈的内部斗争，是封建贵族阶级走向衰亡的必然现象，而这种斗争又必然进一步加速它的衰亡过程。探春就曾说过："可知这样大族人家，若从外头杀来，一时是杀不死的，这可是古人曾说的，'百足之虫，死而不僵'，必须先从家里自杀自灭起来，才能一败涂地！"（第七十四回）在全书开头的《好了歌》和注中，就为这种内部斗争的激烈和残酷形象化地勾画出了一个轮廓。在作品中，以极其生动的艺术描写，为我们展现了封建末世统治阶级内部互相欺骗、争夺、倾轧和残杀的生活图景，展现了剥削阶级中人与人之间的真实关系，暴露了他们的自私、贪婪、虚伪、阴险等没落阶级的本质特征。父子、母女、兄弟、姐妹、姑嫂、妯娌、夫妻、嫡庶以及宗族亲戚之间，表面上笑语声声，温情脉脉，暗地里却互相谋算，"一个个像乌眼鸡似的，恨不得你吃了我，我吃了你"（探春语）。而这一切，又都是围绕着权力和财产的再分配这个根本问题进行的，其表现形态及相互关系极为错综复杂。

在贾府里，由于得到老祖宗贾母的信任、宠爱和支持，家政大权实际上掌握在王夫人和她的内侄女王熙凤手里。因此，贾赦和贾母之间，充满着尖锐的矛盾，这种矛盾渗透到日常生活之中，以各种形式表现出来。而掌握着家政大权，聪明而又悍厉泼辣的凤姐，更是依仗权势，作威作福，指手画脚，为所欲为，经常借机打击和排斥她的公婆贾赦和邢夫人。这种你争我夺、互相倾轧的关系，甚至影响到奴隶们之间。主子各自培植爪牙，一部分奴隶也被卷进去，成为主子们各自的势力和工具。

第七十四回写的"抄检大观园"，就是一次十分典型的事例。由于小丫头傻大姐拾到了一个绣春囊，就在大观园里掀起了一场轩然大波，使平日的明争暗斗白热化。如凤姐所说的，"连没缝的鸡蛋还要下蛆呢"，素日早怀恨在心，只是得不着机会整治报复凤姐的邢夫人，如今得了这个因由，便心怀叵测地派王善保家的将绣春囊送到王夫人那里去，意在向王夫人和凤姐兴师问罪。王夫人和凤姐派周瑞家的等心腹暗中访察，而邢夫人则遣王善保家的去打听消息，因此引出抄检大观园的行动。在抄检中，王善保家的自恃是邢夫人的陪房，又因抓住了王夫人和凤姐治家的“缺失”而趾高气扬，得意忘形。先因掀探春的衣裳吃了一个嘴巴，讨个大没趣；接着又在自己的外孙女儿司棋的箱子里搜出司棋的情人潘又安送给她的情书信物，于是顷刻由胜转败，像泄了气的皮球。这时，曾一度陷于被动和紧张的凤姐则得意地嘻嘻笑起来，对王善保家的劈头盖脸冷嘲热讽。整个抄检的过程，双方壁垒分明，剑拔弩张，而受摧残的则是被压迫的奴隶。

综上所说，《红楼梦》中多侧面地描写了贾府由盛转衰的过程及其不可挽回的趋势，通过这种丰富、生动、真实、全景式的描写，极其广阔地反映了封建社会末期的现实生活。同时作者怀着激愤，对封建制度从经济基础到上层建筑进行了既全面又深刻的揭露和批判。总的看来，《红楼梦》里共写了三组矛盾：一组是以贾宝玉、林黛玉为代表的贵族阶级的叛逆者和以贾母、贾政、王夫人、薛宝钗等人为代表的贵族统治者、正统派之间的矛盾；一组是统治阶级和被统治阶级，亦即贾府中主子和奴才之间的矛盾；一组是统治阶级的内部矛盾。在三组矛盾中，叛逆者与统治者、正统派之间的矛盾是主要矛盾，居于中心地位，是全书描写的重点，构成主要情节。这三组矛盾错综复杂地交织在一起，互相制约，互相影响，又互相促进。围绕着这三组矛盾及其发展，《红楼梦》栩栩如生地展示了封建社会末期腐朽黑暗的面貌，揭露了统治阶级种种骇人听闻的罪恶，揭示了宝黛爱情悲剧酿成的社会原因及其深刻的历史内容，从而表现了腐朽的封建贵族阶级不可避免地一步步走向衰亡的历史命运，并对封建制度作了一个全面的总的批判。

第四节 《红楼梦》的思想局限

《红楼梦》是一部伟大的作品，但我们不同意无限拔高，将它说得完美无缺，甚至将缺点也说成是优点，将它的思想内容深奥化、神秘化、玄虚化。

曹雪芹虽然有很进步的思想，但他毕竟是一个生活在18世纪、出身于没落贵族阶级的作家，因此在《红楼梦》中不可避免地表现出由于时代和阶级带来的局限。这些局限又往往跟他的进步思想纠缠在一起，这是我们在阅读这部古典小说名著时应该注意加以分析的。

首先，曹雪芹虽然揭露了封建制度的种种罪恶和弊端，但他并不否定封建制度，他对自己出身的那个贵族阶级，虽然充满愤激和怨恨，却仍是温情脉脉，怀着极深的留恋。他是怀着深沉的哀痛和惋惜的心情，写出了一个封建贵族大家庭逐渐走向衰亡的命运，为它唱出了一曲无可奈何的挽歌。实事求是地说，曹雪芹在理性上并未认识到什么叫做封建主义，更不可能认识到按社会发展的规律，封建社会已经走向了末路，必然灭亡，而只是从自己的生活体验出发，写出他的爱和恨，写出他的愤激和悲哀，写出他的希望和失望，写出他朦胧的理想和憧憬而已。

小说中男女主人公身上带着明显的贵族阶级的烙印。贾宝玉虽然同情和关爱被压迫的女孩子，但也常有少爷作风的恶劣表现，对待下人的态度有时也叫人不能容忍。林黛玉对刘姥姥的态度也表现出极大的偏见。作为贵族少爷小姐，贾宝玉和林黛玉都是“富贵闲人”，过着安富尊荣的寄生生活。第六十二回，当林黛玉谈到荣府的经济情况说“如今若不省俭，必致后手不接”时，宝玉不假思索地这样回答：“凭他怎样后手不接，也短不了咱们两个人的。”他还劝探春“只管安富尊荣才是”。

贾宝玉对君权和亲权都持保留态度。他认为“朝廷是受命于天，他不圣不仁，那天地断不把这万机重任与他了”（第三十六回）；还认为，“父亲叔伯兄弟中，因孔子是亘古第一人说下的，不可忤慢”（第二十回）。他虽然敢于违背父教，不好好读书，可当贾政要打他，喝令他“不许动”时，他便寸步不敢离开。甚至在向黛玉表白自己的心迹时，也说“除了老太太、老爷、太太三个人，第四个就是林妹妹了”（第二十八回），以生命爱着的人也只能摆在第四位。因此，他们的反封建思想是软弱的、不彻底的。爱情的追求虽然坚定执着，却同样是软弱和不彻底的。他们不满、反抗，却又找不到出路，内心充满矛盾和痛苦，表现出种种消极的思想，特别在林黛玉的身上表现出浓重的感伤情绪。贾宝玉也常常说到死，说到化成飞灰等，这其中虽然也包含了某种哲理性的人生感悟，但毕竟是消极的，是历史给予他们的一种局限和负担。也因此，他们表达爱情的方式也是那样的别扭而不够爽朗。

其次，书中充满了悲观失望的虚无主义情绪和无可奈何的宿命论思想。曹雪芹看到并写出了自己出身的那个封建贵族大家庭必然衰亡的趋势，却并未认识到败落的真正原因，更找不到挽救这衰亡趋势的方法和出路。他在对自己的阶级感到失望的同时，有时对整个世界和生活也失去了希望。因此，人生如梦、一切皆空等悲观失望和虚无感伤的情调便充满全书。无可奈何的宿命论思想，“色”“空”“梦”“幻”等唯心主义的观念，就成了作者解释种种不合理社会现象的法宝；而宝黛二人本来具有深刻的社会意义的爱情悲剧，也成了前生欠下的“风流孽债”，是为了“还泪”。于是，书中反复出现“太虚幻境”“空空道人”以及参禅悟道一类荒诞描写，很不协调地渗入到全书极其真实的现实主义生活图景之中。当然不能否认，这种虚实、有无之间的穿插安排，是出于《红楼梦》全书的整体构思，有其艺术的美学的意义；但也不能无限拔高而看不到它消极的一面，应该承认，这些都是曹雪芹世界观中没落贵族阶级思想的一种反映，不能不在一定程度上冲淡小说深刻的社会批判力量。

曹雪芹世界观中落后的因素在《红楼梦》中的表现，实际上是一个从封建贵族阶级中分化出来，又还没有、也不可能跟这个阶级彻底决裂的叛逆者的局限，也是18世纪上半期资本主义生产关系的萌芽还很幼弱的一种反映。这些局限虽然多少损害了作品的思想性和艺术性，但毕竟是次要的，绝不能掩盖这部伟大的现实主义巨著的思想光辉。

第五节 《红楼梦》的艺术创造

一、得自然之气的天然图画

《红楼梦》在继承中国古典小说艺术传统的基础上，在艺术上有很大的创造和发展，达到了中国古典小说艺术前所未有的高峰。《红楼梦》在艺术描写上的特色，可以用四个字来概括，那就是：自然、精深。

我们读《红楼梦》，一个总的感受是：它像生活本身一样丰富复杂，又像生活本身一样生动真实、天然浑成。乍一看，就像是没有经过作家的艺术加工，只不过按生活原有的样子任其自然地流到纸上，那么自然，那么朴素；而实际上却是经过作者精心提炼和加工，高度集中和概括而创作出来的。在普普通通的日常生活的描绘中，含蕴着极为丰富深刻的思想内容，平凡而不肤浅，细腻而不琐碎，具有强大的撼动人心的艺术魅力。第十七回“大观园试才题对额”，写宝玉与贾政对稻香村的命名产生了不同的看法，宝玉认为真正的艺术不能靠“人力穿凿扭捏而成”，而应该是“有自然之理，得自然之气”的“天然图画”。《红楼梦》的艺术正是这种“有自然之理，得自然之气”的“天然图画”。《红楼梦》是中国古典小说中对生活的原生态保存得最好的一部作品，也是对生活经过匠心独运的艺术加工而不露丝毫斧凿痕迹的一部作品。

这突出地表现在小说艺术地反映生活时的整体性上。《红楼梦》的作者十分注意完整地把握和反映生活。也就是说，他是在生活的全部丰富性和复杂性的基础上描写贾宝玉和林黛玉的爱情悲剧，并揭示其深广的社会内容的。曹雪芹的高明之处在于，他能从生活的内在联系出发，去认识和表现生活。贾、林、薛的爱情婚姻悲剧是《红楼梦》的中心内容，是小说情节发展的主线，但又远不是小说描写的全部内容。小说描写了贾府内外几乎涉及从经济基础到上层建筑的社会生活的各个方面。而全书丰富复杂的社会内容，又并不是单纯地作为宝黛爱情产生和发展的背景而存在的。曹雪芹的伟大，不仅表现在他写出了一个撼动人心的具有深刻社会意义的爱情婚姻悲剧，而且表现在他通过这个悲剧写出了一个时代，一个发出腐朽气息而又处于新旧交替过程的时代。宝黛的爱情悲剧具有鲜明的时代特征，只有在这个时代条件和环境里才能产生像贾宝玉和林黛玉那样的对封建制度不满的叛逆人物，才能产生他们那样的爱情，也才能产生注定的、不可避免的悲剧结局。《红楼梦》所描写的生活，是那样色彩斑斓、纷繁复杂，却又并非杂乱无章，而是经过作家概括、集中，高度典型化了的。作品所反映的全部生活内容，彼此间存在着深刻的内在联系，浑然天成地构成一个有机的艺术整体，以致割掉了这一部分，那一部分就不能存在，至少也变得不合理、不可理解，大大地削弱了其本来体现出的深刻意义。在《红楼梦》中，如果没有凤姐、薛蟠、贾赦、贾琏、贾珍、贾蓉等人物，以及他们身上所表现出的地主阶级的横暴、贪婪、淫乱、堕落；没有金钏儿、晴雯、鸳鸯、司棋、香菱、尤氏姐妹等被侮辱、被迫害的人物，以及他们的死亡、痛苦、不幸、悲哀和反抗；没有贾政和薛宝钗那样的封建卫道者，以及他们那种道貌岸然、端庄持重和冷酷无情；没有以上各种人物所构成的真与假、善与恶、美与丑两个鲜明对比的世界……总之，没有贾府内外形形色色的人物及其活动，没有《红楼梦》所描写出的整体生活内容，那么贾宝玉和林黛玉的思想性格就会失去产生的依据而变得不可理解，他们的悲剧也将失去激动人心和发人深思的思想力量和社会意义。《红楼梦》的艺术，自然而又精深，在表现生活的整体性上焕发出夺目的光彩。

二、人物：摹一人一人活现纸上

《红楼梦》的人物描写达到了非常高的成就，同样体现了生活的全部丰富性和复杂性。第五回的脂批云：“摹一人，一人必到纸上活现。”据有人统计，全书中有姓名的人物共有四百多个。活跃于荣宁二府中的众多人物，犹如我们在生活中看到的那样形形色色、丰富多彩。作者没有把生活简单化，也没有把复杂的人物简单化。这里有表面上仁慈宽厚、实际上冷酷无情的封建统治者形象贾母和王夫人，有拼命维护封建制度和封建道德规范的正统派人物贾政和薛宝钗，有体现贵族家庭走向衰败没落时期荒淫腐化、伦常毁堕的贾赦、贾珍、贾琏、贾蓉和薛蟠等人，有疯狂地追求权势、聚敛钱财、极端自私而又阴险残忍的王熙凤，有青春丧偶，在封建道德规范下生活如槁木死灰一样的李纨，也有聪明而遵从封建道德的标准淑女探春；在被压迫者中，既有勇敢反抗、刚烈不屈的鸳鸯、晴雯、司棋、尤三姐等人，也有身为奴隶却拼命维护封建礼教、封建制度，一心想爬上半个主子地位的袭人，等等。其他像贾雨村、刘姥姥、尤二姐、平儿、柳湘莲等人，虽为次要人物，在作品中也不能缺少，都占有各自不同的地位，在艺术上发挥着不同的作用，代表了不同的社会生活层面，而且各具性格特征，描写得栩栩如生，使人过目不忘。

《红楼梦》里的人物没有类型化的缺点，总是个性鲜明，各具面目。同一阶级或同一阶层的人，即使有相同或相似的身份地位，也都表现出不同的性格特色。如迎春和探春是姊妹，又同为庶出，但性格不同：一个懦弱，人称“二木头”；一个尖利，是有刺的玫瑰花。尤二姐、尤三姐也各不相同。袭人和鸳鸯同为得宠的贴身丫头，但一个为将来能做姨太太感到欣喜，一心向上爬，满脑子封建思想，并且尽心尽力为主子效劳；一个则因生活在最高统治者贾母身边，对这个家庭的腐败黑暗看得一清二楚，从周围姊妹们的不幸遭遇中看到了自己的不幸命运，因而对荣华富贵表示了极大的蔑视，拼死维护了自己人格的独立和尊严。凤姐和夏金桂同为耍泼的悍妇，但第六十九回中写凤姐计赚尤二姐和第八十回中写夏金桂陷害香菱，其性格风貌却完全不同：凤姐阴险狠毒，“明是一把火，暗是一把刀”；夏金桂则凶相毕露，毫无顾忌。宝玉和黛玉有共同的叛逆思想，由于两人的出身、环境、教养和身份地位的不同，性格也判然有别：黛玉的敏感和小心眼儿是宝玉不可能有的，她因此比宝玉更早也更深切地感受到周围封建势力的高压，感受到悲剧结局的不可避免。即使是两人都有的感伤情绪，其表现特点和表现方式也都是各不相同的。

甚至不知姓名的小丫头，在曹雪芹的笔下，也显现出不同的性格特征。第四十四回写凤姐过生日，举行宴会，贾琏与仆人之妇鲍二家的通奸，派了两个小丫头在外面放哨。不巧因凤姐喝酒喝多了要回家歇一歇，由平儿扶着，穿廊下遇着放哨的第一个丫头。这丫头一见凤姐回身就跑，凤姐叫她，开始装没听见，平儿再叫，这才停下来。审问她为什么要跑，她还撒谎说：“记挂着房里无人，所以跑了。”（撒谎也撒得太笨、太老实）等到凤姐发了火，说要叫人拿烧红了的烙铁来烫她，这才说出实情，然后还加上一句：“我告诉奶奶，可别说是我说的。”到院门口又遇到了第二个放哨的丫头。她在门前探头，一见了凤姐，也是缩头就跑。但听见凤姐一喝，就马上跑了过来，说："我正要告诉奶奶，可巧奶奶就来了。"说得多么乖巧，多么聪明。与此相类似，第七十八回写晴雯死了，宝玉从外面回来，马上问两个小丫头，袭人是否派人去看晴雯了，第一个丫头说派宋妈妈去了。接着宝玉问："回来说什么？"回答："晴雯姐姐直着脖子叫了一夜，今日早起就闭了眼……"宝玉又问："一夜叫的是谁？"很老实地回答："叫的是娘。"宝玉又问："还叫谁？"答："没有听见叫别人了。"可另一个丫头就非常聪明伶俐，马上说："真个他糊涂。""不但我听得真切，我还亲自偷着看去的。""拉着我的手问：'宝玉那去了？"还混编说晴雯是到天上做花神去了。这才引出宝玉写了那篇十分动人的《芙蓉女儿诔》。这个丫头的聪明，还不在于她有意讨好宝玉，而在于她的心很细，很能体会宝玉的感情心思。

有时候作品通过一个琐碎的细节，就能非常细致地表现出不同人物性格的细微区别。如第四十九回写宝钗的堂妹薛宝琴刚到贾府里来，受到贾母的宠爱，吩咐丫头琥珀对宝钗说："叫宝姑娘别管紧了琴姑娘。他还小呢，让他爱怎么样就怎么样，要什么东西只管要去，别多心。"宝钗答应后随即开玩笑说："你也不知是从那里来的福气！……我就不信我那些儿不如你？"心直口快的史湘云接下来笑着说："宝姐姐，你这话虽是顽话，恰有人真心这样想呢。"琥珀说："真心恼的再没别人，就只是他（指宝玉）。"宝钗、湘云都笑道："他倒不是这样的人。"琥珀又笑道："不是他，就是他。"她指的是黛玉。这时湘云便不做声了。宝钗却笑道："更不是了，我的妹妹和他的妹妹一样。他喜欢的比我还疼呢，他那里还恼？……"在人物关系中显现出各自不同的性格特色，细微的区别揭示得清清楚楚。以上几个例子，都是在同一个场合，对同一个人，就同一件事，表现出不同人物迥不相同的态度和性格。

由于作者处处从生活的整体出发去刻画人物，因而写一个人物，常常起到一种互相关联的映射作用，而不只具有一个方面的意义。例如第三十三回里写宝玉挨打，正在紧急之际，宝玉盼望有一个人到里面去报信，以免这顿皮肉之苦。这时恰巧来了一个聋老婆子。宝玉便抓住救命稻草似的对她说："快进去告诉：老爷要打我呢！快去，快去！要紧，要紧！"可因这老婆子耳聋，把"要紧"听成了"跳井"，便以为是说金钏儿跳井的事，立即回答说："跳井让他跳去，二爷怕什么？"又说："有什么不了的事？老早的完了。太太又赏了衣服，又赏了银子，怎么不了事的！"在这里特意写了这个聋老婆子的出现和她的这番话，作者是有他的艺术匠心的。一方面，固然是出于情节发展的精心设计，即为下文写王夫人和贾母的出场，写这场轩然大波的收束作铺垫。另一方面，更重要的是，作为贾府中的一个老仆妇，同是被压迫者，她对金钏儿之被逼惨死竟然冷漠到近于麻木的程度。这就暗示给我们，前面贾政说的“我家从无这样事情，自祖宗以来，皆是宽柔以待下人”的话不足为信，在贾府里这一类事件必然是司空见惯的，这才使得聋老婆子不以为奇了。同时她的态度之冷，又使我们联系到第三十二回末，薛宝钗和王夫人谈及金钏儿之死时所说的她“不过是个糊涂人”，死了“也不为可惜”的话，真有些令人感到透骨的心寒。而所有这些，包括贾政的虚伪、王夫人的文过饰非、薛宝钗的冷漠无情，以及整个贾府视人命如草芥的罪恶，等等，又都一齐映射到主人公贾宝玉身上，与他对金钏儿之死的态度形成鲜明的对比：他在被打之前对金钏儿的惨死悲痛到“五内摧伤”，被打之后还说：“就便为这些人死了，也是情愿的。”他的心地、感情，是多么善良，多么美好！在他所生活的环境里，又是多么难能可贵。

类似的例子，还有第七十七回里写晴雯死前宝玉去看她，同时也写了一个次要的人物——晴雯的嫂子灯姑娘，写了她的轻佻、调笑，也写了她的正直和同情心。灯姑娘先是偷听宝玉和晴雯两个人说心里话，然后突然“笑嘻嘻掀帘进来”，又“一手拉了宝玉拉进里间来”，还“紧紧的将宝玉搂入怀中”，宝玉“急的满面红涨，又羞又怕，只求她：‘好姐姐，别闹。’”然后灯姑娘说了一段非常感人的话：“可知人的嘴一概听不得的（指过去听说宝玉是个风月场中惯作功夫的花花公子）。就比如方才我们姑娘下来，我也料定你们素日偷鸡盗狗的。我进来一会在窗下细听，屋内只你二人，若有偷鸡盗狗的事，岂有不谈及于此，谁知你两个竟还是各不相扰。可知天下委屈事也不少。如今我反后悔错怪了你们。既然如此，你但放心。以后你只管来，我也不罗唣你。”这段描写也是映射到王夫人、袭人身上，然后再映射到晴雯和宝玉身上，具有多方面的深刻含义的。在这里，曹雪芹特意写了一个“不洁”之人，来证明晴雯的无辜和她跟宝玉关系的纯洁美好。这一笔，对把晴雯赶走并置之死地的冷酷无情的王夫人的批判，是非常有力的。

三、细节：于细微处见精神

细节是生活的血肉，也是小说艺术的血肉。成熟和精湛的小说艺术常常表现在细节描写中。细节的精彩不仅在细，更在细中有丰富的蕴藏。《红楼梦》细节描写的丰富、细腻、深刻、生动，在中国古典小说中也是罕有其匹的，这同样体现了这部名著“天然图画”的总体艺术特色。《红楼梦》的细节描写，精雕细刻，却不露丝毫人工斧凿痕迹，十分真实自然；同时含义丰富、深刻，却出以平常，能于小中见大、细中见深。

通过细节描写表现人物不同的思想性格，在前面我们已经接触到一些例子，下面再举几个。例如第四十回写刘姥姥在大观园进餐，故意寻开心的凤姐和鸳鸯，为她准备了一双老年四楞象牙镶金筷子，让她去夹那小巧圆滑的鸽子蛋。刘姥姥一见就说："这叉爬子比俺那里铁锨还沉，那里犟的过他。"本来准备大吃一顿，却无从下筷子，说了句不得体的逗乐话，便只好"鼓着腮不语"。"众人先是发怔，后来一听，上上下下都哈哈的大笑起来。"接下去就有一段细节，刻画各人的笑态：

史湘云撑不住，一口饭都喷了出来；林黛玉笑岔了气，伏着桌子嗳哟；宝玉早滚到贾母怀里，贾母笑的搂着宝玉叫"心肝"；王夫人笑的用手指着凤姐儿，只说不出话来；薛姨妈也撑不住，口里茶喷了探春一裙子；探春手里的饭碗都合迎春身上；惜春离了坐位，拉着他奶母叫揉一揉肠子。地下的无一个不弯腰曲背，也有躲出去蹲着笑去的，也有忍着笑上来替他姊妹换衣裳的，独有凤姐鸳鸯二人撑着，还只管让刘姥姥。

这段描写，换成平庸之手只会用"哄堂大笑"四个字了结，曹雪芹却铺陈出如此一段精彩文字。有主、有次，有细描、有泛写，人各一种姿态，一人一副笔墨：湘云笑得爽快，毫无拘节；黛玉笑得娇媚，柔弱中表现出节制；宝玉笑时也在撒娇；贾母则明是一副老祖宗的意态声口；王夫人笑责凤姐的恶作剧，显出当家太太身份；薛姨妈"撑不住"，却又不同于史湘云，一口茶只是喷在晚辈的探春身上，失态而未失礼；惜春娇弱，但她可以拉着奶母叫揉肠子，身份气性又与黛玉有别；奴仆丫头们只是淡淡两笔，却是清清楚楚地显示出"上"与"下"的区别与界限。在众人前仰后合中独能"撑着"的凤姐和鸳鸯，一看便知是这场闹剧的"总导演"。曹雪芹不愧是大手笔，同是笑，而且是同一个场合被同一件事引发出来的笑，他写来却各具面貌，同中有异，真可谓百态千姿，一笑传神。

一些看似琐细的日常生活的描写，常常含蕴着极其丰富的思想意义和社会内容。第二十八回写元春从宫中送来礼物，宝玉的和宝钗的一样，黛玉的和迎春、探春、惜春的一样。宝玉不相信，以为应该是他和林妹妹的一样。接着就写宝玉见到薛宝钗，要看她刚刚得到的礼物红麝串子，恰好她左腕上笼着一串（如果是黛玉就不会马上戴上，这也是能见性格的）。这时小说有一段细节描写：因宝钗生得肌肤丰泽，一时褪不下来，宝玉在一旁看着那雪白的胳膊，不觉动了羡慕之心，暗暗想道："这个膀子要长在林妹妹身上，或者还得摸一摸，偏生长在他身上。"这是一个具有典型意义的细节，包含着丰富的社会内容。自己的礼物既然同宝钗的一样，还有什么好看的呢？他偏要看。这里表现的是一种特殊的心理，即他对黛玉爱情的执着，执着到相信自己与林妹妹的一样乃是天经地义之事；同时还表现出，贾宝玉爱林黛玉绝不是一见钟情，而是经过深思熟虑的比较和选择的结果，而选择的标准，也不再是郎才女貌，而是内在的精神和思想。尽管对宝玉来说，薛宝钗比林黛玉"另具一种妩媚风流"，舍弃她也不无遗憾，但宝玉最终还是非常坚决地舍弃了她，而选取了黛玉那与他发生共鸣的风神灵秀。从元春送礼这样一个生活细节所透露出来的消息，不是无关紧要的小冲突、小矛盾，而是关系到人物乃至家庭命运的大冲突、大矛盾的初露端倪，此后这个矛盾就在潜伏中酝酿着、发展着，将来有一天就掀起了惊心动魄的大波澜。表面上是那么平凡乃至近于琐碎的生活细节，是如此自然又如此真实地揭示了贾宝玉在选择爱情的过程中，那种包含着深刻的社会内容的心理活动，并由此而深入地揭示出小说情节发展的思想血脉。

四、语言：饱含着生活的血肉和人物思想感情的血肉

《红楼梦》的语言同样表现出天然之趣，是非常出色的。其基本特色是：准确（不能去掉，也不能更改）、生动（传神）、精练（语简意深，含蕴丰富）、自然（不造作，不雕琢），既饱含着生活的血肉，又饱含着人物思想感情的血肉。语言风格跟整部作品的艺术风格和谐一致，显得朴素自然、明快流畅、含蓄深厚。不论刻画人物、描写环境还是叙述故事，作者很少用夸张的语言、华丽的辞藻，而是普普通通、平平淡淡，有的犹如家常絮语，却在普通中寓深刻、于平淡中见神奇，使读者如闻其声、如见其人、如临其境。这正是曹雪芹的语言艺术超过任何一部中国古典小说的地方，是《红楼梦》卓越的艺术创造的一个重要方面。叙述语言的准确和传神，可以举第三回黛玉进贾府的例子。小说描写这位聪明而又敏感的孤女进贾府时的心理是："步步留心，时时在意，不肯轻易多说一句话，多行一步路，惟恐被人耻笑了他去。"为了表现她这种特殊的心理和性格特征，作者在叙述语言中的一些修饰语的使用就特别值得注意。如凤姐出场，作者从她的眼中描写了一番凤姐以后，就写"黛玉连忙起身接见"。"连忙"二字就能见出她当时的心理和神态，因为她在初见面时已得到"此人非同寻常"的印象了，所以不敢怠慢。又如邢夫人带黛玉到家里去见贾赦，派人到外书房请贾赦时，贾赦托词说见面会引起彼此的伤心，只说了几句嘱咐不要想家之类的话，作者这样写：“黛玉忙站起身来，一一听了。”“忙”字也表现出她的“留心”“在意”，也是下得非常准确而又传神的。

又如这一回中两处写到林黛玉坐轿子，也是写得十分精细而又极富于思想意蕴的。第一次是黛玉刚进贾府大门时，是这样写的：“……却不进正门，只进了西边角门。那轿夫抬进去，走了一射之地，将转弯时，便歇下退出去了。后面的婆子们已都下了轿，赶上前来。另换了三四个衣帽周全十七八岁的小厮上来，复抬起轿子。众婆子步下围随至一垂花门前落下。众小厮退出，众婆子上来打起轿帘，扶黛玉下轿。”第二次是黛玉在贾母处用了茶果以后，邢夫人带黛玉去见贾赦，是这样写的：“出了垂花门，早有众小厮们拉过一辆翠幄青绸车，邢夫人携了黛玉，坐在上面，众婆子们放下车帘，方命小厮们抬起，拉至宽处，方驾上驯骡，亦出了西角门……至仪门前方下来。众小厮退出，方打起车帘，邢夫人挽着黛玉的手，进入院中。”与此相关的，还有一处细节描写的用语也是很值得注意的，那就是写黛玉由王夫人带着从贾政住处到贾母那里去用晚餐，经过凤姐住的地方，王夫人向她介绍说：“这是你凤姐姐的屋子。”这时小说写道：“这院门上也有四五个才总角的小厮，都垂手侍立。”这里有两点值得注意：一是要等抬轿的人“歇下退出去”或“退出”，才“打起车帘”让黛玉下轿；而上轿时却是相反，要让黛玉上去坐好，“放下车帘”，“方命小厮们抬起”。二是后面特意点出“垂手侍立”的四五个小厮是“才总角”的，与前面的“衣帽周全十七八岁的小厮”的描写形成对照，在语言表达上也是非常准确而具有深刻含义的。所谓“总角”，就是头上梳两个小发髻，说明只是十来岁不懂事的小孩子，所以对林黛玉不必避忌。这几处，通过准确的语言，描写黛玉进贾府时坐轿子等详细情况，除了表现贾府这个贵族之家的豪华气派之外，主要就是要突出贾府是一个诗礼之家，在一些细小的事情上也是极讲究封建礼仪的。前面说过，《红楼梦》表现生活具有整体性的特点，因此这些由准确的语言所表现的细节的深刻意义，是要联系到全书多方面的描写才能体会出来的。比如第三十三回写宝玉挨打时，王夫人在里边听到后立即赶出来劝止，小说这样写：“王夫人不敢先回贾母，只得忙穿衣出来，也不顾有人没人，忙忙赶往书房中来，慌的众门客小厮等避之不及。”可见在通常情况下，成年的女主人也是不能同门客小厮接触的，这里是表现当时情况的紧急。这里写黛玉除“才总角”的小厮外，其余一概都要回避，联系王夫人在紧急情况下慌乱中才不避男仆，可见男女大防乃是贾府里的礼仪家规。而这些情况又映射到两方面的描写，更显示出特殊的意义来。一是在这样一个礼教极严的“诗礼之家”，贾宝玉竟能同众多女孩子们成天厮混在一起，尤其是同黛玉竟能“耳鬓厮磨”，日渐亲近，终至产生爱情。这就启发我们，这是由于贾母的特殊宠爱所造成的一个特殊的环境，而这显然是作者在艺术构思上特意设置的，这一设置又完全合乎生活的逻辑。二是在礼教如此森严的家庭里，竟然出现了像贾赦、贾琏、贾珍、贾蓉等衣冠禽兽，可见这个贵族之家的衰败和封建礼教的虚伪。

人物的语言更为精彩。《红楼梦》的人物语言完全是性格化的。鲁迅曾经说过：“《水浒》和《红楼梦》的有些地方，是能够使读者由说话看出人来的。”[①]《红楼梦》的人物语言，确能使读者从书本上听出声音，进而又能从纸面上看到活动着的人物，并体会出他们的思想心理。

王熙凤的思想性格，很多地方都是由她说的话表现出来的。大家都很熟悉她的出场，黛玉进贾府时，她是未见其人先闻其声：“我来迟了，不曾迎接远客！”在众人皆“敛声屏气”中，独她一个人敢于如此“放诞无礼”。可见她在贾府中的地位，也可见她敢于放肆逞威的性格。她是个极机灵极聪明的人，这机灵和聪明就常常表现在她的嘴上，特别从她对贾母的讨好奉承上更为鲜明地表现出来。小说这样描写她在初见黛玉时的言语和表现：

> 这熙凤携着黛玉的手，上下细细打谅了一回，仍送至贾母身边坐下，因笑道：“天下真有这样标致的人物，我今儿才算见了！况且这通身的气派，竟不像老祖宗的外孙女儿，竟是个嫡亲的孙女，怨不得老祖宗天天口头心头一时不忘。只可怜我这妹妹这样命苦，怎么姑妈偏就去世了！”

先是赞美黛玉的“标致”，接着又赞美她的“通身气派”，这是由外及里，而又都落到老祖宗的身上：因这“标致”和“通身气派”，就不应该是老祖宗的外孙女，而应该是老祖宗的“嫡亲的孙女”。这样一来，表面上赞美黛玉的话，就全都变成赞扬老祖宗的话了。“天天口头心头一时不忘”，这“心头”二字也是绝不可少的。只有聪明而富有心计的凤姐，说话时才能不假思索就表达得这么精细，这么准确。

---

① 鲁迅：《花边文学·看书琐记》，《鲁迅全集》第五卷，人民文学出版社，1957 年，第 429 页。

她说这番话时还配合着动作：“用帕拭泪。贾母笑道：‘我才好了，你倒来招我。你妹妹远路才来，身子又弱，也才劝住了，快再休提前话。’这凤姐听了，忙转悲为喜道：‘正是呢！我一见了妹妹，一心都在她身上了，又是喜欢，又是伤心，竟忘记了老祖宗。该打！该打！’”这段话也是说得绝顶聪明的。她十分懂得，讨好老祖宗，有时候要直接奉承，有时候又要采取曲折迂回的办法，她都能根据具体情境的不同，掌握得恰到好处。在这里，在此情此景之下，说她心里只有黛玉，比直接说心中只有老祖宗还要更能讨得老祖宗的欢心。只有领悟到这一点的人才能说得出这样的话。而作为读者，也只有领会到这层意思，才能从中听出人物的思想性格，从而体会出作者写人物语言所达到的高度的艺术水平。

再举一个例子。拍马屁要拍到点子上，拍得乖巧，拍得让人听了喜欢而不反感，也能表现出说话人的语言艺术。王熙凤拍马屁就拍得很有水平，拍得绝顶聪明。第三十八回写贾母带着一大家子人在盖于池上的藕香榭欣赏风景，心里高兴，就说起小时候在枕霞阁玩儿，不小心失足掉进了水里，没有淹死，救起来头上却崩破了一块，现今鬓角上还有指头顶儿大的一个坑儿。在这种情况之下，一般人是无法下手去拍马屁的，可聪明的凤姐却说出了一篇不同凡响的话来：

> 凤姐不等人说，先笑道：“那时要活不得，如今这大福可叫谁享呢？可知老祖宗从小儿的福寿就不小，神差鬼差碰出那个窝儿来，好盛福寿的。寿星老儿头上原是一个窝儿，因为万福万寿盛满了，所以倒凸高出些来了。”

几句话就活脱脱地画出了一个凤姐来，画出她的世故、乖巧、聪明。她专就福、寿两个字上发挥，这是最切合贾母的身份地位，也是最懂得贾母的心理的。但要从头上的那个窝儿翻到下面吉祥的意思上来，却不是人人都能做到的。她拿寿星老儿做个隐喻，又曲为解释，跟老祖宗挂上钩，并落实到老祖宗最喜欢听的“万福万寿”上来，真是聪明机巧到了极点。只有那份心意而无凤姐那份机巧的人，只会说“寿比南山，福如东海”一类干巴巴的套话，像如此有血有肉、有滋有味，叫贾母听了心里甜丝丝的话，是只有凤姐才说得出的。

有时候，只是简单的一句话，也能见出人物的思想性格来。如第三十二回写贾雨村到贾府，贾政要宝玉出来跟他会面，宝玉不愿意，又不敢违抗父命，无可奈何磨蹭一阵之后只得出去。因为满心不高兴，又走得匆忙，忘了带上扇子。袭人怕他热，急忙拿了扇子追出来给他。要是一般人会这么说：“扇子忘了，给你。”可袭人却是这么说的：“你也不带了扇子去，亏我看见，赶了送来。”从温存体贴中透出一种有意讨好的意味。一件极琐屑的小事，一句极普通的话，却极准确地表现了她特殊的身份地位和微妙的心理。她是一个受宠的奴才，一心做着将来做半个主子（姨太太）的美梦，因此便时时处处都要显示出这种特殊的亲近，以此来讨得宝玉的欢心。

又如第四十回写刘姥姥二进荣国府，由许多人陪同，先在潇湘馆黛玉的卧房里坐了一会儿，后来贾母说：“这屋里窄，再往别处逛去。”刘姥姥接着贾母“这屋里窄”的话茬说：“人人都说大家子住大房。昨儿见了老太太正房，配上大箱大柜大桌子大床，果然威武。”“威武”这个词是人人都熟悉，也是人人都会用的，可从来没有人用来形容房子和家具，但是刘姥姥用在这里却是用得再好不过了，不但准确，而且传神，包含着非常丰富的社会内容。刘姥姥的这番话，是从贾母的一个“窄”字引出来的。刘姥姥作为一个从偏远农村来的贫苦人家的老妇人，对贾府里房屋家具的感受同贾母完全不一样，可以说是两种身份、两副眼光、两种感受。这是只有刘姥姥处于那样特殊的环境条件下才说得出来的。“威武”一词用在这里，至少包含两方面的深刻含义：一是，她是一个从农村来的没有见过世面的小户人家妇女，从来没有见过像贾府这样的大房、大家具，所以十分自然地产生一种威压感，“威武”这个词就最真实、最生动、最准确地表达出了刘姥姥的这种独特感受。二是，刘姥姥又是一个虽然纯朴却也老于世故的农村老妇，她到贾府来是为了得到一点好处，一进贾府就看出了贾母这位老祖宗的身份地位，知道是她能不能得到好处的关键人物，所以一有机会就抓住说点奉承讨好的话。“威武”这个词用在这里，就多少透露出一点奉承讨好的意味。别看这简单的一个词，却极传神地写出了刘姥姥独特的身份地位、独特的思想性格和独特的生活感受，同时又极生动地表现出人物之间的微妙关系。

类似这种个性化的语言，在《红楼梦》中俯拾即是。这当然不是生活中原始形态的语言，而是经过作家的提炼和艺术加工的，是具有典型化特征的。这种性格化的人物语言的突出特点，就在于它来自生活，充满生活气息，充满生活血肉；但又没有生活语言的芜杂平浅，而显得纯净凝练、含蕴丰富。品鉴人物语言之美，就是要发掘其中蕴含的丰富的人物性格内涵和社会生活内涵。

第六节 从“宝玉挨打”看《红楼梦》的思想和艺术特色

善于从整体上把握和表现生活的《红楼梦》，其中的任何一部分都是全书不可分割的艺术整体，都是同其他的部分血脉相通的。“宝玉挨打”这一情节见于小说的第三十三回，但是我们想要真正理解这一情节的思想意义和曹雪芹的艺术匠心，就不能只看这一回，而必须联系全书丰富深刻的内容和总的思想倾向，必须瞻前顾后，通观前因后果、来龙去脉。

我们在前面说过，《红楼梦》是通过一个贵族之家的日常生活的描写，来展示这个大家族内外错综复杂的矛盾斗争，从而对走向没落的封建制度进行揭露和批判的。在全书所写的各种矛盾中，叛逆者和处于统治地位的正统派之间的斗争，居于一种中心的位置。而这一矛盾，又是同其他的矛盾，如压迫者和被压迫者之间的矛盾、统治阶级之间的内部矛盾，互相影响、互相勾连、互相制约的。所有这些矛盾的产生和发展，作者又都是从这个贵族大家庭盛衰兴亡命运的高度来表现的。这是一个很重要的特点。另一个特点是，《红楼梦》善于将日常生活典型化，在平凡而琐碎的生活细节中，蕴藏着深刻丰富的社会内容，每一个看似寻常的细节描写，都值得我们细细品味，从中探寻出思想和艺术的奥秘。“宝玉挨打”这一典型情节，就非常充分地表现出这样两个特点。

“宝玉挨打”在《红楼梦》中可以算得上是重要的生活场景之一，也是情节发展的高潮之一，但实际所写的也不过是人们所习见的普通的日常生活景象。一个暴怒的父亲将自己的儿子痛打了一顿，这几乎是人人都曾经历过，至少也是看见过的极其寻常的生活现象，司空见惯，平淡无奇；可是在曹雪芹的笔下，却成为一段概括了丰富深刻的社会内容的典型情节，读来不仅令人有惊心动魄之感，而且发人深思，使读者能于小中见大、于平凡中见深刻。

宝玉挨打是封建正统派和封建宗法制度的代表人物贾政，与贵族阶级的叛逆者贾宝玉之间矛盾冲突激化的表现，也是这一冲突发展的结果。这场冲突有着深刻的背景，犹如表面上平静的流水，突然掀起巨大的波澜，实际上是经过长期的酝酿、积累而逐步形成的。

早在第二回，作者就借冷子兴演说荣国府，介绍了这个贵族大家庭的“一件大事”，就是后继无人，儿孙“一代不如一代”。生性敏慧而又是嫡母所生的贾宝玉，就成为这个已露出衰败迹象的贵族大家庭中兴的希望。贾政一心盼望他走一条读书中举、扬名显亲的道路，成为一个能够继承和发展地主阶级事业的忠臣孝子，但贾宝玉却偏偏走上了一条与此相反的道路。这个矛盾时隐时显，时而尖锐，时而缓和，但一直存在着、发展着，而且随着这个家庭危机的加重而日趋表面化、尖锐化。

在第九回里，写宝玉上学以前，袭人劝他好好读书，说："读书是极好的事，不然就潦倒一辈子，终久怎么样呢。"宝玉上学前向贾政请安，贾政冷笑道："你如果再提'上学'两个字，连我也羞死了。依我的话，你竟顽你的去是正理。"对他不认真念书非常不满，因而规定他"先把《四书》一气讲明背熟，是最要紧的"。并且斥责跟随宝玉上学的李贵说："他到底念了些什么书！倒念了些流言混语在肚子里，学了些精致的淘气。等我闲一闲，先揭了你的皮，再和那不长进的算账！"这可以说是宝玉挨打最初的种因。挨打就是一次算账。从艺术构思的角度看，曹雪芹已在这里为宝玉挨打伏了一笔。

但是，促成宝玉挨打还不单单是他不好好读书，或者说主要并不是因为这一点，而是还有多方面的内容，包含着错综复杂的矛盾冲突。

第一，是因为贾宝玉不愿跟"为官做宦"的人交往，并且最讨厌谈论"仕途经济"一类的"混账话"。第三十二回写贾雨村到贾府，贾政传话要宝玉出去会见，宝玉听了心中好生不自在，说自己是"俗中又俗的一个俗人"，不愿跟当官的"雅"人交往。这时史湘云就劝他："还是这个情性不改。如今大了，你就不愿读书去考举人进士的，也该常常的会会这些为官做宰的人们，谈谈讲讲些仕途经济的学问，也好将来应酬世务，日后也有个朋友。"宝玉听了非常不高兴，说："姑娘请别的姊妹屋里坐坐，我这里仔细污了你知经济学问的。"这时袭人插话提到，从前宝钗也用这一类话劝过宝玉，宝玉也非常反感，"他就咳了一声，拿起脚来走了"，当场给她脸上过不去，把个宝姑娘"登时羞的脸通红，说又不是，不说又不是"。这些描写都具有深刻的意义。这说明，贾宝玉的生活理想和情趣，跟封建正统派的薛宝钗和史湘云根本对立，跟贾政平日对他的教训和期望背道而驰。正是出于思想上的这种格格不入，贾政要他出去会贾雨村，他才老大不愿意，竟磨磨蹭蹭了半天才出来；"既出来了，全无一点慷慨挥洒谈吐，仍是葳葳蕤蕤"，因而引起了贾政对他极大的不满。显然，这样的不满由来已久，早已在平日郁积于心，不是一般生活上的小矛盾，而是父子之间在人生道路这样的根本问题上的对立，不仅关系到贾宝玉的个人前途，而且关系到贾府整个家族的兴衰命运，带有很难调和的十分尖锐的性质。

第二，跟王夫人的丫头金钏儿被迫害致死有关。第三十回写金钏儿因跟宝玉说了两句玩笑话，就被王夫人打了嘴巴，指着骂作“下作小娼妇”，说是“好好的爷们，都叫你教坏了”，并下令要撵出贾府。金钏儿下跪苦苦哀求也不让留下。宝玉会见贾雨村回来，心里老大不高兴，正好传来金钏儿因悲愤而投井自杀的消息。他对金钏儿之死感到震惊，对她充满同情，十分悲痛。小说写他为此而“五内摧伤”，恨不得为她“身亡命殒”，因而精神恍惚，“茫然不知何往，背着手，低头一面感叹，一面慢慢的走着”。恰好在这时，又跟贾政“可巧儿撞了个满怀”。宝玉因内心悲伤而唉声叹气，这已使贾政大为不满，问他话时，又神情“惶悚”，“应对不似往日”，因此，“原本无气的，这一来倒生了三分气”。一个小丫头被迫害投井自杀，这在贾府里是司空见惯的事，别人都不以为意，唯独宝玉十分悲痛，甚而至于丧魂失魄，这也具有非同寻常的意义。这表明，在对待被压迫者的态度上，他跟以贾政为代表的贵族统治者之间，也存在着尖锐的思想对立。

第三，跟贾府外统治阶级不同集团之间的矛盾也有关。正在这气氛十分紧张、大有一触即发之势的节骨眼儿上，偏巧宝玉私下结交出身低贱的优伶琪官之事事发，而此事牵涉到权势极大的忠顺亲王府，亲王府派人来到贾府，盛气凌人地要宝玉交出琪官。贾政一听说是宝玉在外交结优伶，惹了大祸，又吃惊，又气恼，便严厉地斥责宝玉：“该死的奴才！你在家不读书也罢了，怎么又做出这些无法无天的事来！那琪官现是忠顺亲王爷驾前奉承的人，你是何等草芥，无故引逗他出来，如今祸及于我！”不愿意跟为官做宰的应酬，却和贵族阶级视为低贱的戏子交朋友，不仅触犯了贾政头脑中的封建名分观念，认为宝玉不走正道；而且更重要的，还因为这件事得罪了权高势重的忠顺亲王府，闯下了大祸。因而气得贾政“目瞪口歪”，喝令宝玉：“不许动！回来有话问你！”至此，贾政已是怒气冲天，挨打已是肯定无疑了。

第四，还跟贾府内部嫡庶之间的矛盾有关。贾政送客回来，本来就准备收拾宝玉的，这时偏又遇到看见被淹死的金钏儿尸体的贾环惊吓得跑了过来。贾环是贾政的妾赵姨娘所生，是贾宝玉的庶出兄弟，为了争夺家族的继承权，嫡庶之间的矛盾很深，贾环母子平日对宝玉十分嫉恨，千方百计必欲置之死地而后快。在赵姨娘的唆使下，贾环此时见贾政问他：“好端端的，谁去跳井？”便乘机恶意进谗，说宝玉“拉着太太的丫头金钏儿强奸不遂，打了一顿。那金钏儿便赌气投井死了”。早已怒火中烧的贾政，再经贾环火上浇油，立刻被气得“面如金纸”，大喝：“快拿宝玉来！”随后又是“一叠声‘拿宝玉！拿大棍！拿索子捆上！把各门都关上！有人传信到里头去，立刻打死”！于是，一顿鲜血淋漓的毒打就这样开始了。

宝玉挨打这样一种日常生活中的普通事件，在曹雪芹的笔下却概括进了如此丰富复杂的社会内容。直接的冲突虽然是在父子之间展开的，却巧妙而又十分真实地组织进了贾府内外多方面错综复杂的矛盾。一方面是压迫者与被压迫者之间的矛盾，这是以金钏儿的被辱自杀而展开的。在这一矛盾中，尽管贾宝玉被诬陷为“逼淫母婢”，但事实上，对于金钏儿含冤负屈而死这件事，贾府上下主子乃至一部分奴隶中间真正从内心深处给予同情，为她感到深切悲痛的，唯有宝玉一人而已。这在实质上是有悖于封建等级观念、不合贵族公子身份的带有明显叛逆色彩的思想表现。另一方面是贾府外封建贵族阶级内部不同政治集团之间的矛盾。从贾政暗想“素日并不和忠顺府来往”，他接待忠顺府长官时那副小心恭谨的态度和那长史官对他那样居高临下、盛气凌人的态度（在整个接见过程中，贾政是“陪笑”，而长史官是三次“冷笑”），以及他在得知长史官来意后脱口而出“如今祸及于我”的话，都透露出贾府与忠顺王府属于不同的统治集团，平日关系就疏远，存在着某种矛盾，而且王府显然比贾家的权势更大，贾府也是怕他们的。这一矛盾或许宝玉毫无觉察，或者虽知道却不以为意，所以才胆大妄为地去私自结交忠顺王府家最受王爷宠爱的戏子琪官，而这一行为又使得这两个贵族之家的矛盾更加尖锐化。更不用说在贾政的眼里，贾宝玉这样“流荡优伶，表赠私物”，跟戏子关系那么亲切、深挚，当然是一种大逆不道的越轨行为。再一方面，贾环的进谗，表现了在贾府内部嫡庶之间争权夺利的斗争也是十分尖锐激烈的，已经到了一有机会就要进行构陷打击的程度。这一矛盾也是由来已久的。在第二十五回就曾写到贾环因恨宝玉，故意失手将一盏油汪汪的蜡烛推向宝玉，将宝玉的脸烫伤；随后赵姨娘又勾结马道婆要用魔法害死宝玉和凤姐，其目的就是要抢夺贾家这份“家私”的继承权。这里，贾环进谗这个看似不经意的小穿插，表明了贾府内部权力和财产再分配的矛盾斗争，已渗透到日常生活的各个方面。曹雪芹巧妙地将这一矛盾组织进宝玉挨打这一情节中来，在艺术处理上是很有分寸、恰到好处的。前此挨打之势已成，贾环的进谗只不过是起到火上浇油的作用而已，并不是宝玉挨打的主要原因。

曹雪芹杰出的艺术才能表现在，他将多方面的矛盾冲突汇聚组织到宝玉挨打的主要矛盾——封建正统派贾政和叛逆者贾宝玉之间的矛盾冲突中来；各种矛盾冲突互相关联，集中于主要矛盾，渗透到主要矛盾，加剧并推动着主要矛盾的发展，直到激化而爆发为一场狠命的毒打。很明显，贯穿于全部事件进程的矛盾冲突的主要内容及其实质，是贾政要宝玉走读书应举、交结官宦之途，做一个光宗耀祖、复兴家道的封建阶级的忠臣孝子，而贾宝玉却不肯就范，竟变成一个使贾政感到绝望的贵族家庭的不肖逆子。这一点，贾政打贾宝玉时说的话表现得明明白白："……到这步田地还来劝解。明日酿到他弑君杀父，你们才不劝不成！""我养了这不肖的孽障，已不孝；教训他一番，又有众人护持；不如趁今日一发勒死了，以绝将来之患！""为儿的教训儿子，也为的是光宗耀祖。"这就是说，他狠命地毒打贾宝玉，不只是为了现在，更重要的是为了将来。贾政是从宝玉现在的种种表现，看到了他的将来，将来他是必定会发展成为一个"弑君杀父""不忠不孝"的封建贵族阶级的逆子的。这场冲突，又不只涉及贾政和贾宝玉两个人，而且涉及整个家世的利益，涉及整个世家大族家庭后继有人无人及其盛衰荣辱的前途和命运。所以贾政对贾母辩白，他是为了"光宗耀祖"才这样狠命地打贾宝玉的。也就是说，从生活的本质看，宝玉挨打不只是父子两代的个人冲突，而且是包含着丰富社会内容的两种对立思想和两条人生道路的冲突。贾宝玉的思想及其发展，已经构成了对这个显露出衰败迹象的贵族之家的威胁。这是使贾政最害怕，也是使他最愤怒的。

宝玉挨打这场尖锐的冲突，深刻地揭示了封建正统派的贾政和地主阶级叛逆者贾宝玉之间的真实关系及其本质。实际上，这是封建统治者为了挽救自己家族衰败的命运而对这个家族的叛逆者的一次暴力镇压，它完全揭破了封建正统派们所标榜并拼命地维护的"父慈子孝"一类封建人伦关系的虚伪面纱，并暴露出其脆弱的本质。曹雪芹是将宝玉挨打这样日常生活的事件，作为贾府这个贵族之家盛衰兴亡命运的一个有机组成部分来描写的。这就是一个父亲以体罚的手段教训儿子，而矛盾冲突显得那样尖锐激烈，读起来令人有惊心动魄之感的根本原因。由此我们可以体会出，《红楼梦》善于从普通的日常生活事件中概括出深刻的社会内容和思想意义的惊人的艺术表现力。

这段故事还显示了曹雪芹在提炼、组织故事情节时，艺术构思的精巧和严密。如此丰富复杂的矛盾冲突内容，作者将它们集中汇合到一起，而且是那样巧妙自然、紧凑顺畅、天衣无缝，没有丝毫破绽和人工编造的痕迹，好像生活本来就是那样的，这确实表现了《红楼梦》很高的艺术水平。你看，在贾政传话要宝玉出去见贾雨村时，极自然地插入了一段史湘云劝他要注意仕途经济而引起宝玉不快，由此又由袭人口中补叙宝玉因同样的话题曾经给过薛宝钗难堪的事，这样一实一虚，就巧妙地揭示出了贾宝玉在人生态度上跟正统派的薛宝钗等人是很不相同的，从而也就进一步揭示出了宝玉见贾雨村时的谈吐风度那样令贾政不满的根本原因。这样，一开始就为揭示出这场尖锐的冲突的思想意义打下了基础。同时这一穿插也为后文写宝玉挨打以后，薛宝钗和林黛玉探伤时人物的不同关系和感情表现伏了一笔。

金钏儿含羞被辱的情节本来是在第三十回，但关于她被撵出贾府的情况作者却有意地暂时按下不表，直等到第三十二回的末尾，才又接写她投井自杀，正好紧接在贾雨村来访引起贾政父子二人都极为不快之时。作者这样的安排，显然具有多方面的意义。

一是通过金钏儿之死在贾府上下引起的不同反应，在对比中揭示贾宝玉跟统治阶级完全对立的叛逆思想。第三十二回末，写王夫人和薛宝钗都认为金钏儿"好好儿的"投井自杀是"一桩奇事"。一个"奇"字表现出她们对一个奴隶生命的残忍冷漠。所谓"奇"，就是不该死而死，死得莫名其妙。王夫人是杀人凶手，她最清楚金钏儿是被侮辱迫害致死的，却推卸罪责；薛宝钗也有意为王夫人辩护："姨娘是慈善人，固然这么想。据我看来，他并不是赌气投井。多半他下去住着，或是在井跟前憨顽，失了脚掉下去的。他在上头拘束惯了，这一出去，自然要到各处去顽顽逛逛，岂有这样大气的理！纵然有这样大气，也不过是个糊涂人，也不为可惜。"还说："姨娘也不必念念于兹，十分过不去，不过多赏他几两银子发送他，也就尽主仆之情了。"无情而装着有情，表现出封建统治者的冷酷、残忍和虚伪。第三十三回，贾政听说后的反应是："好端端的，谁去跳井？我家从无这样事情，自祖宗以来，皆是宽柔以待下人。——大约我近年于家务疏懒，自然执事人操克夺之权，致使生出这暴殄轻生的祸患。若外人知道，祖宗颜面何在！"他考虑的只是"宽柔待下"的虚伪名声被破坏，有损于"祖宗颜面"，跟王夫人、薛宝钗同样冷酷虚伪，只不过多一层家长身份和一副正统派的"忠臣孝子"面目而已，出了这样的事，也只是推在"执事人"身上。至于贾环，除了感到害怕（符合小孩子的心理），首先想到的只是借此进行诬陷，对宝玉落井下石，抓住了一个实现自己自私和卑鄙目的的机会而已。同时借贾环之口，侧笔补叙金钏儿惨死情状："方才原不曾跑，只因从那井边一过，那井里淹死了一个丫头，我看见人头这样大，身子这样粗，泡的实在可怕，所以才赶着跑了过来。"这一笔补叙必不可少，由其惨状更见出金钏儿之死实堪同情。然而在统治阶级中，唯有宝玉一个人对金钏儿之死表现出发自内心的真正同情："五内摧伤"，"茫然不知何往"，"一心总为金钏儿感伤，恨不得此时也身亡命殒"。在那个罪恶和冷酷的世界里，这种同情显得那么真挚，那么纯洁，那么可贵。对金钏儿之死的不同态度，同样是反映了两种完全不同的人生态度和思想感情。由于有了强烈的烘托和对比，对大承笞挞的贾宝玉的思想性格，读者所感受到的才显得那样美好和富有光彩，而与贾政所说的“葳葳蕤蕤”之状全然不同。二是借此推动矛盾冲突的发展。会见贾雨村时的谈吐举止，已经引起了贾政的不满，而金钏儿的死讯令他悲痛万分，丧魂失魄，竟至与父亲撞了一个满怀。贾政“原本无气的，这一来倒生了三分气”。三是为贾环的进谗铺垫，自然地引进贾府嫡庶之间的矛盾冲突。宝玉交结琪官的事也恰好在这时败露，当然也是出于作者的精心构思。由于事关重大，有可能祸及全家，因而一下子就将本来已经尖锐的矛盾激化了。所以贾政送走长史官回来，便喝令小厮：“快打，快打！”贾环的火上浇油，最后促成情节发展到高潮，而且使得这场笞挞变得更狠更毒。

值得一提的，是在将打未打、气氛十分紧张之际，又忙里偷闲，写进一个聋老婆子。这个人物的插入，起到了好几方面的作用。首先是为后文情节的发展，即写王夫人和贾母出场，使事件最后平息作铺垫；其次是通过聋老婆子的一番话，进一步渲染出整个贾府对金钏儿之死冷漠无情，不仅仅是主子，就连同样身处被压迫奴隶地位的老仆人，其精神状态也是如此麻木不仁，可见在贾府中，像这样虐待奴隶致死的事件是经常发生的，她已经司空见惯，习以为常，所以说那番话时才那样含着笑，显得那么轻松。这就含蓄有力地揭露了，贾政所谓“自祖宗以来，皆是宽柔以待下人”的话，是极其虚伪的。这个人物的小穿插，在气氛上，是从紧张中故意松弛下来，但因宝玉呼救而不可得，因此似松而实紧，开打以前的气氛就因此而显得更加紧张。

几组矛盾的穿插组织，有详有略，有虚有实，主次分明，前后连接，一层一层地将矛盾冲突的发展推向高潮。一切都经过作者的精心提炼、安排，一切又都像是自然发生的，似乎生活本来就应该是这样的。这里表现了曹雪芹作为一个艺术家提炼和概括生活，将日常生活典型化的功力。

通过细节来刻画人物性格，揭示人物的内心世界，在平凡的甚至显得十分琐碎的生活细节中，蕴含着深刻的思想内涵。《红楼梦》的这一艺术特色，在《宝玉挨打》这个片断中也表现得十分突出。

曹雪芹通过精心提炼的典型细节，对贾政的内心世界挖掘得非常深刻。在这场父子冲突中，贾政是打人的人，贾宝玉是被打的人，打人的人是强者，被打的人是弱者。从表面上看，贾政凶狠、残暴，声威无匹。但曹雪芹那支锋利的笔，犹如一支解剖刀，由表及里，深刻地剖析了他的灵魂。透过他外表的凶狠和威势，揭示出他内在的虚弱、悲哀和绝望。这是一个处于封建末世却又竭力维护封建制度、贵族家庭的衰败趋势日益明显却千方百计地企图使它中兴的顽固派人物的思想性格。

作者对贾政内心世界的剖析，主要是通过两方面的人物关系来完成的。一方面是同贾宝玉的关系。在整个毒打宝玉的过程中，小说曾三次写到贾政流眼泪。这三次流泪的细节，意蕴很深，耐人寻味。贾政为什么一边狠命地打宝玉，一边又流眼泪呢？在生活中，一个被激怒的父亲打儿子，因生气而一时手重，事后因心疼又后悔，以至于流泪的情况是常见的。但贾政与此绝不相同。且看他第一次流泪，是在“气的面如金纸”，下决心要打却还将打未打之际，他“喘吁吁直挺挺坐在椅子上，满面泪痕，一叠声‘拿宝玉！，拿大棍！’……”这里的“满面泪痕”当然不会有因心疼而哀痛的成分。贾政自己的话透露了他内心的秘密：“今日再有人劝我，我把这冠带家私一应交与他与宝玉过去！我免不得做个罪人，把这几根烦恼鬓毛剃去，寻个干净去处自了，也免得上辱先人下生逆子之罪。”原来，他满心希望宝玉长大后继承“天恩祖德”，做一个地主阶级的“孝子贤孙”，而宝玉却违背他的意志，成了一个不肖逆子，这使他感到希望落了空。他愤怒，同时又不能不感到绝望和悲哀。这才是他在未打宝玉之前就先流泪的真正原因。

第二次流泪，是王夫人闻讯赶来劝说，贾政反而越发逞威，说要勒死宝玉，于是王夫人大吵大闹，说贾政是有意要“绝”她，叫嚷：“快拿绳子来，先勒死我，再勒死他。我们娘儿们不敢含怨，到底在阴司里得个依靠。”这时作者写道：“贾政听了此话，不觉长叹一声，向椅上坐了，泪如雨下。”这时是毒打尚嫌不足，还要拿绳子来勒死，“以绝将来之患”，这眼泪也断然不会是为心疼宝玉而流。真正的原因，从王夫人的话里就已透露出了消息，原来王夫人所说的“绝我”和没有“依靠”的话触动了贾政心中的隐悲。王夫人是需要儿子做依靠的，而对贾政来说，宝玉成为不肖逆子，虽生犹死，虽有若无，甚至比死、比无还要使他感到更可怕、更可悲。因而跟王夫人一样，他深深地感到了没有“依靠”和“绝”了的悲哀。

第三次流泪，是王夫人哭贾珠，贾政听了，“那泪珠更似滚瓜一般滚了下来”。贾珠是贾政短命而死的大儿子，跟宝玉不同，他听贾政的话，热衷于科举考试，“十四岁就进了学”。这本是贾政的希望所在，却不到20岁就死了。这次流泪，跟王夫人一样，不是哭活着的宝玉，而是哭死去的贾珠，实质上也就是哭自己希望的破灭。

总观贾政这三次流泪，一次比一次多，一次比一次哭得伤心，却又不见一丝对被打得“气弱声嘶”的宝玉的痛惜哀怜之情。这究竟是为了什么？联系到贾政在大施挞伐之时“以绝将来之患”的怒吼，这藏在眼泪背后的内心隐秘就不难窥见了。三次流泪，都是贾政在宝玉这个不肖逆子面前感到后继无人（也就是他们感到的失了“依靠”，或者王夫人所说的“绝”）的一种绝望和悲哀的表现。关于眼泪的细节描写，透过贾政表面上的凶狠和威严，无情地揭示了人物灵魂深处的另一面。贾政，一个力图使行将败落的贵族大家庭存亡继绝的封建统治者，一个正统派的代表人物，在宝玉这个“冥顽不灵”的“孽种”面前，既愤怒，又悲哀，既威严，又虚弱。而且这两面是如此矛盾而又合乎逻辑地统一在一起，构成了贾政思想性格完整复杂的内涵。贾政这三次流泪，作者写来似不经意，却一下子挖掘出人物内心的隐秘，揭示出日常生活现象背后所包含的深刻的社会内容。曹雪芹在细节描写上的笔力达到如此深度，不能不令人感到惊叹。

再一方面是跟贾母的关系。在这场尖锐的冲突中，王夫人的出场劝止并没有使矛盾缓解，相反却“如火上浇油一般，那板子是越发下去的又狠又快”。真正使贾政心怯手软，感到打重了而有些后悔的，是宝玉早就盼着的老祖宗的出场。贾政在贾母面前，始而含泪下跪，继而小心赔笑，再后是苦苦叩求认罪，最后是在贾母的怒斥声中悄声退出。这一系列的动作情态，都写得很细，同样有着深刻的思想意义。是什么微妙的原因，使得贾政在贾母面前如此心怯胆小，低声下气，原来不可一世的声威立即收敛起来，促使整个局面化险为夷呢？不是别的，正是贾政拼命维护的封建孝道。具有讽刺意味的是：贾政毒打宝玉是出于“孝道”，用他的话来说，就是：“我养了这个不肖的孽障，已不孝”，“为儿的教训儿子，也为的是光宗耀祖”。而打的结果，又恰恰触犯了“孝道”：因为贾母素日最疼宝玉，而他竟背着贾母毒打宝玉，结果当然是惹得贾母生了很大的气，责骂他眼中没有母亲，使他感到做儿子的“无立足之地”。维护“孝道”而终于因此触犯了“孝道”，使得贾政陷入了一种矛盾而又十分困难的狼狈境地。这暴露了封建伦理道德的虚伪和无能为力，而读者又从中看到了贾政虚弱灵魂的另一个侧面。

跟贾政的流泪相映成趣的，是王夫人的哭儿。“严父慈母”，父亲打儿子打得太狠，做母亲的心疼而加以劝阻，在生活中也是常见的事。但王夫人与此也不同。她闻讯后来不及去回贾母，也顾不得书房里有许多门客小厮应该回避，立刻赶去，又是抱住板子，又是抱住宝玉，寻死觅活，心肝肉儿地大哭大闹不止。她是心疼宝玉吗？是，却又不仅仅是。在封建社会里，一个贵族妇女也不过是生儿育女、传宗接代的工具，儿子成了她们安身立命的支柱。因此，对王夫人来说，宝玉是她一生的依靠，没有了宝玉，也就没有了依靠，没有了她在贾府中的地位。所以她才“抱住哭道”：“老爷虽然应当管教儿子，也要看夫妻分上。我如今已将五十岁的人，只有这个孽障，必定苦苦的以他为法，我也不敢深劝。今日越发要他死，岂不是有意绝我。”所以她才一边哭宝玉，一边哭贾珠：“若有你活着，便死一百个我也不管了。”才“儿”一声、“肉”一声地哭道：“你替珠儿早死了，留着珠儿，免你父亲生气，我也不白操这半世的心了。这会子你倘或有个好歹，丢下我，叫我靠那一个！”她若失去了儿子，也就失去了在贾府中的地位，等于失去了一切。因此，她心疼宝玉，维护宝玉，实质上是维护自己的地位和权利。原来她怕打坏宝玉，是担心自己没有了依靠。她说宝玉死一百个也不足惜，只要珠儿活着就好，这话简直是从灵魂里呼叫出来的。在曹雪芹的笔下，王夫人哭儿，哭得有身份、有性格、有思想：她哭宝玉，又哭贾珠，归根结底是哭自己；她哭出了封建社会一个贵族之家正统夫人的理想和希望，也哭出了她那既可怜又可悲的地位和命运。这样的细节描写，是多么的真实和深刻！

再看看小说写宝玉挨打之后，宝钗和黛玉先后去探伤。这是表现跟宝玉相关却没有直接卷入这场冲突的两种人物——正统派与叛逆者对宝玉挨打的不同态度、不同思想。

在宝钗探伤之前，先写袭人。这种安排，颇含深意。袭人看了宝玉的伤痕以后，“咬着牙说道：‘我的娘，怎么下这般的狠手！你但凡听我一句话，也不得到这步地位。幸而没动筋骨，倘或打出个残疾来，可叫人怎么样呢”！这几句简单的话，很真实很准确地表现了袭人的身份地位和思想性格，可以说一半是责备，一半是爱怜；虽责备，却不严厉，而是充满了温情。她是一个奴隶，却注定了将来是半个主子，她的思想是正统派主子的思想。她要宝玉听她的一句话，也就是史湘云和薛宝钗对宝玉说而宝玉不愿听的注意仕途经济、跟为官做宰的人交往一类“混账话”，也就是贾政平日对宝玉的希望和要求。她的话，连同她说这些话时的语气，都很传神地表露出她的思想以及她跟宝玉的特殊关系。不管怎么说，她对宝玉还是真心心疼体贴的，没有也无意于掩饰她的思想和感情。

就在这时，宝钗来了：

> 只见宝钗手里托着一丸药走进来，向袭人说道："晚上把这药用酒研开，替他敷上，把那淤血的热毒散开，可以就好了。"说毕，递与袭人，又问道："这会子可好些？"宝玉一面道谢说："好了。"又让坐。宝钗见他睁开眼说话，不像先时，心中也宽慰了好些，便点头叹道："早听人一句话，也不至今日。别说老太太、太太心疼，就是我们看着，心里也疼。"刚说了半句又忙咽住，自悔说的话急了，不觉的就红了脸，低下头来。

看她托药进来、吩咐袭人、问病、心疼爱怜的话欲言又止，一言一行显得是那样矜持、端庄，处处透出她有身份、有教养，冷静得近乎不动声色。"早听人一句话，也不至今日。"跟袭人的责怪如出一辙，却没有袭人那种对贾政暴虐凶狠的埋怨和反感，似乎宝玉被打成这样，仅仅是咎由自取。她对宝玉的那副"怜惜悲感之态"是半遮半掩，由宝玉眼中看出的："又咽住不往下说，红了脸，低下头只管弄衣带，那一种娇羞怯怯，非可形容得出者。"表姐心疼体贴被打的表弟，原本也是正常的事，干嘛要那么红脸害羞呢？可见她心中确是别有深意。接下去又写她的思想活动："你既这样用心，何不在外头大事上做工夫，老爷也欢喜了，也不能吃这样亏。"同时又怪罪宝玉，为她的哥哥薛蟠开脱，说："据我想，到底宝兄弟素日不正，肯和那些人来往，老爷才生气。一则也是本来的实话，二则他原不理论这些防嫌小事。"临走时还特意嘱咐袭人："你只劝他好生静养，别胡思乱想的就好了。不必惊动老太太、太太众人，倘或吹到老爷耳朵里，虽然彼时不怎么样，将来对景，终是要吃亏的。"整个探伤过程，虽然也动了感情，却是冷静而很有节制，鲜明地表现了一个正统派贵族少女的思想性格和道德观念。

写得最动人的是黛玉探伤。出场最迟，说话最少，但对她内心世界的揭示却最为深刻。小说从半梦半醒、恍恍忽忽的宝玉眼中和耳中来写她。她是在一种朦朦胧胧的景象中出现的，一出现就带来浓厚的哀伤气氛：

> 宝玉半梦半醒，都不在意。忽又觉有人推他，恍恍忽忽听得有人悲戚之声。宝玉从梦中惊醒，睁眼一看，不是别人，却是黛玉。宝玉犹恐是梦，忙又将身子欠起来，向脸上细细一认，只见两个眼睛肿的桃儿一般，满面泪光，不是黛玉，却是那个？

不正面描写她为宝玉挨打如何心疼悲痛，只写她那两只眼睛，万种思绪、诸般情景尽在读者心中了。这就是黛玉，这就是黛玉深挚的同情和无限的悲伤。接下去，写宝玉忍着痛苦告诉黛玉，说他虽然挨了打，却一点儿也不疼，疼是装出来哄人，好让外头散布给老爷听的，叫她别信以为真。这种对体弱的黛玉的深情关怀、体贴，也是从肺腑中发出来的。之后，写黛玉“不是嚎啕大哭”，而是“无声之泣，气噎喉堵，更觉得利害”。这充分表现了黛玉多愁善感的性格和对宝玉的一片含蓄的深情。她心中有“万句言词”，半天说不出来，抽抽噎噎凝聚成一句话：“你从此可都改了罢！”黛玉这句话有些出人意外，很短，很简单，而且是劝宝玉改；但改什么，为什么要改，却都没有说。仔细体会，这句话很不简单，它深沉，有分量，具有一种内在的蕴蓄的力量：是汹涌激荡的感情受到阻塞压抑，又终于冲破了这阻塞压抑而挤流出来的一句话。其中，饱含着最真切的同情、最贴心的关怀、最深挚的怜惜，也混杂着许多的怨恨、愤慨、不平，同时又隐含着一种在封建暴力的高压之下感到自己孤立弱小、无力反抗因而无可奈何的沉痛之情。宝玉听了“长叹一声”，道：“你放心，别说这样话。就便为这些人死了，也是情愿的！”宝玉的答语看似有些驴唇不对马嘴，其实是心心相印，是真正听懂了黛玉话的真意，领会了其中的真情的。宝玉知道，黛玉并不像袭人和宝钗那样，是真心要他改，而只是看到他被打成这样，十分心疼，但又在暴力面前感到无力，迫不得已才这么说的。这表现了黛玉性格的软弱，但软弱的背后却是她独具特色的抗议。两个人的思想感情是息息相通的。宝玉答话中所说的“这些人”，显然指跟他挨打有关系的琪官和金钏儿这些被侮辱和被压迫者。那句表明“死不悔改”、充满坚决的反叛精神的话，在经历了一场几乎丧生的大冲突之后，看似愚顽实则敏慧的宝玉是深知只有在心心相印的知己面前才能说得的。看他对袭人、宝钗的探问关心也是感谢的，但这样发自深心的肺腑之言就绝不向他们讲。宝玉和黛玉之间，完全是一种叛逆思想相一致的真挚的爱情关系。他们之间的话并不多，一人一句，却是精神的交流、灵魂的共鸣。这是以少胜多，以无声胜有声。

三个人前后探伤，简单几句有关的言行细节，就表现出三种完全不同的身份、地位、思想、性格、道德、修养以及与伤者的不同关系。即使宝黛二人，同具有叛逆思想，其性格特点和表现方式也是很不相同的。

通过《宝玉挨打》这一个片断，我们可以看到《红楼梦》与《三国演义》《水浒传》等作品不同的艺术特色：它不以紧张热闹的情节取胜，而善于通过对日常生活的细腻描绘，刻画人物的鲜明性格，揭示出生活的本质，表现丰富深刻的社会内容。《红楼梦》的细节描写，具有惊人的生活容量和思想深度。巴尔扎克曾经讲过一句非常深刻的话："艺术是什么？不过是集中起来的自然罢了。"《红楼梦》就是一部经过高度概括集中，却仍然酷肖自然，最能得自然之趣、最富有自然之神韵的艺术杰作。

思考题

1. 曹雪芹出身在一个什么样的家庭？他的身世和生活同《红楼梦》的创作有什么样的关系？

2.《红楼梦》的版本有哪两个系统？何谓"脂评本"？何谓"程甲本"和"程乙本"？怎样评价后四十回？

3.《红楼梦》从整体上把握和表现生活的特点表现在哪些方面？贾宝玉和林黛玉、薛宝钗之间的爱情婚姻悲剧，同贾府兴衰成败的命运，以及同叛逆者与正统派之间的斗争有什么样的关系？

4. 贾宝玉和林黛玉之间的爱情悲剧有什么样的社会意义？为什么说他们爱情的悲剧命运是必然的、不可避免的？

5. 为什么说《红楼梦》是贾府的罪恶史和衰亡史？《红楼梦》是怎样描写贵族之家的贾府走向衰败的过程的？衰败的原因是什么？表现在哪些方面？

6. 贾宝玉和林黛玉的叛逆性格表现在哪些方面？他们的思想性格有哪些相同和不同？

7.《红楼梦》的整体艺术特色是什么？为什么说《红楼梦》是一部得自然之趣的艺术杰作？

8.《宝玉挨打》一节，表现出《红楼梦》在艺术构思、人物刻画、细节描写方面的哪些特色？

参考文献

1. 曹雪芹：《红楼梦》，中国艺术研究院红楼梦研究所整理，人民文学出版社，1983 年。

2. 曹雪芹：《脂砚斋重评石头记》（庚辰本），文学古籍刊行社影印，1955 年。

3. 中华书局编：《古典小说十讲》，中华书局，1982 年。

4. 吴组缃:《说稗集》，北京大学出版社，1987 年。
5. 周汝昌:《红楼梦新证》，人民文学出版社，1976 年。
6. 刘梦溪编:《红学三十年论文选编》，百花文艺出版社，1983—1984 年。
7. 俞平伯:《俞平伯论红楼梦》，上海古籍出版社，1988 年。
8. 胡适:《胡适红楼梦研究论述全编》，上海古籍出版社，1988 年。
9.《名家解读红楼梦》，山东人民出版社，1998 年。